PT, UMA HISTÓRIA

CELSO ROCHA DE BARROS

PT, uma história

Copyright © 2022 by Celso Rocha de Barros

Grafia atualizada segundo o Acordo Ortográfico da Língua Portuguesa de 1990, que entrou em vigor no Brasil em 2009.

Capa
Bloco Gráfico

Preparação
Julia Passos

Checagem
Érico Melo

Índice remissivo
Probo Poletti

Revisão
Natália Mori
Clara Diament

Dados Internacionais de Catalogação na Publicação (CIP)
(Câmara Brasileira do Livro, SP, Brasil)

Barros, Celso Rocha de
    PT, uma história / Celso Rocha de Barros. — 1ª ed. — São Paulo : Companhia das Letras, 2022.

    ISBN 978-65-5921-123-4

    1. Brasil – Política e governo 2. Democracia 3. Partido dos Trabalhadores (Brasil) – História 4. Partidos políticos – Brasil – História I. Título.

22-120383	CDD-324.28107

Índice para catálogo sistemático:
1. Partido dos Trabalhadores : História : Brasil   324.28107
Aline Graziele Benitez – Bibliotecária – CRB-1/3129

[2022]
Todos os direitos desta edição reservados à
EDITORA SCHWARCZ S.A.
Rua Bandeira Paulista, 702, cj. 32
04532-002 — São Paulo — SP
Telefone: (11) 3707-3500
www.companhiadasletras.com.br
www.blogdacompanhia.com.br
facebook.com/companhiadasletras
instagram.com/companhiadasletras
twitter.com/cialetras

Para Natasha,
por me manter no lugar certo

Sumário

1. O lento tricô 9
2. A república de São Bernardo 34
3. Os PTs possíveis 55
4. As duas democratizações 71
5. Quantas camisas? Qual camisa? 93
6. O caramujo 119
7. 1989 139
8. O centro sem Estado 162
9. PT versus PSDB 185
10. A profissionalização 209
11. A social-democracia petista 230
12. Comandando o atraso 253
13. A volta do Estado 270
14. Dilma tenta o salto 292
15. O PT cai primeiro 319
16. Democracia em crise 344

Agradecimentos 363
Notas 367
Referências bibliográficas 439
Índice remissivo 467

1. O lento tricô

Quando Rosalina Santa Cruz saiu da prisão, suas opções de ação política eram poucas.

Rosalina havia começado sua militância no catolicismo, em Pernambuco, seu estado natal, fazendo catequese nas palafitas da cidade. Pernambuco era um dos pontos quentes da política brasileira dos anos 1950 e 1960. As Ligas Camponesas avançavam em sua luta pela reforma agrária, lideradas pelo advogado Francisco Julião. O pedagogo Paulo Freire conduzia seus esforços para alfabetizar adultos, um processo politicamente explosivo, pois, pela lei da época, isso significava dar aos pobres direito ao voto.[1] Em 1962, Miguel Arraes, um dos grandes nomes da esquerda brasileira, foi eleito governador do estado.

Na universidade, Rosalina entrou para a Juventude Universitária Católica (JUC) e começou a tentar "juntar Deus com Marx".[2] Depois do golpe militar de 1964, tornou-se guerrilheira na Vanguarda Popular Revolucionária (VPR), do ex-capitão do Exército Carlos Lamarca. Ainda hoje se lembra desse período como terrível — todo dia um companheiro preso, um companheiro morto —, mas também muito intenso. A VPR foi trucidada pela ditadura. Lamarca foi morto no sertão da Bahia e Rosalina foi presa duas vezes — e era sabido que as chances de sobreviver caíam na segunda prisão.

Rosalina sobreviveu. Foi torturada, cumpriu pena e, ao sair, se dedicou a lutar para saber o paradeiro de seu irmão. Fernando Santa Cruz foi morto pela ditadura na prisão, em 1974, mas o assassinato só foi confirmado anos mais tarde. Com o "desaparecimento" do irmão, ela teve "certeza de que tinha acabado tudo".[3] Os guerrilheiros haviam perdido, a ditadura havia vencido.

Fora da cadeia, Rosalina estava "queimadíssima", já conhecida pelos órgãos de repressão. Não pertencia mais a nenhuma organização de esquerda, porque a VPR havia sido destruída. Era 1974, e o país vivia ainda a fase mais repressiva do regime militar. Mesmo para os brasileiros que não tinham sido guerrilheiros, era muito difícil fazer política de qualquer tipo.

Rosalina, então, resolveu fazer duas coisas. A primeira foi tricô.

No começo da década de 1960, enquanto a democracia brasileira entrava em crise, outra instituição, muito mais antiga e só um pouco mais dependente de milagres, passava por uma grande reformulação. Entre 1962 e 1965, a Igreja católica apostólica romana realizava o Concílio Vaticano II, resultado de uma série de discussões e movimentos que procuravam trazê-la à modernidade sem abandonar seu núcleo central de valores e tradições. Duas partes dessa história nos interessam aqui: a revalorização dos leigos (isto é, dos não sacerdotes) pela hierarquia católica e a doutrina social da Igreja.

A valorização das associações de católicos leigos era, em parte, uma reação à falta de padres. A formação de sacerdotes no catolicismo é um processo muito lento. E os padres haviam se tornado muito mais necessários, porque, nas sociedades modernas, o Estado é laico; ninguém é obrigado a seguir a religião do governante. Sem ajuda do Estado, a Igreja precisava conquistar as consciências uma a uma.

As consciências dos católicos não eram disputadas apenas por outras denominações cristãs, pelo espiritismo ou por religiões de matriz africana. A Igreja católica também começou a perder operários para os socialistas, extremamente ativos no processo de auto-organização do proletariado urbano. Para disputar as consciências operárias, a Igreja se lançou ao trabalho de desenvolver sua própria doutrina social, que incorporava reivindicações proletárias, mas dentro de um apelo à moderação política.

Na França dos anos 1940, ainda sob ocupação nazista, um grupo de padres vai trabalhar nas fábricas regido pelo espírito missionário, buscando reconectar os pobres franceses com a vivência católica. Eram os *padres operários*.[4] Muitos deles acabaram tendo uma crise mística: não porque deixaram de crer em Cristo, mas porque concluíram que a hierarquia católica era distante demais da vida operária concreta e confortável demais dentro das instituições terrenas.[5] Se seu propósito original era, em um certo sentido, reconverter os operários, com o tempo passaram a ver na luta destes e dos pobres em geral uma forma de experiência cristã.

Em si, isso não era um problema incontornável para a hierarquia da Igreja, que tinha sua própria doutrina social e, inclusive, organizava seus próprios sindicatos. Mas os anos do pós-Guerra foram um período de enorme prestígio para o Partido Comunista Francês (PCF), cujos membros haviam se destacado na Resistência. A participação no movimento operário os levou a aproximações e alianças táticas com os comunistas, que eram muito influentes nas cidades e nos bairros operários. Membros leigos próximos aos padres operários se filiaram ao partido. Isso cruzava a linha do que era aceitável para Roma, que estava envolvida em fortes rusgas com os comunistas na Itália e nos países do Leste Europeu. Dentro do próprio movimento houve discordâncias sobre como se posicionar diante de um conflito que, em plena Guerra Fria, ia bem além do direito de atuar de forma combativa nos sindicatos. A partir de 1954, o Vaticano estabeleceu limites importantes para a atuação dos padres operários.

Seria um erro, entretanto, ver na aproximação do catolicismo com a defesa da igualdade social ou, aliás, na aproximação com os leigos apenas estratégias políticas ou organizacionais. Os evangelhos são claramente pró-pobres e desconfiados dos ricos. A base teológica e tradicional que foi utilizada na construção do catolicismo de esquerda é também parte do patrimônio histórico católico, embora as interpretações progressistas do Evangelho não sejam, obviamente, as únicas possíveis. Quando padres e freiras de esquerda foram à tradição buscar justificativas para seus argumentos, não tiveram dificuldade em achá-las. Na verdade, quem tem um trabalho teológico difícil pela frente são os cristãos que não dão importância à defesa dos pobres.

Em nenhum lugar do mundo a passagem do catolicismo social para o esquerdismo católico se desenvolveu tanto quanto na América Latina.[6] Não é por acaso: somos o lugar mais desigual do Ocidente cristão. Conforme os projetos reformistas e nacionalistas dos anos 1950 e 1960 — que contaram com o apoio da Igreja católica — fracassavam, os católicos de esquerda seguiam rumos semelhantes ao resto da esquerda. Alguns abandonaram o catolicismo para aderir ao marxismo e, às vezes, à guerrilha. Alguns poucos aderiram à guerrilha sem abandonar o clero — foi o caso do grupo de frades dominicanos ligados à Ação Libertadora Nacional (ALN), movimento guerrilheiro marxista liderado por Carlos Marighella. E muitos, no espírito dos novos tempos do Concílio, foram fazer trabalho evangélico de base entre os pobres, ganhando as consciências uma a uma para sua versão do catolicismo.

A importância da esquerda católica para a história do Partido dos Trabalhadores (PT) é imensa. Junto com os sindicalistas, foram a grande força impulsionadora do partido e do resto da esquerda brasileira em seu renascimento após a ditadura. O diálogo entre ideias cristãs e a tradição socialista não era de jeito nenhum inédito:[7] ideias socialistas influenciaram teólogos protestantes como Paul Tillich e Karl Barth no início de suas trajetórias, e esses autores, por sua vez, ajudaram a elaborar ideias que influenciariam a renovação católica (e protestante) na segunda metade do século XX. Em certo sentido, os operários europeus do século XIX e os moradores das periferias das cidades brasileiras do século XX conversaram por dentro do cristianismo.[8]

Mas o peso dos católicos na construção do PT foi muito maior do que nos partidos socialistas e trabalhistas europeus. Basta olhar para os nomes das grandes lideranças petistas: Gilberto Carvalho, talvez o assessor mais próximo que Lula teve no governo, é um ex-seminarista que trabalhava em uma fábrica, seguindo o exemplo dos "padres operários" franceses. Em termos de proximidade com Lula ao longo de sua carreira, Carvalho só disputa espaço com Frei Betto, frade dominicano que, inspirado "no que São Tomás de Aquino dizia sobre o direito à rebelião",[9] participou da Ação Libertadora Nacional de Marighella. Na juventude, Patrus Ananias, futuro governador petista de Minas Gerais, trocou correspondência com o célebre intelectual católico Tristão de Athayde sobre um livro do jesuíta Jacques Maritain, que havia lhe suscitado dúvidas.[10] Marina Silva, futura senadora e ministra do Meio Ambiente de Lula, estudava para ser freira quando, após assistir a uma palestra dos irmãos Leonardo e Clodovis Boff (os dois principais teólogos da libertação brasileiros), deu início à sua atividade política.[11] Chico Alencar, futuro deputado petista do Rio de Janeiro, representou a juventude católica no encontro da Conferência Nacional dos Bispos do Brasil (CNBB) de 1970; no mesmo ano, estava indo se encontrar com os dominicanos de São Paulo quando soube que a ditadura havia prendido os frades ligados à guerrilha.[12] Plínio de Arruda Sampaio, futuro deputado e importante quadro dirigente do PT, foi membro do Partido Democrata Cristão (PDC) antes de 1964. Olívio Dutra, fundador do PT e futuro governador do Rio Grande do Sul, começou na política por influência dos padres da pequena cidade do interior onde vivia.[13] Benedita da Silva, senadora pelo Rio de Janeiro, politizou-se a partir do contato com o catolicismo progressista que influenciava os movimentos de defesa dos direitos dos favelados cariocas e, posteriormente, tornou-se evangélica.[14] Finalmente, o sociólogo José de Souza Martins lembra que o bispo de Santo André sonhava com um líder sindical que não fosse comunista. Na visão de Martins, o sonho do bispo se realizaria no final dos anos 1970.[15]

Mas não basta listar nomes de lideranças para mostrar a influência do catolicismo de esquerda na construção do PT. Afinal, os grupos marxistas dos anos 1970 também forneceram diversas figuras importantes ao partido, sem, entretanto, terem o mesmo peso no processo. Tanto o catolicismo de esquerda quanto os sobreviventes da luta armada produziram quadros e ideias para o Partido dos Trabalhadores. Mas, dos dois, só o catolicismo social produziu *movimentos*.[16]

A Igreja católica brasileira apoiou o golpe de 1964, mas foi progressivamente se distanciando do governo. Em parte, porque logo ficou claro que o regime golpista não seria "transitório", como muitos de seus apoiadores esperavam. Em vez de realizar eleições presidenciais livres no ano seguinte, como os generais haviam prometido na hora do golpe, os militares ficariam no poder por 21 anos. Isso gerou insatisfação em amplos setores da população brasileira, inclusive da Igreja.

Em segundo lugar, a ditadura alvejou pesadamente a militância que lutava por causas como a reforma agrária, e, àquela altura, muitos dos que participavam dessas lutas eram religiosos católicos. A repressão a membros do clero não foi bem recebida pela hierarquia, e os católicos de esquerda brasileiros foram hábeis: ao contrário de alguns de seus congêneres latino-americanos,[17] não desafiaram a hierarquia de forma aberta. Segundo Scott Mainwaring, o resultado disso foi que, nos anos 1970, a Igreja católica brasileira virou, provavelmente, a mais progressista do mundo, e a Teologia da Libertação se tornou a maior contribuição latino-americana ao pensamento católico. Não por acaso, a eleição em 2013 do primeiro papa latino-americano, o argentino

Jorge Mario Bergoglio (Francisco I), trouxe um resgate de ao menos algumas das ideias dessa corrente.

Como consequência, a Igreja católica foi a incubadora de boa parte da sociedade civil que se reconstruiria após o fim do regime militar. Diversos movimentos sociais se colocaram sob proteção da Igreja, que era a única instituição que a ditadura não tinha coragem de desmantelar. Afinal, àquela altura, mais de 90% dos brasileiros eram católicos.

A situação ganhou uma nova dimensão em 1970, quando dom Paulo Evaristo Arns, ligado à Igreja progressista, se tornou arcebispo metropolitano de São Paulo. Fiel ao Concílio, dom Paulo deu início a um processo de expansão da Igreja para as periferias pobres da cidade, onde, muitas vezes, faltavam padres. Era a "Operação Periferia". Uma das formas de organização popular utilizadas nessa expansão foram os Clubes de Mães. Em sua origem, eram organizações de caridade em que mulheres de classes média e alta ensinavam mulheres pobres a, por exemplo, fazer tricô.

As guerrilhas marxistas brasileiras do final dos anos 1960 e começo dos anos 1970 fracassaram inapelavelmente. Nenhum de seus objetivos esteve remotamente perto de ser atingido. A maioria delas mal saiu do estágio inicial de organização — realizando assaltos a banco para obter dinheiro, por exemplo. Só o Partido Comunista do Brasil (PCdoB), rompido com o partido comunista "oficial" e adepto da "linha chinesa",[18] conseguiu estabelecer uma base de guerrilha rural no Araguaia, mas ela também foi dizimada em seus estágios iniciais. Centenas de jovens morreram no processo, muitos sob tortura. A sequência de dissidências abalou fortemente o Partido Comunista Brasileiro (PCB, o "Partidão" ou "Brasileiro"), que não aderiu à luta armada. A derrota da guerrilha foi total.

O debate sobre o que fazer diante do desastre começou já na cadeia. A ALN de Marighella, por exemplo, tinha como slogan "a ação faz a vanguarda". Soa bem, pode ser verdade em alguns contextos. Mas, no Brasil de 1970, deu claramente errado: a vanguarda não tinha retaguarda. Os pobres brasileiros, que os guerrilheiros pretendiam representar, não demonstraram o menor entusiasmo pela guerrilha. A grande maioria dos guerrilheiros era formada por estudantes de classe média. Nas discussões que tiveram dentro e fora da cadeia, perceberam o que, em retrospecto, parece óbvio: faltou trabalho de base, ir aos pobres, conhecer seus problemas, formular programas a partir dessas reivindicações concretas, conversar com as lideranças que surgiam entre os trabalhadores.

Conforme foram saindo da prisão, os militantes tomaram caminhos diferentes. Alguns abandonaram a militância, vários retomaram carreiras acadêmicas interrompidas, e uma parte foi atuar nos movimentos sociais urbanos que se reorganizavam sob a proteção da Igreja católica.

Isso foi facilitado pelo fato de algumas organizações de esquerda terem origem no catolicismo. O caso mais claro é o da Ação Popular (AP), organização a que pertencia Fernando Santa Cruz, irmão de Rosalina. Formada em 1962 por membros de esquerda da Juventude Universitária Católica, a AP se converteu ao maoismo nos anos 1960. Parece uma conversão improvável, e era mesmo, mas tinha certa consistência de curto prazo: tanto os maoistas quanto os cristãos negavam a ênfase do marxismo "oficial" de Moscou na análise econômica e enfatizavam a importância da luta ideológica (o que, na China, ocorreu de forma muito autoritária). Embora a Revolução Cultural Chinesa e a revolução dos costumes dos anos 1960 fossem coisas completamente diferentes, era fácil aproximar as duas no plano das ideias. Por fim, as duas metades do "maoismo cristão" davam absoluta prioridade ao trabalho de base da militância junto aos pobres.

Tanto os maoistas quanto os cristãos enfatizavam a importância de "proletarizar" seus militantes, colocando-os para trabalhar nas fábricas e no campo. O revolucionário anda em meio ao povo como o peixe no mar, dizia Mao Tsé-tung.[19] Quando a Ação Popular enviou seus militantes para trabalhar, seguia tanto o imperativo marxista quanto o exemplo dos "padres operários" franceses e, aliás, de séculos de trabalho missionário cristão em áreas pobres. Jair Ferreira de Sá (o "Dorival"), principal líder da AP no período 1967-70, chegou a falar em mil "integrações na produção" ou "proletarizações" de militantes no Brasil inteiro, mas dirigentes históricos da organização consideram a estimativa exagerada.[20]

A proletarização era uma forma extrema de aproximação entre os militantes de esquerda e os pobres brasileiros, mas o processo foi bem mais amplo e variado. E foi nesse clima que Rosalina Santa Cruz passou a participar dos Clubes de Mães da Igreja católica, onde se continuou a ensinar tricô, mas as conversas foram se politizando.

No começo dos anos 1970, a ex-freira Irma Passoni recebeu a incumbência de organizar as atividades de catequese em oitenta paróquias de São Paulo. Foram anos de intensa atividade, em que Passoni se tornou uma das grandes lideranças populares da história da cidade. A catequese que organizava era inteiramente imbuída do espírito do catolicismo progressista, em que a salvação era "uma conquista do dia a dia".[21] A luta pela justiça social era uma ordem de Roma, expressa, por exemplo, na encíclica *Gaudium et spes*:

Daqui vem a insistência com que muitos reivindicam aqueles bens de que, com uma consciência muito viva, se julgam privados por injustiça ou por desigual distribuição. As nações em vias de desenvolvimento e as de recente independência desejam participar dos bens da civilização, não só no campo político, mas também no econômico, e aspiram a desempenhar livremente o seu papel no plano mundial; e, no entanto, aumenta cada dia mais a sua distância, e muitas vezes, simultaneamente, a sua dependência mesmo econômica com relação às outras nações mais ricas e de mais rápido progresso. Os povos oprimidos pela fome interpelam os povos mais ricos. As mulheres reivindicam, onde ainda a não alcançaram, a paridade de direito e de fato com os homens. Os operários e os camponeses querem não apenas ganhar o necessário para viver, mas desenvolver, graças ao trabalho, as próprias qualidades; mais ainda, querem participar na organização da vida econômica, social, política e cultural. Pela primeira vez na história dos homens, todos os povos têm já a convicção de que os bens da cultura podem e devem estender-se efetivamente a todos.

A partir de uma base na antiga Vila Remo, hoje o bairro paulistano Jardim Ângela, Passoni e seu grupo ajudaram a organizar na periferia movimentos em defesa de moradia, pela construção de escolas públicas e de hospitais. Em alguns momentos, os movimentos conseguiram estabelecer um diálogo com políticos conservadores que apoiavam o regime militar — foi o caso do secretário de Saúde de São Paulo, o famoso cardiologista Adib Jatene. Não resta dúvida de que esse foco em problemas concretos atraiu a maior parte da base popular dos movimentos. Documentos da repressão notam que os "subversivos" vinham obtendo sucesso no "trabalho de bairro" porque "se utilizam de situações e fatos reais de expressão social e/ou econômica de interesse das diversas comunidades".[22]

Nada disso seria possível sem a atuação das Comunidades Eclesiais de Base (CEBS). Criadas no começo dos anos 1960 para lidar com a escassez de padres, as CEBS seriam a principal forma organizacional do catolicismo de esquerda. Uma reunião de CEB funcionava mais ou menos assim, na descrição de Passoni:[23] as reuniões começavam com cantos e um lanche comunitário; daí se fazia um debate com os participantes sobre os problemas que enfrentavam em suas vidas — sempre coisas muito práticas — e se discutia sobre como encarar esses problemas à luz da Bíblia. Embora a influência dos Evangelhos sobre a esquerda cristã seja evidente, enfatizavam-se também livros do Velho Testamento, como o Êxodo e o Livro de Judite. O êxodo dos hebreus sempre foi um tema fundamental na teologia progressista: a busca pela terra prometida, começando com a libertação da escravidão no Egito, e a longa marcha dos oprimidos pelo deserto.

O trabalho nas CEBS e a filosofia da Igreja progressista em geral também foram muito influenciados por um dos grandes intelectuais de esquerda da história do Brasil, o pedagogo Paulo Freire. Por sua importância para o resto da história deste livro, suas ideias merecem uma discussão em separado.

Ao contrário do que diz o atual discurso da direita brasileira, o método Paulo Freire de alfabetização não era de doutrinação ideológica. Era um método pedagógico que partia de palavras do cotidiano, decompostas em sílabas, e assim os alunos iam se familiarizando com a leitura a partir de sua vivência. Esse gesto de valorizar a realidade dos alunos é, sem dúvida, político, pois reafirma a perspectiva dos "de baixo", das "bases", mas não é político no sentido de impor um programa partidário específico.[24]

Como todo método pedagógico, o freirismo deve ser julgado por seus resultados. Deixaremos esse debate para os especialistas da área. O que nos interessa é o significado político da filosofia geral de Freire, que teve grande influência no universo ideológico petista.

Nesse ponto, é importante distinguir o caráter político de afirmação da autonomia popular no método Paulo Freire, as convicções do cidadão Paulo Freire e a conveniência de seu método para a "doutrinação comunista". O pedagogo era um cristão socialista, que tinha Marx entre suas influências filosóficas, como também tinha outros autores, de outras vertentes filosóficas, como a fenomenologia, o que dificultou sua aceitação por marxistas mais "puros".

A despeito do espírito de sua obra, Freire às vezes defendia lideranças de esquerda autoritárias, como se vê nas menções a Fidel Castro e Che Guevara em *Pedagogia do oprimido*. Chegou a colaborar com um regime comunista — o da Guiné-Bissau após a independência.[25] O livro que reúne suas cartas às autoridades do país africano é sua obra mais claramente "marxista ortodoxa" e, sob alguns aspectos, um retrocesso em relação a *Pedagogia do oprimido*.[26] Não por acaso, é o livro de Freire mais aceito pelos marxistas dogmáticos, que, no geral, desconfiavam do pedagogo.

Isso fica claro, por exemplo, nas dificuldades que Frei Betto[27] enfrentou para convencer o regime cubano a introduzir as ideias de Freire nas escolas de Cuba. O fracasso do religioso é perfeitamente compreensível. Caso fosse aplicada a filosofia de Freire na formação política dos alunos em um regime socialista, não haveria como garantir que suas reflexões não os tornassem críticos ao próprio regime socialista. Aliás, se isso de algum modo não acontecesse, seria possível mesmo dizer que o trabalho foi feito errado. A filosofia da educação de Freire — que inspira, mas é diferente de seu método de alfabetização — quer formar cidadãos críticos que pensam a partir de suas experiências de vida. Na União Soviética de 1933, por exemplo, camponeses formados pela "pedagogia do oprimido" certamente pegariam em armas contra Stálin.

E não pode escapar ao leitor de *Pedagogia do oprimido* que o livro é, também, uma peça de doutrinação de freirismo para comunistas. Há inúmeras referências ao fato de que revoluções que fizessem trabalho político como a educação tradicional ensinava — de forma hierárquica, sem valorizar as experiências e as opiniões dos cidadãos, tolhendo-lhes a autonomia para opinar etc. — certamente se degenerariam.

Um partido em que os militantes fossem influenciados pelo universo cultural de Paulo Freire — que também era o do catolicismo progressista das CEBs — seria socialista e "basista", formado na fé segundo a qual, como dizia Karl Marx, "a libertação da classe trabalhadora é tarefa da própria classe trabalhadora".

Um partido assim dificilmente seria leninista e autoritário como os velhos partidos comunistas, e isso tudo é bom. Mas talvez tivesse dificuldades quando houvesse a chance real de chegar ao poder e precisasse pensar como Estado, não como movimento.

É difícil exagerar a importância das Comunidades Eclesiais de Base para o Brasil nos anos 1970 e 1980, ou, para ficarmos nos propósitos deste livro, para a formação do Partido dos Trabalhadores. A Igreja católica chegava em inúmeros lugares em que nenhuma organização de esquerda (ou de direita, a propósito) jamais pusera os pés.

Embora tenha havido trocas de militantes entre as duas correntes, os católicos de esquerda não eram um braço das organizações de esquerda. Eles foram seu próprio movimento, tinham seus próprios princípios e continuavam sendo parte da Igreja católica. Mas também é verdade que muitos militantes de esquerda começaram sua politização nas CEBS e, eventualmente, passaram a integrar outras organizações. Os católicos progressistas decidiram não formar seu próprio partido ou sua própria tendência dentro do PT,[28] mas se tornaram grandes formadores de quadros para diferentes tendências e partidos de esquerda. Talvez sua influência tenha sido maior por isso.

Um bom caso para acompanhar o relacionamento entre o catolicismo progressista e as organizações de esquerda foi o Movimento do Custo de Vida (MCV), organizado a partir dos Clubes de Mães de periferia de São Paulo. Foi um típico movimento social dos anos 1970 que criou a cultura de participação e militância que geraria o Partido dos Trabalhadores[29] e, do ponto de vista mais amplo, a nascente sociedade civil brasileira.

A inflação do país nos anos 1970 não era comparável ao que a ditadura deixaria de legado para a democracia dez anos depois. Mas já era percebida como um problema pelas participantes dos Clubes de Mães, aqueles onde Rosalina Santa Cruz foi fazer tricô e política. Assim, teve início na periferia um processo de organização de mulheres pobres que protestavam contra os aumentos de preços e faziam compras conjuntas no atacado. Mas foi em 1977 que uma fraude cometida pelo regime militar tornou a inflação uma questão política explosiva.

Na época, o jovem economista Eduardo Suplicy trabalhava na editoria de economia do jornal *Folha de S.Paulo*. Poucos anos antes, enquanto fazia seu doutorado nos Estados Unidos, Suplicy ficou muito impressionado quando um grupo de economistas americanos entregou ao presidente Richard Nixon um documento pedindo a implantação de um programa de renda mínima.[30] Muito pouca gente na história do mundo se apaixonaria tanto por uma ideia quanto Suplicy pela renda mínima.

Em junho de 1977, Suplicy recebeu do célebre jornalista Paulo Francis um relatório de circulação limitada do Banco Mundial sobre o Brasil. O jornal do dia seguinte enfatizava revelações sobre a sustentabilidade da dívida externa brasileira (que explodiu por irresponsabilidade da ditadura), mas uma nota do relatório trazia outra informação: a inflação brasileira de 1973 havia sido maior do que a ditadura tinha anunciado. Como o índice oficial de inflação era a base para o reajuste dos salários, o governo havia roubado salário dos trabalhadores brasileiros.

Essa combinação de reivindicação econômica com senso de ofensa moral foi muito bem explorada pelos sindicatos, até então pesadamente reprimidos, e pelas outras forças de oposição. Era uma reivindicação segura: apenas se pedia que fosse aplicada a regra salarial fixada pelo próprio regime. Líderes como o novo presidente do Sindicato dos Metalúrgicos de São Bernardo e Diadema, Luiz Inácio da Silva, tornaram-se conhecidos nacionalmente durante essa campanha pela reposição dos aumentos roubados.

Nesse clima, o Movimento do Custo de Vida organizou um imenso abaixo-assinado contra o aumento de preços, que foi entregue, em plena ditadura, ao governo federal. Sua popularidade foi comprovada quando os organizadores Irma Passoni e Aurélio Peres (uma ex-freira e um ex-padre) foram eleitos deputados estaduais em 1978, concorrendo pelo Movimento Democrático Brasileiro (MDB). Vários grupos de esquerda — inclusive os dois partidos comunistas — lançavam candidatos pela legenda do MDB, que havia se fortalecido nas eleições de 1974. Parlamentares de esquerda ligados ao partido, como o advogado e futuro deputado petista Airton Soares, apoiavam os novos movimentos sociais emergentes. Eduardo Suplicy dava palestras sobre economia em suas reuniões. Intelectuais como o sociólogo José Álvaro Moisés lhes falavam sobre a história de movimentos sociais anteriores — como a grande greve de 1953. A rede de contatos que fundaria o PT ia se adensando.

A crise do MCV, por outro lado, mostra como a ligação com os movimentos de base se tornava problemática quando as organizações de esquerda deixavam de aceitar uma atuação subordinada e passavam a tentar controlar os movimentos. Em 1979, o PCdoB assumiu controle do MCV, já então bem mais centralizado do que em sua origem. Com a partidarização, a Igreja se afastou, deixou de ceder seus espaços (salas de aula em colégios, centros sociais etc.) para o movimento, e as donas de casa da periferia foram embora, demonstrando desinteresse pelas pautas e pela linguagem da esquerda tradicional. No último ato público do MCV, os agentes da repressão infiltrados reclamavam que havia tão pouca gente que era difícil passar despercebido.[31]

Dessa história, algumas coisas ficam claras: a Igreja patrocinava a organização social, mas sua aproximação com partidos clandestinos dependia de convergências reais de visão política: ambos eram aliados na construção dos movimentos de base, e parte importante dos católicos progressistas certamente apoiaria uma revolução brasileira. Mas os católicos progressistas não aceitavam se submeter à liderança das organizações marxistas, que não só eram ateias como também altamente hierarquizadas e dogmáticas. Os católicos já tinham suas próprias hierarquias e dogmas com que lidar.

Em segundo lugar, os pobres acolheram bem os militantes de esquerda que os ajudavam a lutar contra problemas concretos — advogados, economistas, militantes com experiência em organização, acesso à imprensa, contatos no mundo acadêmico etc. Mas continuavam desinteressados pelo marxismo dogmático. Nisso, aliás, pode-se dizer que as donas de casa do Jardim Ângela anteciparam a postura pragmática que a matriz do maoismo, o Partido Comunista da China, passaria a adotar poucos anos depois, sob a liderança de Deng Xiaoping. Também no Jardim Ângela, não importava a cor do gato, desde que ele pegasse o rato.

Os moradores da periferia podiam até se aproximar de posições de esquerda após a convivência com militantes. Mas se aproximavam ou se distanciavam conforme isso lhes parecesse mais ou menos interessante e nos termos que lhes parecesse conveniente.

Nesse, como em outros casos, o PT se beneficiaria de tradições de luta de outras organizações de esquerda, como o PCdoB, que tiveram dificuldades em administrar a autonomia dos novos movimentos que ajudaram a criar. Vários militantes formados no MCV, inclusive Irma Passoni, participaram da fundação do Partido dos Trabalhadores.

A experiência dos movimentos de periferia não foi importante apenas para politizar pobres. Ela teve um efeito profundo sobre as militantes de esquerda que dela participaram. A experiência de conversar com mulheres pobres, de origem social e nível educacional completamente diferentes, mostrou às ex-guerrilheiras que havia problemas específicos das mulheres, problemas que cruzavam as fronteiras de classe.

Na classe média em que haviam nascido, na guerrilha ou na Vila Remo, havia patriarcado, desigualdade na distribuição de trabalho doméstico, silêncio sobre a sexualidade feminina. As ex-guerrilheiras eram naturalmente sensíveis a reivindicações feministas, tendo participado da atividade masculina por excelência — a guerra. Depois que as mulheres pegaram em armas, mandá-las de volta para a cozinha foi mais difícil. Uma ex-guerrilheira se tornaria a primeira mulher a chegar à presidência do Brasil, eleita pelo PT.

Formadas a partir da visão marxista que privilegiava a análise de classes, as jovens guerrilheiras iam se aproximando, por esse caminho, da discussão feminista. Também o fariam por outros, dos quais falaremos em breve. E o choque entre o despertar feminista das mulheres pobres e das jovens universitárias nem sempre foi fácil de administrar. Até hoje não é.

O que nos traz à segunda coisa que Rosalina Santa Cruz resolveu fazer quando saiu da cadeia: participar de um jornal feminista.

Durante a ditadura militar, surgiram dois jornais que se mostraram importantíssimos para a organização posterior do feminismo brasileiro: o *Brasil Mulher* (do qual participaria Rosalina Santa Cruz) e o *Nós, Mulheres*.[32] O *Brasil Mulher*, em sua primeira edição, apresentou-se como o periódico do movimento feminino pela anistia, e nele havia forte presença de militantes do PCdoB e da AP. O *Nós, Mulheres* foi organizado sobretudo por mulheres que voltavam do exílio, que haviam sido influenciadas pelo feminismo francês e que, embora também fossem de esquerda, não queriam uma proximidade tão grande com as organizações marxistas.

Por ter começado mais grudado nas organizações marxistas, o *Brasil Mulher* é especialmente adequado para mostrar como foi a evolução das ideias dessas feministas.[33] O jornal começou como um veículo dedicado à defesa da anistia, financiado pela líder do Movimento Feminino pela Anistia, Therezinha Zerbini. O PCdoB, fortemente representado na redação (e fortemente atingido pela repressão), apoiava essa luta. No seu número zero, o periódico chegou inclusive a enfatizar que não era um jornal "da mulher", o que gerou controvérsias. Essa posição só durou um número: Therezinha Zerbini abandonou o projeto quando a editora Joana Lopes decidiu fazer uma inflexão para o feminismo no número seguinte.

Mesmo assim, o processo de evolução ideológica foi lento. As entrevistas recolhidas por Teles e Santa Cruz[34] mostram como o feminismo foi um aprendizado difícil para as militantes marxistas. As pautas feministas conviveram com as da esquerda ortodoxa e foram ganhando espaço aos poucos. A discussão sobre a pílula anticoncepcional, por exemplo, ainda era feita em termos dos riscos do controle de natalidade como estratégia de administração das populações do Terceiro Mundo. Como disse Maria Moraes,[35] ainda não havia tantas discussões sobre os efeitos libertários da pílula sobre o comportamento sexual. As relações com as organizações de esquerda também eram difíceis. O PCdoB, ao qual várias das organizadoras do *Brasil Mulher* eram próximas, dava muito pouca importância ao jornal.[36] A arquiteta Beatriz do Valle Bargieri conta que, quando disse a seus camaradas que participaria de uma publicação de mulheres, ouviu comentários como: "É, já que vai ter que ficar de molho por um tempo" — isto é, longe de atividades mais importantes por ser conhecida pela repressão —, "é melhor do que não fazer nada".[37] Os comunistas "do B" também teriam um longo aprendizado pela frente, mas já nos anos 1980 elegeram uma liderança feminina importante para o Parlamento, a médica carioca Jandira Feghali.

Note-se que a dupla atuação das ex-guerrilheiras as colocava em situações difíceis. Em algumas das primeiras tentativas de organizar grandes reuniões políticas que incluíssem tanto as militantes feministas quanto as donas de casa do MCV, o choque cultural foi intenso. As donas de casa, que, lembremos, por mais politizadas que fossem, chegaram ao movimento pelo catolicismo, se chocavam com as cenas de feministas de classe média, já engajadas na luta pelos direitos dos homossexuais, beijando outras mulheres. Essa não é uma cena comum em reuniões políticas brasileiras de hoje. Imaginem o que era isso no final dos anos 1970. E havia uma questão central: o que as feministas tinham a dizer sobre um movimento de "donas de casa"? Essas tensões foram administradas como foi possível — e, para isso, a existência da ditadura como adversário comum ajudou. Mas não foram perfeitamente resolvidas até hoje.

Tanto o *Brasil Mulher* quanto o *Nós, Mulheres* encerraram suas atividades no final da década de 1970, como grande parte da imprensa alternativa da época do regime militar. Com o fim da censura já nos últimos anos da ditadura, a grande imprensa incorporou a maioria dos jornalistas e intelectuais que escreviam para esses veículos, bem como boa parte das pautas que eles abordavam. Sem esses diferenciais competitivos, os veículos da imprensa alternativa não conseguiram sobreviver.

Rosalina Santa Cruz se tornou cada vez mais feminista e, como militante importante dos movimentos descritos neste capítulo, optou pelo PT após a reforma partidária de 1979. Concorreria a deputada federal em 1986 com o slogan "Sem prazer não dá". As novas pautas comportamentais chegavam ao Brasil, e, como em grande parte do mundo, chegavam pela esquerda.

As organizações de esquerda muitas vezes colocavam em contato lutas que talvez tivessem permanecido isoladas se não fosse a mediação partidária. Tome-se como exemplo o caso do PCdoB, de que falamos na última seção: embora houvesse risco de o partido tentar assumir o controle dos movimentos, um militante do partido no meio dos anos 1970 podia conhecer pessoas que o colocariam em contato com jornais feministas, com padres de esquerda, com sindicalistas combativos, com os movimentos de bairro da periferia de São Paulo. E a principal bandeira das organizações de esquerda daquela década — a redemocratização — era claramente do interesse de todos os movimentos sociais.

Mas a tensão entre movimentos e organizações de esquerda era real. Em poucos momentos ela se mostrou mais aguda do que no caso do primeiro movimento de defesa dos direitos dos homossexuais brasileiros, o Somos.

Fundado em 1978 como Núcleo de Ação pelos Direitos dos Homossexuais (NADH), o Somos foi precedido por uma tentativa de organização de grupos de discussão de universitários homossexuais paulistas pelo escritor João Silvério Trevisan, que morou nos Estados Unidos e tinha contatos com a comunidade gay de San Francisco.[38] Em dezembro de 1978, o NADH adota o nome "Somos" em homenagem a um grupo homônimo que existiu na Argentina e foi dissolvido pelo golpe militar de 1976.[39] A organização se propunha a ter uma estrutura horizontal, sem liderança clara, e era dividida em grupos temáticos. Teve uma atuação importante na defesa do jornal *Lampião da Esquina*, voltado para o público gay e perseguido judicialmente pela ditadura. O

Somos também atuou nos protestos contra esforços da polícia paulista para "limpar" as áreas do centro velho da cidade que reuniam bares gays.

Mas desde o início o Somos foi marcado pela tensão entre os que defendiam a completa independência diante das organizações de esquerda e os que defendiam uma aproximação. Em um debate na Universidade de São Paulo (USP), em 8 de fevereiro de 1979, os dois lados se opuseram em uma discussão entusiasmada que acabou aumentando a visibilidade do movimento e atraindo novos membros. Logo o Somos passou a atrair mulheres, e um subgrupo de lésbicas foi criado.

Parte importante dos integrantes do Somos também militava em organizações de esquerda. Mas, além do caso de membros dos velhos partidos comunistas que viviam em conflito sobre o quanto sua luta específica devia se sobrepor à luta geral do operariado, havia um problema novo: uma organização trotskista importante, sobre a qual falaremos bastante no terceiro capítulo (a Convergência Socialista), criou seu próprio grupo gay e se tornou a primeira organização da esquerda brasileira a oficialmente se empenhar na causa dos direitos dos homossexuais.

Os defensores do distanciamento do movimento das organizações de esquerda agora tinham um problema diferente nas mãos: não se tratava de jovens gays que pertenciam a organizações e partidos clandestinos, os quais, no fundo (e, em geral, também na superfície), ainda eram homofóbicos. O Somos não precisava ter qualquer temor de ser cooptado, por exemplo, por grupos comunistas, entre os quais havia quem dissesse que o "homossexualismo" era uma forma de masturbação.[40] Mas a Convergência Socialista, em tese, exatamente por não ser homofóbica e por ser mais sintonizada com a esquerda pós-1968, poderia ter interesse no aparelhamento do Somos.

Este não é o lugar para ressuscitar o longo e, por vezes, amargo debate que se seguiu entre os integrantes do grupo, opondo, sobretudo, o escritor João Silvério Trevisan, do lado dos que defendiam o distanciamento, e o jovem militante americano James Green, que tinha vindo morar no Brasil para acompanhar o namorado e entrou com ele na Convergência Socialista. É indiscutível que ambos têm lugar garantido entre os grandes nomes da luta pelos direitos dos homossexuais brasileiros.

Com base na evidência que sobreviveu, é difícil julgar se a Convergência tentou mesmo assumir o controle do Somos, como acusa Trevisan.[41] É perfeitamente possível que sim. Mas me permitirei defender o grupo de Green em um episódio decisivo para mostrar como um pouco de mentalidade organizacional e partidária pode ser útil a um movimento social.

Em 1980, como veremos no próximo capítulo, as greves do ABC paulista foram objeto de intensa repressão. Um grupo de militantes do Somos propôs participar das manifestações de solidariedade aos grevistas em São Bernardo do Campo no dia Primeiro de Maio de 1980. A proposta de ida ao ato foi derrotada por um voto (54 a 53). O grupo derrotado resolveu ir ao ato de qualquer maneira, o que causou uma crise fatal no movimento.

Agora vejamos o que fizeram os militantes que foram ao ato. Não foi uma decisão fácil. Mesmo entre os membros do grupo gay da Convergência Socialista, que defendia a ida ao ato, havia dúvidas: "Será que os operários vão nos dar porrada, será que seremos aceitos?".[42] O único operário do grupo, um jovem negro metalúrgico que namorava escondido entre as máquinas da fábrica, lhes garantiu: não vai ter problema.

Partiu, então, um grupo de cerca de cinquenta gays e lésbicas em direção a São Bernardo do Campo, completamente cercado pela polícia. Chegaram quando a passeata já havia começado e estenderam suas faixas em meio aos operários: "Pelo fim da intervenção nos sindicatos do ABC: Comissão dos Homossexuais do Primeiro de Maio" e "Contra a discriminação contra os trabalhadores homossexuais". Seguiram a passeata até o estádio da Vila Euclides, palco das históricas manifestações de 1978-80 e, diante de 50 mil operários, estenderam suas faixas no palco. Ao contrário do que esperavam, foram aplaudidos.

É perfeitamente possível que a Convergência Socialista tenha feito isso para se promover, como acusava Trevisan. Se era isso, era um plano ousado. Os direitos dos homossexuais estavam longe de ser uma causa cuja defesa fosse certeza de popularidade. Mas digamos que fosse isso: o fato é que 50 mil operários, que certamente nunca haviam sido expostos a uma manifestação política de homossexuais, aplaudiram a primeira que viram, sem dúvida porque ela foi feita em solidariedade a eles. Nenhum dos operários deve ter saído dali um militante fervoroso da causa LGBTQIA+, mas é razoável supor que muitos se tornaram mais abertos ao tema.

Isto é, organizações como a Convergência, os partidos comunistas ou a Ação Popular de fato ofereciam risco de aparelhamento aos movimentos sociais. Mas também lhes abriam novas possibilidades de articulação com o resto da sociedade. Isso ficaria claro no caso de um movimento cujos membros haviam ascendido socialmente tinha pouco tempo e ainda não tinham grandes contatos pessoais dentro do mundo político: o movimento negro.

Em 1978, a historiadora e filósofa Lélia Gonzalez foi ao bairro carioca de Coelho Neto se encontrar com o compositor Candeia, um dos grandes nomes da história da música brasileira.[43] O velho sambista havia sido um dos organizadores do Grêmio Recreativo de Arte Negra Escola de Samba Quilombo, um movimento que se opunha à comercialização e à cooptação do Carnaval carioca pela indústria do turismo. A Quilombo também criticava a influência dos bailes de música soul sobre a juventude negra brasileira, considerando-os um estrangeirismo. Bem mais jovem, Gonzalez foi a Candeia pedir seu apoio para um ato político que estava prestes a acontecer em São Paulo. Para muitos dos jovens organizadores da manifestação, os bailes soul eram uma importante afirmação de sua identidade negra. Apesar dessa divergência político-musical, Candeia deu sua bênção aos garotos e nomeou Lélia Gonzalez sua representante no evento.

No dia 7 de julho de 1978, cerca de mil manifestantes compareceram à praça em frente ao Theatro Municipal de São Paulo para protestar contra dois episódios de racismo: o assassinato, sob tortura, do jovem negro Robson Silveira da Luz em uma delegacia em Guaianases e a perseguição a jovens jogadores de vôlei do Clube Tietê, que foram impedidos de usar a piscina por serem negros. Segundo Milton Barbosa, estudante de economia da USP que se tornaria uma das grandes lideranças negras brasileiras, o segurança teria dito ao técnico do time que, se deixasse que os jovens nadassem na piscina, o clube imediatamente perderia cem sócios.[44]

Os organizadores distribuíram panfletos em bailes soul, casas de show frequentadas pela juventude negra e no viaduto do Chá, no centro da cidade. A música dos bailes black era uma espécie de "trilha sonora dessa geração", e algumas casas de baile autorizavam os jovens negros a realizarem reuniões para discutir literatura ou recitar poesia. Os bailes eram "um ponto de aglutinação para uma juventude negra que começava a entrar na universidade", lembra o jornalista Flavio Carrança,[45] que na época era colega de Milton Barbosa na Faculdade de Economia e Administração da USP.

O ato foi um grande sucesso. Barbosa, como principal organizador, discursou nas escadarias do Theatro Municipal. Além de comparecer como militante negro, Carrança cobria a manifestação para o jornal de sua organização trotskista[46] e se lembra de que, para ele, o sucesso do ato foi "uma surpresa. Eu me lembro nitidamente, até hoje, da sensação de caminhar em meio a mil pessoas, quase todas negras, gritando 'Abaixo a ditadura'".[47] Os organizadores conseguiram atrair veículos da imprensa nacional e internacional para a cobertura. E, é claro, a repressão estava presente. "Os policiais passavam no carro gritando 'aí só tem prostituta e ladrão', mas a negrada segurou firme porque o importante era realizar o ato."[48]

Alguns dias antes do ato em frente ao Municipal, em 18 de junho, havia sido fundado o Movimento Unificado contra a Discriminação Racial, que, poucos meses depois, seria rebatizado como Movimento Negro Unificado (MNU). O MNU, como outras organizações negras fundadas nos anos seguintes, daria continuidade a uma história de luta antirracista que já vinha de longe.

A luta de negros e negras brasileiros contra a opressão racial é tão antiga quanto sua chegada ao Brasil como escravizados. Até o final da escravidão, quilombos de escravos fugitivos resistiram militarmente à dominação escravocrata. O abolicionismo, em que se destacaram numerosas lideranças negras, foi nosso primeiro grande movimento social, o primeiro a conseguir cavar espaço na esfera pública surgida no século XIX.[49] No início do século XX, nasceu um movimento negro propriamente dito, com jornais e associações que colocavam como objetivo combater a discriminação racial e promover a "segunda abolição".[50] Na década de 1930, a Frente Negra Brasileira (1931-7) se tornou um polo de atuação importante, com aproximações inclusive com a direita nacionalista e com o integralismo. No pós-Guerra, o Teatro Experimental do Negro (TEN), liderado pelo grande intelectual negro Abdias Nascimento, aproximou-se das ideias nacionalistas e "populistas" de Getúlio Vargas.[51] Assim, ia se formando um repertório de táticas de luta política e cultural adaptado à democracia moderna.

Como em todas as outras áreas, esse desenvolvimento é prejudicado pelo golpe de 1964. Abdias Nascimento, maior liderança negra brasileira, exilou-se nos Estados Unidos. Um candidato negro, Esmeraldo Tarquínio, foi eleito prefeito da cidade de Santos em 1968 pelo MDB, mas foi cassado depois do Ato Institucional nº 5 (AI-5), antes de tomar posse. Tarquínio era de esquerda, e

Santos, como Santo André, era uma cidade de fortíssima tradição comunista. Em um evento de reservistas do Exército, ouviu de um general que era "negro subversivo", um comunista que deveria ir "limpar privadas em Moscou". Comunistas brancos sofreram uma repressão pesada ao longo da história brasileira, mas não conheço caso em que tenham sido mandados "limpar privadas".[52]

As coisas, porém, começavam a mudar. Nas décadas de 1960 e 1970, formaram-se centros culturais e clubes negros. Famílias negras, como os pais dos jovens fundadores do MNU, conseguiram ascender à classe média e começaram a ter as mesmas expectativas que tinham famílias brancas em posição social semelhante. Na Bahia, o grupo carnavalesco Ilê Aiyê iniciava uma atividade cultural que teria imenso impacto nas décadas seguintes. Os bailes soul, de que Candeia suspeitava, tornam-se espaços de afirmação da identidade negra. As escolas de samba, que Candeia defendia, consolidam-se como espaços de defesa da cultura negra. E a questão racial havia se tornado global: dos movimentos por direitos civis americanos, passando pelos Panteras Negras, até os movimentos de independência da África, a afirmação da identidade negra ficou cada vez mais forte. Seria surpreendente se o Brasil, o maior país negro fora da África, não fosse influenciado por esse processo.

Como vimos, boa parte dos fundadores do MNU era formada por universitários negros, que começavam a entrar em maior número nas universidades públicas ou, por meio de bolsas de estudo, nas universidades católicas. Como boa parte da militância estudantil, os jovens do MNU também passaram por organizações de esquerda, como a Ação Popular ou as várias dissidências do Partido Comunista.[53] Mas as duas organizações que tiveram mais relevância na construção do MNU eram trotskistas: a Liberdade e Luta (Libelu) e, em especial, a Convergência Socialista, a mesma que atuava no Somos. A Convergência tinha grande influência sobre o jornal alternativo Versus. Sob a liderança do jornalista Marcos Faerman, Versus abriu espaço para intelectuais negros em sua seção "Afro-Latino América", de grande importância histórica.[54]

Mas a história do MNU, como a de todos os outros movimentos sociais nesse renascimento da sociedade civil brasileira, também foi marcada por tensões entre o movimento e as organizações de esquerda. O grupo de militantes negros de Milton Barbosa, por exemplo, entrou na Convergência Socialista,[55] mas se distanciou da organização antes do ato do Theatro Municipal. Os jovens militantes negros sentiam que, embora a Convergência lhes oferecesse apoio, não incorporava suas discussões como parte de seu programa fundamental nem abria suas posições de liderança para o movimento negro.

Mas, ao contrário do que aconteceu no Somos, o grupo de Barbosa — agora denominado Grupo Abolição — continuou atuando ao lado das organizações de esquerda quando isso era de seu interesse. Na construção do MNU, foi muito importante a aliança entre o Grupo Abolição e uma geração um pouco mais jovem de militantes negros da Convergência Socialista, reunidos sob a denominação Núcleo Negro Socialista. Quando a lenda viva Abdias Nascimento sugeriu que o Movimento Unificado contra a Discriminação Racial (MUCDR) incluísse o termo "negro" em seu nome, o Núcleo Negro Socialista protestou, pois esperava formar uma frente antirracista mais ampla; já o Grupo Abolição abraçou a proposta de Abdias de criar um movimento, antes de mais nada, negro.

Enfim, a história do MNU mostra, mais uma vez, as vantagens e as desvantagens da aproximação entre os novos movimentos sociais e as organizações de esquerda: havia o risco de aparelhamento e usurpação da liderança dos movimentos pelas organizações, mas também havia oportunidades: os militantes negros claramente saíram ganhando na sua convivência com a Convergência e com outros grupos de esquerda. Participaram de grupos de estudos, ganharam contatos no mundo político, na imprensa (tanto na alternativa quanto na comercial) e na academia. Nas palavras da pesquisadora Flavia Rios, uma das grandes historiadoras do movimento negro brasileiro, "os ativistas [...] se utilizaram da rede social e de estratégias políticas da esquerda brasileira para construir uma ação coletiva antirracista".[56]

Grande parte das lideranças do MNU entraria para o Partido dos Trabalhadores, e Lélia Gonzalez participaria de seu primeiro Diretório Nacional. Como veremos a seguir, essa relação se tornaria bastante turbulenta na década seguinte, mas a opção inicial pelo PT foi fácil: era o partido mais aberto para os movimentos e, o que parecia decisivo, não tinha um grande "dono" carismático, como Leonel Brizola ou Miguel Arraes, de quem falaremos mais adiante. Nas palavras de Gonzalez, "o PT é um partido que não tem senhor [...], é toda uma visão de mundo, uma postura corporal diferente".[57]

Aos poucos, as organizações de esquerda começaram a se adaptar aos movimentos. Como disse Sonia Alvarez,[58] no início eram as organizações que julgavam que tipo de feminismo era aceitável para o marxismo ortodoxo. Com o tempo, as feministas, os operários, os militantes negros, os militantes de bairro ou os LGBTQIA+ é que começaram a discutir que esquerda era aceitável para eles.

Aí, sim, começa a história do Partido dos Trabalhadores.

Todos esses movimentos sociais — o MCV, as CEBS, os Clubes de Mães, as associações de bairro, o Somos, o movimento estudantil, o MNU, a Ordem dos Advogados do Brasil (OAB), a Associação Brasileira de Imprensa (ABI) — formaram a base do que seria a "sociedade civil" do Brasil durante a redemocratização. Eles muitas vezes surgiram em função de processos de urbanização acelerados e caóticos, como foi o caso dos movimentos de associações de bairros. Em outros casos, refletiam a mudança de agenda das reivindicações econômicas dos socialistas para as pautas "libertárias" de feministas, homossexuais e grupos étnicos historicamente discriminados. Muitos, como vimos, atuaram sob proteção da Igreja progressista em algum momento. Em vários deles, as organizações de esquerda (inclusive os dois partidos comunistas) tiveram uma atuação importante; mas o espírito de autonomia dos movimentos gerou seu próprio dinamismo.

A participação da esquerda na sociedade civil brasileira foi fortíssima, e isso não ocorreu por acaso. Como notou Elio Gaspari, a ditadura retirou da esquerda a possibilidade de influenciar o Estado, restando-lhe a luta política fora dele. O regime autoritário, por sua vez, enfraqueceu a direita nesses espaços: não era fácil ser jornalista, artista ou intelectual e defender, em seu meio, um governo que censurava. Um sindicalista que apoiasse o regime imediatamente seria suspeito de ser informante da polícia (e talvez de fato fosse). O ideal ditatorial do quartel, da burocracia, do Departamento de Ordem Política e Social (DOPS) não conversava com a visão de mundo da juventude do Brasil que se modernizava.

É muito importante não superestimar a força dessa nova sociedade civil. Embora os novos movimentos tenham conseguido ocupar espaços e, ocasionalmente, eleger parlamentares, ainda vivíamos uma ditadura. A parcela da população brasileira que participava desse processo de modo ativo era muito pequena. Mas o entusiasmo que os movimentos geravam entre os democratas, após anos de silêncio forçado pela repressão, era bem mais amplo. E o entusiasmo gerado pelos novos movimentos sociais influenciaria as ideias sobre como deveriam ser os partidos de esquerda quando pudessem ser reorganizados.

Em 1977, Fernando Henrique Cardoso era um dos maiores intelectuais de esquerda brasileiros. Havia sido cassado pela ditadura e fundado o Centro Brasileiro de Análise e Planejamento (Cebrap), que ajudou a formular o programa do MDB na eleição de 1974. Fernando Henrique também dava palestras para a arquidiocese de São Paulo. Por encomenda de dom Paulo Arns, o Cebrap havia elaborado um estudo, *São Paulo 1975: Crescimento e pobreza*, que defendia a participação dos movimentos sociais na gestão dos problemas da cidade. O estudo despertou tanta raiva no secretário de Segurança de São Paulo, o coronel Erasmo Dias, que ele declarou que lia o livro antes de dormir para alimentar sua ira contra a esquerda.[59]

Nos anos 1990, Cardoso seria eleito e reeleito presidente da República, derrotando o PT nas duas ocasiões. Porém, em 1977, estava envolvido nas discussões sobre a criação de um novo partido de esquerda, sobre o qual falaremos no capítulo 3. Escrevendo para o jornal *Versus*,[60] Fernando Henrique propôs o seguinte modelo para um novo partido de esquerda:

> Eu acho que é possível pensar um horizonte socialista para os partidos dos assalariados, e não numa social-democracia. Mas acho também que a social-democracia é parte constitutiva deste horizonte [...], seriam confederações de movimentos sociais, relativamente independentes, enraizados em suas bases. Os movimentos das comunidades de base das igrejas, as associações de bairro, os sindicatos autênticos, a imprensa alternativa, quem sabe jornalistas da outra também, os centros de pesquisa e trabalho, o movimento estudantil, as associações de empregados, de professores, de mães, os clubes ecológicos, os movimentos das minorias etc. formariam o tecido vivo destes partidos. [...] Estes anteciparam na sua vida interna o tipo de Estado e de sociedade democrático, participatório e socialmente igualitário e constitui o modelo a ser construído. E muito antiburocrático.

É muito, muito parecido com a proposta original do PT. Essa ideia de um partido como uma "confederação de movimentos" muito "antiburocrática" está na origem do que seria o Partido dos Trabalhadores. Era uma ideia muito ousada para qualquer país do mundo, mas que na Europa ganharia importância com a constituição dos partidos verdes. O PT herdaria essa pauta e esse espírito, e o faria a partir de diversas genealogias: dos novos movimentos urbanos, semelhantes a seus equivalentes europeus; das CEBs, fortemente "basistas"; de movimentos de oposição de esquerda dentro dos sindicatos, que, até pela dificuldade de ganhar direções, defendiam a descentralização e o reforço dos comitês de fábrica; das organizações de esquerda que foram influenciadas pelo "basismo" de 1968 ou que apenas eram pequenas demais para formar suas próprias organizações burocráticas e, portanto, antiburocráticas por necessidade; e de intelectuais influenciados por pensadores europeus que também valorizavam a organização descentralizada pela base.

Note-se que os sindicatos, que sempre foram a base dos partidos da esquerda democrática europeia, aparecem na lista de Fernando Henrique Cardoso só como um dos movimentos sociais que constituiriam o novo partido, sem ocupar um lugar especial. Como um país de industrialização tardia, talvez a esquerda democrática brasileira já estivesse começando como outra coisa, sem as referências da esquerda europeia. Por isso Cardoso não definia seu partido ideal como social-democrata: porque o Brasil não tinha a classe operária forte que sustentava a social-democracia europeia. No mapa dos movimentos sociais brasileiros de 1977, isso fazia sentido.

E foi justamente quando a teoria já começava a desistir do proletariado que ele enfim entrou na briga e mudou completamente o cenário.

2. A república de São Bernardo

Às 10h45 do dia 12 de maio de 1978, o chefe da divisão do trabalho Guaracy Horta se dirigiu à fábrica da multinacional sueca Saab-Scania em São Bernardo do Campo, no coração industrial do estado de São Paulo. Cerca de 1600[1] operários haviam comparecido à empresa, mas se recusavam a trabalhar. O movimento começou no setor de ferramentaria, onde atuava o líder sindical Gilson Luís Correia de Menezes, o Gilsinho, que poucos anos depois seria o primeiro prefeito eleito pelo Partido dos Trabalhadores, na cidade paulista de Diadema.[2] Em 1978, Gilsinho era só um operário ferramenteiro que atuava no Sindicato dos Metalúrgicos de São Bernardo e Diadema.

Naquele dia, os operários receberam seus salários sem o adicional de 20% com que contavam. Era também o 19º aniversário do sindicato. E, pela manhã, o presidente do sindicato, Luiz Inácio da Silva, o "Lula" (o apelido só seria incorporado oficialmente ao nome anos depois), recebeu a notícia de que seu pai havia morrido, longe dos filhos, a quem nunca dera muita atenção, e tinha sido sepultado. O dia fatídico também daria início a uma onda de greves que reorganizaria o sindicalismo brasileiro, mudaria a natureza de nossa democracia e levaria o filho de seu Aristides à presidência da República.

O chefe de divisão da Saab-Scania perguntou aos operários quem era o líder do movimento, mas não obteve resposta. O próprio Gilsinho argumentou que havia apenas vocalizado as reivindicações espontâneas dos operários. A empresa procurou Lula e pediu que interviesse. Lula disse que se tratava de um movimento espontâneo dos trabalhadores, e que não lhe cabia intervir antes que a empresa respondesse à proposta de reajuste apresentada por eles. Mas passou a conduzir as negociações dali em diante, deixando em aberto, de modo proposital, qual era o papel do sindicato — ou o seu— na condução daquele movimento "espontâneo".

Por volta das 16h20, o delegado regional do Trabalho Vicente Ferraz Torres entrou na Saab-Scania pela porta dos operários e os encontrou no pátio. Estavam organizados em pequenos grupos e, em um dado momento, ensaiaram passos de samba ao som da música que vinha do hospital psiquiátrico ao lado da fábrica.[3] Segundo matéria da *Folha de S.Paulo* publicada no dia seguinte, quando o delegado perguntou aos operários por que não estavam trabalhando, os grevistas disseram que estavam, sim. O delegado fez uma piada: "Então deve ser a hora do cafezinho". Em outra versão, apresentada quando a onda de greves já havia acontecido, Lula contou que um dos operários respondeu: "A gente não vai parar [a greve] e quem começar a encher o saco vai apanhar".[4]

Às quatro da tarde, dois oficiais do Departamento Estadual de Ordem Política e Social (Deops), uma das polícias políticas da ditadura militar, chegaram à empresa. Pediram informações, reclamaram da presença da imprensa e foram embora.[5]

A história que Lula contou aos diretores da empresa sobre "espontaneidade" era só parcialmente verdade. Não há, de fato, evidência de que Gilsinho tenha recebido ordens de Lula para começar a greve. Mas ela já vinha sendo construída, o terreno já vinha sendo preparado pelos sindicatos. A greve da Scania, aliás, não foi a primeira a ocorrer no ABC naqueles dias, só foi a primeira que deu certo. No dia 25 de abril, operários na fábrica da Mercedes já haviam parado, porém com menor adesão, e tinham perdido a briga: dezoito operários foram demitidos.

Dois meses antes, no discurso de posse de seu segundo mandato à frente do sindicato, Lula deu a senha: "Para que a gente possa fazer uma ruptura com essa situação que vivemos, de arrocho salarial, de opressão, de repressão dentro da fábrica, de medo, a única coisa a fazer é o seguinte: cruzar os braços, parar as máquinas".[6] Em uma entrevista publicada em 24 de março pelo jornal *O Pasquim*, principal título da imprensa alternativa brasileira, Lula já havia dito que as reivindicações operárias não seriam atendidas se as fábricas não parassem. Os entrevistadores, todos de esquerda, retrucaram: "Mas vocês não podem parar as fábricas". Lula respondeu: "Vamos dar mais um tempo que vamos ver se podemos ou não podemos".[7]

Portanto, não se deve levar muito a sério a reivindicação de que a paralisação na Scania havia sido espontânea e inesperada. Lula e sua turma — Djalma Bom, do controle de qualidade da Mercedes-Benz, futuro deputado federal pelo PT; Devanir Ribeiro, metalúrgico na Volkswagen, futuro vereador e deputado federal pelo PT; o já citado Gilsinho e vários outros líderes extremamente habilidosos — já trabalhavam pela greve, mas buscavam uma forma de evitar que uma paralisação deliberada em assembleia justificasse uma intervenção da ditadura no sindicato. Já sabiam que as movimentações pela greve existiam e sinalizaram que, quando ela viesse, o sindicato a encamparia.

A surpresa do delegado do Trabalho Ferraz Torres quando encontrou os operários na "hora do cafezinho" era perfeitamente compreensível. O regime militar fundado em 1964 reprimiu e expurgou pesadamente os sindicatos. Quando começou a paralisação da Saab-Scania, as últimas greves importantes no Brasil haviam acontecido dez anos antes. E tinham terminado mal.

Talvez um leitor jovem em 2022 não consiga estimar a importância da política sindical no capitalismo do século XX, mas a ditadura sabia que governos podiam cair ou se manter conforme jogavam bem ou mal com as organizações do trabalho. Basta dizer que, em 1968, quando os metalúrgicos de Contagem (MG) entraram em greve, Jarbas Passarinho, ministro do Trabalho do regime militar, foi à fábrica discursar aos operários e pedir que voltassem ao trabalho. As fábricas eram campos de batalha importantes, e não só pelo papel decisivo que os sindicatos tiveram na política democrática do século passado.

As greves dos metalúrgicos em 1968 nas cidades industriais de Contagem e Osasco (SP) foram movimentos altamente combativos, com forte participação das organizações da esquerda clandestina. Afinal, quando os espaços de luta aberta se fecham, ganha força quem sabe operar na clandestinidade. Entre os grevistas de 1968 havia estudantes "proletarizados", ou "integrados na produção": jovens secundaristas ou universitários que se empregavam na fábrica para criar núcleos de militância.

As greves de Osasco e Contagem terminaram com ocupações de fábricas, conflitos violentos com a polícia, pesada repressão e passagem de seus líderes para a clandestinidade. José Ibrahim, líder da greve de Osasco, seria preso, torturado e enviado ao exílio em troca da libertação do embaixador norte-americano sequestrado Charles Elbrick.[8] Outro líder de Osasco, Zequinha Barreto, morreu ao lado do capitão guerrilheiro Carlos Lamarca no sertão baiano, em 1971. Cinco meses depois das greves de 1968, era decretado o AI-5. A ditadura venceu. Como bem disse Cid Benjamin, esses movimentos pareciam, para quem deles participava, o início de um ciclo ascendente de contestação. Na verdade, foram "um rescaldo da reação ao golpe militar".[9]

Não foi só a esquerda clandestina que tentou se integrar nas fábricas. As forças da repressão estavam bastante presentes no setor industrial. Empresas do ABC contratavam militares para evitar a "subversão" entre seus funcionários.[10] Em entrevista para este livro, Djalma Bom, líder metalúrgico e parceiro de Lula em São Bernardo, contou que na Mercedes-Benz, onde trabalhava, o encarregado do relacionamento com os operários era um general. Em entrevista concedida ao pesquisador Alessandro de Moura,[11] Gilsinho — o ferramenteiro que deu início à onda de greves — lembrou que o "testa de ferro" (oficialmente, presidente do Conselho de Administração) na Saab-Scania era João Batista Leopoldo Figueiredo, primo-irmão do general que se tornaria, um ano depois, o último presidente da ditadura.[12] Enquanto os esquerdistas se proletarizavam, os direitistas se aburguesavam.

Não foi à toa, portanto, que o delegado Ferraz Torres se surpreendeu com os grevistas da Saab-Scania. Não era fácil fazer greve no Brasil da ditadura. Podia ser uma declaração de guerra. Morria gente.

Mas também é notável que os oficiais do Deops naquele 12 de maio de 1978 tenham se limitado a levantar informações sobre os grevistas e a reclamar da imprensa. Pouco tempo antes, bem mais do que dois agentes teriam ido a São Bernardo, e o levantamento de informações teria sido realizado em uma sala de tortura. Em 1976, em São Paulo, a linha dura do regime matou o operário Manoel Fiel Filho por suas ligações com o Partido Comunista Brasileiro. O que aconteceu com o país no período entre o metalúrgico torturado até a morte e o metalúrgico que, apenas dois anos depois, começava uma carreira política que o levaria à presidência da República?

Em meados dos anos 1970, a ditadura anunciou um plano para iniciar a transição para a democracia de forma "lenta, gradual e segura". Logo no início ficou claro que a ênfase estava no "lenta". A repressão continuou funcionando, mas foi sendo progressivamente desmontada. A censura dentro das redações de jornais foi aos poucos abolida. As forças do regime e da oposição começaram a conversar e a se preparar para a disputa democrática. Quando os operários do ABC entraram em greve, estavam testando essa abertura.

O assassinato do metalúrgico Fiel Filho abriu caminho para a greve que seus companheiros iniciariam em 1978. O crime se insere em diversas provocações da "linha dura" do regime militar contra a abertura de Geisel. As lutas dentro do governo foram intensas. Geisel precisou derrotar uma tentativa de golpe liderada pelo general extremista Sílvio Frota. Nesse clima, os setores ligados aos órgãos de repressão, que o jornalista e historiador da ditadura Elio Gaspari chamou de "o porão", tentavam se revalorizar após a derrota da guerrilha (da qual o PCB não participou) perseguindo comunistas sem atuação na luta armada. Afinal, o PCB apoiava o MDB, o partido de oposição consentida, que em 1974 teve vitórias expressivas nas eleições parlamentares. O porão tentava recuperar importância provando que a vitória de 1974 havia sido uma operação comunista. No fim das contas, Ulysses Guimarães, líder do MDB, era uma ameaça muito maior do que os líderes guerrilheiros.

A morte do jornalista Vladimir Herzog, "suicidado" como Manoel Fiel Filho, deu origem a uma onda de indignação. Havia a suspeita de que essas mortes, com suas justificativas cada vez mais absurdas (suicídio por enforcamento nas próprias meias, nas próprias cuecas etc.), fossem tentativas de gerar uma crise que forçasse Geisel a se realinhar com os radicais. Mas Geisel reagiu de forma dura contra o que, no fundo, era uma contestação de sua autoridade. Deixou claro que, se houvesse novos "suicídios", o comandante Ednardo D'Ávila Mello, do II Exército, sediado em São Paulo, perderia o comando. Com a morte de Fiel Filho, Melo foi substituído por Dilermando Gomes Monteiro. Nos primeiros dias da greve do ABC, Lula foi conversar com Monteiro e recebeu garantias de que, a princípio, não haveria repressão aos grevistas.[13]

O clima havia mudado.

Os órgãos de inteligência, a propósito, provavelmente já suspeitavam que o sindicalismo brasileiro estava prestes a ressuscitar, e talvez já se falasse disso em Brasília. No mesmo dia em que começava a greve na Saab-Scania, uma matéria foi publicada no jornal *O Estado de S. Paulo*, em que se lia:

> Um dos temas a preocupar e a prender a atenção do novo governo, do general João Batista Figueiredo, é o da expansão do movimento sindical no país. Dentro do programa de distensão estabelecido pelo presidente Geisel, o restabelecimento da liberdade de imprensa e a dinamização do movimento sindical ocupam lugar de destaque, realidades que, apesar das exceções e dos percalços, podem ser creditadas a ele. A ideia de sucessor coincide, no caso, em gênero, número e grau, julgando [ser] da maior importância continuarem os estímulos para a recriação da força de classe dos trabalhadores, como forma de participação da opinião pública nas decisões oficiais.
>
> O problema, no entanto, é que os futuros detentores do poder se preocupam com os efeitos dessa realidade nascente na economia nacional. Porque movimento sindical, em suma, quer dizer reivindicações, até justas e necessárias. Mas num período de crise, de sucessivos estrangulamentos na economia e, em especial, de inflação, sem a contrapartida de muitas realizações, um surto reivindicatório nacional da classe trabalhadora poderia desestabilizar não apenas os projetos econômicos, mas até os políticos.[14]

O governo militar se resignava à expectativa de que a democratização traria de volta os sindicatos para o centro da vida política, onde estavam no mundo democrático desenvolvido e no período imediatamente anterior a 1964. Nenhum observador político inteligente ignorava que a democracia, em um país desigual como o Brasil, ampliaria a voz dos que pedissem redistribuição de renda. A ditadura militar, ao contrário de seus saudosistas atuais, tinha observadores inteligentes.

Mas os militares sabiam que havia riscos nesse ressurgimento: no final dos anos 1970, o regime já começava a viver os primeiros sinais da dramática crise econômica que desmoralizaria de vez a ditadura e criaria enormes dificuldades para a transição democrática. Teria sido mais fácil administrar o novo sindicalismo em uma época de economia forte. E a matéria trazia um aviso: se o surto de sindicalismo fosse longe demais, isso poderia atrapalhar o "projeto político" da abertura democrática.

No dia 13 de maio de 1978, o delegado do Trabalho Ferraz Torres ainda tinha esperança de que a crise fosse resolvida de forma rápida e se recusava a chamar o movimento da Saab-Scania de greve.[15] As autoridades tinham motivos para evitar o uso do termo: se fosse greve, o movimento seria declarado ilegal pelos tribunais. E, de fato, o foi: no dia 18 de maio, o Tribunal Regional do Trabalho (TRT) declarou a paralisação ilegal por quinze votos a um.

Notem os personagens: o delegado do Trabalho, a Justiça do Trabalho, o ministro do Trabalho, todos discutindo se a greve era legal. É importante ter essas figuras em mente daqui em diante, porque esta era a estrutura do sindicalismo brasileiro em 1978: um sindicalismo burocratizado, com forte ligação com o Estado e com amplas possibilidades de intervenção do governo na vida sindical.

Esse sistema havia sido estabelecido por Getúlio Vargas, líder revolucionário de 1930, ditador entre 1937 e 1945, presidente eleito de forma democrática entre 1950 e seu suicídio, em 1954, e talvez o líder político mais importante da história brasileira. O legado do varguismo é extraordinariamente complexo. Ninguém discute que a ditadura do Estado Novo foi terrivelmente repressiva. Mas também é verdade que, sob a democracia, o varguismo reciclado trouxe os sindicatos para o centro da política nacional.

Trouxe-os sob rígido controle estatal, como uma máquina de mobilização a favor do presidente. Mas, se Vargas se servia dos trabalhadores, estes também se serviam dele. Souberam ocupar esse espaço e crescer como força política no período democrático que vai de 1945 a 1964. Graças a isso, o rigor na aplicação do controle estatal sobre os sindicatos variou muito. Como notou Maria Hermínia Tavares de Almeida,[16] o sindicalismo varguista se aproveitou de sua "intimidade com as agências estatais [...] e de sua capacidade de avaliar o apoio político dos trabalhadores a uma facção da elite no poder" para obter conquistas importantes. Mas as leis que permitiriam restringi-los de novo continuavam vigentes.

Com o golpe de 1964, esses mecanismos de controle foram usados com máximo rigor. Segundo Almeida, entre 1964 e 1970, houve 536 intervenções nos sindicatos, com as diretorias sendo substituídas por interventores.[17] O governo militar reforçou o controle sobre os recursos dos sindicatos e voltou a recorrer sistematicamente à destituição de direções sindicais "subversivas".

Portanto, os metalúrgicos do ABC, ao se recusarem a parar a greve após a decisão do TRT, não estavam apenas se rebelando contra a ditadura militar. Também se rebelavam contra a que tinha vindo antes dela.

Por isso, quando o bancário Olívio Dutra, grande liderança do "novo sindicalismo" no Rio Grande do Sul, foi visitar Leonel Brizola no final dos anos 1970, o clima era tenso. Brizola era o grande herdeiro do varguismo e havia passado os quinze primeiros anos da ditadura no exílio. Aproximou-se da social-democracia europeia e, de volta ao Brasil, procurava reunir a esquerda em torno de si. Dutra, como Vargas e Brizola, era gaúcho, e no Sul a lenda de Vargas ainda tinha peso. Talvez por isso, no futuro, o jovem bancário se espantaria ao ver Lula tratar Brizola por "tu" e "você", e não, como diz Dutra, "com senhoria".[18] Mas o respeito não paralisava os novos sindicalistas. Na visita a Brizola, Dutra lhe lembrou que, ao ser processado por sua atividade grevista, foi condenado com base em um artigo que não havia sido criado pela ditadura, mas já existia na legislação varguista. Brizola se irritou e disse que os jovens sindicalistas ignoravam a dádiva que a legislação varguista havia sido para os trabalhadores. Para ele, a lei varguista só estava sendo usada para reprimir sindicatos porque o regime era opressor. Mas permanecia o fato: a legislação estava ali, à disposição de quem quisesse utilizá-la de modo autoritário.

Nas décadas seguintes, a relação do novo sindicalismo e do PT com o legado de Vargas seria muito turbulenta e cheia de reviravoltas. Começaria como negação radical e terminaria como reivindicação de herança. Afinal, a industrialização que possibilitou o ABC foi, em grande medida, resultado da Era Vargas.

Em uma coisa, e talvez só nisso, Vargas e seus sindicatos, a União Democrática Nacional (UDN) e seus empresários, Castelo Branco e seus tecnocratas liberais, Geisel e seus tecnocratas estatistas, Prestes e o PCB, Roberto Simonsen e a Fiesp (Federação das Indústrias do Estado de São Paulo), Kennedy e Brejnev estavam de acordo: Lula precisava deixar o sertão nordestino e se tornar operário industrial.

Não importava o caminho, o destino final do desenvolvimento, a modernidade, exigia urbanização e industrialização. No debate do século XX, desenvolvimento e industrialização eram praticamente a mesma coisa. Os países ricos tinham indústrias, os países pobres não tinham. Os países que iam deixando de ser pobres quase sempre se tornavam mais industrializados. Foi assim na Europa Ocidental, nos Estados Unidos de Henry Ford, na União Soviética de Stálin e, mais tarde, seria assim na China de Deng Xiaoping.

Grande parte do debate brasileiro no século XX foi sobre quem controlaria esse processo — quem garantiria que a família de Lula teria incentivos para embarcar no pau de arara que, ao fim de treze dias, a levaria do interior do Pernambuco agrário para a São Paulo industrial; quem garantiria que, no final da viagem, haveria uma São Bernardo do Campo cheia de fábricas para recebê-la.

O resultado foi um enorme sucesso. Após intensos conflitos políticos e sucessivas crises, o Brasil se industrializou com base em um modelo de substituição de importações: o Estado brasileiro garantiu a proteção para que a indústria brasileira competisse com suas concorrentes externas. Embora a vigência desse modelo coincida com o que se convencionou chamar de "Era Vargas", ele atravessa todo o período democrático da Segunda República e toda a ditadura militar. O modelo gerou ineficiências e, por fim, se esgotou, mas deu certo por trinta anos. O crescimento industrial puxou o crescimento econômico, e a produtividade da indústria brasileira subiu de forma consistente entre meados dos anos 1940 e meados dos anos 1970.[19] A ditadura herdou o modelo e o levou ao seu extremo, mas não soube organizar a transição para uma economia de alto capital humano e dinamismo tecnológico. Os países do Leste Asiático, por exemplo, conseguiram.

Como se vê no gráfico a seguir, extraído de um estudo de Samuel Pessôa e Regis Bonelli, a participação da indústria na economia brasileira cresceu aceleradamente do meio da década de 1940 até o momento em que começam as greves do ABC paulista. E, sim, começa a cair a partir daí. Essa é outra das principais histórias deste livro, mas é assunto para capítulos posteriores.

Com a industrialização, aumentaram o tamanho e a importância da classe operária industrial brasileira, o que deu início a um rico debate entre os estudiosos brasileiros sobre o que esse operariado moderno faria quando conquistasse seus direitos políticos.

O sociólogo Leôncio Martins Rodrigues escreveu em 1974 que o sindicalismo brasileiro dificilmente teria condições ou incentivos para exercer, na política brasileira, o papel desempenhado pelo sindicalismo europeu. No caso de trabalhadores qualificados, como os metalúrgicos do ABC, talvez houvesse contestação

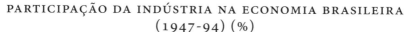

PARTICIPAÇÃO DA INDÚSTRIA NA ECONOMIA BRASILEIRA
(1947-94) (%)

FONTE: Regis Bonelli e Samuel Pessôa, Desindustrialização no Brasil: um resumo da evidência. Fundação Getulio Vargas, Instituto Brasileiro de Economia, Texto para Discussão nº 7, março de 2010. Gráfico elaborado com dados cedidos pelos autores.

da estrutura sindical vigente, pois seu poder de barganha lhes permitiria negociar em posição melhor do que os operários não qualificados. Mas, nesse caso, para esse setor do sindicalismo, "se criariam as condições para o aparecimento de tendências sindicais semelhantes às que vigoram nos Estados Unidos, ou seja: um sindicalismo voltado para a melhoria do contrato do trabalho, negociando preferentemente com as empresas e comparativamente pouco crítico com relação ao sistema de poder dominante".[20] Da mesma forma, Maria Hermínia Tavares de Almeida escreveu, em 1976, que "o ideal dessa nova corrente sindical seria algo próximo ao 'sindicalismo de negócios' (*business union*) norte-americano, combativo, 'apolítico', solidamente plantado na empresa, tecnicamente preparado para enfrentar e resolver os problemas gerais e específicos de seus representados".[21]

Muito pouca gente conhecia melhor o sindicalismo brasileiro do que Leôncio Martins Rodrigues ou Maria Hermínia Tavares de Almeida. Seus prognósticos eram razoáveis. A indústria moderna ainda era uma ilha em um mar de subdesenvolvimento: a grande maioria dos trabalhadores não era, nem nunca viria a ser, parte do operariado industrial.

Conforme o ABC se rebelou e ficou claro que a previsão de Martins Rodrigues não se concretizaria, outros analistas sugeriram explicações para por que, afinal, os metalúrgicos haviam se politizado. Amnéris Maroni[22] viu na revolta do ABC uma briga por autonomia operária diante do capitalismo fabril, enfatizando a luta por espaços de auto-organização da fábrica; sua análise parece, inclusive, muito influenciada pela reflexão sobre esses movimentos na Europa dos anos 1970. John Humphrey[23] notou que, embora os salários dos trabalhadores do setor moderno da indústria (como o automobilístico) fossem mesmo melhores que no resto da economia brasileira, a alta rotatividade enfraquecia seu poder de barganha, gerando instabilidade e insatisfação entre o operariado. José Álvaro Moisés[24] enfatizou a importância da autoafirmação democrática dos trabalhadores, que lutavam pelo reconhecimento de suas lutas como parte legítima da disputa democrática.

Cada uma dessas análises desvendou uma dimensão do problema: os sindicalistas do ABC tinham interesses semelhantes aos de seus pares europeus (como a autonomia na fábrica), mas ainda lutavam para obter os direitos de que os trabalhadores europeus já dispunham. Sua situação era melhor do que a da massa de trabalhadores pobres, mas a existência desta diminuía seu poder de pressão. E, como a história mostrou, nenhuma dessas lutas tinha futuro sem a democracia: as negociações e as alianças necessárias para levar adiante essas reivindicações não podiam ser feitas se fossem proibidas. Quanto mais o foram, mais os operários se aproximaram dos grupos de esquerda.

E talvez valha a pena lembrar da velha fórmula do cientista político James C. Davies,[25] ao descrever um fenômeno com o qual os petistas se familiarizariam 35 anos depois: revoluções não acontecem quando as coisas vão mal, mas quando elas vão bem e param de melhorar; quando as expectativas foram elevadas pelo período de prosperidade, mas param de ser satisfeitas. De fato, em 1978, o produto interno bruto (PIB) brasileiro cresceu cerca de 5%, o que seria um bom número se não fosse metade das taxas de crescimento do milagre econômico do início da década.

Embora isso ainda não estivesse claro para ninguém, a era de ouro da industrialização brasileira estava acabando. A produtividade da indústria local, que havia crescido durante o período de substituição de importações, já começava a declinar.[26] E a crise do endividamento externo na virada da década reverteria muitos dos ganhos do milagre econômico. Como disse o colunista do

Estadão já citado,[27] seria bem mais fácil administrar o novo sindicalismo se a economia estivesse em um momento bom.

Mas ela estava prestes a quebrar, e, já antes disso, o sindicalismo havia começado a se indispor com a ideia de ser administrado.

A greve dos metalúrgicos logo se espalhou para outras fábricas e inspirou movimentos semelhantes em outros ramos da indústria, principalmente, mas não apenas, no coração industrial de São Paulo. Os mesmos operários de Osasco que haviam entrado em conflito com o regime em 1968 pararam poucos dias depois da Saab-Scania. No dia 1º de junho, a *Folha de S.Paulo* anunciava que 150 mil operários na região haviam tido aumentos salariais após aquele mês de greves. Em 1978, segundo o Dieese, meio milhão de trabalhadores fariam greve no Brasil, número que subiu para 3 241 500 em 1979.[28] A onda grevista se espalhou e, como Lula lembraria em 1981, "no ano de 1978 acho que nós não passamos uma única semana sem fazer greve até dezembro. Fazíamos duas, três greves por semana. Era greve por qualquer coisa, deu a louca no mundo".[29]

O impacto político foi imenso. Já nos primeiros dias das greves do ABC, em 28 de maio de 1978, nosso velho conhecido Fernando Henrique Cardoso escreveu na *Folha de S.Paulo*:

> Há tempos não se ouvia falar de greve. [...] De repente, com vigor mas sem alarido, com firmeza e sem provocação, espocaram greves no ABC. Seriam "selvagens"? Seriam espontâneas? Estariam os sindicatos por trás ou seriam frutos da ação de algum partido encapuçado? Foram as primeiras indagações propostas. [...] Não foi nada disso e foi tudo isso; é a democratização em marcha, em dura marcha batida, a partir dos pés do povo, de cada um de nós, de todos os que não são direitistas empedernidos ou exploradores sem grandeza. Renasce o movimento sindical, renasce a esperança por dias melhores, renasce o afã de organizar, falar, propor alternativas, negociar. Sem medo, com firmeza, com esperança.

Mas é bom lembrar que o "novo sindicalismo" começou sendo politicamente prudente. Lula fazia o possível para provar independência: em suas entrevistas do período, deixava claro que respeitava políticos tanto do MDB (de oposição à ditadura) quanto da Arena (de sustentação do regime).[30] Combateu a interferência do movimento estudantil nos sindicatos ("cada um deve atuar em faixa própria")[31] e mantinha distância da Igreja ("ninguém tira da minha ideia que a Igreja é conservadora").[32] Defendia a anistia aos presos políticos e exilados, mas preferia se concentrar na "anistia para a classe trabalhadora".[33]

A postura pragmática dos sindicalistas "autênticos" despertou entusiasmo na elite brasileira. O jornalista liberal Ruy Mesquita, da família herdeira do jornal *O Estado de S. Paulo*, entrevistou Lula para a revista *Senhor Vogue* em julho de 1978. Após elogiar a "castidade ideológica" do líder sindical, acrescentou:

> Pela primeira vez na história do sindicalismo brasileiro surge um líder sindical — ou um dirigente sindical, como ele deseja ser chamado — em estado de pureza. Se ele vai continuar assim depois que passou a ocupar as primeiras páginas dos jornais, depois que passou a ser vedete de televisão, depois que a liberdade de imprensa permitiu que ele, quer queira, quer não, passasse a exercer uma liderança política, só o futuro dirá. Mas, temos a certeza de que, no dia em que os bispos da CNBB, os estudantes brasileiros e os próprios políticos deste país adquirirem uma mentalidade como a dele, revelarem o mesmo grau de maturidade, então a democracia brotará espontaneamente aqui, como o capim depois de uma queimada.[34]

Da mesma forma, o presidente do Sindipeças, Luís Eulálio de Bueno Vidigal Filho, disse à *Folha* que as greves de 1978 dos metalúrgicos de Osasco — ocorridas nas mesmas fábricas de dez anos antes — eram "ilegais, mas legítimas", porque haviam sido realizadas sem "mãozinha do estudante, do padre ou de um político".[35] Uma parte do empresariado estava descontente com a ditadura militar, que havia se tornado economicamente estatista nos anos 1970. Um líder sindical carismático e não comunista parecia ser uma sorte incrível. A grande imprensa, nesse primeiro momento, promoveu Lula com entusiasmo, como seus críticos à esquerda apontavam e ele mesmo admite.[36]

Mas é preciso ter cautela com a ideia de que os sindicalistas do ABC fossem "ideologicamente castos".

Em primeiro lugar, porque grande parte da "castidade ideológica" sempre foi medo da repressão. Na mesma entrevista para *O Pasquim* em que Lula havia procurado se distanciar de padres e estudantes, ele disse que "o sindicato poderia levantar também essa bandeira da anistia, mas é o tal negócio: tenho certeza de que os caras tão procurando um pezinho pra me pegar. Só não pegaram porque até hoje não saí da área trabalhista. No dia em que eu sair me põem a mão".[37]

Em segundo lugar, porque se manter "casto" era preservar a liderança do movimento, sem deixar que escapasse para as várias organizações de esquerda que tentavam assumir o controle do processo. Mais do que isso: mantendo-se "castos", os sindicalistas podiam arbitrar entre as diferentes tendências de esquerda.[38]

E, finalmente, porque o ABC de 1978 não havia saído do nada. Nem Lula, nem Djalma Bom eram quadros partidários ou militantes formados em alguma versão da ideologia marxista, mas o operariado brasileiro já tinha uma história de lutas, uma memória. Como em grande parte das áreas de concentração operária do mundo no século XX, o ABC sofria grande influência comunista. Santo André, a cidade vizinha, de onde São Bernardo do Campo havia se desmembrado, elegeu o primeiro prefeito comunista do Brasil, Armando Mazzo, em 1947.[39]

O próprio Djalma Bom é o primeiro a reconhecer a importância da herança de Santo André,[40] cujo sindicato dos metalúrgicos, aliás, havia dado origem ao de São Bernardo e Diadema exatamente dezenove anos antes da greve da Saab-Scania. A repressão da ditadura impediu que essas ideias circulassem de maneira aberta, e o vínculo do operariado com o PCB havia se enfraquecido em alguma medida, embora ainda fosse forte o suficiente para manter o irmão de Lula ("Frei Chico") e diversos outros sindicalistas no PCB clandestino.

E a cultura política de contestação havia sobrevivido, assim como as memórias das mobilizações da Segunda República (1945-64). Mesmo enquanto não podiam fazer greves, os sindicalistas do ABC votavam, em sua maioria, nos poucos candidatos a deputado comunistas, como Marcelo Gatto, que concorriam pelo MDB. Para os sindicalistas, o comunismo era menos um regime político opressivo localizado do outro lado do mundo do que uma tradição de combatividade. Entretanto, durante um bom tempo, era mais fácil apoiar os comunistas com o voto do que fazendo greve. Em 1977, o comunista Gatto havia provocado Lula: "Os estudantes já estão se manifestando, a Igreja já está se manifestando, os intelectuais também, agora falta o movimento sindical".[41]

Além do "Partidão", organizações de esquerda menores tinham militantes nas fábricas, inclusive alguns estudantes "inseridos na produção". Os estudantes eram vistos com ressalvas pelos sindicalistas, porque, como bem dizia Lula, não morreriam de fome se fossem demitidos por radicalizarem demais. Mas os sindicalistas não deixavam de se aliar aos grupos de esquerda, desde que, e esse ponto é fundamental, *eles aceitassem um papel subordinado.*

Afinal, às vezes era bom contar com pessoas dedicadas e dispostas a arriscar seus empregos. Djalma Bom diz que sempre se deu bem com os militantes das organizações, mas faz questão de deixar claro que eles nunca conseguiram se impor diante do grupo de Lula (no qual Bom tinha uma posição de grande destaque).[42] Antes de 1978, por influência do irmão, Lula chegou a se encontrar clandestinamente com um representante do PCB, mas não aderiu ao partido.[43] Benedito Marcílio, líder metalúrgico de Santo André, contava com o apoio de operários comunistas e de trotskistas da Convergência Socialista.[44]

Nenhum grupo de esquerda tinha a menor condição de disputar em tamanho ou estrutura com os dois partidos comunistas (PCB e PCdoB), mas tinham sobre eles uma vantagem: por não atuarem dentro do MDB, podiam defender a total autonomia dos movimentos, sem levar em conta o interesse da oposição como um todo. Os líderes sindicais, por sua vez, não queriam ceder a liderança do processo de reconstrução sindical ao MDB ou a quem quer que fosse. Logo no início do processo, Fernando Henrique Cardoso tentou convencer Lula a se tornar líder dos sindicalistas do MDB, sem sucesso.[45] O grupo de São Bernardo não queria ser "o braço sindical" de um partido; ele já começava a sonhar com um partido que fosse seu próprio "braço político".

Mesmo que os sindicalistas não concordassem com todos os projetos de longo prazo das organizações marxistas, seus interesses convergiam perfeitamente no curto prazo: ambos queriam ser mais combativos que o sindicalismo oficial (inclusive o comunista) e queriam que a liderança do processo continuasse na base. Como diz Benedito Marcílio, líder metalúrgico de Santo André, as tendências de esquerda "tinham lá suas ideologias", mas "sempre defenderam que a liderança do Partido dos Trabalhadores fosse dos trabalhadores".[46]

E, finalmente, havia a Igreja. Já falamos do papel do catolicismo como incubadora da sociedade civil brasileira. No sindicalismo, embora seu peso tenha sido um pouco menor, ele também foi decisivo. A pastoral operária do ABC fazia um trabalho de base importante, a ponto de Djalma Bom atribuir a ela "60%" da responsabilidade pelos resultados das greves.[47] O bispo de Santo André era dom Cláudio Hummes, um dos grandes nomes do catolicismo brasileiro. Dom Cláudio ainda inspira enorme respeito em quem viveu a república do ABC. O mesmo Djalma Bom lembra que, se você dissesse para dom Cláudio que haveria uma panfletagem às sete horas da manhã na porta da fábrica, às seis horas ele já estava lá, tornando qualquer ato de repressão indiscriminada muito mais caro para o regime.[48]

A trégua que a castidade garantia não durou muito, o truque logo parou de funcionar. Do ponto de vista do governo, a coisa saiu do controle. O novo sindicalismo parecia conveniente como promessa de um sindicalismo não comunista, mas não adiantava não ser "ideológico" se a disposição grevista era ainda maior do que a dos comunistas. E, ao longo das lutas, os sindicatos se aproximaram de quem os apoiava, com quem sempre tiveram ao menos alguma afinidade: os políticos do MDB, a Igreja e a esquerda clandestina.

Em resumo, a castidade ideológica do grupo de Lula nunca foi lá muito convicta e foi sendo abandonada conforme deixava de ser uma proteção eficaz contra a repressão. Mas a questão da relação do novo sindicalismo com a esquerda ainda estava em aberto.

Logo depois da assembleia em que se recusou a cumprir uma decisão judicial que exigia o fim da greve de 1980, Lula foi a um restaurante de São Bernardo jantar com um grupo de amigos, do qual fazia parte seu futuro rival nas eleições presidenciais de 1994 e 1998, Fernando Henrique Cardoso. FHC, como ficaria conhecido ao se tornar presidente, conta que Lula lhe perguntou: "E agora?", ao que o outro futuro presidente respondeu: "Agora não tem jeito".[49]

FHC estava certo: Lula foi preso em 19 de abril de 1980, e passaria 31 dias na cadeia.[50] Em seu interrogatório, defendeu-se da acusação de ligação com os marxistas citando o caso (provavelmente verídico)[51] em que expulsou um trotskista de uma assembleia, um estudante militante do minúsculo Partido Revolucionário Operário Trotskista (PROT). Reafirmou sua implicância (sincera) com militantes estudantis e intelectuais que buscavam influenciar os operários. Acusado de ter ofendido autoridades, afirmou que só usava o qualificativo "filho da puta" contra patrões, nunca contra juízes do Trabalho ou demais autoridades. Foi questionado pela proximidade com Frei Betto, que de fato estava hospedado em sua casa, escrevia alguns de seus discursos e já se integrara ao esplendidamente batizado "Grupo do Mé".[52] Na prisão, deu início a uma greve de fome, interrompida a pedido de dom Cláudio Hummes. Apesar da arbitrariedade do encarceramento, a ditadura já não era a mesma de uma década antes: Lula não foi torturado, como seu próprio irmão havia sido poucos anos antes. Alimentou-se bem e conseguiu uma autorização judicial para comparecer ao velório da mãe, dona Lindu.[53]

De todo modo, a prisão mostrou que a transição para a democracia estava ainda longe de ser concluída. Mas não era só isso: ainda não era certo que ela se concluiria, porque as forças da reação antidemocrática — o "porão" — ainda atuavam.

Durante um ato político na igreja matriz de São Bernardo, agentes da repressão ligados ao DOI-Codi (Destacamento de Operações de Informação — Centro de Operações de Defesa Interna) apareceram para prender o sindicalista Osmarzinho, o que fizeram na sacristia da igreja. Era uma provocação contra a direção de outros órgãos de repressão — como o Deops, então liderado pelo delegado Romeu Tuma, alinhado ao presidente Geisel, que na visão da linha dura havia se mostrado incapaz de prender agitadores que agiam em plena luz do dia. Os operários bloquearam a saída da igreja para impedir a prisão. A linha dura claramente queria um confronto que pudesse desencadear uma onda de repressão.

O deputado Airton Soares, que havia apoiado as greves do ABC desde o início, assim como já o havia feito com os movimentos de bairro, estava em São Bernardo. Para evitar um desfecho trágico, Soares negociou, por telefone, a prisão de Osmarzinho pelo Deops de Tuma. A prisão seria oficial, o que garantia que ele não fosse "desaparecido" pelo DOI-Codi. Com muita dificuldade, Soares conseguiu que a massa operária abrisse caminho para que o líder sindical fosse preso pelo lado "moderado" da ditadura.

Para o grupo de Lula, a repressão mostrou "quem estava com a gente, quem não estava".[54] Os primeiros, que continuaram apoiando as greves, seriam os grupos de esquerda, o catolicismo progressista, a ala à esquerda do MDB e os intelectuais. Essas afinidades já existiam, mas demorou para que fosse seguro reconhecê-las e que o novo sindicalismo se tornasse forte o suficiente para se relacionar com o resto da oposição sem aceitar uma posição de subordinação.

Ao longo das jornadas de 1978-80, a república de São Bernardo se tornou centro de peregrinação para a oposição à ditadura e, sobretudo, para a esquerda. Djalma Bom lembra bem que "todo mundo que voltava do exílio vinha a São Bernardo".[55] Lula foi entrevistado por todos os grandes veículos de comunicação, participou de discussões com todos os exilados e, como veremos no próximo capítulo, se tornou uma figura importante nas negociações políticas da época. Políticos da esquerda do MDB, como Irma Passoni, Eduardo Suplicy e Airton Soares, apoiavam com entusiasmo os grevistas. O senador Teotônio Vilela, originário da Arena, mas já convertido à democracia, foi a São Bernardo levado por Soares. Lula não esqueceria a visita.

Tornou-se difícil imaginar um partido de esquerda para o Brasil pós-abertura que não incluísse os grevistas do ABC. Afinal, na maior parte das democracias do mundo, havia um partido de esquerda com base sindical: os trabalhistas ingleses, tão próximos das organizações sindicais que, no início, a filiação ao partido devia ser feita através do sindicato; os social-democratas alemães, que, como o PT, nasceram lutando por democracia; os socialistas e os comunistas italianos, espanhóis e franceses; além dos poderosíssimos partidos social-democratas da Escandinávia (Suécia, Noruega, Dinamarca e Finlândia), que construíram as formas mais avançadas de democracia social da história.

Os social-democratas europeus perceberam logo a semelhança. As centrais sindicais social-democratas da Europa, em especial da Suécia e da Alemanha, apoiaram os grevistas do ABC e, quando foi necessário, contribuíram para o fundo de greve que Djalma Bom criou depois de ler *Germinal*, de Émile Zola.[56] O então secretário de relações internacionais do sindicato dos metalúrgicos suecos, Torsten Wetterblad, viajou para o Brasil com o dinheiro na mochila, nervoso, com medo da repressão, e o entregou na matriz de São Bernardo.[57] Voltaria ao Brasil ainda muitas vezes, já como estudioso de política latino-americana. Os metalúrgicos suecos também ajudaram os sindicalistas do ABC nos anos 1980, quando, logo após a prisão, todos foram demitidos das empresas onde trabalhavam. Para ter o direito de continuar no sindicato, Lula e sua turma fundaram a própria empresa, a Doze de Maio, em homenagem à data de início da greve da Saab-Scania. Parte do capital foi doada pelos metalúrgicos suecos e parte por ninguém menos que Chico Buarque de Holanda.[58]

Na mesma época, dois futuros ministros do governo Lula, Gilberto Carvalho e Miguel Rossetto, voltaram da Europa com doações da CFDT, principal central sindical da França, para os grevistas do ABC. Os dois eram jovens metalúrgicos ligados à Pastoral Operária e estavam na Europa para estudar o processo de formação das comissões de fábrica, uma reivindicação fundamental da época da república do ABC: levar a luta sindical para dentro da fábrica.[59]

Em visita ao Brasil em 1978, o chanceler alemão Helmut Schmidt, do Partido Social-Democrata, fez questão de conhecer Lula. A proximidade com o sindicato dos metalúrgicos alemães (o IG Metall), o maior do mundo, era tão grande que um informe do Centro de Informações da Marinha (Cenimar) calculava que a contribuição do IG Metall poderia ter chegado a valores milionários (não chegou, mas os alemães de fato mandaram dinheiro).[60] Herbert Levy, banqueiro proprietário do jornal *Gazeta Mercantil*, especulava que Lula talvez não fosse um "sovietófilo", mas um agente dos sindicatos alemães.[61]

A primeira viagem internacional de Lula como líder político aconteceu em 1981. Ficou famosa pelo encontro com o sindicalista polonês Lech Walesa, que, na versão mais conhecida, o teria orientado a não se meter em política. José Álvaro Moisés, que acompanhou Lula em toda a viagem e testemunhou o encontro, conta outra história: Walesa teria só dito que na Polônia não era possível passar da luta sindical para a luta política por causa da repressão do Partido Comunista; Lula teria retrucado que no Brasil a luta sindical já havia nascido como uma luta contra a ditadura.[62]

De qualquer forma, o tour europeu de Lula em 1981 foi, sobretudo, um encontro com a centro-esquerda do continente. Na volta, deu uma entrevista para o mítico jornal de esquerda *Em Tempo*, que seria fundamental nos debates iniciais do PT, e declarou: "O que eu digo é o seguinte: dentro da linha social-democrata, a Suécia me pareceu o melhor; dentro da Europa, o Partido Comunista melhor, na minha opinião, é o italiano; e como partido socialista é o espanhol".[63]

O interesse dos partidos europeus fazia sentido. Apesar de a social-democracia europeia já ter um aliado preferencial no Brasil — Leonel Brizola, que, como veremos, havia se aproximado dela no exílio —, parecia-lhes claro que qualquer alternativa de esquerda no Brasil deveria envolver os novos sindicalistas. Os social-democratas, por uma tradição histórica, deveriam ser os partidos dos sindicatos.

O PT nunca se assumiria como um partido social-democrata, por motivos que discutiremos mais à frente. Em sua entrevista para este livro, o ex-ministro José Dirceu chegou a dizer que o PT seria uma "social-democracia de novo tipo, que não renunciou ao socialismo", mas logo depois diz que o partido não é social-democrata, porque "a maioria do PT tem vocação socialista".[64] Tarso Genro, ex-governador do Rio Grande do Sul, acha que a proximidade do partido com a social-democracia é "real, em parte", mas que o PT, ao contrário dos social-democratas alemães, por exemplo, parte de uma matriz ideológica mais diversificada, que não incluía só marxistas, mas também católicos e esquerdistas de outros matizes.[65] José Álvaro Moisés afirma que a origem social do PT e sua proximidade com os sindicatos, de fato, levaram o partido e, sobretudo, o governo Lula a seguirem uma linha em muitos aspectos social-democrata; mas também considera que a luta de ideias é fundamental e que, nesse aspecto, os social-democratas no PT (como ele, que se desligou do partido no começo dos anos 1990) perderam.[66] Pedro Dallari, um dos autores do projeto de Constituição do PT em 1988, diz que sempre teve clareza de que o PT estava destinado a ser o grande partido social-democrata brasileiro.[67] Francisco Weffort acreditava que o PT foi "uma social-democracia ao estilo brasileiro".[68] O ex-deputado Fernando Gabeira lembra que, quando seu Partido Verde (PV) se aproximou do PT nos anos 1980, o diagnóstico era que os petistas eram "a social-democracia na sua fase heroica, quando ainda apanhava da polícia".[69] Para o ex-presidente Fernando Henrique Cardoso, a política do PT foi, em larga medida, social-democrata e "significou a entrada no jogo de poder de outras forças mais populares. O sindicalismo cresceu e nesse sentido teve um papel equivalente ao da social-democracia europeia".[70] Entretanto, para FHC, o PT também teria setores ideológicos que impediram que essa identidade social-democrata fosse assumida, e o partido no poder teria passado um pouco pelo processo de diluição ideológica característico dos partidos brasileiros.

O Partido dos Trabalhadores, no final das contas, continuaria contando com a "base social" de todas as social-democracias, os sindicatos. Demoraria para que os militantes marxistas do PT aceitassem funcionar na prática como social-democratas, o que também havia ocorrido na Europa: se foi difícil para o PT se distanciar do marxismo de, digamos, Carlos Marighella, imagine como havia sido para a social-democracia alemã, cujos textos de fundação foram discutidos por Karl Marx e Friedrich Engels. Na Noruega, o Partido Trabalhista chegou a se filiar à Internacional Comunista por um breve período. A social-democracia era um movimento operário, às vezes radical. A imagem do político social-democrata europeu como uma figura do establishment é do final do século XX e só existe porque a social-democracia foi uma das construtoras do establishment europeu.

Essa é uma das teses principais deste livro: a história do PT deve ser entendida como parte do movimento global de formação de partidos operários, que, quando não foi interrompido por ditaduras de direita ou de esquerda, gerou grandes legendas social-democratas. Segundo o historiador britânico Perry Anderson, o PT foi "o único partido de massas novo criado a partir do movimento sindical desde a Segunda Guerra".[71]

Por outro lado, surgiu cem anos depois de seus irmãos europeus, em um país capitalista periférico, de desenvolvimento incerto, que mal começava a construir sua democracia. O historiador britânico Eric Hobsbawm disse que o PT era "um exemplo tardio de um partido trabalhista e movimento socialista de massa clássico, como os que emergiram na Europa antes de 1914".[72] Para entender o desenvolvimento futuro do PT, os dois aspectos são importantes: o "clássico" e o "tardio", e é isso que tentaremos fazer nos capítulos seguintes.

3. Os PTS possíveis

Djalma Bom lembra do dia em que o governador de São Paulo, Paulo Egydio, compareceu à posse da direção do Sindicato dos Metalúrgicos de São Bernardo e Diadema em 1975.[1] Egydio era um grande empresário, que chegou a ser diretor da União Nacional dos Estudantes (UNE) nos anos 1950 por uma chapa conservadora. Em 1964, conspirou contra João Goulart e apoiou o golpe de Estado. Entretanto, era visto como membro da ala moderada do regime militar. Indagado por Geisel sobre o motivo de ter comparecido à posse de Lula, respondeu que este se rebelava contra o peleguismo varguista, não aceitava suborno para encerrar greves e havia derrotado os comunistas.[2] Chegou em São Bernardo de helicóptero, jogando poeira em todo mundo que o esperava.

O convite para Paulo Egydio partiu do sindicato, mas alguns operários desconfiaram que alguém do governo do estado planejava usar os sindicatos eleitoralmente. A suspeita tinha fundamento. O secretário de Trabalho do estado de São Paulo, Jorge Maluly Neto, queria fundar um partido trabalhista e conseguiu o apoio de sindicalistas ligados à máquina oficial para se candidatar ao governo paulista.[3] O próprio Lula conta que compareceu a uma reunião com cerca de cem sindicalistas em que a proposta de um partido "social-trabalhista" foi apresentada. Quando alguém perguntou quem defenderia os sindicatos em caso de problema com a polícia, Maluly teria batido no próprio peito, para aplauso geral. Lula se irritou, discursou dizendo que os sindicalistas deveriam ter como escudo a própria classe trabalhadora, e depois disso não foi mais chamado para as reuniões.[4]

O partido "oficial" dos sindicatos não prosperou, mas há ecos da ideia na formação do "novo" PTB, em 1980, que, por incrível que pareça, não era o grande partido getulista de mesmo nome que existiu entre 1945 e 1954. Se você perder o fio da meada neste parágrafo, não é culpa sua — essa história é que é ridícula. No final dos anos 1970, o PTB estava se reorganizando sob a liderança de Leonel Brizola, getulista histórico, cunhado do ex-presidente João Goulart, deposto pelo golpe de 1964. Para sabotá-lo, a ditadura concedeu a sigla PTB a um outro partido, fundado por uma sobrinha de Getúlio, que não tinha expressão política. Brizola levou seus trabalhistas para o PDT, de que falaremos em breve. No PTB *fake* foram parar alguns dos sindicalistas que teriam participado do partido de Maluly Neto, como o líder metalúrgico paulistano Joaquim dos Santos Andrade, o "Joaquinzão", nome mais importante do sindicalismo "oficial". Seria, entretanto, errado considerá-lo apenas um "pelego", ou seja, um sindicalista submisso aos patrões. Como vimos, a máquina sindical herdada da Era Vargas tinha tanto mecanismos de controle quanto espaços de autonomia, e Joaquinzão participava de ambas as esferas.

Dois aspectos nos interessam na história do partido social-trabalhista de Maluly Neto: em primeiro lugar, ela nos mostra como todos os lados do espectro político sabiam que os sindicatos seriam uma força política digna de nota quando a democracia voltasse. Em segundo lugar, de maneira involuntária e um pouco esquisita, a turma de Maluly e de Joaquinzão acabou contribuindo para a criação do PT.

"Quem colocou na cabeça do Lula essa ideia de Partido dos Trabalhadores foram os trotskistas", conta Fernando Henrique Cardoso.[5] Há algum exagero em sua formulação, mas ela tem base nos fatos. Os trotskistas, a tendência da esquerda internacional que ficou do lado de Leon Trótski na briga contra o stalinismo, tiveram uma importância na fundação do PT muito desproporcional à força numérica de seus militantes.

Logo no início do debate sobre a criação de novos partidos, grupos de esquerda começaram a trabalhar pelo projeto de um partido socialista, de perfil mais ou menos social-democrata. Um deles foi o da Convergência Socialista, de que já falamos no capítulo anterior: era a turma que manteve uma relação conflituosa, mas próxima, com o Somos e o MNU.

Sua origem está em um pequeno grupo que aderiu ao trotskismo em Santiago, capital do Chile, onde vivia boa parte da esquerda brasileira exilada antes do golpe de 1973 contra Salvador Allende. Em uma reunião na casa do crítico de arte trotskista Mário Pedrosa, foram apresentados a Peter Camejo,[6] líder do pequeno partido trotskista americano Socialist Workers Party (SWP) [Partido Socialista Trabalhista] — guardem esse nome —, que lhes ofereceu material de propaganda. Os militantes brasileiros aderiram ao trotskismo e, na volta ao país, fundaram a Liga Operária. Em 1977, quando três militantes do grupo, Celso Brambilla, Márcia Bassetto Paes e José Maria de Almeida (o Zé Maria), foram presos em Mauá (SP) e torturados, estudantes organizaram as primeiras manifestações estudantis de rua desde 1968 para pedir sua libertação. Foi o que o jornalista Elio Gaspari chamou de "Geração de 1977".[7]

Em 1978, a Liga Operária adquiriu controle do corpo editorial do jornal *Versus* e lançou a proposta de construção de um partido socialista, chamado Movimento Convergência Socialista.

A Convergência Socialista ficaria célebre dentro do PT como sua tendência mais radical, o que levou à sua expulsão em 1992. Mas não se deve projetar esse radicalismo em suas origens. O grupo, nos anos 1970, apoiava o MDB e, inclusive, defendia a candidatura oposicionista (simbólica) do general Euler Bentes Monteiro, em 1974, contra o general Ernesto Geisel. No início, era uma proposta muito mais moderada do que a dos outros grupos marxistas que formariam o PT.

Na verdade, a ideia era preservar a organização trotskista (a Liga Operária) como um grupo organizado dentro do partido de centro-esquerda mais amplo, que seria formado a partir da Convergência Socialista. Essa estratégia tinha um pedigree marxista razoável: no *Manifesto comunista*, de 1848, os comunistas são apenas "a fração mais resoluta dos partidos operários de cada país". Em diversos lugares e momentos históricos, e por sugestão do próprio Leon Trótski, os trotskistas aderiram a partidos de esquerda de massas com o objetivo de, uma vez lá dentro, conquistar adeptos para a sua tendência (ou, se possível, conquistar a liderança da agremiação). A prioridade eram partidos com forte base operária, que, em geral, eram social-democratas.

Isso explica a ideia de formar um partido semelhante ao Partido Trabalhista inglês ou ao Partido Socialista francês, nos quais os trotskistas tinham grupos muito minoritários, mas ativos. Como não havia no Brasil um partido trabalhista em que pudessem entrar, os trotskistas brasileiros criariam um no qual já começariam dentro.

É bom registrar que houve vários casos ao redor do mundo em que foram os trotskistas infiltrados que se converteram à social-democracia. O socialista francês Lionel Jospin foi membro de uma organização trotskista por muitos anos e foi "entrado" no Partido Socialista (de centro-esquerda) para ganhar espaço na organização. Ao contrário da maior parte dos trotskistas que participaram do "entrismo", Jospin se infiltrou sigilosamente entre os socialistas. Ganhou espaço, tornou-se secretário-geral do partido e governou a França entre 1997 e 2002 com a mais absoluta moderação.[8] Como uma espécie de "esquerda da terceira via", Jospin foi uma referência para Lula, que discursou em um de seus comícios em Bordeaux logo antes de ser eleito presidente da República. Pouco depois, Antonio Palocci e Luiz Gushiken, dois ex-militantes da organização trotskista Liberdade e Luta, redigiram a *Carta ao povo brasileiro*, que sinalizava para o mercado financeiro que o governo Lula seria moderado.

A Convergência Socialista teria uma história bastante diferente — e turbulenta — com o Partido dos Trabalhadores.

A primeira conferência do Movimento Convergência Socialista — que era registrado legalmente como associação civil — ocorreu em São Paulo em agosto de 1978, em um colégio no Cambuci. Os trotskistas davam tanta importância ao evento que o chefe da associação trotskista internacional à qual a Convergência pertencia, o argentino Nahuel Moreno, compareceu à conferência. Quando o velho trotskista viu aquele auditório lotado em plena ditadura, chamou a liderança do movimento e disse: "Vocês estão loucos, não há espaço para uma coisa dessas".[9] Ele tinha razão.

A polícia chegou e todos foram presos. Foi necessária uma mobilização da esquerda internacional, com apoio de parlamentares em Portugal e na Espanha, além de personalidades como Gabriel García Márquez, para evitar que Moreno fosse extraditado para a Argentina, onde teria sido executado imediatamente pela ditadura mais sanguinária da América do Sul. Para impedir um incidente diplomático que comprometeria a imagem internacional da abertura, a ditadura brasileira acabou permitindo que Moreno fosse mandado para a Colômbia. Os líderes da Convergência ficaram presos até dezembro.

Como reconhece o líder metalúrgico Zé Maria, estava claro que os jovens da Convergência haviam tentado "dar um passo maior do que a perna".[10] Daí em diante, a prioridade passaria a ser construir o partido socialista com o movimento operário, que àquela altura já estava se preparando para o segundo ano de greves.[11] Na eleição de 1978, a Convergência apoiou a candidatura do presidente do Sindicato dos Metalúrgicos de Santo André, Benedito Marcílio, para deputado federal. Marcílio foi eleito pelo MDB. Antes, no entanto, os trotskistas haviam oferecido o seu apoio a Lula, que não aceitou concorrer.

Como já dissemos antes, Fernando Henrique Cardoso exagerou quando disse que foram os trotskistas que colocaram esse negócio de partido na cabeça do Lula. Na verdade, dois meses depois da greve da Scania e um mês antes da realização da reunião em que a liderança da Convergência seria presa, Lula foi a um congresso dos petroleiros da Bahia e declarou que estava na hora de os trabalhadores construírem seu partido.

Estavam presentes na plateia o próprio Fernando Henrique Cardoso, o líder petroleiro e futuro prefeito de Campinas Jacó Bittar e o ex-ministro do Trabalho do governo deposto de João Goulart, Almino Afonso. Almino havia ganhado fama nos anos 1950, ainda muito jovem, por sua participação na campanha "O petróleo é nosso", a mesma na qual havia se destacado o pai de Fernando Henrique Cardoso, o general nacionalista Leônidas Cardoso, que se elegeu deputado pelo PTB em 1954.

Almino voltara do exílio "na raça", no começo da abertura, mas antes da anistia. Tornou-se assessor jurídico da prefeitura de Santo André e colunista da *Folha de S.Paulo*. No dia 6 de janeiro de 1978, escreveu que "começou a haver um debate em torno da formação de novos partidos políticos, comprometidos com as classes populares. A princípio, foram rumores, conversas sem propósito definido. Já agora, [...] as posições vêm se explicitando, conforme declarações de políticos e intelectuais publicadas nos últimos dias".[12] Na verdade, as "conversas sem propósito definido" ocorriam em sua casa, em reuniões semanais com políticos de esquerda e intelectuais.

A ideia de Almino era criar um partido que representaria os assalariados (não só os operários), seria intensamente democrático em sua estrutura interna, adotaria a democracia como valor fundamental (e não apenas tático, como via para alcançar o socialismo), nacional, sem ligação com nenhuma experiência socialista estrangeira, sensível às reivindicações de mulheres e negros e empenhado na construção do "socialismo democrático". A proposta, apesar de ter várias semelhanças com a de Fernando Henrique Cardoso, exposta no último capítulo, era diferente: não seria apenas uma confederação de movimentos, mas um partido político profissional com participação ativa das lideranças populares e incorporação de novas pautas, como os direitos das mulheres e dos negros. Seria um partido "implicitamente social-democrata",[13] como o Partido Socialista chileno, que Almino havia conhecido bem no exílio em Santiago.

Uma das ideias-chave tanto do projeto de Almino quanto do de FHC era um partido que tivesse democracia interna, o que acabaria sendo central na construção do PT. Essa ênfase não foi obra só de intelectuais "libertários" de 1968 ou de operários e estudantes revoltados. Era uma reação ao mandonismo da política brasileira, que tinha entre suas manifestações o caudilhismo da Era Vargas. O personalismo de lideranças pré-1964 como Leonel Brizola e Miguel Arraes irritava os defensores do novo partido, até pelas dificuldades de reuni-los em uma só legenda. De fato, quando a reforma partidária veio, Brizola fundou o PDT e Arraes permaneceu no PMDB.

Na volta do congresso dos petroleiros, no qual Lula havia anunciado sua intenção de formar um partido, Almino se sentou ao seu lado no avião e lhe perguntou se a proposta era para valer. Lula disse que sim. Afonso então fez sua defesa da ideia, argumentando que os partidos de esquerda anteriores — PTB, PSB, PCB, PCdoB — eram, no fundo, de quadros, com pouca base popular. Era preciso construir um partido que de fato contasse com participação dos trabalhadores. Lula levou Almino para conhecer Olívio Dutra, o jovem líder bancário gaúcho. Almino, por sua vez, apresentou Lula a seu círculo de intelectuais e políticos.

Lula passou a participar dessas discussões com o grupo de Almino. Em uma delas, discutiram o que, exatamente, seria um Partido dos Trabalhadores.[14] Os intelectuais presentes queriam uma ampliação do horizonte do partido para novos setores que não os operários. FHC dizia: "Vocês estão achando que o Brasil é a Europa" (onde o operariado industrial era uma fração muito grande da população), mas não era o caso.[15] O sociólogo Francisco de Oliveira perguntou a Lula: "Você sabe como vive um trabalhador lá do Sul que planta arroz com água até a cintura?". Era preciso dar voz também a ele. Lula então disse, para a alegria dos presentes, que, então, tinha que ser um partido do povo. Alguém perguntou: e os empresários? Lula respondeu: aí é demais, aí não. Mas pensou por um momento e acrescentou: "A não ser que seja o velhinho". O velhinho era Teotônio Vilela, o senador da Arena que se convertera em militante pela democracia e visitara Lula no ABC durante as greves.[16]

As discussões prosseguiram e, por isso, Lula adiava a decisão de fundar o PT (ou fosse qual fosse o novo partido). Sonhava com uma legenda que atraísse o máximo possível dos progressistas do MDB, no qual, lembre-se, militavam membros de diversas organizações de esquerda, além de nacionalistas e democratas progressistas variados. Mas queria que o controle estivesse com os sindicalistas. Não queria ser chefe do "setor sindical" de um partido, queria que sua turma de sindicalistas liderasse um partido, ou, ao menos, tivesse peso razoável na composição de sua liderança.

No meio dessas conversas, os trotskistas da Convergência Socialista forçaram a mão de Lula. Fernando Henrique exagerou a influência dos trotskistas, mas não mentiu.

A Convergência Socialista conseguiu uma pequena, mas importante, penetração no movimento sindical. No sindicato dos metalúrgicos de Santo André, aproximou-se do presidente Benedito Marcílio e ajudou a elegê-lo deputado federal em 1978. Esse sindicato, como vimos no capítulo anterior, era muito importante: dele havia se desmembrado o de São Bernardo, e Santo André havia sido uma base importante dos comunistas em São Paulo. Como Lula, Marcílio administrava as várias tendências em sua base com habilidade.

Foi em um congresso dos metalúrgicos do estado de São Paulo em Lins que Benedito Marcílio, sem a concordância prévia de Lula ou do grupo de São Bernardo,[17] lançou a proposta do Partido dos Trabalhadores. A declaração de Lins foi escrita pelo trotskista Zé Maria,[18] um dos presos que haviam inspirado a volta do movimento estudantil às ruas em 1977.

A Convergência Socialista, lembre-se, foi fundada a partir do exemplo do Socialist Workers Party americano. Durante um curto período em 1978, a Convergência se chamou Partido Socialista dos Trabalhadores (PST), uma tradução literal de SWP, nome que propuseram aos sindicalistas para o novo partido. PST também era o nome do partido de Nahuel Moreno na Argentina. A turma da Convergência propôs aos sindicalistas "PST" como nome do novo partido.

Mas Benedito Marcílio, como Lula, era mestre em jogar com os grupos de esquerda. Argumentou que "socialista" era um negócio complicado demais para os trabalhadores e que ninguém ia entender aquilo. "Partido dos Trabalhadores" era o suficiente.

O nome "PT" ainda tinha outras vantagens: evitava o "socialista", que poderia atrair a atenção da repressão, e expressava bem a essência do que estava sendo proposto: um partido que seria controlado pelos trabalhadores. Não tinha um "comunista" ou um "socialista" que prendesse o partido a algum dos movimentos da esquerda internacional, o que todos viam como uma vantagem. E, por fim, não tinha o "B" do PTB getulista, que lembrava a utilização política dos sindicatos em favor de líderes políticos tradicionais. Um dos maiores quadrinistas brasileiros de todos os tempos, Luiz Gê, expressou a ideia em uma charge em que operários construíam um monumento com as letras "P" e "T" e se recusavam a incluir o "B" oferecido por outro grupo sem macacão de operário.

"Nasceu em Santo André, não em São Bernardo", diz Benedito Marcílio.[19] Há uma dose de verdade nisso, mas, como a versão de FHC sobre os trotskistas, ainda está longe de ser a história toda.

Para começar, a proposta dos metalúrgicos de Santo André só foi aprovada em Lins porque teve o apoio dos sindicalistas "pelegos", os adversários de Lula e do grupo de São Bernardo. Eles não estavam votando no PT como nós o conhecemos, mas, é muito provável, no partido que o secretário de Trabalho Maluly Neto queria montar. Depois de Zé Maria ler a proposta de criação do Partido dos Trabalhadores, o próprio Joaquinzão se inscreveu para falar. Sorrindo, Zé Maria se lembra de Joaquinzão ter dito o seguinte: "Olha, eu me inscrevi aqui no congresso com uma proposta de moção para refundar o PTB. [...] Mas eu gostei da ideia aqui dos meninos de Santo André, então eu retiro a minha proposta e apoio a deles".[20]

Lula apoiou a proposta, como outros líderes de São Bernardo, contra a forte oposição dos líderes ligados ao PCB. Versões divergem sobre se esse apoio foi concedido antes do congresso ou depois que Lula "leu a assembleia" e viu para onde sua base sindical estava indo. Tanto Almino Afonso quanto Fernando Henrique Cardoso suspeitam que Lula sentiu, diante do desafio do grupo de Santo André, que poderia perder sua base sindical se continuasse adiando o lançamento do PT.[21] O próprio Zé Maria, entretanto, garante que Lula, seja por já ter chegado convencido, seja por ter lido a assembleia, apoiou a proposta. E que, sem Lula, o partido aprovado em Santo André e em Lins corria o risco de se tornar apenas "a proposta de cem moleques, poderia ser só uma organização pequenininha aí, certo?".[22]

Isso Lula e seu grupo não queriam, de jeito nenhum. As negociações com Almino Afonso prosseguiam. O próprio Almino, em artigo na *Folha de S.Paulo* de 30 de janeiro de 1979, interpretou a declaração de Lins como um momento da construção de seu Partido Popular:

O noticiário da imprensa, por falha de informação ou intriga marota, tem atribuído aos metalúrgicos o ânimo de formar um partido, só e exclusivamente de trabalhadores. Não posso imaginá-los, entretanto, fechando-se num obreirismo estreito. Ao contrário, o que buscam os dirigentes sindicais [...] é constituir um partido que expresse os interesses dos assalariados. Pode haver algo mais abrangente? Aliás, a resolução do Congresso de Lins, ao criar uma comissão articuladora da implantação partidária, fixou-lhe os rumos da atuação: "Com outros setores da sociedade inicie gestões junto às bases e comece a encaminhar esta luta nacionalmente". [...] Parece-me compreensível que os trabalhadores queiram constituir, primeiramente, um núcleo básico, de sorte que, no debate com políticos e intelectuais comprometidos com a causa popular, eles possam ter um peso específico, sem se exporem à clássica manipulação. Há de ser com esse cuidado que Lula declarou à imprensa: "A criação do partido é, por enquanto, uma decisão do Congresso dos Metalúrgicos. Uma decisão como esta deve ser sempre levada para as bases e discutida diretamente com os trabalhadores".[23]

A tentativa de minimizar o impacto de Santo André e Lins é evidente, mas a interpretação não era completamente injustificada. A própria citação de Lula mostra que São Bernardo ainda preferia ampliar seu universo de alianças. Era hora de os defensores do Partido Popular e do PT sentarem face a face e resolverem suas diferenças.

Em 2 de junho de 1979, houve um encontro no Hotel Pampas, em São Bernardo do Campo, onde compareceram 51 deputados federais e 26 estaduais do MDB, 35 sindicalistas, políticos cassados e diversos intelectuais de São Paulo, do Rio de Janeiro e de Minas Gerais. Estavam lá dois futuros presidentes da República, Lula e Fernando Henrique Cardoso. Além de Lula, vários dos principais líderes do novo sindicalismo, como Djalma Bom, Olívio Dutra e o líder do sindicato dos professores de Minas Gerais, o futuro deputado petista Luiz Dulci. Além de FHC, compareceram grandes figuras do que viria a ser o Partido da Social Democracia Brasileira (PSDB), como os futuros governadores de São Paulo Mário Covas e José Serra. Havia gente da Igreja e de movimentos sociais, além de intelectuais como Francisco Weffort e José Álvaro Moisés. Frei Betto foi convidado, mas não se interessou. E havia duas ausências notáveis: nem Brizola, nem Arraes foram a São Bernardo.

A reunião foi a última e a maior tentativa de emplacar o projeto do Partido Popular, ou de um Partido dos Trabalhadores que fosse equivalente a ele. A escolha de São Bernardo como local da reunião era uma sinalização de que os sindicatos deveriam ter um papel importante na nova legenda.

As discussões duraram dois dias. Havia diferenças importantes entre os dois grupos, que foram percebidas por todos os participantes. Djalma Bom contou que teve a impressão de que os políticos do MDB na reunião pareciam mais dispostos a instrumentalizar os sindicatos do que a se deixar liderar por eles, e que a sensação no ABC era justamente que era hora de se libertar dessa herança do velho sindicalismo.[24] O deputado emedebista Airton Soares notou que os sindicalistas desconfiavam muito dos parlamentares, dos intelectuais e dos exilados.[25] Francisco Weffort observou que ali havia dois mundos muito diferentes, o dos operários e o dos políticos, e que não era fácil aproximá-los.[26] Luiz Dulci, por sua vez, percebeu nos parlamentares um estranhamento diante do "basismo" dos católicos progressistas.[27] E Fernando Henrique Cardoso lembra de uma dinâmica mais simples: "A questão era: quem ia mandar?".[28]

A favor da tese de FHC há o exemplo de uma discussão que parece tola, mas que foi lembrada por todos os participantes da reunião de São Bernardo entrevistados para este livro. Tradicionalmente, nas organizações de esquerda, a reunião terminava com o discurso da principal liderança. Quem seria? Os parlamentares queriam Almino Afonso, os sindicalistas queriam Lula. No fim, após alguma deliberação, Almino ofereceu a honra a Lula. Um dos argumentos que FHC usou para convencê-lo foi: "Almino, nós precisamos dele, ele é que tem a base de trabalhador".[29] Era verdade: sem os sindicalistas, o Partido Popular seria igual aos partidos de esquerda anteriores que Almino Afonso criticara no avião, na volta de Salvador: partidos de quadros, grandes quadros, nesse caso, mas sem participação popular efetiva.

Na verdade, há várias outras questões por trás de "quem manda?". Para os dois lados, havia bons motivos para duvidar do projeto do Partido Popular.

Para os sindicalistas, havia o risco real de que a adesão representasse a diluição de sua influência dentro de um grupo de políticos experientes que dificilmente abdicariam da liderança do processo. Por que o fariam? Para São Bernardo, a aliança com os grupos de esquerda radical era bem mais segura: a maioria tinha saído enfraquecida da luta armada, e havia menos chances de disputar a liderança de um partido que incluísse o novo sindicalismo. Além disso, o discurso radical servia aos interesses de um sindicalismo em fase de formação, que não queria, logo depois de seu surgimento, subordinar a decisão de fazer ou não greves às negociações do fim do regime.

Por outro lado, seria difícil para o grupo de Almino e FHC romper com o MDB, porque a reforma partidária foi realizada antes do fim da ditadura. Nesse cenário, era mais arriscado dividir a coalizão pró-democracia. O MDB havia obtido uma vitória espetacular na eleição de 1974 e estava em ascensão. Era altamente provável que viesse a formar o primeiro governo pós-militares (o que aconteceu). A reforma partidária, quando veio, favoreceu a criação de partidos que já tinham uma base parlamentar forte.

Lembre-se: quando os emedebistas olhavam para o futuro PT, não viam a poderosa máquina que venceu quatro eleições presidenciais nos anos 2000. Viam um sindicalismo forte, mas recém-nascido, cristãos de esquerda que desconfiavam da política "pelo alto" e pequenos grupos de esquerda que tinham toda a cara de que tornariam sua vida difícil. O PT parecia uma aventura, porque era exatamente isso. Como bem lembrou Lula em uma entrevista de 2005, para os parlamentares do MDB aderir ao PT teria sido trocar um pássaro na mão por dois voando.[30]

O deputado Airton Soares foi um dos que entrou no PT, junto com o deputado estadual Eduardo Suplicy e mais alguns poucos parlamentares que permitiram ao partido conseguir seu registro. Nos anos seguintes, tiveram a possibilidade de participar da construção de um partido que desempenharia um papel importante na democracia brasileira. Mas, do ponto de vista de sucesso eleitoral e da convivência com a esquerda petista, vários deles encontraram dificuldades que pareciam dar razão aos emedebistas que não aderiram ao partido na sua fundação.

Se foram poucos os parlamentares que aderiram, o PT conseguiu recrutar grande parte dos intelectuais que participavam das discussões com Almino Afonso. Na visão de Fernando Henrique Cardoso, "a intelectualidade queria uma coisa mais sonhadora".[31] Havia uma certa lógica na adesão: vários estudavam temas muito entrelaçados com o contexto em que o PT havia sido formado. Francisco Weffort era autor de um estudo clássico sobre o populismo brasileiro, a cuja estrutura sindical São Bernardo se opunha. José Álvaro Moisés era um pesquisador dos novos movimentos sociais. No fim, o contato entre os dois "mundos" de que falou Weffort foi rico e houve trocas efetivas entre eles.

Mas o Partido Popular não foi fundado. A esquerda do MDB se reorganizou como "tendência popular" e continuou atuando no partido durante a maior parte da década de 1980. Já o Partido dos Trabalhadores foi fundado oficialmente em 1980, no Colégio Sion, em São Paulo, com forte predominância de sindicalistas e católicos progressistas, além de incluir também organizações marxistas menores, intelectuais críticos da esquerda autoritária e alguns dissidentes do MDB.

No entanto, grande parte dos participantes da reunião do Hotel Pampas se reencontraria nove anos mais tarde para escrever a Constituição do Brasil. Alguns anos depois, a esquerda do MDB se reposicionaria ideologicamente e disputaria a presidência do país com o PT por vinte anos.

Na reunião do Colégio Sion, em 10 de fevereiro de 1980, pouco antes do Carnaval, outro grupo importante marcou presença: grandes intelectuais da geração anterior vieram emprestar seu apoio à nova legenda, como Mário Pedrosa, o historiador Sérgio Buarque de Holanda, o crítico literário Antonio

Candido. Os três haviam pertencido ao Partido Socialista Brasileiro, o grande formulador da ideia de um socialismo democrático no Brasil dos anos 1950. Intelectuais mais jovens ali presentes, como Lélia Abramo e Paul Singer, também haviam sido do PSB. O partido nunca conseguiu uma penetração de massa, mas estabeleceu raízes na política de Pernambuco com Miguel Arraes, atraiu intelectuais importantes e, como não poderia deixar de ser, foi "entrado" pelo minúsculo movimento trotskista da época.

Os intelectuais do socialismo democrático não estavam ali só pela fotografia ou para "passar o bastão": vinham convidar o PT a participar de uma tradição de esquerda democrática e independente no cenário internacional que, agora, tinha alguma chance de encontrar as organizações dos trabalhadores.[32] Comparada às outras esperanças que os intelectuais brasileiros já tiveram ao longo de nossa história, até que essa não seria completamente frustrada.

Por que a ditadura permitiu que o PT se formasse? Por mais que já estivéssemos na fase de abertura, os partidos comunistas (PCB e PCdoB) e socialistas (PSB) só seriam legalizados após o fim do regime militar, e a liderança da Convergência Socialista foi presa por tentar montar um partido dentro da lei. O PT não tinha "comunista" ou "socialista" no nome, mas o regime conhecia o perfil ideológico de seus líderes. Afinal, já tinha prendido todos eles.

Durante os anos 1980, era comum ouvir de comunistas ou brizolistas que o PT havia sido obra do chefe da Casa Civil de Geisel, Golbery do Couto e Silva, para dividir a esquerda.[33] Na versão mais animada da teoria, o PT teria sido criado com esse propósito por ordem da CIA.

Não há dúvida de que, do ponto de vista do regime, seria positivo se um partido não comunista atraísse os sindicatos e os católicos progressistas antes que os comunistas o fizessem. Mas, em 1980, quando o PT foi oficialmente fundado, já estava bem claro que o partido adotaria uma linha à esquerda dos comunistas em vários aspectos. O PCB, em especial, seguia uma tendência de completa moderação e diálogo, atuando dentro do MDB. Talvez a ditadura tivesse sociólogos que apostavam que partidos operários de massa evoluíam em geral para a social-democracia, mas não conheço registro disso.

Na verdade, havia dois aspectos do PT que o tornavam mais aceitável para a ditadura. O primeiro era que, ao contrário do PCB e do PCdoB, o PT não pertencia a uma grande rede geopolítica. Não era apoiado nem pela União Soviética, que apoiava o PCB, nem pela China ou, posteriormente, pela Albânia, a quem o PCdoB era ligado. Os trotskistas estavam conectados internacionalmente, mas não com alguém que tivesse um exército. Os sindicalistas do ABC tinham vínculos fortes com os alemães e os suecos, mas, em termos geopolíticos, esses países estavam no mesmo campo que o Brasil. Os católicos progressistas podiam contar com o apoio do Vaticano para defendê-los da tortura, mas não para uma transformação revolucionária (como os sandinistas nicaraguenses descobriram). Enfim, se um petista infiltrado na máquina do Estado brasileiro transmitisse informações para uma das subdivisões da Quarta Internacional trotskista ou para o sindicato dos metalúrgicos da Alemanha, isso dificilmente causaria o colapso do capitalismo brasileiro.

Mas há uma explicação muito mais simples para a tolerância da ditadura com o PT: ele era extraordinariamente fraco.

É preciso enfatizar o quanto o PT, na sua origem, era fraco.

O partido não tinha dinheiro nenhum — a legislação brasileira não autorizava que os sindicatos o bancassem e praticamente não havia ricos entre seus filiados —, não governava uma única cidade e tinha pouquíssimos parlamentares. Sua estrutura era precaríssima — a primeira sede foi o escritório de advocacia de Airton Soares. Francisco Weffort, que foi uma liderança importante do PT até 1994, se lembra de que "na minha época, era um miserê completo".[34]

Do lado político, os rivais do PT na esquerda se fortaleciam. A máquina do MDB evitou que Lula atraísse para o PT a maior parte da esquerda emedebista. E os próximos anos seriam de vitórias espetaculares para o MDB, que se consolidaria como o grande condutor da transição democrática e a força predominante na Constituinte de 1988.

O PDT de Leonel Brizola também começou a corrida pela liderança da esquerda em condições muito melhores do que o PT. Ainda havia uma memória do trabalhismo pré-1964 em setores importantes da população brasileira, em especial no Rio de Janeiro e no Rio Grande do Sul. Brizola foi eleito o governador fluminense em 1982. Durante toda a década de 1980, o PDT foi maior que o PT, e até a eleição de 1989 era a legenda de esquerda mais importante do Brasil. Como o PT, se recusaria a participar do primeiro governo civil, liderado pelo PMDB, mas teria uma posição muito mais moderada que a dos petistas em episódios importantes. Preservou seu status privilegiado junto à social-democracia europeia e procurou fazer uma atualização programática. Durante a maior parte dos anos 1980, a melhor aposta para primeiro presidente de esquerda do Brasil era Leonel Brizola.

E é importante fazer uma ressalva: quando dizemos que o PT foi fundado por sindicatos, pela esquerda católica e por grupos de esquerda, de maneira nenhuma se deve concluir que todos os sindicatos, os católicos progressistas e os movimentos de esquerda aderiram de início (ou até hoje) ao PT.

O PCB continuou poderosíssimo em sindicatos importantes e conseguiu dificultar muito a entrada do PT nessas organizações, por exemplo no Rio de Janeiro. Tendências de esquerda como o Partido Revolucionário Comunista (PRC) lançavam candidatos pelo PT, mas também o faziam pelo PMDB e pelo PDT. Havia grupos marxistas dentro do PDT, como o coletivo Gregório Bezerra. Por sua ação no Rio de Janeiro, onde o movimento negro era forte, o PDT conseguiu recrutar figuras históricas, como os intelectuais Abdias Nascimento (que foi deputado federal) e Lélia Gonzalez (que havia fundado o PT, mas mudou de legenda no meio dos anos 1980, após criticar duramente seus dirigentes), além do deputado Carlos Alberto de Oliveira,[35] o Caó. Provavelmente por ter absorvido grande parte da Ação Popular nos anos 1970,[36] o PCdoB se tornou hegemônico no movimento estudantil. Um grupo importante dos ambientalistas brasileiros (muitos dos quais ex-guerrilheiros, como Fernando Gabeira, Carlos Minc, Alfredo Sirkis e Liszt Vieira) fundou o Partido Verde no meio da década de 1980. Figuras relevantes do movimento de associações de bairro do Rio de Janeiro aderiram ao PDT. Um grupo do movimento negro de São Paulo participou do Conselho Estadual de Participação e Desenvolvimento da Comunidade Negra de São Paulo, estabelecido pelo PMDB, em 1983.[37] Os movimentos sociais tinham mais força no PT que nos outros partidos, mas não estavam só ali.

E isso não era tudo. Como veremos no próximo capítulo, várias tendências que levaram à criação do Partido dos Trabalhadores começaram a refluir pouco depois de sua criação. A recessão profunda do começo dos anos 1980 desmobilizou os sindicatos, que perderam poder de barganha. Ao longo da década, o papa João Paulo II colocou sérios limites à atuação do catolicismo progressista, e mesmo membros moderados do clero concluíram que não era mais necessário proteger dentro da Igreja a oposição à ditadura. As organizações marxistas teriam um final de década difícil.

O PT tinha tudo para dar errado. Não há a menor dúvida de que, se a transição democrática tivesse sido tranquila, ele teria desaparecido ou teria se tornado um desses partidinhos radicais da França que sempre têm lá seus 2% dos votos. Seus primeiros anos foram um desastre em termos eleitorais. O futuro da esquerda na transição parecia estar com Brizola, em algo que surgisse a partir do PMDB ou, até a queda do Muro de Berlim, no PCB. Eventualmente, os sindicatos acabariam migrando para alguma dessas legendas, e a esquerda brasileira seria formada a partir daí.

Mas a transição democrática brasileira não foi tranquila.

4. As duas democratizações

Em 1982, o Partido dos Trabalhadores disputou suas primeiras eleições. Foram eleitos governadores, senadores, deputados estaduais e federais e vereadores, além de prefeitos nas cidades em que a ditadura não os indicava diretamente (como era o caso nas capitais dos estados). As campanhas do PT foram muito animadas. A militância foi às ruas, o entusiasmo por poder voltar a participar da democracia era indescritível. É importante lembrar que algumas dessas pessoas que se candidataram haviam sido torturadas menos de dez anos antes. Lula foi candidato ao governo de São Paulo, e seu último comício deu a impressão de que havia uma onda pró-PT no ar.

Não era verdade. Apuradas as urnas, o PT havia levado uma surra. Não elegeu nenhum governador, nenhum senador e apenas dois prefeitos. Gilson Menezes, o Gilsinho, o operário que havia parado a Saab-Scania em 1978, foi eleito prefeito na cidade industrial de Diadema.[1] O PT obteve apenas 3,3% dos votos em nível nacional, elegendo o mesmo número de deputados federais (oito, sendo seis de São Paulo) que o PMDB elegeu no Pará no mesmo ano. Como bem descreveu Marco Aurélio Garcia, os resultados foram "abaixo da expectativa em São Paulo, medíocres no Rio [de Janeiro] e em Minas e catastróficos no resto do país".[2]

Não é difícil de entender os motivos da derrota petista. Havia a falta de estrutura partidária, um problema evidente na concorrência com máquinas mais bem estabelecidas. Havia a inexperiência e certo fechamento mental dentro das bolhas ideológicas de esquerda. "Nossos slogans não eram slogans, eram declarações de princípio como Terra, Trabalho e Liberdade", lembra Luiz Dulci.[3] Da mesma forma, a propaganda dos petistas dizia com orgulho que eles haviam sido presos várias vezes pela ditadura. Para a esquerda, ter sido encarcerado por motivo de consciência era razão de orgulho — e tinha que ser mesmo. Mas o público em geral ouvia a expressão "foi preso" e imaginava que o sujeito havia cometido um crime comum.

No entanto, a principal dificuldade foi o "voto vinculado". As regras eleitorais daquele ano obrigavam o eleitor a votar em candidatos do mesmo partido para todos os cargos em disputa. Como a prioridade era derrotar a ditadura, os votos oposicionistas foram para o PMDB, que conduziu a luta pela democracia por quinze anos. Luiz Dulci, o líder da greve dos professores mineiros em 1979, foi um dos poucos deputados federais eleitos pelo PT em 1982. Várias vezes, durante a campanha, ouviu que eleitores votariam nele e em Tancredo Neves, do PMDB, para governador, o que anularia o voto para deputado.[4] Airton Soares, um dos poucos deputados pemedebistas a se juntar ao PT na fundação, havia tido 2 mil votos em sua cidade natal na eleição anterior; em 1982, teve 280. Em Lins, onde a proposta petista foi lançada em 1979, Soares havia tido 4 mil votos em 1978, porém em 1982 teve apenas 680.[5] Mesmo assim, conseguiu se reeleger.

O PMDB ganhou diversos governos estaduais importantes, como São Paulo, Minas Gerais e Rio Grande do Sul, além de uma bancada parlamentar expressiva. O único oposicionista não pemedebista a se eleger em 1982 foi Leonel Brizola, que ganhou no estado do Rio de Janeiro, até então governado por uma facção muito singular do PMDB, pouco identificada com a luta contra a ditadura.

A falta de estrutura e experiência fez, inclusive, com que o PT não soubesse muito bem o que fazer com os políticos que haviam sido eleitos. Como veremos, a prefeitura de Gilson Menezes em Diadema foi marcada por uma sucessão de crises, em boa parte porque não estava claro para os petistas o quanto o partido tinha o direito de interferir na administração. Um dos primeiros deputados federais eleitos pelo PT, Djalma Bom, se lembra de seu desespero durante os primeiros meses no Congresso: o partido não lhe havia oferecido nenhuma orientação programática que o ajudasse a se posicionar nas discussões.[6] Mais experiente, o deputado Airton Soares, um dos que haviam migrado do MDB, via essa falta de controle como autonomia: propunha suas próprias bandeiras de luta — como a defesa da causa palestina — e atuava muitas vezes ajudando os progressistas do PMDB, como o deputado Freitas Nobre (PMDB-SP), a tentar puxar a discussão parlamentar para a esquerda.[7]

O desânimo da direção petista foi intenso. "No Paraná, nós sonhávamos em eleger muitos vereadores, alguns prefeitos, sonhávamos [com] dois federais e quatro estaduais. No dia que abre as urnas, depois, não elegemos um filho da puta de um vereador", lembra um dirigente.[8] Projeções semelhantes haviam sido frustradas em todo o Brasil. Lula também desanimou: o sindicato já funcionava sob nova direção, e ele havia perdido as eleições.[9] O que faria de agora em diante?

A eleição de 1982 deixou claro que o PT, embora já despertasse simpatia em alguns setores, não desempenharia papel decisivo nas negociações de cúpula que resultaram na transição democrática. A democratização pelo alto seria conduzida pelo PMDB, e do outro lado da mesa estariam os dissidentes do regime militar, reunidos na Frente Liberal.

Felizmente para o Partido dos Trabalhadores, a redemocratização não aconteceria só pelo alto.[10]

"Vocês deveriam fundar o Partido dos Desempregados",[11] disse um operário a Djalma Bom durante uma reunião que procurava arregimentar filiados ao PT. A provocação tinha razão de ser: a maioria dos líderes do ABC havia sido presa e demitida em razão de sua militância. Entretanto, no início dos anos 1980, o resto dos trabalhadores brasileiros não estava muito melhor do que eles. A ditadura terminava com uma das maiores crises econômicas da história brasileira.[12]

Se as greves de 1978 foram uma espécie de acerto de contas com o milagre econômico, uma tentativa de dividir o bolo que havia crescido, em 1980 já estava claro que ele havia murchado antes de ser dividido. A crise da dívida, causada pela elevação dos juros americanos, pegaria o Brasil extremamente mal preparado. Estávamos entre os mais endividados, e nosso modelo de crescimento havia se esgotado. A inflação começava uma disparada que levaria quinze anos para ser revertida. Em sua despedida, a ditadura deixava como herança um colapso econômico, uma inflação e uma desigualdade em níveis jamais vistos, além de demandas sociais reprimidas. A inflação só seria controlada pelo governo Fernando Henrique Cardoso. A desigualdade só desceria ao nível anterior a

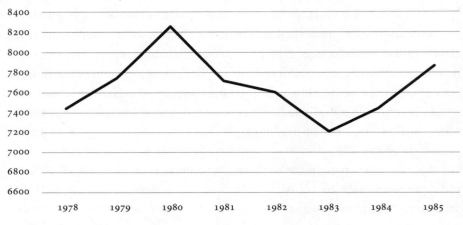

FONTE: Madison Project.[13]

1964 durante o governo Lula. O problema do crescimento baixo iniciado com a crise do começo dos anos 1980 não foi resolvido até a publicação deste livro.

A crise econômica teve um efeito desmobilizador entre os trabalhadores, como costuma ser o caso: com menos empregos disponíveis, caiu o poder de barganha dos empregados, e o número de greves diminuiu.[14] Mas os sindicalistas não se limitaram a esperar a crise passar.

Mais ou menos no momento em que a ideia do PT começava a amadurecer, começaram também as negociações para criar uma central sindical nacional, o que demandou um processo mais longo. A Central Única dos Trabalhadores (CUT) só foi criada em 1983.

A demora tem uma explicação: a esperança de juntar comunistas, sindicalistas autênticos, organizações de esquerda, o catolicismo progressista, a esquerda do MDB, Brizola e Miguel Arraes no mesmo partido foi frustrada rapidamente — o MDB, o PCB e o PCdoB já existiam. Mas a esperança de unir na mesma central sindical as forças que fundaram o PT e os grupos reunidos em torno dos comunistas era real: não havia uma central sindical nacional.

Em 21, 22 e 23 de agosto de 1981, foi realizada na Praia Grande (SP) a primeira Conferência Nacional da Classe Trabalhadora (Conclat). O evento estabeleceu uma comissão pró-CUT que deveria encaminhar a criação da central. No entanto, divisões internas se estabeleceram logo no começo. De um lado estava o Bloco Combativo, liderado por "autênticos", como os metalúrgicos de São Bernardo, aliados às oposições sindicais, em que predominavam sindicalistas ligados à esquerda católica e às organizações de esquerda. Do outro lado, estava a Unidade Sindical, em que conviviam sindicalistas moderados ligados à máquina sindical oficial e aos três principais grupos comunistas: o PCB, o PCdoB e o MR-8, que eram moderados "táticos" e seguiam em sua estratégia de apoiar o PMDB. O Bloco Combativo, que, não por acaso, era basicamente petista, queria a convocação de uma greve geral e a aceleração da criação da central, reafirmando a independência dos sindicatos. A Unidade Sindical, em que conviviam moderados e comunistas abrigados no PMDB, pedia cautela, temendo que uma radicalização colocasse em risco a redemocratização.[15] O dirigente comunista Arnaldo Gonçalves, por exemplo, dizia que admirava Lula como sindicalista, mas não como homem de partido. O debate era difícil porque Lula não podia rebater lembrando que Gonçalves era militante comunista, porque isso seria denunciá-lo às autoridades.[16]

Após numerosos adiamentos propostos pela Unidade Sindical, o Bloco Combativo decidiu criar a central sindical sozinho. Em 28 de agosto de 1983, realizou uma nova Conclat e deliberou a criação da CUT, sem os comunistas e sem os moderados, que fundariam a Central Geral dos Trabalhadores (CGT) poucos anos depois. A CUT nasceu defendendo uma reorganização do sindicalismo brasileiro por ramo de atividade, a organização sindical no local de trabalho e a autonomia dos sindicatos diante de patrões e partidos. Além disso, marcando sua posição à esquerda da Unidade Sindical, a CUT abraçou bandeiras como o rompimento dos acordos do Brasil com o Fundo Monetário Internacional (FMI), a greve geral como instrumento de luta e, no seu Segundo Congresso, em 1986, o socialismo.[17]

O tema do socialismo nunca foi fácil na CUT. Embora a virtual totalidade de seus dirigentes fosse socialista, lideranças importantes resistiam à adesão "oficial" da central à doutrina. Temiam que trabalhadores identificados com a combatividade da CUT, mas não socialistas (por convicção ou desinteresse), se afastassem da central. Além disso, aderir ao socialismo abria a discussão sobre qual vertente do socialismo abraçar, o que, por sua vez, criava o risco de aparelhamento pelas organizações marxistas que defendiam cada uma delas. Finalmente, a CUT já nasceu crítica da falta de liberdade sindical nos países comunistas. Em uma entrevista de 1989, o presidente da CUT, Jair Meneghelli, respondeu da seguinte forma à questão "a CUT deve ser caracterizada como socialista ou não?": "Não. Eu penso que os seus dirigentes podem ser caracterizados como socialistas, mas a entidade, não. Defendo o sindicato independentemente dos credos religiosos, dos partidos políticos, do governo e do regime, seja lá qual for. Se um dia nós tivermos um regime socialista, eu continuarei defendendo que o movimento sindical continue atento e vigilante sobre as condições de trabalho da classe trabalhadora".[18] Como notou Ricardo Antunes, o grupo dominante na CUT oscilava entre posições social-democratas e posturas mais críticas ao capitalismo.[19]

De qualquer forma, observou Leôncio Martins Rodrigues,[20] a CUT não tinha poder suficiente para convocar uma greve geral, quanto mais forçar o rompimento com o FMI ou instaurar o socialismo. Essas bandeiras tinham uma função de sinalização: diziam aos trabalhadores que a CUT seria combativa e independente, inclusive diante dos partidos que conduziam a transição democrática brasileira. Não há dúvida de que os socialistas da Central eram sinceros em suas convicções, mas, no dia a dia entre os congressos, as pautas sindicais e de política imediata tinham absoluta prioridade.

A CUT teria um crescimento notável nos anos 1980, à medida que mais setores operários buscavam maior autonomia sindical, e logo se tornaria a maior central sindical do Brasil. Entretanto, nunca chegou perto de reunir a grande maioria dos trabalhadores brasileiros. Nenhuma central chegou, e isso sempre dificultou a realização do sonho de negociações salariais centralizadas, como nos países de social-democracia mais forte.

A CUT nunca foi uma correia de transmissão do PT, e, em momentos importantes, o contrário pode ter sido verdade. Afinal, a raiz do PT era sindical, sua principal liderança era um sindicalista, e se os sindicalistas neutralizassem a autonomia dos sindicatos, estariam minando a fonte de sua própria influência dentro do partido. Como veremos adiante, na única vez em que a direção do PT não esteve nas mãos dos sindicalistas, houve uma crise de direção muito séria.

Da afirmação de independência nos anos 1980, passando pela luta contra o neoliberalismo nos anos 1990, chegando até as pressões por um programa econômico "desenvolvimentista" nos governos petistas, é fácil contar a história do PT como sendo a história do partido dos sindicatos.

Tudo isso será relevante mais adiante. No momento, o importante é que o sucesso da CUT mostra como, ao mesmo tempo que o PT perdia as brigas eleitorais, crescia na sociedade civil. Na democratização por baixo, o partido ganhava espaço.

Como vimos, na eleição de 1982, o PT ganhou a prefeitura de Diadema, cidade localizada na região industrial de São Paulo, berço do partido.

Era a primeira vez que os petistas seriam governo, ainda na fase em que a lógica do partido era inteiramente voltada para a mobilização social. A vitória, por margem estreita, foi uma surpresa. O programa apresentado na campanha era só uma defesa da "formação de conselhos populares e [...] políticas municipais que beneficiassem os pobres".[21] O partido já sabia que queria governar para as camadas mais baixas, sabia que queria fazê-lo por meio da mobilização popular, mas não sabia muito mais do que isso. Na falta de um programa de governo, alguns petistas passaram a exigir o cumprimento da plataforma eleitoral, um documento que pode servir em comícios, mas que "rapidamente se mostrou insuficiente para guiar a ação da administração".[22] O prefeito eleito, Gilson Menezes, por outro lado, utilizava a falta de um programa claro para definir suas próprias prioridades.

A mobilização popular era difícil. Não havia consenso sobre o tipo de conselho popular que o PT deveria implementar:[23] havia desde os que os consideravam consultivos e auxiliares até os que viam neles uma espécie de soviete russo de 1917, que estabeleceria uma estrutura de poder paralela (o "duplo poder"), passando pelos que achavam que os conselhos deveriam ser deliberativos (isto é, deveriam ter poder), mas seriam abertos a todo mundo (e não só aos trabalhadores). Esta última perspectiva acabou vencendo o debate, mas em 1982 a discussão ainda estava em sua fase inicial.

Em Diadema, os esforços para instituir a participação popular esbarraram em um obstáculo sério, que se repetiria em outros lugares governados pelo PT: não havia uma tradição forte de mobilização social anterior à vitória do partido. Além dos trabalhadores sindicalizados, muitos dos quais trabalhavam em São Bernardo, Diadema contava com um movimentos de preservação da represa Billings, alguns movimentos de moradores e uma Comissão de Favelas.[24] Nesse cenário, os espaços de participação popular podiam ser capturados por políticos locais ou até mesmo pela própria administração municipal.[25]

A gestão em Diadema conseguiu alguns resultados que, à época, foram vistos como positivos, sobretudo na renegociação do preço das passagens com as empresas de ônibus. Houve um esforço de urbanização de favelas — onde grande parte dos cidadãos vivia[26] — dentro de um espírito de participação popular no planejamento e na execução de projetos. Mas o projeto acabou se tornando um condensado dos problemas da gestão petista.

A regularização fundiária nas favelas levou a um aumento do número de áreas ocupadas, presumivelmente por pessoas que contavam com uma regularização futura. Gerou-se o temor de que a cidade seria completamente "favelizada". A princípio, isso seria resolvido quando a urbanização fosse completada, mas o processo era lento, o dinheiro era pouco e a proposta de realizá-lo com participação popular, fossem quais fossem suas outras virtudes, o tornava mais lento ainda. Até aí, era um programa razoável de políticas públicas, conduzido por um partido sem experiência administrativa. Ninguém esperava que não surgissem problemas.

O quadro fica mais complexo quando se leva em conta que havia petistas ligados ao diretório municipal organizando novas ocupações. Nenhum administrador do PT esperava que a militância social parasse por quatro anos, mas ela também não podia tornar a gestão inviável. A questão se tornaria ainda mais aguda no segundo mandato petista na cidade, na administração de José Augusto da Silva Ramos, quando, em 9 de agosto de 1989, o vice-prefeito Antônio Geraldo Justino, o "Tonhão", liderou uma invasão da prefeitura por pessoas despejadas de um terreno municipal.[27] Em outra oportunidade, o vice-prefeito defendeu que coletores de lixo em greve jogassem entulho na frente da prefeitura.[28] Tonhão acabou expulso do PT.

Em 1983, dos seis vereadores petistas de Diadema, só um votava de maneira consistente com a prefeitura.[29] Os outros eram membros de organizações de esquerda que haviam entrado no PT e tinham suas próprias cadeias de comando. O prefeito sindicalista era, como se poderia esperar, próximo ao grupo de Lula, que o defendeu o quanto pôde. Mas a direção do partido na cidade era de grupos da esquerda do partido. A tensão foi permanente e prejudicou a execução dos projetos da prefeitura: o conselho popular do bairro Eldorado, por exemplo, teve dificuldades em atrair gente de fora da militância, o que o fez refém da briga entre prefeito e diretório municipal. O conselho acabou ficando do lado do diretório, sendo ostracizado pela prefeitura.

Por outro lado, Gilson Menezes se desgastou com todo o partido pela nomeação de seu chefe de gabinete, o também ex-metalúrgico Juracy Magalhães, que foi o centro de inúmeros conflitos, incluindo o que ocasionou a demissão do núcleo "técnico" da administração, organizado em torno do chefe do departamento de planejamento, o economista Amir Khair. A demissão coletiva foi causada pela decisão de retirar do departamento de planejamento o programa de urbanização de favelas. Magalhães, contra quem também pesavam acusações de irregularidades administrativas,[30] acabou sendo demitido, mas o processo causou um imenso desgaste para todas as partes envolvidas.

Gilson Menezes acabou deixando o PT antes do fim de seu mandato. A administração petista em Diadema não conseguiu ser a vitrine que o partido esperava para o que mais tarde ficaria conhecido como "o modo petista de governar". Entretanto, considerando os resultados eleitorais posteriores, deixou boa impressão no eleitorado: o PT venceu a eleição seguinte e continuou vencendo por vinte anos, com um rápido intervalo no qual o próprio Gilson Menezes se elegeu pelo PSB.

Mas ficou evidente que o partido ainda não tinha ideias claras sobre a relação adequada com seus representantes eleitos, não tinha propostas de políticas públicas bem detalhadas, não havia elaborado um modelo para a participação popular e, sobretudo, ainda não tinha solucionado a questão de suas divisões internas. Como notou a ex-assessora do departamento de planejamento de Diadema, Valeska Peres Pinto, o PT queria estimular a industrialização da cidade, mas como seria possível fazer isso sem conversar com os empresários?[31] O partido, nos termos de Cláudio Gonçalves Couto, ainda era *movimentista*, dedicado sobretudo a apresentar demandas da sociedade ao Estado; ainda tinha dificuldades evidentes para funcionar como governante, aquele que agrega as diversas demandas e se torna responsável diante do conjunto do eleitorado.[32]

A experiência de Diadema foi um aprendizado importante, sobretudo por seus problemas. Mas o PT ainda não pensava como governo.

Antes de a transição democrática se consolidar como pacto entre elites, houve um último grande momento de mobilização popular, que talvez possa ser visto como o canto do cisne das grandes mobilizações dos anos 1970: o movimento Diretas Já. Como em outros momentos da democratização por baixo, nas ruas, o PT fez bonito.

O movimento lutava pela aprovação da proposta de emenda constitucional nº 05/1983, apresentada pelo deputado pemedebista Dante de Oliveira, que estabelecia a realização imediata de eleição para presidente da República. Era uma questão de princípio, uma decisão sobre o ritmo e a natureza da transição democrática. E, ao fim da campanha das Diretas, já se saberia com razoável grau de certeza quem seria o primeiro presidente civil do Brasil desde 1964.

Se a emenda Dante de Oliveira não fosse aprovada, os apoiadores da ditadura teriam um peso maior nos rumos da transição. O regime contava com uma bancada parlamentar expressiva, que incluía os deputados do PDS (a antiga Arena) e do PTB, o partido de direita que tomou a sigla dos antigos trabalhistas. Isso talvez lhes desse a chance de escolher o próximo presidente. Para a oposição, uma eleição no Congresso a obrigaria a conquistar o apoio de dissidentes da ditadura. Para isso, teria que fazer mais concessões ao conservadorismo.

Por muito tempo, o PT reivindicou ter realizado o primeiro comício em favor das Diretas, na praça Charles Miller, em São Paulo. Ao que parece, não é verdade: houve um ato público do PMDB em Goiás pouco tempo antes,[33] com importante participação do PCdoB, que lançava candidatos pela legenda pemedebista. Os dois atos foram importantes pelo aspecto simbólico, mas nenhum atraiu as multidões que seriam necessárias para derrubar a ditadura.

As manifestações só se tornariam expressivas quando as forças de oposição conseguiram se unir. Desde 1982, a oposição tinha governadores em estados-chave, que foram fundamentais para a mobilização. Quando a coisa foi para a rua, a esquerda, inclusive a petista — mas também a comunista, a trabalhista e a socialista —, se destacou por sua experiência de militância. O movimento negro, por exemplo, organizou uma Comissão do Movimento Negro pelas Diretas, que se reunia toda sexta-feira na Assembleia Legislativa de São Paulo e contava com a participação da Comissão de Negros do PT, do Movimento Negro Socialista do PDT e do Movimento Negro do PMDB.[34] O papel da esquerda ficou claro nos vários episódios de vaia a políticos mais moderados em comícios. Em São Paulo, Lula teve que pedir ao público: se forem vaiar alguém, vaiem o Lula.[35]

O trabalho de trazer todas essas forças políticas para o mesmo movimento foi muito difícil, precisou superar inúmeras vaidades e vacilações e só foi possível pela atuação decisiva do presidente da OAB, Mário Sérgio Duarte Garcia. Mas deu certo. O palanque das Diretas reuniu Ulysses Guimarães, Brizola, Franco Montoro, Fernando Henrique Cardoso, Lula e todos os grandes nomes da oposição ao regime. Diante do palco, reuniu centenas de milhares de brasileiros. Se ainda havia alguma dúvida de que a ditadura tinha perdido os corações e as mentes dos brasileiros, ela se dissipou ali.

Mas o movimento foi derrotado no Congresso. O regime militar manobrou para que seus parlamentares votassem contra a emenda Dante de Oliveira, que acabou derrotada por uma margem pequena. É difícil imaginar o que teria acontecido se tivesse sido possível virar aqueles poucos votos e Ulysses Guimarães tivesse sido eleito presidente na onda de um grande movimento de massas. Nunca saberemos.

Logo após a derrota, a oposição se reagrupou em torno da candidatura de Tancredo Neves. A maior parte do entusiasmo pelas Diretas acabaria se convertendo em entusiasmo por Tancredo, que acabou vencendo a eleição indireta. Sua vitória foi possível porque um grande bloco de direita rompeu com o regime e formou o Partido da Frente Liberal (PFL).

Mesmo depois da derrota da emenda Dante de Oliveira, o PT continuou promovendo comícios pelas Diretas. Mas eles foram se esvaziando, e as lideranças moderadas concentraram seus esforços em eleger Tancredo. Um dos últimos pemedebistas a participar desses comícios foi Mário Covas. Nos bastidores de um dos atos, um dirigente petista ouviu Lula perguntar a Covas se ele achava que ainda era possível vencer a briga pelas Diretas. Recebeu a seguinte resposta: "Não acredito, mas acho que a gente devia continuar para ter um poder de pressão maior para definir as regras da transição".[36] Ulysses claramente tinha simpatia pela continuidade dos protestos e o próprio Tancredo disse a dirigentes petistas[37] que entendia a posição do partido em continuar com os atos. Afinal, "se vocês não puxarem um pouco para cá, como que eu negocio com o lado de lá?".[38]

Até aí, o que estava acontecendo era a democratização por baixo, e isso o PT jogava bem. Porém, quando ficou claro que a eleição seria indireta, o jogo voltou a ser pelo alto. E nisso o partido ainda tinha muito o que aprender.

Os parlamentares petistas, como vimos, muitas vezes se articulavam no Congresso com a esquerda do PMDB, pressionando à esquerda para ajudar o partido a negociar com a direita. A proximidade era natural. Alguns deputados petistas haviam sido eleitos pelo MDB antes de o PT ter sido fundado. Os vínculos com os emedebistas que participaram da reunião de São Bernardo haviam sobrevivido, mesmo que o projeto de um partido comum tivesse fracassado. Havia gente que permanecia no PMDB apenas porque o PSB, o PCB e o PCdoB ainda não tinham sido legalizados como legendas. Pemedebistas como Chico Pinto, Freitas Nobre, Mário Covas e Fernando Henrique Cardoso contavam com grande respeito na esquerda. Vários tinham ajudado os petistas novatos a entender o jogo parlamentar.

Por isso, quando as articulações por Tancredo Neves começaram, deputados petistas participavam das conversas. Dos oito parlamentares, Airton Soares, Bete Mendes e José Eudes decidiram votar em Tancredo no Colégio Eleitoral. Além deles, deputados comunistas e socialistas do PMDB e do PDT de Brizola também o fariam. Parecia ser uma escolha mais ou menos natural.

Mas o PT optou por não participar da eleição indireta, em protesto pela derrota das Diretas. O processo foi muito confuso e resultou em confrontos difíceis com as outras forças de esquerda. No 36º Congresso da UNE, realizado no Rio de Janeiro em outubro de 1984, os petistas cantavam para os militantes do PCdoB, que apoiavam Tancredo: "É uma zona! É uma zona! Tancredo Neves, Zé Sarney e Amazonas!", referindo-se ao líder comunista João Amazonas. E ouviam de volta: "Que legal! Que legal! Malufista radical!".[39]

O partido promoveu uma consulta à militância sobre a possibilidade de participar do Colégio Eleitoral, mas só 10% dos filiados responderam. Airton Soares apresentou a proposta de voto em Tancredo, mas o grupo dirigente — e não só a esquerda do partido — acabou optando pela abstenção. Soares se lembra de a tese da abstenção ter sido redigida por Francisco Weffort, mas defendida por Lula. Quando Soares viu que teria que disputar o PT com Lula, percebeu que tinha perdido.[40]

Soares, Mendes e Eudes foram expulsos, reduzindo a bancada parlamentar petista a dimensões ainda mais insignificantes. Os três eram progressistas de primeira linha que haviam arriscado suas carreiras aderindo ao partido. Haviam apoiado os movimentos sociais dos anos 1970 quando isso dava cadeia e morte. Soares e Eudes haviam topado trocar o MDB pelo PT quando isso era mais arriscado. Eram três histórias de peso que o PT estava expulsando.

O partido justificou sua decisão de duas maneiras. Em primeiro lugar, por ter percebido que Tancredo já estava eleito. "Nós vimos os malufistas jogando a toalha", conta um dirigente petista.[41] A bancada do PT era minúscula, e, de fato, a expectativa era de que a margem da vitória de Tancredo fosse razoável. Em segundo lugar, a abstenção no Colégio Eleitoral seria uma denúncia do processo de democratização pelo alto, da transição conservadora, uma prorrogação natural da decisão de continuar com os comícios pelas Diretas depois da emenda Dante de Oliveira.

Foi um erro. Continuar com os comícios era puxar a transição para a esquerda. Não votar em Tancredo — por mais que o PT estivesse coberto de razão na defesa das Diretas — transmitia uma mensagem completamente diferente. As esperanças criadas pelos atos não se transformaram na frustração que os petistas queriam expressar com sua abstenção. Viraram esperança em Tancredo, a quem o PT parecia fazer oposição.

No auge da ditadura, a Amazônia se tornou foco de conflitos políticos importantes. O regime militar implementou uma política de desenvolvimento para a região que causou grandes transtornos ambientais e sociais. Alguns desses projetos, como a rodovia Transamazônica, foram fracassos espetaculares. Havia tensões com grupos indígenas e disputas de terra importantes. Como em outras partes do Brasil, a Igreja católica se tornou o principal canal de expressão dessas insatisfações.

A jovem católica Marina Silva deixou o convento no interior do Acre aos dezessete anos para comprar essas brigas. Havia sido convertida à Teologia da Libertação e à causa dos seringueiros após assistir a uma palestra com os irmãos teólogos Leonardo e Clodovis Boff e o líder seringueiro Chico Mendes. Participou do movimento de Comunidades Eclesiais de Base e coordenou as atividades na paróquia do Cristo Ressuscitado, na periferia de Rio Branco. Organizações de esquerda participavam das lutas das CEBS, mas dom Moacir Grechi, bispo da diocese de Rio Branco, muito atuante na defesa dos direitos indígenas, era bastante vigilante para a instrumentalização dos movimentos por partidos e organizações de esquerda.[42]

Em algum momento entre sua atuação nos movimentos católico e estudantil (formou-se em história pela Universidade Federal do Acre), Marina se aproximou do Partido Revolucionário Comunista (PRC), uma dissidência do PCdoB que teria uma história importante e surpreendente dentro do PT, da qual falaremos no próximo capítulo. Entre os petistas célebres que participaram do PRC estavam José Genoino, Tarso Genro e a própria Marina Silva.

A grande liderança popular do Acre era o seringueiro Chico Mendes. Nascido próximo da fronteira com a Bolívia, Mendes iniciou sua atuação no sindicato dos seringueiros da cidade de Brasileia. Os seringueiros faziam a extração da borracha em condições muito precárias, sujeitos a exploração intensa em uma das várias regiões do Brasil aonde a legislação trabalhista de Vargas nunca havia chegado direito. O desmatamento e a substituição da floresta por fazendas de criação de gado lhes ameaçavam o sustento. Os conflitos com os fazendeiros eram violentos. O presidente do sindicato dos seringueiros de Brasileia, Wilson Pinheiro, foi assassinado na sede do sindicato em 1980.

Chico Mendes trabalhou pela fundação do PT e da CUT no Acre. Mas a contribuição de seu movimento para a esquerda brasileira não se limitou a essa tarefa de organização, que, na época e no lugar em que foi feita, já era notável. A esquerda amazônica comprou uma briga entre os progressistas para que os povos da floresta não fossem considerados simplesmente camponeses pobres. Na luta dos seringueiros não havia apenas conflitos fundiários ou trabalhistas, mas a decisão de derrubar ou não a floresta. Em 1985, Mendes organizou o 1º Encontro Nacional dos Seringueiros, no qual lançou a proposta de "União dos povos da floresta", ou seja, de índios e seringueiros.

Embora filiado ao PT, Mendes também conversava com lideranças de outros partidos, em especial as que fundariam, em 1986, o Partido Verde. Como partido, o PV teria uma história turbulenta e acabaria perdendo espaço para o PT nos anos 1990. As principais lideranças do PV — Fernando Gabeira, Carlos Minc, Alfredo Sirkis e Liszt Vieira — também vinham da luta armada, como vários dirigentes petistas.

Para Marina Silva, Lula nunca compreendeu perfeitamente a proposta socioambientalista do grupo do Acre.[43] Era um metalúrgico preocupado com o crescimento industrial e com a divisão da riqueza que este geraria; sua posição evoluiria, mas não se distanciaria tanto da origem.

Entretanto, a mesma Marina reconhece que Lula e o PT se solidarizaram "com a luta" dos seringueiros desde cedo.[44] Lula se tornou amigo de Chico e foi indiciado pela Lei de Segurança Nacional junto com ele. Embora Lula e o PT tenham demorado para compreender a questão ambiental, e talvez não a tenham compreendido ainda tanto quanto deveriam, imediatamente perceberam a importância da luta dos seringueiros como luta dos trabalhadores. Essa dinâmica, de expansão das pautas petistas a partir da pauta trabalhista, não ocorreria só no caso do ambientalismo.

No III Congresso da CUT, realizado em Belo Horizonte em 1988, essa aproximação do sindicalismo com a pauta ambiental teve um momento importante. Boa parte da esquerda entendia o problema dos seringueiros e demais trabalhadores da Amazônia como algo a ser resolvido com reforma agrária. Chico Mendes, representando o sindicato dos seringueiros de Xapuri, apresentou sua proposta de manter a floresta em pé e integrar produção e preservação ambiental em reservas extrativistas, amadurecida nos debates do Acre. Marina Silva, Jorge Viana — futuro governador do Acre — e outros militantes ambientais tentavam convencer os sindicalistas, mas havia gente que desconfiava que Mendes "flertava com o capitalismo americano".[45] A discussão prosseguiu até o sindicalista Avelino Ganzer, fundador da CUT, ficar de pé, levantar seu crachá e garantir a aprovação da proposta. Marina ainda se emociona ao lembrar da cena.[46] Era a conclusão de uma década de trabalho, ao fim da qual a pauta ambiental já ocupava um papel importante na discussão petista. O partido continuava fazendo progressos nas discussões da sociedade civil.

Apesar da crise do Colégio Eleitoral, Lula e Weffort foram visitar Tancredo pouco antes da posse. Conversaram de forma animada, e, na saída, Lula disse a Weffort: "O velhinho está doente". "Como assim, Lula?", perguntou Weffort. "Ele ficou o tempo todo passando a mão aqui embaixo", disse Lula, enquanto apontava para a região abaixo do umbigo.[47]

Na véspera da posse, Tancredo Neves precisou ser internado com diverticulite. Naquela noite, políticos e militares tiveram que decidir o que fazer no dia seguinte, já que Tancredo não tomaria posse. A Constituição exigia que Ulysses Guimarães, presidente da Câmara dos Deputados, assumisse a presidência enquanto Tancredo estivesse doente. Por pressão dos militares, assumiu o vice de Tancredo, José Sarney. Era altamente irregular: antes de Tancredo ser presidente, não havia como Sarney ser vice. Mas, se Ulysses assumisse e Tancredo morresse, seria necessário convocar novas eleições, abrindo uma nova disputa política que podia desestabilizar o acordo da transição.

Sarney não era um conservador radical. Na verdade, por ter sido presidente do partido que apoiava a ditadura, talvez tenha se esforçado mais para conquistar apoios na esquerda com políticas sociais do que Tancredo teria feito. Mesmo assim, sua posse foi uma grande decepção. A campanha das Diretas jamais teria sido interrompida se a expectativa fosse a vitória de Sarney no Colégio Eleitoral.

Sem dúvida, não era o que a população esperava da transição democrática.

A relação do PT com o movimento negro sempre foi mais difícil do que com os movimentos sindical, feminista ou ambiental. O partido sempre foi militantemente antirracista, participou das campanhas contra o apartheid, votou com o movimento negro sempre que pôde no Congresso e, como vimos, foi o partido escolhido pela maioria dos militantes do Movimento Negro Unificado após a reforma partidária. Entretanto, poucos militantes negros chegaram a postos de destaque no partido *por serem militantes negros*.

Um caso emblemático é o da intelectual negra Lélia Gonzalez, de quem falamos no capítulo 1. Uma das grandes intelectuais brasileiras, Gonzalez escreveu importantes estudos sobre a questão racial e sobre a experiência dos negros latino-americanos (a "afrolatinoamericanidade") e foi a indicada por Candeia para participar do ato de fundação do MNU nas escadarias do Theatro Municipal de São Paulo. Gonzalez compôs a primeira direção do PT e concorreu a deputada federal pela legenda em 1982. Foi a segunda candidata mais votada do partido no estado, mas perdeu por oitocentos votos. Como quase todo mundo no PT em 1982, perdeu; mas, ao contrário da maioria, teve bom desempenho.

Os resultados dessa eleição são exemplares do que seria a dinâmica da questão racial dentro do Partido dos Trabalhadores. Gonzalez não foi eleita, mas outra mulher negra foi: a líder do movimento de favelados do Rio de Janeiro, ex-empregada doméstica Benedita da Silva. Moradora da favela do Chapéu Mangueira, no bairro do Leme, Benedita foi formada na tradição do cristianismo social, primeiro católico, depois evangélico. Era casada com um militante comunista, Aguinaldo Bezerra dos Santos, o "Bola", que no início tinha sérias dúvidas sobre a conveniência de criar o PT. "Ele era uma cabeça, mas é aquela coisa, cabeça de comunista", disse Benedita da Silva.[48] Além do PMDB, os militantes populares do Rio de Janeiro tinham a opção de se juntar ao PDT de Leonel Brizola, que escalou o sociólogo Herbert de Souza para convencer Benedita a se juntar aos brizolistas. Ela só embarcou na proposta de entrar no PT após conhecer Lula e se identificar com a história de vida do líder sindical, com a ideia de que as próprias lideranças populares deveriam se tornar lideranças políticas.[49] Após alguma relutância, Benedita convenceu o marido a também entrar no PT.[50]

Ainda não havia mobilização política suficiente para eleger uma mulher negra por ela ser feminista e militante da igualdade racial, mas havia mobilização política suficiente para eleger a líder dos favelados do Rio de Janeiro, que era negra, como a imensa maioria que morava nessas comunidades. Dentro da esquerda, a mobilização de classe, que, no caso dos moradores de favelas, se confundia com a de bairro, ainda era mais organizada do que a racial.

Isso ficaria claro também na eleição seguinte para o Congresso, em 1986, quando o líder metalúrgico negro Paulo Paim foi eleito deputado federal. Paim foi disputado intensamente por PT e PDT porque tinha o apoio de sindicatos importantes. Pode se gabar, inclusive, de ter sido disputado por dois futuros presidentes da República.[51] A ex-guerrilheira Dilma Rousseff entrou no PDT gaúcho depois da redemocratização e brigava para atrair Paim para o partido, que era mais forte do que o PT. Como grande parte dos petistas gaúchos, Paim tinha origem familiar trabalhista: "Meu pai getulista, brizolista, me lembro até hoje o dia em que Getúlio morreu, olha, filho, mataram o pai dos trabalhadores".[52] Mas Lula foi a Porto Alegre e convenceu Paim a entrar no PT. Pesou a solidariedade sindical.

Vinte anos depois, Paim seria o autor do Estatuto da Igualdade Racial. Porém, se elegeu por ser sindicalista, não por ser militante negro.

No ano seguinte, em 1987, o Sindicato dos Metalúrgicos de São Bernardo e Diadema elegia um presidente negro, Vicente Paulo da Silva, o Vicentinho, que nos anos 1990 presidiria a CUT e, desde 2003, é deputado federal. Como grande parte dos sindicalistas do ABC, veio do Nordeste para São Paulo ainda jovem. Participou das grandes greves que marcaram o período. Quando a diretoria de Lula foi cassada, Vicentinho entrou na nova diretoria, e foi eleito vice-presidente do sindicato já em 1981. Sindicalistas e militantes ligados ao PCB e ao PCdoB tentaram arregimentá-lo, mas quando os comunistas passam a criticar Lula e sua ideia de um novo partido, Vicentinho se distanciava: "Falava mal do Lula, eu saía fora".[53] Em 1980, dirigiu-se à sobreloja do Bar do Xaveco, sede provisória do PT em São Bernardo, e se filiou ao partido.

Vicentinho, como Paim e Benedita, se tornaria um importante militante da igualdade racial, inclusive estabelecendo relações com o movimento negro americano. Porém, ele também foi eleito por ser sindicalista, não por ser militante do movimento negro.

O PT teve papel importantíssimo na promoção da igualdade racial no Brasil. Já em 1982, o partido criou uma Comissão de Negros. Na ata de sua primeira reunião, há uma expressão feliz: "O PT surgiu, então, para responder a essa necessidade que os trabalhadores têm de participar, *com fisionomia própria*, dos destinos do país".[54] A fisionomia dos trabalhadores era, com frequência, africana, e foi com a própria cara que os trabalhadores entraram no PT.

Por muitos anos, isso foi uma consequência de sua promoção de lideranças populares negras. Foi um mecanismo semelhante ao que ocorreu no caso do ambientalismo: a questão ambiental entrou no discurso da esquerda porque os seringueiros, como trabalhadores, entraram. A questão racial entrou no PT com o MNU, mas, também, porque trabalhadores negros entraram.

A aproximação com o movimento negro acontecia dentro do partido. Parlamentares negros de esquerda eram interlocutores naturais para o movimento negro, que desenvolvia um trabalho de formação no PT.[55] A líder do MNU Regina Lúcia dos Santos lembra que "quando a gente fazia formação de parlamentares, do PT e tal, nessa questão [da igualdade racial] a gente acabava fazendo eles questionarem esses espaços".[56]

E, no caso de Benedita da Silva, essa aproximação se deu em condições especialmente favoráveis: Lélia Gonzalez aceitou ser assessora no seu gabinete. Em uma entrevista em 2020, Benedita se lembrou com carinho da amiga intelectual: "O que eu gostava da Lélia era que, apesar de ser quem era [uma intelectual renomada], ela era uma pessoa simples. Acho que uma outra pessoa na posição dela não ia querer ser assessora de uma Benedita vereadora, primeiro mandato, mas ela foi. Escrevia minhas palestras, me levou a muitos lugares".[57]

Mas a questão da igualdade racial ainda estava longe de ser resolvida no Partido dos Trabalhadores. Em 13 de agosto de 1983, Lélia Gonzalez publicou um artigo na *Folha de S.Paulo* denunciando a invisibilidade da questão racial. Vale a pena a citação longa:

O programa do Partido dos Trabalhadores, ao qual pertenço, levado ao ar em cadeia nacional no dia 5 de agosto passado, decepcionou 44% da população brasileira: os negros (pretos e pardos ou mestiços). [...] A impressão que se tinha era a de que, com perdão da má palavra, havia "gringo no samba". E o samba atravessou, e a escola desfilou mal, devagar quase parando. De acordo com o enredo "Da economia à mulher", a escola desfilou com dez alas, o que foi uma pena. Duas alas ficaram excluídas, embora pudessem ter sido enxertadas nas outras. A dos Favelados (32 milhões, mais ou menos) poderia ter sido enxertada na da Habitação, por exemplo. A dos Crioulos, em várias outras. [...] Teriam dado o molho, o sal, o tempero ao desfile, demonstrando a força, o pique, a ginga e o caráter inovador da nossa escola. Sem elas, apesar da beleza do abre-alas, nossa escola não ficou melhor, nem pior, nem diferente das velhas escolas de sempre [...].

É a isto, justamente, que se chama racismo por omissão. [...] Isto não quer dizer que no Partido dos Trabalhadores não existam companheiros empenhados na luta contra o racismo e suas práticas, entendendo o quanto ele implica em desigualdades, em inferiorização de amplos setores das classes trabalhadoras. As denúncias de um Eduardo Suplicy, a eleição de uma Benedita da Silva, de uma Lúcia Arruda, de um Liszt Vieira não se fizeram a partir do nada. "É muito comum reduzir-se o racismo a uma questão de classe, o que não é verdade, embora haja pontos de contato", dizia um companheiro africano [...]. O ato falho com relação ao negro e que marcou a apresentação do PT pareceu-me de extrema gravidade não só porque alguns dos oradores que ali estiveram possuem nítida ascendência negra, mas porque se falou de um sonho; um sonho que se pretende igualitário, democrático etc. mas exclusivo e excludente. Um sonho europeizantemente europeu. E isso é muito grave, companheiros.

Comentando o episódio em 2020, Benedita da Silva conclui: "Ela foi generosa. Falou de omissão, mas poderia ter falado outras coisas. [...] Aí o partido começou a discutir criar um núcleo para a questão racial, e depois o núcleo passou a ser uma secretaria. Hoje nós temos uma secretaria de igualdade racial".[58]

Lélia Gonzalez deixou o PT pouco tempo depois e se filiou ao PDT de Leonel Brizola, que já tinha em seus quadros grandes intelectuais negros, como Abdias Nascimento, que foi deputado pelo partido, e o também deputado Carlos Alberto Caó. É difícil encontrar outro movimento social emergente nos anos 1980 que o PT tenha tido tanta dificuldade em disputar como o movimento negro, no qual o PDT teve participação importantíssima. Parte da explicação certamente é a força desse partido no Rio de Janeiro, onde essas lideranças atuavam. Outra é a fraqueza eleitoral do movimento negro enquanto tal: movimentos que conseguiam eleger candidatos, como o sindical, naturalmente ganhavam mais força no PT, cuja máquina ainda era fraca demais para eleger candidatos sozinha. Mas não há dúvida de que demorou para o partido de fato levar a sério a questão racial em sua dimensão autônoma, separada da desigualdade econômica, se é que já a leva a sério o suficiente. Nas palavras de Milton Barbosa, grande liderança do MNU, as conquistas do movimento negro dentro do PT sempre exigiram pressão sobre as lideranças: "Foi sempre na base da luta, não é manha não, é tudo na moral".[59]

Benedita da Silva foi eleita a primeira constituinte negra da história brasileira em 1986.

Em 1985, foram realizadas eleições para prefeitos das capitais estaduais brasileiras. Durante a ditadura, eles não eram eleitos, mas indicados pelos governadores. No geral, as votações do PT foram bem melhores do que em 1982, mas as vitórias foram poucas. Houve um notável progresso na comunicação do partido, que se tornou muito mais leve e amigável.

Em uma virada de última hora, o PT elegeu sua primeira prefeita de capital, Maria Luiza Fontenele, em Fortaleza. Ela também foi a primeira prefeita mulher de uma capital brasileira. Ninguém esperava a vitória — Fontenele estava em terceiro lugar nas pesquisas — e ninguém sabia o que fazer com ela.

Na discussão sobre Diadema, já falamos da relação difícil do grupo dirigente do partido com as organizações de esquerda que atuavam em seu interior. Mas, ali, o quadro era comparativamente mais simples: Gilson Menezes pertencia ao grupo dirigente nacional e enfrentava a oposição dos radicais do diretório municipal. Em Fortaleza, era a prefeita que era membro de uma organização radical.

Como vários outros petistas que ganhariam destaque no futuro, Fontenele foi membro do PRC de José Genoino e Tarso Genro, um partido independente que atuava dentro do PT. Se isso não fosse motivo suficiente para isolá-la na estrutura partidária principal, Fontenele entrou em um racha do PRC, o Partido Revolucionário Operário (PRO). Sua gestão foi marcada por um nível de voluntarismo excessivo mesmo para os primeiros anos petistas.

A situação financeira de Fortaleza em 1985 era desastrosa, ainda pior do que a de Diadema e da média das cidades brasileiras na crise dos anos 1980. Administrá-la seria um desafio mesmo para um partido com experiência de governo e base sólida na Câmara dos Vereadores. Não era o caso do PT: os dois prefeitos anteriores do partido (em Diadema e em Santa Quitéria) deixaram a legenda antes do fim do mandato, e em Fortaleza não havia um único vereador petista.

A nova prefeita tinha virtudes, reconhecidas inclusive por seus adversários:[60] denunciou os funcionários fantasmas da prefeitura, o que reduziu o número de contracheques pagos em inacreditáveis 50% (de 44 mil para 22 mil). Entrou em choque com as empresas de transporte por conta do preço das passagens, o que talvez fosse adequado, mas não conseguiu um acordo, como havia feito Diadema. Os choques entre prefeitura e empresas se agravaram e saíram de controle quando a Secretaria de Transportes autorizou a circulação de uma cartilha para a população que a incentivava a protestar, inclusive de forma violenta, contra ônibus em mau estado. A prefeitura negou que incentivasse a violência, mas o estrago estava feito.

Esse quadro de conflito permanente, aliado a uma greve da coleta de lixo que deixou a cidade em estado lastimável, construiu a imagem de que, apesar de as administrações petistas serem talvez mais honestas do que a extremamente corrupta direita brasileira (que, lembrem-se, foi quem contratou os 20 mil funcionários fantasmas), eram também propensas à baderna e à incompetência administrativa.

A impressão foi reforçada pelo balanço que Fontenele fez para a *Folha de S.Paulo* no final de sua gestão. Segundo a agora ex-prefeita, seus principais legados haviam sido ser um "elemento provocador da conscientização" e deixar clara "a existência do confronto entre um projeto socialista e o regime vigente no país".[61]

Assim como Gilson Menezes em Diadema, Maria Luiza Fontenele não terminou seu mandato no PT. No entanto, os rompimentos foram diferentes. Gilsinho o fez por disputas políticas internas mais ou menos convencionais, claramente contra a vontade de Lula. Fontenele foi expulsa após conflitos muito mais sérios que envolviam o controle da administração pelo Partido Revolucionário Operário, que chegaram inclusive a se tornar físicos.

Diferente do que ocorreu em Diadema, em Fortaleza o PT só voltaria a vencer eleições em 2004, também com uma mulher, Luizianne Lins. Os resultados parecem ter sido muito melhores, porque Lins se reelegeu em 2008. Vinte anos antes, estava claro que o PT ainda não pensava como governo.

Enfim, se na democratização pelo alto o PT só apanhava e, como se viu no caso do Colégio Eleitoral, fazia besteira, na democratização por baixo ele se garantia. Não ganhava todas: perdeu lideranças negras importantes para o PDT e teve que enfrentar os Verdes no Rio de Janeiro. Mas, enquanto a máquina partidária resolvia seus problemas com as instituições, muitos milhares de militantes da sociedade civil iam aderindo ao projeto petista e construindo sua base social. Conforme essas causas foram se tornando mais visíveis no debate brasileiro, os petistas foram entrando na conversa.

E, na segunda metade da década de 1980, a maré viraria a favor do PT. Em parte porque a Constituinte colocaria frente a frente a democratização pelo alto e a por baixo. Em parte, porque o grande acordo pelo alto da Nova República enfrentaria crises seriíssimas.

Mas, antes de ir para o centro do palco, o PT precisou decidir o que era.

5. Quantas camisas? Qual camisa?

O PT sempre se orgulhou de ser um partido filosoficamente "laico": nunca teve uma filosofia oficial, nunca foi marxista. A própria diversidade de ideias dentro do partido, em que conviviam diferentes organizações de esquerda, movimentos com interesses e perspectivas distintos de integração no sistema político, intelectuais de diversos matizes e, é claro, um enorme número de cristãos, impossibilitava que ele fechasse uma posição sobre questões filosóficas mais amplas.

Nisso, o PT era bem diferente dos partidos comunistas, mas não só nisso. Ao contrário do PCB, ligado à União Soviética, e do PCdoB, ligado primeiro à China e, depois, à Albânia, o PT não tinha uma "pátria-mãe", um país-modelo.

Em outros tempos, isso teria sido uma fraqueza. Os comunistas, afinal, ganharam hegemonia sobre a esquerda mundial quando a Revolução Russa lhes deu uma pátria-mãe, um lugar em que o movimento havia vencido, sobrevivido e, nos seus próprios termos, "dado certo". Anarquistas e marxistas dissidentes sempre sofreram com a acusação de que seus movimentos eram utópicos, pois não tinham dado certo em lugar nenhum. Não foi por acaso que o PCdoB, quando rompeu com Moscou, aliou-se à China maoista. Além do apoio material que esses vínculos conferiam — treinamento militar, suporte diplomático, algum dinheiro e um lugar para se exilar —, o argumento "já deu certo em algum lugar" sempre foi muito forte.

Quando o PT se formou, a situação era bem diferente. Ao contrário dos grandes partidos de esquerda do mundo desenvolvido, ele foi criado já no momento em que o marxismo ortodoxo estava em crise. A simultaneidade entre as origens do PT e do Solidariedade polonês é simbólica desse contexto. Não é verdade que todos os petistas apoiassem o Solidariedade: mas muitos o faziam, fosse por sua orientação geral sobre o socialismo (era o caso dos trotskistas, que criticavam o establishment soviético), fosse pelo vínculo com a Igreja católica (não por acaso, Lula e Walesa se encontraram no Vaticano em 1981), ou pelo fato de que, para os sindicalistas, dizer "estamos em greve contra a ditadura, como os poloneses" deixava o regime anticomunista brasileiro em uma situação difícil.

A direção e a extensão da crítica ao modelo soviético variavam entre os petistas. Muitas eram inspiradas em experiências de luta diretas. Um importante líder sindical do ABC, quando encontrou um sindicalista cubano pela primeira vez, perguntou: "Vem cá, vocês não podem fazer greve?".[1] Mesmo os católicos mais próximos do marxismo se incomodavam com a perseguição aos cristãos nos países comunistas. Em um encontro com 1300 lideranças de Comunidades de Base, realizado em São Paulo, em 17 de março de 1990, a militante Davina Valentim da Silva perguntou a Fidel: "Por que os cristãos não estão no Partido Comunista de Cuba?".[2]

De qualquer forma, àquela altura, não ter um país-modelo já não era um problema. Os países-modelo estavam em crise. Já começavam a se tornar mais um fardo a ser carregado do que um horizonte a ser imitado. Quando um militante comunista confrontou um dirigente petista dizendo que aquilo que o PT propunha não existia em lugar nenhum, ouviu como resposta: "Companheiro, você defende o regime da Albânia. O regime da Albânia é uma merda".[3]

Porém, embora o PT não se reduzisse ao universo ideológico da esquerda marxista, seus intelectuais e muitos de seus quadros dirigentes sabiam em qual teologia eram considerados hereges. Como diversos outros partidos social-democratas e trabalhistas ao redor do mundo, o PT tinha sua própria história com o marxismo-leninismo.

Mas era um partido de massas, com bases operárias fortes o suficiente para domesticar suas vanguardas, e a democracia brasileira estava em ascensão: nenhum partido do mundo se converteu à esquerda autoritária nessas condições.

No evento de fundação do PT, o célebre crítico de arte e velho trotskista Mário Pedrosa fez um discurso importante. Ele era uma espécie de figura paterna do trotskismo brasileiro, tendo, inclusive, conhecido Leon Trótski em seu exílio no México. No Colégio Sion, Pedrosa convocou os presentes a abandonarem suas velhas camisas e adotarem a do partido:

> Diferentemente de todos os partidos por aí, com a sua dança de letras e siglas, o PT é simplesmente o Partido dos Trabalhadores. É único de estruturas, é único de tendências, é único de finalidade. Partido de massa, não tem vanguarda, não tem teorias, não tem livro sagrado. Ele é o que é, guia-se por sua prática, acerta por seu instinto. Quando erra, não tem dogmas e, pela autocrítica, refaz seu erro. Por isso, ao nos inscrevermos no PT, deixamos à sua porta os preconceitos, os pendores, as tendências extras que possivelmente nos moviam até lá, para só deixar atuando em nós uma integral solidariedade ao Partido dos Trabalhadores.[4]

Parecia bom demais para ser verdade, e era. As várias organizações marxistas que aderiram ao PT[5] tinham graus variados de compromisso com a nova legenda. Muitos grupos marxistas teriam optado por se constituir como partidos próprios se tivessem o tamanho necessário para a legalização. A questão que dividia as organizações marxistas era: o PT era "tático" ou "estratégico"?

Se isso pareceu desinteressante, você está na companhia de Lula:

> A primeira grande discussão era assim: se o PT era tático ou estratégico. Puta, eu não entendia porra nenhuma do que era tático ou estratégico. "Eu só queria criar um partido e vocês querem saber se ele é tático ou estratégico? Seja o que vocês quiserem, porra! Mas vamos criar um partido. Eu quero um partido para eleger deputado, para eleger vereador, para eleger presidente da República, para eleger governador. Eu quero um partido para ganhar eleições e fazer o que a gente sonha fazer." Outros não, queriam o PT para fazer a revolução. Se o cara quisesse fazer revolução não devia estar preocupado em criar um partido, criasse um exército, caralho![6]

Era um problema. As consequências das "duas camisas", o uso da camisa da organização marxista por baixo da camisa do PT, eram muito sérias para o partido. Se você achava que o PT era só um projeto "tático", não fazia muito sentido discutir o programa de governo do PT, um plano econômico para combater a hiperinflação, a concepção de socialismo do partido, um grande programa para formação de quadros, uma posição diante das várias vertentes da esquerda internacional. Quem formaria os quadros do Partido Revolucionário Comunista seria o próprio Partido Revolucionário Comunista, que, em caso de uma revolução bem-sucedida, governaria segundo seu próprio programa. Quem formaria os militantes da Convergência Socialista seria a Convergência Socialista, que nunca abdicaria do direito de pertencer à sua fração da IV Internacional Socialista, mesmo se o PT resolvesse se filiar a outra organização internacional ou se decidisse, como foi o caso, não se filiar a nenhuma.

A posição das organizações de esquerda era compreensível, dados os seus pressupostos. Em parte porque, assim como os deputados de esquerda do MDB que não embarcaram na "aventura" do PT, as organizações marxistas corriam o risco de se dissolverem em um partido que podia fracassar e que por vários anos deu a impressão de que fracassaria. Em parte pelas velhas questões do divisionismo político, o "narcisismo das pequenas diferenças" que dificulta o diálogo entre forças políticas que concordam em quase tudo. E, finalmente, porque, se você fosse leninista, acharia o PT um partido bem ruim: tinha católicos demais, teoria de menos e os sindicalistas mandavam nos quadros marxistas.[7]

Para a turma das duas camisas, o PT era o guarda-chuva embaixo do qual disputariam eleições e se aproximariam dos movimentos sociais. Quanto às "grandes questões", cada um resolveria do seu lado.[8] O Partido Revolucionário Comunista de José Genoino era tão claro na ideia de que o PT era só uma frente que também se utilizava de outras frentes: no Rio Grande do Sul, por exemplo, seus candidatos concorriam pelo PMDB.

Foi nessa época que José Dirceu foi severamente criticado por propor que o PT tivesse algo tão singelo quanto *um programa de governo*.[9] O partido, para boa parte das organizações marxistas que o integravam, era apenas uma frente, uma espécie de PMDB sem a burguesia. Quando o regime militar fosse definitivamente derrotado, ou quando cada organização conseguisse crescer o suficiente para agir de forma independente, o PT poderia ser abandonado e cada um seguiria seu caminho. Afinal, como lembrou, em tom de piada, José Genoino, o partido era o primeiro do mundo em que todas as Internacionais Socialistas estavam presentes: os anarquistas da Primeira, os social-democratas da Segunda, os comunistas da Terceira e os trotskistas da Quarta Internacional.[10]

Aparentemente, a tradição política brasileira de consensos improváveis havia cruzado com a história do socialismo.

Todos os petistas admitem que as organizações marxistas foram importantes para a formação do Partido dos Trabalhadores. A principal estratégia das tendências para ganhar influência no partido era fundar núcleos de base em que tinham maioria. Isso, sem dúvida, ajudou na proliferação de núcleos pelo Brasil afora. Muitos militantes de base aprenderam novas ideias políticas ou técnicas de organização com os militantes das tendências. A forte presença de universitários nas tendências colocava o PT em contato com ideias que circulavam nos grandes debates acadêmicos. Não por acaso, como vimos no primeiro capítulo, membros da Convergência Socialista ajudaram a fundar o Somos, grupo pioneiro na defesa dos direitos LGBTQIA+, e José Genoino, do PRC, sairia muito na frente de seus colegas parlamentares de qualquer partido na defesa tanto dos direitos LGBTQIA+ quanto da causa feminista. E, no fim das contas, não era culpa das tendências se elas eram mais organizadas do que o resto do PT.

As organizações marxistas que aderiram ao PT só tinham duas coisas em comum: em primeiro lugar, quase todas haviam rompido com o Partido Comunista Brasileiro, algumas muito cedo — como os trotskistas —, outras nos anos 1960, quando o PCB recusou a luta armada. Mesmo a mais leninista dessas organizações, portanto, sentia-se livre para criticar Moscou. Isso explica, em parte, a "exceção cubana" no discurso petista, que era crítico aos soviéticos, mas simpático aos castristas: ao contrário de Moscou, Havana havia apoiado a guerrilha brasileira.[11] Essa relação sobreviveu em muitas lideranças do partido, às vezes como proximidade política, às vezes como memória sentimental. Entretanto, como veremos adiante, Cuba nunca foi o modelo de socialismo dos petistas.

Em segundo lugar, a maioria das organizações marxistas que entraram para o PT discordava do diagnóstico do PCB de que uma aliança com a burguesia nacional seria necessária por muitos anos, até que o Brasil fosse capitalista o suficiente, ou democrático o suficiente, para que a luta pelo socialismo fizesse sentido.

Com a queda de Jango, essa ideia perdeu força: se a burguesia brasileira não queria uma aliança com a esquerda pelo desenvolvimento do país — talvez por bons motivos, do ponto de vista dela —, a esquerda deveria se concentrar na transformação socialista de forma direta. Até porque a "revolução burguesa" brasileira talvez já tivesse acontecido; talvez só não tivesse sido particularmente progressista ou democrática.

Nesse aspecto, o diagnóstico de boa parte dos marxistas petistas era semelhante: o Brasil já era um país capitalista fazia tempo. A luta pelo socialismo podia não ser revolucionária de imediato — o fracasso da luta armada o havia demonstrado —, mas o objetivo dos marxistas brasileiros deveria ser convencer os trabalhadores a lutar a partir de agora pelo socialismo.

Parte desse diagnóstico se inspirava nas análises do célebre historiador Caio Prado Jr., um dos maiores pensadores brasileiros, que enfatizava o quanto a colonização do país desde a origem está subordinada ao desenvolvimento do capitalismo global.[12] Caio Prado Jr. foi duramente criticado por seus colegas de PCB, que viam no Brasil resquícios suficientes de "feudalismo" (no coronelismo rural, por exemplo) para justificar a necessidade de uma "revolução burguesa".[13]

Não há dúvida de que esse diagnóstico do capitalismo brasileiro influenciou as decisões do PT sobre não participar da Nova República. Até a queda da ditadura, aliás, diversos grupos ainda tinham a esperança de que o regime fosse derrubado por um levante popular ("Greve! Geral! Derruba o General!"). Essas concepções eventualmente conflitariam com a ambição de setores do sindicalismo petista que queriam participar da vida política nacional como um grande partido operário. Mas, nos anos 1980, as duas visões convergiam: o essencial era a auto-organização dos trabalhadores, separados dos partidos burgueses. A partir do final da década, quando alguns desses grupos marxistas revisariam seus programas, essa relação seria rediscutida.

Vale dizer, Prado Jr. estava certo em criticar a ideia de que o Brasil teria sido feudal, no sentido forte do termo, e estava certíssimo em ver a colonização como um momento de constituição do capitalismo global moderno. Mas ele dava menos importância do que deveria aos traços da sociedade brasileira que eram claramente diferentes dos encontrados nas democracias capitalistas desenvolvidas.

No Brasil, esses traços foram descritos com mais rigor pela tradição weberiana,[14] na discussão sobre o "patrimonialismo" do Estado brasileiro, em que a relação entre público e privado não era tão clara quanto em um Estado burocrático moderno. Um dos autores mais importantes dessa tradição foi um fundador do PT, o historiador Sérgio Buarque de Holanda, que, inclusive, batiza o centro de memória do Partido dos Trabalhadores. Outro grande weberiano brasileiro, Raymundo Faoro, era o candidato a vice dos sonhos de Lula na eleição de 1989.[15] A relação do PT com nossos "traços feudais", nosso "patrimonialismo", nosso "atraso" ou como quer que o chamemos é um dos aspectos importantes e mal resolvidos da história do partido.

Afinal, como os guerrilheiros brasileiros acabaram descobrindo, era perfeitamente possível que a burguesia não estivesse mesmo interessada em fazer nada muito progressista; mas isso não queria dizer que uma revolução socialista fosse possível, ou que não houvesse um enorme legado patrimonialista com o qual o partido teria que lidar.

"Você não quis trabalhar na roça porque queria ir para a faculdade. Aí foi para a faculdade e resolveu voltar para a roça para fazer a tal guerrilha", dizia o pai de José Genoino, um agricultor do interior do Ceará que nunca deixou o campo.[16] Era verdade. Genoino nasceu em uma família de lavradores, foi alfabetizado pela mãe e se tornou sacristão da igreja. Graças à ajuda do padre da cidade, conseguiu estudar e entrar na faculdade de filosofia. Tornou-se militante estudantil de destaque e, como boa parte de sua geração de lideranças, aderiu à luta armada. Entrou para o PCdoB e participou da guerrilha maoista do Araguaia, no Norte do país, região escolhida por ser palco de intensos conflitos de terra. Entre os projetos de guerrilha no Brasil, a do Araguaia foi a única que chegou a estabelecer uma base no campo. Apesar de sua estrutura absolutamente precária, conseguiu dar trabalho para o Exército brasileiro antes de ser dizimada. Durante o conflito, Genoino assumiu a identidade falsa de sobrinho de João Amazonas, líder máximo do PCdoB. Foi preso, torturado, mas sobreviveu, ao contrário da grande maioria de seus companheiros.

Ainda na prisão, começaram os debates sobre a avaliação da experiência do Araguaia. Estava claro que ela tinha fracassado. Nenhum dos seus objetivos estratégicos foi alcançado, e jovens valorosos haviam morrido. Era um tema difícil para o PCdoB, que havia apostado tudo na guerrilha rural. Fora da cadeia, Genoino teve duros debates com João Amazonas, que foram particularmente dolorosos pela relação próxima que haviam estabelecido entre si.[17] Genoino rompeu com o PCdoB em 1979. O grupo do qual fazia parte ficou conhecido como "a esquerda" do PCdoB e às vezes era identificado com a sigla

PCdoB (E).[18] Essa discussão durou cinco anos, até que, em 1984, o grupo fundou o Partido Revolucionário Comunista, que tinha cerca de 2 mil militantes.[19]

O PRC defendia o direito à legalização dos partidos comunistas, mas optou pela clandestinidade. Durante muitos anos, já na Nova República, seus integrantes ainda usavam nomes de guerra e não se identificavam como membros do PRC em público. Isso fez sentido enquanto os partidos comunistas eram proibidos, mas ainda durou por alguns anos depois da legalização do PCB e do PCdoB.[20] Não era uma clandestinidade particularmente bem guardada. Todo mundo na esquerda sabia que o PRC existia, que Genoino era membro da legenda, que a revista *Teoria e Política* quase sempre refletia as posições do partido, além de notícias sobre ele serem publicadas na imprensa.[21] Quando o recém-fundado PRC distribuiu panfletos em uma manifestação pelas Diretas, um político comunista, ex-guerrilheiro, fez uma piada: "Este [Partido Comunista] está novinho em folha. Ainda não tem desvio nenhum",[22] alusão às acusações que os marxistas muitas vezes lançaram uns contra os outros ao longo da história.

Como vimos, o PRC atuava tanto no PT quanto em outros partidos, como o PMDB (no Rio Grande do Sul) e o PDT (no Rio de Janeiro). Sua posição "duas camisas" era oficial: ele respeitava as posições adotadas pela direção do PT, mas não exigia que seus militantes as cumprissem. O PT era uma frente "tática" que não podia ser confundida com o partido "estratégico", que era o PRC. Era necessário, inclusive, lutar entre os trabalhadores contra a ilusão de que o PT seria seu "verdadeiro partido".[23]

O PRC era um partido bastante intelectualizado.[24] Em uma entrevista de 2006, José Genoino descreveria as discussões do partido como "dogmatismo ilustrado".[25] Há alguma verdade nisso: o partido se considerava comunista e leninista, mas pretendia resgatar raízes libertárias dos dois projetos. Para quem conhece a história de autoritarismo da União Soviética, pode parecer estranho falar em "leninismo libertário", mas não se trata de uma ideia impossível de, ao menos, ser formulada: em geral, o que se faz é dar muito mais ênfase ao livro *O Estado e a revolução*, em que Lênin fez o elogio entusiasmado dos conselhos e da democracia direta na Comuna de Paris, e menos ao clássico *O que fazer?*, no qual Lênin apresenta seu projeto de partido centralizado de forma mais canônica. Na prática histórica, os sovietes defendidos na primeira obra foram burocratizados logo depois da revolução pelo partido proposto na segunda.[26]

Mas a ideia de um "leninismo democrático", que não tem qualquer relação com o que de fato ocorreu na União Soviética depois de 1917 ou em qualquer outro lugar, reaparece na esquerda de tempos em tempos; algumas dessas reencarnações ocorreram por um primeiro passo de intelectuais críticos em seu processo de distanciamento do marxismo ortodoxo.

Por exemplo, a partir da leitura de autores do marxismo ocidental como Lukács, o PRC criticava a ênfase excessiva dos regimes socialistas no progresso econômico e buscava resgatar a ideia de Marx de que o progresso deveria servir para libertar o ser humano do trabalho, abrindo espaço para o desenvolvimento humano no tempo livre.[27] Essa crítica do "produtivismo" foi comum na trajetória de diversos marxistas que, algum tempo depois, se aproximaram da defesa da ecologia.[28] Enfim, embora o PRC fosse um partido leninista, sua tentativa de resgate de elementos libertários do marxismo-leninismo acabaria por levar muitos militantes a abandonar a vertente para se concentrar na defesa desses elementos libertários, que podiam ser defendidos por seus próprios méritos.[29]

Não por acaso, saíram do PRC alguns dos melhores quadros petistas, como Genoino, Tarso Genro e Marina Silva. Mais tarde, em uma virada surpreendente, o PRC acabaria dando origem à tendência *mais moderada* que o PT já teve. Ao fazê-lo, aproximava-se dos vários grupos da esquerda mundial e do PT que já tinham ido além de Lukács na crítica do marxismo ortodoxo.[30]

O PT recebeu intelectuais de praticamente todas as correntes que romperam com o PCB. Já falamos, por exemplo, dos grandes intelectuais do velho PSB, como Antonio Candido. Fortemente influenciados pelo trotskismo, trouxeram consigo as ideias do "socialismo democrático" com que sonhavam nos anos 1950 e 1960, quando o PSB era muito influenciado pelo trabalhismo britânico.

Essa aproximação entre crítica trotskista e defesa de um socialismo democrático não era inevitável em termos lógicos: havia muitos trotskistas autoritários, bem como socialistas democráticos que nunca foram trotskistas. Mas esse hibridismo entre trotskismo e socialismo democrático, tal como a mistura de cristianismo com marxismo, encontrou espaço dentro do PT.

A Democracia Socialista, tendência trotskista mais importante do partido, foi batizada assim em homenagem a um documento do economista belga

Ernest Mandel, que tinha esse título. O grupo que a originou já atuava como Tendência Socialista da juventude do MDB no Rio Grande do Sul[31] e editava o jornal *Em Tempo*, o principal espaço de discussão política entre os petistas nos primeiros anos do partido. Uma vez que o trotskismo nunca chegou ao poder em lugar nenhum, não sabemos se sua versão democrática teria prosperado ou se o movimento teria revertido ao leninismo tradicional. Mas a ideia existiu e convenceu muitos petistas ao longo dos anos.

Além dessas correntes que chegaram mais ou menos prontas, o partido também acolheu jovens intelectuais vindos, sobretudo, da Universidade de São Paulo, que realizaram boa parte de sua produção intelectual já pensando no que o PT deveria fazer.

Durante os anos 1980 e 1990, se alguém se referisse a "intelectuais petistas", é provável que falasse de autores como Francisco Weffort, que chegou a secretário-geral do PT, Marilena Chauí, José Álvaro Moisés, Vera da Silva Telles, Maria Victoria Benevides, Francisco de Oliveira, Marco Aurélio Garcia, Tarso Genro ou Eder Sader. Esses autores vinham de tradições do marxismo crítico dos anos 1960 e 1970 e, em certo sentido, formaram sua própria tradição.

Alguns desses intelectuais partiram das reflexões críticas dentro das organizações marxistas, que passaram a dar mais espaço à autonomia dos movimentos sociais e da democracia de base, e as levaram ao seu limite: foi o caso dos "autonomistas", um pequeno, mas importante, grupo de intelectuais, reunidos em torno da revista *Desvios*.[32] Em uma entrevista de 1988, Emir Sader (irmão de Eder) afirmou que "a única corrente teórica consistente que surgiu no PT foi a autonomista".[33] Entre eles estava Marco Aurélio Garcia, que se tornaria o principal assessor de Lula para política externa. A obra *Quando novos personagens entraram em cena*, de Eder Sader, era uma história e um elogio dos movimentos sociais que discutimos no primeiro capítulo. Se houvesse uma coleção de livros chamada "Biblioteca petista", o livro de Sader seria o volume I.

O autonomismo foi um movimento na fronteira do marxismo com o anarquismo de 1968,[34] fortemente inspirado pelas ideias de Rosa Luxemburgo, altamente crítico dos partidos comunistas autoritários, da burocracia, do Estado, da disciplina de fábrica, e grande entusiasta de todo movimento social "espontâneo": greves "selvagens" (não organizadas pelos sindicatos oficiais), movimentos de reinvenção pessoal — como os feminismos e os movimentos de minorias —, experiências de autogestão nos locais de trabalho etc.

Os autonomistas estrearam no debate de esquerda com a publicação do documento "Onze teses sobre a autonomia", em 1980. O documento circulou mimeografado e, até onde sei, nunca foi publicado em livro.[35] Os autores do documento rompem com a ortodoxia marxista declarando que "a alternativa ao Estado capitalista" não é o partido revolucionário, mas os conselhos de trabalhadores organizados nacionalmente. Em um texto divertido publicado no n. 2 de *Desvios*, Herbert Daniel apresentou a estratégia leninista como uma receita de bolo, cujo último passo era: "Sirva-se posteriormente o bolo sob a forma de autocrítica, onde se explicite que, apesar da profunda coerência tática, a realidade mais uma vez fez murchar ligeiramente o pudim".[36] Herbert Daniel, a propósito, se afastaria do PT pouco tempo depois para fundar o "gêmeo carioca" dos autonomistas, o Partido Verde.

Dentre os intelectuais que inspiraram os autonomistas, destacavam-se os pensadores franceses ligados ao grupo Socialismo ou Barbárie: Cornelius Castoriadis, que teria a oportunidade de se entusiasmar com experiências de democracia direta do PT em Porto Alegre;[37] Claude Lefort, severo crítico do totalitarismo soviético que seria uma grande influência sobre a filósofa Marilena Chauí; e Edgar Morin, cujo trabalho ajudou Marina Silva a se distanciar do marxismo tradicional.[38] Foi a partir do Socialismo ou Barbárie, sobretudo do trabalho de Claude Lefort, que a crítica do modelo soviético em termos de "totalitarismo", originária da obra da filósofa alemã Hannah Arendt, entrou forte na esquerda.

A visão dos autonomistas para o PT era bem próxima da ideia de "confederação de movimentos". O partido, segundo o filósofo Marcos Nobre — que participou do grupo ainda na adolescência —, seria um espaço no qual cada movimento entraria e "continuaria fazendo sua festa".[39] Embora o grupo autonomista fosse pequeno, sua influência ideológica era significativa entre os intelectuais petistas, em parte por estar perfeitamente de acordo com o "basismo" das Comunidades Eclesiais de Base, dos sindicatos autênticos e do clima ideológico na esquerda pós-1968. Em um texto de 1982, publicado em *Desvios*, Marco Aurélio Garcia escreveu: "Não será fora do movimento do ABC que serão produzidos os ABCs do movimento".[40]

Mas, desde o início, e cada vez mais, os autonomistas começaram a enfatizar que os movimentos precisavam se articular entre si, e que o PT podia ser o espaço ideal para isso. A competição com as tendências leninistas, que davam baile nos outros petistas em termos de organização, acabou acelerando esse processo. Aos poucos, os autonomistas se dissolveram dentro da maioria petista, que, como veremos a seguir, tinham ajudado a organizar. Àquela altura, o PT ainda não sabia que tinha um reencontro com o autonomismo marcado para junho de 2013.

José Dirceu começou a vida política como a principal liderança estudantil de São Paulo no final dos anos 1960 (posto que, no Rio de Janeiro, era ocupado por Vladimir Palmeira). Como grande parte do movimento estudantil brasileiro, Dirceu rachou com a direção do PCB na segunda metade daquela década e passou a adotar uma posição de enfrentamento mais direto do regime militar. Foi preso como militante estudantil no Congresso da UNE de Ibiúna (SP), em 1968, e solto em troca da libertação do embaixador norte-americano Charles Elbrick, sequestrado por guerrilheiros brasileiros do movimento MR-8. Depois, foi para Cuba.

Chegou lá em um momento difícil: o governo radicalizava a estatização da economia, "desde o salão de beleza até o pipoqueiro",[41] na chamada "ofensiva revolucionária" de 1968. Houve uma crise de abastecimento e, "em 1969, eram raros os bares e restaurantes, mesmo em Havana". Vladimir Palmeira, companheiro de Dirceu no movimento estudantil, na prisão e em Havana, já expressava sérias ressalvas ao modelo cubano. Os problemas econômicos também eram evidentes para Dirceu, mas seu entusiasmo pela revolução castrista prevaleceu.

Em Cuba, recebeu treinamento guerrilheiro e se tornou próximo de lideranças cubanas importantes, como Manuel Piñeiro, o mitológico "barba ruiva",[42] ex-chefe do serviço secreto cubano e então responsável pelos contatos com as organizações de esquerda latino-americana. A relação de Dirceu com os cubanos era mais direta do que a da maioria dos exilados, em parte porque, entre eles, Dirceu era um dos que estava menos vinculado a organizações guerrilheiras brasileiras. Era próximo da Ação Libertadora Nacional de Carlos Marighella, mas não fazia parte de seu núcleo dirigente. Para os exilados mais integrados, o contato com os cubanos era estabelecido pelas "relações diplomáticas" que a organização da qual faziam parte tinha com Cuba. A proximidade entre Dirceu e os cubanos era tanta que circulou entre outros exilados e entre as forças de repressão brasileiras o boato de que ele teria se tornado agente do serviço secreto cubano, algo que Dirceu sempre negou.[43]

Voltou ao Brasil de forma clandestina nos anos 1970 como membro do Movimento de Libertação Popular (Molipo), formado por militantes exilados em Cuba. Uma provável infiltração de informantes da ditadura brasileira em Havana fez com que a maior parte dos integrantes do Molipo fosse assassinada pouco depois de chegar ao Brasil. Dirceu foi um dos poucos sobreviventes. Manteve-se na clandestinidade, tentando reconstituir sua teia de contatos enquanto vivia como comerciante no Paraná, casado com uma esposa que não sabia de seu passado de militante. Com o afrouxamento da repressão no final dos anos 1970, contou a verdade à família e retomou, aos poucos, os contatos políticos em São Paulo.

No final da década de 1970, hospedou-se na casa da família Abramo, composta de jornalistas, artistas e intelectuais, em sua maioria trotskistas, que teve imensa importância para a fundação do Partido dos Trabalhadores.[44] Em suas memórias,[45] Dirceu atribui à influência deles o fato de nunca ter sido stalinista e de ter, inclusive, protestado contra a invasão soviética à Tchecoslováquia durante a Primavera de Praga, em 1968. Instalado na capital paulista, retoma seus contatos políticos e se aproxima do movimento de fundação do PT.[46] Conheceu Lula através de Frei Betto (também ex-ALN) e, graças a sua habilidade como datilógrafo, conseguiu um emprego de assessor de um dos seis deputados estaduais eleitos pelo MDB em 1978 que haviam aderido ao PT na fundação.

À época, eram poucos os remanescentes de seu grupo político mais próximo (o Coletivo). A ALN e o Molipo haviam sido dizimados pela repressão. Isso certamente os ajudou a tomar a decisão de se dissolver no novo partido e aceitar sua proposta, ao contrário dos outros grupos marxistas que aderiram ao PT. Junto com a adesão veio uma mudança política mais geral, que priorizava a luta política de massas junto aos movimentos sociais e nos espaços políticos que apareciam com a abertura democrática. Para Dirceu, "o PT foi minha autocrítica da luta armada".[47]

Quando aceitou dissolver seu grupo na maioria petista, Dirceu deu início a uma trajetória que fez dele, por vários anos, um dos grandes nomes da política brasileira. Ao abdicar da atuação como membro de um grupo organizado, foi incorporado como uma liderança importante pela maioria de sindicalistas e católicos que haviam fundado o PT. Dirceu apostou certo. As organizações clandestinas eram apropriadas à atuação política durante a repressão, que exigia segredo e disciplina. Com a volta da democracia, a política passou a ser disputada em espaços abertos. Isso não favorecia mais o dirigente leninista, mas sim quem sabia disputar em público, falando à multidão. Gente como Lula.

E foi assim que o "cubano" José Dirceu foi parar ao lado dos autonomistas, de Lula, dos católicos e dos líderes de movimentos sociais na tendência que veio para acabar com todas as outras: a Articulação.

"A derrota de 1982 prostrou muito o partido, e as correntes, em cima dessa fragilidade, ganhavam espaço. O partido estava virando um espaço de embate entre as correntes, e o partido mesmo ninguém dava muita bola", lembra Gilberto Carvalho.[48] Na desorganização dos primeiros anos do PT, quem tinha sua própria estrutura paralela saía em vantagem. As tendências eram bastante minoritárias, mas sua capacidade de organização lhes dava influência desproporcional a seu tamanho.

"Era um horror", lembra Irma Passoni — a ex-freira que, no capítulo 1, vimos liderando movimentos de bairro na periferia de São Paulo —[49] sobre a convivência dos militantes de base com as tendências. Os movimentos sociais, os sindicatos e os católicos que haviam formado o PT para garantir sua autonomia diante do Estado e dos partidos tradicionais sentiam que estavam perdendo o controle do partido que haviam fundado. Carvalho, Passoni e diversos outros personagens de nossos dois primeiros capítulos começaram a ser derrotados em disputas internas para as tendências marxistas.

Da mesma forma, após a vitória de Brizola no Rio de Janeiro, uma crise se abriu no PT do estado. Segundo Carlos Cavalcante, tratava-se de um conflito entre "tendências do PT que foram majoritárias nas urnas com tendências que são majoritárias nos núcleos organizados".[50] A direção, controlada pelas tendências de esquerda, decidiu fazer oposição ao único governador do Brasil eleito por um partido progressista, ainda em plena vigência do regime militar. Muitos petistas tinham resistências ao brizolismo, mas preferiam apoiá-lo de maneira crítica ou declarar independência. Não por acaso, nos anos seguintes, alguns petistas fluminenses deixariam o partido para formar o Partido Verde ou, como no caso de Lélia Gonzalez, para se unir ao PDT de Brizola. O próprio candidato petista ao governo do Rio de Janeiro em 1982, o cristão progressista Lysâneas Maciel, aderiu ao PDT.

Foi nesse contexto que surgiu a Articulação, que se considerava a tendência antitendência ou dos "petistas petistas". Com algumas transformações, dissidências e anexações que a levaram a mudar de nome algumas vezes, a Articulação controlou o Partido dos Trabalhadores por quase toda a sua história. No momento em que este livro é escrito, a tendência herdeira da Articulação é a Construindo um Novo Brasil (CNB). Ainda é o grupo dominante na legenda.

O nome da Articulação era, originalmente, a Articulação dos 113, uma referência ao número de signatários do seu manifesto de fundação.[51] Era a "revolta dos bagrinhos", dos militantes da base contra as "vanguardas". O documento foi assinado no subsolo de uma casa na praça Benedito Calixto, no bairro de Pinheiros, em São Paulo, em 2 de junho de 1983. A Articulação é a mais importante, e a menos estudada, das principais tendências petistas.

O manifesto dos 113 tinha dois objetivos. O primeiro era matar na origem a ideia, que começava a circular entre alguns dirigentes, de que o fracasso de 1982 colocava a sobrevivência do PT em questão e que talvez fosse uma boa ideia pensar em uma fusão com o PDT (proposta por Brizola, que pensava na constituição de um Partido Socialista) ou mesmo com o PMDB, que se consolidava como o grande partido brasileiro dos anos 1980. A Articulação rejeitava categoricamente a proposta "liquidacionista". Por outro lado, também recusava o "vanguardismo" das tendências, sua tentativa de se sobrepor aos movimentos sociais dentro do partido e, sobretudo, sua propensão a funcionar como um comando paralelo ao da direção petista. No manifesto dos 113, lê-se:

> Defendemos, assim, o PT como um partido de massas, de lutas e democrático. Combatemos, por isso, as posições que, por um lado, tentam diluí-lo numa frente oposicionista liberal, como o PMDB, de ação predominantemente parlamentar-institucional; ou que se deixam seduzir por uma proposta "socialista" sem trabalhadores, como o PDT. Também combatemos aqueles que, incapazes de traduzir o nosso papel em termos de uma efetiva política de organização e acumulação de forças, se encerram numa proposta de partido vanguardista tradicional, que se autonomeia representante da classe trabalhadora.[52]

Nas palavras de José Dirceu:

A articulação dos 113 criou uma vértebra no PT. As pastorais, as CEBS, os sindicalistas, e nós que éramos militantes de ex-organizações que tínhamos optado por dissolver as organizações. [...] Pode parecer uma coisa inacreditável, mas eu pensava na coluna guerrilheira (risos), o PT precisa ter uma coluna que seja a vanguarda, o centro e a retaguarda, que construa o poder. Um partido realmente de massa, mas capaz de ter quadros na sua direção. [...] Eu comecei a me chocar com essas organizações porque elas começaram a discutir se devia legalizar ou não o PT [...]. Depois o debate se tinha que ter programa de governo ou não. Eles começaram a pensar na greve geral de rua, vamos derrubar a ditadura, uma visão de curto prazo, no fundo uma volta à visão da luta armada, ou uma visão da Revolução Russa.[53]

A constituição da Articulação, como era de esperar, gerou reações nos grupos de esquerda. Em sua edição de 23 de junho de 1983, o jornal da Democracia Socialista protestou contra a "articulação excludente e centrista" dos 113, que haviam realizado seu movimento sem consultar toda a legenda. E demarcaram sua discordância com a ideia de partido da Articulação:

Enfim, ao invés de um PT dirigente do movimento de massas, de luta e mobilização contra a ditadura e o arrocho, o Manifesto parece sugerir um PT domesticado, para a reflexão e formação socialista, algo como um partido à esquerda, porém integrado no processo de transição que vem sendo tentado pela ditadura.[54]

No longo prazo, os trotskistas tinham razão: a constituição da Articulação foi mesmo o ponto de partida para a moderação do PT. Mas esse processo não foi linear nem simples.

Uma vez que do outro lado estavam grupos leninistas, não é surpresa que a Articulação tenha obtido apoio de toda a ala moderada do partido, representada, por exemplo, pelos sociólogos Francisco Weffort e José Álvaro Moisés. Os autonomistas, defensores da independência dos movimentos sociais, foram participantes ativos.[55] Eventualmente, a maioria de seus membros atuaria dentro da ala moderada, deixando de lado o componente "anarquizante" de sua posição original.[56]

Mas, em si, a constituição da Articulação não foi uma declaração programática detalhada. O fundamental era afirmar que o partido não seria só uma frente nem participaria de outras frentes. Diferentes setores aderiram a esse projeto por motivos diversos.

Os sindicalistas, de fato, sempre tiveram como prioridade a atuação dentro da institucionalidade democrática para conquistar direitos para a classe trabalhadora. No Brasil, como na Europa, eram o grupo que tinha interesse material na construção de um partido social-democrata. Não faziam muita questão de chamá-lo assim, porque isso certamente suscitaria, por um lado, o aparecimento de quarenta militantes estudantis, cada um trazendo um manifesto de cem páginas demonstrando que a social-democracia era uma traição aos ideais socialistas; e, por outro, políticos do PMDB tentando cooptá-los em nome de uma versão menos combativa da social-democracia que já se delineava nos anos 1980. A fórmula petista de "nem socialismo real, nem social-democracia" lhes servia bem.

Mas os motivos para aderir à Articulação foram vários.[57] Era possível, por exemplo, juntar-se à "coluna guerrilheira" metafórica na esperança de que se tornasse, se não de forma literal, ao menos uma aproximação razoável da realidade. Havia na Articulação marxistas de perfil tradicional, que, ao contrário das organizações de esquerda, achavam que o PT poderia ser estratégico para conduzir o Brasil ao socialismo, uma versão do Partido Comunista adaptada aos tempos modernos. Um grupo de petistas ligados à Articulação chegou a viajar para a Alemanha Oriental para fazer um curso de formação política. Outro grupo racharia com a Articulação no começo dos anos 1990 por discordar do processo de moderação em curso no PT, já bastante acelerado; formariam a Articulação de Esquerda, que existe até hoje e, não por acaso, tem como símbolo uma foice e um martelo estilizados como "P" e "T", respectivamente.

Não é à toa, portanto, que a Articulação raras vezes tenha feito esforços para apresentar uma doutrina política muito fechada. Isso significaria dividir o movimento. Se você reforçou o poder dos sindicalistas e dos católicos porque fazia parte desses grupos, ou porque acreditava que eles precisavam ter autonomia para evoluir em direção ao socialismo libertário, ou porque tinha a esperança de que eles eventualmente fizessem uma revolução comunista, tudo bem. A pergunta "quem manda?", da qual falava Fernando Henrique Cardoso, é respondida da mesma maneira: o poder dentro do PT seria exercido pela Articulação.

No fim das contas, a constituição da Articulação favoreceu a evolução do PT para a social-democracia porque consolidou a influência de Lula e do setor sindical da legenda. O manifesto dos 113 não era particularmente moderado, mas fortaleceu a maioria do partido, que pouco a pouco evoluiu para a moderação. Entretanto, na sua origem, o que os 113 disseram para os militantes petistas foi apenas uma coisa: "O partido é este aqui". Os membros do PRC tinham o direito de ter seu próprio partido, mas sindicalistas e católicos também tinham, e o deles era o PT.

Nesse ponto, entretanto, os marxistas tinham todo o direito de perguntar: ok, mas se nós tiramos a nossa camisa, o que está escrito na que vocês querem nos dar? Foi nessa época que Lula disse a José Dirceu: "A gente precisa levar o Genoino para conhecer a Nicarágua e a Suécia".[58]

Se o partido não tinha uma revolução-mãe como a russa ou a chinesa, tinha uma espécie de revolução-irmã: a Sandinista, de 1979, na Nicarágua, perfeitamente contemporânea à formação do Partido dos Trabalhadores. Segundo Gilberto Carvalho,

> a Nicarágua foi muita inspiração pra nós porque ela juntou aspectos mais da democracia, aspectos de um certo rompimento com os dogmas leninistas e houve a participação forte de líderes que eram ligados à Igreja, toda uma inspiração poética muito forte, havia um trânsito, foi a primeira revolução que a gente podia participar, muita gente nossa saía daqui pra fazer colheita de café, médicos que iam pra lá,[59] o pessoal ia pra Cuba estudar e de lá ia pra Nicarágua, havia uma vinda deles pra cá muito forte. A fonte inspiradora daquele tempo era a Nicarágua, do martírio, da entrega.[60]

Como boa parte da esquerda internacional, o PT apoiou os sandinistas com entusiasmo durante toda a década de 1980. Quando Lula colocava na mesma frase "a Nicarágua e a Suécia" como recomendações de países que poderiam inspirar o *aggiornamento* ideológico de Genoino, o par não parecia tão estranho quanto talvez pareça hoje. O partido social-democrata sueco, como outros europeus — e latino-americanos, como o da Venezuela e o da Costa Rica —, se entusiasmou com a possibilidade de construir um governo de esquerda democrático na Nicarágua.[61] O apoio dos social-democratas, inclusive, foi um fator importante de pressão para evitar que o sandinismo derivasse para um regime autoritário tradicional.

A Revolução Sandinista tinha muito em comum com o universo ideológico petista. Os nicaraguenses pareciam ter feito ao mesmo tempo tudo o que os marxistas brasileiros discutiam como priorizar: tiveram forte presença nos movimentos sociais urbanos, enorme influência da esquerda católica, estabeleceram alianças com a burguesia e a classe média democráticas e formaram um exército guerrilheiro. De certa forma, era como se as guerrilhas brasileiras tivessem sido bem-sucedidas e liderado uma coalizão que integrasse tanto o MDB quanto os movimentos sociais dos dois primeiros capítulos deste livro em uma revolução contra a ditadura militar.[62]

Os sandinistas ofereciam esperança porque, por convicção ou por necessidade, de acordo com a liderança ou o período, evitaram construir uma ditadura de tipo soviético ou cubano. Um experimento de socialismo democrático, como o que o PT defendia, parecia ter surgido na América Latina, com base em forças sociais muito semelhantes às que haviam fundado o PT. Em um texto publicado na revista *Teoria e Debate*, o físico Luiz Pinguelli Rosa saudava a iniciativa sandinista de construir um modelo baseado em "pluralismo, economia mista e não alinhamento internacional".[63]

Na verdade, a relação dos sandinistas com a democracia nicaraguense recém-criada seria difícil e passaria por diversos momentos. Segundo Katherine Hoyt (1997),[64] durante a clandestinidade, prevalecia no movimento a opinião leninista de que a democracia seria, no máximo, uma necessidade tática, momentânea, até a consolidação de um regime socialista "puro". De fato, logo após a vitória, os sandinistas marginalizaram seus aliados de centro. As primeiras eleições pós-revolução, em 1984, foram limpas,[65] segundo observadores internacionais, mas foram boicotadas por parte importante da oposição conservadora. Não há dúvida de que os Estados Unidos pressionaram pelo boicote, mas também é verdade que o candidato da oposição foi agredido com pedras por apoiadores dos sandinistas.[66] Durante o combate à guerrilha de direita, os sandinistas aparelharam movimentos sociais que haviam ajudado a fundar e não democratizaram de maneira substancial seu funcionamento interno. Ainda faltava muito para a consolidação da democracia nicaraguense.

Mesmo com tudo isso, entretanto, não há dúvida de que o regime sandinista era muito mais democrático do que qualquer coisa vista no mundo comunista e em boa parte da América Latina. Os soviéticos, os chineses e os cubanos, ou, aliás, os mexicanos até então, nunca haviam tido o direito de disputar uma eleição como a de 1984 na Nicarágua, para não falar da de 1990, quando os sandinistas perderam e foram para casa. Com o passar do tempo, segundo o líder sandinista e ex-vice-presidente da Nicarágua Sergio Ramírez, os sandinistas abandonaram o projeto leninista e abraçaram de modo sincero "o que sempre foi sua posição pública, o pluralismo democrático".[67]

Não há dúvida de que os militantes petistas tinham uma visão idealizada da "revolução com habeas corpus". Mas, se a intenção era combinar socialismo e democracia, era inteiramente razoável que os sandinistas despertassem entusiasmo. Até porque os desvios da Nicarágua com relação à democracia podiam ser explicados (e talvez fossem mesmo explicáveis) pela turbulência inevitável de uma guerra civil.

Por outro lado, os limites para que o PT copiasse os nicaraguenses eram evidentes: a guerrilha brasileira havia sido destroçada. A transição democrática havia sido conduzida pelos mais moderados entre os democratas moderados. Os resultados econômicos dos sandinistas tampouco pareciam promissores, embora a guerra tornasse difícil estabelecer com precisão o quanto desse fracasso era culpa do modelo adotado. Embora a economia mista, a democracia e o não alinhamento fornecessem um horizonte de longo prazo para a liderança petista, os sandinistas não ofereciam um modelo de como chegar lá.

"Gramsci veio para nos salvar",[68] diz Francisco Weffort. Vindo do trotskismo, Weffort escreveu um trabalho clássico de crítica da tradição populista brasileira. Participou do grupo do *Capital*, fundado pelo filósofo José Arthur Giannotti e por Fernando Henrique Cardoso, durante uma conversa na praia de Copacabana.[69] O grupo se reunia periodicamente em São Paulo para ler *O capital*, de Karl Marx, discutindo-o a partir de novas vertentes filosóficas, como a fenomenologia ou o existencialismo.

No exílio chileno, chegou a pensar em aderir à luta armada: tentou aprender a atirar em pombos.[70] Depois de desistir de derrubar a burguesia aviária, Weffort se aprofundou no estudo das versões do pensamento de esquerda que propunham uma radicalização da democracia. Ao fazê-lo, tornou-se o principal intelectual do Partido dos Trabalhadores, chegando a ocupar a secretaria geral do partido.

Muito mais importante do que sua atuação como dirigente, entretanto, foi sua contribuição intelectual ao PT. Intelectuais como Weffort e Moisés ajudaram a colocar Gramsci no centro do debate petista. Por meio da obra do pensador comunista italiano, encontraram um jeito de encaixar o PT, seus movimentos sociais e seus radicais na institucionalidade e na cultura democrática nascentes sem, a princípio, desistir de seus projetos de transformação social.

Como Gramsci "nos salvou"? Por larga margem, ele foi o maior teórico marxista da política moderna. Passou boa parte da vida na cadeia, preso pelo regime fascista italiano. Em vez de livros, Antonio Gramsci escreveu os *Cadernos do cárcere*, anotações mais ou menos longas em que propunha uma reformulação do pensamento político marxista.[71]

O modelo leninista de partido centralizado e a revolução violenta podiam ter vencido na União Soviética ou em antigos países coloniais que nunca haviam sido democráticos, onde "o Estado era tudo, e a sociedade civil era nada". Mas os leninistas da Europa Ocidental, como Gramsci, haviam sido derrotados. Nas sociedades modernas, o poder estava espalhado no Estado, no sentido tradicional (no Exército, no Parlamento, na burocracia etc.), e fora dele: os intelectuais, a imprensa, os movimentos sociais, o sistema educacional, as igrejas — todos formavam uma sociedade civil que influenciava e era influenciada pela política no sentido tradicional. A luta pela transformação socialista não podia, portanto, ser só a luta revolucionária pelo controle do Estado. *O poder não se toma, se constrói*: quem foi a uma discussão de intelectuais petistas nos anos 1980 ou 1990 deve ter ouvido essa frase.

Aqui é preciso dizer também que grande parte da obra de Gramsci que chega ao debate de esquerda foi mediada pelo maior líder comunista da história italiana, e talvez do Ocidente: Palmiro Togliatti, o responsável pela publicação dos cadernos escritos na cadeia. No pós-Guerra, Togliatti faria do Partido Comunista Italiano (PCI) o mais forte de todo o mundo democrático, em grande parte pelo papel de destaque que tivera na resistência contra o fascismo. Essa força lhe deu certo grau de autonomia diante de Moscou, que, dentro de alguns limites, deixou que o PCI seguisse seu caminho como participante das disputas eleitorais democráticas italianas. Gramsci caía como uma luva para a proposta de Togliatti: se nas sociedades ocidentais a luta inclui a disputa da sociedade civil, a democracia era um terreno privilegiado para essa briga. Ao contrário do que diz a direita, Gramsci nunca levou uma democracia ao autoritarismo comunista, mas levou muitos comunistas autoritários a se tornarem democratas.[72]

Petistas como Weffort, tal qual o comunista Togliatti nos anos 1950, tinham acabado de sobreviver a uma ditadura de direita. O Estado brasileiro ainda era muito grande, mas nunca havia sido "tudo", e, como vimos nos primeiros capítulos deste livro, a sociedade civil já era mais do que "nada". Tanto Weffort quanto Togliatti — tanto o PT quanto o PCI — queriam participar da democracia, mas não queriam desistir de suas ideias socialistas. A definição da luta socialista como disputa de longo prazo entre projetos de transformação resolvia esse problema:

> Temos todo o direito de preferir uma democracia liberal ou socialista. Temos todo o direito de buscar assegurar a hegemonia burguesa ou lutar pela hegemonia dos trabalhadores. Mas esta luta de partidos, grupos de interesse, classes sociais em torno do sentido da democracia só pode existir quando se vai além do seu significado meramente instrumental. Na própria luta dos divergentes e dos contrários em torno do sentido da democracia, está a afirmação da democracia como um valor geral. Um valor que é de todos, espaço irrenunciável de realização da dignidade humana.

Filtrando Gramsci pela crítica de Rosa Luxemburgo aos bolcheviques,[73] Weffort propõe que os socialistas não devem lutar apenas *na* democracia, mas sim *por mais* democracia, até que a experiência de cidadania se transforme em governança, não só da política, mas também da economia, através de um aprofundamento da democracia.[74] A revolução deve ser entendida como um momento transitório em que os trabalhadores se convertem em cidadãos em tempo integral, e a democracia direta se sobrepõe à democracia representativa.[75] Mas a democracia representativa também deve ser preservada porque, como dizia Rosa Luxemburgo, "as formas democráticas da vida política de cada país realmente envolvem os fundamentos mais valiosos e inclusive os mais indispensáveis da política socialista".[76]

O uso "eurocomunista" de Gramsci não é, obviamente, o único possível. Antes de ser a inspiração do eurocomunismo, ele era um comunista dos anos

1930. Seria, por exemplo, um anacronismo óbvio excluir a revolução violenta do repertório gramsciano. O que é certo é que em seu pensamento a violência é muito menos central do que nos marxistas anteriores. Gramsci nos permite pensar, inclusive, que a revolução burguesa típica não é a Francesa, com grande mobilização democrática e violência contra a aristocracia. É a Revolução Inglesa, em que o capitalismo era forte o suficiente para impor à nobreza uma acomodação.[77] Na visão política de Gramsci, a violência continua existindo, mas quase sempre é sinal de fraqueza.[78] Uma hegemonia burguesa robusta para ele não é o governo Médici. É o governo Lula.

Antonio Palocci foi militante estudantil na Faculdade de Medicina de Ribeirão Preto, uma cidade próspera do interior de São Paulo. Era membro da Liberdade e Luta (Libelu), outra organização trotskista que, como a Convergência Socialista, teve participação importante nas lutas estudantis dos anos 1970.

A Libelu era o braço estudantil da Organização Socialista Internacionalista (OSI), sediada em Paris. Inicialmente, a OSI viu o nascimento do PT com enorme ceticismo: parecia ser uma articulação de operários despolitizados, parte de um projeto da ditadura militar para esvaziar o radicalismo do operariado. Os militantes da Libelu consideravam Lula e seus companheiros "neopelegos" ou "a quinta roda da burguesia". Entretanto, conforme o momento de fundação do PT foi se aproximando, a OSI decidiu incluir cerca de 10% de seus militantes no novo partido. Palocci foi um deles.

Como resultado da luta política dentro da organização trotskista internacional a que a Libelu pertencia, os defensores do PT na organização, como o franco-argentino Luis Favre,[79] começaram a ganhar influência, e os trotskistas da Libelu acabaram entrando no partido de forma relutante. Depois da adesão, passaram a atuar com o nome de seu jornal, *O Trabalho* — o mesmo para o qual, no capítulo 1, o jovem jornalista negro Flavio Carrança cobriu o ato do MNU nas escadarias do Municipal de São Paulo.

Por um breve período após a adesão ao PT, O Trabalho e a Convergência Socialista atuaram juntos, refletindo uma aproximação das associações trotskistas internacionais de que faziam parte. A coalizão, entretanto, colapsou rápido e terminou com alto nível de hostilidade entre os membros das duas organizações. A partir daí, uma parte importante d'O Trabalho passou a se incomodar com o purismo dos trotskistas: se não era possível manter uma coalizão com outro grupo trotskista, igualmente combativo, que esperança havia de o movimento dirigir um partido de massas? A organização havia conseguido um bom diálogo com sindicalistas importantes, como Jacó Bittar, mas não era possível incorporá-lo às deliberações porque ele não era trotskista. "Era uma coisa de enxugar gelo, você cresce, cresce, depois racha", lembra o sociólogo Glauco Arbix, um dos líderes da OSI.[80]

A partir daí, a OSI adotou uma posição diferente das demais tendências de esquerda: afirmando o PT como "estratégico", passou a atuar junto da Articulação, chegando mesmo a retirar chapas em disputas internas para favorecer o grupo majoritário. Isso acabou atraindo a simpatia de Lula e de outros dirigentes. Em certo ponto, conta um ex-dirigente, "a grande diferença entre mim e o Lula era que eu acreditava que o Tróstski tinha razão e ele não se importava se tinha".[81]

O Trabalho tentou participar do movimento da Articulação dos 113, mas foi barrado porque insistia em continuar atuando como um grupo separado, o que, de fato, contrariava a proposta da Articulação. Porém, em 1987, houve um racha na organização internacional, iniciado em uma conferência sobre a dívida externa realizada em Caracas, capital da Venezuela, pelo dirigente franco-argentino Luis Favre. A reação da liderança francesa foi muito dura: afinal, tanto Favre quanto Arbix faziam parte da liderança internacional. Os franceses os acusavam de serem traidores, mas outras organizações, por exemplo no Canadá, apoiaram os brasileiros. O grupo da ex-Libelu que rompeu com Paris decidiu se dissolver na Articulação, enquanto os que se mantiveram ligados à organização francesa continuaram como O Trabalho, uma tendência petista relativamente pequena, que ainda existe.

Pouco depois de voltar de Caracas, os ex-Libelu Clara Ant, Glauco Arbix e Josimar Melo se reuniram com Lula para comunicar sua decisão de se dissolver no grupo majoritário. "Anunciamos para o Lula que íamos dissolver a organização. Primeiro, ele elogia, mas continua desconfiado [risos], não sem razão, relembra que chamávamos ele de pelego. Eu até corrijo, a gente nunca chamou de pelego, chamava de novo pelego", diz Arbix.[82]

A reação das lideranças da Articulação (que sempre teve direção nacional própria, como outras tendências petistas) variou. Um dos grandes articuladores da aproximação era um ex-membro da Libelu que havia se tornado sindicalista e um dos dirigentes petistas mais próximos de Lula, em nível pessoal: o líder bancário Luiz Gushiken. Mas havia resistências: alguns membros desconfiavam que a ex-Libelu tinha simplesmente desistido de fazer "entrismo" no PT para fazer isso na Articulação, e que continuariam a atuar como um grupo "infiltrado". Por fim, havia uma disputa ideológica: alguns membros da esquerda da Articulação tinham esperança de que a entrada dos trotskistas virasse a tendência para a esquerda.

Ao longo dos anos seguintes, aconteceu o exato oposto. Ex-Libelus, como Clara Ant, Glauco Arbix, Antonio Palocci e o próprio Gushiken, ganhariam posições de destaque na Articulação e muitos deles se tornariam mais próximos de Lula do que diversos signatários do manifesto dos 113. Mais do que isso: alguns ex-Libelus já estavam mais avançados (ou degenerados, se você for trotskista) no abandono das posições radicais de esquerda do que vários líderes da Articulação.

Em 2002, três ex-Libelus — Antonio Palocci, Glauco Arbix e o jornalista Edmundo Oliveira — foram encarregados por Lula de redigir a *Carta ao povo brasileiro*, documento que, para o bem e para o mal, anunciava ao capitalismo brasileiro que o PT estava disposto a dialogar.

Em uma crônica bem-humorada publicada na *Folha de S.Paulo* em 18 de maio de 1983, o jornalista Tarso de Castro narrou uma visita fictícia ao diretório nacional do partido, onde, já na entrada, avistava um funcionário expulsando um estudante que gritava "Direitista safado!". A moça da recepção recebe o cronista pedindo que ele aguarde enquanto ela xinga um "patife da Convergência Socialista" no telefone. Ela se ofende quando o cronista a chama de "senhora", pois é uma militante feminista, e, quando Tarso diz que veio procurar Luiz Inácio da Silva, a recepcionista responde: "Ah, quer dizer que agora esse burguês desprezível se identifica como 'Luiz Inácio da Silva'? [...] Quem tem razão é a Libelu, [...] esse cara não é mais o Lula!". Meio abalado, Tarso entra no prédio e recebe um tapa na cara por engano e um pedido de desculpas de um militante que diz: "Pensei que fosse o Jacó Bittar". Na sala de Lula, encontra Djalma Bom tentando enforcar Airton Soares enquanto a deputada Bete Mendes tentava apartar a briga dando um salto mortal entre os dois. Quando finalmente encontra Lula, o cronista pergunta se, afinal, há uma crise no PT. Quando Lula começa a responder que não, que é tudo invenção da imprensa burguesa, é nocauteado pelo deputado Eduardo Suplicy com um chute na cara.[83]

Essa divertida fantasia exagera, mas não mente o quão difíceis eram os conflitos dentro do Partido dos Trabalhadores em seus anos iniciais. O processo de democratização, cada vez mais articulado dentro da classe política tradicional, deixou o PT de fora da maior parte das reuniões nas quais a transição democrática foi negociada. Os sucessivos fracassos eleitorais, o efeito nocivo dos conflitos internos sobre as administrações de Fortaleza e Diadema, a dificuldade de encontrar uma identidade ideológica clara, tudo isso contribuía para um ambiente bastante conflitivo.

A fundação da Articulação dos 113 foi o grande momento de reversão desse processo. Conforme ela vai se consolidando em meados dos anos 1980, o PT vai adquirindo uma capacidade maior de agir como partido, e não apenas como confederação de movimentos sociais ou uma frente de tendências marxistas. Isso levaria alguns anos, mas já no final da década começaria a render frutos quando os ventos da política brasileira, enfim, começaram a soprar a favor do PT.

6. O caramujo

Há, portanto, representativo e oxigenado sopro de gente, de rua, de praça, de favela, de fábrica, de trabalhadores, de cozinheiras, de menores carentes, de índios, de posseiros, de empresários, de estudantes, de aposentados, de servidores civis e militares, atestando a contemporaneidade e autenticidade social do texto que ora passa a vigorar.

Como caramujo, guardará para sempre o bramido das ondas de sofrimento, esperança e reivindicações de onde proveio.

Ulysses Guimarães,
"Discurso de encerramento da Assembleia Constituinte"

Na sessão de abertura da Assembleia Nacional Constituinte, no dia 1º de fevereiro de 1987, o deputado José Genoino iniciou um protesto. Protestava aos gritos; os microfones do plenário haviam sido desligados durante a sessão de abertura, presidida por Carlos Moreira Alves, presidente do Supremo Tribunal Federal (STF). Genoino pedia justamente que não fosse Moreira Alves a abrir a Constituinte, pois ele havia sido nomeado pelo regime militar.[1]

Genoino ecoava o primeiro discurso da Assembleia Constituinte democrática anterior, a de 1946. Naquela ocasião, o deputado comunista Maurício Grabois apresentou uma proposta da bancada comunista solicitando que o presidente do Tribunal Superior Eleitoral (TSE) fosse substituído na presidência dos trabalhos pelo parlamentar mais velho entre os constituintes.[2] O presidente do TSE em 1946, Valdemar Falcão, havia sido ministro do Trabalho da ditadura de Getúlio Vargas, que o nomeara para o STF.

Naquela mesma sessão de 1946, outro constituinte comunista, Carlos Marighella, discursou dizendo que "começaríamos por trair o próprio mandato, que nos confiou o povo, se, no momento em que iniciamos uma fase nova da democracia, nos submetêssemos à tutela de um governo que já expirou",[3] recebendo aplausos dos outros constituintes.

Em 1947, só um ano depois de terem tomado posse, os deputados comunistas perderam seus mandatos e o PCB foi colocado na ilegalidade. Era a fase de acirramento da Guerra Fria. A partir do golpe de 1964, a repressão veio pesada. Grabois, já no PCdoB, morreu na guerrilha rural no Araguaia, a mesma de que Genoino havia participado. Marighella morreu na guerrilha urbana, em São Paulo. Assim, ao contrário dos dois veteranos, José Genoino primeiro foi guerrilheiro e depois foi eleito constituinte, já na fase final da Guerra Fria.

Pouco depois do protesto de Genoino na sessão de abertura, um deputado do PMDB passou por ele e colocou um bilhete no bolso de seu paletó. Era uma mensagem do deputado Ulysses Guimarães, líder da oposição à ditadura e presidente da Assembleia Nacional Constituinte. Concordava com o protesto de Genoino, em linguajar de parlamentar: "Genoino, manifestei-me ao ministro Moreira Alves favorável à manifestação".[4]

Ulysses saudava o novato e deixava claro que ele seria bem-vindo na democracia. Genoino, que guarda o bilhete emoldurado em seu escritório até hoje, viveria de forma intensa a Constituinte, chegando a dormir no gabinete, e ali começou a se revelar um dos grandes talentos parlamentares de sua geração. A democracia brasileira começava a funcionar para valer, e o ex-guerrilheiro dava início a seu processo de revisão ideológica. O Partido dos Trabalhadores também.

O ano da eleição para a Assembleia Constituinte foi um dos piores da história do PT. Em 1986, aconteceram dois incidentes violentos que foram, justa ou injustamente, associados ao partido.

Começando pela história que, de fato, envolvia o PT: em 11 de abril de 1986, um grupo de militantes do minúsculo Partido Comunista Brasileiro Revolucionário tentou assaltar uma agência do Banco do Brasil em Salvador. O PCBR era uma das organizações de esquerda que haviam aderido ao PT, mas atuavam com cadeia de comando independente. Com o brilhantismo que lhes era característico, os militantes na última hora acharam que era uma boa ideia tentar arrombar o cofre, além de levar o dinheiro do caixa. O atraso resultante permitiu a chegada da polícia, que prendeu os assaltantes. Na delegacia, afirmaram que eram petistas e que o dinheiro seria enviado para apoiar os sandinistas na Nicarágua. Era mentira, o dinheiro serviria para sustentar o PCBR.[5]

A direção do PT, entre furiosa e desesperada, expulsou os assaltantes. Mas o estrago estava feito: a revista *Veja* publicou a manchete "militantes bandidos" sob a foto dos presos, expostos de cueca pela polícia. O cartunista Paulo Caruso, da *Folha de S.Paulo*, desenhou os militantes em roupas íntimas com o texto "Cuecas 'Vem, Vamos Embora'", uma referência ao refrão de "Pra não dizer que não falei de flores", música de Geraldo Vandré que foi hino da geração de 1968.

Mas o ano petista ainda pioraria. Em 27 de junho de 1986, os trabalhadores da colheita de cana-de-açúcar da região de Leme (SP) iniciaram uma greve. A reivindicação principal era que a remuneração deveria ser realizada por metro linear, e não por peso. O Tribunal Regional do Trabalho (TRT) declarou a greve ilegal. Um ônibus trazendo trabalhadores tentou cruzar um piquete de grevistas e foi apedrejado. Teve início um conflito, e dois trabalhadores morreram alvejados por tiros.[6]

Um grupo de deputados petistas, liderados por José Genoino e Djalma Bom, estava no local dando apoio à greve. Os grevistas afirmaram que os tiros foram dados pela polícia, que afirmou que os tiros partiram de um dos carros em que estavam os deputados. O inquérito não conseguiu apurar a origem dos tiros. Em janeiro de 1990, a sentença do juiz Ronaldo Frigini, da 1ª Vara Cível de Leme, considerou a polícia culpada e condenou o Estado a indenizar as famílias das vítimas.[7]

A versão da polícia era ridícula: o histórico de grevistas mortos pela instituição era amplo, enquanto o histórico de deputados atirando na polícia era inexistente. Isso jamais teria convencido alguém se não fosse o assalto de Salvador, três meses antes. O ministro da Justiça Paulo Brossard, do PMDB, foi à

TV acusar a CUT pelo confronto e afirmou que havia sido causado pelo mesmo grupo que tinha realizado o assalto em Salvador.[8]

E foi com essa reputação que o PT chegou à eleição em que foram escolhidos os deputados e senadores que redigiriam a nova Constituição brasileira.

Independentemente do que se diga de José Sarney, é preciso reconhecer que ele assumiu a presidência do Brasil em uma situação dificílima. A ditadura havia endividado o país em níveis insustentáveis, e agora o crescimento tinha parado. Anos e anos de demandas sociais reprimidas enfim puderam ser apresentadas abertamente, mas o dinheiro havia acabado. O Estado tinha crescido demais durante a ditadura, mas sem mecanismos de prevenção à corrupção, que parecia, e talvez estivesse, descontrolada. O que emprestava legitimidade à eleição no Colégio Eleitoral era a figura de Tancredo, mas ele havia morrido. Ainda existiam golpistas entre os militares, o que ficaria claro durante a Constituinte. Sarney sempre achou que tinha tomado posse para ser deposto.[9]

O grande problema econômico do Brasil nos anos 1980 era a inflação. Ela era ridiculamente alta, começando a década em cerca de 100% ao ano e terminando em quase 2000% ao ano. Não houve um colapso social generalizado porque o Brasil tinha desenvolvido um sistema complexo de indexação da economia, isto é, de ajustes de salários e preços pela inflação passada. A indexação evitava o colapso, mas tinha um preço: se as causas da inflação fossem debeladas hoje, nos meses seguintes ainda haveria inflação pela reposição da inflação passada, e assim por diante. Era preciso quebrar essa inércia.

No grupo de economistas que assessorava Sarney, reuniam-se duas correntes que, nos anos 1990, polarizariam o debate econômico brasileiro. Por um lado, economistas ligados à Pontifícia Universidade Católica do Rio de Janeiro (PUC-RJ), como Persio Arida, Edmar Bacha e André Lara Resende. Do outro, os economistas da Universidade Estadual de Campinas (Unicamp), como Maria da Conceição Tavares, Luiz Gonzaga Belluzzo e João Manuel de Mello. Naquele momento, estavam todos juntos: todos haviam sido opositores da ditadura. Persio Arida, por exemplo, havia sido preso e torturado por colar uma faixa da Vanguarda Armada Revolucionária Palmares (VAR-Palmares) em um viaduto.[10]

Havia vários planos econômicos em discussão para quebrar a inércia da inflação. Um deles, elaborado por Arida e Lara Resende (o "Larida"), pretendia

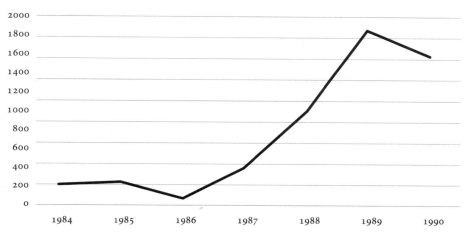

FONTE: IBGE, citado em Carlindo Rodrigues de Oliveira, "Greves no Brasil, de 1978 a 2018: grandes ciclos, configurações diversas". *Revista Ciências do Trabalho*, n. 15. Dieese-Abet.

amarrar por um mecanismo engenhoso o valor da moeda brasileira ao do dólar, mais estável. O segundo plano, de cuja discussão Lara Resende e Arida também participaram, quebraria a inércia da inflação congelando os preços, como havia sido feito com sucesso em Israel. O segundo foi o escolhido e ficou conhecido pelo nome da nova moeda do país: Plano Cruzado.

Nos primeiros meses, a inflação desabou, e a popularidade de Sarney disparou. O plano se beneficiou da cultura de civismo que a democracia vinha trazendo: a população foi aos supermercados com a tabela de preços congelados para denunciar abusos, e os "fiscais do Sarney" eram exibidos na televisão em horário nobre. Nada disso era capaz de suspender as leis da oferta e da procura, mas foi uma demonstração impressionante do desejo da população de participar da resolução dos problemas depois de anos sendo proibida de fazê-lo.

E foi com essa reputação que o PMDB chegou à eleição em que foram escolhidos os deputados e senadores que redigiriam a nova Constituição. Os resultados eleitorais para o partido foram algo nunca visto até então, nem mesmo depois: o PMDB conquistou a maioria do Congresso e todos os governos estaduais, exceto um. Tornou-se uma máquina política tão grande que surgiu, sobretudo entre membros da centro-direita, o medo de que o PMDB se tornasse um grande partido hegemônico como o Partido Revolucionário Institucional (PRI) mexicano ou o Partido do Congresso da Índia, que governaram seus países de maneira quase ininterrupta por décadas.[11] Fernando Henrique Cardoso chegou a sugerir que formas como o Partido do Congresso indiano talvez fossem características de "sociedades que passam para a industrialização rapidamente, sob controle das grandes empresas estatais e multinacionais".[12] De longe, a melhor resposta para a ameaça de mexicanização veio de Ulysses Guimarães, o líder do PMDB: "Se o país inteiro estiver no PMDB, sem exceção de ninguém [...], então eu sairei para formar outro partido".[13]

Caso o Plano Cruzado desse certo, um PRI brasileiro seria provável. Mas deu errado.

Uma coisa que é preciso admirar no Partido dos Trabalhadores desde sua origem é sua ousadia. Apesar de ter elegido apenas dezesseis deputados e de não ter emplacado nenhum senador, o PT foi para a Assembleia Constituinte com seu próprio projeto de Constituição elaborado e pronto para a discussão.

O projeto era, sobretudo, uma peça de agitação. O partido sabia que as chances de sua minúscula bancada decidir qualquer coisa importante eram mínimas. Mas a direção achou que chegar na Assembleia Constituinte com um projeto pronto seria importante: era uma maneira de divulgar a visão geral do partido para o Brasil e de pressionar pela esquerda o PMDB, que, estava claro desde o início, seria o autor do texto constitucional.

A primeira versão do projeto que o PT levaria à Assembleia Constituinte de 1987-8 foi escrita pelo jurista Fábio Konder Comparato.[14] Comparato era próximo de algumas lideranças do PT, em especial do historiador Marco Aurélio Garcia, ex-comunista, ex-membro do grupo guerrilheiro chileno Movimento de Esquerda Revolucionária (MIR, na sigla em espanhol), ex-autonomista e, a partir de meados dos anos 1980, em transição acelerada para posições moderadas. Aliás, os três juristas que tiveram participação importante na formulação do projeto de Constituição do PT — Comparato, Pedro Dallari e o futuro ministro da Justiça José Eduardo Cardozo — mantinham boas relações com Garcia.

O projeto de Comparato tem semelhanças com a Constituição que, de fato, seria promulgada em 1988. A defesa radical da liberdade política, a ênfase nos direitos sociais — tudo isso estava lá. Era natural: tanto quanto os outros brasileiros, os petistas também viviam a euforia da volta à democracia e faziam questão de marcar posição contra a ditadura. O projeto petista inclusive revogava, em suas disposições transitórias, a anistia aos crimes cometidos pela ditadura (artigo 250). O projeto de Comparato previa a exclusão completa dos militares das questões de ordem interna, à exceção de crises profundas, como guerras civis. Esse ponto seria objeto de muita controvérsia na Constituinte.

Mas o projeto é especialmente interessante pelo que revela da visão geral de organização social que inspirava os petistas. Procurava combinar duas coisas: a ideia de radicalização democrática, com ampla participação popular na vida do Estado e das empresas, e o desenvolvimentismo, a ideia de que cabia ao Estado planejar a transformação do país em sociedade desenvolvida. E já na discussão do projeto ficou claro que não era fácil conciliar as duas coisas.

O projeto de Comparato não era de uma Constituição comunista, mas, evidentemente, teria implicado transformações profundas na estrutura social brasileira se tivesse sido implementado. A propriedade privada seria fortemente protegida enquanto fosse necessária à subsistência do camponês; daí em diante, entretanto, deixaria de ser um direito fundamental e poderia ser expropriada com critérios de indenização pouco favoráveis aos proprietários. As grandes empresas, inclusive as estatais, deveriam incluir os trabalhadores em sua administração. Para além da pequena propriedade de subsistência, a terra só poderia ser administrada por cooperativas independentes. A mídia deveria ser organizada por fundações sem fins lucrativos, também com participação dos trabalhadores na gestão.

A relativização dos direitos de propriedade tinha como objetivo principal favorecer a reforma agrária e as desapropriações urbanas. A ênfase não estava na criação de empresas estatais, que só deveriam existir quando o setor privado fosse incapaz de realizar alguma atividade a contento. O Estado seria ainda mais aberto à participação popular do que as empresas, com grandes facilidades de apresentação de projetos legislativos por cidadãos e partidos, ampla fiscalização da administração pública e, o que viria a ser a grande contribuição do Partido dos Trabalhadores à Constituição de 1988, um Ministério Público forte e independente do Poder Executivo.

Participação democrática é sempre bom, mas, a esta altura, o leitor pode se perguntar: a administração pública e, talvez, a vida econômica não se tornariam uma grande assembleia? Não necessariamente, porque, no meio desse oceano de democracia e autogestão, Comparato montou uma ilha de administração técnica ou, se preferir, tecnocrática: a Superintendência de Planejamento Nacional. Ela teria uma imensa importância na visão de Comparato, fortemente influenciada pelo pensamento desenvolvimentista de Celso Furtado.[15] O superintendente seria nomeado pelo presidente da República e não poderia ser demitido depois disso. Seu mandato não seria coincidente com o do presidente. A superintendência seria uma espécie de versão "desenvolvimentista" do que, anos depois, os liberais defenderiam com a visão de um Banco Central autônomo. O objetivo de Comparato era isolar o planejamento de longo prazo do desenvolvimento brasileiro dos partidarismos e das disputas políticas.

A criação de um grande órgão planejador independente não foi bem recebida pelo PT. As redefinições de propriedade e os projetos de participação dos trabalhadores se encaixavam bem na visão do partido, mas a blindagem da Superintendência de Planejamento parecia tirar da disputa democrática o essencial: a definição do projeto de desenvolvimento. Poucos anos depois de uma ditadura que tinha forte componente tecnocrático (e inúmeros fracassos atribuíveis a isso), a tese parecia antipática. O planejamento de longo prazo era tão prioritário no projeto de Comparato que se sobrepunha à ideia de vinculações orçamentárias constitucionais, isto é, ao estabelecimento de gastos mínimos obrigatórios com saúde e educação.

Por esse motivo, a direção do PT decidiu revisar o projeto. A tarefa foi delegada a dois jovens professores de direito, Pedro Dallari e José Eduardo Cardozo, sob coordenação de Marco Aurélio Garcia. Os dois eventualmente seriam secretários na primeira prefeitura petista de São Paulo, e José Eduardo Cardozo foi ministro da Justiça do governo Dilma Rousseff.

Logo depois da convocação da Constituinte, o governo Sarney havia encomendado ao jurista Afonso Arinos um anteprojeto de Constituição que serviria de base para as discussões da Constituinte. Por isso, Marco Aurélio Garcia passou a chamar Dallari e Cardozo de "a dupla Afonso e Arinos".[16]

O projeto dos dois[17] manteve do original os dispositivos sobre propriedade rural e dos grupos de mídia, acrescentando o monopólio estatal do sistema financeiro. Manteve todas as iniciativas de participação popular, inclusive a de trabalhadores nas "macroempresas", e o Ministério Público autônomo e institucionalmente fortalecido. Mas introduziu duas mudanças importantes: a Superintendência de Planejamento sumiu sem deixar vestígio, e os capítulos sobre direitos sociais (saúde, educação etc.) foram expandidos, inclusive com vinculação orçamentária para a educação.

A dupla sertaneja Afonso e Arinos, portanto, antecipou o que viria a ser a Constituição de 1988: um documento muito mais social-democrata (visto que não entrou nenhuma das propostas petistas sobre direito à propriedade) do que desenvolvimentista. A princípio, ficava garantido que o Estado brasileiro deveria se tornar um Estado de bem-estar social, o que nunca havia sido. Mas o crescimento econômico era deixado como problema para os cidadãos deliberarem através dos diversos mecanismos de participação social.

Podemos nos perguntar se algo não se perdeu na passagem do projeto de Comparato para o de Dallari-Cardozo. A Superintendência de Planejamento era uma ideia bastante ousada, fora de época no momento da redemocratização e com grandes chances de dar errado: o próprio Comparato admite hoje[18] que havia um sério risco de que ela fosse capturada pelos mesmos interesses particulares que costumam capturar as políticas públicas brasileiras. Não é preciso concordar com a propaganda eleitoral do PT de 2014, que ilustrou a proposta de autonomia do Banco Central como uma defesa da retirada da comida dos pobres, para aceitar que a Superintendência de Comparato teria poder demais e estaria protegida demais da política democrática. Pode fazer sentido em alguns contextos a democracia amarrar as próprias mãos, mas excluir completamente a gestão do desenvolvimento nacional da deliberação democrática é excessivo.

Mas a retirada do elemento "desenvolvimentista" do projeto do PT foi uma escolha bastante simbólica. O partido vinha defendendo ao mesmo tempo uma proposta basista radical e propostas econômicas intervencionistas. Nunca ficou claro como isso tudo seria combinado. O que seria um planejamento econômico não tecnocrático? Não haveria o risco de uma desintegração das políticas públicas na corrida entre os vários espaços de deliberação democrática? Quem teria a função de dizer, eventualmente, "não tem dinheiro para isso" ou "isso é importante, mas outras coisas são mais urgentes"? No projeto desenvolvimentista, seria a tecnocracia estatal. No liberal, o mercado e as instituições estatais amigáveis ao mercado. No do PT, ao que parece, ninguém: ou os cidadãos, em suas deliberações democráticas, chegariam a essa conclusão espontaneamente, ou nada os faria aceitá-la. Era um dos principais problemas do "socialismo democrático". E talvez seja um problema que a democracia brasileira ainda não resolveu bem até hoje.

É indiscutível que a experiência de participação na Assembleia Constituinte deixou o PT muito mais confortável dentro das instituições políticas brasileiras. Muitos dos petistas entrevistados para este livro lembraram como a participação na Assembleia Constituinte foi importante para formar sua visão sobre política.

A Constituinte foi um processo bem diferente dos conchavos que vinham marcando a transição democrática desde o Colégio Eleitoral. Era o que Antonio Gramsci chamava de *grande política*, a disputa das visões gerais de sociedade, uma abertura real de possibilidades. As demandas sociais que não foram atendidas pelo governo Sarney porque os militares haviam quebrado o país podiam ser consagradas em lei. Mesmo que não fossem atendidas de imediato, exigiriam dos futuros governantes alguma resposta. "O que o PMDB não fez no governo, fez na Constituinte", diz José Dirceu,[19] com absoluta precisão. A Constituinte foi a transição democrática que deu certo.

O desejo do público por democracia finalmente encontrou uma expressão adequada. Mesmo em uma Constituinte com forte presença conservadora, houve espaço para ampla participação popular. Os mais diversos setores da sociedade civil puderam colaborar com os debates e apresentar propostas para os constituintes. "O Brasil mostrou sua cara", lembra José Genoino.[20] O sociólogo Florestan Fernandes, eleito constituinte pelo PT, chamou os debates nas subcomissões de "auditoria do Brasil real".[21] Na lembrança de Irma Passoni,

> [...] tivemos milhões de pessoas de todas as classes, de todos os setores, organizados, cada um trazendo sua proposta, sua preocupação, acho que foi um momento extremamente democrático. Ela foi amplamente popular. Uma participação incrível, era difícil filtrar todas as propostas que chegavam. E como negociar essas propostas. Teve o papel do Afonso Arinos na redação final. Plínio de Arruda Sampaio coordenou as propostas mais institucionais. Eu nunca vi na minha vida essa grande participação popular, e todo mundo que quis pôde chegar e dizer o que queria, não tinha Polícia Legislativa, todo mundo podia entrar. Foi um processo democrático.[22]

Não se trata de romantizar a Assembleia Constituinte. Ela também foi palco de disputas entre lobbies, de corrupção, de manipulações políticas variadas. As decisões sobre o regime político (presidencialismo vs. parlamentarismo), por exemplo, foram decisivamente influenciadas pelos projetos pessoais dos candidatos a presidente e de seus partidos. A controvérsia sobre a duração do mandato de José Sarney contaminou o debate por meses e foi resolvida com a distribuição de concessões de canais de rádio e TV para parlamentares. Os confrontos foram duros; às vezes, físicos. Houve ameaça de golpe militar se o texto constitucional não preservasse o papel das Forças Armadas na manutenção da ordem interna.[23]

Mas tudo isso era a política brasileira em uma semana normal. A novidade da Constituinte foi outra coisa.

Era o encontro entre a democratização pelo alto, que foi conduzida pelo PMDB, e a por baixo, pela sociedade civil, cuja língua o PT falava. A Constituinte converteu o PT à institucionalidade pelo exemplo, pela possibilidade real de apresentar propostas de esquerda e de negociá-las, pelas alianças que foram amplamente utilizadas pelo partido para aprová-las tanto quanto fosse possível. Em nenhum momento até então, o PT havia atuado de forma tão orgânica com outras forças políticas, com resultados tão bons. E nunca o PT tinha visto a turma dele, a turma dos movimentos, conversando com o poder em condições tão próximas da igualdade.

Para se ter uma ideia do que foi essa abertura, vale a pena olhar para as discussões do dia 28 de abril de 1987 na subcomissão dos negros, populações indígenas, pessoas deficientes e minorias, brilhantemente discutida no trabalho de Natália Neris sobre a participação do movimento negro na Constituinte.[24]

Foi um encontro histórico de lideranças do movimento negro com a institucionalidade brasileira. O movimento apresentou uma lista de reivindicações para a Constituinte e conseguiu vitórias importantes na afirmação da cultura negra e na caracterização do racismo como crime inafiançável — proposta que quase caiu conforme os textos das subcomissões subiram para comissões mais amplas, mas foi salva por uma emenda do deputado negro brizolista Carlos Alberto Caó (PDT-RJ).

Os políticos tradicionais brasileiros davam tão pouca importância a questões como desigualdade racial ou direitos LGBTQIA+ que a comissão tinha problemas sérios para conseguir quórum. Mas os movimentos sociais de que falamos no primeiro capítulo meteram o pé na porta e gravaram suas vozes no "caramujo" de que falava Ulysses Guimarães.

No dia 28 de abril, as intelectuais negras Lélia Gonzalez e Helena Theodoro, bem como militantes negros de vários movimentos e instituições, falaram aos parlamentares. Alguns parlamentares brancos ficaram assustados com a combatividade das lideranças negras. Alceni Guerra (PFL-PR), relator da subcomissão, se disse chocado com o quadro desolador de racismo e discriminação pintado por Gonzalez e Theodoro. Disse que a experiência de sua geração era outra e ainda que, ouvindo as intelectuais negras, lembrou-se de "algumas pessoas segregacionistas, que têm na alma essa coisa feia da segregação racial, hoje, aqui, quando eu vi, até com uma firmeza, posso dizer, excessiva, se pregando a anteposição da raça negra, da cultura negra, às outras culturas e às outras raças, no Brasil". Era a velha tese do "racismo reverso".

Gonzalez lhe respondeu que "somos iguais perante a lei, mas quem somos nós? Somos as grandes populações dos presídios, da prostituição, da marginalização no mercado de trabalho". Helena Theodoro acrescentou: "Quero um espaço, sim. Por que só alguns podem ter o poder? Eu também quero ser poder. Poder é bom!".[25]

O tema das cotas raciais aparece, surpreendentemente, no discurso do constituinte (branco) Hélio Costa, que foi correspondente da Rede Globo nos Estados Unidos e conheceu a política de ação afirmativa lá implementada.[26] Benedita da Silva (PT-RJ), que já conhecia as propostas do movimento negro, mas que fez vários esforços para que as propostas da subcomissão tivessem chance de ser aprovadas,[27] sugeriu formular a questão em termos de "isonomia", como proposto por Gonzalez; a isonomia pressupõe representatividade proporcional à composição étnica da população e abre as portas para a discussão da ação afirmativa, sem, entretanto, especificar "quero para o negro trinta vagas aqui",[28] o que não seria aprovado. De fato, um parágrafo elaborado pela subcomissão que descaracteriza como discriminação a reparação a grupos historicamente discriminados sobreviveu até a Comissão de Sistematização, mas foi eliminado do texto constitucional final.[29] Felizmente, aquele não seria o último encontro entre o movimento negro e as instituições brasileiras.

Mas os conflitos não eram só entre brancos e negros, e o preconceito não aparecia apenas nos deputados de direita. Em um dado momento, um militante negro fez um comentário homofóbico e francamente absurdo, argumentando que não havia negros homossexuais.[30] Benedita da Silva, cristã evangélica, protestou, dizendo:

> Esta subcomissão é muito importante e tem que ter espaço para o homossexual. [...] Eu conheço negros homossexuais, eu conheço negros deficientes, eu conheço negros de toda a sorte que possa haver neste nosso país. [...] Deve ser muito difícil além de ser deficiente, ser negro, ser homossexual, neste país, e usurpados de todos os seus direitos sem poderem exercer plenamente a sua cidadania.[31]

Ainda demoraria muito tempo para que esse tipo de debate se tornasse comum no Parlamento brasileiro, mas ali começava um longo caminho. Como disse Lélia Gonzalez aos constituintes: "Quando você recusa o diferente, você recusa o crescimento. Você recusa a ampliação".[32] E o Brasil estava crescendo.

O PT elegeu dezesseis constituintes, nove a menos que o PDT. Somados aos deputados dos recém-legalizados PCdoB (três), PCB (três) e PSB (dois), os parlamentares dos partidos de esquerda eram cerca de 10% dos constituintes. Mas contavam com um aliado importante: a ala progressista do PMDB, ou seja, o pessoal que não chegou a um acordo com o PT na reunião de São Bernardo de 1979.[33]

Na Constituinte, o acordo veio: a esquerda agiu razoavelmente unida (ou, ao menos, muito mais unida do que de hábito). Era como se o Partido Popular de Almino Afonso tivesse sido criado para ajudar a escrever a Constituição brasileira.

A ala esquerda do PMDB teve uma importância extraordinária por uma série de acasos e de manobras inteligentes. O senador Mário Covas, líder do PMDB progressista, foi eleito líder do partido contra o candidato de Ulysses Guimarães. Conseguiu a vitória com votos tanto da esquerda quanto da direita do partido: o presidente Sarney ordenou que seus aliados no PMDB votassem em Covas para moderar a influência de Ulysses. Dado o imenso peso da bancada pemedebista, isso deu a Covas o direito de indicar os relatores das subcomissões que dariam início à elaboração da Constituinte. E ele indicou relatores bem à esquerda do constituinte médio.

A manobra de Covas foi a maior ofensiva de esquerda da história da Nova República, muito mais ousada do que qualquer coisa que o PT viria a fazer no governo a partir de 2002. Era de esperar, portanto, que a reação viesse.

Em geral, as vitórias da esquerda na Constituinte ocorreram onde foi possível fazer aliança com os progressistas do PMDB e onde a esquerda expressava as propostas de um movimento político forte.

Um desses momentos foi a formação do Sistema Único de Saúde (SUS), resultado das propostas do movimento sanitarista brasileiro, historicamente dirigido por médicos ligados ao PCB. Na reforma partidária de 1979, houve certa dispersão por outros partidos de esquerda, mas a divisão não prejudicou a ação conjunta do "Partido Sanitarista".[34]

O momento decisivo para o SUS foi a 8ª Conferência Nacional de Saúde (conhecida como a "Oitava"), realizada em 1986, sob liderança do sanitarista comunista Sérgio Arouca, presidente da Fundação Oswaldo Cruz (Fiocruz). Na abertura do evento, o presidente José Sarney chegou a fazer "votos de que esta conferência, pela abrangência de seus temas, pela profundidade de seus debates, pelo clima de devotamento que está presidindo as suas discussões, represente a pré-Constituinte da saúde no Brasil".[35] Foi o que aconteceu.

Houve divisões políticas: PT e PDT — a esquerda que não estava alinhada com o governo do PMDB — defenderam a bandeira da estatização imediata do sistema de saúde, nos moldes do modelo britânico. PCB e PCdoB defenderam a proposta vencedora, de um sistema público poderoso que se fortaleceria aos poucos, ao lado do sistema privado. Os comunistas tinham toda razão: a proposta da "estatização já" nunca seria aprovada pela Assembleia Constituinte e talvez estivesse acima das possibilidades do Estado brasileiro.

O nome do PT na subcomissão era o médico Eduardo Jorge, eleito deputado por São Paulo. Jorge também vinha da esquerda do partido, da tendência Vertente Socialista,[36] que se destacava por um basismo radical e pela defesa entusiasmada de conselhos populares e da democracia direta. Jorge foi indicado por Lula para a subcomissão. Quando objetou que entendia de saúde, mas não de previdência social, ouviu de Lula: "Então, vá estudar". Eduardo Jorge cumpriu a ordem, o que acabaria lhe causando problemas no futuro. Nos anos 1990, propôs que o PT defendesse sua própria reforma da previdência, e a recusa da direção deu início ao mal-estar que o faria deixar o partido anos depois.[37]

Logo no começo dos trabalhos, Jorge propôs que o texto da "Oitava" fosse "um pré-roteiro para a discussão nessa área"[38] e voltou ao documento ao longo de todas as discussões. Em 22 de abril de 1987, novamente fez referência à "Oitava" e defendeu que a saúde socializada poderia dar um impulso no próprio capitalismo brasileiro, garantindo a saúde da força de trabalho, argumento que utilizaria outras vezes.[39] Como em outros casos, o PT alavancava a influência de sua bancada modesta expressando as reivindicações de movimentos sociais mais amplos.

Quando Sérgio Arouca foi ouvido na subcomissão, Eduardo Jorge lembrou as divergências ocorridas durante a conferência e lamentou que a proposta de socialização progressiva da área de saúde estivesse sendo diluída:

> Foi aprovado [...] na Conferência Nacional de Saúde que o tipo de formação social capitalista, no Brasil, precisa caminhar, precisa definir o princípio de que na saúde a direção é a socialização. A 8ª Conferência Nacional de Saúde votou isso. Eu estava lá, representando o Partido dos Trabalhadores, e tive oportunidade de votar. Defendi outra posição mais radical, coerente com o meu partido, que é um partido abertamente socialista e defende a socialização não só da saúde, como de todos os meios de produção. Eu perdi. Venceu a posição de socialização progressiva. No entanto, no relatório final, foi diluída. É uma perda [...]. Estamos querendo o setor estatal, sim, mas controlado pela sociedade. Esta, a diferença que vai permitir que ele seja eficiente, de boa qualidade e democrático.[40]

A proposta de socialização foi mesmo diluída, a participação do setor privado foi mantida, mas o SUS foi criado, mudando completamente o caráter do Estado de bem-estar social brasileiro. Foi a maior vitória da esquerda na Constituinte e na história do Brasil, ao menos até os programas sociais do governo Lula. Ela foi possível porque o movimento dos sanitaristas chegou às discussões bem preparado, porque deputados de esquerda brigaram por suas propostas, mas também porque foi capaz de convencer grande parte dos parlamentares do centro e da direita.

No fundo, as iniquidades do sistema de saúde brasileiro eram tão evidentes — o próprio Eduardo Jorge lembrou, em discurso na Constituinte, que o problema já havia atraído a atenção dos militares, chocados com o estado de saúde de seus recrutas — que havia um sólido consenso a favor do aumento da participação estatal na gestão da área. O constituinte Geraldo Alckmin, por exemplo, médico ligado ao catolicismo conservador, eleito pelo PMDB de São Paulo, futuro governador paulista em três oportunidades e candidato rival do PT em duas eleições presidenciais, discursou em defesa do aumento da participação pública na área da saúde, na qual o Estado seria necessário, ao contrário dos setores em que atuou como "Estado empresário".[41]

Os resultados dessas conspirações de comunistas, petistas, tucanos e gente de coloração política variada foram uma enorme queda da mortalidade infantil no país nas décadas seguintes, grandes sucessos no combate à epidemia de HIV/aids e uma expressiva elevação do nível de vida dos brasileiros. O SUS ainda tem problemas graves, como os referentes aos longos períodos de espera para marcação de exames e cirurgias, e certamente tem que ser aperfeiçoado, como tudo. Mas é muito difícil negar que foi um dos grandes saltos do Brasil em direção a seu projeto de nação mais justa.

Com dezesseis parlamentares, o PT só conseguiu uma relatoria de subcomissão. Plínio de Arruda Sampaio, deputado constituinte por São Paulo, foi o relator da subcomissão do Poder Judiciário e do Ministério Público.[42] Sampaio, que começou sua vida política no Partido Democrata Cristão, era um dos membros mais moderados do PT.[43] Durante as negociações para a formação do Partido Popular, nos anos 1970, o futuro deputado e presidente do PT Rui Falcão tinha tido a impressão de que Plínio seria mais difícil de atrair do que Almino Afonso ou o próprio Fernando Henrique Cardoso.[44]

Sampaio era ex-promotor de justiça, filho de juiz. Foi, ao lado do deputado pemedebista Ibsen Pinheiro, também promotor, uma das grandes figuras na defesa de um Ministério Público muito mais poderoso do que o que existia no Brasil até 1988.

Como no caso dos sanitaristas, o movimento pelo fortalecimento da instituição já tinha uma história. Em 1986, foi publicada a Carta de Curitiba, assinada por membros do Ministério Público, exigindo maior autonomia. Até então, o MP era um braço do Poder Executivo, controlado pelos governantes. A ideia do movimento era transformá-lo de braço do Estado em braço da sociedade.

Muitas dessas propostas foram acolhidas. A Constituição de 1988 criou um Ministério Público muito forte, talvez o mais forte do mundo. O MP tem autonomia organizacional e financeira, e seus membros têm as mesmas prerrogativas dos juízes quanto à estabilidade e outras garantias importantes. Tem grande capacidade de fiscalizar o Estado em diversas áreas, do meio ambiente ao combate à corrupção. Os constituintes sabiam que haviam criado uma instituição nova:

> Estamos aqui fazendo uma nova Nação, na medida em que a estamos reconstruindo. É preciso, então, que se contenha o ímpeto, com certa ponderação, com certo equilíbrio. Estamos criando uma instituição que é uma novidade, constituindo enorme transformação no nosso arcabouço constitucional, o Ministério Público. Foi um passo que dei não sem muita meditação. Criamos um organismo que, a rigor, não depende de poder algum, que quebra uma multissecular forma de organização do Estado. É uma evolução que tem sua base teórica, que foi discutida e numa série de congressos, de aportes jurídicos e de publicações.[45]

O pesquisador Fábio Kerche acrescenta que o novo MP era inteiramente condizente com o clima cultural em que a Constituição estava sendo redigida:

> O Ministério Público, portanto, não é uma instituição diferenciada ou destoante do conjunto da Constituição. Pelo contrário. É coerente com os aspectos relevantes apontados por praticamente toda a bibliografia sobre a Assembleia Nacional Constituinte. Em primeiro lugar pela valorização da questão dos direitos coletivos; para muitos autores este ponto significa a mudança mais importante no texto constitucional quando comparado a outras Cartas Magnas brasileiras. Ora, o Ministério Público não é o agente privilegiado para exigir o cumprimento de tais direitos, sendo, portanto, intimamente ligado a esta novidade? Outro ponto é o papel fundamental do Judiciário para o jogo político e sua transformação em um poder de Estado de fato. Ora, o Ministério Público não é o agente privilegiado para "provocar" o Poder Judiciário, tendo inclusive atribuições que impedem que os cidadãos ajam sem sua intermediação (intervenção em estados e municípios ou mesmo a ação penal pública)?[46]

A briga que os promotores perderam na Constituinte foi a nomeação de seu chefe. Nos estados, o procurador-geral passou a ser escolhido pelos governadores a partir de uma lista tríplice eleita pelos membros da categoria. Na esfera federal, o Procurador Geral da República passou a ser escolhido pelo presidente da mesma forma. Isso atrasaria a plena realização de seu processo de autonomização diante do Poder Executivo. Mas, em 2003, o mesmo partido que relatou a subcomissão de 1988 assumiu a presidência da República e instituiu a prática de indicar sempre o primeiro colocado da lista, abandonada logo que o PT deixou o governo. Alguns anos depois, a relação do PT com o Ministério Público se tornaria um pouco menos harmoniosa, mas ela foi próxima por muito tempo, e desde o início.

Sempre foi claro que essa liderança da centro-esquerda na Constituinte logo esbarraria em limites. Antes que uma Constituição claramente de esquerda fosse aprovada, houve uma forte reação dos constituintes conservadores, que eram maioria. No processo, nasceu uma figura importante da política brasileira nas décadas seguintes: o Centrão.

A revolta que deu origem ao Centrão teve como objetivo mudar o regimento da Assembleia, invertendo o ônus da votação: pelo critério anterior, era necessário obter maioria para vetar um projeto feito nas comissões; pela proposta do Centrão, as propostas das comissões é que tinham que ser aprovadas por maioria. Não era uma reivindicação absurda nem jogo sujo: era uma disputa política, naturalmente acirrada pela importância dos problemas decididos na Constituinte. Se o leitor tiver posições à direita do centro, tem todo o direito de gostar da posição do Centrão na Constituinte. O Centrão também era bastante corrupto, mas essa é outra história, de que falaremos mais adiante no livro.

O Centrão venceu a disputa e se tornou uma força importante de veto: muitas das propostas de esquerda, originárias nas comissões, morreram por oposição do Centrão. Mas o Centrão era muito menos eficiente como força propositiva: não conseguiu impor uma Constituição conservadora ou economicamente liberal apesar de, em tese, ter votos para isso. Na verdade, após a batalha pelo regimento, alguns de seus membros se desgarraram e votaram com a esquerda em questões em que a opinião pública apoiava os progressistas, como os direitos sociais. Falou-se, inclusive, de um "centro do Centrão",[47] o que é uma lição para quem acha que só a esquerda tem subdivisões demais.

Na verdade, as ideias nacionalistas e social-democratas que caracterizaram a Constituição de 1988 eram muito próximas do "centro" do debate brasileiro nos anos 1980. A esquerda saiu fortalecida do desastre final da ditadura militar. A direita brasileira era fanaticamente favorável ao direito de propriedade, mas não era consistentemente liberal em economia, como boa parte dos conservadores mundo afora ainda não era. Os mesmos proprietários rurais que se opunham à reforma agrária podiam ser favoráveis a subsídios estatais à agricultura ou ao tabelamento dos juros. Os industriais brasileiros são até hoje dependentes de protecionismo e de benesses fiscais, em um grau evidentemente excessivo.

Os defensores do liberalismo econômico criticaram bastante a Constituição de 1988 mesmo enquanto ela estava sendo feita. Desde então, muitos deles lamentam que ela tenha sido promulgada um ano antes da Queda do Muro de Berlim, que mudou o eixo ideológico da discussão. De fato, em temas como nacionalismo econômico e previdência social, a Constituição teria que ser reformada várias vezes nas próximas décadas para lidar com uma realidade nova.

Mas os direitos sociais, o elemento social-democrata da Carta de 1988, ficaram. Nesse ponto, os críticos da Constituinte sempre soaram ridículos, como se não soubessem que Margaret Thatcher, por exemplo, nunca mexeu no sistema de saúde britânico, herança trabalhista que os comunistas brasileiros acharam que era radical demais durante a "Oitava". Não é que uma Constituição com tantos direitos sociais tenha tornado o Brasil impossível de governar. É que um país tão desigual era difícil de constitucionalizar.

Não por acaso, muitos dos críticos liberais haviam apoiado a ditadura e sempre tiveram problemas em entender o que é uma democracia de alta desigualdade. O liberalismo econômico brasileiro começou a ser politicamente eficaz quando converteu os progressistas do PMDB, gente já escolada sobre a desigualdade brasileira, nos anos 1990.

No finalzinho do processo da Constituinte, o PT tomou uma daquelas decisões que visam sinalizar pureza, mas que só indicam sectarismo. Diferente do que a direita às vezes afirma, os constituintes petistas assinaram a Constituição de 1988, mas antes votaram contra o texto que havia sobrevivido à contraofensiva do Centrão.

Três grandes questões os incomodavam no texto final:[48] a intensa defesa do direito de propriedade, que dificultava a reforma agrária; a representação distorcida dos estados no Congresso, com sub-representação das unidades federativas maiores, onde o PT era mais forte ("o Lula era para ter chegado a presidente com duzentos deputados, chegou com cem", diz Zé Dirceu);[49] e o direito das Forças Armadas de intervir em questões de ordem interna.

Dependendo de sua posição no espectro ideológico, o leitor tem direito de discordar dos petistas quanto ao item "direito de propriedade". Já a representação das unidades federativas menores é um tema delicado, que depende de uma ponderação entre os direitos dos estados e a representação democrática. No entanto, a posição petista era bastante razoável, e estudos posteriores indicaram nesse ponto um viés pró-direita do sistema político brasileiro, além de ajudar a explicar os problemas que o PT teve em formar maioria quando chegou à presidência. Considerando que metade dos obstáculos encarados pelos governos petistas se originou nessa dificuldade, os constituintes do partido sabiam do que estavam reclamando.[50]

Durante muito tempo o terceiro ponto pareceu preciosismo dos petistas. Afinal, na tensa negociação com os militares que levou à redação do artigo 142, que dá a eles funções de preservação da ordem interna, o senador Fernando Henrique Cardoso conseguiu introduzir um dispositivo que estabelecia que as Forças Armadas só poderiam intervir internamente se convocadas pelo chefe de algum dos Três Poderes. Em 1988, ninguém imaginava que o Brasil um dia se degeneraria a ponto de eleger um chefe de poder que cogitasse a sério pedir uma intervenção militar contra as outras instituições. Desse ponto de vista, os petistas saem bem melhor na foto em 2022 do que em 1988.[51]

Mesmo assim, foi um erro votar contra o texto final da Constituinte. Era uma votação simbólica. Um grupo de deputados liberais, liderados pelo ex--ministro do Planejamento Roberto Campos, por exemplo, fez voto em separado para protestar contra o caráter nacionalista e estatista da Constituição. O PT poderia ter feito algo assim. Mas o voto contra deu a impressão de que o partido se opunha ao documento que marcava a volta da democracia ao Brasil. Essa acusação voltaria para assombrar o PT em momentos importantes.

Nos anos seguintes, a maré ideológica viraria, e daí em diante o partido fez pouca coisa além de tentar preservar o espírito social-democrata da Constituição de 1988 no debate político brasileiro.

7. 1989

Poucos dias depois da eleição de 1986, o governo Sarney começou a desmontar o congelamento de preços e a inflação disparou. A população havia sido enganada, no primeiro de uma série de "estelionatos eleitorais" que marcariam a Nova República. Apesar dos novos planos e das mudanças de moeda que ocorreram até o final do governo, o Brasil entraria em hiperinflação. Duas maldições herdadas do regime militar — inflação alta e desigualdade altíssima — interagiriam para que o Brasil se tornasse o país mais desigual do mundo no final da década de 1980.

O PMDB perderia a legitimidade que havia ganhado com o Cruzado de forma imediata e acelerada. Nunca mais a recuperaria. Mas agora havia um imenso "PRI mexicano" fracassado estacionado no meio do sistema político brasileiro, desmoralizado demais para comandar o país e grande o suficiente para que fosse difícil montar uma maioria parlamentar sem ele.

Outros partidos, oriundos sobretudo da divisão da direita (a ex-Arena), se juntariam ao PMDB nas décadas seguintes como aqueles que não conseguiam eleger presidentes, mas sobreviviam vendendo apoio político ao presidente que fosse eleito. Essa especialização foi consequência direta do modo como a democracia brasileira havia começado: com os partidos herdados da ditadura, máquinas poderosas que, entretanto, não funcionariam como "partidos de opinião" no novo regime. A influência dessa massa amorfa foi tão grande que o filósofo Marcos Nobre criou o termo "Pemedebismo", para caracterizar a cultura política brasileira desde os anos 1980.[1]

Esse congestionamento da democracia brasileira pelas máquinas partidárias herdadas da ditadura teve, nas décadas seguintes, várias outras consequências para a política nacional. Por exemplo, a legislação tinha que ser permissiva em relação aos partidos, facilitando a criação de novas legendas, ou ficaríamos para sempre com os herdados da ditadura. Uma legislação que dificultasse a criação de novos partidos, ou que dificultasse que candidatos sem partidos fortes se elegessem presidente, trancaria o Brasil em uma eterna disputa entre algum Tancredo Neves e algum Paulo Maluf.

Enfim, parafraseando o que o sociólogo David Stark disse sobre a formação das sociedades pós-comunistas nos anos 1990, a democracia brasileira não foi construída *sobre* as ruínas da ditadura, mas *com* elas.[2]

Foi nesse momento, quando a Nova República começou a fazer água, que o Partido dos Trabalhadores, oito anos depois da sua criação, passou a fazer algo que quase nunca fazia: ganhar.

Se o início da década de 1980 havia sido definido por uma crise econômica que causou desmobilização sindical, o final seria marcado por uma mobilização intensa e acelerada. Três fatores ajudam a explicar o fenômeno: a redemocratização, que liberou a demanda reprimida por direitos; a retomada do crescimento econômico, que devolveu algum poder de barganha aos empregados; e a disparada da inflação, que corroía o valor dos salários e exigia que os trabalhadores corressem desesperadamente atrás de novos aumentos salariais.

Esse novo clima fortaleceu o sindicalismo mais combativo e deu impulso à consolidação da CUT. Não se trata de dizer que os sindicalistas da Central Geral dos Trabalhadores fossem todos "pelegos" — CUT e CGT participaram em conjunto de tentativas de greve geral na década de 1980. Mas o apoio de partidos que atuavam na CGT — inclusive os comunistas — ao PMDB limitava sua disposição de fazer oposição ao governo. Percebendo que a maré havia virado, o PCdoB, que tinha forte presença nos movimentos sociais, assumiu-se como oposição ao governo Sarney em 1988 e se reaproximou de PDT e PT.

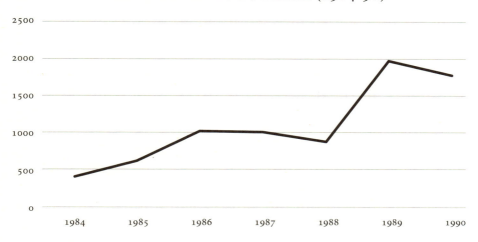

FONTE: Carlindo Rodrigues de Oliveira, "Greves no Brasil, de 1978 a 2018: grandes ciclos, configurações diversas". *Revista Ciências do Trabalho*, n. 15. Dieese-Abet.

Em novembro de 1988, essa onda de mobilização teve um episódio trágico. Os operários da Companhia Siderúrgica Nacional (CSN), de Volta Redonda (RJ), entraram em greve, pedindo a reposição de perdas salariais, jornada de trabalho de quarenta horas e a recontratação dos demitidos em greves anteriores. Após os operários ocuparem a fábrica, o governo Sarney enviou o Exército. Os operários reagiram com barras de aço, pedaços de pau e o que mais estivesse a seu alcance. O conflito foi intenso, muito violento, e resultou em três operários mortos pelo Exército. A greve acabaria poucos dias depois com atendimento parcial das reivindicações, mas Volta Redonda se tornou um evento político nacional: os sindicalistas foram vistos como heróis da luta contra os fracassos do governo Sarney e da transição conservadora. O Partido dos Trabalhadores, de longe o mais identificado com a questão sindical e completamente dissociado do governo Sarney, tornou-se um veículo importante para manifestar essas frustrações.

Poucos dias depois dos fatos de Volta Redonda, oito anos depois de sua fundação, o Partido dos Trabalhadores teve sua primeira boa eleição. Nas disputas municipais de 1988, o PT venceu em 37 cidades brasileiras, entre as quais grandes cidades paulistas como Campinas, Santo André e Diadema (pela segunda vez) e três capitais — Vitória, com o sindicalista e ecologista Vitor Buaiz; Porto Alegre, com o sindicalista "autêntico" Olívio Dutra; e São Paulo, a maior metrópole da América do Sul, que elegeu Luiza Erundina, assistente social e militante dos movimentos por moradia urbana.

Embora o PT permanecesse com muito menos prefeituras do que seus concorrentes, ficou claro que havia sido o grande vencedor da eleição: havia sido o principal beneficiado pelo voto de protesto. Os próprios petistas reconheciam que, como disse José Genoino, "a votação do PT foi maior do que o partido". Plínio de Arruda Sampaio tinha a mesma opinião: "O voto não foi socialista, foi de protesto [...], havia muita gente procurando uma maneira de machucar o Sarney".[3]

De fato, o PMDB foi considerado o grande derrotado. No dia seguinte, políticos importantes já começavam a sentir que a eleição de 1989 seria disputada entre alguém da esquerda (Brizola ou Lula) e um político de perfil mais conservador, que, àquela altura, parecia ser o ex-presidente Jânio Quadros.[4] Foi quase isso.

Lula não era o único líder sindical do mundo que, após liderar greves contra uma ditadura no final dos anos 1970, via suas chances de chegar à presidência aumentarem rapidamente.

Em 4 de junho de 1989, após longas negociações, a Polônia socialista teve suas primeiras eleições livres desde a Segunda Guerra Mundial. O vencedor foi o Solidariedade, partido formado a partir do sindicato de Lech Walesa — o mesmo que havia dito a Lula em 1981, em um encontro no Vaticano, que ele deveria se ater à atuação sindical, sem pensar em formar um partido. A notícia da vitória do Solidariedade, em si, era importante, mas a não notícia que a acompanhava era mais: a União Soviética não invadiu a Polônia para derrubar o novo governo e restaurar o comunismo.

Sem a ameaça de invasão soviética, os protestos na Polônia começaram, o que mostra o quanto esses regimes estavam pouco enraizados nos interesses e nos valores das sociedades ocupadas pelo Exército Vermelho. Aparentemente, também no Leste o poder tinha que ser, além de tomado, construído.

No capítulo 5, mencionamos que, em dado momento, alguns militantes petistas foram enviados à Alemanha Oriental para fazer um curso de "formação política". Da janela de suas salas de aula, perceberam o que a curta estadia em solo alemão já havia deixado claro:[5] o regime comunista, cuja justificação filosófica mal haviam acabado de começar a estudar, estava desmoronando. Como disse, rindo, um ex-aluno entrevistado para este livro, "os professores dizendo que aquilo era o futuro, a gente olhava pela janela e não tinha cara de que ia durar quinze dias".[6] O curso na Alemanha Oriental acabou virando uma piada dentro do folclore do partido. No ano anterior, quando petistas mandaram um cartão de Natal para os companheiros na Alemanha, o trotskista Luis Favre transmitiu seus votos: "O último a sair apague a luz".

A verdade é que os petistas pareciam não trazer sorte para os regimes comunistas. Poucos meses antes, um grupo de dirigentes do partido partiu em viagem para a China, a convite do governo chinês, que queria estreitar relações com o PT. Enquanto faziam escala nos Estados Unidos, uma multidão de estudantes chineses ocupou a praça da Paz Celestial [Tiananmen], em Beijing, aproveitando a visita do líder soviético Mikhail Gorbatchóv. Pediam mais liberdade política, como seus camaradas soviéticos pareciam estar conquistando.

Diante da notícia, os dirigentes petistas decidiram interromper a viagem e voltar para o Brasil. O PT condenou a repressão violenta dos protestos chineses, como se vê no documento "Não ao massacre do povo chinês", aprovado no VI Encontro Nacional do partido:

A China conta seus mortos, e os trabalhadores de todo o mundo olham estarrecidos a barbárie cometida, em nome do socialismo, pelos dirigentes chineses. O PT, que defende o socialismo com liberdade não poderia se calar neste momento trágico, que obscurece a imagem do socialismo aos olhos dos trabalhadores de todo o mundo. [...] O socialismo existe para libertar os trabalhadores e o povo da exploração e das injustiças. Não é socialismo verdadeiro aquilo que pretende apoiar-se sobre a tirania, sobre a paz dos cemitérios.[7]

Em um evento com Lula, ao qual este autor compareceu, Fernando Gabeira, ex-guerrilheiro e fundador do Partido Verde cotado para ser candidato a vice na chapa petista, declarou: "Nós não somos o governo da China que reprime estudantes. Nós somos os estudantes na praça Tiananmen que cantam a *Internacional*".[8]

No fundo, havia petistas muito parecidos com aqueles estudantes; outros, com os dirigentes chineses; e muitos que eram uma mistura das duas coisas.

* * *

No final da década de 1980, a percepção geral era de que a Nova República era profundamente corrupta. É impossível saber se era mais do que a ditadura, mas é altamente improvável que o regime militar não tenha causado um aumento considerável do nível de corrupção no país: foi um período de grande expansão da intervenção econômica no Estado sem um Judiciário independente ou uma imprensa livre que o fiscalizasse. É bem documentado que o processo de fortalecimento das grandes empreiteiras brasileiras, todas profundamente envolvidas com política desde a origem e protagonistas de grandes esquemas de corrupção da Nova República, se deu durante o regime militar.

Mas há boas razões para suspeitar que tenha mesmo havido um crescimento da corrupção no Brasil logo depois do fim do regime militar. Isso não é raro em processos de democratização.[9] No momento em que as ditaduras acabam, os esquemas de corrupção ainda estão todos lá, mas as instituições de controle, em especial as do Judiciário, levam tempo para serem construídas. Na democracia, os líderes políticos precisam de dinheiro para pagar suas campanhas. Até que a competição entre os partidos se desenvolva e torne as instituições mais independentes, é possível que o nível de corrupção suba antes de cair. A democracia favorece o combate à corrupção, mas isso nem sempre acontece logo que ela surge.

No caso da Nova República, esse processo pode ter sido exacerbado por uma crise geral de autoridade do governo federal.[10] Sarney assumiu no lugar de Tancredo, que, apesar de todo o prestígio, não tinha sido eleito de forma direta. Os governadores, por sua vez, tinham vencido eleições diretas. Entre 1983, quando os primeiros governadores eleitos democraticamente tomaram posse, e 1990, data da posse do primeiro presidente eleito, os governos estaduais tinham mais legitimidade democrática do que o governo federal. Entretanto, a responsabilidade pela condução geral do país e, em especial, da economia continuou com Brasília.

O ponto em que essa tensão entre legitimidade e responsabilidade era mais óbvio era nos bancos públicos estaduais, completamente capturados pelas elites políticas locais e com frequência deficitários, gerando obstáculos sérios à condução de uma política macroeconômica nacional. Costuma ser reconhecido que figuras políticas brasileiras importantes construíram poderosas máquinas de corrupção estaduais durante esse período.

Todos os candidatos a presidente de 1989 enfatizavam, de uma forma ou de outra, a necessidade de combater a captura do Estado brasileiro por elites corruptas. O liberal Guilherme Afif Domingos propunha uma privatização em massa; o social-democrata Mário Covas defendia um "choque de capitalismo" no modelo de desenvolvimento brasileiro; na esquerda, era forte a bandeira da "desprivatização do Estado", isto é, do rompimento de suas ligações com interesses privados que o desvirtuavam. Embora as soluções propostas fossem diferentes, os diagnósticos eram semelhantes ao que se encontrava no programa econômico do PT:

> Fique, no entanto, claro: não vamos perder um só minuto do nosso tempo para defender o Estado que aí está. Não foi o povo que o montou e não é o povo que o controla. Centralizado, corrompido, ineficiente e inchado, ele resulta de várias décadas em que o poder tem sido exercido por uma aliança em que se misturam elites industriais e financeiras, ávidas de lucros fáceis, com elites agrárias, antirreformistas até a medula. É o Estado que os poderosos — os privatistas — montaram, à sua própria imagem e semelhança. Vossa [sic] intenção é reestruturá-lo, em cinco direções principais: democratização e transparência, eficiência administrativa, fim do predomínio dos grandes grupos econômicos, implantação da reforma fiscal e saneamento das estatais.[11]

É importante notar essa convergência de diagnóstico porque nos anos seguintes a crítica de esquerda ao programa neoliberal por vezes a faria esquecer que o neoliberalismo foi uma resposta a um problema real: a crise do modelo de desenvolvimento puxado pelo Estado. Não foi uma conspiração para desmontar um Estado que funcionava bem, mas a solução que emergiu da correlação de forças existente na hora da crise de diversas visões de sociedade com Estado forte — o socialismo, a social-democracia, o desenvolvimentismo — que pareciam ter travado nas décadas de 1970 e 1980.

Quem conseguiu se apresentar melhor como reformador do Estado corrupto foi Fernando Collor de Mello. Collor se tornou nacionalmente conhecido por ter feito como governador de Alagoas algo que a petista Maria Luíza Fontenele também havia feito como prefeita de Fortaleza: ambos haviam combatido a corrupção no funcionalismo público. Fontenele demitiu os "funcionários fantasmas" que recebiam salários da prefeitura sem trabalhar. Já Collor combateu os "marajás", funcionários públicos que gozavam de grandes privilégios. Além disso, Collor parece ter tido mais capacidade de gestão do que o Partido Revolucionário Operário de Fontenele, chegando nas eleições de 1989 popular dentro e fora de Alagoas.

Alguns intelectuais petistas compreenderam bem o apelo de Collor. Escrevendo no jornal *Em Tempo*, Juarez Guimarães notou que "o tema da corrupção aparece neste contexto como um verdadeiro ponto de encontro entre a crise de representação política e a catástrofe econômica que assola o país. A corrupção perpassa cada um dos grandes problemas do país: da dívida externa ao manejo das verbas da Previdência, do sistema tributário à Bolsa de Valores, do Judiciário ao Legislativo. É a expressão mais evidente da privatização do Estado, da pilhagem a que ele foi e está sendo submetido".[12] O carisma de Collor parecia, para seus eleitores, um antídoto para o próprio desânimo diante das instituições da Nova República: "Se os partidos falham, por que não um herói?".[13]

Com a bandeira anticorrupção, Collor cresceu rapidamente nas pesquisas. Passou de 14%, em março, para 40% no final de abril, patamar que manteve até setembro. Em poucos meses, Collor tomou da esquerda a bandeira da renovação: o protesto contra Sarney deixou de ser o dos operários da CSN e se tornou o combate à corrupção (e, eventualmente, a proposta de privatizar a usina de Volta Redonda). No primeiro semestre de 1989, enquanto Collor subia nas pesquisas, a campanha de Lula enfrentava uma série de crises.

No começo do ano, a grande maioria dos dirigentes petistas não tinha nenhuma esperança de que Lula vencesse a eleição de 1989.[14] O partido crescia a olhos vistos, havia obtido vitórias importantes em 1988, mas ainda era muito pequeno. O programa de governo era, como o projeto de Constituição do partido, um documento de agitação, uma tomada de posição. Entretanto, era importante apresentar uma chapa de esquerda forte nas primeiras eleições presidenciais em trinta anos.

Para as eleições de 1989, o PT aprovou alianças com os dois partidos comunistas (PCdoB e PCB), o PSB e o PV, contando que, no segundo turno, deveria haver uma aproximação com PDT e PSDB.[15] No entanto, o PCB optou por lançar um candidato próprio, o comunista reformado Roberto Freire. Dessa forma, a "Frente Brasil Popular" foi lançada contando com PT, PSB, PCdoB e PV.

Todas as legendas que compunham a Frente Brasil Popular eram rivais do PT nos movimentos sociais. Por outro lado, tinham "semelhanças de família" com aspectos da história e da identidade petista. Como vimos no primeiro capítulo, muitos futuros petistas haviam atuado com o PCdoB nos movimentos sociais dos anos 1970.[16] No capítulo 3, vimos que vários intelectuais que fundaram o PT, como Antonio Candido ou Paul Singer, haviam sido do PSB nos anos 1950, e lá foram pioneiros na defesa do socialismo com liberdade política no país;[17] antes de 1964, aliás, era no PSB que vários grupos trotskistas faziam "entrismo". Por sua vez, os ex-guerrilheiros que haviam fundado o PV (Fernando Gabeira, Alfredo Sirkis, Liszt Vieira etc.) tinham histórias de vida muito semelhantes às dos ex-guerrilheiros petistas, além de, como vimos no quarto capítulo, terem tido uma forte atuação ao lado do PT na defesa do movimento dos seringueiros de Chico Mendes.[18]

O PCdoB havia rompido com o PMDB em 1988 e se aproximado das posições petistas. Uma das condições para apoiar Lula em 1989 era que o vice da chapa fosse alguém de fora do PT, que não precisava ser do PCdoB, mas precisava ser capaz de atrair votos de segmentos mais amplos. O partido chegou a propor o nome do jurista Raymundo Faoro. Um dos grandes pensadores políticos brasileiros, Faoro havia presidido a OAB nos anos de combate à ditadura, e o entusiasmo por seu nome mostra, mais uma vez, como a campanha foi sobre a crise do Estado: sua obra principal, *Os donos do poder*, é um estudo histórico ambicioso sobre o patrimonialismo brasileiro, sobre o tratamento da coisa pública como coisa privada. A ideia entusiasmou Lula, mas Faoro recusou.[19]

Quando PT e PCdoB renunciaram ao direito de escolher o vice da chapa, a disputa ficou entre PSB e PV. O primeiro tinha uma vantagem óbvia: embora fosse um partido pequeno, era razoavelmente estruturado em vários estados e tinha quadros importantes. O PV ainda era fraquíssimo fora do Rio de Janeiro, onde quase todas as suas lideranças importantes estavam. Pelas regras de distribuição de tempo na propaganda eleitoral gratuita, o PSB acrescentaria bem mais à Frente Brasil Popular.

Mas o PV tinha um trunfo: Fernando Gabeira. Ex-guerrilheiro, Gabeira participou do sequestro do embaixador norte-americano em 1969, ao fim do qual José Dirceu e outros militantes foram libertados. Foi preso, torturado e também partiu para o exílio, não em Cuba, mas na Suécia. Lá, moderou suas posições e se aproximou dos verdes europeus. Voltou ao Brasil e escreveu uma série de best-sellers, entre eles uma crítica da guerrilha (*O que é isso, companheiro?*) e uma defesa das novas bandeiras libertárias (*O crepúsculo do macho*). O PT o havia apoiado para governador do Rio de Janeiro em 1986. Falando pelos verdes, Gabeira lembra que "o PT representava a versão brasileira da social-democracia, e nós pensamos numa aliança verde-vermelha à semelhança da que existia na Europa. Claro que o PT não era exatamente a social-democracia europeia, eu dizia que era a social-democracia na sua fase heroica, ainda apanhando da polícia".[20]

Em 1989, Gabeira propunha ideias que até apareciam no discurso petista em algumas ocasiões, mas ainda misturadas com propostas de esquerda mais radical. Por exemplo, em uma entrevista à *Folha de S.Paulo*, em 19 de fevereiro de 1989, criticou a proposta de estatização da economia nos seguintes termos:

> Existe um processo capitalista no Brasil, que é um processo florescente, que é um capitalismo de base de âmbito popular. Pequenas empresas que surgem e desaparecem, iniciativas capitalistas que você, como Estado, não deve inibir. Então, é muito melhor você, ao invés de pensar, por exemplo, em como você vai estatizar determinado setor da economia, é muito melhor pensar como você vai estimular esse capitalismo que vem de baixo, no sentido de ocupar alguns espaços. [...] Eu valorizo hoje muito mais a gestão democrática de uma empresa do que a natureza do patrão.

Apesar dessas ideias bem mais críticas do estatismo do que as do petista médio,[21] Gabeira conseguiu entusiasmar a militância da legenda muito mais do que qualquer nome proposto pelo PSB, pelo PCdoB ou mesmo pela liderança do PT. Não há dúvida de que seu passado guerrilheiro facilitava a identificação com quadros importantes do partido, e de que suas posições de defesa do feminismo, dos direitos dos homossexuais e da ecologia empolgavam setores importantes da militância. Como o PV era minúsculo, o que manteve as chances de Gabeira na corrida pela vaga de vice de Lula era o apoio que setores do próprio PT davam a seu nome. No PT de São Paulo, por exemplo, o grupo reunido em torno de Luiza Erundina era especialmente entusiasmado na defesa de Gabeira, com destaque para Pedro Dallari. Gabeira também contava com o apoio do PT gaúcho.

Em março, Gabeira e os verdes tiveram um estremecimento com os petistas. Uma onda de greves, muitas lideradas por petistas — embora não necessariamente seguindo orientações do partido —, criou o medo de que um eventual governo Lula fosse um caos de greves e sublevações. Lula caiu nas pesquisas. Dirigentes verdes como Carlos Minc declararam que a radicalização prejudicaria a candidatura. Isso não agradou os sindicalistas. O PV foi obrigado a voltar atrás em sua crítica às greves,[22] mas havia violado uma regra de sucesso para os ex-guerrilheiros que prosperaram no PT: não brigar com os sindicalistas.

Enquanto isso, o PSB não abria mão da vaga de vice, recomendando, em momentos diferentes, o dirigente socialista Jamil Haddad e o filólogo Antônio Houaiss, que anos depois se tornaria autor do principal dicionário de português brasileiro. O PCdoB, que havia tentado emplacar Faoro, propôs o nome do reitor da Universidade de Brasília, Cristovam Buarque, até então identificado com Brizola, e pensou em se retirar da Frente Brasil Popular para lançar seu líder histórico, João Amazonas, como candidato. Petistas cogitaram lançar um vice do partido que agradasse os outros membros da frente, como o educador Paulo Freire ou a deputada Benedita da Silva.

A crise se agravou em junho, quando a maioria dos delegados do 6º Encontro Nacional do PT votou em Gabeira como "indicação" para a vaga de vice, contra a proposta da direção nacional. O encontro não tinha poder para tomar essa decisão, que exigiria uma decisão conjunta dos partidos que formavam a Frente Brasil Popular. Somada ao medo de radicalização e à queda nas pesquisas, a indecisão sobre o vice dava a impressão de uma candidatura desorganizada e sem rumo.

No geral, o debate entre PV e PSB foi uma disputa política razoavelmente convencional, em que o PSB saía em vantagem por ser mais estruturado,[23] enquanto Gabeira contava com o apoio do sócio majoritário da aliança, o PT. No fim das contas, diante da ameaça de que PSB e PCdoB dissolvessem a Frente Brasil Popular,[24] o PT acabou aceitando a posição do PSB. O vice da chapa de Lula em 1989 foi José Paulo Bisol, senador do Rio Grande do Sul que havia sido o relator do manifesto de fundação do PSDB.[25] Bisol se transferiu para o PSB para poder ser vice de Lula.

Mas a disputa em torno de Gabeira teve outra dimensão, que é bem mais controversa. Diversos setores da Frente Brasil Popular temiam que ele custasse mais votos do que traria, em função das "pautas comportamentais".[26] Durante a campanha para governador do Rio de Janeiro, ele foi vítima de ataques muito pesados por suas posições a favor da descriminalização das drogas e de sua suposta bissexualidade. Gabeira nunca havia se declarado bissexual, mas fotos suas com a parte de baixo do biquíni da prima na praia de Ipanema, tiradas logo depois da volta do exílio, chocaram o público.

Alguns membros da Frente Brasil Popular tinham objeções de princípio contra Gabeira, em especial grupos de petistas católicos, que, lembrem-se, eram uma parte enorme da militância. Outros concordavam com as posições do ex-guerrilheiro, mas tinham objeções de caráter eleitoral: Lula já tinha fama de radical, o programa do PT já era suficientemente controverso: a chapa não precisava de mais uma dose de polêmica. A escolha de Gabeira parecia condenar a candidatura de Lula ao papel de marcar posição, defender bandeiras, mas não ganhar.

A discussão foi parar nos jornais quando, em 21 de junho de 1989, Francisco Weffort publicou um artigo com o título "De volta ao gueto?", na *Folha de S.Paulo*. Nele, o então principal intelectual petista disse temer que a indicação de Gabeira fizesse o PSB sair da Frente Brasil Popular e alertava: os "temas de minoria", como "'política do corpo', condutas sexuais alternativas, drogas etc.", custariam votos. Embora Weffort reafirmasse seu compromisso com todas essas bandeiras — e seu histórico não dava nenhum motivo para suspeitar da sinceridade do compromisso —, acreditava que o custo eleitoral de trazer esses temas para a campanha de Lula provavelmente enterraria suas chances de vitória. O passado guerrilheiro de Gabeira também não ajudava — sim, o PT também tinha ex-guerrilheiros, "a diferença é que não são candidatos à vice-presidência".[27] A opção dos petistas por Gabeira, expressa no 6º Encontro Nacional do partido, parecia ser uma resistência a assumir o governo, um desejo de voltar para o gueto, para o conforto das próprias ideias.

No dia seguinte, o mesmo jornal trazia um artigo de Pedro Dallari,[28] em que criticava "Mestre Weffort" afirmando que, se o Brasil fosse conservador demais para Gabeira, provavelmente também seria conservador demais para Lula. A candidatura da Frente Brasil Popular era justamente uma afirmação de que o país estaria pronto para propostas de esquerda mais consistentes, como ocorrera com a cidade de São Paulo um ano antes. Dallari também criticou Weffort por ter manifestado preocupação em relação ao PSB, mas ter defendido no 6º Encontro a candidatura do petista Paulo Freire. Isso de fato era inconsistente, e o argumento foi reforçado em um artigo de José Dirceu publicado no dia 23,[29] em que lembrou que Weffort havia optado pelo isolamento ao defender um vice petista. Dirceu também lamentou os argumentos de Weffort sobre as pautas comportamentais, dizendo que Lula e o PT já os haviam descartado como objeção a Gabeira, e que o PT procurava articular as pautas social e ambiental: "Ou não interessam à classe trabalhadora os 6 bilhões de dólares jogados fora em Angra?", perguntou.[30]

Weffort respondeu aos críticos no dia 27,[31] argumentando que, embora Lula e Erundina tivessem sido vítimas de preconceitos, ambos eram líderes que encarnavam "lutas de maioria": os direitos dos trabalhadores e a luta por moradia urbana, respectivamente. Respondendo a Dallari, reafirmou que não via "como se possa, em uma eleição majoritária, juntar tantos alvos de preconceito de um lado só". Criticou Dirceu por ter, supostamente, declarado durante o 6º Encontro que estava "desde o início" com Gabeira. Reafirmou seus compromissos com os "temas das minorias", insistindo, entretanto, que seu campo de luta era sobretudo o da cultura: "Ao invés do poder de Estado ou da 'riqueza das nações', visam o enriquecimento da individualidade humana".

A nova resposta a Weffort coube a José Genoino,[32] que se notabilizou nos anos 1980 como um dos principais interlocutores dos movimentos feminista e de direitos dos homossexuais no Congresso.[33] Genoino se encontrava em intenso processo de revisão ideológica. Em 1989, seu Partido Revolucionário Comunista foi extinto e o grupo fundou a Nova Esquerda, que, nos anos seguintes, se tornaria a vanguarda das propostas de moderação do PT. Em artigo publicado no dia 4 de julho, Genoino criticou Weffort por ter deixado de lado, em sua descrição de Gabeira, o tema ecológico, que não é "de minoria" e precisava ser incorporado ao programa de esquerda em uma versão forte. "O socialismo deve integrar a democracia e a modernidade, ousar discutir as preocupações esnobadas pela esquerda esclerosada", escreveu Genoino.

Na verdade, no final de junho, a Frente Brasil Popular já havia convidado Bisol para a vaga de vice. O diretório do PT aceitou a indicação em 7 de julho, e o argumento de que era necessário apaziguar PSB e PCdoB parecia satisfatório. Os defensores de Gabeira criticavam a escolha, e o PV claramente não estava feliz, mas não havia muito a ser feito.

Foi aí que o presidente da CUT, Jair Meneguelli, um dos maiores nomes da história do sindicalismo brasileiro, deu uma declaração desastrada: Gabeira era ótimo, mas o nome de Bisol seria mais fácil de defender na porta da fábrica. Quando perguntado se a dificuldade vinha da suposta homossexualidade de Gabeira, Meneguelli declarou "é isso mesmo", prevendo que o nível da campanha seria baixíssimo e que Gabeira seria alvo de uma campanha de difamação. A declaração irritou profundamente os verdes e serviu como álibi para que, após o desgaste da escolha do vice, eles se retirassem da Frente Brasil Popular. Lançaram Gabeira para presidente em uma campanha simbólica, de propaganda dos princípios do partido, com o objetivo de "esclarecimento ao presidente nacional da CUT, Jair Meneguelli".[34]

A luta pela indicação do vice de Lula foi muito traumática e mostrou como era difícil costurar a união das esquerdas, não só por conta dos diferentes interesses partidários das várias siglas, mas também pela hierarquia das pautas. No final, prevaleceu a necessidade de unir os partidos, e o próprio Gabeira admitiu em 2021 que:

> hoje eu tenho uma visão mais tranquila sobre isso, eu acho que a minha candidatura a vice do Lula podia ter assim um caráter simbólico forte pra um certo setor, mas ela não tinha a capacidade de fortalecer tanto a candidatura dele, entende? Havia uma pessoa no partido, o Weffort, ele achava que uma aliança com o PV não era ainda o momento. Eu considero que talvez ele tivesse uma visão correta [...]. Dentro do PT a possibilidade de eu ser candidato era mais fácil, o que dificultou muito foi a relação com os aliados. O PT já estava caminhando para buscar uma vitória numa eleição majoritária, e eu acho que precisava tomar uns passos necessários para isso. [...] Foi uma decisão que acabou dando certo, embora eu naturalmente não aprove todos os raciocínios que levaram a ela, mas o resultado acho que foi interessante.[35]

Várias das questões que surgiram no debate ressurgiriam no futuro. A discussão sobre Gabeira lembrou os momentos difíceis em que as ex-guerrilheiras dos anos 1970 tiveram que conciliar sua militância com as donas de casa da periferia de São Paulo com sua conversão ao feminismo. Na hora da disputa nacional, prevaleceu o interesse em convencer as donas de casa. Mas o dilema não foi embora: para ter apelo fora de seu eleitorado tradicional, a esquerda teria que sacrificar as minorias? Para sair do gueto da esquerda, seria sempre necessário preservar os guetos em que se encontravam as populações discriminadas?

As vitórias petistas de 1988, àquela altura, cobravam seu preço. O contato inicial do partido com as administrações municipais que havia conquistado foi muito difícil. O PT sonhou em transformar São Paulo em uma vitrine para a campanha de 1989, como Bolonha sempre foi para o Partido Comunista Italiano. Mas Luiza Erundina pegou a prefeitura com as finanças completamente desorganizadas. E ela as colocou em ordem, sob protestos de dirigentes petistas que preferiam que a prefeitura realizasse obras de impacto eleitoral.[36]

O partido ainda não tinha conseguido estabelecer com clareza a relação entre as administrações petistas e os movimentos sociais em que os petistas militavam. Rosalina Santa Cruz, a primeira pessoa a aparecer neste livro, foi secretária de Assistência Social de Erundina. Durante uma greve de motoristas de ônibus, assistiu Erundina se dirigir aos manifestantes, a quem conhecia pelo nome, e dizer "essa estrela aí no seu peito, eu tenho também", enquanto explicava a dificuldade de trabalhar dentro do orçamento municipal. "Não era uma cidade pequena, como Diadema, era uma cidade organizadíssima, com muito movimento, muita força política [...] e o PT era vinculado ao movimento, né?".[37] Um vereador petista disse à secretária: "Eu sou do PT, do movimento", e ouviu como resposta: "Mas o PT também é o governo".[38]

Nas experiências de democracia direta, que eram o sonho dos petistas, surgiu a dificuldade de conciliar as demandas dos movimentos com as necessidades das áreas da cidade onde não havia organização, que eram, muitas vezes, as mais carentes: "Você diz: a creche tem que ser em tal lugar; aí quando você vai ver o movimento, ele queria a creche em outro lugar, que já tem creche, justamente porque o movimento era forte e reivindicou".[39] Em todos esses casos, era necessário um diálogo difícil com a militância de base, que era especialmente doloroso para os petistas que já haviam estado do outro lado da negociação com as autoridades.

A gestão Erundina também trouxe para o Partido dos Trabalhadores um aprendizado bem mais difícil: o PT teve que lidar com sua primeira denúncia de corrupção. O vice-prefeito de São Paulo, Luiz Eduardo Greenhalgh, foi acusado de ter negociado com uma construtora, a Lubeca, a aprovação de um plano de construção em troca de verbas para a campanha presidencial de Lula. A acusação não foi provada, mas gerou enorme tensão na administração e uma ruptura entre Luiza Erundina e seu vice-prefeito. A direção do PT em São Paulo se enfureceu com a prefeita, que, na visão dos dirigentes, devia ter dado mais crédito a seu vice-prefeito, sobretudo durante uma campanha eleitoral nacional em que o caso Lubeca foi usado pela direita para atacar Lula. Os defensores de Erundina, por sua vez, elogiaram sua inflexibilidade ética e achavam que Greenhalgh deveria se explicar. Como resultado desse episódio, ao fim da administração, as relações da prefeita com o partido estavam muito ruins.

Hoje é difícil achar um petista que não reconheça as realizações de Luiza Erundina à frente da prefeitura de São Paulo, em especial na área da saúde e na reorganização das contas públicas. Mas, em 1989, "aprendizado importante" e "ajuste das contas públicas" não funcionavam como bandeira eleitoral. A administração de Erundina, de fato, não teve uma marca, como o orçamento participativo de Porto Alegre; o Bolsa Escola do governo petista do Distrito Federal, nos anos 1990; ou o bilhete único na prefeitura paulistana de Marta Suplicy, no começo dos anos 2000. Lula precisava de uma prefeitura que transmitisse a ideia de que a vitória do PT traria uma melhoria rápida e significativa na vida da população, mas isso não tinha acontecido em São Paulo, em especial no começo da administração. O fracasso da "Bolonha" petista parecia sinalizar que Lula teria uma eleição difícil pela frente. Felizmente, o candidato que disputava a vaga no segundo turno estava longe de ter uma base política sólida em São Paulo.

No segundo semestre, a campanha de Lula conseguiu se reorganizar, a militância foi às ruas, a propaganda petista na TV foi um grande sucesso e Lula passou para o segundo turno em 1989 com uma diferença de 0,7% dos votos válidos sobre o terceiro colocado, Leonel Brizola.

O fato de Brizola e Lula terem praticamente a mesma votação no primeiro turno também mostra que o PT poderia ter votado em Tancredo no Colégio Eleitoral e a favor do texto final da Constituição, como fez o PDT, sem prejudicar sua imagem de independência em relação ao governo Sarney.

Uma diferença tão pequena mostra como a ascensão do PT a principal partido da esquerda brasileira nunca foi inevitável. Se as cartas nas mãos de Brizola fossem só um pouco melhores, ele poderia ter ido ao segundo turno, e, em caso de vitória, consagrado a hegemonia trabalhista na esquerda do país. No mínimo, teria retardado em muitos anos o fortalecimento do PT.

Mas Brizola perdeu, e não é difícil entender por quê. Os resultados da eleição mostraram claramente que o PDT não conseguiu se organizar fora dos estados onde o velho trabalhismo de Vargas havia sido historicamente forte. Na corrida dos anos 1980 pela hegemonia na esquerda, os petistas tiveram mais paciência e disciplina para construir seu partido nacionalmente do que os trabalhistas.

O mapa dos votos de Brizola no primeiro turno deixa isso claro: mais de 60% vieram de apenas dois estados, Rio de Janeiro e Rio Grande do Sul, onde o candidato teve mais de 50% dos votos. O Rio de Janeiro era a capital do país durante os anos de ouro do varguismo, e o Rio Grande do Sul era a terra natal de Vargas, Jango e Brizola. Também eram dois estados que Brizola havia governado, o que confirma a suspeita de que o velho trabalhismo tinha dificuldade de mobilizar sem o Estado.

O trabalho de organizar o PDT em nível nacional falhou. "Eu ouvi isso do Brizola, ouvi isso de outros companheiros, que a questão da organicidade partidária era secundária. Nós tínhamos que ganhar a eleição. Ganhando a eleição, a partir do Estado, aí iria construir o partido que a gente necessitava."[40] O depoimento é de Vivaldo Barbosa, importante liderança do brizolismo. Para ele, "faltou ao Brizola um partido",[41] uma organização forte nacionalmente, o que resultou em dificuldades sérias para a campanha: segundo Barbosa, Brizola não conseguiu sequer ir à Bahia fazer campanha. Embora o PT estivesse longe de ser a máquina bem ordenada das décadas seguintes, já era capaz de oferecer um mínimo de estrutura a Lula.

Sem conseguir estruturar o PDT onde Vargas não tinha ordenado o PTB, Brizola amargou derrotas fragorosas nos dois maiores colégios eleitorais do país: Minas Gerais e São Paulo.

Em Minas Gerais, onde o PTB sempre foi comparativamente fraco, a estrutura política varguista havia sido herdada por ninguém menos do que Tancredo Neves, ex-ministro da Justiça de Getúlio. Após o golpe de 1964, Tancredo levou seu grupo para o MDB. O PT, por sua vez, recrutou os sindicalistas mineiros, que foram progressivamente rompendo com a velha tradição varguista. Espremido entre o PMDB e o PT, Brizola não conseguiu entrar em Minas Gerais e teve apenas 5,4% dos votos, contra 23,11% de Lula e 36,12% de Collor.[42]

Em São Paulo, Brizola começou a perder a eleição de 1989 várias décadas antes. O PTB paulista sempre havia sido mais fraco e menos ideológico do que o carioca ou o gaúcho. Várias lideranças trabalhistas paulistas achavam que isso era uma opção estratégica de Getúlio: um PTB forte no estado mais industrializado do Brasil disputaria a liderança do trabalhismo com o grupo gaúcho de Vargas.[43] Assim, o estado teve seus próprios populismos — Ademar de Barros, Jânio Quadros — e uma proliferação de pequenos partidos trabalhistas (PTN, PST). Nos anos 1970, quando o secretário de Trabalho do estado de São Paulo Jorge Maluly Neto pensou em organizar seu próprio partido trabalhista (ver capítulo 3), sem dúvida contava com essa tradição de um trabalhismo pouco dinâmico e fisiológico.

Porém, além do legado de Vargas, Brizola ainda teve que lidar com o legado de Golbery, o arquiteto da transição democrática brasileira. A "dona" do PTB em São Paulo era ninguém menos que Ivete Vargas, sobrinha-neta do velho ditador que havia roubado de Brizola a sigla. Assim, nem mesmo a frágil estrutura do PTB paulista seria herdada por Brizola. Ivete Vargas nunca conseguiu construir um partido consistente, mas é perfeitamente possível que sua máquina política tivesse sido capaz de oferecer a Brizola os 500 mil votos que lhe possibilitariam ultrapassar Lula em 1989.

Ciente desse problema, Brizola fez tudo o que pôde para conseguir aliados em São Paulo, tanto entre os "novos" sindicalistas, como José Ibrahim, líder da greve de Osasco de 1968,[44] quanto entre o populismo local, com a adesão de Ademar de Barros Filho ao PDT. Em 1989, Brizola brigou até o último minuto para fechar uma aliança com o PTB que lhe daria um vice dos sonhos, Luiz Antonio de Medeiros, presidente do Sindicato dos Metalúrgicos de São Paulo e principal líder sindical da CGT, a central rival da CUT. Falou-se até em unificar os dois partidos, formando uma "União Trabalhista",[45] mas os líderes do novo PTB recusaram a fusão e a aliança: sabiam que o partido passaria a ser completamente controlado por Brizola.[46] Incapaz de conquistar aliados em São Paulo e pouco disposto a construir a aliança de baixo para cima, Brizola terminou o primeiro turno com apenas 1,5% dos votos paulistas, em um ridículo sétimo lugar. Ninguém se torna presidente do Brasil com apenas 1% do eleitorado paulista.

No fundo, não faz muito sentido especular se um PTB paulista mais forte teria possibilitado a Brizola derrotar Lula em 1989. Se o varguismo tivesse sido tão forte em São Paulo quanto foi no resto do país, é muito improvável que houvesse um Lula ou um Partido dos Trabalhadores disputando com Brizola. Parte importante do crescimento petista em sua origem havia se dado por conta do espaço vazio que Getúlio havia deixado em São Paulo.

Para os brizolistas, 1989 foi devastador. Brizola já tinha 67 anos e não parecia que disputaria outra eleição em condições competitivas. Para um movimento que havia sido impedido de votar em sua principal liderança durante os vinte anos de ditadura, deixar de ir ao segundo turno por 0,7% dos votos foi cruel. O ressentimento brizolista com o PT, que havia "tirado a eleição" de Brizola, era grande. O autor deste livro estava em frente à casa de Leonel Brizola, na avenida Atlântica, no Rio de Janeiro, quando Lula o visitou para pedir seu apoio no segundo turno. Em frente ao prédio, alguns militantes brizolistas, com seus lenços vermelhos característicos no pescoço, choravam. Uma senhora dizia: "Por culpa de vocês [petistas] o Brasil não vai ter o melhor presidente de sua história". Não era verdade: quem tirou de Brizola a chance de ser presidente foram os vinte anos de ditadura. Mas não era só ressentimento: quando Lula o derrotou, ficou claro que a hegemonia dentro da esquerda brasileira trocaria de mãos em breve.

No dia 9 de novembro de 1989, cerca de uma semana antes das eleições presidenciais, o Muro de Berlim caiu. A Guerra Fria, o fato geopolítico que havia definido a vida da grande maioria dos candidatos a presidente, chegava ao fim.

O que chocou os petistas não foi tanto a crise do socialismo real. Havia entre eles quem ainda conservasse simpatias (mesmo que "críticas") em relação ao regime soviético, mas o problema não era esse. O PT nunca foi próximo de Moscou ou de Beijing e tinha católicos, intelectuais críticos e trotskistas o suficiente para se manter distante do marxismo oficial. Nessa hora, a aproximação anterior com o Solidariedade polonês foi um trunfo.

O problema era que o socialismo real não caiu porque perdeu a Guerra Fria ou porque foi invadido pelos Estados Unidos: desabou por suas contradições internas, caiu porque parou de funcionar; e foi enterrado pelo exato tipo de movimento popular de massas que era o ideal petista de ação política. O ano de 89 era 68 virado de cabeça para baixo.

A própria perestroika, àquela altura, ia muito mal. Desde a década de 1960, após os grandes sucessos da industrialização, a eficiência econômica soviética vinha declinando. Houve várias tentativas de reforma, tanto na União Soviética quanto em países como a Hungria, a Tchecoslováquia e a Iugoslávia, todas baseadas no mesmo diagnóstico: a hipercentralização econômica stalinista não era capaz de administrar uma sociedade complexa, ou, como dizia o autonomista Cornelius Castoriadis, resolver um problema que os antigos fenícios já haviam resolvido — o equilíbrio entre oferta e demanda.[47]

Mas quando Gorbatchóv afrouxou os controles da economia planificada, não houve um grande florescimento de democracia, autonomia e criatividade: cada administrador de empresa saiu correndo atrás do máximo de recursos que pudesse obter, processo que ficou conhecido como "privatização espontânea".[48] Sem a disciplina da burocracia ou do mercado, a economia virou um caos. Assim como o fim da ditadura sem a constituição de instituições democráticas fortes criou corrupção no Brasil dos anos 1980, o fim do planejamento sem a instalação das instituições de mercado gerou uma enorme desordem econômica na União Soviética na mesma época.

Nada desmoralizou tanto a ideia de "socialismo democrático" quanto o fracasso da perestroika, que, entretanto, em seus primeiros anos, despertou enormes esperanças no mundo inteiro. Os países socialistas não se mostraram capazes de se reformar, como os países capitalistas fizeram no século xx: não houve um equivalente soviético do keynesianismo, não foi possível fazer uma transição para a democracia e a eficiência econômica que preservasse o essencial do sistema. Como disse Leonel Brizola, "faltou um Golbery! [...] Tinha que ter tido um Golbery para ter uma transição lenta, segura e gradual para democratizar aquilo sem abandonar o socialismo".[49]

Muito antes de compreender a dimensão exata do enorme deslocamento histórico que testemunhava, parte da direção petista propôs virar a queda do Muro de Berlim a seu favor: era uma boa oportunidade de criticar o socialismo real e de mostrar que o socialismo petista era diferente. Mas o pt não levou o tema para a campanha. Em grande parte, por achar que o eleitorado não se interessaria por aquilo, em parte por não querer criar dificuldades com o pcdob, que ainda apoiava o regime albanês.[50] Mas também porque o clima entre a militância, nos primeiros momentos, ainda era de choque. Ao contrário do pcb, que logo notou que toda a sua identidade política precisaria ser transformada, não ficou de imediato claro o quanto aquilo tudo era, de fato, um problema dos petistas. Seria preciso tempo para processar 1989.

Ao final do primeiro turno, o entusiasmo petista era indescritível. Dirigentes e militantes que nunca haviam acreditado de verdade na vitória agora encaravam uma chance real de Luiz Inácio Lula da Silva, onze anos após a greve da Scania, se eleger presidente da República. O jingle da campanha, "Lula lá", emociona os petistas até hoje. O PT havia vencido todos os grandes partidos com uma campanha muito mais barata. Os metalúrgicos em São Bernardo, os militantes das Comunidades Eclesiais de Base no Acre, os estudantes universitários nas grandes cidades, essa turma toda agora ia falar à nação. Nada semelhante havia acontecido na política brasileira até então.

Agora era hora de o PT, que havia ficado de fora de todas as coalizões, chamar o resto das forças progressistas para a sua coalizão. Como era de esperar, não foi fácil. As negociações com Brizola foram tensas e duraram quase duas semanas: o ressentimento era grande, e Brizola tinha profunda aversão ao vice de Lula, José Paulo Bisol, por questões de política do Rio Grande do Sul. Com o PSDB, a discussão também foi difícil. O programa do PT não era propriamente socialista, mas era certamente radical, próximo do que havia sido o projeto de Constituinte. Não foi possível chegar a um acordo programático, mas fez-se o seguinte trato: os tucanos apoiariam Lula contra Collor, mas ficariam livres para fazer oposição ao governo petista se o radicalismo persistisse. O PCB de Roberto Freire e o PV de Fernando Gabeira também declararam apoio a Lula.

Todos os dirigentes petistas, a começar por Lula, reconhecem que foi aí que o partido cometeu seu grande erro em 1989. O deputado Ulysses Guimarães mandou um recado para os petistas: se Lula lhe telefonasse pedindo apoio, ele seria dado.

O apoio de Ulysses teria provavelmente decidido a eleição. O imenso peso do PMDB seria uma força moderadora crível para o radicalismo do PT, com o primeiro assumindo o papel de fiador do governo diante do resto da sociedade. O PMDB tinha uma máquina partidária que nenhuma das forças de esquerda tinha. E, por pior que tivesse sido seu desempenho eleitoral, Ulysses era Ulysses. Sua entrada na campanha a reenquadraria como uma reorganização da transição democrática.

Mas ninguém ligou para Ulysses. O radicalismo do partido na época falou mais alto, em parte porque Lula subia nas pesquisas e parecia não precisar de ajuda.

Foi aí que a campanha de Collor mudou de caráter. A retórica de modernidade e juventude saiu de cena, e as velhas estratégias da direita brasileira ganharam importância. O último debate entre Collor e Lula, em que o primeiro se saiu melhor por uma pequena margem, passou no maior telejornal do Brasil, editado para parecer que o alagoano havia massacrado o petista. Collor acusou Lula de planejar sequestrar a poupança dos brasileiros — o que ele próprio faria poucos meses depois. Em um episódio particularmente deprimente, a propaganda de Collor levou uma ex-namorada de Lula, mãe de sua filha, para ir à TV dizer que Lula lhe havia proposto fazer um aborto. Assim, uma campanha eleitoral belíssima, em que todo o espectro ideológico brasileiro havia debatido abertamente como nunca, terminava de modo muito, muito feio. Collor venceu com 53%, com 4 milhões de votos a mais do que Lula.

A tristeza dos petistas no dia da derrota foi devastadora e demorou para passar. No entanto, hoje vários dos dirigentes do partido, a começar por Lula, admitem que foi bom ter perdido. Por mais que o petista sinalizasse nos bastidores que abriria negociações políticas mais amplas se vencesse, o partido ainda era muito radical. Como as administrações municipais petistas mostravam, a relação entre o PT e seus representantes eleitos ainda não estava equilibrada. O programa de governo não havia sido elaborado pensando na possibilidade real de vitória. Alguém tinha pensado, a sério, sobre como dobrar o valor real do salário mínimo no primeiro ano de governo?[51] Alguém tinha um plano para que um partido com menos de 5% dos deputados federais bancasse o calote na dívida externa, a reestruturação da dívida interna e a reforma do sistema bancário, para não falar da mudança do papel constitucional dos militares ou da obrigação de as empresas de comunicação se tornarem fundações sem fins lucrativos, mesmo supondo que tudo isso fosse mesmo uma boa ideia?

O resultado de 1989 também deixou claro que o PT ainda tinha um longo caminho a percorrer na conquista do voto do maior setor da população: os pobres desorganizados, que não trabalhavam na indústria ou no Estado nem participavam da sociedade civil. Os ataques de Collor foram feios de se ver, mas não explicam sua vitória: isso ocorreu por conta da sua capacidade de vencer nas áreas mais pobres do Brasil. Na década seguinte, Lula tentaria se aproximar desse eleitorado utilizando um novo repertório, mais próximo do populismo de Brizola, e, como o pedetista planejava fazer, ganharia o apoio desse grupo depois de conquistar o poder.

Para os militantes de base, a derrota foi particularmente dolorosa, porque também foi a vitória do programa neoliberal. Como diz o líder dos trabalhadores sem-terra João Pedro Stédile, foi uma derrota na disputa de modelos, que marcou uma virada nos termos do debate.[52] Zé Maria, o líder da Convergência Socialista, propunha que o PT tentasse logo converter os votos do segundo turno em mobilização de rua, greves e manifestações,[53] mas isso era difícil: não havia nada que garantisse que o cidadão que escolhera Lula para ser presidente constitucional também o apoiaria como líder revolucionário.

Para a maioria do partido, entretanto, 1989 também mostrou que as chances de conquistar a presidência eram reais. O "quase lá" mudaria completamente o funcionamento interno do PT. A perspectiva de vencer se tornou real. Era hora de começar a pensar como governo, como alternativa de poder. Se Collor se saísse mal na presidência, como acabou sendo o caso, Lula passaria automaticamente a favorito na eleição presidencial seguinte.

Daí em diante, o PT tentaria evitar o erro de não ligar para Ulysses. Era preciso mover o partido para o centro, como, aliás, havia acontecido com os partidos-irmãos do PT na social-democracia europeia muitas décadas antes. O problema era que, com a queda do socialismo real, o centro estava prestes a se deslocar rapidamente para a direita. Quando os social-democratas europeus chegaram ao centro, havia o keynesianismo e o equilíbrio nas relações de poder entre capital e trabalho. Quando os petistas chegaram ao centro, o Estado estava desmoralizado, exportar para o mercado mundial parecia ser a nova prioridade, e o proletariado mundial estava prestes a dobrar de tamanho com a inclusão de países como China e Índia no mercado global.[54] Como os antigos fenícios sabiam, se a oferta do que você tem para vender dobrou, suas condições de negociar pioraram muito. Quando o PT começou a aceitar uma economia de mercado regulada em vez do socialismo, o clima ideológico virou completamente contra qualquer regulação.

Os social-democratas europeus, partindo de uma posição muito mais centrista, tiveram dificuldades de se adaptar ao choque de 1989. O PT teria que cobrir uma distância muito maior e em muito menos tempo.

8. O centro sem Estado

O governo Collor foi a primeira tentativa de superação da crise do capitalismo brasileiro pela adoção de um modelo de desenvolvimento liberal. Collor reduziu tarifas de importação, cortou gastos públicos e deu início a um programa de privatizações.[1] A ideia era abandonar de vez o modelo de desenvolvimento liderado pelo Estado e criar condições para que a exposição à competição internacional tornasse as empresas brasileiras mais eficientes. Não se tratava apenas de adesão a um programa de políticas públicas, como o chamado "Consenso de Washington".[2] Tratava-se, também, de abraçar um clima ideológico em que o mercado parecia oferecer soluções para os problemas que os Estados em crise não pareciam capazes de resolver.

Com o Estado-nação em crise, houve uma valorização do global, do cosmopolita, do transnacional. Não por acaso, além de adotar medidas econômicas liberalizantes, o governo Collor teve também uma vigorosa política externa voltada à integração do Brasil no processo de globalização, que passou pela realização, em 1992, da Conferência das Nações Unidas sobre Meio Ambiente e Desenvolvimento, no Rio de Janeiro (a Eco-92).[3] Foi o período de afirmação inicial do que se convencionou chamar de "neoliberalismo".

Dito de outra forma, neoliberalismo era a crise de tudo aquilo que constituía o "centro" da política ocidental quando os partidos operários dos países ricos abandonaram o radicalismo no século XX: o desenvolvimentismo, o keynesianismo, o Estado de proteção social, os grandes compromissos de classe. O centro dos anos 1990 tinha muito menos Estado do que o do pós-Guerra.

E era para lá que o PT precisava ir, se quisesse ganhar as eleições.

"Nos anos 1980, a gente conquistou; nos anos 1990, a gente lutava para preservar, eles que vinham com a pauta de reivindicação reversa, com lista de coisas para tirar",[4] diz Vicente Paulo da Silva, o Vicentinho, um dos principais líderes sindicais da história do país. Vicentinho participou das greves do ABC ainda muito jovem e se tornou diretor do Sindicato dos Metalúrgicos após a intervenção que afastou Lula. Foi presidente do sindicato e presidiu a CUT entre 1994 e 2000. Desde então, é deputado federal pelo PT, além de uma figura importante na luta pela igualdade racial no Brasil.

A redução do poder de barganha dos trabalhadores brasileiros no começo da década de 1990 fica clara quando se percebe a queda do número de greves no período, revertendo a tendência do final da década anterior.

NÚMERO DE GREVES NO BRASIL (1989-93)

FONTE: Carlindo Rodrigues de Oliveira, "Greves no Brasil, de 1978 a 2018: grandes ciclos, configurações diversas". *Revista Ciências do Trabalho*, n. 15. Dieese-Abet.

Vicentinho faz parte da geração de sindicalistas que tentou estabelecer negociações equilibradas com o governo e com o patronato em uma situação de absoluto desequilíbrio de forças. Em 1991, viajou para os Estados Unidos para tentar impedir o fechamento de uma fábrica da Ford no Brasil. A fábrica fechou, mas o contato entre Vicentinho e o ministro da Fazenda de Collor, Marcílio Marques Moreira, proporcionou o surgimento de uma experiência importante para o sindicalismo brasileiro: as câmaras setoriais (CS), um espaço de negociação entre governo e setores do empresariado que, por uma iniciativa do deputado petista Aloizio Mercadante, se tornou tripartite com a inclusão dos sindicatos.[5]

Após três meses de negociação, houve uma redução de 22% nos preços dos automóveis, com a distribuição da conta entre o governo (que diminuiu seus impostos) e o empresariado (que reduziu suas margens de lucro). Os operários concordaram em adiar sua data-base e receber apenas a reposição da inflação de cada mês em troca da manutenção do emprego. Os bons resultados quebraram a resistência que ainda havia no PT e na CUT à "colaboração de classes" representada pelas câmaras. Elas foram incorporadas ao repertório petista e incluídas no programa de governo de Lula de 1994.[6]

Em um artigo de 19 de fevereiro de 1993, Vicentinho caracterizava o acordo como "inédito e histórico" e dizia que "esse acordo na área trabalhista tem todos os ingredientes para se tornar a espinha dorsal de um primeiro contrato coletivo de trabalho"[7] — o fundamento sobre o qual os regimes social-democratas mais sólidos foram construídos na Europa.[8]

Na Noruega, por exemplo, a negociação salarial se dá em nível nacional, da seguinte forma: os sindicatos, reunidos em quatro grandes confederações, reúnem-se com as principais centrais patronais e negociam os salários dos trabalhadores da indústria e de alguns outros setores. A principal negociação se dá entre a maior central sindical (LO) e a principal central patronal (NHO). A partir daí, se estabelece uma escala de salários que, mediante negociações adicionais, é adaptada para os diferentes setores da economia. O governo não participa do processo, mas os acordos têm valor legal. Como mais da metade dos noruegueses é sindicalizada, seu poder de barganha é suficiente para dispensar uma regulação estatal ampla. O enorme peso dos sindicatos garante que uma negociação sem participação do governo será favorável aos trabalhadores. Ao mesmo tempo, as centrais sindicais têm incentivos para se preocupar se, por exemplo, a economia está perdendo competitividade internacional: elas representam praticamente o país inteiro. Quando o país cresce, os trabalhadores recebem uma parte significativa dos frutos do crescimento.[9]

Mas o quadro internacional do Brasil de 1990 não era o mesmo em que a social-democracia europeia tinha obtido suas vitórias. Não foi possível replicar a experiência das câmaras setoriais na grande maioria das áreas da economia brasileira, muito menos ampliá-las para formar um sistema de acordos coletivos de trabalho semelhante aos europeus. A taxa de sindicalização do país é baixa, as associações empresariais são ainda menos representativas, e, nas circunstâncias específicas de 1993, o Estado brasileiro não tinha margem para diminuir muito os impostos.[10]

Além disso, indústrias como a automobilística, em que o setor sindical era mais forte, representavam uma fração cada vez menor da economia do país. O processo de industrialização que deu origem ao Novo Sindicalismo (e ao PT) no final dos anos 1970 havia travado. No começo dos anos 1990, já estava claro que o Brasil não se tornaria um "Grande ABC" — ABCS se tornariam raros fora da Ásia. O Brasil é um caso clássico do que o economista Dani Rodrik chamou de "desindustrialização prematura":[11] ao contrário dos países ricos, o Brasil deixou de ser industrial antes de se tornar rico. Com isso, a própria possibilidade de um partido social-democrata brasileiro, baseado em sindicatos, como o PT tinha tudo para ser, foi colocada em xeque.[12] Não sabemos o quanto as câmaras setoriais poderiam ter ajudado a resolver os problemas da indústria nacional se tivessem se tornado mais fortes e incorporado mais pautas. O sociólogo Glauco Arbix,[13] por exemplo, defendia que elas poderiam ser um instrumento de política industrial, negociada de baixo para cima. Para isso, era necessário que aceitasse tratar de temas delicados para os sindicatos, como a introdução de novas tecnologias que poderiam eliminar empregos.

De qualquer forma, por boas ou más razões, as câmaras setoriais foram perdendo prestígio junto às autoridades. Segundo Gustavo Franco, em 1994, "as CSS já estavam feridas de morte por perda de objeto, uma vez que tanto o controle de preços como a política industrial 'ativa' estavam caindo em desuso".[14] As câmaras, do jeito que existiam, acabaram sendo desativadas em 1995.

Quando São Bernardo foi à social-democracia, ela já não estava mais lá. O empresariado não temia mais uma classe operária forte, organizada e combativa. Não havia ninguém do outro lado da mesa oferecendo o que as elites da

Europa haviam proposto aos partidos social-democratas quando eles moderaram suas posições.

O PT sempre soube por que perdeu a eleição de 1989. Collor venceu entre os brasileiros que ganhavam até dois salários mínimos por uma margem de dez pontos percentuais.[15] Os petistas tinham clareza de que, mesmo levando em conta a agressividade da campanha de Collor, a derrota tinha acontecido ali, no segmento que o presidente eleito chamava de "descamisados". Como dizia Lula, "quem nos derrotou, além dos meios de comunicação, foram os setores menos esclarecidos e mais desfavorecidos da sociedade [...]. A minha briga é sempre esta: atingir o segmento da sociedade que ganha salário mínimo. [...] Nós temos que ir para a periferia, onde estão milhões de pessoas que se deixam seduzir pela promessa fácil de casa e comida".[16]

Em sua origem, o PT tinha acesso aos pobres desorganizados através da Igreja católica. As Comunidades Eclesiais de Base atuavam em áreas miseráveis do Brasil, em zonas rurais e periféricas, e foram um ponto de entrada para essa expansão petista entre os pobres desorganizados. Várias análises apontavam a importância do catolicismo progressista na eleição de 1989, a começar pela de Leonel Brizola: ainda durante a apuração do primeiro turno, Brizola declarou que os resultados provavam que "a Igreja progressista se transformou em partido político", e que "a votação nacional [de Lula] se deve à Igreja. Ele não deve mais ser chamado de operário, mas de frei Lula".[17] Brizola exagerava — como vimos, as dificuldades do PDT se deviam a problemas do próprio partido —, mas não mentia. De fato, o papel do catolicismo progressista na constituição do PT foi muito grande, em especial na articulação entre católicos e movimentos sociais.[18]

Entretanto, durante a década de 1980, o Vaticano promoveu uma forte reação conservadora dentro do catolicismo latino-americano. Em alguma medida, isso era previsível: com a redemocratização, a Igreja não precisava mais abrigar os movimentos sociais para protegê-los da ditadura. Era razoável que a Igreja e os movimentos seguissem caminhos diferentes na democracia, embora o vínculo nunca tenha sido completamente quebrado. Em 1983, um dos principais líderes da reação conservadora, dom Eugênio Sales, declarou que "está começando uma nova fase para a Igreja brasileira. A Igreja teve um papel muito ativo no período em que o Brasil se tornava uma sociedade fechada. Ela era 'a voz daqueles que não tinham voz'. Hoje, o Parlamento, a imprensa e os partidos estão em total funcionamento. Eles deveriam falar, e a Igreja deveria se ocupar de seus próprios assuntos".[19]

Na verdade, não foi só uma "despolitização". Nos anos seguintes, conservadores foram nomeados para postos-chave da Igreja brasileira, enquanto teólogos da libertação como Leonardo Boff foram silenciados pelo Vaticano.

O processo mais importante, entretanto, aconteceu fora do catolicismo: ao mesmo tempo que o movimento das Comunidades Eclesiais de Base era enfraquecido, as igrejas protestantes neopentecostais iniciavam sua expansão avassaladora entre os pobres brasileiros. Além da expansão pela base, elegeram uma bancada importante de parlamentares. Em uma operação controversa, a Igreja Universal do Reino de Deus, liderada pelo bispo Edir Macedo, comprou a TV Record.[20]

Com o tempo, o PT tentaria desenvolver novas estratégias para se aproximar dos pobres desorganizados e, como bem notou André Singer,[21] acabaria retomando temas do repertório populista: a defesa do "povo" em vez da "classe" e o recurso ao carisma da liderança. As Caravanas da Cidadania de 1993, em que Lula percorreu o interior do país fazendo comícios e conversando com lideranças locais, foram um esforço nesse sentido. Durante a campanha de 1989, Lula já havia voltado pela primeira vez a Garanhuns, sua cidade natal; era preciso aprender a falar para quem não tinha conseguido vaga no Senai ou na indústria do ABC.

Lula venceu Brizola em 1989, mas a desindustrialização o forçaria a aprender alguma coisa com os métodos do velho líder populista. Seria um exagero falar em "lulismo" já na década de 1990, mas a mudança já estava em curso. Em 2019, durante a pesquisa para este livro, perguntei a Francisco Weffort, o maior intelectual petista na década de 1980, um dos grandes estudiosos (e críticos) do populismo brasileiro, rompido com o partido há 25 anos, se o lulismo era um populismo.

> O populismo do Lula é diferente do populismo do Getúlio, não pode ser de outra maneira [...], você tem que admitir que as classes criam a democracia, e criam mesmo; agora, nesta transição, que é a transição do populismo, que leva décadas, é difícil distinguir o que é interesse de classe, o que é interesse de cidadania. Quer

dizer, a gente pode não ser populista, mas, na hora H, você tem que ter um jeito para falar com o povo, a desigualdade no Brasil é muito grande. A dimensão populista caminha no sentido de que aquela identificação com aquele grão-senhor é a identificação com o Estado. E a identificação com o Estado traz para nós alguns direitos, cresce a dimensão da cidadania na medida em que cresce o Estado. O populismo é parte de nossa história. O povo brasileiro é reconhecido como povo depois de Getúlio.[22]

De fato, por mais que o PT quisesse organizar os pobres desorganizados, o encontro decisivo do Partido dos Trabalhadores com os excluídos só viria, como Brizola planejava fazer, após a conquista do governo. O que ninguém sabia, no começo dos anos 1990, é que a ideia que permitiria essa aproximação já estava em gestação nas discussões do partido.

Após a derrota de 1989, o PT organizou um "governo paralelo", semelhante aos gabinetes-sombra dos regimes parlamentaristas, para discutir alternativas de políticas públicas. O governo paralelo teve, nos anos seguintes, um desdobramento institucional importante: os especialistas envolvidos formariam a base das discussões do Instituto Cidadania, uma ONG que dava a Lula uma estrutura independente da máquina petista. Ao fim de seu governo em 2010, toda ambiguidade a esse respeito seria desfeita e a instituição passaria a se chamar Instituto Lula.

Nas discussões do governo paralelo, o economista — e, em 1990, primeiro senador eleito pelo PT — Eduardo Suplicy defendia a proposta da renda mínima, inspirado nos debates aos quais assistiu nos Estados Unidos nos anos 1970. Suplicy chamou para uma das reuniões o economista José Márcio Camargo, ligado ao PMDB, que vinha se notabilizando por seus estudos sobre pobreza. Suplicy pensava em começar a implantar a renda mínima pelos mais velhos, que viviam em condições muito difíceis nas regiões mais pobres do país.[23] Camargo propôs outra ideia: que se começasse pelas crianças, com a condição de que permanecessem na escola. No dia 26 de dezembro de 1991, as duas propostas foram publicadas lado a lado na *Folha de S.Paulo*. O texto de Camargo defendia "um programa que complementasse a renda de todos os trabalhadores, desde que eles coloquem seus filhos em escolas públicas".[24]

José Márcio Camargo voltou a apresentar o Bolsa Escola, dessa vez com mais detalhes, em uma coletânea de intelectuais petistas com propostas para a eleição de 1994. Dada sua importância histórica, vale a citação longa:

> O governo pagaria 70 dólares por mês a cada família para que ela colocasse todos os seus filhos com idade entre cinco e dezessete anos na escola pública. Ser pública é importante para que os filhos das famílias ricas não fossem beneficiados pelo programa. Um programa como esse poderia atender a 15 milhões de famílias em todo o país, a um custo de aproximadamente 6% do PIB. [...]
>
> O programa teria dois efeitos básicos. Primeiro, romper o ciclo da pobreza em seu elo mais forte, a ausência de renda. Segundo, permitir e incentivar que as famílias pobres mantenham seus filhos nas escolas por um período maior de tempo. Com isso, estaremos reduzindo diretamente a pobreza no presente e, ao mesmo tempo, investindo na população brasileira, aumentando seu grau de escolarização e qualificação e provendo as condições para que tenham uma renda mais elevada no futuro, pelo aumento de seu nível educacional e de sua qualificação. [...]
>
> Concretamente, estaremos aumentando o poder de barganha dos pobres no mercado, na medida em que aumentamos seu poder aquisitivo. Dentro da máxima capitalista de "cada cruzeiro um voto", estaremos aumentando o número de votos dos pobres.[25]

Nascia assim a proposta do Bolsa Escola, programa de renda mínima que daria origem ao mais importante legado do PT ao repertório de políticas públicas brasileiras. Uma versão seria implantada pela primeira vez em uma prefeitura do PSDB, em Campinas, em 1994, pelo prefeito Roberto Magalhães Teixeira. Naquele ano, o PT conquistaria, pela primeira vez, dois governos estaduais: Espírito Santo e Distrito Federal. Em 1995, o governador petista Cristovam Buarque criaria o Bolsa Escola (com esse nome) no Distrito Federal. A partir da experiência em Brasília, o programa se tornaria símbolo de um partido que era capaz de inovar com sucesso nas políticas públicas brasileiras. Em 2001, o programa foi adotado em âmbito federal pelo governo Fernando Henrique Cardoso.

É importante notar que o Bolsa Escola não era só um recurso para conquistar o "Brasil atrasado" ou um desvio com relação aos debates internacionais. Muito pelo contrário: as discussões de Suplicy sobre renda mínima (e, mais tarde, sobre renda básica) estavam na vanguarda do que havia de mais avançado no debate progressista internacional. Afinal, a desindustrialização que ocorreu no Brasil já estava acontecendo na Europa (onde não foi "prematura"). Era preciso pensar em políticas sociais universalistas em um mundo em que o pleno emprego parecia difícil. Foi nesse contexto que se difundiram na esquerda ideias como a renda básica de cidadania, proposta pelo economista holandês Philippe van Parijs, com quem Suplicy manteve um debate de muitos anos. O senador petista seria uma figura importante na construção da Basic Income Earth Network (BIEN),[26] a associação internacional de defesa da renda básica.[27]

O "centro" da velha social-democracia estava em crise, mas os petistas trabalhavam ativamente, na luta política e no debate de ideias, pela construção de um novo centro, em que as pautas de esquerda reaparecessem de alguma forma.

O título da última edição da revista *Teoria e Debate* de 1989 era provocativo: "Socialismo real: O que desfazer?", uma referência à obra clássica de Lênin, *O que fazer?*.

O primeiro artigo, de Daniel Aarão Reis,[28] era um ataque à tese de que o PT não tinha nada a ver com a crise do socialismo real. "Não nos iludamos: a fábula que se conta hoje no mundo socialista diz respeito a nós. O que está em jogo é nada menos que o futuro de nosso projeto político de construir no Brasil um socialismo democrático." Jacob Gorender se entusiasmava com a democratização em curso na União Soviética.[29] Defendia os intelectuais socialistas dissidentes do Solidariedade, como Jacek Kuroń e Adam Michnik, e lamentava a censura às publicações sobre a perestroika em Cuba. Glauco Arbix[30] via tanto nos protestos chineses quanto nas revoluções do Leste Europeu "um choque das forças vivas contra os dirigentes burocráticos, verdadeiros parasitas encastelados nos Estados operários e nos partidos comunistas. Essa camada de dirigentes comanda um império de funcionários, que vivem apoiados numa rede de favores e privilégios, num sistema improdutivo, carregado pela classe trabalhadora e avesso a ela, que não participa, não dispõe de órgãos próprios e, até bem pouco tempo, não podia se manifestar nem se organizar".

Na edição de março de 1990, José Dirceu deu uma entrevista de grande importância política, tanto por sua posição dentro do PT quanto por seu passado como guerrilheiro ligado ao regime cubano.[31] Ele admitiu que o modelo do Leste havia falhado e deixou claro que no socialismo petista a oposição deveria ter o direito de existir, de conquistar o poder e, inclusive, de defender a volta do capitalismo. Declarou-se a favor da liberdade de imprensa — ponderando, entretanto, que era preciso evitar a emergência de monopólios de comunicação — e da separação dos poderes como forma de manutenção da democracia. Sobre Cuba, admitiu que era difícil falar sobre o país por conta de sua relação próxima com o regime, mas admitiu que a imprensa não era livre, que isso comprometia a revolução e que, cedo ou tarde, o processo iniciado no Leste Europeu chegaria à ilha de alguma forma. E concluiu: "Agora, se formos conceber a sociedade socialista como a temos defendido no PT, considero que não podemos, de maneira nenhuma, concebê-la como acabou se cristalizando em Cuba, como forma de governo e de democracia".

Cuba não saiu ilesa do debate petista. Na edição 18, de julho de 1992, Emir Sader, um dos intelectuais mais próximos do castrismo dentro do PT, reconheceu os méritos da revolução na área social, admitiu que o autoritarismo do regime cubano emergiu como defesa contra a agressão americana, mas estabeleceu limites para esse argumento anti-imperialista (e não propriamente socialista): se a agressão americana arrefecesse, a democracia deveria ser restaurada, pois o regime atual não era um substituto adequado a "um sistema aberto de partidos políticos e da existência de espaços para os mais amplos debates, em todos os planos".[32]

As principais conclusões sobre a crise do socialismo real foram consolidadas no 7º Encontro Nacional do PT, realizado em 1990. O texto "O socialismo petista"[33] foi escrito por Luiz Dulci após debates com intelectuais de esquerda e representantes de diversas tendências do partido. O documento reafirmou a fórmula "nem socialismo real, nem social-democracia", criticando uma pela perda de ambição transformadora, e o outro pela falta de liberdade política e dinamismo econômico. Definiu a democracia como valor estratégico (e não apenas tático), propôs uma economia em que convivessem setores estatais, privados e cooperativos, e reafirmou a necessidade de autonomia dos movimentos sociais e da pluralidade de opiniões. Notavelmente, defendeu, "avaliação à parte e juízo positivo, com todos os seus percalços", a experiência sandinista, que garantiu aos cidadãos "uma inédita equidade política e civil", o que mostra como a revolução nicaraguense tinha mesmo um lugar privilegiado no imaginário petista.

O dirigente do partido que encarou de frente o tema da social-democracia foi Marco Aurélio Garcia, ex-PCB, ex-membro do Movimiento de Izquierda Revolucionaria (MIR)[34] chileno durante o exílio, ex-membro da Organização Revolucionária Marxista — Política Operária (Polop), ex-autonomista, que no começo dos anos 1990 já era conselheiro de Lula para assuntos internacionais. Em "A social-democracia e o PT",[35] Garcia reapresenta os argumentos de "O socialismo petista" contra as sociedades de tipo soviético e declara: "A democracia política é um fim em si. Um valor estratégico e permanente. Se esta tese é social-democrata, paciência: sejamos social-democratas". Por outro lado, afirma que o PT precisa ampliar os mecanismos de controle e fiscalização do Estado, tornando-o mais aberto à participação popular. O texto termina, inclusive, deixando claro que o partido dialoga não só com comunistas reformados, como os italianos, e com social-democratas, mas também com verdes e com o movimento francês SOS Racisme.

Nos textos petistas do início da década de 1990, a social-democracia ainda era um nó mal resolvido. Embora a crítica ao socialismo real incorporasse elementos do que havia de melhor no debate da esquerda democrática mundial, as críticas à social-democracia já pareciam um pouco fora de lugar, em um momento em que o PT moderava suas posições.

O lado "1968" do PT — a defesa da democracia direta, da democratização dos locais de trabalho, das causas comportamentais e do ambientalismo — foi depois incorporado pela maioria dos partidos social-democratas do mundo desenvolvido. Não havia nada nesse ideário que fosse frontalmente contrário a, por exemplo, experiências de democracia direta. E, a partir do momento em que não se tinha um projeto pronto de socialismo (como os comunistas tinham no modelo soviético e suas variantes), a estratégia de construção progressiva, parcial e experimental da social-democracia parecia uma escolha óbvia. Se a democracia era estratégica, então a social-democracia, que a preservou e a desenvolveu, não podia ser vista apenas como um recuo ou uma falta de ousadia no caminho para o leninismo, que nunca havia sido democrático.

A trajetória de Marco Aurélio Garcia mostra uma outra dimensão da relação do PT com a social-democracia. De longe, ele foi o líder petista que mais abertamente falou sobre o assunto. Em uma palestra para estudantes, após expor as propostas do partido para uma das campanhas eleitorais dos anos 1990, alguém na plateia fez a objeção: "Mas, professor, se nós seguirmos por esse caminho, o Brasil vai acabar se tornando uma social-democracia!". Garcia respondeu: "Meu filho, eu sou ateu, mas, se isso acontecesse, toda noite eu rezaria de joelhos para agradecer".[36]

Por outro lado, Marco Aurélio Garcia também foi um dos grandes representantes de uma corrente muito forte no PT, o terceiro-mundismo, a aliança entre os países pobres para fazer frente aos países ricos. É uma ideia ótima, mas traz o risco de que tudo que se critique na discussão sobre socialismo volte pela porta do anti-imperialismo: as ditaduras de esquerda do Terceiro Mundo deixam de ser apontadas como modelos, mas tampouco são criticadas, pois são aliadas potenciais da luta terceiro-mundista.

Essa tensão nos permite perguntar, inclusive, quanto da identidade social-democrata vem da posição da Europa na Guerra Fria, quando o continente fez questão de não dissolver sua identidade em nenhum dos polos ideológicos. Os social-democratas do Terceiro Mundo enfrentam outros desafios diplomáticos, e isso talvez influencie suas formulações sobre si mesmos.

Se o PT, como partido, não teve como ignorar a crise do socialismo real, isso era ainda mais difícil para as tendências marxistas em seu interior, que eram, afinal, oficialmente leninistas. Todas tiveram que fazer algum balanço crítico da experiência do Leste, mas nenhuma foi tão longe quanto o Partido Revolucionário Comunista de José Genoino. Em uma virada surpreendente, o PRC deixou de ser um grupo da esquerda petista para se tornar sua facção mais moderada.

No final da década de 1980, o PRC já vinha enfrentando dificuldades sérias. Não havia conseguido construir uma base sindical importante. Grande parte de sua militância era formada por universitários de classe média, e nas universidades o marxismo ortodoxo perdia força rapidamente. Com a transição democrática, a perspectiva de derrubar a ditadura com uma revolução popular havia perdido o sentido. Com a dificuldade de atrair novos membros, o PRC entrou em crise financeira. Havia se tornado uma organização frágil em cujos princípios grande parte da liderança já não acreditava mais.[37]

Os últimos documentos do partido já sinalizavam a direção da mudança. O "Projeto de resolução sobre estratégia" definia o comunismo como um "valor ético" que não era a realização do interesse de nenhuma classe social específica, embora o proletariado fosse mais suscetível à sua defesa. A tomada do poder, definida em termos leninistas, perdeu espaço para a constituição de "uma nova esfera pública efetivamente democrática, onde os excluídos adquiram o estatuto da cidadania".[38]

Essas novas bandeiras — a ética, a expansão da esfera pública, a luta pela cidadania — se tornariam os grandes nortes da luta do PT a partir dos anos 1990, mesmo quando o partido recusou "oficialmente" as teses dos ex-PRC. A ética pretendia ser uma reafirmação de valores diante tanto da corrupção do Estado brasileiro quanto da postura neoliberal em que a eficiência econômica era a preocupação central, e era uma tese atraente para os cristãos do partido. A ampliação da esfera pública, cujas manifestações mais concretas eram o orçamento participativo e o envolvimento dos movimentos sociais na discussão pública, era uma aproximação do que o "socialismo democrático" poderia ser. A cidadania era o oposto da exclusão que o choque neoliberal causava quando desorganizava economias nacionais e enfraquecia os sindicatos: era a luta por alguma versão do que a filósofa Hannah Arendt chamava de "direito de ter direitos",[39] de participar tanto da economia moderna quanto da política democrática com seus direitos e deveres.

Em agosto de 1989, pouco antes da eleição presidencial e da queda do Muro de Berlim, o 3º Congresso do PRC deliberou a autodissolução do partido. Em fevereiro do ano seguinte, em um evento realizado em São Paulo, a minoria do partido que não estava disposta a levar a "autocrítica" para além de certo ponto formou o Movimento por uma Tendência Marxista (MTM).[40] A maioria, entretanto, incluindo suas lideranças mais célebres — José Genoino, Tarso Genro, Marcos Rolim, Ozéas Duarte, Aldo Fornazieri —, criou a Nova Esquerda, uma tendência que assumiria a vanguarda da crítica do marxismo tradicional dentro do PT.

Em sua revisão, os ex-PRC incorporaram parte da reflexão anterior de Weffort, Moisés e Chauí e se abriram para a leitura de autores "democratas radicais", como Hanna Arendt, Norberto Bobbio e Jürgen Habermas. Mas o movimento do PRC também era interno à sua genealogia intelectual. Como vimos, o partido havia sido fundado sob forte influência do pensamento do filósofo húngaro György Lukács. Os alunos húngaros de Lukács, como Ágnes Heller, Ferenc Fehér e György Márkus (a Escola de Budapeste), se distanciaram do mestre, tornaram-se críticos agudos do autoritarismo soviético e abraçaram o projeto de "democracia radical com economia mista", que era praticamente igual às ideias que os moderados do PT defendiam.[41] A noção de "democracia radical" seria incorporada ao ideário petista e, alguns anos depois, seria o nome da tendência que os ex-PRC formariam em aliança com outros grupos em processo de moderação política.

Mas a mudança da agora Nova Esquerda em direção ao centro não era apenas um debate ideológico. Alterava profundamente o equilíbrio político interno do partido. As consequências disso ficariam claras no 1º Congresso do Partido dos Trabalhadores, realizado em São Bernardo do Campo, em 1991.

"Aquele congresso foi deles", lembra José Dirceu,[42] referindo-se à atuação da Nova Esquerda e de seus aliados no Congresso. O organizador do evento foi Augusto de Franco, que vinha de outra tendência em acelerado processo de revisão ideológica, a Vertente Socialista de Eduardo Jorge. Nova Esquerda e Vertente Socialista expuseram a tese "Projeto para o Brasil", de longe a mais moderada apresentada até então em um encontro do Partido dos Trabalhadores. Em seu discurso no Congresso, José Genoino deu o tom: "Se nós queremos revolucionar o mundo, nós temos que aceitar o desafio de ser revolucionados".[43]

Foram nove meses de debates internos antes da realização do congresso. Havia medo de racha, a ponto de Lula ter tido que avisar, no discurso de abertura, que os que esperavam o fim do partido iriam se decepcionar.[44] Entre os observadores internacionais, estavam Daniel Ortega, que havia perdido a eleição na Nicarágua; Navarro Wolf, representante do M-19 colombiano, movimento que tinha acabado de aposentar as armas e se reorganizava como um partido político democrático; e Piero Fassino, do PDS italiano, o velho Partido Comunista que havia feito sua própria revisão programática e inspirado os "italianos" do PCB.

O evento entrou para a história pela decisão de reservar 30% dos cargos de direção para mulheres, sob o impacto de um discurso emocionado de Benedita da Silva. O PT foi o primeiro partido brasileiro a tomar essa iniciativa. O problema das tendências foi equacionado com a adoção do critério de proporcionalidade na composição da direção.[45] Os protestos de intelectuais negros como Lélia Gonzalez também se fizeram sentir: nos documentos do congresso, encontramos afirmações autocríticas como "o nosso partido ainda se pensa predominantemente um partido branco, pois a luta antirracista costuma aparecer apenas como um lembrete de fim de tese".[46]

Mas a discussão que de fato dividiu os delegados foi a proposta de recusar explicitamente ideias leninistas, em especial a ditadura do proletariado. Para grande parte da Articulação, essa era a autocrítica de quem havia sido do PRC, pois a ditadura do proletariado nunca havia constado no programa oficial do PT. "Abandonar" o conceito daria ao público a ideia de que antes ele era defendido. "Essa era a autocrítica deles, não nossa", lembra José Dirceu.[47] Além disso, o repúdio à ditadura do proletariado afastaria grupos trotskistas que defendiam alguma versão da ideia. A maioria do PT preferia que as velhas noções de esquerda fossem caindo em desuso conforme o partido fosse moderando suas posições, apostando que os grupos mais à esquerda não teriam muito futuro no novo quadro político. Ao fim de discussões acirradas, o PT renegou a ditadura do proletariado, deixando claro, entretanto, que nunca a havia apoiado. Foi, de fato, um pouco estranho.

As formulações do 1º Congresso foram muito importantes e notavelmente francas; é difícil encontrar algo semelhante na história partidária brasileira. As resoluções criticavam de forma dura o marxismo soviético e concluíam:

> O PT sempre questionou tais dogmas. Nunca aceitou transformá-los em sua doutrina oficial. A prática e a teoria do PT sempre rejeitaram como modelo, para o Brasil, os sistemas políticos organizados sobre a base do regime de partido único, dos sindicatos como engrenagens do Estado, da estatização forçada e irrestrita da atividade econômica, do alijamento do povo do exercício do poder, da eliminação dos opositores e do predomínio do Estado/Partido sobre a sociedade e sobre os indivíduos, tudo aquilo, enfim, que ficou conhecido como a ditadura do proletariado.
>
> Entretanto, várias vezes tomamos a defesa dos regimes do socialismo real com o argumento de que neles, ao menos, os socialistas tinham conseguido resolver os problemas sociais aqui não superados. Nossa crítica apontava para a sua essência antidemocrática, mas incorporávamos suas experiências por aquilo que, supostamente, haviam resolvido historicamente. Essa contradição entre nossa vocação democrática originária e a complacência em relação aos regimes burocráticos impediu que nos antecipássemos criticamente, com todas as consequências decorrentes, em relação às tendências de mudança que hoje se verificam.[48]

O documento também denuncia, na prática cotidiana do partido, vícios da velha esquerda:

A democracia e as relações internas no Partido, nas prefeituras que dirigimos e nos movimentos sociais de que participamos devem ser analisadas e criticadas abertamente por nós. É preciso reconhecer que no "petismo real" existem, em quantidade exagerada e perigosa, fenômenos como o aparelhismo, o sectarismo, as manobras espúrias, a falta de democracia. Sem superar tudo isso, o discurso acerca de nosso projeto de um socialismo renovado ficará no papel. Não seremos capazes de construir uma sociedade melhor amanhã, se não formos capazes de mudar nossa prática hoje.[49]

No fim, os reformistas da Democracia Radical esperavam uma revisão programática mais profunda do que a que foi aprovada no Congresso.[50] A sensação entre muitos participantes foi de empate. Mas analistas políticos da mídia perceberam claramente uma mudança de direção. A *Folha de S.Paulo* noticiou o evento com o título "PT confirma tendência social-democrata".[51] *O Estado de S. Paulo* concluiu que o PT havia entrado em nova fase,[52] chamou atenção para a aliança entre a Articulação e a Nova Esquerda e para a derrota das tendências de esquerda.

O 1º Congresso deixou cicatrizes abertas. A aproximação da Nova Esquerda de Genoino e Eduardo Jorge com a Articulação de Lula e Dirceu criou a possibilidade de uma nova maioria dirigente. Desde antes do evento, Lula falava em dissolver a Articulação como tendência,[53] o que abriria a possibilidade de uma fusão com a Nova Esquerda. Em um documento divulgado por partidários da tese "Projeto para o Brasil", a ideia de unificação já estava claramente apresentada: "Move-nos a vontade de conformar, com base nas propostas já formuladas, um campo político renovador majoritário no 1º Congresso".[54] A fusão entre Articulação e Nova Esquerda não se concretizou durante o evento, mas foi sinalizada como possibilidade real.

Parte do problema era uma disputa de poder, o velho "Quem manda?", de que falava Fernando Henrique Cardoso. Se era para alguém entrar na nova maioria, alguém, presumivelmente do antigo grupo dirigente, teria que ceder espaço. Mas essa disputa de micropolítica não teria tido maiores consequências se os insatisfeitos com a moderação do partido não encontrassem apoio em parte importante da militância. Cresceu o temor de que essa nova coalizão levasse o PT demasiadamente para o centro, demasiadamente rápido, em um momento em que as posições "de centro" pareciam bastante hostis à esquerda.

A história democrática brasileira tem diversos episódios de estelionato eleitoral, quando um candidato eleito faz exatamente aquilo que acusou seus adversários de planejar fazer. Já vimos que o Plano Cruzado, no qual os preços foram descongelados logo após a eleição, foi um caso exemplar desse fenômeno. Mas nenhum estelionato eleitoral foi tão dramático quanto o cometido por Fernando Collor. Em um dos debates da campanha de 1989, Collor acusou Lula de pretender congelar a poupança dos brasileiros. No primeiro dia de seu mandato, Collor congelou a poupança dos brasileiros.[55]

Collor apostou a sorte de seu governo no primeiro dia do mandato e perdeu. O Plano Collor, como ficou conhecido, causou enorme recessão, mas não derrotou a inflação no Brasil. Apesar de nunca ter voltado a ser de 90% ao mês, ela foi sempre muito alta para um país em recessão. Daí em diante, por mais que Collor tenha tentado diversas acomodações políticas com relativo sucesso,[56] seu governo se tornou frágil.

A insatisfação explodiu com uma série de denúncias de corrupção contra o presidente no primeiro semestre de 1992. O tesoureiro de campanha de Collor, Paulo César Farias — o PC Farias —, administrava um sistema de cobrança de propinas na administração pública e direcionava parte dos recursos para o presidente. Em maio, uma entrevista do irmão de Collor à revista semanal *Veja* deu início a investigações jornalísticas e parlamentares que, combinadas às maiores manifestações populares desde a campanha pelas Diretas, resultaram no impeachment de Fernando Collor.

A decisão de derrubar o primeiro presidente eleito de maneira legítima em décadas não foi fácil. O próprio PT demorou em pedir o impeachment: no 1º Congresso, o PT apoiou a medida condicionalmente, caso as investigações apontassem nessa direção. A Comissão Executiva Nacional chegou a propor, como solução para o caos que havia se tornado o governo Collor, a antecipação do plebiscito, previsto para 1993, que consultaria a população sobre o sistema de governo (parlamentarismo ou presidencialismo), desde que também fossem realizadas novas eleições. No entanto, essa proposta foi deixada de lado em formulações posteriores.[57]

Conforme as denúncias contra Collor se avolumavam, os petistas entraram com tudo na campanha do impeachment. Em requerimento assinado por seus líderes na Câmara (Dirceu) e no Senado (Suplicy), as duas grandes estrelas petistas durante o processo, o partido pediu a instalação de uma Comissão Parlamentar de Inquérito (CPI) para investigar o presidente. Dirceu recebeu de um ex-fiscal aposentado evidências de irregularidades nas declarações de imposto de renda de PC Farias.[58] Entregou-as ao editor da revista *Veja*, Paulo Moreira Leite. O material foi publicado uma semana antes da entrevista de Pedro Collor. Pouco depois da matéria com o irmão do presidente, Dirceu e Suplicy foram encontrá-lo em um hotel em São Paulo e, ao longo de uma conversa de cinco horas, obtiveram um relato detalhado das relações do presidente da República com o esquema de corrupção de seu ex-tesoureiro.[59] Os dirigentes petistas passaram a trabalhar junto de lideranças do PMDB e do PSDB para articular a estabilização pós-Collor com a posse do vice, Itamar Franco. O PT participou ativamente das passeatas contra o presidente organizadas pela União Nacional dos Estudantes (UNE), dirigida pelo PCdoB.

A atuação petista no "Fora, Collor" encerrou o processo, iniciado em 1989, de transferência de liderança na esquerda brasileira. Leonel Brizola entrou com atraso na campanha e, segundo o ex-deputado Vivaldo Barbosa, um colaborador muito próximo do líder trabalhista, "não queria o impeachment de Collor".[60] Brizola havia feito uma aproximação com o governo federal para conseguir recursos para o estado do Rio de Janeiro, onde era governador pela segunda vez, com muito menos sucesso do que na primeira. Além disso, Barbosa lembra que Brizola temia pela figura da presidência da República com a banalização da ideia do afastamento do chefe do Executivo, rememorando o que havia acontecido com Getúlio Vargas e temendo o que poderia ocorrer com ele, se ganhasse a presidência em 1994. O PDT acabou entrando na luta para afastar Collor,[61] com o próprio Vivaldo Barbosa votando a favor. Hoje, entretanto, após o impeachment de Dilma Rousseff em 2016, Barbosa acha que Brizola tinha razão.[62]

Em 1992, a Convergência Socialista foi expulsa do Partido dos Trabalhadores.[63] A tendência de Zé Maria, que apresentou a proposta de criação do PT no Congresso metalúrgico de Lins, já tinha um histórico difícil com a direção do partido. Após o fim do PRC, a CS era a tendência de tamanho razoável que mais claramente mantinha "duas camisas", funcionando de maneira bem independente do resto do PT. Administrações petistas protestavam que a CS, na prática, fazia oposição a prefeitos do partido (como se viu em Diadema). Além disso, a Convergência passou a defender publicamente o impeachment de Collor antes de o PT decidir fazê-lo (e antes das denúncias do irmão do presidente).

A direção já se preparava para expulsar a Convergência, que também cogitava sair do partido,[64] quando, em maio de 1992, as tensões se tornaram inadministráveis. "Nós fizemos uma reunião com o Zé Dirceu e dissemos a ele: 'Nós vamos seguir fazendo o que nós estamos fazendo aqui, faz o que você achar melhor'. Expulsaram a gente."[65]

Havia uma questão de fundo: o PT iniciara sua transformação em um partido de massas, semelhante aos partidos europeus baseados em sindicatos, que priorizaria vencer eleições. A Convergência acreditava, de forma correta, que "para ganhar eleição implica você construir consenso com setores importantes do empresariado e abrir espaço na mídia".[66] Também acreditava, de forma incorreta, que a conjuntura brasileira era favorável à radicalização. O PT avaliou que o progresso social que poderia ser obtido conquistando o governo justificava fazer essas concessões; a Convergência avaliou que não.[67]

É interessante lembrar que, como vimos no capítulo 3, o projeto original da Convergência era se tornar um partido socialista, semelhante aos trabalhistas ingleses, dentro do qual o núcleo trotskista fundador disputaria o controle. Em 2020, perguntei a Zé Maria se ele achava que o PT, no fim das contas, não foi o partido trabalhista que o núcleo trotskista tinha em mente no final dos anos 1970: "Pode ser, quando eu te digo que nós não nos arrependemos, eu estou dizendo exatamente isso. Nós achamos que um partido amplo, de classe, naquele momento, era uma necessidade da classe trabalhadora, nós queríamos uma organização grande que fosse combativa, mas não dependia só de nós. Ocorreria provavelmente a mesma coisa com o partido socialista".[68]

O governo Itamar queria ser um governo de salvação nacional, que incluísse o maior número possível de forças políticas. Houve um debate difícil na direção do PT, que em parte já refletia as mudanças no bloco dominante que começaram no 1º Congresso do partido.[69] Parte importante dos dirigentes da nova maioria defendia a participação no governo Itamar, entre eles o deputado Eduardo Jorge: "A bancada estava dividida praticamente meio a meio. Naquela ocasião, [o] primeiro presidente da democracia naufraga, democracia em consolidação, Itamar [sendo] um sujeito honesto, a gente achava que devia ter um governo de união e transição para preparar uma nova eleição. Era como se a gente não quisesse ajudar o país a fazer a transição. Vladimir Palmeira era o outro lado: se a gente entrar no governo, vai se comprometer, tem que fazer oposição e ganhar 1994".[70]

O que era um debate acirrado se tornou uma crise quando Itamar convidou Luiza Erundina, a ex-prefeita de São Paulo, para aderir ao governo como ministra-chefe da Secretaria de Administração Federal. Dirigentes do PT pediram a Erundina que solicitasse a Itamar um tempo para que o partido discutisse sua participação no governo. Erundina ligou para Itamar, que, com a inabilidade característica, lhe deu o prazo de dez minutos. Isolada no partido depois da derrota em São Paulo, Erundina acabou aceitando o convite.

A esquerda petista queria sua expulsão, mas Lula, Dirceu e o resto da maioria conseguiram que fosse apenas suspensa das atividades partidárias pelo curtíssimo prazo entre o convite e sua demissão, quatro meses depois. Inconformada pela divisão fisiológica de cargos no governo, Erundina entrou em conflito com Itamar e foi demitida.

Embora tenha voltado a participar do PT e concorrido em mais uma eleição pela legenda (para o Senado), Erundina nunca mais conseguiu o mesmo espaço no partido. Na reunião em que foi readmitida na vida partidária, um dirigente defendia sua volta com tantas ressalvas que Lula perguntou ao deputado Rui Falcão: "O que esse cara está falando?". "Está defendendo a volta da Erundina", disse Falcão. "Pô, se esse é o que está defendendo, imagina o que for falar contra", disse Lula.[71] O clima era ruim.

O episódio, no fim, rendeu pontos à esquerda petista, que achava um erro participar do governo Itamar. A direção partidária começava a sofrer derrotas importantes. No plebiscito de 1993, previsto pela Constituição de 1988, para decidir sobre a forma (monarquia ou república) e o sistema de governo (presidencialismo ou parlamentarismo), Lula, Dirceu, Genoino e grande parte da direção defenderam o parlamentarismo, sendo derrotados na consulta interna ao partido. No entanto, nem a discussão sobre participar do governo Itamar, nem o debate sobre o parlamentarismo seriam a pior derrota do grupo dirigente do PT naqueles anos.

Em 1993, o Partido dos Trabalhadores realizou seu 8º Encontro Nacional. O contexto parecia favorável ao partido. Collor havia caído, e Lula era o favorito para vencer as eleições do ano seguinte. Entretanto, a conta dos debates mal resolvidos desde o 1º Congresso chegou.

No começo de 1993, pouco antes do 8º Encontro, uma reunião no Hotel Comodoro em São Paulo (a "Operação Comodoro") foi convocada para tentar aproximar dirigentes da Articulação do grupo de Genoino, que já vinham atuando juntos desde pouco antes do 1º Congresso, para forçar uma virada do PT em direção ao centro. A "operação" fracassou.

Rui Falcão, ex-membro da VAR-Palmares, que originou a VPR de Carlos Lamarca, ex-preso político e jornalista, uma importante liderança da Articulação, retirou-se da reunião em protesto à tentativa de virada ao centro. Passou a se reunir regularmente, em São Paulo, para tentar criar uma tendência ou movimento que resistisse à virada do PT para o centro, que, na sua opinião, estava indo longe demais. Afinal, ainda que o movimento fosse liderado por Lula, "nem mesmo Lula poderia se opor à maioria do partido".[72] Falcão escreveu um "Manifesto aos petistas", datado de 4 de fevereiro de 1993, que ficou conhecido como "A Hora da Verdade".[73] Afirmava que "o amadurecimento político do PT não pode refrear nosso caráter rebelde nem amainar nossa radicalidade" e criticava duramente a proposta de participar do governo Itamar.[74]

O manifesto "A Hora da Verdade" foi utilizado para atrair adesões para o grupo de Falcão e, mais tarde, dar origem a uma nova tendência, a Articulação — Hora da Verdade, depois rebatizada como Articulação de Esquerda. Formada por dissidentes da Articulação, ela existe até hoje.[75]

No 8º Encontro do PT, a Hora da Verdade se aliou às tendências da esquerda e, pela primeira vez na história do partido, a esquerda petista assumiu o controle do PT.

O resultado deixou claro que, para uma parte importante da militância petista, o partido estava moderando rápido demais, estava se tornando parecido com os outros partidos rápido demais. Volto a lembrar: no começo dos anos 1990, do outro lado da mesa de negociações, ninguém estava oferecendo ao PT as mesmas conquistas que os social-democratas suecos ou noruegueses receberam quando moderaram seus programas.

No fim, o principal problema da nova direção não foi tanto o seu esquerdismo, mas a sua incapacidade de exercer o poder que havia conquistado. Lula não era, de fato, capaz de se opor sozinho à maioria do partido, mas os sindicatos eram. Criou-se uma crise de direção, com comandos paralelos e uma grande desorganização.

Os vitoriosos ofereceram a presidência do PT a Falcão. Ele pressentiu as dificuldades: "Eu falei, vou ser um presidente fantoche, porque os sindicalistas estão todos com o Lula".[76] Em vez disso, Lula foi escolhido presidente, com a previsão de que Falcão assumiria quando o primeiro se candidatasse à presidência em 1994. O acordo foi cumprido, mas a dualidade de poder se manteve. "A campanha [de 1994] foi toda conduzida por eles, a gente participava, mas tinha uma direção paralela."[77]

Foi um período particularmente turbulento na vida interna do partido, que deixou cicatrizes profundas. E foi com essa crise de direção que o PT chegou na eleição de 1994.

O autor que melhor compreendeu as dificuldades do PT em realizar suas potencialidades social-democratas foi o historiador Lincoln Secco. Em sua *História do PT*, notou que (a) o PT teve muito menos tempo para fazer sua passagem do radicalismo para a social-democracia do que os partidos social-democratas tiveram;[78] e, (b) ao contrário da social-democracia europeia, que expandiu sua base eleitoral ao se acercar da classe média, o PT o fez se aproximando dos pobres desorganizados.[79]

A isso, acrescento que o problema era muito pior: o centro do qual os social-democratas europeus se aproximaram no século XX era muito menos hostil à esquerda do que o centro em direção ao qual o PT tentaria se mover a partir dos anos 1990.

Nesse quadro, o surpreendente mesmo é que a história do partido no começo da década de 1990 não tenha só fracassos. Os formuladores do PT criaram o Bolsa Escola e o Orçamento Participativo, o debate sobre a crise do socialismo real foi bastante franco e percebeu-se que o caminho era buscar o apoio dos "excluídos". As câmaras setoriais não prosperaram, mas talvez apontassem um caminho que poderia ter sido explorado. O governo Collor, que talvez tivesse criado uma hegemonia liberal de muitos anos, caiu, exclusivamente por seus próprios erros.

No entanto, havia um outro problema: nessa corrida para o centro, outras forças progressistas já tinham a dianteira.

9. PT versus PSDB

Em 20 de maio de 1993, mesmo dia em que Itamar Franco demitiu Luiza Erundina, também destituiu seu ministro da Fazenda, Eliseu Resende. Foi o terceiro ministro da Fazenda exonerado em sete meses de governo. No caso de Resende, isso ocorreu por acusações de favorecimento à empreiteira Odebrecht.

Naquele dia, o PT começou a perder a eleição presidencial de 1994.

Ainda antes do fim da Constituinte, a esquerda do PMDB se desligou do partido. Para o PMDB, foi o fim de sua identidade ideológica. A despeito de ainda contar com nomes respeitáveis, como Nelson Jobim ou Pedro Simon, o partido se tornaria uma grande máquina política, bastante corrupta, especializada em negociar apoio parlamentar para quem vencesse a eleição presidencial. Enquanto isso, os dissidentes formariam um partido oficialmente social-democrata — o Partido da Social Democracia Brasileira. O PSDB lançou Mário Covas para presidente da República em 1989, alcançando apenas o quarto lugar. No segundo turno, Covas apoiou Lula e discursou em seus comícios.

Muitas das tensões que o PSDB viveria nas décadas seguintes foram prenunciadas nos debates sobre a escolha do nome do partido. Além da proposta vencedora, também havia as alternativas Partido Popular Progressista e Partido da Renovação Democrática.[1]

Quando venceu a proposta de colocar "social-democracia" no nome, Fernando Henrique Cardoso pressentiu problemas: "Vocês vão me obrigar a explicar para todo mundo como faz partido social-democrata sem sindicato".[2] Na Europa, a social-democracia era o partido do operariado organizado. No Brasil, o grande problema eram os excluídos, os trabalhadores informais. Franco Montoro, ex-governador de São Paulo, avisou que o nome ainda causaria problemas ao partido: se, em algum momento, o PT decidisse moderar seu discurso — o que era provável, dada a história dos partidos trabalhistas pelo mundo —, o que seria dos "social-democratas" do PSDB?[3]

De fato, nas décadas seguintes, os membros do PSDB seriam muito mais conhecidos pela mascote — um tucano — do que como "os social-democratas". É o único partido brasileiro conhecido pela mascote, o que mostra que havia mesmo uma incongruência em seu nome.

Os primeiros resultados eleitorais do PSDB foram muito decepcionantes. Em 1990, a legenda só elegeu um governador, o cearense Ciro Gomes, que havia sucedido a petista Maria Luiza Fontenele na prefeitura de Fortaleza. Naquele mesmo ano, elegeu menos deputados do que havia conseguido tirar do PMDB na Constituinte. Jarbas Passarinho, ex-ministro do Trabalho da ditadura, declarou temer que o PSDB tivesse a mesma sorte do PSB pré-1964, "um partido macrocefálico, mas sem corpo",[4] com líderes e intelectuais de prestígio, mas sem apoio popular. Lideranças da Internacional Socialista não entendiam por que os social-democratas brasileiros estavam divididos em duas legendas (PSDB e PDT). Os brizolistas propuseram a fusão, e a proposta chegou a ser cogitada.[5]

Outra possibilidade para os tucanos, no médio prazo, seria se tornarem aliados regulares do PT. A ideia agradava os petistas moderados e irritava os radicais. Após o impeachment de Collor, começaram as conversas para que Lula concorresse a presidente em 1994 tendo um tucano, o ex-governador cearense Tasso Jereissati, como vice.[6]

Mas, se a falta de sindicatos no PSDB era um obstáculo insuperável para sua constituição em partido social-democrata, no curto prazo isso se revelaria uma vantagem. Sua base eleitoral na classe média tinha muito menos problemas com o programa econômico liberal dos anos 1990 do que os operários industriais e funcionários públicos que apoiavam o PT. Sem pressão, nem dos sindicatos, nem de uma ala socialista mais radical, o PSDB aceitou participar do governo Itamar, e Fernando Henrique Cardoso foi nomeado ministro das Relações Exteriores.

Com a demissão de Eliseu Resende, FHC se tornou ministro da Fazenda. A ideia de transferi-lo foi de Roberto Freire, presidente do Partido Popular Socialista (PPS), o antigo PCB. Como o Partido Comunista Italiano, o PCB optou, em 1992, por mudar de nome e se assumir como um partido de centro--esquerda.[7] Foi uma virada muito semelhante, embora mais entusiasmada, à do PRC de Genoino dentro do PT. Após o impeachment, Freire foi indicado como líder do governo Itamar Franco na Câmara dos Deputados. Na época, acreditava que a nomeação de FHC para a Fazenda definia "o perfil social-democrata do governo".[8]

Não foi isso que aconteceu. Na verdade, a nomeação de um dos fundadores do grupo do *Capital* para o Ministério da Fazenda, indicado pelo presidente do antigo PCB, deu início à era de ouro da direita democrática brasileira. Como os ex-marxistas Cardoso e Freire deviam saber, os homens fazem a história, mas não a fazem como querem.

Em um debate do começo dos anos 1990, o célebre sociólogo Leôncio Martins Rodrigues, próximo ao PSDB, provocou Marco Aurélio Garcia: "Marco Aurélio, quando o PT vai assumir que é social-democrata?". Garcia respondeu: "E o PSDB, quando vai admitir que não é?".[9] Os dois tinham razão, e teriam cada vez mais nas duas décadas seguintes.

"Foi um plano muito bem-sucedido, nos pegou desprevenidos. Realmente era um plano bom, no início a gente titubeou um pouco, né?",[10] lembra o ex-ministro da Fazenda petista Guido Mantega sobre o Plano Real, elaborado pela equipe de Fernando Henrique Cardoso em 1994. E acrescenta: "André Lara Resende e Persio Arida têm um mérito de desenvolver a transição, a transição foi perfeita. O plano foi bem bolado. Eu não sei se a gente teria a capacidade de fazer, o texto deles já estava lá".

O texto do PT estava menos "lá". O debate econômico petista nos anos 1980 era "ainda muito vago para gerir o Estado",[11] lembra José Carlos Miranda, economista da UFRJ, figura importante entre os economistas petistas nos anos 1990 e futuro membro da equipe econômica de Lula. A discussão dentro do partido ganhou importância depois de 1989, quando surgiu a perspectiva de ganhar a presidência, mas começou tarde e não teve tempo de formar consensos.

Debateu-se no PT, inclusive, a proposta de âncora cambial, embora não necessariamente com a fórmula de Arida e Lara Resende. Segundo Miranda, o plano dos economistas petistas, em caso de vitória em 1989, incluiria "fazer um programa de estabilização a partir da fixação do câmbio e de uma redefinição dos ativos financeiros. Não era congelar, era alongar o prazo de mudança de posição de ativos financeiros[12] em cima de uma âncora cambial".[13] Note-se a falta da "transição perfeita" de que falou Mantega.

Um relato publicado na revista *Teoria e Debate* sobre a discussão econômica no "grupo de economistas" do PT do Rio de Janeiro[14] mostra que havia grande diversidade de opiniões:[15] uma parte, que incluía os economistas André Urani, Antônio Florêncio, Mário Carvalho e Paulo Guilherme Correa, defendia uma política de "estabilizar para crescer", com atenção à situação fiscal e a uma política econômica temporariamente restritiva, a partir de um Banco Central independente; enquanto isso era feito, o governo Lula deveria brigar para ter um orçamento mais progressista para seu segundo ano de governo, com maior foco nos mais pobres. Em certo sentido, essas propostas antecipavam o que seria a política econômica implementada por Antonio Palocci no primeiro governo Lula. Vários desses economistas se distanciaram do PT nos anos seguintes.

Outra parte, representada por Adhemar S. Mineiro, Eduardo Callado, Nelson Lecocq e Paulo Passarinho, defendia políticas mais tradicionais de esquerda. O programa resultante não era particularmente radical (no sentido de "socialista"), mas tendia claramente à esquerda: a inflação seria combatida com redistribuição de renda e com o fim da "ciranda financeira"[16] e das "políticas erráticas e pouco consistentes que não permitem o controle da demanda agregada e da liquidez".[17]

As duas coisas mais importantes no Plano Real foram o mecanismo de desindexação da economia (a URV) e a âncora cambial. Uma das teses correntes sobre a inflação brasileira era de que boa parte dela era retroalimentada ("inercial"): a indexação de preços e salários jogava para o futuro a inflação do passado. A ideia central do Plano Real — o que Mantega chamou de "transição perfeita" — foi criar uma moeda virtual (a URV), que conviveu com a moeda oficial (o Cruzeiro Real) por alguns meses. O valor da URV era atualizado todos os dias, e aos poucos os contratos e as negociações salariais passaram a ser feitos em URV. Em julho de 1994, o Cruzeiro Real foi substituído pelo Real, que tinha o valor da URV. O nível de indexação da economia foi bastante reduzido pela introdução de uma moeda forte.

O Plano Real pegou o PT desprevenido. As negociações com o PSDB foram perdendo sentido: com o sucesso do plano, o próprio PSDB passou a ter chances de eleger o presidente da República. No primeiro semestre de 1994, quando ainda liderava as pesquisas com larga margem, Lula pediu ao presidente do PT, Rui Falcão, que começasse a sondar nomes para o novo governo. Notando a mudança de clima trazida pelo plano, Falcão advertiu que seria cedo demais.[18]

O debate no PT sobre o Plano Real foi bastante acirrado e muito prejudicado pela necessidade de responder de forma rápida a algo que poderia mudar o rumo da eleição. O então deputado Aloizio Mercadante, candidato a vice-presidente, lembra do dilema: "Eleitoralmente, era uma sinuca de bico, porque a demanda por estabilidade monetária era brutal, a hiperinflação do Brasil foi a mais longa da história".[19]

Com o sucesso do plano, FHC conseguiu montar uma aliança eleitoral poderosa. Como lembra Gilberto Carvalho, "o Plano Real tinha sido uma puta de uma sacada, recompunha todas as forças do lado de lá, tinha uma perspectiva de vitória, a partir daí do lado da economia tivemos muitos problemas e fomos derrotados fragorosamente".[20]

As pesquisas começaram a chegar: a cada nova rodada, a diferença caía, e a direção do PT racionalizava que Lula tinha chegado a seu "piso" — dali em diante, não cairia mais. O piso foi descendo todas as semanas, e, no começo do segundo semestre, FHC já liderava as pesquisas. Quando Lula viu em um comício do tucano as pessoas sacudindo cédulas de um real, sentiu que ia perder. Fernando Henrique Cardoso se elegeu presidente da República no primeiro turno.

A autópsia da derrota de 1994 dentro do PT foi notavelmente franca e aberta. Em um artigo publicado em *Teoria e Debate* já em dezembro,[21] o economista João Machado reconstruiu as diversas posições sobre o Plano defendidas pelos economistas petistas ao longo da campanha. Segundo Machado, a economista Maria da Conceição Tavares defendeu que o Plano daria errado ainda antes da eleição, porque a inflação em URV aumentaria de forma significativa. De fato, houve inflação, mas não no nível previsto por Tavares. Note-se, entretanto, que ela não foi a única a acreditar que o Real não daria certo. José Márcio Camargo, idealizador do Bolsa Escola e hoje próximo de posições mais liberais, também achava que o plano fracassaria.[22]

Como bem notou Machado, o principal erro de avaliação do PT foi subestimar o quanto o poder aquisitivo dos trabalhadores subiria com o fim do "imposto inflacionário", que corroía suas rendas pela inflação. O fim da inflação trouxe um aumento da renda dos trabalhadores e novo dinamismo à economia. Segundo uma pesquisa feita em algumas capitais brasileiras, o rendimento real dos 10% mais pobres dobrou entre 1993 e 1995.[23]

A vitória de Fernando Henrique Cardoso em 1994 foi, por larga margem, a mais indiscutível, limpa e baseada em resultados concretos oferecidos aos trabalhadores brasileiros da história de uma coalizão de centro-direita no Brasil. Não foi um golpe de marketing como Collor, um estelionato eleitoral como a reeleição de FHC ou um sinal de crise da democracia como a vitória de Bolsonaro em 2018. A aliança comandada por FHC mereceu vencer em 1994.

A julgar pelo discurso da centro-direita nas eleições presidenciais seguintes, ela não entendeu bem por que ganhou a eleição do Plano Real. Em 1994, houve uma coincidência perfeita entre o que era necessário fazer para combater a desigualdade e o que era necessário fazer para restabelecer o equilíbrio macroeconômico: derrotar a hiperinflação. Nunca houve, nem na teoria econômica, nem na experiência histórica, evidências de que essa coincidência sempre ocorreria. Se não ocorresse, nada garantiria que o eleitorado ficaria satisfeito só com a defesa do equilíbrio macroeconômico.

A vitória de FHC trouxe um problema imenso para os moderados do PT. Boa parte da estratégia de moderação do partido passava por uma aproximação com o PSDB. Como notou o historiador britânico Perry Anderson em 1995, havia uma proximidade evidente entre os moderados petistas, "incluídos alguns de seus melhores talentos",[24] e os progressistas tucanos. Se FHC conseguisse atrair esses quadros, a situação do PT ficaria muito difícil. Para Anderson, o partido correria sério risco de perder sua aposta contra a época em que nasceu: o último grande partido trabalhista de massas podia declinar já na origem, como parecia acontecer com os grandes partidos de massa do mundo desenvolvido. O Brasil teria passado a época dos grandes partidos preso na ditadura, e se livrado da ditadura quando os grandes partidos já perdiam seu significado.

O PT perdeu mesmo quadros para o governo FHC. Augusto de Franco, organizador do Congresso de 1991, havia ido trabalhar em um programa de combate à fome do governo Itamar Franco. Em 1995, aceitou o convite da nova primeira-dama, a antropóloga Ruth Cardoso, para participar do Comunidade Solidária, um programa de assistência social baseado em parcerias com entidades da sociedade civil. O economista Edward Amadeo, que colaborou com o PT na campanha de 1994, se tornaria ministro do Trabalho de FHC em 1998. Mas a maior vitória do PSDB no recrutamento de petistas foi Francisco Weffort, ex-secretário geral e o maior intelectual petista.

Weffort já vinha se distanciando do partido. Lamentou muito a falta de apoio do PT à sua candidatura a deputado constituinte em 1986. Embora fosse considerado um social-democrata, não teve participação decisiva nos debates do 1º Congresso, quando os moderados tentaram levar o PT para o centro.

Ainda inspirava respeito na militância e sem dúvida teria sido ministro se Lula tivesse vencido em 1989, mas não conseguiu se posicionar bem nas disputas internas do partido. A queda do Muro de Berlim também teve impacto sobre Weffort: desde a crise do socialismo, ele já estava "costeando o alambrado, como dizia o Brizola",[25] para deixar o PT. Weffort dizia que, como o PT, sempre foi democrata, mas sonhava com uma democracia socialista. Após a queda do Muro, começou a valorizar mais a democracia que já existia: concluiu que "a democracia liberal também é ótima",[26] disse, rindo, em sua entrevista para este livro.

Quando FHC se tornou candidato, Weffort, seu ex-aluno e amigo pessoal no exílio, teve grandes dificuldades em tratá-lo como adversário. "Para mim era um inferno, o Fernando foi meu professor, fomos amigos, sempre por cima de todas as divergências políticas. [...] Eu também não podia entrar em uma discussão do partido, sendo eu mesmo da direção, para defender meu amigo."[27] Logo depois da vitória de FHC, enquanto os petistas ainda tentavam se recuperar do choque da derrota, Weffort escreveu um artigo na *Folha de S.Paulo* com o título algo entusiasmado de "A segunda revolução democrática".[28] A primeira teria sido a Revolução de 1930, enquanto a segunda seria a que FHC poderia, se quisesse, realizar.

A ruptura se tornou inevitável e foi consumada quando Weffort aceitou o convite para ser ministro da Cultura do governo tucano, cargo que ocuparia durante oito anos.

Ninguém discute que Weffort tinha o direito de assumir o cargo, e o PT aceitou sua saída sem maiores crises. Entretanto, em um artigo publicado na época, o jornalista Marcelo Coelho chamou atenção para um ponto importante: como intelectual respeitado que era, Weffort precisava ter escrito com mais profundidade sobre suas razões:

> Politicamente, o debate envolve questões muito claras: há lugar para os moderados dentro do PT? Há lugar para socialistas no governo FHC? Se há, por que ter votado em Lula? É possível imaginar que o PT algum dia alcance a presidência da República? Se não é possível, será que a melhor estratégia é imiscuir quadros dentro de governos não petistas? É possível ao PT sobreviver dentro de uma estratégia de alianças explícitas com governos não petistas?[29]

É provável que Weffort não tenha se manifestado sobre nada disso porque ainda não soubesse as respostas. O PT certamente faria oposição ao governo FHC, mas com que ênfase? Qual seria o equilíbrio entre progressistas e direitistas dentro do novo governo? Hoje sabemos que o PSDB, ao longo do tempo, conforme se consolidou como polo antipetista, moveu-se para a direita. Também sabemos que o PT fez oposição dura e, por vezes, irresponsável contra o governo FHC. Mas, durante algum tempo, houve gente que, sem sair do PT, tentou fazer pontes com a nova administração.

O caso mais claro foi o do grupo de deputados reunido em torno da revista *Esquerda 21*,[30] criada a partir de uma proposta do deputado Domingos Leonelli, antigo militante do PMDB progressista, que em 1995 estava no PSDB da Bahia. Os tucanos baianos em especial temiam que a relação entre PSDB e PFL se tornasse próxima demais, pois eram adversários mortais do pefelista Antônio Carlos Magalhães. Na eleição de 1994, apoiaram Lula.

Pensando em manter um canal aberto entre o governo e a esquerda, Leonelli propôs a criação da *Esquerda 21*. Os outros organizadores principais eram o ex-comunista Roberto Freire e o petista José Genoino. O objetivo da revista era estabelecer um diálogo para que o governo FHC não se deslocasse tanto para a direita. O próprio presidente foi entrevistado por Freire, Leonelli e Genoino no segundo número da revista.

Embora diversos petistas publicassem no periódico, a iniciativa suscitou também estranheza entre algumas lideranças do PT. Alguns militantes suspeitavam que o grupo de Genoino pensava em se aproximar do PPS, formando talvez outro partido. Afinal, as autocríticas do PRC e do PCB tinham semelhanças claras. No primeiro número da *Esquerda 21*, o editorial esclarece que a revista "não está comprometida com a viabilização de uma nova formação política, embora admita que o debate possa ser travado em suas páginas". Segundo Leonelli, as desconfianças dos petistas com relação a Genoino eram infundadas: alguns participantes da publicação sonhavam com um novo partido, mas nunca contaram com a adesão do PT.[31]

Os artigos da *Esquerda 21* são um exemplo excelente do pensamento dos anos 1990. A globalização era defendida desde que não se descuidasse da questão social: o petista Eduardo Jorge chegou a defender que uma "ONU democratizada" se tornasse o embrião de uma federação mundial de novo tipo. Augusto de Franco criticou quem usava o fantasma do "neoliberalismo" para se recusar a entender a realidade da nova economia global. A ideia de que a esquerda deve defender o "público", mas não necessariamente o "estatal" — uma distinção que pode ser usada para apoiar desde o orçamento participativo de Porto Alegre até a privatização devidamente regulada —, é onipresente.

Por outro lado, já no segundo número, nota-se uma divergência crescente entre os petistas e os tucanos sobre as reformas econômicas. Essa edição, inclusive, tem anúncios de duas centrais sindicais: a CUT criticava a reforma da Previdência de FHC; a outra, a Força Sindical, ex-CGT, mais próxima do governo, defendia as reformas: "Só vamos criar as condições para o desenvolvimento sustentado, com progresso econômico e justiça social, se, juntos, trabalharmos pelas reformas e pela modernização do Brasil".

No fundo, as divergências entre PT e PSDB nos anos 1990 não eram só questão de "quem manda" ou de falta de diálogo entre os moderados de esquerda e direita. Isso também existia, mas as reformas tinham vencedores e perdedores. Estes últimos tinham direito à representação política própria na negociação. As reformas criavam coalizões de interesse dentro da sociedade que se refletiram na disputa PSDB vs. PT, acentuando suas diferenças.

No fim das contas, a *Esquerda 21* não passou do segundo número.

* * *

José Dirceu terminou a crise de liderança do PT de 1993-4 mais isolado dentro do partido do que nunca. Ele se opunha à ideia de dissolver a Articulação, em cuja criação havia tido enorme importância. Embora Dirceu tenha participado do esforço de aproximação com a Democracia Radical, não se entusiasmava com as "autocríticas" dos ex-radicais, que, insistia, eram deles, não do partido. O PT havia sido sua autocrítica pela luta armada, e essa era a única que se sentia obrigado a fazer.[32]

Dirceu percebeu que as coisas haviam mudado durante sua primeira (e única) campanha eleitoral para um cargo majoritário, em 1994, quando concorreu para o governo estadual paulista. Uma parte importante da liderança petista defendia que o partido apoiasse Mário Covas na disputa, como forma de atrair o PSDB para a candidatura de Lula. "O grupo próximo do Lula apoiou o Covas", lembra Dirceu.[33] O conflito veio a público quando o petista Plínio de Arruda Sampaio e o ex-comunista Roberto Freire publicaram, em 25 de fevereiro de 1994, um artigo na *Folha de S.Paulo* defendendo o apoio do PT a Covas já no primeiro turno.[34] Na mesma semana, Tarso Genro, prefeito petista de Porto Alegre, articulou um manifesto de prefeitos do partido que pediam a formação de uma coalizão progressista ampla que incluísse a desistência de palanques estaduais. Segundo a *Folha de S.Paulo*,[35] Dirceu enviou a Genro um fax indignado, sugerindo que, se o gaúcho quisesse participar da escolha do candidato, que mudasse seu título de eleitor para São Paulo. Quanto ao texto de Plínio e Freire, Dirceu desafiou o primeiro a "defender essa proposta nos encontros municipais do PT e ver se ele tem mais de 1% de apoio".[36]

A campanha daquele ano ainda oferece outra medida de como Dirceu foi sacrificado na eleição estadual paulista. Como se pode imaginar, nenhum grande empresário doava dinheiro para o PT nos anos 1980. Já seria estranho se doassem para um partido de esquerda radical, como era o caso petista. Por que doariam para um partido que além disso nunca ganhava? Quando o PT moderou o discurso e passou a ter chance de vencer, isso mudou. Entre as doações empresariais para a campanha de José Dirceu, estava uma controversa: a empreiteira Odebrecht, que era vista como particularmente corrupta desde a época do regime militar.

A doação foi feita nos termos da lei, mas não era para Dirceu: era para a campanha de Lula.[37] Não se tratava de uma grande manobra — e, é bom dizer, a direita recebia quantias incomparavelmente maiores da Odebrecht[38] —, mas pegava mal. O ônus de ser visto na companhia da empreiteira foi dado a Dirceu. Não era um sinal de prestígio.

Mas as coisas mudaram após a eleição de FHC. Os esforços da turma da *Esquerda 21* não prosperaram, Fernando Henrique não precisava da esquerda, e o PT não tinha interesse em participar de uma coalizão que lhe custaria compromissos programáticos difíceis, com chances baixas de influência significativa. O medo dos petistas na era Itamar, de que o partido perdesse sua identidade em uma grande coalizão centrista, deixou de ter base na realidade. Mesmo se quisesse "radicalizar no centrismo", o centro não queria o PT.

Como vimos no capítulo 6, durante a Constituinte, Lula mandou o deputado Eduardo Jorge estudar previdência social. Cumprida a ordem, Jorge elaborou seu próprio projeto de reforma da Previdência,[39] apresentado em 1993 com assinatura da bancada do PT e, inclusive, do único deputado eleito pela Convergência Socialista.[40]

O projeto preservava os direitos adquiridos para quem tivesse um mínimo de quinze anos de contribuição, o que agradava os sindicatos. Integrava todos os brasileiros em um mesmo sistema nacional de previdência (análogo ao SUS), que cobriria as aposentadorias em até dez salários mínimos,[41] conforme a contribuição. Em valores atualizados para janeiro de 2022, isso resultaria em um teto de cerca de 5,6 mil reais.[42] Para efeito de comparação, o teto do INSS quando este livro estava sendo escrito (fevereiro de 2022, após várias reformas da Previdência) era de 7087,22 reais. Para o que excedesse esse valor, cada cidadão deveria procurar um programa público ou privado de previdência por capitalização. "Tem coisa mais social-democrata do que isso?", pergunta Jorge.[43]

O PT discordou. Embora o projeto tenha conseguido as assinaturas dos petistas ao ser apresentado, o partido optou por se opor por completo à reforma da Previdência. Ela acabou custando a Fernando Henrique Cardoso um desgaste político enorme, e a versão aprovada foi muito menos ambiciosa do que o governo queria.

Os ganhos políticos imediatos para o PT eram evidentes, mas uma crise foi encomendada. Quando Lula foi eleito, aprovou sua própria reforma, que era mesmo necessária: a Previdência era generosa demais para um país pobre como o Brasil, e a distribuição de benefícios reforçava a desigualdade. Entretanto, após passarem os anos 1990 ouvindo que qualquer reforma da Previdência era errada, muitos militantes protestaram, causando o maior racha da história do PT, em 2003.

O ponto-final nas tentativas de aproximação de petistas isolados com o governo FHC, que nunca foram bem-sucedidas, foi a emenda da reeleição, que ocupou boa parte do primeiro mandato de Fernando Henrique Cardoso. A ideia pode parecer boa, mas a proposta de que ela valeria para o presidente em exercício era claramente contrária ao espírito da Constituição.

Apesar de o envolvimento direto de FHC ou de seus ministros não ter sido demonstrado, houve compra de votos de parlamentares.[44] Se o critério de "domínio do fato",[45] aplicado pelo Supremo Tribunal Federal na década seguinte, tivesse sido adotado, o articulador político de FHC, Sérgio Motta, poderia ter sido indiciado; mas essa não era a norma na época.

Quando a proposta ganhou força, duas coisas ficaram claras para os petistas moderados: FHC queria a reeleição, fundamentalmente, para fazer as reformas defendidas pelos economistas liberais; e, quando concorresse de novo, o faria com a mesma base política conservadora de 1994.

A consolidação da aliança PSDB/PFL facilitou uma recomposição da antiga maioria petista. Parte importante do grupo que rachou a Articulação em 1993 e formou a Hora da Verdade — inclusive o autor do manifesto, Rui Falcão — voltou a apoiar o grupo de Lula e Dirceu no 10º Encontro do PT, realizado em Guarapari, no Espírito Santo. Foi uma vitória apertadíssima: a tese do grupo de Lula (então denominado Articulação — Unidade na Luta) venceu por apenas dois votos.[46]

Guarapari foi palco de disputas bastante duras e de cenas lamentáveis, que mostravam como o partido estava desorientado. Em dado momento, o economista César Benjamin, aos gritos, lembrou que Dirceu havia recebido uma doação da Odebrecht. Poucos dias depois, Benjamin publicou, na *Folha de S.Paulo*, um artigo anunciando sua desfiliação do partido. É um texto bonito e um pouco confuso, que, no fundo, expressa a confusão de parte importante da militância naquele momento. Benjamin recordou a origem do PT nos movimentos sociais, lamentou que "o impulso de São Bernardo" tivesse se esgotado e declarou que havia votado contra Dirceu não porque concordasse com as teses dos radicais, mas porque eles, "mesmo equivocados, mantêm viva a tradição de uma militância eticamente orientada". Acreditava que tanto Dirceu como grande parte dos antigos militantes talvez fossem capazes de não se perder conforme o partido se convertia em uma grande máquina política, mas que isso dificilmente seria verdade para os mais jovens. Anunciou sua desfiliação e concluiu: "Aos caros amigos que deixo nele, inclusive José Dirceu, desejo a melhor sorte. Eles mantêm a esperança que era a minha, e que perdi. Tomara que tenham razão".[47]

Dirceu foi eleito presidente do partido em Guarapari, encerrando o único período da história do PT em que a esquerda partidária controlou a legenda (1993-5). Sua influência voltou a crescer, e, segundo alguns depoimentos, foi nesse momento que ele se aproximou definitivamente de Lula.[48] O nome da tendência dominante na época era muito apropriado: Articulação — Unidade na Luta. Isto é, o partido seria unificado na luta dos movimentos sociais — inclusive, mas não apenas, os de oposição a medidas do governo FHC — e moderaria seu programa na experiência das administrações municipais.

Como vimos no capítulo anterior, os anos 1990 foram difíceis para os sindicatos, que constituíam a espinha dorsal do Partido dos Trabalhadores. A abertura comercial e o fracasso de sucessivos governos em garantir competitividade à indústria brasileira enfraqueceram os setores em que as grandes lutas dos anos 1960 e 1980 aconteceram.

No meio da década, o cenário deixou de ser a devastação dos anos Collor: os funcionários públicos — que tinham estabilidade no emprego — ainda conseguiram se mobilizar contra as reformas de FHC. O número de greves voltou a subir. Mas o espectro de grandes mobilizações grevistas, com efeitos políticos importantes, desapareceu. No início do governo tucano, uma grande greve dos petroleiros terminou com a demissão dos grevistas.

Isso não quer dizer que o ambiente ideológico fosse hostil a todos os movimentos sociais. Por um lado, houve o crescimento das chamadas "pautas pós-materialistas", como o ambientalismo e o direito de construir e reafirmar a própria identidade. Por outro, era preciso saber o que fazer com as famílias pobres das áreas rurais brasileiras que não tinham mais um Senai ou um ABC para onde ir.

O sociólogo Florestan Fernandes, um dos grandes estudiosos da questão racial brasileira, foi eleito deputado constituinte em 1986 pelo PT e passou a recrutar militantes do movimento negro como assessores parlamentares. Entre eles estava Edson Cardoso, do MNU, que havia rompido com o PT por achar que o partido negligenciava a questão racial.[49] Fernandes compartilhava dessa opinião e afirmou, em um documento apresentado no 1º Congresso do PT, que isso equivalia a "desperdiçar um arsenal nuclear que nunca funcionará como um todo dentro da ordem".[50]

Em 1993, houve um processo de revisão da Constituição Federal (previsto no texto original). O PT optou por não participar, porque avaliava, realisticamente, que no novo clima ideológico qualquer revisão seria em detrimento das conquistas sociais de 1988. Entretanto, Fernandes desobedeceu o partido e propôs um projeto de lei (nunca aprovado) que introduziria um capítulo sobre os negros.[51]

No dia 20 de novembro de 1995, tricentenário da morte do líder quilombola Zumbi dos Palmares, o PT e o orientando mais famoso de Florestan, o próprio presidente, enfim começaram a responder aos apelos do velho sociólogo.

Militantes, parlamentares e sindicalistas petistas tiveram uma participação importante na grande manifestação pública do movimento negro da época, a Marcha por Zumbi, que reuniu cerca de 30 mil pessoas na capital federal sob slogans como "Palmares! Zumbi! Assim eu resisti!". No fim, encontraram-se com o presidente da República.

Fernando Henrique Cardoso é autor de estudos sobre a questão racial. Além disso, seu PSDB herdou parte dos militantes negros que antes atuavam no PMDB, gente que, antes da marcha, já vinha trabalhando para aumentar a visibilidade da questão racial no governo.[52] Quando FHC recebeu os manifestantes no Palácio do Planalto e assinou, na presença deles, o ato que criava um grupo interministerial para desenvolver "políticas de valorização da população negra", as contribuições dos coletivos do movimento negro convergiram.

A prática do movimento de se aproximar e converter políticos petistas negros eleitos pela base sindical se mostrou frutífera. A historiadora do movimento negro brasileiro Flávia Rios notou que, em comparação com manifestações anteriores, era mais notável a presença de lideranças negras partidárias e sindicais na Marcha de 1995, e entre elas petistas como Benedita da Silva se destacavam.[53] No documento oficial dos organizadores, há um agradecimento escrito pelo próprio Edson Cardoso — que, como vimos, havia rompido com o PT — ao presidente da CUT, Vicentinho, pelo apoio dado pelo movimento sindical. Àquela altura, Vicentinho já havia estabelecido contatos importantes, inclusive com o movimento negro americano.[54] Analisando as imagens da marcha, Flávia Rios nota que:

> Quem é esse Vicentinho da Marcha de Zumbi? Seria o mesmo das greves gerais do ABC Paulista? Avento a hipótese de que Vicentinho, mais do que apoiar esse protesto como um sindicalista, estava assumindo nacionalmente o status político de líder negro. Isso pode ser notado pelas roupas que vestia e ainda pelo modo como o sindicalista se portava na marcha. É possível supor que Edson Cardoso, ao destacar a figura de Vicentinho, já não quisesse somente agradecer a uma liderança nacional do movimento sindicalista, mas acenar para uma liderança oriunda do sindicalismo que emergia timidamente no movimento negro, assumindo assim as suas filiações identitárias, de negro e de sindicalista.[55]

No dia seguinte, a aliança e/ou trabalho de conversão do movimento negro com políticos petistas tiveram novos desdobramentos. O também metalúrgico e já deputado Paulo Paim apresentou no Congresso um projeto de reparações pela escravidão para a população negra, elaborado pelo movimento negro.[56]

Note-se que, naquele ano, a pauta das cotas raciais ainda não era consenso no movimento nem entre militantes negros petistas.[57] A proposta ganharia força na segunda metade da década e chegaria no centro do debate a partir da Conferência de Durban sobre igualdade racial, realizada na África do Sul, em 2001. Anos depois, já em um governo petista, mas de jeito nenhum apenas por mérito do partido, as cotas representariam a maior vitória da história do movimento negro brasileiro. E os limites da convivência entre o movimento negro e as forças conservadoras que nos anos 1990 se reuniram em torno do PSDB se tornariam evidentes.

Nos anos 1980, a comunidade LGBTQIA+ brasileira foi duramente atingida pela epidemia de aids e pela onda de preconceito que a acompanhou. A própria ideia de liberdade sexual, muito importante na origem do movimento, foi posta em questão. Por outro lado, a epidemia colocou, pela primeira vez, o movimento gay em contato com outros aspectos do Estado brasileiro que não a polícia: os movimentos LGBTQIA+ eram particularmente capacitados para ajudar as autoridades sanitárias (que não eram mais as da ditadura) nas campanhas de prevenção à aids. Como notou João Silvério Trevisan, isso deu origem a novos tipos de organização e militantes, mais profissionalizados e com capacidade de diálogo com o poder público.[58]

O movimento sempre teve seus interlocutores na política, em especial dois ex-guerrilheiros: entre os parlamentares, destacavam-se o petista José Genoino (já desde o início dos anos 1980, quando ainda era do PRC)[59] e o verde Fernando Gabeira, que quase foi vice de Lula. Mas foi nos anos 1990 que o movimento LGBTQIA+ brasileiro ganhou a maior defensora que já tinha tido até então no mundo político: a petista Marta Suplicy, eleita deputada federal em 1994.

Marta acompanhou a criação do PT de perto, por ser esposa do então senador Eduardo Suplicy. "As reuniões aconteciam na minha sala",[60] lembra. Nos anos 1980, ela havia se tornado a sexóloga mais conhecida do Brasil ao responder no programa de televisão *TV Mulher* às dúvidas das espectadoras. Além disso, na época da fundação do PT, teve papel importante na "conversão" de Lula às causas feminista e LGBTQIA+. Mas resistiu a entrar na política partidária até 1994.

Seu projeto inicial na política era simples: "Eu me elegeria, aprovaria umas coisas de mulher, outras de gay, e voltaria para o meu consultório quatro anos depois", conta.[61] Marta foi a grande defensora da cota para candidatas mulheres nos partidos brasileiros, que acabou, depois de muita luta, aprovada; mas foi repetidas vezes fraudada de diversas formas ao longo do tempo.[62] Em sua entrevista para o livro, ocorrida após seu rompimento com o partido, Marta ainda afirmava que o PT, com todos os seus problemas, sempre foi incomparavelmente mais aberto às discussões feminista e LGBTQIA+ do que os outros grandes partidos brasileiros.[63] Por seu trabalho pela causa LGBTQIA+, ficou conhecida, entre deputados conservadores, como "Nossa Senhora das Bichas".[64]

O projeto da união civil de homossexuais[65] foi um dos primeiros que apresentou. Baseado na legislação sueca sobre o tema,[66] foi redigido em termos cuidadosos, invocando o direito de cidadãos livres estabelecerem contratos entre si, sem enfatizar a questão de gênero. Marta buscou um relator para o projeto que não fosse de esquerda, e encontrou Roberto Jefferson, do PTB carioca. Jefferson, nos anos seguintes, teria uma história conturbada com o PT. Na época, segundo Marta, "foi correto, não atrapalhou".[67]

Em 6 de agosto de 1996, Marta levou a uma audiência pública no Congresso o militante gay Toni Reis, do Grupo Dignidade: "Ele foi e contou como tinha sido a descoberta dele como gay, uma pessoa do interior, seis, sete irmãos, zona rural, ir à igreja fazer novena com a família toda, foi uma coisa muito sofrida, metade dos deputados estava chorando".[68] Reis também falou das dificuldades que tinha pela ilegalidade de seu casamento: não tinha direito a herança nem conseguia um cartão de crédito para seu parceiro.[69] A coisa ia bem, e aliados tradicionais da causa LGBTQIA+, como Genoino e Gabeira, tentavam manter um nível alto na discussão, até que o deputado Severino Cavalcanti (PPB-PE), uma das figuras mais deprimentes da história parlamentar brasileira, perguntou: "V. S. é homossexual ativo ou passivo?".

A presidente da comissão especial, a deputada Maria Elvira (PMDB-MG), conservadora, mas amiga de Marta, não se conteve: "Sr. deputado, sua participação é com essa pergunta, deputado?". Cavalcanti disse que, dependendo da resposta, decidiria se continuaria ouvindo. Reis manteve a presença de espírito e respondeu: "Temos que variar, sr. deputado", completando: "isso a gente conversa depois. A gente pode combinar um vinho".

A comissão aprovou a proposta. Faltava a votação do projeto no plenário, por todos os deputados. Daí em diante seguiram-se anos em que Marta tentava colocar a proposta para votação, mas retirava sempre que percebia que seria derrotada. Em uma das datas em que o projeto seria votado, opositores organizaram uma reunião de pastores evangélicos no Congresso Nacional. A igualdade matrimonial no Brasil só foi estabelecida em 2011, por decisão do Supremo Tribunal Federal.

Essa discussão revela aspectos importantes da política contemporânea. Por um lado, a causa parece perfeitamente compatível com a ênfase liberal nos direitos individuais e com a defesa conservadora da família. Por esses motivos, a revista britânica *The Economist*[70] e o jornalista britânico Andrew Sullivan[71] já defendiam a igualdade matrimonial em 1996, quando Marta levou seu projeto para a comissão.

Por outro lado, a homofobia se revelou uma boa estratégia política. O conservadorismo moral tem um problema eleitoral: muitos eleitores querem se dizer cristãos, mas poucos seguem de maneira estrita normas bíblicas como a proibição do adultério ou do sexo fora do casamento. A ênfase do conservadorismo político no combate à homossexualidade — injustificada pelo espaço que o tema ocupa na Bíblia — oferece a chance de sinalizar castidade com o desejo dos outros. Afinal, é perfeitamente possível vencer eleições sem os votos da pequena minoria LGBTQIA+.

O movimento social de maior impacto nos anos 1990 foi o Movimento dos Trabalhadores Rurais Sem Terra (MST). Fundado em 1984 a partir de uma onda de ocupação de terras que vinha do começo da década, o MST cresceu atuando na região Sul, em São Paulo e no Mato Grosso do Sul.[72]

Desde a origem, a semelhança entre MST e PT era evidente: o movimento havia sido formado por influência direta da Pastoral da Terra, um órgão da Igreja progressista. Era o descendente mais direto do "maoismo cristão" dos anos 1970, de que falamos no primeiro capítulo. O maoismo propriamente dito acabou substituído por uma noção mais vaga de luta socialista baseada nos camponeses e em uma desconfiança bem maior do que a dos trabalhadores urbanos no quanto se poderia esperar das instituições modernas (ou, talvez, do quão modernas são as instituições). Não há dúvida de que as lideranças do MST são socialistas, certamente mais socialistas do que as do PT, mas precisam viver com a tensão entre esse fato e as aspirações de suas bases, que almejam acesso à pequena propriedade.

O movimento teve uma relação difícil com a Nova República: Tancredo Neves havia se comprometido a comparecer ao 1º Congresso do MST, mas não foi. Os partidos comunistas (PCB e PCdoB) tentavam convencer os sem-terra a moderar sua ação, contando que o governo Sarney daria início a uma reforma agrária importante. De fato, a eleição de governadores do PMDB progressista, como o baiano Waldir Pires, causou uma diminuição da repressão,[73] mas a reforma agrária não conseguiu prosperar, como boa parte dos projetos do governo Sarney. Em Pernambuco, por exemplo, os sem-terra foram assentados em propriedades controladas por traficantes de maconha.

Por sua origem e pela recusa de adesão à Nova República, o PT era um parceiro ideal para o MST no campo partidário. Diversos líderes sem-terra eram ligados ao partido, a começar por João Pedro Stédile, que foi da direção nacional do PT. Mas outros partidos também já tiveram interlocução importante com os sem-terra: no MST dos anos 1980, havia gente ligada ao PMDB ou que preferia a CGT à CUT.[74] No Rio de Janeiro, boa parte das novas lideranças formadas nos primeiros anos do MST foi para o PDT de Leonel Brizola:[75] "Os brizolistas sempre tiveram carinho pela reforma agrária, ajudaram muito".[76] Nos arredores de Brasília, o surgimento do MST foi apoiado principalmente pelo PSB.[77] No 2º Congresso do movimento, realizado em 1990, havia parlamentares do PT, do PDT, do PSB, do PCB, do PCdoB e, notavelmente, do PSDB.[78] Também há no MST uma forte presença de intelectuais, como o sociólogo José de Souza Martins, e membros da Igreja que criticam a proximidade excessiva com os partidos. Entretanto, conforme o PT foi se tornando hegemônico na esquerda, o vínculo ficou mais forte. Em 1994, o MST apoiou Lula para presidente.

O que diferencia o MST de outros movimentos de camponeses pobres (como os sindicatos rurais) é a ênfase na ocupação de terras: um ato de desobediência civil, isto é, ilegal. Em algumas áreas de conflito de terra, as instituições são tão aparelhadas pelos proprietários (inclusive pelos que ocuparam a terra ilegalmente), que é legítimo discutir se há uma lei, no sentido abstrato e universal, sendo violada. Houve inúmeros assassinatos de militantes sem-terra, semelhantes ao de Chico Mendes. O capitalismo no campo brasileiro é historicamente entrelaçado com formas de dominação tradicionais e violentas.

Entretanto, à medida que a democracia brasileira se consolidava — vejam o caso do governo Waldir Pires, discutido acima — e a agricultura do país se modernizava, era de esperar que a estratégia de "ocupar, resistir, produzir" se tornasse mais controversa.

Essa perda de legitimidade ocorreu em algum grau, mas foi compensada, nos anos 1990, por uma tendência na direção inversa: o fim da esperança de que a industrialização brasileira absorveria todo o nosso campesinato pobre. Essa foi a aposta da ditadura: desarmar a principal bandeira da esquerda dos anos 1950 — a reforma agrária — modernizando a nossa agricultura e fazendo o campesinato se tornar irrelevante.

Com a crise da industrialização, esse processo travou. As novas tecnologias dispensavam com rapidez mão de obra na indústria, que, além disso, perdia competitividade internacional. "Os parentes na cidade escreviam cartas: se migrar, vira desempregado em favela".[79] E a constituição de um agronegócio brasileiro com uso intensivo de tecnologia dispensava mão de obra no campo. O problema da "exclusão" nasce aí: da ideia de que não se pode mais esperar que o capitalismo moderno absorva todos os cidadãos com os direitos que os operários do século xx haviam tido.

Com o tempo, o mst passou a recrutar também trabalhadores de origem camponesa que haviam vindo para as periferias das grandes cidades, mas não tinham conseguido o emprego industrial que Lula tinha conquistado nos anos 1960. Depois vieram os trabalhadores nascidos na cidade, mas que nunca conseguiram se inserir na economia de seus lugares de origem. Os sem-terra viraram um movimento do "povo de beira de quase tudo", para usar a expressão de Paulo Rufino.[80]

Nada diferencia mais os governos Collor e Fernando Henrique Cardoso do que suas políticas de reforma agrária. O primeiro não estabeleceu nenhum diálogo com o mst. O início da década de 1990 é lembrado pelas lideranças sem-terra como um período de forte repressão.

A violência não sumiu durante a era fhc — houve dois grandes massacres de sem-terra por policiais estaduais, em Corumbiara (em Rondônia) e em Eldorado dos Carajás (no Pará, um estado governado pelo psdb). Os embates entre mst e governo fhc foram épicos: para enfraquecer o movimento, o governo proibiu, em 2000, a desapropriação de terras ocupadas. Por sua vez, o mst chegou a invadir uma fazenda do presidente da República. Entretanto, o que os números de desapropriações mostram é uma confluência bem-vinda entre movimento social forte e um governo que, em comparação com os anteriores, era de fato mais comprometido com a reforma agrária.

O governo fhc distribuiu mais terra do que qualquer governo da Nova República até então. Na verdade, só distribuiu menos terra do que o primeiro governo Lula; tanto o segundo governo do petista quanto o governo Dilma, para não falar nos conservadores que vieram a seguir, distribuíram menos, como se vê no gráfico a seguir:[81]

ASSENTAMENTOS DE TERRA CRIADOS NO BRASIL POR ANO (1995-2018)

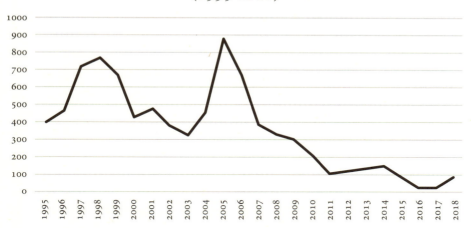

FONTE: Renata Cattelan, Marcelo Lopes de Moraes e Roger Alexandre Rossoni, "A reforma agrária nos ciclos políticos do Brasil (1995-2019)". *Revista NERA*, Presidente Prudente, v. 23, n. 55, set.-dez. 2020, pp. 138-64.

Fernando Henrique Cardoso criou programas para facilitar a inserção da pequena propriedade rural no mercado nacional, mas sua visão da reforma agrária era, sobretudo, baseada no combate à exclusão. Em sua entrevista para a revista *Esquerda 21*, o então presidente lembrou de uma viagem à Alemanha em que conheceu programas de subsídios aos camponeses muito mais focados em mantê-los empregados do que em gerar crescimento econômico. Segundo FHC, a reforma agrária "não é importante por causa da produtividade, porque esta não é alta em nenhum lugar do mundo. Isso aí eu acho ridículo. Dizem: há uma produtividade, será melhor: Não vai ser melhor do que a grande empresa. Não existe condição tecnológica para isso. Mas é um elemento fundamental para manter a pessoa trabalhando".[82]

Em um ambiente ideológico favorável à "luta contra a exclusão", o MST conseguiu realizar protestos históricos, como a Marcha Nacional por Emprego, Reforma Agrária e Justiça, realizada em abril de 1997. Três grupos de sem-terra, partindo de São Paulo (seiscentas pessoas), Governador Valadares (quatrocentas pessoas) e Rondonópolis (trezentas pessoas), saíram em marcha até Brasília (a inspiração no êxodo bíblico é evidente), onde foram recebidos por uma multidão. Conseguiram uma audiência com FHC no Palácio do Planalto. Será que teriam alcançado isso sem a marcha? Não. Negociar era a única opção que FHC tinha? Não.

O PT apoiou o MST sempre que preciso, mas o crescimento do movimento se deu de forma independente da dinâmica do partido. Em alguns momentos, o MST teve mais sucesso que o PT.[83] Enquanto o PT tentava fazer alianças mais amplas, os sem-terra invadiam a fazenda do presidente.

Um importante dirigente petista conta que, nos anos 1990, ouviu o boato de que o MST formaria seu próprio partido.[84] O principal líder sem-terra, João Pedro Stédile, nega essa versão com indignação.

> As Ligas Camponesas queriam ser partido, eu fui amigo do Clodomir Morais,[85] ele me mostrou o estatuto. Eles queriam fazer um partido do campo, ir para a luta armada. [...] Nós aprendemos com o próprio Clodomir, era furada essa de fazer partido camponês, não tem futuro. Camponês é para lutar pela reforma agrária, pela natureza e pela produção de alimentos.[86]

Não encontrei nenhuma evidência que contrariasse Stédile, tampouco algo que sustentasse o boato de que Genoino levaria seus moderados para outra legenda, que seria fundada junto com os outros organizadores da revista *Esquerda 21*.

Mas é possível mostrar os dilemas do PT durante a última década do século XX com esses dois boatos, que, mesmo se não passassem disso, pareciam convincentes para parte da militância. Ambos revelam ansiedades reais: o PT parecia correr o risco de perder a base social para o MST à medida que menos gente era operária e mais gente era excluída. E parecia perder a classe média urbana para uma esquerda "liberal-social", que aceitava a globalização com mais entusiasmo.

O capitalismo brasileiro se organizou pela primeira vez desde a crise que derrubou a ditadura militar durante os dois mandatos presidenciais de Fernando Henrique Cardoso. A hiperinflação foi finalmente controlada, permitindo que certa normalidade voltasse à economia. O novo governo combinava uma base parlamentar razoavelmente sólida, construída a partir da aliança com o PFL com as credenciais do PSDB, um partido de opositores da ditadura. A dívida externa do Terceiro Mundo começou a ser renegociada no começo da década de 1990, e os fluxos de capital para a América Latina aumentaram. O governo também parecia sintonizado com o clima ideológico internacional: FHC dialogava fácil com Bill Clinton ou Tony Blair, e logo foi integrado ao circuito internacional da "terceira via".[87] Houve escândalos de corrupção, como os governos anteriores, mas eram do tipo que o Brasil só aprendeu a investigar muito tempo depois. O poder que Brasília havia perdido para os governos estaduais nos anos 1980 foi, em grande medida, reconquistado com a estabilização econômica e uma série de reformas.[88] Em resumo, o PT pela primeira vez teve que fazer oposição a um governo funcional.

A eleição de FHC também marcou o início do período mais robusto e estável da democracia brasileira: os vinte anos (1994-2014) em que a disputa presidencial se deu entre o PT, em processo de moderação, e o PSDB, que parecia civilizar a direita herdada da ditadura. As turbulências políticas do período 1994-2014 foram incomparavelmente menores do que a sucessão de renúncias, suicídios e golpes do período democrático anterior. O Brasil nunca havia sido uma democracia tão "normal". Essa foi, inclusive, uma época de ouro para a ciência política brasileira, que mostrou que a política brasileira funcionava bem melhor do que se pensava.[89]

Finalmente, a disputa entre PT e PSDB fez com que, no Brasil, um fenômeno global assumisse uma forma muito particular. Na década de 1990, os partidos de centro-esquerda do mundo desenvolvido fizeram uma nova inflexão para o centro, ficando na fronteira entre a social-democracia e algo que talvez possa ser chamado de liberalismo social (a "terceira via"). Na maioria desses países, isso se deu ao longo de grandes disputas dentro dos partidos de esquerda. Uma corrente moderada, cosmopolita e próxima da classe média urbana venceu as correntes mais ligadas aos sindicatos. Em quase todos esses casos, entretanto, os moderados e os sindicatos tiveram que continuar no mesmo partido: as regras eleitorais dificultavam muito a formação de novas legendas. Por isso, Tony Blair e os sindicatos trabalhistas, Lionel Jospin e os sindicatos franceses, e mesmo Bill Clinton e os sindicatos americanos tiveram que dar um jeito de conviver.

A mesma disputa entre sindicalistas e a classe média social-liberal teve uma solução partidária completamente diferente no Brasil. Como vimos, a legislação brasileira pós-ditadura não podia ser muito restritiva quanto à criação de novos partidos, ou o país teria ficado para sempre preso aos partidos decadentes do regime militar. Por isso, os equivalentes brasileiros da corrente Blair/Clinton/Jospin e da corrente sindical fundaram os seus próprios partidos: respectivamente, o PSDB e o PT.

A análise da divisão PT vs. PSDB é importante também para entender a diferenças entre o desenvolvimento político brasileiro e o das democracias mais maduras nas últimas décadas. O fenômeno que o economista francês Thomas Piketty chamou de "esquerda brâmane"[90] — a tendência de os setores com maior qualificação educacional votar na centro-esquerda nos países ricos — pode ter sido enfraquecido no Brasil pelo deslocamento do PSDB, que recebia muitos votos da classe média intelectualizada, para a direita. Enquanto isso, o PT manteria viva a mobilização trabalhista tradicional.

Os estudos do grupo de pesquisadores reunidos em torno de Piketty mostram que o vínculo entre nível de renda e voto foi reforçado nas décadas de crescimento do Partido dos Trabalhadores, enquanto se enfraquecia em países mais ricos.[91] Levando-se em conta que, anos depois, a onda populista que desestabilizou as democracias maduras seria provocada, entre outras coisas, pelo "abandono" dos "perdedores da globalização",[92] podemos dizer que, sob esse aspecto, a democracia brasileira, entre 1994 e 2014, funcionou *melhor* do que no resto do mundo: continuava havendo um partido trabalhista que representava os perdedores do processo. Eles não precisaram recorrer ao populismo para serem ouvidos pelo sistema político

Enfim, a política brasileira produziu sua própria versão do fenômeno da "terceira via" quando o PSDB se aliou ao PFL e se tornou o principal adversário do PT. Foi como se o Partido Republicano americano se movesse para o centro nos anos 1990 e se aliasse ao clintonismo, deixando a esquerda do Partido Democrata sozinha do outro lado. Por vinte anos, deu muito certo: ao contrário dos países ricos, o Brasil continuou tendo um partido do trabalho forte, que representava os interesses dos setores que sofreram com a globalização. Nessa época, e pela primeira vez, o país teve uma direita democrática, que ganhou eleições quando apresentou bons resultados e entregou o poder ao ser derrotada.

Nada disso quer dizer, é claro, que essas disputas políticas tenham ocorrido sempre de maneira civilizada, ou que desde o início já não houvesse problemas sérios que só produziriam seus piores efeitos depois. E mais: o PT criticou duramente a globalização, que, como vimos, lhe impôs tarefas dificílimas. Mas disso não se deduz que o amor do PSDB pela globalização tenha sido correspondido.

10. A profissionalização

Em 14 de dezembro de 1994, Fernando Henrique Cardoso fez seu discurso de despedida do Senado. Já havia sido eleito presidente, mas ainda não tinha tomado posse. O discurso é célebre porque nele o novo presidente anunciou o objetivo de seu governo: superar a "Era Vargas", definida como um "modelo de desenvolvimento autárquico e [...] Estado intervencionista". Esse modelo "assegurou progresso e permitiu a nossa industrialização", mas "começou a perder fôlego no fim dos anos 1970".[1] Como solução, FHC propunha um programa de abertura da economia e uma reforma do Estado.

Se a abertura comercial era o objetivo, o câmbio, que influencia o preço das mercadorias brasileiras no exterior, era uma variável importante. E isso era um problema. A âncora cambial, que manteve o valor do real próximo ao do dólar, foi fundamental para derrotar a hiperinflação. Mas o dólar barato dificultava muito a vida dos exportadores brasileiros, e o que o governo queria era justamente integrar o país na economia global.

Os países que conseguiram ir além da "renda média" que alcançamos ao fim da Era Vargas, como os do Leste da Ásia,[2] integraram-se forte e inteligentemente na economia global. Também fizeram várias outras coisas, como um grande investimento em educação, política industrial (voltada à exportação)[3] e, em muitos casos, a desvalorização da moeda nacional para tornar seus produtos mais baratos no mercado mundial.[4] Economistas "desenvolvimentistas", que defendiam manter o câmbio desvalorizado,[5] criticaram duramente FHC por prejudicar a competitividade brasileira.

O PT criticou o efeito do câmbio fixo sobre a competitividade brasileira desde o lançamento do Plano Real. Ainda em 17 de julho de 1994, Aloizio Mercadante publicou um artigo em que dizia que "a defasagem cambial e a brutal taxa de juros constituem-se em extraordinária ameaça à estrutura produtiva",[6] e o tema voltou em vários documentos oficiais do partido nos anos seguintes.

Mas não era fácil para o PT abraçar com entusiasmo a proposta de desvalorizar a moeda brasileira. Se o Brasil desvalorizar o real hoje, amanhã os produtos brasileiros serão mais competitivos no mercado global. Por outro lado, os salários reais também cairão: todos os produtos importados (inclusive o trigo usado nos pãezinhos brasileiros) subirão de preço. Tudo o que o PT não gostaria de fazer seria assumir o governo, depois de vinte anos na oposição, e defender uma queda do salário real.[7]

Diante desse impasse, o discurso econômico petista nos anos 1990 acabou sendo eminentemente defensivo. Lutou contra o abandono do Estado, das empresas estatais, dos direitos dos aposentados, contra a abertura comercial, enfim, a favor da herança da Era Vargas, sem nunca a abraçar completamente, mas tampouco tendo uma ideia tão clara quanto a dos liberais sobre o que deveria substituí-la.

Nada marcou mais o caráter da década de 1990 no país como "neoliberal" quanto as privatizações. Entre 1991 e 2002, o Brasil privatizou 165 empresas, a maioria delas durante os governos de Fernando Henrique Cardoso.[8] Eram empresas-símbolo da Era Vargas, como a Companhia Vale do Rio Doce (hoje rebatizada de "Vale") e as estatais de comunicação e geração de energia. O PT se opôs a todas.

Os resultados das privatizações variaram muito. A privatização das telecomunicações, mesmo com as denúncias de corrupção que a envolveram, foi um sucesso, facilitando enormemente o acesso da população brasileira a linhas telefônicas. Na privatização da mineradora Vale do Rio Doce, por outro lado, houve sérias críticas ao preço de venda, considerado baixo. O caso mais evidente de fracasso foi o setor elétrico, em que problemas do modelo de privatização foram responsabilizados pelo "Apagão" de 2001, quando, após um ano de chuvas muito baixas, o governo federal teve que recorrer ao racionamento de energia.

Há dúvidas sobre o quanto as privatizações de FHC — as maiores da história do país até hoje — mudaram o capitalismo brasileiro. Os trabalhos de Sérgio Lazzarini[9] mostram que o Estado permaneceu próximo das empresas privatizadas. Grande parte das privatizações foi financiada por dinheiro público do Banco Nacional de Desenvolvimento Econômico e Social (BNDES). Além disso, muitos dos compradores eram fundos de pensão de cuja gestão o governo participava. Segundo Lazzarini, os atores que eram centrais antes da privatização no capitalismo brasileiro — grandes grupos empresariais capazes de obter recursos do BNDES e parcerias com os fundos de pensão — continuaram centrais.[10]

O episódio político mais dramático envolvendo as privatizações do governo FHC envolvia, justamente, o presidente do BNDES e fundos de pensão: o vazamento dos "grampos do BNDES". Pouco depois da eleição de 1998, vazaram gravações em que Mendonça de Barros propunha a adesão de um fundo de pensão a um dos consórcios que disputariam a privatização das teles. Ele e os outros acusados argumentam, até hoje, que estavam apenas tentando aumentar a competição no leilão, favorecendo a entrada de novos concorrentes (o que aumentaria o preço de venda). Seja como for, a frase "nós estamos indo no limite da nossa irresponsabilidade", dita por um diretor do Banco do Brasil em uma conversa com Mendonça de Barros,[11] teve um impacto bastante negativo junto à opinião pública e ajudou a minar a legitimidade das privatizações.[12]

A entrada em ação dos fundos de pensão colocou o PT em uma posição singular. Os fundos eram administrados por representantes de empresários, do governo e dos funcionários da empresa. Estes últimos eram, com frequência, sindicalistas ligados ao PT. Quando Lula venceu a eleição presidencial, houve vários casos em que dois terços da administração dos fundos de pensão — os representantes do governo e dos funcionários — passaram a ser petistas. Isso deu margem para a criação de teorias sobre o surgimento de uma "nova classe"[13] de gestores de fundos à qual os petistas se integrariam; os sociólogos Álvaro Bianchi e Ruy Braga defendem, de maneira mais plausível, que a moderação do programa econômico petista teria sido favorecida pela ascensão de alguns sindicalistas à posição de sócios do capitalismo brasileiro.[14]

Quando, a partir da crise de 2008, a política econômica do PT se tornou menos amigável ao empresariado, essas teses perderam um pouco de influência. Mas é, sim, possível que a participação dos sindicatos na administração de grandes grupos empresariais através dos fundos de pensão tenha contribuído para a moderação do partido nos anos 1990.

"Nós éramos a menor tendência de esquerda do Brasil: eu, Carlos Nelson Coutinho, Leandro Konder e Léo Lince",[15] conta Milton Temer, a principal liderança da ala esquerda do PT nos anos 1990. Marinheiro cassado pelo golpe de 1964, tornou-se jornalista e entrou no PCB por influência do futuro deputado Marcelo Cerqueira.[16] Nos anos 1970, o jornal *Voz Operária*, do PCB, foi duramente reprimido, e Temer foi enviado de Budapeste a Paris por Luiz Carlos Prestes para editar o periódico no exílio. Coutinho, autor do célebre ensaio "A democracia como valor universal",[17] era o grande especialista na obra de Antonio Gramsci no Brasil. Tanto ele quanto Konder estavam entre os maiores intelectuais comunistas brasileiros e eram membros da ala "reformadora" do PCB, além de compor o conselho editorial do *Voz Operária*.

Como toda microtendência, essa também tinha suas subdivisões: "O Leandro e o Carlito eram mais Gramsci, Lukács, eu tinha um lado mais leninista, que os incomodava".[18] Com a sucessão de crises do PCB nos anos 1980, a microtendência deixou o Partidão. Após uma rápida passagem pelo PSB, entram no PT em 1988. No novo partido, ligaram-se à Democracia Radical de José Genoino, o que mostra que a identidade do grupo como esquerda "reformista" ainda era clara.

Mas as posições dos comunistas moderados dos anos 1980 eram consideradas bastante radicais na década seguinte: o centro havia mudado de lugar. Temer manteve posições estatistas e nacionalistas que, aos poucos, o afastaram da Democracia Radical. Rompeu com o grupo no Encontro de Guarapari quando concluiu que a turma de Genoino havia "se convertido à globalização competitiva".[19]

Como deputado federal, destacou-se na oposição mais dura contra FHC e aproximou-se da ala mais radical do PT. Durante a privatização da Vale do Rio Doce, acercou-se de Brizola.

Foi escolhido candidato das tendências de esquerda para disputar a presidência do PT com José Dirceu no Rio de Janeiro, em um encontro realizado no tradicional Hotel Glória, em agosto de 1997. Perdeu por uma margem estreita, apenas 28 votos, mas saiu do encontro como uma liderança estabelecida do partido.

Brizola discursou no encontro do PT, algo impensável até alguns anos antes. Foi aplaudidíssimo. Ao final do encontro, Temer declarou que o partido agora estava unido com Zé Dirceu. Também propôs que o partido ampliasse sua atuação, "juntando o socialismo democrático do PT com o nacional-populismo do PDT, com Leonel Brizola para vice de Lula".[20]

Não contente em abraçar o discurso de Vargas, o PT dos anos 1990 também abraçou o discurso de quem tinha feito oposição a Vargas. Leonel Brizola, um dos grandes frasistas de nossa história republicana, chegou a dizer que o PT era "a UDN de macacão".

A União Democrática Nacional (UDN) foi o partido conservador que mais se destacou na oposição a Vargas no período democrático de 1945-64. Denunciava de modo estridente escândalos de corrupção nos governos da aliança varguista (PSD/PTB). Também costumava defender golpes de Estado quando era derrotado em eleições presidenciais. Isso era um problema, porque perdia sempre. Foi a grande articuladora do golpe de 1964. Portanto, nenhum partido de esquerda brasileiro gosta de ser comparado à UDN.

Quando Brizola comparou o PT aos velhos udenistas, tinha em mente o seguinte: o PT se notabilizou por denunciar a corrupção dos governos a que se opunha. Não era golpista, mas fazia uma oposição dura e inflexível, que facilmente se transformava em pedidos de impeachment. Durante os governos Collor, Itamar e FHC, o PT apresentou nada menos do que cinquenta pedidos de impeachment. Quase todos eram peças de agitação política sem a menor possibilidade de prosperar.[21]

Os anos seguintes mostrariam que, quando há alternância de poder, o "udenismo" troca de lado. Mesmo assim, Brizola tinha alguma razão.

Como vimos no capítulo 6, o PT presidiu a comissão da Constituinte que criou o Ministério Público brasileiro moderno, de onde partiram várias das grandes investigações de corrupção na Nova República. Parlamentares petistas como Eduardo Suplicy e José Dirceu tiveram papel de destaque nas investigações contra Collor. Quando foi deputado estadual, Dirceu se destacou na denúncia dos escândalos de corrupção do governo de Orestes Quércia, e diversos petistas desempenharam função semelhante em Assembleias Legislativas e Câmaras de Vereadores por todo o Brasil. Em 1993, os parlamentares do partido participaram ativamente na investigação do bilionário esquema dos "anões do orçamento", em que deputados corruptos de direita recebiam suborno para incluir emendas no orçamento federal.[22]

O governo FHC era apoiado pela velha direita brasileira, que era inteiramente financiada pelos esquemas de corrupção existentes. FHC sabia disso, e boa parte de seus *Diários da presidência* se dedica a discutir sua aliança com "o atraso", as forças do patrimonialismo que, como vimos no capítulo 5, os weberianos brasileiros entenderam bem. Fernando Henrique também acreditava que, no fundo, seu governo minava as bases sociais de seus aliados corruptos, pois reduzia a influência do Estado na economia e promovia reformas modernizantes.

De fato, algumas medidas do governo tucano ajudaram a reduzir a corrupção brasileira. A privatização dos bancos estaduais, levados à falência por anos de saque generalizado realizado pelos governadores, certamente foi um grande progresso. Mas os mesmos partidos de direita fisiológicos continuaram lá, assim como as empresas que os financiavam, e não parece provável que estivessem fazendo coisa muito diferente de antes. Como o sociólogo FHC bem sabia, o atraso sabia sobreviver dentro do capitalismo brasileiro.

O "udenismo" petista explorava essa aproximação do governo FHC com a velha direita fisiológica, que na Era Vargas havia sido representada pelo PSD. Os petistas denunciaram de modo estridente todos os escândalos que estouraram, da "pasta rosa" — em que o falido Banco Econômico listava suas contribuições ilegais de campanha para partidos conservadores — até a compra de votos para a aprovação da emenda da reeleição, passando pelas denúncias que envolviam o banqueiro Daniel Dantas e seus conflitos com os fundos de pensão.

O PT vazava para a imprensa o que podia sobre as investigações, além de receber denúncias de funcionários públicos (petistas e/ou sinceramente indignados) e acionar o Ministério Público para investigar o governo com frequência. Quando FHC tentou aprovar uma lei que impedia os chefes de investigações de fazerem declarações à imprensa, o PT a chamou de "lei da mordaça" e conseguiu impedir sua aprovação. Como lembra José Genoino, vinte anos depois: "A gente perdia votações, qualquer coisa ia para a Justiça, Adin etc.; então a gente criou uma supervalorização, a ideia do Judiciário como o superego da sociedade".[23]

Em seus diários, FHC demonstrou estar inteiramente de acordo com Brizola na denúncia do "udenismo" petista: "Como dizia [Leonel] Brizola: o PT, que era a UDN de macacão, tirou o macacão, fica só a UDN da infâmia, da intriga. Ainda bem que vocês não têm as Forças Armadas, senão dariam um golpe, o Getúlio morreu assim".[24] Já no final do mandato, advertia: "E o PT, que é fundamentalista, entra no fundamentalismo de procuradores, da mídia e tudo mais. Será vítima deles".[25]

Com tudo isso, não resta dúvida de que a democracia brasileira foi beneficiada nos anos 1990 pela atuação petista contra a corrupção. Certamente teria se beneficiado das denúncias da UDN se ela não controlasse empresários e militares suficientes para transformar suas denúncias em golpismo. Nas delações do PT, que, como notou FHC em seus diários, não tinha um exército, todo o aparato de poder conservador que sustentava a UDN, além das máquinas fisiológicas que sustentavam o varguismo, estava do outro lado.

O PT era muito mais fraco do que seus adversários: não tinha generais, juízes, ministros do STF ou um único grande veículo de mídia. Eventuais excessos cometidos pelos denunciantes petistas ou pelo Ministério Público eram barrados pelas autoridades judiciais conservadoras ou no Congresso de maioria conservadora. Esse também foi o destino de diversas denúncias que provavelmente eram verdadeiras. Esse equilíbrio de poder mudaria quando o PT ganhasse a presidência.

Na década de 1990, vários dos futuros procuradores da Operação Lava Jato votaram no PT em uma ou em outra eleição.[26]

Paulo de Tarso Venceslau tinha um currículo de esquerdista invejável. Ex-guerrilheiro da ALN de Marighella, foi um dos executores do sequestro do embaixador americano Charles Elbrick. Ficou preso cinco anos durante a ditadura e foi barbaramente torturado. Era amigo de José Dirceu, um dos presos libertados pelo regime em troca do embaixador. Em maio de 1997, já havia sido secretário de Finanças das prefeituras petistas de Campinas (1989-92) e São José dos Campos (1993-6), além de diretor da Companhia Municipal de

Transportes Coletivos de Luiza Erundina. Ademais, era membro do conselho editorial da revista *Teoria e Debate*.

Por isso, quando, em entrevista ao *Jornal da Tarde* de 26 de maio de 1997, Venceslau fez a primeira grande denúncia de corrupção da história do PT, o impacto foi grande.[27]

A Constituição de 1988 alterou a regra de repartição do Imposto sobre Circulação de Mercadorias e Prestação de Serviços (ICMS). Logo se descobriu que era possível aumentar a quantidade de recursos recebidos por dado município através de uma manobra jurídica, permitida por lei — a "alavancagem de ICMS". Algumas cidades passaram a usar — também de maneira legal — empresas privadas que sabiam realizar essa manobra. Entre as empresas que ofereciam esse serviço estava a Consultoria para Empresas e Municípios (CPEM), que, no começo dos anos 1990, atuava em centenas de cidades, quase todas governadas pela direita.

Quando Venceslau foi secretário de Finanças em Campinas, participou de uma reunião em que a CPEM ofereceu seus serviços à prefeitura. Segundo ele, na reunião estavam o prefeito Jacó Bittar, favorável à contratação, e o advogado Roberto Teixeira, amigo e compadre de Lula. Desde o meio da década anterior, a pedido do PT, Teixeira cedia o apartamento em que Lula morava.

A contratação se daria pelo regime de "notória especialização",[28] em que se dispensa licitação. Venceslau também declarou que, em uma reunião no Instituto Cidadania, Lula teria dito que a oferta da CPEM era um bom negócio, sem, entretanto, ordenar-lhe que fechasse o acordo. No fim, Venceslau achou o preço alto e a oferta foi recusada.

Quando assumiu em São José dos Campos, Venceslau descobriu que o antecessor — que era da direita — da prefeita petista Angela Guadagnin havia assinado um contrato de valor muito alto com a CPEM. Após constatar diversas irregularidades no processo, ele suspendeu o pagamento.

Em 1995, Venceslau comunicou ao PT que havia gente no partido, inclusive um amigo de Lula, fazendo lobby em favor de uma empresa corrupta. A partir daí, dizia, dirigentes ligados à Articulação passaram a sabotá-lo e conseguiram sua demissão do cargo de secretário de Finanças. Em resposta, Venceslau deu a entrevista ao *Jornal da Tarde*, em que chamava a Articulação de "PFL do PT".

Dessa vez, o PT respondeu rápido. Instaurou uma comissão de ética para julgar o caso. Os três membros da comissão — José Eduardo Cardozo,[29]

Hélio Bicudo[30] e Paul Singer — tinham históricos muito respeitáveis de combate à corrupção.

A comissão concluiu[31] que (a) Roberto Teixeira de fato apresentava a CPEM a prefeituras petistas; (b) a empresa de fato cometeu crimes; (c) embora seu depoimento à comissão tenha sido "fático" e o partido tenha errado em não ouvir suas denúncias, Paulo de Tarso Venceslau havia dado depoimentos à imprensa em que difamava dirigentes petistas contra quem não havia nenhum indício de irregularidade; (d) Paulo de Tarso Venceslau não apresentou nenhuma prova contra Luiz Inácio Lula da Silva, a quem havia acusado de conivência com a corrupção petista.[32] A comissão propôs que Teixeira e Venceslau fossem submetidos a processos disciplinares.

As conclusões foram consistentes com as provas. Mesmo assim, alguns indícios observados por Paulo de Tarso talvez apontassem para problemas reais, que talvez ainda não fossem tão graves naquela época. Hoje sabemos que, nos anos seguintes, prefeituras petistas foram utilizadas para arrecadar recursos ilegais para o partido.[33] Entretanto, é fácil entender por que a direita não propôs uma grande investigação sobre isso após as denúncias de Venceslau: suas campanhas eram pagas da mesma forma. Venceslau não chamou a Articulação de "PFL do PT" à toa.

Esse episódio ainda teria um grave erro adicional: em 13 de março de 1998, o Diretório Nacional do partido decidiu o que fazer com as descobertas da Comissão de Ética: livrou Roberto Teixeira da investigação e expulsou Paulo de Tarso Venceslau. Os adversários puderam dizer que, diante do seu primeiro escândalo sério de corrupção, o PT se limitou a expulsar o delator.

Paulo de Tarso Venceslau não deveria ter sido expulso do partido. Embora tenha cometido erros no processo de denúncia, eles tinham menos importância do que o fato de que suas acusações contra a CPEM serem verdadeiras. Mantê-lo seria um sinal de que o PT encorajava seus militantes a denunciar corrupção. Expulsá-lo emitiu o sinal contrário.

As expectativas do PT com relação à eleição presidencial de 1998 eram muito baixas. O governo FHC já apresentava problemas sérios, com desemprego alto, juros altíssimos, desequilíbrio fiscal e um câmbio cada vez mais insustentável. Mas o Plano Real ainda era muito popular. A memória da hiperinflação era recente. Além disso, algumas boas políticas na área de saúde, implementadas pelo ministro José Serra (talvez o melhor ministro da Saúde da história brasileira), garantiam a FHC taxas razoáveis de popularidade.

Era, sobretudo, a primeira campanha para reeleição presidencial na história do país. A primeira, portanto, em que a máquina do governo federal estaria na mão de um dos candidatos. É bom lembrar que até hoje, desde que a reeleição foi aprovada, nenhum presidente brasileiro perdeu, confirmando a tendência latino-americana.[34] Em uma entrevista de 29 de setembro de 1998, Lula notava, resignado: "Esse bloco do FHC representa 80% de todo o Parlamento brasileiro, municipal, estadual e federal. Representa 80% das prefeituras e dos governos estaduais. Representa 99% dos meios de comunicação e 99% do capital nacional e internacional dentro do Brasil".[35]

Dirigentes petistas próximos de Lula, como Gilberto Carvalho, defendiam que ele não fosse candidato de novo, pois as chances de vencer eram muito pequenas.[36] Os nomes do governador do Distrito Federal, Cristovam Buarque, e do ex-prefeito de Porto Alegre, Tarso Genro, eram considerados alternativas. O próprio Lula dizia que só aceitaria concorrer se dessa vez fosse diferente: se o partido aceitasse alianças mais amplas, um programa mais moderado e uma aproximação com o empresariado (que financiava as campanhas caríssimas dos conservadores). Em uma entrevista de 29 de setembro de 1998, defendeu que Antônio Ermírio de Moraes, maior empresário do país, participasse do palanque da oposição.[37]

Quem mais pressionou Lula a ser candidato em 1998 foi a esquerda do PT.[38] Sua preocupação era natural: o argumento para substituir Lula era que o eleitorado queria alguém mais moderado e palatável para a classe média. A esquerda petista não desejava isso, de jeito nenhum. Além disso, para eles, Lula era um símbolo de combatividade popular a ser mobilizado em defesa de causas de esquerda. Cristovam Buarque jamais conseguiria sê-lo.

No final de 1997, chegou-se a um acordo dentro do PT. Lula seria candidato, mas teria mais liberdade para negociar alianças. Havia pouca gente no centro e na direita disposta a se aliar ao PT em 1998. Mas havia, dentro da esquerda, um novo aliado potencial: Leonel Brizola, o herdeiro mais legítimo da "Era Vargas" entre todos os políticos brasileiros. Como vimos, Brizola saiu aplaudido do Hotel Glória em agosto de 1997.

Na eleição de 1994, Brizola terminou em quinto lugar, com apenas 3,2% dos votos. Naquele ano, o velho trabalhista vinha de seu segundo mandato de governador do Rio de Janeiro, universalmente considerado pior que o primeiro.[39] Sua postura vacilante durante o impeachment de Collor havia abalado sua popularidade no eleitorado de esquerda. No Rio Grande do Sul, o PT já havia suplantado o brizolismo de maneira irreversível. A capital do estado, Porto Alegre, já vinha de duas administrações petistas consideradas muito bem-sucedidas.

Por isso, Brizola exigiu, como condição para ser vice de Lula, o apoio do PT a seu candidato ao governo fluminense, Anthony Garotinho, prefeito de Campos dos Goytacazes. Benedita da Silva seria sua vice, o que daria à chapa votos na capital.

Garotinho era um populista clássico. Radialista, evangélico, carismático, tinha posições vagamente de esquerda. Nos anos 1980, havia participado da fundação do PT em Campos dos Goytacazes, mas migrou para o brizolismo. Dizia-se que, como radialista, tinha tido um papel importante ao desafiar o predomínio da elite rural da sua cidade. Mas não tinha a história de lutas dos velhos trabalhistas e era um pouco além do que os petistas estavam dispostos a ir no aprendizado do repertório populista.

Em parte por isso, em parte por certo ressentimento surgido entre PT e PDT após anos de convivência difícil no Rio de Janeiro,[40] a esquerda petista fluminense, reunida na chapa "Refazendo", lançou, em 14 de março de 1998, Vladimir Palmeira como candidato a governador. Palmeira havia sido para o movimento estudantil fluminense de 1968 o que José Dirceu havia sido em São Paulo. O próprio Garotinho chegou a dizer que seu primeiro filho, nascido em sua fase petista, tinha sido batizado em homenagem a Palmeira.[41]

Na convenção, uma vacilação do Campo Majoritário na disputa entre os pré-candidatos ao Senado acabou dando a vitória a Vladimir Palmeira.[42] Brizola se sentiu traído e criticou pesadamente os petistas.[43]

Faltando pouco mais de cinco meses para a eleição, abriu-se uma crise profunda na candidatura petista. José Dirceu declarou que o resultado era "um golpe mortal na candidatura de Lula".[44] Lula disse: "Não posso ser candidato pela terceira vez para marcar posição, quero ser candidato para ganhar".[45] O deputado e secretário geral do PSDB, Arthur Virgílio, não resistiu e ligou para o *Jornal do Brasil* para declarar: "Todos nós estamos comemorando essa vitória do governo. [...] Com esse resultado, acreditamos que Lula retira a sua candidatura, que o Brizola se lança e que o PT implode, o que é ótimo para nós".[46]

Brizola pediu que a direção nacional do PT anulasse a decisão do Rio de Janeiro, algo que só havia acontecido duas vezes na história do partido.[47] A cultura política do PT era profundamente basista, marcada pela ideia de que as decisões da base devem prevalecer. Mesmo para os diretórios estaduais "aliancistas" foi difícil aceitar a ideia de anular a decisão do Rio.

Nesse momento, para a incredulidade da esquerda petista, Lula declarou: "Se o Vladimir acha que não pode renunciar para beneficiar a minha candidatura, e se o partido deliberar pela posição do Rio, eu queria dizer que renuncio e vou fazer campanha para Vladimir Palmeira no Rio".[48]

O resultado da disputa era previsível: no mesmo dia, o PT anulou a decisão do Rio de Janeiro, e Brizola foi vice de Lula.

Garotinho se elegeu, foi um governador ruim e, durante o mandato, acabou rompendo tanto com o PT quanto com Brizola. Em 2003, quando parte da esquerda petista rompeu com o partido para fundar o PSOL, muito mais gente foi recrutada no Rio de Janeiro do que em outros estados. O PT fluminense interrompeu sua trajetória de ascensão e nunca mais foi competitivo no estado.

Já Lula e Brizola levaram uma surra. Foram derrotados em primeiro turno, em uma disputa na qual Fernando Henrique ganhou quase sem fazer campanha. Confirmou-se a previsão de outro líder histórico da esquerda pré-1964, o socialista Miguel Arraes, que achava que, na aliança Lula-Brizola, um não acrescentava nada ao outro em termos políticos.[49]

Mas a campanha de 1998 e, em especial, a crise do Rio de Janeiro foram fundamentais para a história posterior do PT. Quando Lula disse "ou Vladimir ou eu", entrou firme na disputa interna do partido, o que sempre tinha evitado fazer de forma direta. E avisou aos petistas que, definitivamente, não queria ser só um símbolo; queria ser um líder, e não apenas da esquerda: queria ser presidente.

FHC mal menciona a campanha de 1998 em seus diários. Foi uma vitória fria, "fácil e sensabor".[50] Sua maior preocupação era outra: a âncora cambial que amparava o Plano Real havia se tornado insustentável. FHC se reelegeu em primeiro turno em cima da reputação do Plano Real, agitando a bandeira de que o PT desmontaria a macroeconomia se vencesse. Mas a macroeconomia já estava desmontada. Em seus diários, FHC anota como "ultrassecreto"[51] o que muitos economistas já suspeitavam: depois da eleição, o câmbio deveria ser desvalorizado.[52]

Isso ocorreu de maneira bastante caótica, gerando uma enorme crise econômica. Foi mais um estelionato eleitoral na história brasileira, embora FHC não tivesse a medida exata do tamanho do estelionato: tinha a sincera esperança de que seria possível desvalorizar o real de maneira gradual e controlada.[53] Em janeiro de 1999, seu plano deu errado. A moeda desabou, e o mercado entrou em pânico. A crise só foi contornada quando o novo presidente do Banco Central, Arminio Fraga, implementou o sistema de metas de inflação, que vigora até hoje. A popularidade de FHC nunca mais voltou aos níveis anteriores à desvalorização cambial.

Quando a isso se somou o racionamento de energia de 2001, ficou claro que o PSDB teria dificuldades para eleger o sucessor de Fernando Henrique Cardoso. Os aliados começaram a ir embora[54] e, pela primeira vez, encontraram um PT disposto a conversar.

Durante a crise do PT no Rio de Janeiro, muita gente achou que o partido estava "antecipando o racha do ano que vem" — o grande confronto previsto para o 2º Congresso do PT, que seria realizado em Belo Horizonte em novembro de 1999.

Seria o primeiro congresso desde o de 1991. Decorridos oito anos, o grupo de Genoino já havia formado um bloco estável com a Articulação de Lula e Dirceu, que ficaria conhecido como Campo Majoritário. Mas a Democracia Radical ainda queria que o partido aceitasse a ideia de que o socialismo era apenas "uma referência", um horizonte, não um programa. Dessa vez, parte da esquerda do PT também queria uma discussão sobre o tema, para corrigir o que viam como excesso de pragmatismo. Não teve nada disso.

O 2º Congresso foi completamente dominado pela discussão da palavra de ordem "Fora, FHC", a defesa do impeachment do presidente e da antecipação das eleições marcadas para 2002. O slogan começou a circular logo depois da desvalorização cambial. Tarso Genro escreveu um artigo defendendo a renúncia do presidente,[55] proposta que foi abraçada por Brizola. O "Fora, FHC" havia sido aprovado por todos os diretórios estaduais petistas antes do Congresso, com exceção do paranaense. Na grande marcha de movimentos sociais ocorrida pouco antes do evento,[56] os cantos pedindo a saída do presidente eram frequentes.

Enquanto os moderados cantavam "El, el, el, vocês querem Maciel!", em referência ao vice de Fernando Henrique Cardoso, que assumiria em caso de impeachment, os radicais entoavam "É Itamar! É Garotinho! Agora querem Fernandinho!". Após uma costura difícil, possível graças à adesão de um grupo de petistas de São Paulo que concorriam como independentes no Congresso, a palavra de ordem foi rejeitada. Admitiu-se, entretanto, a legitimidade dos movimentos sociais que defendiam essa bandeira.

A percepção geral do 2º Congresso é que ele foi inutilizado pela polarização em torno do "Fora, FHC", para frustração de quem, na esquerda e na direita do partido, queria fazer um debate mais aprofundado. O jornal *Em Tempo*, da tendência Democracia Socialista, estampou a manchete "PT: Congresso mesmo não teve".[57] O periódico conservador *O Estado de S. Paulo* fez uma boa piada em seu editorial de 30 de novembro: "Fora FHC, o PT não pensa em nada".

Se o PT tivesse abraçado o "Fora, FHC" em 1999; se, contra todas as expectativas, o impeachment tivesse sido aprovado; se — já delirando aqui — o Congresso de maioria conservadora tivesse convocado novas eleições; e se o PT tivesse saído vitorioso, o governo Lula receberia o final da crise cambial para administrar, o apagão já encomendado, a acusação de ter enterrado o Plano Real e encerraria seu mandato, já em desgraça, exatamente a tempo de perder a alta das commodities dos anos 2000.[58]

No entanto, mesmo deixando isso de lado, é fácil entender por que os moderados gastaram tanto capital político na recusa do "Fora, FHC". Se o PT abraçasse essa bandeira, a tentativa de reposicionamento pós-1998 seria ameaçada. Os políticos do centro e da direita que rompessem com o presidente e se aliassem ao PT teriam que apoiar o impeachment? Os petistas tinham interesse em impor, para um governador ou um prefeito de centro-direita, que para apoiar o partido seria preciso declarar guerra ao governo federal? Se o PT estivesse disposto a iniciar a maior crise da Nova República (lembrem-se, a bandeira era "impeachment com novas eleições"), quem acreditaria que Lula, se eleito, governaria com as instituições?

Os defensores mais exaltados do "Fora, FHC" poderiam responder com a pergunta: "Quem disse que nós queremos aliados que não estejam comprometidos com a derrubada do governo FHC?". Bem, àquela altura, a direção do PT, eleita com os votos da maioria do partido, queria exatamente isso.

"Aí tomamos a decisão de fazer o serviço bem-feito: de agora em diante, vai ter aliança, vai ter propaganda de outra forma, vamos ganhar. A eleição de 1998 encerra o ciclo. Ali, ganhei mandato para mudar."[59] Reeleito presidente, José Dirceu exerceu com competência, embora nem sempre com sutileza, o mandato recebido.

Há uma certa mistificação em torno de José Dirceu, tanto entre os petistas quanto, sobretudo, entre os adversários do PT. Mas ninguém discute sua importância na virada pragmática do final dos anos 1990.[60] Goste-se dele ou não, Dirceu foi um dos maiores organizadores de partido da história brasileira, certamente o maior da Nova República. "O Dirceu teve a capacidade de fazer o que o Lula sozinho não faria, um partido", lembra Fernando Henrique Cardoso.[61] A mudança ideológica começou com o grupo de Genoino, Lula jogou seu peso a favor da moderação, Palocci já havia feito concessões de serviços públicos à iniciativa privada em Ribeirão Preto, mas quem costurou o processo dentro do partido foi Dirceu.

A partir da derrota de 1998, o PT decidiu disputar o jogo que estava disponível na democracia brasileira: concorrer em uma coligação ampla e com apoio empresarial.

Dirceu passou a traçar acordos com líderes e grupos que rompiam com FHC. "Nós dividimos o PMDB no Brasil inteirinho, Luís Henrique,[62] Requião,[63] Jader,[64] Quércia,[65] José Maranhão."[66] Sem metade do PMDB, a vida do candidato tucano em 2002 ficaria difícil, porque o PFL ficou neutro naquela eleição.[67]

A grande vitória nesse processo foi a escolha do vice de Lula. José Alencar era senador e um grande empresário de Minas Gerais. Dirceu é mineiro, embora tenha feito sua carreira política em São Paulo, e sempre acreditou que o caminho até o Planalto passava pelo seu estado natal.[68]

Como empresário, Alencar a todo momento tentou manter boas relações com os sindicatos. "Era boa-praça. Nas negociações, ele me contava histórias de como tinha viajado para a União Soviética, provavelmente achando que ia me impressionar",[69] conta, rindo, José Maria de Almeida, que, como trotskista, tinha pouco apreço pela burocracia soviética.

Não foi fácil fechar o acordo com o Partido Liberal (PL) de Alencar.[70] A resistência inicial no PT foi muito grande, inclusive entre os moderados: o senador Eduardo Suplicy, que naquele ano havia disputado prévias com Lula pela candidatura à presidência,[71] manifestou-se contra o acordo. O PL era um partido sob forte influência da Igreja Universal do Reino de Deus, o que despertava certa desconfiança entre os católicos petistas. Parte do PL preferia apoiar o evangélico Garotinho, que concorria a presidente pelo PSB. O acordo quase foi abortado pela dificuldade de fechar alianças regionais. A senadora Heloísa Helena, ligada à Democracia Socialista, desistiu de sua candidatura ao governo de Alagoas para não ter que fazer aliança com o PL do estado, que era próximo do ex-presidente Fernando Collor.[72]

Nos anos seguintes, Alencar se tornaria um aliado leal do PT, um articulador político importante e defensor de uma política econômica mais "desenvolvimentista" dentro do governo. Conquistou enorme simpatia dentro do partido. "A indicação de José Alencar foi uma guerra total", lembra José Dirceu. Porém, ele também recorda que, quatro anos depois, quando Alencar foi lançado novamente como vice em um evento do PT, "foi aplaudido de pé".[73]

O PL, por outro lado, causaria problemas. Para apoiar Lula, o presidente do partido, Valdemar Costa Neto, pediu 10 milhões de reais. E antes fosse só isso. Quando, em 2005, Roberto Jefferson denunciou o Mensalão no governo Lula, também disse algo que não recebeu a mesma atenção: "Sei que o Valdemar Costa Neto [...], desde o início, junto com o Bispo Rodrigues [deputado ligado à Igreja Universal do Reino de Deus], implantou o mensalão no PL. Essa prática vem do Bispo Rodrigues desde a Assembleia do Rio. Ele levou essa prática para o PL e acabou impregnando o Delúbio Soares [tesoureiro do PT] com isso".[74]

Desde a sua criação, o PL apoiou todos os governos brasileiros, tanto os anteriores quanto os posteriores ao governo Lula.

Não se pode falar da profissionalização do PT como partido sem discutir a influência de prefeitos e governadores petistas. No começo dos anos 2000, o PT já havia aprendido a governar bem em nível municipal: havia um repertório de políticas públicas petistas populares, como o Orçamento Participativo, o Bolsa Escola, o programa de microcrédito Banco do Povo[75] e o Bilhete Único,[76] que o PT inteligentemente embrulhou com o rótulo "Modo petista de governar". Algumas administrações populares se tornaram vitrines para o partido, como Porto Alegre, Santo André e Belo Horizonte.[77]

Para a campanha de 2002, o PT resolveu deixar a elaboração de seu plano de governo para um administrador experiente. O escolhido foi Celso Daniel, três vezes prefeito de Santo André, cidade do ABC paulista. Daniel entrou no PT com o Movimento pela Emancipação do Proletariado (MEP), mas se aproximou dos sindicalistas de Santo André. Foi eleito prefeito em 1988, 1996 e 2000. Em 1989, Daniel organizou uma cerimônia de posse simbólica para Armando Mazzo, o prefeito comunista eleito e impedido de assumir o cargo em 1947.

No segundo semestre de 2001, quando Daniel já exercia seu terceiro mandato de prefeito, Lula lhe deu a tarefa de redigir o programa de governo do PT. Suas contribuições resultaram na "Carta de Olinda", documento aprovado no Encontro Nacional do partido em dezembro de 2001[78] e que propunha uma "ruptura necessária" com a política econômica de FHC, que havia produzido taxas de crescimento baixas. O último acordo com o FMI seria denunciado, controles de capitais seriam estabelecidos, a remessa de lucros e dividendos para o exterior seria taxada, e a privatização do setor elétrico poderia ser revista. Nada disso era remotamente socialista, mas o tom do documento era pró-Estado e pouco amigável ao mercado.

A Carta de Olinda ainda seria discutida com os partidos aliados, e não sabemos que propostas teriam resultado disso. Mas a discussão foi bruscamente interrompida quando Celso Daniel, aposta certa para o Ministério do Planejamento, foi assassinado.

Em 18 de janeiro de 2002, Celso Daniel foi sequestrado na estrada que ligava São Paulo a Santo André. Seu corpo foi encontrado dois dias depois. Em meio à consternação geral, os petistas temiam que se tratasse de uma perseguição sistemática a prefeitos do partido. Poucos meses antes, em 10 de setembro de 2001, Antônio da Costa Santos, prefeito de Campinas, também havia sido assassinado. O PT denunciou o crime como político e pressionou Fernando Henrique Cardoso e Geraldo Alckmin, na época governador de São Paulo, para que encontrassem os culpados.

Em pouco tempo, a polícia achou a quadrilha de sequestradores profissionais, sem nenhum vínculo político, que havia cometido o crime. O Ministério Público,[79] entretanto, acreditava que eles teriam agido a mando de Sérgio Gomes da Silva, o Sombra, amigo e segurança de Daniel que estava com ele no dia do sequestro. De fato, havia corrupção na prefeitura de Santo André, e o dinheiro era usado para pagar as campanhas eleitorais petistas. Segundo o Ministério Público, Sombra teria montado o que o jornalista Silvio Navarro chamou de "caixa 3":[80] tinha começado a desviar dinheiro do caixa 2 para benefício próprio. Alertado, Daniel teria tentado interromper o processo. Segundo o Ministério Público, Sombra teria encomendado o assassinato para manter o esquema.

É importante ressaltar o seguinte: mesmo o MP, que sempre insistiu na tese do assassinato político, nunca sugeriu que Lula, Dirceu ou qualquer pessoa da direção nacional do PT estivesse envolvido no assassinato. O que se debate é a participação de Sérgio Sombra e de seus aliados. Em um documentário de 2022,[81] José Reinaldo Guimarães Carneiro, um dos procuradores que apoiam a tese de crime político, declarou que "a investigação desenvolvida pelo Ministério Público no caso Celso Daniel não traz nenhuma evidência nem minimamente indiciária de que o prefeito tenha sido morto por determinação do Lula, ou de quem quer que seja da esfera de poder do PT. E isso nem faz sentido".

O "nem faz sentido" do procurador é fácil de entender: se o Sombra estava roubando do caixa 2 do PT, não havia por que o partido matar Celso Daniel para protegê-lo. Além disso, no livro de Navarro consta que Sombra pretendia usar o dinheiro para lançar um candidato rival ao de José Dirceu na região: ele pretendia atuar em oposição à direção nacional do partido.[82] Em Santo André havia caixa 2, e nisso o PT tem culpa.[83] Mas se Sombra tiver sido o mandante do crime — e não há certeza de que seja —, o assassinato teria sido encomendado para preservar o caixa 3, que subtraía do caixa 2. Mesmo se atribuirmos à direção do PT as piores intenções, é difícil imaginar que matariam para ter *menos* dinheiro de campanha.

Apesar disso, até hoje a versão de que Celso Daniel teria sido assassinado pela direção do PT é amplamente difundida pela direita brasileira. Em 14 de março de 2022, apoiadores de Jair Bolsonaro promoveram o assunto nas redes sociais para desviar atenção do aniversário da morte da vereadora Marielle Franco, morta por milicianos no Rio de Janeiro em 2018.[84]

* * *

Nos meses de maio e junho de 2002, o medo da vitória de Lula, em uma situação que já era instável,[85] fez o dólar subir, criando um clima de pânico no mercado brasileiro. Fernando Henrique Cardoso conta que, em julho de 2002, José Dirceu lhe telefonou dos Estados Unidos[86] e perguntou: "Estão dizendo aqui que o Brasil vai para a moratória, é verdade?". O então presidente da República relata ter respondido: "Depende de vocês. Se o Lula continuar dizendo o que está dizendo, nós vamos para a moratória. Ele ganha a eleição e, aí, é moratória".[87]

Na verdade, quando Dirceu ligou para FHC, o PT já havia mudado o discurso. No entanto, fazia pouco tempo e demorou para ficar claro que o partido estava falando sério.

Com a morte de Celso Daniel, o coordenador do programa de governo de Lula passou a ser Antonio Palocci, prefeito de Ribeirão Preto. Ex-Libelu, também era um gestor popular, mas tinha ideias econômicas muito diferentes das de Daniel. Em Ribeirão Preto, implementou políticas de concessões de serviços públicos para o setor privado, com o apoio de Lula. Planejava entregar um plano de governo que rompia muito pouco com a política econômica de FHC, ainda que desse mais ênfase à distribuição de renda como motor do crescimento.

Em 6 de maio de 2002, Palocci levou Lula e outros dirigentes petistas para participar de uma grande feira agropecuária em Ribeirão Preto, criada quando Palocci era prefeito. Depois do evento, o núcleo dirigente do PT foi jantar em um restaurante tradicional português, a Adega Leone, aberto especialmente para a ocasião.

A discussão foi sobre como acalmar o pânico nos mercados. Mercadante propunha que se divulgasse ao menos parte da futura equipe econômica, como o presidente do Banco Central. Lula rejeitou a proposta. Sobrava, então, a opção de apresentar desde já um plano de governo moderado, diferente da "Carta de Olinda". Nascia ali a "Carta ao povo brasileiro".[88]

Seu principal entusiasta era o deputado Luiz Gushiken, ex-presidente do Sindicato dos Bancários de São Paulo, ex-Libelu e próximo de sindicalistas que geriam fundos de pensão. Os autores do texto-base eram outros três ex-

-Libelu: Palocci, o jornalista Edmundo Oliveira e o sociólogo Glauco Arbix, autor de um estudo célebre sobre as câmaras setoriais e futuro presidente do Ipea. A carta seria discutida com várias figuras do partido, em especial com Aloizio Mercadante.

Alguns pontos da carta foram aceitos de imediato por Lula, como a garantia de contratos (inclusive o pagamento das dívidas). A manutenção do sistema de metas de inflação gerou um debate intenso entre Palocci e Mercadante, que defendia mudanças no modelo. Em dado momento, Lula interrompeu a briga e disse: "Vocês querem me ensinar a combater a inflação? Eu passei a vida inteira no sindicato correndo atrás da inflação. Inflação no meu governo eu vou bater de porrada". Na mesma hora, Palocci disse: "Lula, isso tem que entrar na carta". Entrou.[89]

Mas a grande divergência era sobre a proposta de superávit fiscal, que os autores (e Gushiken) propunham que fosse *maior* do que o praticado pelo governo FHC. A ideia caiu muito mal no PT, e vários dirigentes foram contra, até que Gushiken propusesse uma solução: fazer o superávit necessário para estabilizar a dívida.[90] José Dirceu, que nunca achou que a carta fosse necessária, não teve grandes problemas com o superávit, mas reclamou da falta de uma proposta de redução dos juros.

Ao fim da discussão, a carta foi aprovada e batizada "Carta ao povo brasileiro" por sugestão do cientista político André Singer e do ex-presidente do sindicato dos professores de Minas Gerais, Luiz Dulci. O documento não ganhou a eleição para Lula nem conseguiu conter o pânico dos mercados, que seguiu até a posse. Mas teve duas funções importantes.

Em primeiro lugar, ajudou Palocci a aprovar suas propostas na convenção do partido, que seria realizada pouco depois e na qual a maioria dos presentes teria posições semelhantes à do Encontro de Olinda. Depois da publicação da carta e sob impacto da crise nos mercados, a convenção teve que aprovar as linhas gerais do programa moderado, sob pena de abrir uma crise na campanha.

Em segundo lugar, a "Carta ao povo brasileiro" anunciou, durante a campanha, o que seria a gestão de Palocci no Ministério da Fazenda. Embora nem o mercado, nem parte da esquerda petista tenham acreditado que aquilo era real, Lula venceu a eleição em 2002 sem cometer estelionato eleitoral.

Nos anos 1990, o PT estreitou relações com o Partido Socialista (PS) da França. O franco-argentino Luis Favre e petistas que haviam sido exilados na França tinham bons contatos com os socialistas. O PS queria aumentar sua influência na Internacional Socialista, tradicionalmente controlada por social--democratas alemães e trabalhistas britânicos. O socialista Lionel Jospin era visto como uma espécie de "esquerda da terceira via".[91] Lula se aproximou de Jospin e chegou a discursar com ele em um comício em Bordeaux, em abril de 2002, com tradução simultânea de Luis Favre.

No final de abril, os socialistas franceses foram fragorosamente derrotados, sem sequer chegar ao segundo turno. Ao ver a notícia da derrota acachapante de Jospin, Lula perguntou a Palocci, durante uma viagem de avião: "Vem cá, é isso que eu vou conseguir com esse programa de direita que você fez para mim?". Palocci respondeu: "Bom, você já concorreu três vezes com um programa radical e perdeu".[92]

Os dois riram.

11. A social-democracia petista

Em 27 de outubro de 2002, Luiz Inácio Lula da Silva foi eleito presidente da República, em segundo turno, vencendo o tucano José Serra por 61,3% a 38,7%.[1] Sua jornada de Garanhuns a São Bernardo representava o auge do projeto varguista de industrialização. Sua eleição para presidente continua sendo, até agora, o ponto mais alto da democracia construída por Ulysses Guimarães na Constituinte de 1988.

Não é necessário gostar do PT para admitir isso.

Foi a primeira e, até hoje, a única transferência de poder pacífica entre a direita e a esquerda no Brasil. O Partido Comunista era ilegal durante a República de 1945-64. O PTB de Jango foi derrubado por um golpe assim que começou a ganhar protagonismo. Em um dos países mais desiguais do mundo, a bandeira da redistribuição de renda foi proibida de disputar o poder a sério. Em 2002, a esquerda pôde concorrer, ganhou e levou. Um filho de imigrantes nordestinos pobres se elegeu presidente da República por um partido de massas que ele mesmo ajudou a fundar, *por fora do Estado*.

Se consideramos que a alternância no poder é fundamental em uma democracia,[2] só em 2002 foi possível ter a certeza de que o Brasil tinha um regime democrático: até então, o Brasil só havia sido governado pela direita ou pela centro-direita, dando ao sistema brasileiro uma forte feição oligárquica.

O fato de os presidentes de direita terem sido eleitos por partidos diferentes, em um sistema multipartidário como o brasileiro, não é um argumento forte a favor da existência da alternância pré-2002. Foi sempre a mesma coalizão social no poder.

Para se ter uma ideia, todos os presidentes da Nova República antes de Lula haviam tido sua última vitória eleitoral antes da presidência pelo mesmo partido, o PMDB, condutor da transição democrática dos anos 1980.[3] O PMDB era um gêmeo ideológico e fisiológico do velho PSD, condutor da transição democrática pós-Vargas. O PT, como a direitista UDN de 1945-64, era a parte que ficou de fora desses acordos de transição. Ao contrário da UDN, entretanto, o PT não tinha ricos, militares ou mídia. A coalizão do PT era, de longe, a mais fraca a chegar ao poder no Brasil até 2002.

Tanto os sucessos quanto os fracassos que se seguiram podem ser explicados por esses dois fatores. Era o primeiro governo de esquerda. E era o primeiro governo de um grupo político que não esteve envolvido na grande coalizão que conduziu a transição democrática brasileira.

Nos dez anos anteriores a 2002, Antonio Palocci construiu com competência seu caminho até o Ministério da Fazenda. Fez parcerias com a iniciativa privada na prefeitura de Ribeirão Preto e se aproximou do empresariado. Tornou-se muito próximo de Lula no final dos anos 1990. Segundo um importante dirigente petista, "O Palocci se tornou o Delfim do Lula".[4] Era uma brincadeira com a sonoridade de "delfim", que significa "príncipe herdeiro", e "Delfim", Delfim Netto, o guru econômico dos governos militares. Durante o governo Lula, Palocci era o único ministro que sempre fazia a caminhada matinal com Lula.

Palocci se tornou um dos dois ministros mais poderosos do governo, junto com José Dirceu, nomeado para a Casa Civil. Cada um tinha sua própria rede de relacionamentos na mídia e no Congresso. Dentro do governo, era claro que Palocci e Dirceu eram os principais candidatos a suceder Lula, se tudo desse certo, em 2010.

A principal tarefa de José Dirceu era montar uma maioria parlamentar com a seguinte matéria-prima: 32% dos deputados eleitos em 2002 eram de esquerda, no sentido amplo;[5] a oposição liberal (PSDB e PFL) tinha, somados, quase a mesma coisa que a esquerda. O outro terço do Congresso, onde o PT precisaria recrutar o que lhe faltava, era formado pelo PMDB (14%) e a soma de três partidos de direita menores, o PL (partido do vice-presidente José Alencar), o PTB e o PPB, que, somados, chegavam a 19,7%.

Palocci e Gushiken defendiam uma aproximação com o PSDB. O ministro da Fazenda mantinha boas relações com tucanos como o senador Tasso Jereissati. Mas o projeto de aliança sempre esbarrou em uma dificuldade: nunca foi possível atrair o PSDB inteiro para a base de Lula.[6] O PSDB recrutou muitos conservadores ao longo dos anos 1990, justamente por ter se tornado o principal rival do PT. Da mesma forma, o PT havia recrutado gente que se interessou pelo partido justamente pela oposição que faziam ao programa de FHC. Se PT e PSDB se unissem em 2003, cada um dos dois sofreria baixas significativas.

Conheço tucanos que lamentam que PT e PSDB não tenham se aliado no começo do governo Lula. Disse isso a Gilberto Carvalho, chefe da Secretaria--Geral da Presidência de Lula por oito anos. Eis sua resposta:

> Eu concordo com esses tucanos. O natural talvez tivesse sido, não fossem as condições históricas que se deram, uma aproximação entre o centro, a centro-esquerda e nós. Mas nós ganhamos a eleição dos tucanos, eles se tornaram nosso alvo principal, e nós o alvo principal deles. Não tinha jeito. Foi uma coisa, assim, trágica.[7]

José Dirceu, que nunca acreditou que uma aliança com os tucanos fosse viável, mirou no centrista PMDB, o partido seguinte ao PSDB no espectro ideológico, da esquerda para a direita. Era mesmo a escolha natural: metade do PMDB havia apoiado o PT em 2002. Note-se, entretanto: os pemedebistas, que assumiram o poder pela primeira vez no governo Sarney, tinham dez anos a mais de experiência com os vícios do Estado brasileiro que o PSDB.

Ainda antes da posse, Lula autorizou Dirceu a fechar a aliança com o PMDB.[8] O chefe da Casa Civil celebrou acordo com o pemedebista Michel Temer, da facção pró-tucanos do PMDB, oferecendo-lhe dois ministérios. No dia seguinte, quando foi informar Lula do resultado da negociação, Lula mandou cancelar o acordo. "O pessoal fala que o Lula me desautorizou, mas a autoridade sempre foi dele. De qualquer forma, achei um erro",[9] diz Dirceu.

Na verdade, havia outra negociação em curso.[10] Ao saber que Dirceu fecharia acordo com Temer, os pemedebistas que haviam apoiado Lula em 2002 procuraram o presidente eleito. Pediram que o acordo não fosse fechado naquele momento. Achavam que seriam capazes de assumir o controle do partido em alguns meses. Quando isso acontecesse, a aliança seria negociada sob liderança dos pemedebistas pró-Lula. O plano deu errado — Temer manteve o controle do partido —, mas essa confusão atrasou em muitos meses a aproximação do governo com o PMDB.

Excluídos os 45% do Congresso formados por PSDB, PFL e PMDB, ao PT só restava fazer aliança com o Centrão: o PL, o PTB e o PPB. Todos mais conservadores que o PMDB e com décadas a mais de experiência nos vícios do Estado brasileiro.

Durante as discussões sobre a transição, Arminio Fraga, presidente do Banco Central no segundo governo FHC, entregou a Palocci um documento e lhe disse: "Se fosse eu, seguiria isso aqui".

O documento era "A Agenda Perdida", produzido por um grupo de economistas reunidos por José Alexandre Scheinkman, professor da Universidade de Princeton, e Marcos Lisboa, da Fundação Getulio Vargas do Rio de Janeiro.[11] O texto propunha a retomada do desenvolvimento com base em reformas microeconômicas. "Não tem solução mágica, não é grande reforma, são muitas pequenas reformas", diz Lisboa.[12] A reforma da Previdência reduziria a dívida pública e, portanto, os juros de longo prazo; os juros altos também seriam enfrentados com medidas que corrigissem distorções do mercado de crédito. As políticas sociais deveriam ter foco nos mais pobres — José Márcio Camargo, o criador do Bolsa Escola, era um dos signatários de "A Agenda Perdida". Era necessária uma racionalização do sistema tributário brasileiro, e a manutenção de superávits para reduzir a relação dívida/PIB, como proposto na "Carta ao povo brasileiro". O documento defendia a maior integração do Brasil no mercado mundial, só aceitava a proposta de proteção à indústria em casos muito específicos e propunha uma política de inovação tecnológica integrada à produção.

Palocci gostou do que leu e convidou Lisboa para ser seu secretário de Política Econômica. Lisboa lhe disse que discordava das posições do PT sobre economia.[13] Palocci respondeu que isso não importava. Para outro membro da equipe que começou a conversa dizendo que não havia votado em Lula, respondeu, rindo: "Não foi isso que eu perguntei".[14] Costumava dizer para a equipe, "Aqui não é seção eleitoral, não quero saber em quem você votou".[15] Para alguns, divertia-se dizendo, "Votou errado, agora vê se conserta".

Palocci disse a Lula que ele tinha duas opções: uma era colocar a culpa de tudo no seu antecessor, Fernando Henrique Cardoso. Isso lhe garantiria um ano de popularidade, mais ou menos. No final desse ano, nenhum problema teria sido resolvido e a população perderia a paciência. A outra opção seria adotar uma política fiscal conservadora e combiná-la com políticas sociais generosas.

De maneira característica, Lula fez as duas coisas entre as quais Palocci mandou escolher uma. Bancou a política econômica ortodoxa o tempo todo, sob fogo pesado da esquerda. Para acalmá-la, repetia o argumento de que era preciso lidar com a "herança maldita" de FHC.

A herança estava longe de ser só negativa, e já era bem melhor do que a que FHC deixou para si mesmo após a reeleição. Mas era mesmo difícil. No primeiro mandato tucano, a dívida pública explodiu. Uma parte importante desse aumento foi causada pelos juros altíssimos do período, necessários para a manutenção da âncora cambial.[16] Os juros incidiram sobre a dívida do governo, que passou a ser muito mais cara de manter. Quando Lula assumiu a presidência, a relação dívida/PIB era de quase 60%, o que era ruim, e continuava crescendo, o que era pior. Por isso, o superávit necessário para conter o aumento da dívida precisava ser alto.

Naquele momento, havia consenso razoável sobre isso. "Os credores não estavam querendo rolar nossa dívida", lembra Guido Mantega,[17] economista histórico do PT que assumiu o Ministério do Planejamento.[18] O que heterodoxos como Mantega, Nelson Barbosa e Aloizio Mercadante propunham era manter a meta de superávit do governo FHC[19] (3,75%). Palocci aumentou a meta para 4,25%. O número adotado era, como prometia a "Carta ao povo brasileiro", o necessário para reduzir a relação dívida/PIB.

Esse objetivo foi alcançado com grande sucesso: os dois governos Lula reduziram a relação dívida/PIB do Brasil em um terço (de quase 60% do PIB em 2002 para quase 40% em 2010).[20] A crise de confiança gerada pela eleição de Lula passou: no final de 2003, o risco Brasil era um terço do que era no começo do ano. Em agosto de 2004, os juros já haviam caído de 25% para 16%. O dólar caiu para R$ 2,88, depois de ter chegado a R$ 4,00 durante a campanha.[21]

Faltava o crescimento. Lula perdeu a paciência com seu ministro quando saíram os números do PIB de 2003: a estimativa inicial era de queda de 0,2%. Palocci e Meirelles haviam convencido Lula de que o crescimento seria baixo, mas ninguém no PT tinha cogitado uma queda.[22]

Mesmo assim, Lula bancou Palocci, para desespero do PT e dos aliados de esquerda. Críticos leais, como o assessor de política internacional Marco Aurélio Garcia, admitiam a necessidade do ajuste, mas diziam que Palocci havia "transformado a necessidade em virtude": isto é, tinha começado a ver o ajuste não como uma concessão temporária, mas como estratégia de longo prazo.

Nem toda crítica a Palocci foi tão elegante. Em 21 de abril de 2003, a economista Maria da Conceição Tavares, ícone dos economistas de esquerda e deputada pelo PT, deu uma entrevista à *Folha de S.Paulo* em que criticava as políticas sociais focalizadas e chamava Marcos Lisboa de "débil mental" e "papalvo".[23] O PDT de Leonel Brizola passou para a oposição em dezembro de 2003 por discordar da política econômica; Brizola já fazia oposição desde bem antes. Pouco antes da Páscoa de 2004, um grupo de quinze deputados petistas divulgou um documento pedindo mudanças na política econômica.[24] O PPS também rompeu com Lula, igualmente por causa da política econômica, o que foi motivo de piada da revista britânica *The Economist*: após acusar o governo de seguir as mesmas políticas do PSDB, o PPS decidiu romper com Lula e apoiar o PSDB.[25] No PSB, Garotinho manobrava pesadamente para que o partido rompesse com Lula, sempre por causa da política de Palocci; mas o veterano Miguel Arraes preferiu dar tempo ao governo. Os resultados do PT nas eleições municipais de 2004 foram considerados ruins: o partido perdeu suas duas grandes vitrines, Porto Alegre (que governava desde 1988) e São Paulo (que governava desde 2000). Justa ou injustamente, muita gente no partido colocou a culpa em Palocci.

"O pessoal sempre comparava, Argentina era o auge do populismo do Kirchner, Argentina crescia seis, sete por cento, sentando o pau na máquina sem responsabilidade, e a gente com crescimento zero e câmbio começando a valorizar. Aí só o Lula mesmo aguentou o efeito político da coisa", lembra José Carlos Miranda, secretário de Assuntos Internacionais do Ministério do Planejamento e, na década de 1990, articulador do grupo dos economistas do PT.[26]

No Fórum Social Mundial de Porto Alegre em 2005, Hugo Chávez teve que conter os gritos de "*¡Chávez sí! ¡Lula no!*".[27]

Já em abril de 2003, o governo mandou ao Congresso a proposta de emenda constitucional 40/2003 (pec-40), que propunha uma ampla reforma das aposentadorias dos servidores públicos. As principais mudanças foram três: (a) aumento da idade mínima para a aposentadoria, de 48 (mulheres) e 55 anos (homens) para 55 (mulheres) e 60 (homens); (b) estabelecimento, para funcionários públicos contratados após a reforma, do mesmo teto para as aposentadorias dos setores particular e público (no projeto, R$ 2400,00); para receber valores que excedessem o teto, os novos funcionários públicos deveriam constituir fundos de pensão complementar; c) instituição de um imposto (tecnicamente, contribuição) a ser descontado na parcela das aposentadorias dos funcionários públicos que excedesse o valor de uma porcentagem do teto. Uma decisão do stf de 2004 estabeleceu que a contribuição só poderia incidir sobre o que excedesse o teto.[28] O regime de previdência suplementar só foi regulamentado em 2013, dez anos após sua aprovação.

A desigualdade previdenciária no Brasil entre setor público e privado era mesmo gritante. O déficit da previdência do setor público correspondia, em 2003, a 3,2% do pib. O déficit do setor privado era de apenas 1,3% do pib.[29] Não era preciso aceitar a retórica de que os funcionários públicos fossem "uma elite exploradora de privilegiados" para perceber que o Brasil não tinha dinheiro para continuar pagando aquilo. Em defesa da reforma, Lula acusou parte do pt que criticava a reforma de esquecer "a peãozada" em defesa de "setores mais abastados da classe média".[30]

O projeto tinha semelhanças com a emenda apresentada por Eduardo Jorge em 1993, como a unificação dos tetos dos setores privado e público e o recurso à previdência complementar para valores maiores. O valor do teto era equivalente ao proposto por Eduardo Jorge em 1993: R$ 2400,00 em abril de 2003 correspondiam a exatamente dez vezes o valor do salário mínimo.[31]

A reforma teve uma tramitação congressual bastante tranquila, em especial se comparada à da reforma de fhc.[32] O pt e seus aliados de esquerda, que haviam se oposto à reforma de fhc, apoiaram a reforma de Lula, mostrando que sua posição nos anos 1990 foi, ao menos no que se refere às aposentadorias do setor público, inconsistente. Cerca de metade da oposição liberal também apoiou a reforma.[33]

Quatro deputados petistas anunciaram que votariam contra a reforma e foram expulsos do pt: a senadora Heloísa Helena (al) e os deputados João

Fontes (SE), Luciana Genro (RS) e Babá (PA). O processo de expulsão se iniciou já em maio. Em julho, a revista de esquerda britânica *Socialist Review* organizou uma petição contra a expulsão dos quatro petistas, com adesão do linguista Noam Chomsky e do cineasta Ken Loach. Nos dias 13 e 14 de dezembro, em uma reunião em São Paulo, dirigentes como Eduardo Suplicy e Plínio de Arruda Sampaio e intelectuais como Emir Sader e Francisco de Oliveira discursaram contra a expulsão. Mas a proposta de expulsar os dissidentes venceu por 55 votos a 26. Os oito deputados petistas que se abstiveram na votação da Previdência não foram expulsos.

Os militantes expulsos tinham, e continuaram tendo, histórias valorosas de militância, mas a decisão da direção nacional foi correta. Se os dissidentes fossem perdoados, os punidos seriam os deputados que votaram com o governo. Eles arriscaram seriamente suas chances de reeleição, mesmo se o governo Lula desse certo. O Brasil tem um sistema eleitoral de lista aberta: os candidatos a deputado do mesmo partido concorrem entre si. Se os dissidentes pudessem não votar nas pautas impopulares e, ainda assim, se beneficiassem eleitoralmente quando o governo se tornasse popular, todos os petistas leais ao governo seriam derrotados por petistas dissidentes. Se o PT começasse a votar sistematicamente contra Lula em pautas impopulares, nenhum partido aliado arcaria sozinho com esse custo.

Os petistas que, sendo contra a reforma, votaram a favor dormiram com a consciência pesada. Por outro lado, se os radicais tivessem vencido e derrubado já no primeiro ano a estrutura de governança do primeiro governo de esquerda do Brasil, talvez não dormissem tranquilos.

As pequenas tendências às quais Luciana Genro (MES) e Babá (CST) pertenciam se consideraram expulsas junto com seus parlamentares e deixaram o PT. A Democracia Socialista de Heloísa Helena, entretanto, optou por permanecer, sofrendo apenas dissidências pontuais. Com o tempo, a decisão da DS de se manter no PT causaria conflitos com a organização trotskista internacional a que pertencia (o Secretariado Unificado da Quarta Internacional). Daniel Bensaïd, dirigente da organização na França, grande entusiasta da formação do PT e importante intelectual da esquerda francesa, disse temer que, se "as políticas neoliberais" de Lula continuassem, "em alguns anos, o 'modelo brasileiro' pareceria, em retrospecto, um exemplo de rendição inglória".[34] Em fevereiro de 2005, o Secretariado Unificado recomendou que a DS abandonasse o governo

Lula. A organização brasileira não concordou e acabou rompendo seus vínculos internacionais.

Os petistas expulsos se juntaram a outros dissidentes — como a "microtendência" de Milton Temer, Carlos Nelson Coutinho e Léo Lince — para formar o Partido Socialismo e Liberdade (PSOL).[35]

Em 9 de maio de 2004, o jornalista Larry Rohter, correspondente do *New York Times* no Brasil, escreveu uma coluna levantando a suspeita de que Lula fosse alcoólatra.[36] A qualidade jornalística da matéria era discutível. Além de referência a boatos não atribuídos, Rohter citou como fontes Diogo Mainardi, que mais tarde escreveria o livro *Lula é minha anta*,[37] Cláudio Humberto, ex-porta-voz de Collor, e Leonel Brizola, que já estava na oposição. A citação de Ali Kamel, diretor de jornalismo da Globo, dizendo que todos sempre viram os outros políticos bebendo uísque sem que isso virasse assunto, destoou do resto da matéria.

A reação do governo foi um absoluto desastre. O visto de permanência de Rohter no Brasil foi suspenso, o que constituía uma medida autoritária e inaceitável. A suspensão foi revertida poucos dias depois, mas o estrago estava feito. Por muitos anos, quando a direita brasileira quisesse questionar as credenciais democráticas do PT, usaria o caso Rohter como argumento.

Nos três capítulos anteriores, falamos de como os sindicatos tiveram muitos problemas no mundo todo quando as classes trabalhadoras da Índia e da China entraram no mercado mundial, quase dobrando a oferta global de força de trabalho. Esse processo trouxe enormes dificuldades para o PT nos anos 1990, mas ajudou muito o governo Lula na década seguinte.

À medida que os trabalhadores asiáticos consumiam mais, a demanda por diversos produtos que o Brasil vendia no exterior subia mais. Esses produtos eram as commodities, termo que costuma designar matérias-primas. Conforme os chineses — que eram muito, muito pobres — começaram a ganhar mais, aumentaram seu consumo de comida. O Brasil tem muitos produtos agrícolas para vender. A demanda chinesa por habitação, transporte público e obras governamentais também cresceu muito. O Brasil tem muito aço para vender.

ÍNDICE DE COMMODITIES UNCTAD (1994-2010)

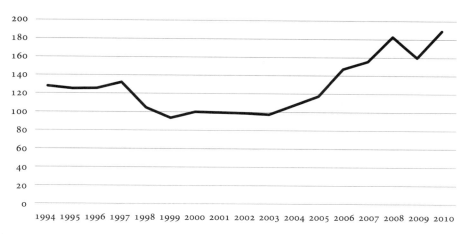

FONTE: UNCTADstat.

Lula assume a presidência quase exatamente quando se inicia o que ficou conhecido como "superciclo das commodities".[38] Entre 2003, quando Lula toma posse, até 2010, último ano de seu segundo governo, o índice de preços de commodities da UNCTAD sobe de 97,43 para 188,63. Quase dobra.[39]

O superciclo das commodities também pode ter ajudado no combate à pobreza no Brasil. Com o sucesso de nossas exportações, uma grande quantidade de dólares entrou no país. Quando aumentou a oferta de dólares no Brasil, o Real se valorizou. Os produtos importados ficaram mais baratos. Para quem trabalhava em setores que competiam com produtos importados (os *tradables*), isso gerou dificuldades. Mas a grande maioria dos pobres brasileiros trabalha com serviços (peão de obra, barbeiro, vendedor de loja) que não podem ser importados (*non-tradables*). Foram beneficiados pela moeda forte, sem sofrer concorrência internacional.

Para a indústria, o setor onde o PT nasceu, a situação era mais difícil: ela foi beneficiada pelo aumento de consumidores, mas o dólar barato lhe criou dificuldades para competir com produtos de outros países. Como vimos, uma parte importante do programa desenvolvimentista, caro à esquerda, era manter o Real desvalorizado para ajudar as exportações.[40] O superciclo das commodities dificultou muito o sonho petista de transformar o país em um

"Grande ABC", mas melhorou muito a vida dos pobres que nunca tiveram um ABC para onde ir.

A sorte da melhora do cenário internacional chegou bem na hora em que Palocci havia colocado a casa em ordem. A combinação entre ajuste e melhoria externa deu certo. Nelson Barbosa brinca dizendo que foi um caso raro de austeridade expansionista:[41] o governo brasileiro fez o ajuste, o setor externo entregou crescimento, e as duas dinâmicas interagiram positivamente.

O racha do PT em 2003 aconteceu por causa de uma reforma da Previdência que não aumentou a desigualdade de renda brasileira: os pobres ganhavam menos do que o teto proposto, e os funcionários públicos afetados, embora não fossem ricos, tinham uma situação bem melhor do que a grande maioria dos brasileiros. Na verdade, depois da regulamentação da aposentadoria dos servidores públicos em 2013, a tendência é que, com o tempo, a equiparação dos regimes previdenciários diminua um pouco a desigualdade brasileira.

Se os radicais que fundaram o PSOL queriam romper com o PT, teriam justificado melhor sua decisão pela falta de uma proposta tributária progressiva. Isso, sim, faltou no governo Lula.

O que teria feito o governo Lula não priorizar a tributação progressiva, que sempre foi uma bandeira do partido? Havia o diagnóstico de que reformas tributárias redistributivas não seriam aprovadas no Congresso? Ou a discussão da época não tinha mesmo o tema da tributação progressiva no centro? Para Tarso Genro, "foram as duas coisas". José Genoino concorda: "A gente interiorizou tudo isso. Teve cálculo político de que ia perder. Teve cálculo de que uma derrota cria problema de governabilidade, desencadeia um processo incontrolável".[42] Genoino reconhece, entretanto, que essa era uma briga que valia a pena ser comprada, mesmo que fosse para perder.[43] Pelo menos um membro da equipe de Palocci concorda que a falta de uma proposta de taxação progressiva foi um erro.[44]

O próprio Palocci era cético em relação à possibilidade da distribuição via tributação. O ex-trotskista achava justo que se cobrassem mais impostos sobre os ricos. Mas as alternativas que eram discutidas na época, como o imposto sobre grandes fortunas, lhe pareciam ineficazes: os ricos tinham infinitas maneiras de esconder riqueza e tirá-la do país. Por isso, sua aposta era na redistribuição de renda pelo lado do gasto, com a focalização do gasto governamental nos mais pobres.

Isso teve.

Em 2011, a Fundação Getulio Vargas publicou uma pesquisa, conduzida pelo economista Marcelo Neri, analisando a evolução da pobreza e da desigualdade na primeira década do século XXI. Em oito desses dez anos, o Brasil foi governado pelo PT.

Em um certo ponto do relatório, há uma lista dos grupos que mais progrediram na década. Ela parece saída de um panfleto de fundação do PT listando quem o partido pretendia representar: "A renda de grupos tradicionalmente excluídos, como negros, analfabetos, mulheres, nordestinos, moradores das periferias, campos e construções, cresceu mais no século XXI".[45] A renda dos brasileiros negros subiu 43%, contra 21% dos brasileiros brancos. A renda dos brasileiros analfabetos cresceu 47%, contra queda de 17% dos brasileiros com curso universitário. A renda dos brasileiros nordestinos subiu 42% contra 16% dos brasileiros do Sudeste.[46] Segundo o estudo da FGV, entre 2001 e 2011, a renda dos 10% mais pobres cresceu 69,08% per capita e a dos 10% mais ricos cresceu 12,8%. Como disse Neri, a renda dos pobres brasileiros, na era Lula, teve "crescimento chinês".

De longe, a maior conquista do governo Lula foi a redução da pobreza. A medida exata dessa redução varia segundo a linha de pobreza adotada e pelo tipo de dados utilizado pelo pesquisador, mas a conclusão é que Lula reduziu a pobreza brasileira mais ou menos pela metade. Pela medida de Marcelo Neri, nos anos do governo Lula, a pobreza caiu 50,64%. É um resultado bem melhor do que os já expressivos 31,9% de queda ocorridos durante o governo FHC.

Esses resultados foram obtidos por uma série de medidas propostas por gente diferente, com visões ideológicas diferentes, da turma de "A Agenda Perdida" às reivindicações das centrais sindicais, usando tanto políticas focalizadas quanto políticas universalistas.

O melhor resultado das políticas focalizadas foi o Bolsa Família, a marca registrada do lulismo.[47] A proposta era a mesma que José Márcio Camargo fez ao governo paralelo em 1991: transferências de dinheiro focalizadas nas famílias mais pobres, condicionadas ao cumprimento de certas metas sociais (frequência escolar dos filhos, vacinação etc.).

Criado em outubro de 2003, o Bolsa Família oferecia um benefício básico a famílias em extrema pobreza; e um complemento a famílias na pobreza ou na extrema pobreza que tivessem filhos. Em anos posteriores, os governos Lula e Dilma acrescentariam outras transferências a famílias que tivessem filhos adolescentes (2007) e um complemento (*top-up*) para garantir que a renda per capita dos beneficiários superasse a linha de extrema pobreza (2013). O custo do Bolsa Família girou em torno de 0,5% do PIB desde a consolidação do programa. Em 2004, eram 6 milhões de pessoas no programa. Em 2006, último ano do primeiro governo Lula, o Bolsa Família já estava sendo pago a 11 milhões de famílias. Esse número subiu para 14 milhões de famílias em 2014, quase um quinto da população brasileira.[48]

O combate às fraudes, uma preocupação importante no começo do programa, foi aperfeiçoado ao longo do tempo, sob fiscalização da imprensa e com importantes melhorias institucionais. O ministro do Desenvolvimento Social, Patrus Ananias, ex-prefeito petista de Belo Horizonte, conta que

> fizemos uma parceria com os MPS estaduais e federal, fizemos parceria com a Justiça Eleitoral para punir candidatos que estivessem usando o programa de forma indevida. Fizemos uma ação republicana de trabalhar com governos estaduais e municipais de todos os partidos, procurando pôr em prática os princípios da Constituição. [...] Um jornalista foi ver quantos filiados do PT tinha na secretaria do Bolsa Família, entre as onze pessoas tinha um filiado do PT, que não estava ali por ser filiado. Eram gestores públicos, pessoas comprometidas.[49]

Desde 2004, quando seus efeitos começam a se fazer sentir com mais intensidade, o Bolsa Família vem mantendo as taxas de pobreza consideravelmente menores do que seriam sem o programa. Em média, em um dado ano, o Bolsa Família reduz a pobreza extrema brasileira em um quarto.[50] O Bolsa Família também reduz o nível da desigualdade brasileira, em uma proporção razoável se considerarmos o baixo custo do programa.

Mas não foram só os programas sociais focalizados que geraram bons resultados. Apesar do inegável êxito do Bolsa Família e de programas similares, a maior parte da queda da pobreza na Era Lula se deu pelos rendimentos no mercado de trabalho.

Após forte pressão das centrais sindicais, o governo Lula fixou uma regra para a recuperação de longo prazo do valor real do salário mínimo. Na Lei de

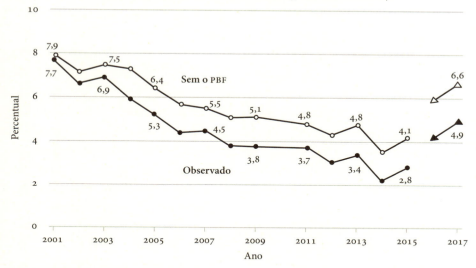

FONTE: SOUZA ET AL., 2019.[51]

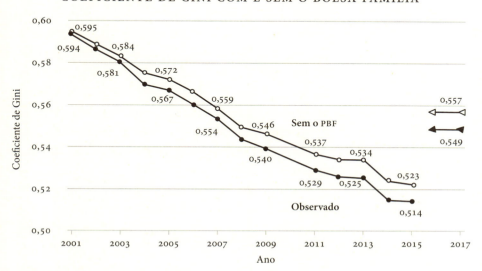

FONTE: SOUZA ET AL., 2019.[51]

Diretrizes Orçamentárias de 2005, foi estabelecido que o salário mínimo seria reajustado pela soma do valor da inflação com a taxa de crescimento do PIB per capita no ano anterior.[52] Em 2007, seria reajustado pela soma da inflação e do crescimento do PIB dois anos antes. Como resultado, o valor real do salário mínimo no final do governo Lula era uma vez e meia o valor real do salário no final da era FHC.[53]

Um dos exemplos mais frutíferos da tensão entre a equipe tucana de Palocci e o PT foi o caso da criação do programa de crédito consignado, um grande sucesso do governo Lula. As centrais sindicais reivindicavam empréstimos com juros mais baixos para os trabalhadores. Em um dado momento, Lula se dirigiu a Palocci e disse: "Palocci, quer subir o juro, sobe, foda-se, quer dar juro alto pro mercado, foda-se, mas você vai ter que arrumar um juro para os trabalhadores que seja bem mais baixo".[54] Palocci ficou atônito e fez piada: "É só pros caras de São Bernardo ou pra todo mundo?".[55] Lula disse que era pra todo mundo, e ele que se virasse.

Palocci se reuniu com a sua equipe com medo de ter recebido uma tarefa impossível. Mas os economistas bolaram uma solução, típica de quem se preocupa com microeconomia: uma das principais coisas que determinam o preço do crédito é a disponibilidade de garantias que podem ser dadas pelo devedor. O único bem que o trabalhador tem é seu salário: se ele puder oferecê-lo como garantia de empréstimo, os juros vão cair. Nasceu o crédito consignado, em que o empréstimo é pago com descontos automáticos do salário dos trabalhadores. Na época, sindicalistas da CUT e da Força Sindical pediram que o juro fosse tabelado em 2%. Palocci disse que se os sindicatos levassem aos bancos uma carteira de 30 mil associados pedindo empréstimos conseguiriam acordos melhores. Foi o que aconteceu: nos anos seguintes, como resultado das negociações com os bancos, os sindicatos conseguiram juros menores do que haviam reivindicado ao governo.[56] O acesso dos brasileiros ao crédito aumentou expressivamente, com juros menores.[57]

Os filhos desses trabalhadores que viram sua renda aumentar também passaram a ter melhores chances de chegar à universidade nos governos do PT, em especial depois da nomeação de Tarso Genro para o Ministério da Educação em 2004. Aqui também conviveram políticas de origens ideológicas diferentes. Criado em 2005, o ProUni, Programa Universidade para Todos, oferece bolsas de estudo para estudantes pobres estudarem em faculdades particulares, que, em troca, recebem isenções tributárias. Na prática, é um programa de vouchers, como os defendidos pelos liberais: os estudantes recebem o financiamento e escolhem a universidade privada de sua preferência. No final do segundo mandato, o governo Lula já havia concedido 748 mil bolsas, das quais 69% eram integrais e 48% foram destinadas a estudantes afrodescendentes.[58] Uma vez que há virtual paridade entre brancos e não brancos entre os bolsistas do ProUni, o programa ajudou a reduzir o diferencial de acesso entre negros e brancos à universidade, que seria novamente reduzido pela Lei de Cotas promulgada durante o governo de Dilma Rousseff.

No segundo governo Lula, o ProUni foi mantido enquanto houve uma grande expansão do número de vagas nas universidades federais. Em 2007, o Programa de Apoio a Planos de Reestruturação e Expansão das Universidades Federais (Reuni) fez com que o número de matrículas nas universidades aumentasse 41,4% até 2010.[59]

As universidades particulares que os alunos pobres frequentam com bolsas do ProUni não são tão boas quanto as universidades federais. A expansão de vagas nas universidades federais nem sempre foi acompanhada de expansão das condições de ensino de que as federais dispunham anteriormente. A expansão das matrículas na rede privada aconteceu de maneira muito concentrada nas maiores instituições, com risco de formação de oligopólios educacionais.[60] Mas isso provavelmente era inevitável em qualquer processo de expansão acelerada, e poderia ser corrigido por novas políticas públicas. O que é indiscutível é que, ao fim dos governos do PT, as chances de os estudantes pobres conseguirem um diploma universitário ainda não eram, nem de longe, tão boas quanto as dos estudantes ricos; mas haviam melhorado. As histórias de "primeira pessoa na família a se formar" se tornaram mais comuns.

Observe-se, ainda, que a expansão do ensino universitário não foi feita com o sacrifício do ensino básico, muito pelo contrário. A concentração dos gastos públicos no ensino superior sempre foi apontada como uma distorção do sistema educacional brasileiro. Ela caiu fortemente durante os governos do PT. Em 2003, o gasto por aluno no ensino superior era onze vezes o gasto por aluno no ensino básico. Em 2010, ao fim do governo Lula, era 4,5. Em 2014, ao fim do governo Dilma, era 3,7.[61]

Nada disso foi feito com sacrifício dos ricos. Os pobres chegaram nas universidades ao mesmo tempo que o número de vagas crescia. Os programas sociais de Lula eram baratos e não foram sustentados por impostos mais progressivos. A proporção da renda brasileira concentrada na mão dos 1% mais ricos continuou estável durante os governos do PT.[62]

Mas a parte de baixo da distribuição de renda se aproximou do centro: os pobres começaram a tirar a enorme distância que os separava da classe média tradicional. Como resultado de oito anos de forte crescimento pró-pobre no governo Lula, a desigualdade de renda, medida pelo coeficiente de Gini, caiu de 0,59 para 0,53. Essa queda, somada à do início do Plano Real, fez a desigualdade brasileira em 2010 voltar ao nível do começo dos anos 1960, antes do surto de desigualdade da ditadura.

Em 2003, Frei Betto assumiu o primeiro, e, ao menos até agora, único cargo público que ocupou em sua vida. Tornou-se assessor de Lula, responsável por fazer a articulação dos movimentos sociais com o Programa Fome Zero.

O Fome Zero foi uma bandeira eleitoral importante de Lula em 2002. Era um amplo projeto de transformação social que envolveria reformas estruturais (reforma agrária, apoio à agricultura familiar) e medidas emergenciais (distribuição de alimentos e um cartão-alimentação, que poderia ser usado para comprar comida). Seu mentor era o agrônomo José Graziano, nomeado ministro extraordinário de Segurança Alimentar e Combate à Fome.

O Fome Zero despertou grande entusiasmo em seu início, e recebeu uma grande quantidade de doações da sociedade civil. Segundo dados do Ministério do Desenvolvimento Social, até maio de 2004 o programa já havia recebido 850 mil toneladas de alimentos.[63] Mas o programa teve problemas desde o início. Era um programa que mobilizaria boa parte da energia dos diversos ministérios, mas foi pensado antes da formação da coalizão de governo. Ministros não petistas, e alguns entre os petistas, tinham outras opiniões sobre o que deveria ser feito. As reformas estruturais eram, naturalmente, lentas e politicamente difíceis. Lula, eleito em meio a enormes expectativas, precisava de resultados rápidos na luta contra a pobreza. Havia dificuldades logísticas para estocar e distribuir o grande volume de doações recebidas da sociedade civil.

No início, o programa seria implementado em cada cidade por um comitê gestor com dois terços de seus membros recrutados na sociedade civil (igrejas, escolas, empresas, sindicatos etc.) e um terço de representantes do poder público. Esses comitês teriam, inclusive, a função de deliberar sobre o cadastro dos participantes do programa e de denunciar fraudes.

Frei Betto tinha a esperança de que, nos comitês gestores do Fome Zero, fosse possível fazer um trabalho de politização dos beneficiários. Os programas sociais deveriam envolver também a participação popular em sua implementação, como forma de despertar a consciência política dos beneficiários. "Que diabo de 'programas de governo' são esses feitos apenas por acadêmicos, sem participação das lideranças populares?"[64] Tinha esperança de que nos comitês gestores surgissem novas lideranças que desafiassem o poder tradicional nas regiões mais pobres do Brasil.

Isso tudo apresentava riscos evidentes, que não escaparam a outros membros do governo: os comitês incluíam empresas e igrejas de várias denominações. O empresário Oded Grajew tinha a função de articular as empresas em torno do projeto, assim como Frei Betto articulava os movimentos sociais. Com isso, a esquerda ainda continuava muito mais forte do que as outras forças políticas no tipo de movimento social que tendia a participar dos comitês. O risco de "aparelhamento" dos comitês era razoável, e o risco de conflito com uma massa de prefeitos Brasil afora era próximo de 100%. Petistas com experiência administrativa alertavam que era ilegal delegar aos conselhos a responsabilidade de decidir sobre quem receberia os benefícios, difícil de implementar administrativamente e certeza de conflito com os prefeitos.[65]

Em outubro de 2003, por meio da Medida Provisória nº 132, o governo Lula criou o Bolsa Família, de que falamos acima. Embora, formalmente, o Bolsa Família fizesse parte do Fome Zero, logo adquiriu uma dimensão que eclipsou completamente o programa original.

No final de 2003, Patrus Ananias, ex-prefeito petista de Belo Horizonte, assumiu o comando dos programas sociais do governo. Como Betto, era originário do catolicismo progressista. Mas já tinha passado pelo choque de administrar uma grande cidade, onde aprendeu "como fazer as coisas, onde, quando, com quem, quanto custa".[66] Patrus discordava da ideia de transferir para a sociedade civil uma tarefa que era do Estado, do qual, aliás, faziam parte os prefeitos, todos eleitos por voto popular. Quando, em outubro de 2003, o Bolsa Família se tornou a principal política de combate à pobreza do governo Lula, sua gestão ficou a cargo das prefeituras.

Frei Betto deixou o governo no final de 2004, bastante desanimado com os rumos do programa e do governo. Em 2007, no epílogo de seu *Calendário do poder*, escreveu: "O governo Lula deveria apoiar sua governabilidade em suas próprias raízes: os movimentos sociais. No primeiro mandato, optou pela governabilidade institucional, desprezando a social".[67]

A ideia de politizar os beneficiários dos programas sociais nunca prosperou no governo Lula. Mas muitos petistas lamentam que o partido (não o governo) tenha fracassado em mobilizá-los politicamente. A posição de Gilberto Carvalho é comum em meio aos petistas entrevistados:

> entre um governo pedagogo e um governo doutrinador tem um limite muito pequeno. Chávez usou e abusou de formar grupos, brigadas, milícias, sei lá o quê. Não tô falando disso, mas [nos governos do PT] deveria ter tido algum processo de conscientização. Criamos milhões de consumidores, mas não conseguimos criar cidadãos.[68]

Essa ideia de que a socialização pelo consumo não cria cidadãos foi uma constante das críticas de esquerda ao governo Lula, e vários petistas entrevistados para este livro compartilhavam dessa frustração. Mas é bom ter cuidado com essa ideia: ela subestima o quanto o consumo é importante na vida social moderna.

Entre 2009 e 2014, as antropólogas Rosana Pinheiro-Machado e Lucia Scalco conduziram uma pesquisa de campo em Morro da Cruz, uma comunidade pobre na periferia de Porto Alegre.[69] Encontraram muitos moradores que, embora continuassem pobres, tiveram seu primeiro encontro com o mercado de bens de qualidade nos anos anteriores. Esse encontro não os fez militantes nem os fez correr para se filiarem ao sindicato, mas teve efeito importante sobre sua autoestima e sobre sua percepção das próprias possibilidades na vida. Houve uma ruptura parcial de atitudes de subalternidade causada pelo orgulho de consumir os mesmos bens, frequentar os mesmos lugares que "as madames" e "entrar pela porta da frente".

É arriscado apostar que o efeito de longo prazo desse processo será a despolitização. Afinal, nos anos 1970, muita gente na esquerda achou que os metalúrgicos do ABC eram integrados demais ao capitalismo para liderar um movimento de contestação.

* * *

O crescimento do nível de renda dos pobres brasileiros deu margem a um rico debate intelectual que durou grande parte do tempo do PT no governo. O economista Marcelo Neri, especialista em estudos sobre pobreza, criou o conceito de "nova classe média" para descrever a "nova classe C", o grupo de trabalhadores que passou a ter carteira assinada (com os benefícios correspondentes) e acesso a bens de consumo que iam além da subsistência (eletrodomésticos baratos, celulares) e, em alguns casos, incluíam viagens e automóveis populares.[70]

Embora Neri monte sua classificação a partir do nível de renda das pessoas, o principal traço da "nova classe média" é o emprego formal: Bolsa Família e outros benefícios são mais importantes para as classes D e E, que têm mais dificuldade de conseguir emprego com carteira assinada. Durante os anos Lula, 29 milhões de brasileiros subiram das classes D e E (as mais pobres) para a classe C. A "nova classe média" passou a compor 50,45% da população brasileira em 2011.

A definição de "classe média" de Neri é bastante diferente da noção tradicional de "classe média" no Brasil. A classe média tradicional tem nível educacional de médio a alto, ou até muito alto: os professores universitários fazem parte da classe média tradicional. Seus membros costumam ter empregada doméstica e trabalham no setor público, no comércio médio, nas profissões liberais. Neri não propôs que mais da metade da população brasileira havia atingido esse nível de bem-estar, que, na verdade, é característico da classe média dos países ricos. Em termos da renda do mundo inteiro, a "nova classe média" brasileira está na média, como também estão outros grupos que ascenderam socialmente em outros países de renda média e baixa nos anos 2000.[71] Em termos de políticas públicas, a análise de Neri indica a necessidade de políticas educacionais e de apoio ao empreendedorismo popular.

A proposta de Neri foi duramente criticada pelo economista Marcio Pochmann.[72] Diante da distância da classe C para a classe média tradicional, surgida durante o processo de industrialização brasileira, Pochmann propôs chamar a "nova classe C" de "nova classe trabalhadora". A denominação classe média seria apenas para aqueles setores que durante o processo de industrialização brasileira (a classe média tradicional) pularam de nível educacional e já têm acesso a um nível de bem-estar ao menos comparável ao de um morador médio de país rico. O argumento de Pochmann tem consequências políticas: na sua caracterização, os problemas da "nova classe média" são muito mais próximos dos problemas da classe trabalhadora "clássica", e devem ser encaminhados politicamente da mesma forma.

O sociólogo Jessé Souza[73] concorda com a crítica de que "nova classe média" tem uma carga ideológica que deve ser evitada, mas dá muito menos ênfase do que Pochmann na defesa de retomada do processo de industrialização ou do crescimento econômico nos moldes do século XX. No prefácio a seu livro, o filósofo Roberto Mangabeira Unger diz explicitamente que os trabalhadores brasileiros não precisam passar pelo fordismo para alcançar o pós-fordismo. A partir de uma série de estudos qualitativos, Jessé Souza propôs uma distinção entre "batalhadores" e "ralé". O mérito de Souza, que coordenou uma série de estudos qualitativos em feiras, empresas de telemarketing e outras ocupações dos "batalhadores", está na descrição das atitudes culturais desse setor social. Os "batalhadores" são pobres, mas não estão presos em armadilhas de pobreza causadas por desagregação familiar ou comunitária: contam com redes de proteção familiar e comunitárias, sobretudo, mas não somente, nas Igrejas. Suas chances de mobilidade ainda são ruins, mas já não são baixíssimas, como as da "ralé". Souza, assim como Neri, parece mais propenso a defender políticas que promovam a ascensão dos "batalhadores" a partir da situação em que estão, sem necessariamente transferi-los para ocupações na indústria ou em outros setores que costumavam empregar a classe média tradicional.[74]

O debate sobre como os pobres socialmente ascendentes se constituirão de forma política, bem como sobre a melhor maneira de inseri-los em um processo de desenvolvimento de longo prazo, continua em aberto no momento em que este livro é escrito. As oscilações eleitorais bruscas desse eleitorado entre esquerda e direita, nos últimos anos, mostram que a questão ainda não se resolveu na prática. Quando o líder dos entregadores de São Paulo, Paulo Galo, sugere uma organização que misture sindicato e cooperativa,[75] nota-se que a configuração política dessa classe ainda está em construção.

Os governos do PT no Brasil, do Partido Socialista no Chile e do Frente Amplio no Uruguai são exemplos do que o cientista político uruguaio Jorge Lanzaro chamou de "social-democracias tardias", surgidas após o fim da era de ouro keynesiana do pós-Guerra.[76] Os três partidos se originaram no marxismo ou em outras vertentes socialistas radicais, mas moderaram suas posições durante seu processo de crescimento. Chegaram ao poder depois de vinte anos de fortalecimento na oposição, e disputavam o poder em sistemas eleitorais razoavelmente consolidados. Como escreveu Pedro Floriano Ribeiro em um dos principais estudos existentes sobre o PT, "Uma base sindical de massa, práticas reformistas de gestão do Estado e da economia, amplas alianças políticas e sociais, inclusive com o empresariado: isso é a social-democracia no mundo, e esse é o PT".[77]

Partidos como o PT, o PS chileno e o Frente Amplio eram bastante diferentes dos movimentos políticos "bolivarianos" surgidos na América Andina, que, segundo Lanzaro, eram mais semelhantes a manifestações tradicionais do populismo latino-americano.[78] Entre os casos puros do chavismo e do Partido Socialista chileno há vários casos intermediários: os bolivarianismos não foram todos iguais, e o Movimento ao Socialismo (MAS) boliviano, em especial, é um caso muito complexo. De qualquer forma, nos anos 2000, o padrão foi claro: quanto mais forte fosse o partido de esquerda sul-americano, mais próximo da social-democracia seria seu governo.

Se as social-democracias latinas cresceram em um ambiente institucional muito menos favorável do que as europeias, por outro lado, a globalização dos anos 2000 lhes foi muito mais favorável: enquanto os partidos social-democratas europeus sofriam com a perda de suas bases operárias tradicionais — que, inclusive, às vezes migravam para a direita populista —, o superciclo de commodities ajudou imensamente as social-democracias latinas.

No caso brasileiro, a dinâmica de classes da social-democracia petista foi bem descrita por Lincoln Secco: em vez de se aproximar da classe média, o PT moderou seu discurso se aproximando dos trabalhadores mais pobres que os operários industriais; em grande parte da Europa, essa categoria sempre existiu, mas não era numerosa o suficiente para vencer eleições. Em um país com uma grande maioria de pobres e uma desindustrialização precoce, o voto dos excluídos decide eleições.

Além disso, há uma diferença entre o caso do PT e as histórias dos socialistas chilenos e do Frente Amplio uruguaio. As ditaduras chilenas e uruguaias dos anos 1970 extinguiram os partidos políticos. Quando esses regimes caíram, os partidos antigos foram recriados ou novos partidos foram criados do zero.

O PT chegou ao poder em um sistema político de história completamente diferente. A ditadura militar brasileira extinguiu os partidos existentes, mas criou novos partidos (Arena e MDB), que competiam em eleições estritamente controladas pelo regime. Foram esses partidos que conduziram a transição brasileira. Nos anos 1980, aproveitaram as oportunidades de corrupção surgidas na transição democrática: ainda não havia instituições de controle consolidadas, mas já havia campanhas eleitorais a serem pagas. As empresas que bancavam os aliados dos militares não tiveram problema em depositar dinheiro em outras contas bancárias. O sistema político da Nova República, nas décadas seguintes, foi sustentado por essas doações.

O PT aderiu às regras desse jogo a partir de 1998. Mas sua vitória fez com que o jogo mudasse, não necessariamente a seu favor.

12. Comandando o atraso

No fundo, nós disputamos quem é que comanda o atraso.

Fernando Henrique Cardoso, em entrevista de 2005,
sobre a disputa entre PT e PSDB[1]

O deputado Roberto Jefferson é um típico político brasileiro do "Centrão". No início dos anos 1990, Jefferson ganhou notoriedade por ter sido o líder da "tropa de choque de Collor", os parlamentares que continuaram ao lado do presidente da República até o impeachment. Seu partido era o PTB, que roubou a sigla de Brizola em 1980. O PTB apoiou todos os governos brasileiros desde o último da ditadura. No segundo turno de 2002, o PTB decidiu apoiar Lula, contra a opinião de Jefferson.

Apesar de ter sido relator do projeto de uniões civis de Marta Suplicy (popularmente conhecido como "casamento gay"),[2] o histórico de Jefferson com o PT era muito ruim. O partido bateu muito em Jefferson durante a campanha pelo impeachment. Jefferson considerava os petistas radicais, moralistas e hipócritas. Em seu livro de memórias, escrito em 2006, Jefferson escreveu que a decisão de apoiar o PT lhe deu vontade de vomitar.[3] O sentimento era mútuo: um dos principais ministros de Lula conta que, na primeira vez que teve que apertar a mão de Jefferson como aliado, sentiu "um mal-estar físico, porra, não tô acreditando, pra quem lutou na Constituinte ele era símbolo daquele negócio mais filho da puta, mais sórdido".[4]

Acordos entre políticos que se odeiam são comuns em toda parte do mundo. Mas a repulsa mútua entre Jefferson e os petistas era sintoma de um problema maior: a brutal diferença do PT com relação a seus aliados de direita, não só em termos de ideologia como, sobretudo, em termos de trajetória histórica. O PP, de Paulo Maluf, que agora apoiava o PT, era o descendente mais direto da ditadura militar no sistema político brasileiro.

O PTB de Jefferson percebeu nisso uma oportunidade: com apoio do governo do PT, reorganizou todos os seus diretórios estaduais com novos direitistas que queriam apoiar o governo Lula, mas não queriam entrar no PT, onde, aliás, não seriam bem-vindos. Foi um sucesso: o PTB passou de 26 deputados eleitos em 2002 para 55 deputados em poucos meses.

Como grande parte dos políticos brasileiros da época, Jefferson considerava normal uma série de práticas que eram obviamente crimes.

Para ele, em todos os governos até ali,[5] os partidos apoiavam o governo em troca de cargos, em especial de diretorias de empresas estatais.[6] Os partidos queriam esses cargos para poder extrair contribuições de campanha das empresas que prestavam serviço ao governo. Jefferson sabia que esse sistema não era ideal,[7] mas não considerava isso suborno. O partido recompensaria a empresa aliada com pagamentos em dia e deixando de lhe impor entraves burocráticos desnecessários.[8] Isto é, empresas que não pagassem não receberiam seus pagamentos e estariam sujeitas a todo tipo de constrangimento burocrático. Mas Jefferson não considerava isso suborno.

O deputado dizia, inclusive, que o PT estava certo em oferecer os serviços de informática dos Correios a uma empresa aliada;[9] não era justo que as empresas aliadas do PSDB fossem preferidas para sempre.[10] Segundo Jefferson, o que mudou ao longo do tempo foi o tipo de empresa que doava mais dinheiro. No governo JK havia repasse de empreiteiras aos partidos,[11] e, na ditadura militar, "as empreiteiras viveram seu auge".[12] As empreiteiras teriam perdido espaço com as privatizações e a redução do investimento público no governo FHC, sendo substituídas por prestadoras de serviços públicos, como empresas de ônibus e de coleta de lixo.

Jefferson também achava normal que as campanhas eleitorais fossem pagas com o dinheiro coletado nas estatais, o célebre "caixa dois". O termo "caixa dois", tal como é usado em quase todo discurso de políticos brasileiros, é propositadamente ambíguo. Em tese, para estar no caixa dois, o dinheiro só precisa não ter sido declarado à Justiça Eleitoral. Como diria Delúbio Soares, tesoureiro do PT, tratar-se-ia de "recursos não contabilizados". O que normalmente se omite é que há um motivo para esse dinheiro não ter sido contabilizado: em geral, são contribuições de empresas que fazem negócios com o governo. Essas contribuições podem ser fruto de extorsão — quando os políticos deixam claro que só fará negócios com o governo quem pagar suborno. Também podem ser pagamentos feitos por cartéis de empresas que fraudam licitações públicas e subornam políticos para que eles não denunciem o esquema. Os mecanismos são vários, mas raramente são 100% honestos.

Jefferson não se opunha, portanto, a que o PT se financiasse com caixa dois. Ele se opunha a outra coisa. Segundo o petebista, o governo petista não estava distribuindo os cargos de onde se pudesse extrair dinheiro: só estava distribuindo dinheiro. Era o "Mensalão".

Segundo Jefferson, o PT teria montado um caixa único de contribuições ilegais das empresas que prestavam serviços ao governo. Esse caixa seria centralizado na figura do tesoureiro Delúbio Soares e do secretário-geral do PT, Silvio Pereira (o "Silvinho"). Os dois eram subordinados ao ministro da Casa Civil, José Dirceu.[13] O esquema teria sido operacionalizado por meio de contratos fraudulentos com a agência do publicitário Marcos Valério, que já havia prestado serviços semelhantes ao PSDB, PMDB e PFL.[14] Esse dinheiro teria sido, então, entregue aos aliados do PT.

Não há provas de que o PT tenha mesmo constituído um caixa dois único, como denunciou Jefferson. E investigações posteriores no âmbito da Operação Lava Jato mostraram que PP e PMDB, em troca de apoio ao governo petista, ganharam, sim, cargos de onde puderam fazer seus próprios caixas dois. É difícil saber se a descrição de Jefferson do "caixa único" é incompleta, falsa ou verdadeira apenas sobre os primeiros anos do governo.

Mas a ideia de que o PT teria preferido ficar com os cargos e repassar o caixa dois a seus aliados é consistente com algumas evidências. Havia muito mais petistas no governo do que era justificável pelo tamanho da bancada do PT no Congresso. Isso era, até certo ponto, compreensível: independentemente do fisiologismo (do qual o PT não era inocente), o partido tinha diferenças ideológicas maiores com seus aliados de direita do que governos anteriores.[15] Os ocupantes desses cargos não se limitavam a desviar recursos: também decidiam políticas públicas. Suas preferências de política pública costumavam ser diferentes das dos petistas.[16] O próprio PT admitiu que transferiu dinheiro para seus aliados, alegando que se tratava de "ajuda" para o financiamento de campanha. Esse dinheiro pode, sim, ter sido um substituto para os cargos não oferecidos: em outros governos, talvez os aliados recebessem menos dinheiro do partido governante porque o extraíam diretamente dos cargos que ganhavam no governo.

Jefferson achava normal o caixa dois, mas não o caixa único. Diante da proposta dos repasses em dinheiro, teria dito "Isso é mesada, é coisa de Câmara de Vereadores de quinta categoria. [...] Se nós participamos da estrutura do poder, temos que ter autonomia para fazer o caixa do PTB".[17] Em outro momento, teria dito a petistas que "Quem faz caixa no meu partido sou eu. Não aceito mesada de vocês".[18]

Jefferson se reuniu com Lula em janeiro de 2005 e lhe contou sobre o Mensalão. Segundo o deputado, isso teria interrompido os pagamentos e causado uma derrota importantíssima para o governo: Luiz Eduardo Greenhalgh, seu candidato à presidência da Câmara dos Deputados, foi derrotado por Severino Cavalcanti, do PP. O vitorioso era o mesmo deputado que, em 1997, havia perguntado, nos debates sobre a igualdade matrimonial, se o representante do movimento gay era passivo ou ativo.[19]

Depois da derrota da eleição da Câmara, Jefferson passou a achar que Dirceu o culpava pela desorganização da base parlamentar governista. Quando um escândalo envolvendo um indicado pelo PTB nos Correios[20] foi divulgado pela imprensa, achou que a notícia havia sido plantada pelo PT.[21] Não se sabe se foi, mas o que importa é que Jefferson acreditou que tenha sido, e isso explica suas atitudes dali em diante. Jefferson não quis cair sozinho.

Em 6 de junho de 2005, Roberto Jefferson deu uma entrevista à jornalista Renata Lo Prete, da *Folha de S.Paulo*.[22] Discutiu as acusações contra ele e contou sua versão sobre como o PT havia instituído um "Mensalão" para pagar deputados da base parlamentar. Disse que havia alertado Lula e que, depois disso, os pagamentos haviam parado. No dia 12 de junho, deu nova entrevista à *Folha*. Dessa vez, afirmou que Dirceu, Genoino, o secretário-geral do PT, Silvio Pereira, e o tesoureiro do partido, Delúbio Soares, estavam envolvidos.

Na crise política que se instaurou, o PT perdeu vários de seus melhores quadros. No dia 16 de junho, Dirceu pediu demissão da Casa Civil, sendo substituído pela ministra de Minas e Energia, Dilma Rousseff. No dia 9 de julho, Genoino renunciou à presidência do PT. No dia 13, Luiz Gushiken, que seria absolvido no caso anos depois, perdeu o status de ministro, mas permaneceu no governo. O PT acabou expulsando Delúbio, que seria readmitido no partido anos depois, e Silvinho, desmoralizado quando se descobriu que havia recebido um carro de luxo de uma fornecedora da Petrobras.

Foi constituída uma CPI em que a oposição conseguiu dar enorme visibilidade às denúncias. Em seu depoimento à comissão, o publicitário Duda Mendonça declarou que recebera dinheiro de caixa dois como pagamento pela campanha de 2002. Deputados da esquerda petista no Congresso foram filmados às lágrimas. "Foi penoso, foi doloroso",[23] lembra o deputado Chico Alencar. Ao final da investigação, ficou claro que o esquema do PT com o publicitário Marcos Valério era claramente irregular, e que dinheiro ilegal fora transferido pelo partido a seus aliados.

Mesmo petistas e ex-petistas que admitem que havia caixa dois e repasses ilegais de campanha para os aliados de direita dizem nunca terem ouvido falar de mesada.[24] O próprio Jefferson declarou que o deputado Bispo Rodrigues criou o esquema no PL, e que no PP o dinheiro era distribuído na casa do presidente do partido, José Janene. Um ex-deputado, que em 2005 foi um crítico duro dos acusados no Mensalão, admite que "Nisso eles [os petistas acusados] podem ter razão. Talvez só dessem o dinheiro e, daí em diante, quem quisesse fazer mesada fazia, quem quisesse distribuir em bingo distribuía".[25] Também é possível que a vasta maioria do partido, como sustentava o próprio Jefferson, não soubesse do esquema, e que a operacionalização fosse feita apenas por um grupo pequeno da direção.

O que estava claro era que, qualquer que fosse a sistemática envolvida, o PT estava financiando suas campanhas com caixa dois e tirando dinheiro de lá para comprar aliados que jamais haviam apoiado ou viriam a apoiar no futuro um governo de graça. Os petistas no governo podiam não participar do processo ou conhecer seus detalhes, mas tinham muito poucas ilusões sobre o que estava em jogo. Como conta um ex-ministro de Lula, "A gente precisava desses caras [os aliados de direita] pra aprovar ProUni, Bolsa Família etc. A gente sabia que eles iam pros ministérios, para as empresas estatais, para fazer do jeito deles. A gente fechou os olhos e disse, vamos cuidar do essencial, que era a fome".[26]

A imagem do PT dos anos 1990, "udenista", porta-estandarte do combate à corrupção, nunca mais se recuperaria.

Em 2014, teve início a Operação Lava Jato, a maior investigação da história sobre a corrupção no sistema político brasileiro. Como veremos nos capítulos a seguir, a operação teve desdobramentos políticos de curto prazo muito ruins. Isso não apaga, entretanto, sua maior realização: a demonstração, com provas consistentes, de que as campanhas eleitorais dos grandes partidos políticos brasileiros (inclusive as do PT) eram pagas com dinheiro que o cartel das empreiteiras ganhava fraudando licitações públicas.

Os desdobramentos da Lava Jato serão discutidos nos próximos capítulos, mas os desvios que a Lava Jato identificou aconteceram dez anos antes de sua descoberta. As investigações mostraram que, no governo Lula, havia grandes desvios de dinheiro em três diretorias da Petrobras: Paulo Roberto Costa, diretor de Abastecimento, desviava dinheiro para o Partido Progressista (PP); Jorge Zelada, diretor internacional, desviava para o PMDB; Renato Duque, diretor de Serviços, desviava para o PT.[27] Em 2015, a Petrobras admitiu perdas de 6 bilhões de reais decorrentes dos desvios.[28] O procurador federal Deltan Dallagnol, que atuou na acusação dos processos da Lava Jato, declarou que as perdas poderiam chegar "possivelmente" a 20 bilhões.[29] Como disse o ex-governador petista da Bahia Jaques Wagner, "[o PT] acabou reproduzindo metodologias. Talvez, porque nunca foi treinado para isto, deve ter feito como naquela velha história: 'Quem nunca comeu melado, quando come, se lambuza'".[30]

Quando foi descoberto, dez anos depois, o escândalo ficou conhecido como "Petrolão". O impacto na militância petista foi muito duro: o Mensalão envolvia a cooptação de aliados. Os petistas já tinham uma opinião péssima sobre eles. Quando o autor deste livro comentou com um colega petista que Roberto Jefferson havia denunciado corrupção no governo Lula, ouviu a seguinte resposta: "Bom, a gente já deveria ter sacado que havia corrupção quando ele passou a nos apoiar".

Na Petrobras também havia isso, mas havia gente desviando dinheiro diretamente para o PT. Isto é, o Partido dos Trabalhadores, fundado do jeito como descrevemos nos primeiros capítulos, indicou Duque para desviar dinheiro da empresa-símbolo do desenvolvimentismo brasileiro ao partido. Lembre-se: Lula lançou a ideia de construção do PT em uma reunião do sindicato dos petroleiros. Os desvios na Petrobras são, sem dúvida, o episódio mais vergonhoso da história do Partido dos Trabalhadores.

O nome "Petrolão" foi uma escolha da oposição. Além da sonoridade parecida com "Mensalão", dava a impressão de que os desvios na Petrobras, como o Mensalão, haviam começado no governo Lula. É compreensível que os rivais do PT tentassem vender essa ideia, mas ela é falsa.

A corrupção na Petrobras certamente já existia antes de o PT chegar ao poder, e não parece ter sido pequena. Em 1992, quando Itamar Franco se tornou presidente da República, nomeou Joel Rennó presidente da Petrobras por indicação do PFL e de setores do PSDB do Rio de Janeiro.[31] Na gestão de Rennó, a Petrobras escolheu, para construir duas grandes plataformas de petróleo, uma empresa de nome Marítima. A Marítima estava em uma situação financeira difícil e não tinha nenhuma experiência no setor. O valor dos contratos girava em torno de 2 bilhões de dólares,[32] em valores atualizados. Uma das plataformas, a P-36, afundou em 2001. O dono da Marítima, Germán Efromovich, foi preso pela Lava Jato em 2020, por outros crimes. Os crimes da década de 1990, se tinham acontecido, já eram prescritos.[33]

Em sua já clássica obra sobre a empreiteira Odebrecht,[34] a jornalista Malu Gaspar conta que FHC havia mantido Rennó no cargo a pedido de Antônio Carlos Magalhães, do PFL.[35] Segundo Gaspar, FHC queria se livrar de Rennó, mas só conseguiu fazer isso em 1999. O atraso foi causado por medo de que, em caso de demissão de Rennó, o PFL desse início a uma crise política.[36] O mesmo Antônio Carlos Magalhães foi presidente da Eletrobrás durante a ditadura militar, época em que a Odebrecht ganhou o direito de construir as usinas nucleares brasileiras em Angra dos Reis. Na época, a imprensa brasileira era controlada pela ditadura, mas a alemã não era: em 1978, a revista Der Spiegel denunciou que o programa nuclear brasileiro era repleto de irregularidades e que as usinas de Angra 2 e Angra 3 foram concedidas à Odebrecht sem licitação.[37]

Além disso, o cartel das empreiteiras já havia sido denunciado, sem sucesso, pela esquerda, no começo dos anos 1990. Durante as investigações da CPI do Orçamento, o senador João Paulo Bisol, candidato a vice na chapa de Lula em 1989, teve acesso a documentos que mostravam o funcionamento do cartel e suas relações com o mundo político. Levou os fatos ao conhecimento da CPI em dezembro de 1993. Um deputado conservador foi às lágrimas, outro teve uma crise de hipertensão, e um terceiro, depois de gritar que Bisol era gay, puxou uma arma contra o socialista no restaurante do Senado.[38]

Bisol cometeu um erro bobo em sua apresentação, o que a Odebrecht usou para desmoralizá-lo.[39] Mas é óbvio que as investigações morreram porque os congressistas pagavam suas campanhas com o dinheiro das empreiteiras. As instituições brasileiras ainda não eram tão fortes como se tornaram depois de 2013 para enfrentar o problema. E os partidos conservadores que recebiam quase todo o suborno do cartel das empreiteiras no começo dos anos 1990 eram muito mais fortes do que o PT jamais seria.

> É forçoso reconhecer o mérito do governo do ex-presidente Luiz Inácio Lula da Silva no fortalecimento dos mecanismos de controle, abrangendo a prevenção e repressão, do crime de corrupção, especialmente nos investimentos efetuados na Polícia Federal durante o primeiro mandato, no fortalecimento da Controladoria-Geral da União e na preservação da independência do Ministério Público Federal mediante a escolha, para o cargo de procurador-geral da República, de integrante da lista votada entre membros da instituição.

O trecho acima é o item 793 da sentença que condenou Lula à prisão em 2018.[40] Foi escrita pelo juiz Sergio Fernando Moro, da 13ª Vara Federal de Curitiba, cuja relação com o Partido dos Trabalhadores não é de simpatia mútua.

Das medidas citadas por Moro, uma merece especial atenção: a indicação do procurador-geral da República, autoridade a quem cabe processar o presidente por crime comum. Na Constituição de 1988, a autonomia do Ministério Público tem esse limite: o PGR seria indicado pelo presidente da República. Isso, para juristas próximos do PT, como Fábio Konder Comparato, limita a autonomia do MP: "O MP não é independente do poder que ele deve fiscalizar e eventualmente investigar".[41]

Durante a escolha de um novo PGR, os procuradores realizam uma votação e enviam ao presidente a lista dos três mais votados. Mas o presidente tem autoridade para ignorar a lista. Historicamente, os presidentes da República haviam nomeado PGRs amigáveis, fossem ou não fossem eles os mais votados por seus pares.

Os governos do PT sempre nomearam o primeiro da lista para PGR. Nenhum governo havia feito isso, nenhum fez depois que o PT saiu do governo. Os presidentes petistas abdicaram de uma blindagem importante, que havia protegido os governos anteriores e, sobretudo, protegeria governos posteriores contra denúncias de corrupção.

Parece ótimo, mas a pergunta se impõe: por que o PT resolveu combater a corrupção ao mesmo tempo que praticava corrupção e distribuía dinheiro a seus aliados?

Uma parte da explicação é simples: não eram as mesmas pessoas fazendo as duas coisas. O setor responsável pela articulação política lidava com caixa dois, PL, PTB e PP. Os juristas do PT faziam suas reformas no Ministério da Justiça.

Mas mesmo que o núcleo central do governo não soubesse de todas as irregularidades no trato com a base parlamentar ou de todos os detalhes das reformas anticorrupção, alguém deve ter notado que as duas estratégias eram conflitantes.

Segundo um jurista próximo do partido e que participou das discussões na época, o plano inicial dos reformadores era combater a corrupção e promover uma reforma política, mas o governo avaliou que não teria força para bancar a reforma. Daí em diante, a cooptação das alianças e o combate à corrupção correram separados. "A gente tinha uma aposta de que uma coisa ia naturalmente acabar com a outra. A gente imaginava que, se construísse as instituições corretas, naturalmente você acabaria com a corrupção. As pessoas iriam sendo presas aos poucos."

Hoje, a expectativa de que o processo fosse incremental e harmonioso parece obviamente errada. Mas ela tinha uma base na realidade. Até então, as investigações de corrupção raramente iam muito longe. Por exemplo, segundo a mesma fonte, nas nomeações de Lula para o STF, ninguém perguntava aos candidatos o que fariam se alguma autoridade petista fosse a julgamento pelo tribunal. Nenhum político importante jamais tinha ido.

Se essa explicação estiver correta, os petistas envolvidos em corrupção não compreenderam a dimensão do que aconteceu quando o partido ganhou a presidência da República em 2002.

Segundo os cientistas políticos Marcus Melo e Carlos Pereira, há um volume razoável de evidências de que a alternância no poder aumenta a autonomia do Judiciário e das demais instituições de controle.[42] Há vários mecanismos que podem explicar isso, mas um deles é evidente: partidos que se alternam no poder são mais fracos do que os que ganham sempre.

O PT era particularmente fraco. A esquerda não tinha — e ainda não tem — um único veículo de mídia de massa. Além disso, o partido despertava desconfiança na elite econômica e, pelo menos até 2003, ninguém ainda lhe devia favores. Os petistas nunca chegaram perto de ter maioria parlamentar, muito menos a maioria dos governos estaduais e das prefeituras. O partido nunca teve um general. A distribuição de poder na Nova República foi decisivamente influenciada pelos acordos políticos da transição pós-ditadura, conduzida por dissidentes do antigo regime e pelo PMDB, enquanto os petistas haviam se recusado a participar dessa negociação.

Isto é, se o PT estava contando, ao aderir às práticas tradicionais da política brasileira, que teria a mesma blindagem dos partidos mais velhos, errou feio. No momento em que o partido aceitou entrar no jogo, o jogo mudou. Agora a presidência era ocupada por um grupo com uma capacidade incomparavelmente menor de barrar investigações, e a oposição era mais poderosa do que jamais havia sido.

O fortalecimento da Polícia Federal foi importante, o reforço à CGU também, a indicação do primeiro da lista para a PGR foi um grande passo. Mas a maior contribuição do Partido dos Trabalhadores ao combate à corrupção no Brasil foi ficar de fora dos acordos da transição pós-ditadura, ter um perfil ideológico diferente dos conservadores que conduziram o processo e, na sequência, vencer a eleição presidencial de 2002.

O debate sobre o Mensalão na revista petista *Teoria e Debate* foi bastante franco. Um artigo de Hamilton Pereira e Juarez Guimarães notava que, já em 2002, os gastos de campanha haviam sido 1300% maiores do que em 1998. Parte disso se devia, sem dúvida, à maior perspectiva de vitória. Mas a confissão de Delúbio Soares sobre "recursos não contabilizados" sugeria que já havia caixa dois em 2002 e, provavelmente, na eleição municipal de 2004.[43] Os autores lamentavam, inclusive, algo que o escândalo do Mensalão deixou claro: "Deslocou-se o centro de importantes decisões para fora das instâncias legítimas do partido". E concluíam: "Esse solo de raiz que nutre historicamente os partidos liberais e conservadores não podia ser terra firme para a aventura de expansão petista".

Na mesma edição, Frei Betto, já fora do governo desde o final do ano anterior, conclamou o partido a "recuperar seu padrão ético de confiabilidade, reestruturar sua política interna, contendo as filiações fisiológicas, restaurando a formação política e a instituição de núcleos de base".[44] Tarso Genro, nomeado presidente do partido após a renúncia de Genoino, lançou a palavra de ordem: era preciso "refundar o PT".[45]

Raul Pont entrou para a política como militante estudantil após o golpe de 1964. Ajudou a organizar uma fusão da dissidência do PCB do Rio Grande do Sul com os trotskistas do pequeno Partido Operário Comunista, ao qual também pertenceu Marco Aurélio Garcia. Pont foi preso pela ditadura em 1971, saiu da cadeia em 1972 e se formou em história e economia. Foi um dos organizadores da Tendência Socialista da juventude do MDB e ajudou a fundar o jornal *Em Tempo*, citado várias vezes neste livro. A Tendência Socialista decidiu entrar no PT já na fundação, assumindo o nome de Democracia Socialista, que mantém até hoje, e sempre foi a tendência trotskista mais bem integrada ao partido, com grande capacidade de formulação intelectual,[46] ocupando com o tempo o papel de "centro" entre moderados e radicais.[47] O próprio Pont, que foi prefeito de Porto Alegre entre 1997 e 2001, foi autor de uma crítica marxista do populismo de Vargas,[48] sem dúvida influenciado pelos embates com os brizolistas no Sul.

Na primeira eleição para presidente do PT após a crise do Mensalão, Pont representou a esquerda do partido, que saiu fortalecida pela crise. O escândalo só envolvia membros da ala moderada.

A proposta de Pont não era de refundação, mas de resgate do que o PT havia sido na origem: "O sentido sempre foi de recuperar uma identidade própria que vinha desde a fundação de um partido com outra ética, com outra concepção de moralidade no trato com a coisa pública. Para nós, no Rio Grande do Sul, isso era muito forte pois tínhamos o orgulho de nenhum processo, nenhuma acusação de irregularidade nos mandatos na capital e no estado".[49] Tratava-se, também, de recuperar a autonomia do PT diante do governo: "O partido perdeu protagonismo e a corrente majoritária foi crescentemente colocando o partido a reboque do governo. Este 'não deve ser criticado, deve ser apoiado'. Por melhor que seja a intenção, isso é mortal. O partido perde sua independência de refletir o que ocorre na sociedade, como pensam e veem o governo seus apoiadores e eleitores. O governo expressava com atraso o que o partido recolhia dos movimentos sociais, das ruas e do debate interno".[50]

Desde 2001, o PT escolhia sua direção por eleição direta. Ainda que tenha sido um acréscimo de democracia, foi também uma forma de consolidar o poder do Campo Majoritário.[51] Como vimos, as eleições do partido nos anos 1990 eram extremamente equilibradas. A mudança diminuiu o peso da militância mais aguerrida, que era a força da esquerda petista, e aumentou a influência de militantes com grau menor de envolvimento no partido. Entre eles, a opinião dos dirigentes mais conhecidos do PT (sua "face pública")[52] era maior. De fato, em 2001 e 2003, o Campo Majoritário teve vitórias tranquilas no processo de eleição direta (PED), o que gerou críticas das outras tendências.[53]

O PED de 2005, entretanto, ocorreu em setembro, logo após a denúncia do Mensalão. Naquela ocasião, a estratégia do Campo Majoritário poderia ter saído pela culatra: eram justamente os militantes menos aguerridos, mais propensos a formar suas opiniões a partir do debate público mais amplo, que estavam insatisfeitos com o escândalo. Em uma pesquisa do Datafolha publicada em 19 de junho daquele ano, 65% dos eleitores do PT diziam que havia corrupção no governo, 44% acreditavam que ela era menor que no governo FHC, e 42% achavam que a corrupção continuava igual.[54]

O Campo Majoritário, rebatizado de Construindo um Novo Brasil (CNB, denominação que mantém até hoje), quase perdeu em 2005. Seu candidato, Ricardo Berzoini, não conseguiu maioria no primeiro turno. Teve que compor com outros grupos internos para vencer Raul Pont, alcançando apenas 51,6% dos votos no segundo turno.

A campanha de Pont no segundo turno enfrentou uma dificuldade adicional: alguns grupos de esquerda, como a Ação Popular Socialista (ex-Força Socialista), liderada por Plínio de Arruda Sampaio,[55] saíram do PT após serem derrotados no primeiro turno. Havia um prazo legal que precisava ser respeitado se quisessem se filiar ao PSOL para concorrer na eleição seguinte.[56] Saíram também deputados importantes da esquerda petista, como Chico Alencar e Marcelo Freixo, ambos do Rio de Janeiro, onde as feridas da intervenção de 1998 ainda estavam abertas. Nas reuniões que decidiram o rompimento, "nunca teve maioria clara, nem pra sair, nem pra não sair", lembra Chico Alencar,[57] que queria "deixar o PT para continuar petista, trocar de enxada para continuar o plantio".[58]

Como bem notou Pedro Floriano Ribeiro, a vitória de Berzoini foi uma espécie de "intervenção branca" do governo Lula no partido.[59] Dirigentes como Dirceu e Genoino reforçavam a autonomia do PT diante do governo, pois tinham seus próprios eleitorados, grupos políticos construídos ao longo de décadas e imagens públicas consolidadas. Conforme foram caindo, o controle do partido pelo governo aumentou.

Mesmo Roberto Jefferson sabia que uma parte importante do problema da corrupção no Brasil se devia ao fato de as campanhas eleitorais no país serem muito caras.[60] Por isso, candidatos que não faziam caixa dois tinham dificuldades enormes para se eleger. É possível ter um sistema em que os políticos aceitem não roubar, mas não um em que aceitem nunca ganhar eleições. Se a corrupção for condição para vencer, ela será vista pelo mundo político como obrigatória. Assim, a primeira coisa a ser feita para combatê-la é torná-la opcional.

Por que as eleições brasileiras eram tão dispendiosas? Um dos principais fatores é nosso sistema eleitoral, que é diferente do que existe na maioria das democracias desenvolvidas. O Brasil é um caso raro em que convivem o que os cientistas políticos chamam de lista aberta e distritos grandes.[61] Isto é, um candidato a deputado disputa a eleição contra os próprios companheiros de partido e contra todos os outros do mesmo estado. Para se destacar no meio de tanta competição, é preciso fazer uma campanha grande, e isso custa dinheiro.

Nos países de lista fechada, como Espanha e Portugal, os candidatos não disputam com seus companheiros de partido. O eleitor vota no partido e, quando as urnas são abertas, contam-se os votos para calcular a quantas vagas de deputado cada um tem direito. Essas vagas são distribuídas conforme uma lista criada pelo partido. Os partidos dizem: "Se tivermos votos para eleger só um deputado, será esse sujeito aqui. Se tivermos votos para eleger dois, será ele e mais aquela ali". E assim por diante. O sistema, sem dúvida, fortalece os partidos, mas também os grupos que os controlam (e que preparam as listas). De qualquer forma, a campanha pode ficar mais barata, porque os candidatos não precisam se destacar entre seus companheiros de partido junto ao eleitorado.

Distritos são as regiões dentro das quais o eleitor pode escolher seu candidato a deputado. Em países com voto distrital, uma cidade de tamanho razoável tem alguns poucos distritos dentro dela. Os moradores só podem votar em candidatos a deputado daquele distrito. O que equivaleria a isso no Brasil são os estados da federação. Os eleitores do Rio de Janeiro não podem votar em candidatos a deputado de São Paulo. Notem a diferença de tamanho: vários estados brasileiros são maiores do que países europeus grandes. Em sistemas de voto distrital, como os Estados Unidos ou o Reino Unido, os candidatos só precisam fazer campanha na sua região, o que ajuda a tornar as campanhas mais baratas. Esse tipo de voto também tem seus problemas: como só o primeiro colocado é eleito, um partido que fique em segundo lugar em todos os distritos pode ser o favorito de quase metade dos eleitores, mas não elegerá ninguém.

Essas opções mais baratas reduzem a margem de escolha do eleitor: tendem a diminuir o número de legendas; obrigam o eleitor a votar no partido, e não no candidato (lista fechada); ou a escolher seu candidato entre os moradores de seu distrito (voto distrital). Políticos brilhantes, com ideias novas, mas que morem no distrito errado ou não sejam fortes em nenhum partido podem acabar não sendo eleitos.

O sistema brasileiro, ao contrário, dá grande margem de escolha ao eleitor, mas custa caro. É fácil entender por que escolhemos essas regras: se fechássemos o sistema já nos primeiros anos de nossa democracia, só quem já disputava eleições durante a ditadura teria tido chances de vencer. Esses políticos fariam as listas dos grandes partidos e teriam máquinas políticas locais que controlariam os distritos.

Uma solução para o problema é o financiamento público de campanhas, total ou parcial. Pode parecer estranho que o governo pague campanhas eleitorais, mas esse é o sistema adotado em grande parte do mundo desenvolvido, por dois bons motivos. Em primeiro lugar, pois permite que os interesses dos pobres — que não têm dinheiro para pagar campanhas de políticos, como podem fazer os grandes empresários — sejam representados. Além disso, o financiamento público não evita que políticos desonestos roubem dinheiro, mas a corrupção passa a ser opcional: é possível concorrer e vencer sem ter roubado nada. Daí em diante, combater a corrupção é trabalho para a polícia e o Judiciário.

Enquanto era governo, o PT tentou algumas vezes reformar o sistema político. Suas duas grandes propostas eram a lista fechada e o financiamento público de campanha.

Em 2007, por iniciativa do ministro da Justiça Tarso Genro (aquele que já havia proposto a "refundação do PT"), o partido tentou aprovar um projeto de reforma que incluía lista fechada, financiamento público de campanha e fidelidade partidária.[62] Houve uma polarização entre os partidos grandes (PT, PMDB e DEM, ex-PFL), favoráveis às reformas, e os menores, que eram contra. Um dos grandes, o PSDB, resolveu votar com os pequenos, ajudando no fracasso da reforma.

Em 2009, Lula fez nova tentativa de reformar o sistema político. Dessa vez o governo já começou negociando com os tucanos, enviando um emissário a São Paulo para acertar pontos controversos com o governador José Serra. O tucano concordou, com a condição de que, em um momento posterior, se iniciasse a discussão do voto distrital misto. O PT concordou. Foi então que Cândido Vaccarezza, líder petista na Câmara, iniciou um movimento contra a proposta. Fez chegar ao Planalto a notícia de que os partidos médios (PP, PTB, PR, ex-PL etc.) sairiam do governo se a reforma fosse aprovada. A insatisfação deles chegou a ser noticiada,[63] mas os negociadores petistas garantem que o risco de ruptura era mínimo. Mesmo assim, a reforma morreu.

A oposição de Vaccarezza era minoritária dentro do partido, mas havia mais gente que pensava como ele. Em 2009, Marco Aurélio Garcia declarou que "a reforma não passou, entre outras coisas, por resistência do PT".[64] No fundo, uma parte do partido começava a — para usar a expressão do próprio Garcia — "transformar necessidade em virtude", ou seja, a gostar demais do jogo tal qual ele existia, tornando-se parecida demais com os políticos tradicionais brasileiros. Perdeu a pressa de mudar um jogo em que, afinal de contas, estava ganhando.

Lula ficou abatido com a crise do Mensalão, que parecia interminável. Pensou em não se candidatar à reeleição. Dois ex-ministros entrevistados para este livro contam que a oposição fez chegar a Lula a mensagem de que, se o presidente da República desistisse de concorrer em 2006, o impeachment seria barrado. Nesse caso, o candidato teria sido Antonio Palocci, que não sofria mais a concorrência de Dirceu.

No entanto, a oposição não pediu o impeachment. A interpretação mais comum é que a direita teria preferido deixar Lula sangrar e enfrentar um presidente impopular e desmoralizado em 2006.

Com o que se sabe hoje, depois da Operação Lava Jato, outra explicação se impõe: se a oposição levasse as investigações do Mensalão até o fim, chegaria nas empresas que financiavam o caixa dois do PT — que eram as mesmas que financiavam o caixa dois da direita. Como disse Marco Aurélio Garcia em 2009: "Por que a oposição não transformou as denúncias num processo de caixa dois? Por uma razão muito simples: o caixa dois é um procedimento usual no sistema político brasileiro, praticado por todos os partidos".[65]

De qualquer forma, o impeachment parecia desnecessário. Em 15 de dezembro de 2005, uma pesquisa do Datafolha mostrava que José Serra, possível candidato do PSDB, já tinha sete pontos de vantagem sobre Lula. No segundo turno, a vantagem do tucano era de catorze pontos.[66]

Com a queda de Dirceu, Palocci perdeu seu maior rival na disputa interna do governo Lula. Mas a crise do Mensalão não tornou sua vida mais fácil, muito pelo contrário. O Campo Majoritário entendeu o sentido da demonstração de força da esquerda petista no PED 2005 e passou a exigir uma virada à esquerda na política econômica. Sobretudo, o que começava a ser desmontado era a blindagem oferecida a Palocci pela elite econômica e por grande parte da direita: se Lula ia perder em 2006, ninguém precisava mais de um petista economicamente ortodoxo.

Palocci tornou-se a "bola da vez". No começo de 2006, foi acusado por um lobista de ter recebido suborno quando era prefeito de Ribeirão Preto. Em um depoimento ao Congresso, declarou que nunca havia ido à casa do lobista em Brasília.

Francenildo Costa, caseiro do lobista, declarou que havia visto Palocci na residência. Se a afirmação fosse verdade, Palocci teria mentido ao Congresso. A oposição recrudesceu os ataques ao ministro da Fazenda. Correu o boato de que Francenildo havia recebido dinheiro e estava tentando comprar uma casa. O presidente da Caixa Econômica Federal, Jorge Mattoso, consultou ilegalmente o extrato bancário de Francenildo e descobriu que ele havia recebido depósitos de valores altos. Convencido de que o rapaz fora subornado, alguém da equipe econômica vazou os dados bancários do caseiro para a imprensa.

Foi um desastre. Ficou provado que o dinheiro era uma transferência do pai biológico de Francenildo, a quem o caseiro pedia reconhecimento de paternidade. De um episódio com grandes chances de não dar em nada, a crise se tornou uma história de poderosos perseguindo um trabalhador pobre e corajoso. Em 27 de março de 2006, Antonio Palocci pediu demissão do Ministério da Fazenda. Foi substituído por Guido Mantega, economista de formação heterodoxa e longa história de proximidade com o Partido dos Trabalhadores. Horas depois da demissão, Marcos Lisboa se demitiu.

Palocci foi um dos grandes ministros da Fazenda da história do Brasil. Ao sair do governo, a situação fiscal estava sob controle, os juros já estavam caindo, a inflação era baixa, as contas externas estavam muito melhores e a dívida do governo atrelada ao câmbio havia sido zerada. Sua defesa de políticas sociais focalizadas fortaleceu a opção do governo pelo Bolsa Família como carro-chefe da política social, com resultados excelentes. A agenda de reformas microeconômicas, da Previdência à Lei de Falências, passando por mudanças que incentivaram a construção civil, foi importante para o crescimento brasileiro posterior. Mesmo críticos petistas admitem que seu trabalho foi importante para assentar as bases do crescimento que, quando Palocci caiu, já havia começado: "A dupla Palocci e Meirelles foi essencial para nos dar credibilidade, colocar a casa em ordem e dar condições de fazer o avanço seguinte", diz Gilberto Carvalho.[67]

À primeira vista, pode parecer que Palocci entregou resultados bem melhores do que seu grande rival no governo Lula, José Dirceu, responsável pela articulação política do governo. Mas não é justo fazer essa comparação. Palocci construiu sobre uma base já razoavelmente assentada pelo governo FHC, levando o economista Samuel Pessôa a chamar a era que compreende as gestões de Pedro Malan (1995-2002) e Palocci (2003-6) de "era Malocci".

Quando Dirceu recebeu a tarefa de construir uma maioria parlamentar para Lula em 2003, o sistema político brasileiro ainda era tão corrupto quanto nas décadas anteriores. Não tinha havido um "Plano Real" do sistema político.

13. A volta do Estado

As expectativas de que Lula sangraria até a derrota na reeleição foram frustradas. As políticas sociais de que falamos começaram a produzir efeitos na mesma época do escândalo do Mensalão. Em 2006 já estava claro que elas eram o que Marcelo Neri chamou de "O Real do Lula": seu sucesso o tornava imbatível, como o Plano Real havia feito com Fernando Henrique Cardoso em 1994. Nos primeiros meses de 2006, Lula já havia readquirido a liderança nas pesquisas.

Em 29 de outubro daquele ano, Lula se reelegeu com 60,8% dos votos válidos no segundo turno disputado contra o tucano Geraldo Alckmin. A porcentagem era parecida com a de 2002, mas o eleitorado havia se transformado radicalmente. Os dados coletados nos estudos de Wendy Hunter e Timothy Power[1] e André Singer[2] mostravam que Lula havia perdido votos nas regiões mais desenvolvidas e na classe média, onde até 2002 o PT se saía melhor. Mas havia disparado entre os eleitores mais pobres, os excluídos que o partido tentava, sem sucesso, conquistar desde 1989.

Esses novos eleitores não haviam sido politizados como sonhava Frei Betto, mas foram conquistados pela esquerda graças às políticas bem-sucedidas de combate à pobreza. Para isso, o PT precisou ganhar o Estado, e, ao se adaptar ao que era o Estado brasileiro, perdeu a classe média.

Durante algum tempo, especulou-se que a adesão dos pobres a Lula era uma manifestação de "qualunquismo", a prática, identificada entre os pobres italianos, de votar a favor do governo (de qualquer, "qualunque", governo), em função da dependência das áreas pobres diante do governo federal.[3] Essa hipótese não se confirmou na eleição presidencial de 2018, quando os petistas já eram oposição: o Nordeste votou em peso no PT, mesmo com o partido fora do governo, e Lula fora da disputa. Um novo teste deve ocorrer em 2022.

Em resposta ao deslocamento do eleitorado entre 2002 e 2006, o cientista político (e ex-porta-voz de Lula) André Singer propôs sua tese clássica sobre o "lulismo":[4] "O encontro de uma liderança, a de Lula, com uma fração de classe, o subproletariado, por meio do programa cujos pontos principais foram delineados entre 2003 e 2005: combater a pobreza, sobretudo onde ela é mais excruciante tanto social quanto regionalmente, por meio da ativação do mercado interno, melhorando o padrão de consumo da metade mais pobre da sociedade, que se concentra no Norte e Nordeste do país, sem confrontar os interesses do capital".[5]

Lula agora tinha uma base popular que não o abandonaria até o fim do mandato, nem por muito tempo depois disso. A oposição havia destruído as carreiras dos petistas que tinham mais condições de se impor ao presidente: em vez de mandá-lo isolado para a derrota, lhe deram a chance de vencer sozinho. Um ministro de Lula ouviu, do presidente de um instituto de pesquisa, que, após a queda de Dirceu e Palocci, a percepção popular da força de Lula cresceu.[6] Na eleição para liderança do PT de 2005, o governo praticamente assumiu a condução do partido. A elite teve menos ganhos relativos que os pobres, mas não perdeu, e o 1% mais rico preservou sua fatia em uma riqueza nacional que crescia.[7] Na esfera internacional, Lula parecia um contraponto moderado e bem-sucedido ao radicalismo de Hugo Chávez. Após o choque de credibilidade de Palocci, Lula já podia experimentar iniciativas mais ousadas de investimento público. E as condições da economia internacional continuariam melhorando por mais alguns anos.

Era o auge do lulismo, o momento em que os frutos do primeiro mandato foram colhidos, o governo petista conseguiu fazer os investimentos públicos que sempre quis fazer, a popularidade do presidente batia recordes e o prestígio internacional do Brasil atingia o que foi, até agora, seu ápice.

Também foi o momento em que, em nível mundial, as dinâmicas econômicas, ideológicas e políticas que possibilitaram isso tudo começaram a travar.

* * *

"*Esse* era o meu Brasil",[8] disse, exasperado, o diplomata Celso Amorim ao terminar de resumir sua trajetória na entrevista para este livro. É fácil entender o que quis dizer: sua carreira coincide quase que perfeitamente com a fase de ascensão da influência internacional do país. No momento em que este livro é escrito, a situação é bem diferente.

Quando Lula o convidou para ser ministro das Relações Exteriores, Celso Amorim já era um dos diplomatas brasileiros mais bem-sucedidos de sua geração. Inclusive, já havia servido no mesmo cargo no governo de Itamar Franco. No governo FHC, teve papel importante para encaminhar, no âmbito internacional, a decisão do ministro da Saúde José Serra de quebrar patentes de medicamentos. Foi o que permitiu que nas farmácias brasileiras fossem vendidos remédios mais baratos, os "genéricos". Representou o Brasil na ONU e, em 2002, era embaixador em Londres. No ano seguinte, teria sido chanceler, qualquer que fosse o resultado da eleição: também era o preferido de José Serra para o cargo.

Amorim não achava que seria o chanceler de Lula. O favorito para o cargo era Marco Aurélio Garcia, assessor internacional do candidato e principal articulador do relacionamento do PT com partidos de esquerda da América Latina e da Europa. Lula preferiu um diplomata de carreira, e Garcia continuou como seu assessor. No entanto, a oposição sempre criticou a atuação de Garcia, que, diziam, esvaziava os poderes do Itamaraty. Não há muita evidência disso: seus assessores eram diplomatas de carreira que, ele sempre supôs, provavelmente reportavam suas atividades para o ministro. Amorim diz que ele e Garcia, falecido em 2017, eram "inintrigáveis".[9]

Durante os governos petistas, o Brasil participou de iniciativas importantes como a criação do Banco dos Brics,[10] estabeleceu uma parceria estratégica com a União Europeia em 2007, consolidou seu bom relacionamento com a China (que se reverteu em investimentos no país),[11] ampliou a presença brasileira na África e buscou aproximar o Mercosul dos países andinos.

Neste capítulo, entretanto, a diplomacia petista nos interessa sobretudo porque ela é um bom lugar para assistir a globalização dos anos 1990 chegar ao seu auge e travar.

Em seus primeiros meses, o governo Lula já teve que se posicionar sobre a Guerra do Iraque, o calendário de implantação da Alca (Área de Livre-Comércio das Américas, proposta pelos Estados Unidos) e a crise política na vizinha Venezuela, que caminhava para a guerra civil. Lula se opôs ao conflito no Iraque, declarando, de maneira célebre, que "minha guerra é contra a fome". Ganhou tempo para articular os parceiros do Mercosul para uma renegociação dos termos da Alca, que não foi aceita pelos americanos.[12] O projeto morreu oficialmente na reunião de Mar del Plata, em 2005. Nos dois casos, Lula deixou claro que não alinharia automaticamente com os Estados Unidos.

Por outro lado, no que se refere às constantes crises venezuelanas, estabeleceu-se uma interlocução importante com o governo republicano de George W. Bush, que sempre manteve ótimas relações com Lula. Em 2003, o presidente brasileiro atuou na criação do "Grupo de Países Amigos da Venezuela", que a ajudou a chegar inteira ao referendo revocatório de 2004.[13] "Depois deu tudo certo? Óbvio que não. Mas, naquele momento, nós evitamos o pior",[14] conta Amorim. Nos anos seguintes, em diversos momentos, o Brasil atuaria como mediador entre a Venezuela e não só os Estados Unidos, como sobretudo a Colômbia. O presidente conservador colombiano, Álvaro Uribe, mantinha relações muito boas com Lula, Amorim e Garcia.

Não é difícil entender por que Lula e Washington se davam bem. O Brasil não tinha interesse em hostilizar os americanos, com quem não tinha muitas pendências além da Alca. Por outro lado, para Washington, Lula era uma enorme sorte. Em um momento em que vários países da América do Sul se radicalizavam, o maior país da região era governado por um esquerdista cujo maior ato de radicalismo foi o Programa de Aceleração do Crescimento (PAC) de 2007. Os Estados Unidos não tinham nenhuma objeção às políticas sociais de Lula ou a políticas de ação afirmativa, muito pelo contrário: elas serviam de exemplo para a esquerda continental de como o progresso social podia ser obtido sem radicalização. Inclusive, na eleição venezuelana de 2012, o candidato de oposição a Chávez, Henrique Capriles, declarou ser um admirador das políticas sociais de Lula.[15]

Isto é, a diplomacia brasileira podia ser "altiva" e ter como prioridade a organização dos países em desenvolvimento, mas não era hostil aos países desenvolvidos ou às instituições globais. Muito pelo contrário. Como disse o estudioso de relações internacionais Oliver Stuenkel, quem achava que Lula estava radicalizando contra o sistema internacional atribuía mais importância à hegemonia americana do que "às regras e funcionalidades do sistema".[16]

Uma outra crítica recorrente à política externa do governo Lula é que ela teria sido excessivamente ideológica e partidária. Para falarmos apenas dos melhores críticos: em 2018, o embaixador Rubens Barbosa publicou um balanço da diplomacia petista. Nele, começa afirmando que "as prioridades do Itamaraty [...] foram, em grandes linhas, as mesmas dos governos anteriores. O que mudou foi a ênfase na forma da implementação das políticas por influência da plataforma de um partido político".[17] Isso é verdade, mas nos outros governos os partidos também modulavam as linhas constantes da diplomacia brasileira. Para exemplificar casos em que a ideologia petista pesou na diplomacia, Barbosa lista uma série de episódios de "paciência estratégica" dos governos do PT diante da Venezuela que, de fato, deram muito errado. No entanto, ao defender o impeachment de Fernando Lugo no Paraguai,[18] Barbosa também está sendo influenciado pela própria ideologia. Note-se, entretanto, que, quando lista as "principais linhas de atuação" da diplomacia petista, a partidarização não está entre elas: prioridade para a América do Sul, para as relações Sul-Sul, aposta no multilateralismo e nas negociações comerciais como a Rodada Doha (p. 54). No fundo, a influência da ideologia petista na diplomacia brasileira só pareceu mais evidente porque os governos anteriores a 2002 tinham ideologias semelhantes. E a diplomacia brasileira manteve diversas linhas de continuidade apesar das mudanças de governo, pelo menos até 2018.

Os governos do PT apostaram suas fichas na ideia de que "as regras e funcionalidades do sistema" abriam possibilidades para os países em desenvolvimento. Acreditaram que as instituições multilaterais, como a ONU ou a Organização Mundial do Comércio (OMC), eram para valer e poderiam ser ocupadas e transformadas de acordo com o interesse dos países pobres.

Isso ficou claro na grande batalha da diplomacia brasileira durante os anos Lula: a Rodada Doha, processo de negociação comercial conduzido no âmbito da OMC. Iniciada em 2001, ela pretendia ser a "rodada do desenvolvimento", beneficiando os países mais pobres. Apesar disso, em uma reunião em Cancún, em 2003, a União Europeia e os Estados Unidos tentaram aprovar um acordo que, na opinião dos países em desenvolvimento, contemplava apenas os interesses dos dois blocos.[19] Brasil e Índia lideraram um grupo de países em desenvolvimento, o G-20,[20] que barrou o acordo.

Foi a atitude mais ousada da diplomacia brasileira em muito tempo, despertando a ira de americanos e europeus. Nas reuniões seguintes da Rodada Doha, os países do G-20 — que incluíam também a China, com atuação mais discreta, pois havia acabado de ser aceita na OMC — conseguiram extrair concessões dos países ricos. Os próximos encontros, quando o acordo seria fechado, pareciam promissores.

Não foi só na OMC que o Brasil de Lula buscou maior protagonismo. O país aceitou liderar as forças de paz da ONU que passaram a atuar no Haiti a partir do golpe de Estado que, em 2004, derrubou o presidente Jean-Bertrand Aristide, um padre ligado à Teologia da Libertação. A Missão das Nações Unidas para a Estabilização do Haiti (Minustah)[21] acabou ficando no país até 2017. Nesse período, 37,5 mil soldados brasileiros serviram no Haiti.

Durante a eleição presidencial haitiana de 2006, registrou-se o único conflito grave conhecido entre Celso Amorim e Marco Aurélio Garcia em todo o governo Lula: o candidato René Préval começou a apuração vencendo no primeiro turno, mas, ao longo dos dias, foi perdendo essa vantagem. Seus adeptos protestaram contra o que viam como uma tentativa de fraude para forçar o segundo turno[22] e deram início a uma onda de protestos que ameaçou parar o país. O segundo colocado, o ex-presidente Leslie Manigat, teve apenas 12% dos votos e dificilmente venceria. O chefe da Seção de Assuntos Políticos e Planejamento da Minustah, Gérard Le Chevallier, disse ao general José Elito Carvalho Siqueira, *Force Commander* da missão, que, "se houver segundo turno, acho que o senhor vai entrar na guerra civil".[23] Em meio à tensão, Garcia deu uma entrevista declarando que o ideal seria que Préval negociasse com o segundo colocado uma desistência.[24] Já havia esforços sendo feitos nesse sentido, mas sua declaração indicava uma interferência brasileira na eleição. Amorim repreendeu duramente Garcia. Por fim, 85 mil votos em branco foram anulados e Préval venceu no primeiro turno.[25] O general Elito considerou a vitória "absolutamente essencial".[26]

Em geral, os conflitos entre Amorim e Garcia eram poucos, por um motivo simples: os dois tinham a mesma prioridade, a integração latino-americana. No começo dos anos 2000, o ambiente político lhes parecia amplamente favorável: quase todos os países da América do Sul elegeram governos de esquerda (a "onda rosa"), no geral favoráveis à integração continental.

No capítulo 8, dissemos que as inclinações social-democratas e o terceiro-mundismo de Marco Aurélio Garcia tinham potencial de entrar em conflito. No começo dos anos 2000, na América Latina, essa possibilidade parecia afastada. Desde a queda do Muro de Berlim, a tendência da esquerda americana foi de moderação. Dos grupos guerrilheiros, só as Forças Armadas Revolucionárias da Colômbia (Farcs) permaneciam em atividade, mas já estavam desacreditadas pela prática de sequestros, por suas relações com o narcotráfico e porque o país tinha seus próprios grupos de esquerda democráticos — a maior guerrilha colombiana, o Movimento 19 de Abril (M-19), tornou-se um partido democrático. Da mesma forma, na Nicarágua, os sandinistas haviam se tornado um partido regular, que ganhava e perdia eleições. O Movimiento al Socialismo (MAS) boliviano, liderado pelo líder indígena Evo Morales, trouxe, pela primeira vez, a massa de indígenas do país para o centro da vida política, vencendo eleições democráticas. O tenente-coronel Hugo Chávez, que havia tentado um golpe militar na Venezuela em 1994, aceitou a via eleitoral e se elegeu presidente em 1998, em meio a uma imensa crise de legitimidade dos partidos do país. Em seus primeiros anos de governo, a ameaça à democracia parecia vir do outro lado: Chávez sofreu uma tentativa de golpe em 2002, que deu errado.

A América Latina estava alinhada com o progressismo, com a democracia e com a integração continental. Era tudo que Lula, Amorim e Garcia queriam.

Dilma Vana Rousseff tinha dezenove anos quando entrou para a Política Operária (Polop), organização fundada por membros da juventude do PSB à qual também havia pertencido Marco Aurélio Garcia. Havia na Polop, na época, um debate entre os que defendiam a prioridade da luta armada e os que defendiam a busca por uma Assembleia Constituinte. Dilma oscilou, mas juntou-se à facção que aderiu à luta armada. Após uma série de fusões e divisões entre os grupos clandestinos, e depois de ter participado da Vanguarda Popular Revolucionária (VPR) de Carlos Lamarca, Dilma foi parar no grupo guerrilheiro Vanguarda Armada Revolucionária Palmares (VAR-Palmares).[27]

Foi presa em janeiro de 1970 e torturada por dias a fio. Parece ter impressionado muito seus captores, que a descreveram, em seus relatórios, como "uma das molas mestras e um dos cérebros dos esquemas revolucionários postos em prática pelas esquerdas radicais. Trata-se de pessoa de dotação intelectual bastante apreciável". Em outro relatório militar, foi chamada de "Joana D'Arc da Subversão".[28] Em uma foto célebre tirada durante seu julgamento por um tribunal militar, Dilma encara seus acusadores, que abaixam a cabeça.

Por isso, quando José Dirceu lhe transmitiu o cargo de ministro da Casa Civil em 2005, saudou-a como "camarada de armas".[29] Entretanto, após a derrota da guerrilha, Dirceu e Dilma seguiram caminhos políticos diferentes. Após a reforma partidária de 1979, Dilma filiou-se ao PDT de Leonel Brizola, como muitos ex-guerrilheiros do Rio Grande do Sul e do Rio de Janeiro, onde o brizolismo era forte.

Foi secretária municipal de Fazenda de Porto Alegre nos anos 1980. Em 1998, quando o PDT aderiu ao governo estadual do petista Olívio Dutra, tornou-se secretária de Minas e Energia. Seu prestígio cresceu durante o apagão de 2001, momento em que o Rio Grande do Sul sofreu muito menos que o resto dos estados brasileiros. Quando o PDT resolveu romper com Olívio Dutra, Dilma ficou no governo e entrou para o PT. Após a vitória de Lula, foi escolhida ministra de Minas e Energia, superando quadros históricos do partido, como Luiz Pinguelli Rosa. Pesava contra este sua resistência à participação do setor privado na área energética, que Dilma não compartilhava. Quando Dirceu caiu, em 2005, Lula a nomeou para a Casa Civil.

"A chegada da Dilma foi a melhor coisa que aconteceu para o governo Lula",[30] diz um ex-ministro que teria sido bastante crítico à atuação de Dilma como presidente da República. Dirceu era um grande articulador político, com participação intensa nas disputas internas do PT. Dilma era recém-chegada ao petismo, pouco afeita ao ritmo lento das negociações políticas, muito mais à vontade na organização de projetos de governo. Era exatamente o que Lula queria para seu segundo mandato. A articulação política poderia ser transferida para outros quadros de governo, ou, em último caso, deixada a cargo do próprio presidente.

De perfil mais discreto do que Dirceu, Dilma ganhou o centro do palco no final de 2005, por um episódio que, talvez, não tenha o significado que normalmente lhe é atribuído.

Na época, o Ministério do Planejamento circulou uma proposta que contava com apoios importantes na equipe econômica:[31] o "déficit nominal zero". A ideia era conter o ritmo de crescimento dos gastos públicos até que o déficit nominal (que inclui os gastos com juros) chegasse a zero. No cálculo dos que a defendiam, a garantia de redução do déficit por muitos anos teria efeito sobre a taxa de juros já no presente e levaria a um crescimento econômico maior.[32] A proposta foi encampada por Palocci e levada ao governo Lula.

A base da proposta era conter o aumento de gastos correntes por dez anos.[33] Foi feita uma apresentação a ministros e aliados,[34] e a reunião ficou famosa porque, no dia seguinte, Dilma Rousseff deu uma entrevista ao jornal *O Estado de S. Paulo*, na qual chamava a ideia de "rudimentar"[35] e deixava claro que não seria adotada. É comum que economistas liberais vejam nesse dia a prévia dos problemas fiscais que aconteceriam no governo Dilma.[36]

Isso pode ser falso.

Em primeiro lugar, porque Dilma era só uma recém-chegada na Casa Civil, sem qualquer trânsito no PT. Era, certamente, muito menos influente que Palocci. É difícil acreditar que teria tido força para barrar a proposta sozinha. Além disso, o ministro do Planejamento Paulo Bernardo afirma que, quando leu a sugestão, Dilma gostou da ideia.[37]

Bernardo acha que foi o próprio Lula quem a vetou[38] e que Dilma só expressou a posição do governo. É possível, mas, em suas memórias, Palocci diz que Lula também gostou da ideia.[39] Um participante do debate[40] suspeita que a maior dificuldade não teria sido a contenção de gastos no Poder Executivo, mas a briga política que seria estendê-la ao Judiciário e ao Legislativo. Palocci chama atenção para um fator que, se não tiver sido preponderante, sem dúvida pesou: a polarização política após a crise do Mensalão, que não arrefeceria no ano eleitoral de 2006.[41] De fato, a Era Palocci ocorreu em um período de relativa trégua entre governo e oposição.

Qualquer que fosse sua posição sobre o déficit nominal zero, e mesmo admitindo que ela possa ter mudado, é improvável que Dilma Rousseff tenha enterrado a proposta sozinha. Além disso, as condições políticas para a sua implementação teriam sido muito ruins.

Houve uma inflexão no segundo governo Lula, em que Dilma teve papel de destaque. Mas ela já era provável antes da discussão do déficit nominal zero.

Paulo Bernardo foi um militante estudantil trotskista nos anos 1970, o que causou sua expulsão da Universidade de Brasília. Tornou-se bancário e, pouco depois, uma importante liderança sindical da categoria no Paraná. Bernardo tinha reputação de se preocupar com os gastos públicos — veio do Planejamento, afinal, a proposta do déficit zero. Como secretário de Fazenda do governo do PT no Mato Grosso do Sul entre 1999 e 2000, cortou comissões do funcionalismo público e fez a reforma administrativa mais ousada dos governos petistas até então.[42] Gleisi Hoffmann, coordenadora da reforma, chegou a ser chamada por críticos de "Thatcher do Pantanal"[43] e sofreu intenso fogo amigo dos membros do partido no estado. Fernando Henrique Cardoso, que mantinha boas relações com os governadores petistas, achava que Bernardo era competente e esperava que Lula lhe desse um cargo de destaque já no começo do governo, como o Ministério do Planejamento.[44]

Isso só aconteceu em março de 2005. Ao nomear Paulo Bernardo, Lula ordenou: "Eu não quero um Paloccinho".[45] Bernardo não era um gastador, mas o presidente não queria que ele se limitasse a organizar as contas do governo.

Lula queria uma retomada do investimento público, mesmo que começasse devagar. Bernardo deu a má notícia: "Presidente, nós não temos a menor condição de investir nada".[46] Não era só falta de dinheiro. Após o colapso nos anos finais da ditadura, o caos econômico dos anos 1980 e o ajuste dos anos 1990, havia escassez de engenheiros nos ministérios e mal havia projetos prontos para serem implementados.[47] Era necessário retomar as contratações no funcionalismo, refazer as contas dos projetos arquivados e recuperar a capacidade de elaborar novos.

O processo começou quando Palocci era ministro, mas só ganhou ímpeto após a reeleição de Lula. Em 2007, foi criado o Programa de Aceleração do Crescimento (PAC),[48] baseado em parcerias público-privadas e concessões de crédito, que promoveu uma grande retomada de investimentos públicos em infraestrutura, melhorias urbanas, logística e produção energética. O grande financiador foi o BNDES, cujos desembolsos deram um salto de 38 bilhões no final do governo FHC para 243 bilhões em 2012, já no governo Dilma Rousseff.[49]

A retomada do investimento público foi mesmo significativa. O balanço dos quatro primeiros anos do PAC,[50] correspondentes ao segundo mandato de Lula, mostra que no fim de 2010 os projetos de investimento totalizavam cerca de 440 bilhões de reais, dos quais 36,7% estavam entre 76% e 99% prontos, e mais 29,5% estavam entre 50% e 75% prontos. Isso incluía 197,7 bilhões de reais nos setores de logística, energia, social e urbano; e 199,2 bilhões de reais nas áreas de saneamento e habitação.[51] Nesse período, o investimento do governo federal subiu em média 27,6%, já descontada a inflação.[52]

Os petistas se orgulham de terem reativado o investimento público no Brasil, e têm direito de se orgulharem disso. Não foi nada de muito radical: a maior parte do PAC foi feita com parcerias público-privadas e concessões de crédito. Como diz Guido Mantega, "Não tinha essa história de estatismo.

A gente queria fazer investimento. Se o setor privado pudesse fazer, não tinha problema, nós arranjávamos crédito para o setor privado".[53] Isso é só parcialmente verdade: uma parte grande dos investimentos foi feita pela Petrobras, com as consequências que vimos no capítulo anterior.

Se o PSDB tivesse vencido a eleição de 2002, é provável que também utilizasse ao menos uma parte do crescimento proporcionado pelas commodities para retomar o investimento público, que os tucanos sabiam perfeitamente que era baixíssimo. Por mais que petistas e tucanos reclamem da conclusão, os investimentos realizados pelos governos do PT e o ajuste da década de 1990 formam uma sequência natural e de razoável sucesso.

O PAC teve inúmeros problemas, oriundos sobretudo da baixa capacidade administrativa do Estado brasileiro: autoridades petistas entrevistadas para este livro manifestaram várias vezes desespero com o quão devagar andava a máquina pública mesmo depois que os recursos para as obras eram obtidos. Não se tratava de lentidão do funcionalismo público, mas de dificuldades legais para realizar licitações em tempo hábil, cumprir regulações em vários níveis da federação e responder aos órgãos públicos de controle e fiscalização. Houve conflitos trabalhistas sérios nas obras do PAC, que exigiram a ação das centrais sindicais.[54] A decisão de correr com os projetos provavelmente ajudou a causar ineficiências e o imenso volume dos investimentos criava dificuldades de coordenação.

A euforia de investimentos no segundo governo Lula certamente causou excessos. Como disse um membro da equipe econômica da época em entrevista para este livro: "Aí começa a ficar tudo favorável, descobre-se pré-sal, aí vamos fazer Copa do Mundo, não, Copa do Mundo e Olimpíada [...], Copa do Mundo, Olimpíada e duas refinarias no Nordeste, 28 sondas, mais quatro ferrovias [...] sou a favor de investimento público, mas a dose faz a diferença. E ali claramente fez uma dose maior do que a economia podia suportar".[55] Paulo Bernardo admite: "Podemos ter passado do ponto".[56]

É importante frisar: nem os excessos das obras do PAC, nem a Copa do Mundo, nem as Olimpíadas "quebraram o Brasil". O Brasil quebrou depois, e o PT teve sua parcela de culpa, mas isso é outra história.

Em 2007-10, não foi assim. Dado o efeito que o investimento público (ao contrário de outros gastos do governo) costuma ter na economia,[57] o PAC provavelmente acelerou o crescimento econômico brasileiro, que no segundo governo Lula foi, numa média de 4,6% por ano, superior à do primeiro mandato (3,5%) e o dobro da era FHC (2,54% no primeiro mandato, 2,31% no segundo).[58] Foi o que a economista Laura Carvalho chamou de "milagrinho".[59]

Mesmo assim, havia problemas sérios. Grande parte dos investimentos do PAC foi feita pela Petrobras. Como já vimos, essa ampliação do investimento fez com que a corrupção na empresa, que já existia, tivesse novas oportunidades de expansão. Na campanha de 1989, o PT era muito mais estatista que em 2007, mas se recusava a defender o Estado brasileiro tal como existia. Em 2007, o PT lançou um grande programa de investimento público usando um Estado que ainda era muito parecido com aquele. Foi uma escolha defensável: pedir que Lula primeiro eliminasse os vícios do Estado para só então usá-lo para promover o investimento era pedir algo que nunca fora feito por governo brasileiro nenhum. Mas teve um preço, que mostra que propostas de investimento público no futuro deverão vir acompanhadas de ideias para reformar o Estado brasileiro.

O PAC fez subir o prestígio de Dilma Rousseff dentro do governo. Como chefe da Casa Civil, ela era a articuladora dos diversos projetos e responsável por fazer com que eles funcionassem. Em 2008, em um evento no Complexo do Alemão, no Rio de Janeiro, Lula nomeou Dilma Rousseff "mãe do PAC".[60] Nessa época, seu nome já era cogitado para a sucessão presidencial de 2010.

Marina Silva se preparava para ser freira no Acre quando assistiu a uma palestra dos irmãos Leonardo e Clodovis Boff, dois dos principais teólogos da libertação, e Chico Mendes, líder dos seringueiros. Passou a atuar na periferia de Rio Branco nas Comunidades Eclesiais de Base. Formou-se professora e militou na oposição no sindicato da categoria. Aderiu ao PRC de José Genoino e Tarso Genro em 1984 e ao PT em 1986, quando concorreu a uma cadeira de deputada constituinte, sem se eleger. Em 1988, elegeu-se vereadora em Rio Branco e, em 1990, deputada estadual.

Participou dos debates que levaram à autocrítica do PRC no final dos anos 1980 e fez sua própria atualização programática: a leitura de autores como Edgar Morin e Erich Fromm fez Marina enxergar nos movimentos de esquerda tradicionais "uma pegada autoritária mesmo, de eliminação do eu, da individualidade, da singularidade do sujeito. [...] Você não ficar preso a rótulos te leva a um encontro com a realidade, e a realidade te responde na medida em que é perguntada".[61]

Sua inflexão tinha uma especificidade amazônica: desde o tempo de PRC, já achava, como Chico Mendes, que os temas ambientais deveriam ter um espaço maior na agenda da esquerda. "O Acre é o berço do socioambientalismo, é onde se cria, onde se funde."[62] Saiu do PRC sem aderir ao Campo Majoritário, permanecendo independente, próxima de membros da ala moderada do PT, como Tarso Genro e Patrus Ananias.

Adoeceu seriamente no começo dos anos 1990 e passou praticamente a segunda metade inteira de seu mandato em São Paulo, fazendo tratamento de saúde. Sua carreira política parecia encerrada. Foi quando "um rapaz que trabalhava no Senado" lhe disse: "Se eu fosse tu, saía pro Senado, é uma forma de abandonar a vida pública com dignidade".[63] Fazia sentido: eleger-se pelo PT já era difícil; por uma tendência minoritária, seria mais difícil ainda; com seus problemas de saúde, parecia impossível. Era melhor perder a eleição para o Senado.

Para surpresa geral, Marina Silva se elegeu senadora em 1994. Tornou--se a ambientalista de maior projeção política no país e referência mundial na luta ambiental. Nunca houve dúvida de que seria ministra do Meio Ambiente de Lula. Foi nomeada na viagem do presidente a Washington, no mesmo dia que Palocci.

A mesma coisa que facilitou a vida de Palocci dificultou a de Marina: a alta das commodities, que incentivava produtores rurais a desmatarem a floresta para ampliar suas áreas de pasto ou plantio. Desde 2001, o começo do superciclo das commodities já vinha levando a um aumento do desmatamento amazônico. Em 2004, Marina Silva passou pelo constrangimento de ver o pico histórico de desmatamento anual da Amazônia (27 772 quilômetros quadrados) acontecer em sua gestão.

Nos anos seguintes, entretanto, seu Plano de Ação para a Prevenção e Controle do Desmatamento na Amazônia Legal (PPCDAM) começou a gerar resultados. Foram criadas Áreas de Conservação federais na extensão de 25 milhões de hectares nas regiões em que o desmatamento se expandia, além de outros 25 milhões de hectares em áreas de conservação estadual. Para atuar nessas zonas, foi criado o Instituto Chico Mendes (ICMBio). Houve grandes operações de confisco de madeira ilegal e grande investimento no monitoramento por satélite.

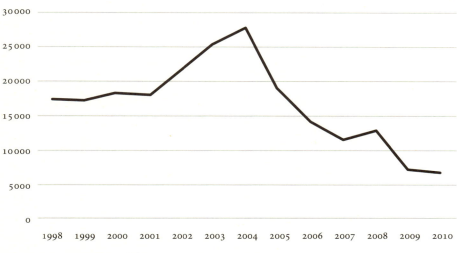

DESMATAMENTO DA AMAZÔNIA (KM^2) (1998-2010)

FONTE: Instituto Nacional de Pesquisas Espaciais (Inpe).[64]

Como resultado, o desmatamento na Amazônia caiu 67% entre 2002 e 2010. Atingiu seu menor nível em 2012, já no governo Dilma. São resultados pelo menos tão expressivos quanto os de combate à pobreza durante os governos petistas.

Com o tempo, o desenvolvimentismo e o ambientalismo do PT começaram a conflitar. Estava claro desde o apagão de 2001 que o Brasil tinha um problema de produção de energia elétrica. Em seu segundo governo, Lula deu início à construção de grandes usinas hidrelétricas na Amazônia, fortemente criticadas pelos ambientalistas: as usinas de Jirau e Santo Antônio, no rio Madeira, em Rondônia, e a mais controversa de todas, a usina de Belo Monte, no rio Xingu.

Marina Silva autorizou Santo Antônio e Jirau, mas estabeleceu uma regra que valeria para Belo Monte, aprovada após sua saída do ministério: as usinas seriam construídas "a fio d'água", com áreas de inundação muito menores do que a dos projetos de hidrelétrica da ditadura militar. Isso reduzia o impacto ambiental das obras, mas também diminuía a capacidade de produção em épocas de seca.[65]

Entretanto, no caso de Belo Monte havia um problema ambiental adicional: ambientalistas sustentavam que as obras causariam risco de seca na curva do rio Xingu, onde vivem comunidades indígenas que dependem da pesca e do rio como meio de transporte.[66] O episódio deu margem a uma verdadeira guerra entre ambientalistas e o governo Dilma, ao longo do qual as obras começaram. Durante os anos em que o PT governou o Brasil, esse foi, provavelmente, o maior afastamento entre um movimento social e o partido.[67]

Marina Silva sofreu pressões do agronegócio e de outros setores do empresariado desde o início do governo, e isso se acentuou conforme as áreas de proteção ambiental se tornavam maiores. Em 2008, após uma trajetória um pouco confusa,[68] o filósofo e jurista Roberto Mangabeira Unger, professor de Harvard, se tornou secretário de Assuntos Estratégicos do governo Lula. Ele era visto como mais flexível do que Marina na questão ambiental, na qual, naturalmente, não possuía a expertise que detinha sobre direito, política ou filosofia. Em uma dada ocasião, por exemplo, Unger e Blairo Maggi, um dos maiores produtores de soja do mundo, se reuniram com Lula para dizer que os números do Inpe sobre desmatamento estavam errados. Marina levou Maggi de helicóptero à Amazônia para mostrar que as áreas que o satélite indicava como desmatadas estavam de fato como registrado.[69]

Para surpresa geral, quando uma nova iniciativa, o Plano Amazônia Sustentável (PAS) foi lançado em 2008, Lula indicou Unger, e não Marina, para coordená-lo. A ministra notou que o equilíbrio de poder dentro do governo havia se tornado desfavorável e pediu demissão. Tornou-se uma dura crítica do projeto de Belo Monte, cuja licença-prévia foi emitida em 2010. Seu substituto no ministério, Carlos Minc, também era um ambientalista respeitado, que garantiu que o desmatamento na Amazônia continuasse caindo até o fim do governo Lula.

Após sua saída, Marina Silva foi convidada pelo Partido Verde para promover uma reorganização da legenda e candidatar-se, em 2010, à sucessão de Lula. Na despedida do PT, leu um trecho do conto "Nenhum, nenhuma", de Guimarães Rosa: "Será que você seria capaz de se esquecer de mim, e, assim mesmo, depois e depois, sem saber, sem querer, continuar gostando?".

Conforme transcorria a década, o cenário favorável para a política externa brasileira foi mudando.

A esperança de uma governança global multilateral perdeu força ao longo da década. Após anos de negociações muito duras na Rodada Doha, costurou-se uma proposta que chegou a ter apoio do Brasil, da China, da União Europeia e de grande parte do G-20. Entretanto o processo foi abandonado em 2008, na reunião de Genebra, devido ao veto dos Estados Unidos e da própria Índia, que havia se aliado ao Brasil em Cancún.[70] A frustração brasileira e de grande parte dos governos do mundo era evidente.[71] Os ganhos econômicos esperados se o acordo fosse aprovado eram consideráveis.

Em 2010, a esperança de que o multilateralismo abrisse espaço para os países em desenvolvimento sofreu outro golpe. Segundo Celso Amorim, em uma reunião do G-8 em L'Aquila, na Itália, em 2009, o presidente americano Barack Obama pediu a Lula que tentasse estabelecer um canal de comunicação com o Irã.[72] Na época, os iranianos haviam recusado uma proposta elaborada pela Agência Internacional de Energia Atômica (AIEA) de trocar o urânio que o país havia produzido por outro tipo mais difícil de ser usado para fins militares. O Brasil e a Turquia, duas potências médias no Conselho de Segurança da ONU e que não são automaticamente aliadas dos inimigos do Irã — sendo uma de maioria cristã e outra, muçulmana —, entregaram-se à tarefa de convencer o país a aceitar a proposta da AIEA. Deu certo: em 17 de maio de 2010, foi assinada a Declaração de Teerã, em que o Irã concordava em realizar a troca de urânio.

Para a surpresa das chancelarias brasileira e turca, o acordo foi vetado. Os Estados Unidos já haviam convencido as outras potências nucleares a aprovarem sanções contra o Irã.[73] Em seu livro sobre o episódio,[74] o antecessor de Amorim na chancelaria brasileira, Luiz Felipe Lampreia, caracteriza a iniciativa de Brasil e Turquia como uma manifestação de húbris, de ambição excessiva da diplomacia brasileira.[75]

Não há dúvida de que a propaganda dos governos brasileiro e turco vendeu a Declaração de Teerã com estardalhaço. Mas há uma interpretação mais simples para o episódio: nem Brasil, nem Turquia achavam que resolveriam a crise iraniana. Como membros do Conselho de Segurança da ONU, trabalharam para que o Irã aceitasse uma proposta de outra organização multilateral, a AIEA. Sempre esteve claro que o acordo era uma oferta das grandes potências, que seriam responsáveis por obrigar o país a cumpri-lo. O que Brasil e Turquia ofereciam era mediação. Como no caso da OMC, a atuação dos países em desenvolvimento não era um desafio à ordem global, mas uma tentativa de explorar espaços dentro das instituições multilaterais. Deu errado.

Da mesma forma, a esperança de uma América do Sul progressista, democrática e favorável à integração continental sofreu reveses ao longo da década. Vários governos da onda rosa foram bem-sucedidos, e não só os social-democratas: Evo Morales, por exemplo, combinou a nacionalização do petróleo e do gás natural com políticas macroeconômicas ortodoxas e obteve bons resultados.[76] A importante transformação democrática trazida pelo MAS com a incorporação dos indígenas à democracia boliviana quase se perdeu pelo personalismo de Evo Morales, que passou a se reeleger indefinidamente, ajudando a criar o clima para o golpe de direita dado em 2019.[77] Mesmo assim, o saldo da contribuição do MAS para a democracia boliviana ainda é positivo.

Na Venezuela, a democracia morreu. Ao longo da década, Chávez foi apresentando propostas cada vez mais autoritárias, como seu projeto de reforma ultracentralizadora de 2006, derrotado em plebiscito. A opção desastrosa da oposição pelo boicote eleitoral lhe permitiu controle total sobre o Estado venezuelano sem precisar fraudar as eleições.[78] O poder chavista se fundiu com o Exército, enquanto os programas sociais se tornaram uma forma de cooptação política. Ficou claro que a proposta de Frei Betto, que queria programas sociais politizadores, era mesmo arriscada: os grupos de apoio ao governo chavista, que podem ter tido algum papel democratizante no começo, logo se tornaram braços do regime. A Venezuela virou um caso de "autoritarismo competitivo", em que as eleições acontecem, mas o jogo é completamente viciado a favor do governo.[79]

O declínio da Venezuela não era só uma tragédia para os seus cidadãos ou para a imagem do PT, que continuou dizendo que o país era uma democracia.[80] Chávez se tornou um obstáculo considerável à integração continental quando quase deu início a uma guerra contra a Colômbia ao reconhecer as Farcs como uma "força beligerante", para desespero dos petistas. Não havia nenhuma esperança de integração continental se os governos de esquerda e direita não se reconhecessem mutuamente. O jornalista venezuelano Teodoro Petkoff, ex-guerrilheiro e crítico de Chávez, chamou o presidente venezuelano de "*El Grán Desintegrador de la Comarca*".[81]

No final da década de 2000, as esperanças de dez anos antes sobre a democracia e sobre a capacidade das instituições multilaterais de acomodarem os interesses dos países pobres começaram se mostrar exageradas. A globalização dos anos 1990 começava a travar.

286

＊ ＊ ＊

Em 15 de setembro de 2008, um dos maiores bancos do mundo, o Lehman Brothers, quebrou, levando o mercado financeiro mundial ao colapso: outros grandes bancos americanos e a maior seguradora do mundo, a AIG, quebraram em sequência.

As causas da crise ainda são objeto de debate, mas as explicações costumam envolver um excesso de poupança asiática que, convertido em títulos da dívida americana, causou uma queda de juros nos Estados Unidos. Com juros mais baixos, os americanos pegaram mais dinheiro emprestado para, por exemplo, financiar a casa própria através de hipotecas, que foram empacotadas no mercado financeiro e transformadas em instrumentos de investimento sofisticados, lucrativos e, acreditava-se, de baixo risco. As empresas que emitiam hipotecas passaram a emprestar para qualquer um e a repassar o risco para o sistema financeiro. Nas décadas anteriores, o mercado financeiro americano havia se tornado cada vez menos regulamentado pelas autoridades e cada vez mais opaco. Quando essa névoa de complexidade financeira, incentivos mal alinhados e caos regulatório se dissipou, o mundo tinha quebrado.

Era a maior crise econômica desde 1929. Os economistas Barry Eichengreen e Kevin O'Rourke mostraram que, para os mercados mundiais, o começo da crise de 2008 foi pior do que o do Crash da Bolsa de Valores de Nova York.[82] O colapso global não foi maior porque governos do mundo todo injetaram quantidades obscenas de dinheiro nos bancos e na economia como um todo.

Isto é, quando mal havíamos começado a discutir se os investimentos do PAC eram eficientes, o mundo entrou numa situação em que, segundo os manuais de economia, o governo tem que aumentar o investimento público do jeito que der, e seja o que Deus quiser.

O governo Lula estava particularmente bem posicionado para enfrentar o choque do *subprime*. As contas públicas estavam em ordem, dando margem para o gasto extra. Nessa época, o Brasil deixou de ter dívida em dólar, algo que sempre nos derrubava ao menor sinal de crise internacional. Os projetos de investimento do PAC já estavam em curso. Os bancos públicos estavam em boa forma e puderam ajudar oferecendo crédito quando os bancos privados travaram.

Lula chegou a dizer que, no Brasil, o tsunami seria só uma "marolinha", mas isso não foi verdade: empresas brasileiras com exposição no mercado financeiro tiveram sérios problemas. E, no começo da crise, o mundo parecia ter parado: "Teve exportação nossa que voltou", lembra Guido Mantega. Os compradores não tinham mais dinheiro.[83]

Não foi uma marolinha, mas sem dúvida foi muito menos grave do que o colapso que atingiu os Estados Unidos ou a Europa poucos anos depois. Em meados de 2009, o Brasil já estava crescendo de novo.

Lula havia mantido o equilíbrio macroeconômico, reduzido a pobreza pela metade, cortado o desmatamento da Amazônia de forma drástica, levado a influência diplomática do país ao maior nível de sua história e, de repente, seu projeto de investimentos controverso havia ajudado o Brasil a superar a maior crise internacional desde 1929 de modo muito melhor do que o mundo desenvolvido. Sua popularidade era tão alta que, em 2010, eu costumava dizer que sabia o endereço dos blogs de todos os brasileiros que não o apoiavam.

Embora o segundo governo Lula tenha aumentado muito os investimentos públicos, a diferença para o primeiro governo em termos de política macroeconômica foi muito pequena. O Brasil continuou a fazer superávits, o câmbio continuou livre, a inflação continuou baixa e, com o crescimento econômico maior, a relação dívida/PIB seguiu caindo até a crise de 2008, quando um aumento de gastos era plenamente justificado. Bernardo Appy, da equipe de Palocci, se manteve como secretário de política econômica de Guido Mantega até depois da crise de 2008. O próprio Meirelles, na presidência do Banco Central, garantia uma continuidade importante com o período anterior. "Durante algum tempo, o conservadorismo do Lula não deixa mexer muito. Continua mais ou menos a mesma coisa por 2007, 2008. Mas a agenda estava lá: estaleiros, BNDES. O que a crise faz é turbinar a velocidade das mudanças. Vem a crise, eles dizem, agora vamos", conta Marcos Lisboa.

Tudo mudou em 2008. Não foi só uma crise econômica. Como a de 1929, foi também uma crise política e ideológica. Assim como a queda do Muro de Berlim em 1989, ela mudou a opinião corrente sobre o papel do Estado na economia, dessa vez em direção inversa. Quando os bancos quebraram, os economistas do mercado financeiro, grandes defensores da liberalização financeira, correram para pedir dinheiro público. Ao redor do mundo, quem evitou que a quebra fosse maior foram os funcionários públicos de bancos centrais e outras agências governamentais, que no período anterior eram vistos como pouco mais do que parasitas da riqueza alheia.

E mais: os países ricos, de onde essas ideias emanaram para o mundo, mostravam-se completamente disfuncionais politicamente nos piores momentos da crise: fanáticos de direita no Congresso americano dificultavam a aprovação do pacote de estímulos fiscais de Barack Obama. Quando a crise bateu na Europa, a descoordenação entre os líderes do continente deixou claro que, na esfera global, de agora em diante, era cada um por si. Países europeus que tentaram aplicar medidas de austeridade cedo demais se saíram extremamente mal.[84]

Isso mudou o estado de espírito dos petistas. O "Malocci" passou a ser visto como algo a ser esquecido, um conjunto de ideias refutado pela prática. Ninguém mais se sentia tão obrigado a prestar contas aos críticos liberais do governo, associados às ideias que haviam entrado em crise. Depois de quase vinte anos, os defensores de mais Estado haviam tido uma vitória real, os números estavam a seu favor, eles estavam certos.

Estavam mesmo, mas por quanto tempo? Os mesmos manuais que dizem que o governo tem que gastar na hora da crise também informam que, depois que ela passa, é hora de recompor as finanças públicas, até para ter munição para gastar na próxima crise. Mas isso ainda era o de menos: com o tempo, ficou claro que não se tratava só de uma crise financeira. A visão neoliberal que se tornou hegemônica após a queda do Muro de Berlim não foi substituída por nada muito claro. Digamos que, em 2010, um partido de esquerda quisesse se aproximar do centro: para onde ele iria? O Estado voltou ao centro do debate econômico, mas o que, exatamente, devíamos fazer com ele? Em que áreas ele deveria voltar a atuar, de que áreas deveria se manter distante? Simplesmente voltar ao velho desenvolvimentismo era uma opção razoável? Havia algum outro desenvolvimentismo possível?

Em 2008, o deputado petista Devanir Ribeiro, colega de sindicato de Lula, propôs que a Constituição fosse reformada para que o presidente pudesse concorrer a um terceiro mandato.[85] Para seu crédito, Lula não topou a aventura. Mas isso colocava a questão: quem seria o candidato do PT?

De início, não estava claro nem se o sucessor de Lula seria do partido. Lula chegou a pensar em lançar um candidato de fora, talvez Ciro Gomes, do PSB.[86] Mas o PT resistiu fortemente a essa ideia por um motivo compreensível: o partido não queria se dissolver no lulismo. Queria sobreviver como alternativa de poder mesmo depois que seu líder principal saísse de cena.

Era uma ambição legítima, mas difícil de ser realizada. Poucos anos antes, os grandes presidenciáveis petistas pós-Lula eram Dirceu e Palocci. Os dois haviam sido abatidos por denúncias de corrupção, como também era o caso de José Genoino. Marina Silva havia deixado o PT e iria concorrer pelo PV. Um eventual candidato da esquerda petista afastaria os aliados e transmitiria a mensagem de que o governo seguinte seria diferente do de Lula — tudo o que o partido queria evitar.

Com isso tudo em mente, Lula escolheu sua sucessora: a chefe da Casa Civil, Dilma Rousseff. A opção deixou cicatrizes no partido. O PT não teve nenhum papel na indicação de Dilma, o que violava completamente sua tradição "basista", que ademais já estava abalada. A sucessora não era uma petista orgânica: sua história política tinha duas décadas de brizolismo e só meia década de petismo. Mas, às vésperas da eleição de 2010, Lula era grande demais para que o PT lhe oferecesse grande resistência.

A escolha do nome era importante, porque parecia ser a única coisa que poderia causar uma derrota petista em 2010. Naquele ano, no rebote da crise, a economia cresceu 7,5%. A popularidade de Lula era imensa, e o próprio candidato da oposição, o tucano José Serra, buscava se mostrar como um continuador do lado bom do governo, sem o lado ruim.[87] Assim que o nome de Dilma se tornou conhecido como "a candidata do Lula", disparou nas pesquisas. Era a eleição mais difícil para a oposição desde 1998.

Entretanto, para surpresa geral, Dilma não venceu a eleição no primeiro turno. Isso costuma acontecer quando quase todos os votos estão distribuídos entre os dois candidatos mais fortes, mas não foi isso que ocorreu em 2010. Marina Silva conseguiu chegar em terceiro lugar com 19% dos votos, tornando-se uma força relevante na política brasileira. Desse modo, dois terços dos votos no primeiro turno haviam sido dados a mulheres que até três anos antes estavam juntas no PT.

O Partido Verde era ridiculamente pequeno, mas Marina Silva conseguiu uma rede de apoios singular para sua candidatura: economistas próximos do mercado, mas com preocupação ambiental, produziram um programa mais "paloccista" do que o do PT e, talvez, do que o do tucano José Serra. Militantes de base desanimados com a "normalização" do PT como só mais um partido brasileiro queriam uma alternativa que ainda encarnasse, se não o programa econômico, ao menos o espírito renovador do PT das origens. E, sobretudo: Marina é evangélica, como uma parcela já na época cada vez maior, e cada vez mais organizada, do eleitorado brasileiro. Havia óbvio potencial de conflito entre esses diversos grupos, mas isso só seria um problema em caso de vitória.

Entre os evangélicos, reforçou-se o contraste entre Marina, contrária ao aborto,[88] e Dilma Rousseff, que já dera um depoimento favorável à legalização. A interpretação corrente foi que isso deu votos a Marina e tirou votos de Dilma.[89]

No segundo turno, a campanha de José Serra viu na pauta do aborto a única chance de tirar a enorme diferença de votos que o separava de Dilma. A primeira propaganda de Serra no segundo turno dizia que ele "sempre condenou o aborto e foi a favor da vida".[90] Foi um marco da aproximação do PSDB com o eleitorado conservador, confirmando a tendência dos anos anteriores.

É preciso deixar claro: a princípio, não há nada de antidemocrático ou de jogo sujo na discussão sobre a legalização do aborto. Os conservadores têm o direito de apresentar suas propostas para o debate. Mesmo assim, o episódio terminou muito mal. Descobriu-se que a esposa de Serra, que havia acusado Dilma de querer "matar as criancinhas", já havia interrompido uma gravidez, desanimando os conservadores. Além disso, os dois candidatos foram à missa no domingo antes da eleição para fazer *photo-ops* muito artificiais. Foi tudo muito feio.

Dilma Rousseff venceu José Serra no segundo turno por 56% a 44%, tornando-se a primeira e, até agora, única mulher a ocupar a presidência do Brasil. A ex-guerrilheira se tornava comandante em chefe das Forças Armadas brasileiras.

14. Dilma tenta o salto

Dilma Rousseff nunca teve a opção de fazer o mesmo governo que Lula.

Após a grande expansão de gastos de 2009-10, justificada pelo combate à crise de 2008, um ajuste nas contas públicas era necessário. Porém, ao contrário do ajuste que Palocci fez no primeiro governo Lula, o de Dilma seria feito em condições internacionais muito piores. As reformas sociais de implementação mais fácil e impacto mais imediato, como o Bolsa Família, já haviam sido feitas; os próximos passos na política social, como a reforma da educação, eram mais complexos e demorariam a gerar resultados.

Uma alternativa para Dilma seria aceitar esse fato e fazer um governo com grandes chances de perder a reeleição. Em retrospecto, fica claro que isso teria sido melhor. Mas não era possível ter certeza disso em 2011, e não é algo fácil de pedir a um governante em primeiro mandato. Se Dilma Rousseff tivesse escolhido esse caminho, seria para sempre acusada de ter desperdiçado a chance de dar continuidade à prosperidade da era Lula. Ninguém lembraria que isso nunca foi possível.

Outra opção seria tentar dar uma série de passos para a frente que pareciam naturais após o lulismo. Foi a escolha de Dilma.

O primeiro passo à frente era retomar a industrialização brasileira. Tratava-se de uma ideia cara aos economistas petistas, que ficou em segundo plano na era Lula. Dilma Rousseff era uma economista formada nessa tradição "industrialista". A valorização do real durante a alta das commodities trazia problemas para a indústria, que precisava concorrer com importados mais baratos. Isso pode ter sido, por alguns anos, compensado pela expansão do mercado interno com a inclusão social promovida nos governos de Lula, mas os próximos programas sociais não teriam efeitos tão imediatos. Se as commodities não ajudariam Dilma tanto quanto ajudaram Lula, Dilma tentaria tornar o Brasil menos dependente delas. Foi o que André Singer chamou de "ensaio desenvolvimentista"[1] de Dilma.

Por outro lado, as alianças com o fisiologismo brasileiro não tinham como durar para sempre. Com a alternância de poder entre FHC e Lula, as instituições de controle se tornaram mais independentes. A direita pré-2002 sobrevivia a escândalos de corrupção porque tinha mídia, juízes e a maioria no Congresso. Lula resistiu às denúncias desde 2005 porque era a maior liderança popular da história brasileira e tinha um milagrinho para entregar. Dilma não tinha nada disso. Simplesmente deixar o fisiologismo funcionar como sempre havia feito seria arriscado mesmo se a presidente não fosse, como todos os testemunhos confirmam que era, uma pessoa honesta. O que André Singer chamou de "ensaio republicano" de Dilma[2] foi uma tentativa de afastar esses riscos.

Os dois "ensaios" talvez fossem, mesmo, os passos seguintes lógicos após o lulismo. Mas duas perguntas se impunham: havia um plano articulado para conduzir os ensaios de Dilma? E, sobretudo: uma vez que as novas tarefas eram mais difíceis do que as realizadas por Lula e a situação mundial era muito pior, era hora de dar um passo à frente?

O governo Dilma começou com um ajuste fiscal duro: um aumento de quase 1% do resultado primário,[3] a diferença entre o que o Estado gasta e o que ele arrecada. Havia consenso na equipe econômica de que era necessário corrigir excessos no combate ao choque de 2008. "Cresceu demais em 2010, em 2011 a gente segurou, por responsabilidade, se você crescer rápido demais capota, o carro ganha muita velocidade, uma hora ele capota", lembra o ministro da Fazenda Guido Mantega, mantido no cargo após o fim do governo Lula. "Eu não sei se eu freei demais, eu tenho dúvida; mas quando você tá numa crise, você tem que improvisar, não tem manual."[4]

O ajuste fiscal buscava criar condições para que o Banco Central pudesse reduzir os juros: "Eu fiz o ajuste para ajudar o Tombini a reduzir os juros", lembra Mantega.[5] Essa redução estimularia a economia e, o que era muito importante para os economistas do PT, ajudaria a desvalorizar o real: muitos dólares entram no Brasil em busca de títulos que pagam nossos juros altos. Se eles caem, o real desvaloriza, porque esses dólares vão embora. Com a moeda nacional desvalorizada, a indústria teria melhores condições para competir com os importados.

O real estava valorizadíssimo. Como resposta à crise de 2008, o Banco Central americano saiu comprando títulos no mercado, o que, na prática, era emitir moeda. O dólar se desvalorizou internacionalmente. No final de 2010, Guido Mantega se tornou internacionalmente conhecido por protestar contra a "guerra cambial":[6] os países estavam desvalorizando suas moedas, o que lhes possibilitava vender mais dos seus produtos em outros países, mas não impedia o declínio global. Isto é, com a guerra cambial, os países disputavam de forma cada vez mais acirrada um mercado mundial que estava diminuindo de tamanho. Mantega insistia, com toda razão, que os países ricos também deveriam estimular as próprias economias com gasto governamental: com isso, voltariam a crescer, puxando a economia global para cima.[7]

O Brasil, com seus juros altos, era um destino excelente para investidores fugindo do dólar. Antes da crise de 2008, os países emergentes não recebiam nem 20% dos fluxos de capitais globais. Entre 2010 e 2013, receberam quase metade.[8] Segundo Márcio Holland, secretário de Política Econômica de Dilma, os próprios economistas do FMI estavam preocupados com o câmbio brasileiro.[9] Com o real tão valorizado, a indústria do país não teria nenhuma condição de competir com os produtos importados. Para combater a valorização do câmbio, o governo Dilma aumentou, ainda em 2011, a tributação de aplicações financeiras que apostavam na desvalorização da moeda nacional.[10]

Nada disso indicava uma aventura irresponsável. A expectativa de um governo comprometido com as contas públicas era reforçada pela presença de Antonio Palocci como chefe da Casa Civil — o mesmo cargo que, quando Palocci comandou a economia, era exercido por José Dirceu, seu rival no governo Lula. O novo presidente do Banco Central, Alexandre Tombini, tinha o mesmo perfil de Henrique Meirelles, o que também sugeria uma política econômica sem grandes aventuras.

"Aí veio a notícia da Europa",[11] lembra um ministro da época: uma crise aguda no sistema financeiro da área do euro quase quebrou a União Europeia nos anos seguintes e fez com que no continente a crise iniciada em 2008 tenha sido pior do que a de 1929. No final de agosto de 2011, o presidente do Bacen participou da reunião anual de Jackson Hole, nos Estados Unidos, que reúne presidentes de bancos centrais do mundo todo. Lá, ouviu que os bancos europeus estavam em uma situação muito ruim, e que a região entraria em uma crise tão grave quanto a que havia atingido os Estados Unidos em 2008.

A recuperação brasileira pós-2008 tinha sido "em V", isto é, uma queda acentuada com uma rápida recuperação. Agora, Guido Mantega enxergava uma crise "em W",[12] o que talvez fosse excessivamente otimista: supunha que a recuperação da segunda queda poderia ser tão rápida quanto a da primeira.

Dificilmente seria. A situação era muito mais difícil do que em 2008: naquele ano, quando a crise bateu no Brasil, as contas estavam equilibradas. Havia espaço para gastar muito dinheiro combatendo a crise. Em 2011, esse dinheiro já havia sido gasto. A China, que sustentou boa parte da alta das commodities, desacelerou sua economia: as taxas de crescimento anuais chinesas continuaram boas, mas não foram mais os 10% dos anos anteriores. A outra locomotiva econômica do mundo, os Estados Unidos, estavam paralisados pela polarização política: o Partido Republicano, cada vez mais radical, emparedou o governo Obama e fez com que o país, pela primeira vez, tivesse sua avaliação de risco rebaixada pelas agências internacionais.

A "notícia da Europa" fez com que, a partir do segundo semestre, o Bacen (Banco Central do Brasil) reduzisse os juros de forma muito rápida. O medo era que a crise do euro pegasse o Brasil justamente quando o ajuste fiscal já desacelerava a economia. Um ano depois, a taxa Selic atingia 7,25%, o menor valor da história até então.

Críticos sustentam que o Bacen se moveu de maneira brusca demais. Pode ser verdade. Mas se esse tivesse sido o único erro de condução de política econômica do governo Dilma, ele seria perdoável. Ninguém sabia o que aconteceria na Europa. Houve risco de que a zona do euro fosse dissolvida. Qualquer pretensão de se fazer ajustes de grande precisão em meio a uma crise como aquela é risível.

Não foi o único erro de condução de política econômica do governo Dilma.

Durante os dois primeiros anos do governo Dilma Rousseff, o Supremo Tribunal Federal tomou uma série de decisões históricas. Em meados de 2011, a maioria dos membros da corte já havia sido nomeada por presidentes petistas, e os remanescentes de outros governos tinham perfil liberal. Isso sem dúvida aumentou a receptividade da corte a propostas progressistas. Entretanto, os ministros indicados pelo PT nem sempre se comportaram como o partido desejava.

Duas das três grandes decisões do período foram importantes vitórias para os ideais de justiça social que o PT defendia na sua fundação: as decisões favoráveis às uniões homoafetivas (o "casamento gay") e às cotas para estudantes negros nas universidades. Lula defendeu as cotas nos debates presidenciais de 2002,[13] além de ter sido o primeiro presidente brasileiro a apoiar as uniões civis entre pessoas do mesmo sexo, em 2008.[14]

No entanto, nos anos 2000, dois episódios abalaram a relação do PT com o movimento LGBTQIA+. O primeiro veio de onde menos se esperava. Em 2008, Marta Suplicy, autora do projeto de uniões civis, concorreu de novo a prefeita de São Paulo. Um dos comerciais de campanha foi acusado de fazer insinuações homofóbicas contra seu adversário, Gilberto Kassab, do DEM,[15] que acabou vencendo a eleição. Suplicy declarou que o comercial foi ao ar sem sua aprovação. Manteve-se ativa na defesa da causa LGBTQIA+, mas a campanha de 2008 foi uma mancha em um currículo respeitável.[16]

O segundo episódio aconteceu em 2011, logo no começo do governo Dilma. Em 2004, Lula havia criado o programa "Brasil Sem Homofobia". A iniciativa previa, entre outras coisas, a preparação de vídeos que traziam histórias de jovens LGBTQIA+ e de sua luta contra o preconceito na escola.[17] O material foi encomendado a uma ONG e, antes de ser aprovado pelo ministério, vazou. Os conservadores no Congresso batizaram o material de "kit gay" e acusaram o PT de querer doutrinar as crianças, presumivelmente, para que elas se tornassem gays. Diante da repercussão ruim, Dilma vetou o material dizendo que não aceitava "propaganda de opção sexual".[18]

O recuo do governo petista foi criticado pela militância LGBTQIA+. Toni Reis, presidente da Associação Brasileira de Lésbicas, Gays, Bissexuais, Travestis e Transexuais, o mesmo que havia enfrentado Severino Cavalcanti no Congresso em 1995, ficou decepcionado com a atitude de Dilma: "Ela não assistiu aos vídeos, não falou com o Haddad [então ministro da Educação], nem com a comunidade LGBTQIA+. Ninguém quer propaganda de orientação sexual, e sim contra a discriminação".[19] Dilma foi vaiada na abertura da 2ª Conferência Nacional de Políticas Públicas e Direitos Humanos de Lésbicas, Gays, Bissexuais, Travestis e Transexuais, realizada no final de 2011. Alguns dos militantes insatisfeitos usavam estrelas do PT.[20]

Felizmente, a democracia moderna tem instrumentos para evitar a opressão das minorias pelas maiorias. Desde o começo dos anos 2000, militantes LGBTQIA+ de diversos estados já vinham brigando na Justiça para obter o reconhecimento legal de suas uniões.[21] Em 2011, o governo do Rio de Janeiro, então sob comando do pemedebista Sérgio Cabral, entrou com ação no Supremo Tribunal Federal arguindo que era inconstitucional vedar as uniões civis entre homossexuais. A ação foi julgada no STF em conjunto com outra, proposta pela procuradora da República Deborah Duprat, que defendia a mesma coisa.[22]

Em 5 de maio de 2011, a comunidade LGBTQIA+ conseguiu a maior vitória política de sua história. Por unanimidade, o Supremo Tribunal Federal concedeu às uniões homoafetivas o mesmo status das uniões civis entre heterossexuais. Dois anos depois, em 2013, o Conselho Nacional de Justiça aprovou uma resolução que obrigava os cartórios a converterem uniões civis em casamentos, quando solicitado.

No dia 9 de maio de 2011, Toni Reis se casou com o seu parceiro, David Harrad. Nesse mesmo dia, às 18h45, Lula lhe telefonou para desejar felicidades.[23]

"Dilma queria romper com o PMDB já nos primeiros meses",[24] conta um ex-ministro. Durante as votações do Código Florestal,[25] o partido do vice-presidente votou a favor de uma anistia a desmatadores, à qual Dilma se opunha. Segundo o mesmo ministro, a presidente da República decidiu romper a aliança e mandou ligar para o ex-presidente Fernando Henrique Cardoso. Uma reunião chegou a ser marcada com o vice-presidente Michel Temer para a manhã seguinte, com o objetivo de anunciar a ruptura. À noite, Lula foi acionado para pacificar os ânimos, e a crise foi adiada. Mesmo assim, Dilma enviou uma carta altamente elogiosa a Fernando Henrique Cardoso por ocasião de seu 80º aniversário, talvez pensando em manter o canal de comunicação com os tucanos aberto para o caso de novas crises com o PMDB.

O que o episódio mostra é como Dilma se incomodava com sua base de apoio. Em seu primeiro ano de governo, ela demitiu seis ministros acusados de corrupção. O primeiro, e mais importante, foi Antonio Palocci, seu chefe da Casa Civil. Em 15 de maio de 2011, a *Folha de S.Paulo* publicou uma reportagem em que mostrava que o patrimônio de Palocci havia crescido vinte vezes desde que ele saíra do Ministério da Fazenda. No período, ele trabalhava como consultor para empresas. Após se negar a informar quem eram seus clientes — o que poderia afastar a suspeita de lobby —, Palocci caiu em 7 de junho. Já os outros cinco demitidos haviam sido indicados por partidos aliados do governo.

Era a "faxina ética", um esforço para mostrar que seu governo não seria tolerante com a corrupção. A limpeza preocupava os petistas, por bons e maus motivos. Os maus eram óbvios: Dilma estava ganhando reputação de honestidade por punir aliados que haviam participado do governo Lula. Mas havia também bons motivos para preocupação: ninguém tinha conseguido montar uma coalizão no Brasil sem ceder a pressões fisiológicas. Dilma, como seus antecessores, precisava do apoio dessa turma para governar. "Faxina, ótimo: mas para colocar o que no lugar?",[26] perguntou um petista entrevistado para este livro. Os partidos que perderam cargos (e, portanto, dinheiro) iriam dar o troco; isso era uma certeza. Mais de um entrevistado para este livro acha que foi ali que o impeachment de Dilma Rousseff se tornou uma ideia à espera de uma crise.

O gesto mais importante da faxina aconteceu no final de abril de 2012. Dilma e a nova presidente da Petrobras, Maria das Graças Foster, demitiram os principais diretores da empresa que seriam implicados no Petrolão: Paulo Roberto Costa, que desviava fundos para o PP, Renato Duque, que desviava para o PT, e Jorge Zelada, que desviava para o PMDB. Oficialmente, foram demitidos por incompetência.

Em 1993, o deputado estadual petista Carlos Minc apresentou, na Assembleia Legislativa do Rio de Janeiro, projetos instaurando cotas para negros (PL 1600/93) e estudantes de escolas públicas (PL 1622/93) nas universidades do estado.[27] Como membro da minoria de esquerda na Assembleia, Minc não conseguiu que os projetos avançassem.

Mesmo na esquerda, as cotas ainda eram uma ideia em fase de amadurecimento. A proposta de cotas raciais demorou para ganhar proeminência no discurso do PT. Boa parte dos militantes do movimento negro ligados ao partido tinha raízes no marxismo. A política das cotas dissocia a solução da questão racial de grandes processos de transformação estrutural, inclusive, mas não só, da luta pelo socialismo.[28] "Naquela época, o que eu percebia, a esquerda dizia só o seguinte, a luta é de classe, não de raça, essa era a marca de esquerda. Ora, todos nós sabemos que o racismo no Brasil é estrutural e profundo", lembra o ex-líder metalúrgico Paulo Paim, eleito senador em 2002.[29] Com o tempo, foi ganhando espaço a postura defendida por Benedita da Silva e outros: "Enquanto não construirmos esse tal socialismo, que tanto esperamos e queremos, temos de construir algo que dê condição ao trabalhador negro, à trabalhadora negra, de pensar que podem, sim, e que têm, sim, direitos".[30]

As propostas de ação afirmativa ganharam novo impulso após a Conferência Mundial das Nações Unidas contra o Racismo, realizada na cidade sul-africana de Durban, entre 31 de agosto e 8 de setembro de 2001. O Brasil, com apoio do governo Fernando Henrique Cardoso, enviou uma delegação de militantes negros brasileiros, reforçando um diálogo aberto com a Marcha Zumbi dos Palmares.[31] Políticos petistas foram a Durban, com destaque para a então vice-governadora do Rio de Janeiro, Benedita da Silva, e o deputado Luiz Alberto. As propostas de cotas nas universidades foram um tema importante na Conferência, que teve grande cobertura na imprensa brasileira. Na época, Fernando Henrique Cardoso se declarou simpático à ideia, mas seu ministro da Educação se opôs às cotas[32]

Eis que, diante da grande cobertura de mídia sobre o evento em Durban, um deputado estadual bastante conservador do Rio de Janeiro, José Amorim (PPB), decidiu surfar na popularidade da ideia. Apresentou um projeto para implementar cotas raciais nas universidades fluminenses. Amorim havia sido prefeito de São João de Meriti, era acusado em um processo de corrupção e já havia discursado *contra* o projeto de Carlos Minc. Com sua rede de apoios entre deputados conservadores, conseguiu aprovar o projeto em regime de urgência e por aclamação, enquanto os parlamentares e militantes negros ainda estavam em Durban. Quando Minc tentou unificar as propostas, Amorim mentiu que o projeto do petista previa cotas para homossexuais.[33]

Em 2003, as universidades estaduais do Rio de Janeiro implementaram cotas raciais em seus processos de seleção. Logo depois, a Universidade do Estado da Bahia também aderiu. Em 2004, a Universidade de Brasília se tornou a primeira federal a encampar a ideia.

Essas experiências foram duramente combatidas pela direita brasileira. Podemos nos perguntar se isso era uma decorrência necessária de seu conservadorismo ou se a direita, para combater o PT, havia regredido. Afinal, o próprio José Sarney, primeiro presidente do Brasil no período da redemocratização, já havia apresentado proposta de cotas nas universidades em 1999. Na conferência de Durban, Reginaldo Germano, um parlamentar do PFL, negro e pastor evangélico, declarou: "Não abrimos mão da reparação".[34] Ao longo da década, entretanto, a posição anticotas se enrijeceu entre os opositores do PT.

As tensões ficaram claras na tramitação do Estatuto da Igualdade Racial, apresentado pelo então deputado federal petista Paulo Paim, ainda no governo Fernando Henrique Cardoso. O projeto regulamentava a propriedade das terras quilombolas, concedia indenização de 102 mil reais[35] aos brasileiros descendentes de africanos e propunha outras políticas públicas voltadas para a população negra. Em sua versão original, incluía a proposta de cotas nas universidades, no serviço público, em empresas e nos cargos políticos. Era, portanto, uma proposta bastante arrojada de reforma social.

Durante a tramitação na Câmara,[36] a ampla proposta de cotas foi substituída por uma formulação bem menos avançada (o que era previsível), mas ainda prevendo reserva de vagas nas universidades federais. Entretanto, em uma nova rodada de cortes, o senador Demóstenes Torres, do DEM, presidente da Comissão de Constituição e Justiça, fez novas modificações no projeto, retirando, inclusive, a menção explícita às cotas nas universidades. Ainda assim, o Estatuto da Igualdade Racial preservou a determinação de que o poder público deveria apoiar medidas de ação afirmativa.

Foram tantas alterações que parte importante do movimento negro pediu para Lula vetar o documento.[37] O próprio Paim teve dúvidas. "Aí o Lula me disse, vou assinar. Se vocês não aprovarem nesse período [enquanto o PT estava no governo], podem ficar depois anos se lamentando." O Estatuto da Igualdade Racial foi sancionado no final do governo Lula, em 20 de julho de 2010.

Não contente em cortar as cotas nas universidades federais do Estatuto da Igualdade Racial, o DEM entrou com uma ação no Supremo Tribunal Federal pedindo que as cotas raciais adotadas na Universidade de Brasília fossem declaradas inconstitucionais. Após um longo processo de discussões que envolveu acadêmicos e entidades da sociedade civil, o STF aprovou a constitucionalidade das cotas da UNB por unanimidade, em 26 de abril de 2012. Quatro meses depois, Dilma Rousseff sancionou uma lei estabelecendo cota de 50% das vagas das universidades federais para alunos de escolas públicas; dentro desse contingente, alunos negros, pardos e indígenas passaram a ter uma cota proporcional a seu tamanho na população do estado. Em 2014, Dilma sancionou lei que reservava para negros 20% das vagas em concursos públicos federais do Poder Executivo.

No momento em que este livro é finalizado, a Lei de Cotas completa dez anos e, como previsto no projeto original, passa por um momento de revisão. A opinião geral entre os especialistas é que ela foi um sucesso:[38] em 2019, com a combinação de cotas e ProUni, pela primeira vez os negros e pardos se tornaram a maioria dos estudantes universitários brasileiros. Ademais, as evidências mostram que os cotistas têm desempenho acadêmico semelhante ao dos não cotistas. A lei é, de longe, a maior vitória do movimento negro brasileiro em sua história.

Gleisi Hoffmann iniciou sua vida política incentivada pelos padres do colégio jesuíta em que estudava, em Curitiba. No movimento estudantil, passou a militar no PCdoB, elegendo-se diretora da União Brasileira dos Estudantes Secundaristas (Ubes) e se tornando assessora do vereador Jorge Samek. Com o grupo de Samek, entrou no PT em 1989. Após concluir o curso de direito, passou a atuar como assessora de movimentos populares de moradia e na Assembleia Legislativa do Paraná. Foi assessora do PT no Congresso Nacional. Em 1999, foi para Mato Grosso do Sul com Paulo Bernardo, com quem havia se casado. Lá, conduziu a reforma administrativa que lhe rendeu ataques duros dos próprios petistas. Com a vitória de Lula, tornou-se diretora da empresa Itaipu Binacional, quando passou a ter boas relações com a ministra de Minas e Energia Dilma Rousseff. Em 2010, elegeu-se senadora pelo Paraná.

Pouco depois, foi convidada por Dilma Rousseff para ser chefe da Casa Civil, substituindo Antonio Palocci. Lula se opôs à indicação, sugerindo que Hoffmann passasse mais tempo no Senado ganhando experiência. Mas Dilma a escolhera justamente porque queria alguém de perfil técnico. "Eu quero que você venha para cá, mas eu não quero que você faça política", teria dito à senadora.[39]

Era exatamente a mesma escolha que Lula havia feito ao nomear Dilma, mas estabelece um equilíbrio completamente diferente: Lula na presidência mais do que compensava a falta de disposição de Dilma para negociações de gabinete. Quando instruiu Hoffmann a não fazer política, a presidente abriu um déficit de articulação parlamentar em seu governo. A relação com os parlamentares passou a ser responsabilidade da Secretaria de Relações Institucionais, a quem Dilma tampouco concedeu autonomia.

Hoffmann conduziu projetos que Dilma considerava prioritários, como as concessões de serviços de infraestrutura à iniciativa privada. Tal proposta foi referida com frequência como privatização por adversários do governo, que acusavam o PT de hipocrisia por ter criticado isso no governo de FHC. A economista Elena Landau, responsável pelo programa de privatizações do governo FHC, escreveu, em 22 de julho de 2012, que "finalmente o PT rende-se ao óbvio e abraçou a agenda de privatizações de vez. O problema é que o faz de forma encabulada, tentando fingir que não faz o que faz, e nisso acaba fazendo mal feito".[40]

Nada dificultou tanto a vida de Gleisi Hoffmann quanto a negociação da Lei dos Portos, em 2013. A medida provisória foi aprovada poucas horas antes de expirar o prazo de validade, após inacreditáveis 41 horas contínuas de debate no Congresso. A oposição fez seu trabalho, dificultando a vida do governo. Mas o problema maior era o PMDB. Os contratos existentes nos portos brasileiros eram vistos como fontes de caixa dois havia décadas. Um relatório da Polícia Federal de 2018 acusava o próprio vice-presidente Michel Temer de comandar um esquema de caixa dois no porto de Santos desde 1995.[41]

Hoffmann representava uma nova geração de lideranças petistas. Embora tivesse um passado de militância estudantil e vínculo com uma organização marxista na juventude, sua ascensão política se deu já com o PT plenamente institucionalizado, primeiro como assessora, depois como gestora. Sua experiência de luta política no Parlamento e dentro do PT seria intensa nos anos seguintes, mas aconteceu depois de sua experiência como ministra.[42]

Depois das decisões sobre uniões homoafetivas e cotas raciais, o terceiro grande julgamento do STF durante o governo Dilma teve um sabor bem diferente para o Partido dos Trabalhadores. Em 2012, o tribunal julgou os réus do Mensalão. Petistas importantes, como José Dirceu e José Genoino, foram condenados à prisão. O mesmo ocorreu com algumas lideranças de partidos de direita que apoiavam o PT, como Roberto Jefferson, Valdemar da Costa Neto e Bispo Rodrigues.

O relator do processo foi o ministro Joaquim Barbosa, indicado por Lula já em 2003. Em 2012, Barbosa havia se tornado o primeiro presidente negro do STF.[43] No julgamento, pediu a condenação dos réus, inclusive petistas, e foi acompanhado pela maioria dos ministros, mesmo aqueles que haviam sido nomeados pelo PT. A postura mais progressista do STF após as nomeações de Lula e Dilma, refletida na aprovação das uniões homoafetivas e das cotas raciais, não se refletiu em leniência com os membros do PT acusados de corrupção. Para muitos petistas, a "traição" de Barbosa foi imperdoável:[44] para eles, o STF apenas se curvou à pressão da mídia conservadora, que exigia as condenações.

De qualquer forma, o julgamento foi saudado como um tremendo salto de qualidade institucional brasileira: como notaram os cientistas políticos Marcus Mello e Carlos Pereira, pela primeira vez, no mundo democrático, um grupo político era responsabilizado por corrupção enquanto ainda estava no poder.[45]

Por outro lado, um observador mais cético poderia apontar que tudo isso só aconteceu por ter havido alternância no poder; quando os grupos políticos que acumularam poder econômico, político e de mídia nas décadas anteriores estavam na oposição. Mesmo supondo que os condenados fossem culpados, a corrupção se tornaria *pior* se só políticos de esquerda (ou seus aliados ocasionais de direita) fossem punidos. Os corruptos se refugiariam na direita, onde ninguém seria punido, e a alternância de poder seria comprometida. Sem alternância de poder, as instituições perderiam autonomia.

Uma interpretação intermediária aceitaria que os petistas foram pegos primeiro porque eram mais fracos. Entretanto, argumentaria que isso não excluía a possibilidade de ganhos de qualidade permanentes no combate à corrupção: quem sabe, quando algum corrupto fosse preso, mesmo que em decorrência de um diferencial de poder contingente, as instituições se tornassem irreversivelmente fortes. Talvez conseguissem consagrar essa nova autonomia em novas leis. Talvez o próprio sistema político se autorreformasse, pois mesmo políticos de direita passariam a sentir *algum* medo de serem presos.

Em 2012, o placar desse debate parecia favorável aos otimistas. Durante a Lava Jato, era possível ter esperanças com relação à interpretação intermediária. Em 2022, os pessimistas vencem por larga margem. O jogo, é claro, continua.

* * *

Fernando Haddad iniciou sua vida política no movimento estudantil da Faculdade de Direito da Universidade de São Paulo. Participou de um grupo dissidente da Libelu chamado "The Pravda". Depois da faculdade, deixou a política e seguiu a carreira acadêmica. Escreveu uma dissertação de mestrado em economia na qual argumentava que as sociedades de tipo soviético foram, na verdade, formas alternativas de transição ao capitalismo.[46] Em sua tese de doutorado em filosofia, criticou o pensador alemão Jürgen Habermas.[47] Como economista, foi analista de investimentos do Unibanco, época em que seu contato com o PT se limitava aos acadêmicos simpatizantes do partido.

Através deles, Haddad foi convidado para trabalhar com João Sayad na prefeitura de Marta Suplicy, que se elegeu prefeita de São Paulo em 2000. Em 2003, deixou a prefeitura com Sayad e foi nomeado para um cargo de terceiro escalão no Ministério do Planejamento de Guido Mantega. Destacou-se na elaboração do projeto de parcerias público-privadas e, no ano seguinte, foi convidado por Tarso Genro para assumir o cargo de secretário-executivo do Ministério da Educação, onde criou o ProUni, que concede bolsas de estudo para estudantes pobres em faculdades particulares. Em 2005, quando Tarso Genro deixou o MEC para tentar "refundar o PT", Haddad se tornou ministro da Educação. Na sua gestão ocorreram os grandes sucessos do PT na política educacional — o já citado ProUni, a expansão das universidades federais, a adoção de um exame nacional para acesso à universidade (o Enem), o Fundeb (Fundo de Manutenção e Desenvolvimento da Educação Básica).

Seu bom desempenho à frente do MEC lhe rendeu prestígio com Lula. Continuou no cargo após a eleição de Dilma e só saiu para concorrer à prefeitura de São Paulo, em 2012. Como no caso de Gleisi Hoffmann, suas grandes batalhas políticas aconteceriam depois de sua passagem pelo ministério.

Para a surpresa de muitos analistas, Haddad venceu a eleição e se tornou o terceiro prefeito petista de São Paulo. Ainda durante a campanha, havia encomendado à Fundação Getulio Vargas um estudo sobre a municipalização da Contribuição de Intervenção no Domínio Econômico (Cide), um imposto sobre combustíveis.[48] Os recursos seriam utilizados para investimentos no setor de transporte urbano. Pouco depois da vitória, Haddad foi ao Palácio do Planalto apresentar sua proposta, na expectativa de começar sua gestão já com uma grande vitória.

* * *

Em 17 de dezembro de 2012, o secretário de Política Econômica Márcio Holland deu uma entrevista para o jornal *Valor Econômico*, em que declarou que o governo havia iniciado a transição para uma "Nova Matriz Econômica" (NME).[49] Para Holland, a NME teria três pernas: juros mais baixos, taxa de câmbio mais competitiva (isto é, dólar mais caro) e uma "consolidação fiscal amigável ao investimento e ao crescimento". De maneira concreta, a terceira perna consistia em continuar baixando a relação dívida/PIB e aproveitar o espaço fiscal para "promover intensa desoneração do investimento e da produção". Isto é, além dos juros mais baixos e dólar mais caro, a NME cortaria impostos das empresas, sobretudo os ligados à folha de pagamento.

Holland não foi o criador da NME: o termo foi criado por Guido Mantega. "Eu não tenho criatividade para inventar termo",[50] diz Holland. O uso de "matriz" no nome, inclusive, lhe causava estranhamento: "O que você quer dizer, que é um novo equilíbrio? Não pode usar equilíbrio porque soa neoliberal?".[51] Nelson Barbosa também não gostava da ideia de dar um nome para a política econômica: "Tudo que o pessoal queria para criticar o governo era um rótulo, vocês vão dar um rótulo? [...]. Você não está no governo para demonstrar teorema, está no governo para resolver problema".[52] Holland sempre insistiu que a NME não se contrapunha ao tripé macroeconômico (câmbio flutuante, meta fiscal e meta de inflação) herdado de FHC, o que não é verdade sobre a política implementada entre 2012 e 2014. No fundo, "A NME foi uma tentativa de racionalizar ex post o que estava sendo feito, mais do que um programa bem pensado".[53] Podemos nos perguntar, inclusive, se o fato de essa série de medidas contingentes ter sido empacotada como uma grande visão teórica não dificultou seu abandono.

As desonerações fiscais começaram com um propósito bastante específico: compensar a valorização do real, causada pelas políticas adotadas nos Estados Unidos para combater a crise. A ideia era aliviar a pressão sobre os setores que competiam com produtos importados. Como várias coisas da política econômica de Dilma, começou fazendo sentido: seria uma política temporária, para lidar com uma situação excepcional.

Entretanto, conforme Dilma e sua equipe passaram a temer uma desaceleração econômica internacional, as desonerações viraram o que o governo tinha à mão para arremessar contra o problema. Em 2012, elas saíram completamente de controle e passaram a beneficiar setores que não eram afetados pela política do Federal Reserve (FED) americano. Não havia mais nenhuma justificativa econômica para seguir com aquilo, e as discordâncias dentro da equipe econômica se tornaram mais acirradas. O secretário executivo do Ministério da Fazenda, Nelson Barbosa, passou a criticar a expansão indiscriminada das isenções. Em uma discussão sobre desonerações para a construção civil, Barbosa chegou a dizer que "ninguém vai importar casa se o preço aqui dentro estiver alto".[54]

As desonerações fiscais causaram uma perda de arrecadação de 46,4 bilhões de reais em 2012, 78,6 bilhões de reais em 2013 e 99,4 bilhões de reais em 2014.[55] Essas perdas eram maiores do que o ajuste de 2011.

Isto é, no momento em que Holland deu sua entrevista, o argumento por trás da NME já não tinha sequer consistência interna. A base para duas das três pernas da proposta — juros mais baixos e câmbio mais competitivo — era o ajuste fiscal, que foi descartado em 2012. O próprio Holland, em entrevista para este livro, admitiu o problema: "A partir de meados de 2012, não tem mais estratégia de política econômica no Brasil, no sentido de que uma política ancora a outra. Você não pode fazer ao mesmo tempo afrouxamento monetário e afrouxamento fiscal".[56]

Grande parte do que Dilma fez em 2012 foi uma versão do que os industriais brasileiros diziam ser necessário para retomar o crescimento. Era o que Laura Carvalho chamou de "Agenda Fiesp",[57] que envolvia mais do que as isenções da NME: além das mudanças em juros e câmbio, os empresários pediam mais crédito do BNDES e controle dos preços de energia elétrica. Dilma fez isso tudo: a contenção das tarifas quase quebrou o setor, forçando o governo a cobrir esse prejuízo. Como notou Carvalho, os efeitos da aplicação da Agenda Fiesp foram "desastrosos". Nada deu certo. As empresas não investiram e o crescimento não veio. Em 2012, o ano da NME, o crescimento foi de ridículos 1,9%.

Alguns petistas reagem a esse fato com indignação, como se os empresários tivessem traído o governo Dilma, que lhes deu tudo que pediram. Não foi bem isso. O motivo imediato da queda de crescimento no primeiro mandato de Dilma é muito claro: o lucro das empresas caiu. Em seu estudo sobre os balanços de empresas não financeiras do período 2010-3, Carlos Rocca e Lauro Santos Jr.[58]

mostraram que "o coeficiente de lucros retidos em relação ao PIB teve queda acentuada de 2,6 p.p. [pontos percentuais] entre 2010 e 2013, caindo de 3,1% em 2010 para apenas 0,5% em 2013. [...] O coeficiente observado em 2013 equivale a apenas um quinto da média observada no quinquênio de 2005 a 2009". Empresas investem menos quando as perspectivas de lucrar são menores.

Há pelo menos dois suspeitos importantes de terem causado essa queda de lucratividade das empresas brasileiras: um rápido aumento de salários — desacompanhado de aumento de produtividade — e o câmbio. Salários mais altos elevam os custos das empresas. Com o real forte e a competição dos produtos importados de preço baixo é difícil repassar esses custos para os preços e continuar vendendo bem.[59]

As desonerações descontroladas tornavam os dois problemas piores.

Em primeiro lugar, porque esses impostos que as empresas já não eram mais obrigadas a pagar criavam um rombo nas contas do governo. Lembre-se: o plano inicial era reduzir os gastos para que o Banco Central pudesse diminuir os juros e, então, o real se desvalorizasse. Com o descontrole fiscal, ficou claro para as empresas que a queda de juros seria insustentável e que as condições para investir logo piorariam de novo. Foi o que aconteceu: em abril de 2013, os juros voltaram a subir, porque a inflação subiu. Sabendo que isso ia acontecer, não havia mesmo por que as empresas aumentarem seus investimentos.

Em segundo lugar, como notou a economista Monica de Bolle, notória crítica da NME, o mercado de trabalho já estava próximo do pleno emprego em 2011. Como as desonerações da folha de pagamento facilitavam contratações, elas aqueciam ainda mais um mercado de trabalho já aquecido.[60] Não por acaso, o número de greves subiu em 2013, um sinal claro de que o poder de barganha dos assalariados havia subido.[61] Guilherme Martins e Fernando Rugitsky concordam que a queda de lucratividade pode ter sido causada pelo mercado de trabalho aquecido.[62] Tony Volpon calculou em 40% o aumento do custo do trabalho em reais no país entre a crise de 2008 e 2011.[63]

Deus tenha piedade do economista que for a uma reunião do PT para dizer que os salários subiram demais. Mas a ideia de que os salários haviam subido demais não é absurda, ou fruto de reacionarismo: uma outra maneira de dizer a mesma coisa é que a produtividade brasileira subiu de menos. Enquanto salários e produtividade subiam ao mesmo tempo, o que aconteceu no governo Lula, a economia funcionou bem. Deixo para os especialistas a discussão sobre os problemas da produtividade brasileira, mas uma coisa é clara: não havia por que esperar que as isenções fiscais a fizessem subir.

Críticos da NME, como a economista Laura Carvalho, sustentam que teria sido preferível gastar o dinheiro das isenções em investimentos públicos. De fato, é difícil imaginar que algo pudesse ter dado mais errado do que as desonerações de 2012-4. Apresentei a crítica de Carvalho a membros da equipe econômica durante as entrevistas para este livro. "A crítica é ótima, mas nós já estávamos fazendo isso tudo", disse o ex-secretário de Política Econômica, Márcio Holland.[64] Na verdade, a capacidade de investimento público já estava perto de ser excedida desde o final do governo Lula. O grande programa habitacional Minha Casa Minha Vida e novas reencarnações do PAC já estavam em curso, além dos programas de concessões conduzidos por Gleisi Hoffmann. Era muito mais difícil repetir a injeção de estímulos de 2009 em 2011, fosse porque a maior parte da munição governamental já havia sido gasta, fosse porque agora os estímulos atuariam sobre uma economia em pleno emprego, com efeitos muito menores.

Desde o início, as cartas que Dilma tinha na mão para jogar na área econômica eram muito ruins. Para tentar evitar uma desaceleração, Dilma recorreu a um dos instrumentos anticrise que haviam sobrado, as desonerações. As desonerações eram a solução errada, e foram utilizadas muito além do que seria justificável, tornando a situação ainda pior. Daí em diante, as decisões econômicas até a eleição de 2014 foram uma sequência de improvisos cada vez piores.

O relacionamento entre Lula e Dilma começou a ter problemas quando a presidente pensou em romper com o PMDB, nos primeiros meses de governo. Mas os problemas eram contornáveis, porque as coisas pareciam estar dando certo: em abril de 2012, Dilma chegou a 77% de popularidade, mais do que Lula ou FHC haviam alcançado com o mesmo tempo de governo. Dilma havia realizado uma enorme façanha política: mantinha o apoio de todo o eleitorado de Lula e conquistava eleitores da classe média, bem impressionados com uma presidente com curso universitário e disposição para a "faxina".

Com os resultados decepcionantes da economia e o fracasso da Nova Matriz Econômica em 2012, o entusiasmo do empresariado por Dilma diminuiu rapidamente. Os rancores acumulados no Congresso em 2011 começaram a encontrar oportunidades para se manifestar, inclusive entre petistas. Começou, então, dentro e fora do PT, o movimento "Volta, Lula": a reivindicação, raramente feita em público, de que o ex-presidente fosse candidato em 2014.

No final do primeiro ano de governo, Dilma chegou a dizer a um ministro próximo de Lula que, se ele quisesse, seria o candidato na eleição seguinte.[65] Há depoimentos conflitantes sobre o quanto Lula desejava isso. Ao que tudo indica, ao menos no começo do governo Dilma, não queria. Havia saído de cena no auge, com alto crescimento, grandes progressos sociais, e os maiores índices de popularidade da história brasileira. Lula sabia perfeitamente que o contexto internacional mudara, que a oposição estava mais radicalizada e que governar agora seria muito mais difícil.

Na época, o ex-presidente pedia calma aos petistas e aliados insatisfeitos: Dilma aprenderia no cargo, acreditava. "Aquela cadeira muda as pessoas", dizia.[66]

Dilma Rousseff queria ter criado uma comissão para investigar os crimes cometidos pela ditadura militar já no primeiro mês de governo. Aconselhada por Palocci a aguardar até que a gestão se consolidasse, esperou só até novembro de 2011, quando conseguiu aprovar no Congresso a lei nº 12 528, que criou a Comissão Nacional da Verdade (CNV). Falando em 2021, a secretária de Direitos Humanos do governo Dilma, Maria do Rosário, lembra com nostalgia do processo de constituição da comissão: "Vejam como o Brasil regrediu. Quando o projeto estava na Câmara eu conversei com várias lideranças da direita e o projeto foi votado por unanimidade".[67] Nos anos seguintes, Maria do Rosário se tornaria um alvo preferencial de ataques de extrema direita por sua defesa dos direitos humanos.

A comissão foi instaurada em maio de 2012 e concluiu seus trabalhos no final do mandato de Dilma, em dezembro de 2014. Segundo o estudioso Raphael Neves, o principal mérito da CNV foi, pela primeira vez, identificar os culpados dos crimes da ditadura. Iniciativas anteriores, como a Comissão da Anistia, concentravam-se em contar a história das vítimas ou compensá-las no que fosse possível.[68]

Em seu relatório final, a CNV fez 29 recomendações à sociedade brasileira, incluindo a punição civil e criminal dos colaboradores do regime, a proibição de atos comemorativos ao golpe e a inclusão de questões sobre direitos humanos nos concursos de admissão à carreira militar. Quase nada disso foi feito.[69]

Em 2021, o general Eduardo Villas Bôas, comandante do Exército brasileiro entre 2015 e 2019, contou, em suas memórias, que os militares viram nas conclusões da Comissão Nacional da Verdade uma traição a seus propósitos originais. Segundo os críticos militares, os crimes dos grupos guerrilheiros também deveriam ter sido investigados. O argumento não se sustenta: os crimes dos guerrilheiros *foram* julgados ainda durante a ditadura. Como lembra o ex-guerrilheiro José Genoino: "Aí o cara fala, a esquerda também fez; fez, mas foi punida, eu fiquei cinco anos preso durante a ditadura. Agora não vai ninguém para a cadeia, só pede desculpa".[70]

De qualquer forma, para o general Villas Bôas, a CNV, ao demonstrar "claro viés revanchista", teria criado nos militares, "não de forma intensa, uma espécie de 'revanchismo ao contrário'".[71] Nos anos seguintes, o próprio general daria provas de que o Brasil deveria ter combatido os resquícios de autoritarismo nas Forças Armadas muito mais cedo.

Semanas depois da entrevista em que Márcio Holland apresentou a ideia da NME, o governo teve que executar uma manobra contábil esquisitíssima (embora permitida por lei) para poder dizer que cumprira a meta fiscal.[72] Não cumprir a meta fiscal implicaria perda de credibilidade para o governo. Começaram os atritos entre, de um lado, Guido Mantega e o secretário do Tesouro, Arno Augustin, e, do outro, Nelson Barbosa, que se opunha a essas manobras. Para Barbosa, os agentes de mercado facilmente percebiam que o "cumprimento da meta fiscal", nessas condições, não significava o que deveria significar. Ninguém era enganado e o governo perdia credibilidade.

No final de 2012, Nelson Barbosa propunha algo diferente. Diante dos problemas de 2012-3, teria sido melhor admitir publicamente que havia um problema fiscal e propor reformas que reduzissem os gastos no longo prazo, em especial a reforma da Previdência. "Quem defendia flexibilizar a meta fiscal também defendia reformas", diz Barbosa.[73] Dilma chegou a tomar medidas importantes nesse sentido: em 2013, o Funpresp, fundo de previdência dos funcionários públicos previsto na reforma de Lula de 2003, finalmente foi regulamentado. Mas Dilma não fez uma reforma da Previdência mais ampla, como tentaria fazer em 2015. Tampouco foi transparente sobre a situação ruim das contas públicas.

No começo de 2013, em outra manobra que mais escondia do que resolvia, Dilma pediu ao prefeito petista recém-eleito em São Paulo, Fernando Haddad, que adiasse um aumento de passagem de ônibus. Se o aumento acontecesse, seria computado no cálculo da inflação, que já estava alta.

Desde o começo do governo Lula, uma série de movimentos de estudantes contrários a aumentos das passagens de ônibus eclodiu em vários pontos do Brasil. Os dois principais eventos nesse ciclo de revolta foram a "Revolta do Buzu",[74] em Salvador, em 2003, e a "Revolta da Catraca", que eclodiu em 2004 em Florianópolis e, de fato, conseguiu impedir o aumento. Tinham algumas características em comum: eram movimentos focados nas questões da mobilidade urbana, com presença de grupos de esquerda minoritários[75] e de jovens desiludidos com os grandes partidos políticos. A moderação do governo Lula fazia com que desconfiassem dos partidos que controlavam o movimento estudantil brasileiro, como o PCdoB e o PT,[76] ambos fortemente governistas.

Em 2005, na mesma reunião do Fórum Social Mundial em que se ouviram gritos de "¡Chávez sí!¡ Lula no!", dissidentes da juventude do PT — antes ligados à tendência O Trabalho —[77] e de outros partidos pequenos de esquerda se uniram a anarquistas e autonomistas para criar o Movimento Passe Livre (MPL),[78] cuja principal bandeira de luta era o transporte público gratuito.

Os autonomistas que fundaram o MPL eram adeptos de ideias semelhantes às que inspiraram os intelectuais petistas ligados à revista *Desvios* nos anos 1980: atuavam na fronteira entre o socialismo e o anarquismo, defendiam formas de política descentralizadas e horizontais[79] e a subordinação dos partidos aos movimentos. No Brasil, destacaram-se na organização do Centro de Mídia Independente (CMI). O CMI era o representante brasileiro do grupo internacional Indymedia, envolvido nas manifestações contra a Organização Mundial do Comércio em Seattle (1999) e em Gênova (2001). Até o advento das redes sociais, o CMI era o principal site de divulgação de protestos e outras iniciativas de esquerda no Brasil.

Em janeiro de 2013, o aumento das passagens de ônibus em São Paulo foi adiado por Fernando Haddad a pedido de Dilma Rousseff. A tarifa só foi ajustada em junho, subindo vinte centavos. Isso deu tempo para o MPL se preparar para os atos de São Paulo. Cidades no entorno da capital paulista que haviam tido aumentos em janeiro organizaram protestos, em geral, modestos. Mas neles se formaram militantes que depois participariam dos atos da capital. No primeiro semestre de 2013, o MPL também fez um processo intenso de propaganda nas escolas secundárias de São Paulo. Tudo isso era necessário para que a manifestação já começasse com algum volume. "A gente tinha clareza de que seria completamente impossível barrar o aumento de tarifas na cidade de São Paulo se a coisa não fosse estrondosa",[80] lembra Lucas Oliveira, importante liderança do MPL.[81] "Florianópolis foi linda, mas na época em que barrou o aumento tinha 300 mil habitantes, menos do que a gente precisava botar na rua em São Paulo. Florianópolis não necessariamente espalha para o Brasil. Mas se tiver 30% da juventude de São Paulo na rua, espalha para o Brasil."[82]

Desde o início havia entre os manifestantes adeptos da tática *black bloc*, que inclui em seu repertório de ação a destruição de patrimônio público e privado. Eles funcionam como seguranças dos manifestantes, depredam símbolos do poder do Estado e do capital e, em alguns casos, forçam o conflito para procurar expor a natureza violenta do aparato estatal.[83] Suas táticas são controversas não só por serem violentas, mas também porque outros movimentos temem que os *black blocs* causem uma escalada de repressão policial ou sejam infiltrados com facilidade por agentes provocadores.

Os protestos de São Paulo começaram no dia 6 de junho, uma quinta-feira.[84] Sob o impacto da atuação dos *black blocs*, a imprensa entrou em junho de 2013 altamente crítica aos movimentos e simpática à polícia. Entretanto, a intensidade da repressão policial no dia 13 de junho, quando um jornalista perdeu um olho para uma bala de borracha da polícia, virou o jogo a favor dos manifestantes. Na noite desse dia, José Luiz Datena, apresentador de um programa de TV bastante popular, fez uma pesquisa por telefone entre seus espectadores: "Você é a favor de protesto com baderna?". Para sua surpresa, a maioria dos telespectadores votou "sim". Pesquisas de opinião profissionais também mostraram que a população apoiava os protestos.

Daí em diante, a postura da mídia corporativa mudou completamente: passou a apoiar os manifestantes, limitando-se a denunciar os atos de violência. Sobretudo, começou a sugerir abertamente pautas para quem comparecesse aos atos, como o combate à corrupção. Surgiram cartazes contra a proposta de emenda constitucional que retiraria do Ministério Público poder de investigação (a PEC 37), em trâmite no Congresso.

Na pauta original dos manifestantes, não havia nada disso: "Quando me perguntavam sobre a PEC 37, eu respondia que só conhecia a PEC que instituía o Passe Livre", diz Lucas Oliveira.[85] Ganhou força a ideia de que "não era só por vinte centavos", ou seja, que os atos iam além da pauta da mobilidade urbana. Oliveira insiste que o foco do MPL era, de fato, os vinte centavos; mas também admite que "a gente optou, no nosso planejamento, por ter um momento em que a gente não teria mais controle": a própria luta poderia levar ao surgimento de novas reivindicações.

No dia 17, manifestantes invadiram a Assembleia Legislativa do Rio de Janeiro, tentaram tomar a sede do governo de São Paulo e ocuparam o teto do Congresso Nacional. Centenas de milhares de brasileiros foram às ruas por todo o país. No dia 19, o MPL venceu: os aumentos foram revogados.

No PT, as jornadas de junho de 2013 causaram perplexidade. O partido havia apoiado as reivindicações do MPL contra a prefeitura anterior, mas agora argumentava que o aumento havia sido inferior à inflação (o que era verdade). A própria Juventude do PT aderiu aos protestos, porque percebeu que sua base estudantil iria de qualquer jeito. Gilberto Carvalho, chefe de gabinete de Lula, partiu em viagem para as cidades onde as manifestações aconteciam, procurando informações e marcando reuniões com grupos de manifestantes. Eis sua impressão: "Era um grupo de pessoas absolutamente generosas que tinham ido para um caminho de inspiração anarquista, não viam caminho nenhum na intervenção do Estado, não acreditavam em mais nada, achavam que qualquer outra medida não adiantava, o negócio era radicalizar. Era contra o capitalismo, não só contra o governo".[86]

Em sua origem, 2013 foi um levante com fortes tendências anarquistas, semelhante a outros ocorridos ao redor do mundo depois da crise de 2008. Houve protestos muito parecidos com os brasileiros na Turquia durante os mesmos dias de junho, e ambos fazem parte de um ciclo de insatisfação popular: a Primavera Árabe, o Occupy Wall Street, os Indignados na Espanha, o crescimento de partidos-movimentos como o Podemos espanhol e o Syriza grego — muito próximos, aliás, do que era o PT no começo dos anos 1980.

Paolo Gerbaudo[87] considera que nos movimentos da época conviviam um impulso anarquista e uma tendência populista, entendida como a polarização entre um povo homogêneo e elites corruptas. Isso também era visível em 2013, sobretudo nos últimos dias dos protestos. Nos anos seguintes, a direita brasileira foi mais competente do que a esquerda em mobilizar esse sentimento, o que também é compreensível: após onze anos no poder, o PT já aparecia para os jovens como "o sistema".

A popularidade de Dilma Rousseff despencou de 57% para 30% em um mês. O minúsculo MPL conseguiu ser recebido pela presidente da República no Palácio do Planalto no dia 24 de junho, surpreendendo até os próprios manifestantes, além das dezenas de deputados da base aliada que Dilma nunca quis receber. No mesmo dia, a presidente anunciou diversas medidas para responder aos protestos: aumento do investimento em transportes públicos, destinação dos royalties do petróleo para a educação, medidas de combate à corrupção e a proposta mais polêmica, logo abandonada (pois era inconstitucional): um plebiscito para decidir se uma assembleia constituinte deveria ser convocada para reformar o sistema político, com o qual Dilma não se dava muito melhor que os *black blocs*.

A maioria das medidas era baseada em um diagnóstico sobre os protestos: o PT havia feito muito pelos brasileiros "da porta de casa para dentro" com as políticas sociais e de crédito, mas não "da porta para fora", isto é, na melhoria dos serviços públicos. Essa era a interpretação corrente entre os petistas, e ainda circula dentro do PT até hoje. Há alguma verdade na ideia de que as conquistas do PT geraram outras necessidades: Lucas Oliveira, do MPL, lembra, por exemplo, que muitos manifestantes eram jovens trabalhadores que, depois que puderam entrar na faculdade, passaram a se deslocar mais pela cidade e a gastar mais com passagens.[88]

Uma outra ideia que ganhou força dentro do PT é de que a classe média, que aderiu em massa aos protestos, foi negligenciada pelo partido: ela começou a ver os pobres se aproximando sem que sua própria distância para os ricos diminuísse. Essa é uma boa explicação para a classe média não votar no partido ou para ter aderido a um protesto que, no auge, contava com apoio maciço da população como um todo. Mas por que havia a insatisfação generalizada?

O filósofo Marcos Nobre argumentou que as revoltas de 2013 seriam contra o "pemedebismo", a neutralização das propostas de mudança por um sistema político amorfo em que os governos precisam de grandes maiorias pouco ideológicas para se manter no poder.[89] Nessa explicação, a cooptação do PT, primeiro grande partido brasileiro surgido fora do Estado, pelo sistema político "pemedebista" teria esgotado a esperança da população em mudanças por meio da política tradicional. Faz sentido: de fato, não era muito fácil para os partidos de direita, fortemente impregnados das mesmas características do sistema político brasileiro, darem voz a esse tipo de desilusão, por mais que tenham tentado.

Há, ainda, um paralelo óbvio entre junho de 2013 e as greves de 1978: as coisas que vinham rapidamente melhorando no país de repente pararam de melhorar. A onda ascendente foi interrompida enquanto as expectativas ainda cresciam. Entretanto, de forma trágica, ninguém conseguiu montar um partido que canalizasse a energia de 2013 como o PT havia feito com 1978. É possível que a cultura política tivesse mudado: o PT era fortemente "basista", mas também tinha ainda muita coisa do marxismo e da tradição dos partidos de esquerda. Sobretudo, poder criar um partido político livremente em 1980 era, segundo todos os fundadores do PT, uma sensação maravilhosa. Em 2013, soaria como mais do mesmo.

O MPL rachou pouco tempo depois, dividido entre uma ala que queria continuar com a mesma estratégia e outra que, para evitar a apropriação pela direita, começava a concentrar sua ação nas periferias, como os militantes de que falamos no primeiro capítulo.[90] Os protestos de junho nunca encontraram expressão política institucional significativa.

A insatisfação contra "o sistema", entretanto, continuaria palpável. Como resposta a ela, Dilma Rousseff sancionou, em 2 de agosto de 2013, uma proposta que se mostraria fundamental para o combate à corrupção nos anos seguintes: a lei nº 12 850, que regulamentava a delação premiada e criava o conceito de organização criminosa.

O movimento "Volta, Lula" correu mais ou menos subterrâneo, com erupções momentâneas na superfície, ao longo de 2012 e até os protestos de 2013. Até então, esbarrava em uma dificuldade intransponível: Dilma era extremamente popular. Mesmo se Lula quisesse concorrer no lugar de Dilma, a repercussão seria péssima: a primeira presidente mulher do Brasil desistiria de uma reeleição fácil para dar espaço a seu padrinho político.

Com a queda de popularidade de Dilma após os protestos de junho de 2013, o "Volta, Lula", enfim, ganhou força. A reeleição parecia muito menos certa. O empresariado já a havia abandonado por completo. Os aliados do

Congresso acumulavam ressentimentos. Em 2014, as relações entre Lula e Dilma eram péssimas: o Instituto Lula havia se tornado centro de peregrinação de empresários e aliados do PT insatisfeitos com a presidente. "Antes a gente reclamava e o Lula pedia calma com a Dilma; naquele momento, era a gente que tinha que pedir calma para o Lula", diz um ex-ministro dos dois presidentes.[91]

A liderança petista de maior prestígio a defender o "Volta, Lula" foi a ex-prefeita de São Paulo Marta Suplicy. "Eu, o PT e o mundo estávamos insatisfeitos com a Dilma", conta.[92] A pedido de outros membros do partido, Marta teve uma conversa com Lula. "Eu falei: olha, não melhorou, a situação está muito tensa com os deputados, talvez seja o caso da Dilma começar a pensar em dar o lugar."[93] Lula ouviu tudo, mas, segundo Suplicy, não se posicionou. "Em nenhum momento ele falou assim: eu farei a conversa, eu quero ser".[94]

André Singer afirma que desde maio de 2012, quando o ex-presidente se recuperou de um câncer na laringe, Lula já esperava que Dilma lhe oferecesse a vaga para 2014.[95] Mas Rui Falcão, que na época era presidente do PT, conta outra versão: quando os apelos pelo "Volta, Lula" começaram em 2014, Falcão procurou Lula duas vezes e perguntou se ele queria ser candidato. Disse ao ex-presidente, meio de brincadeira: "Lula, quem assina pelo partido no TSE [isto é, quem registra a candidatura] sou eu. Se você quiser, diz. Ela não vai se opor".[96] Mas o ex-presidente disse que a decisão era de Dilma: era direito dela se reeleger, como Lula também havia feito.

Marta se encontrou com Falcão para discutir a ideia. O presidente do PT reiterou que Lula não queria ser candidato, pois era leal a Dilma e considerava o "Volta, Lula" uma forma de traição.[97] Marta respondeu que "não era questão de fidelidade, a gente tinha um projeto, ela estava sendo ruim para o Brasil, ela não ia ganhar, e se ganhasse ia ser pior".[98] Falcão se manteve irredutível: iniciar o movimento sem que Lula declarasse seu desejo de ser candidato era arriscar um desgaste desnecessário. Voltou a procurar o ex-presidente, reclamou que ele parecia dizer uma coisa para ele e outra para Marta. Lula teria dito que esperava que Falcão fizesse Marta mudar de ideia.

Marta saiu em busca de aliados fora do partido. Fez um jantar em sua casa com Lula e grandes empresários de São Paulo. "Era toda a classe empresarial e toda a classe política querendo que ela saísse. O PMDB fez uma reunião com ele e disse: se você quiser, a gente não apoia Dilma."[99] Lula disse que pensaria no assunto, mas, na falta de uma oferta de Dilma, desistiu de ser candidato naquele ano. Em uma nova reunião com Marta, pediu que tivesse paciência, que Dilma iria mudar. Marta respondeu: "Não vai. Presidente, o senhor está fazendo o maior erro da sua vida. Eu vou buscar outro caminho".[100] Marta deixou o PT em 2015 e se filiou ao PMDB. "Nunca mais falei com o Lula",[101] conta.

Em 2014, Eduardo Campos era uma estrela em ascensão na política brasileira. Neto de Miguel Arraes, ex-governador de Pernambuco, foi um dos condutores da revitalização do PSB a partir do Nordeste, que ganhou impulso com a adesão de Ciro Gomes, do Ceará. Desde o final de seu segundo mandato, Lula pensava no PSB nordestino como uma opção natural para suceder o PT na cabeça de chapa presidencial, consolidando uma aliança de longo prazo na centro-esquerda. Em 2013, houve negociações para que Campos concorresse como vice de Dilma em 2014 e, em 2018, assumisse a cabeça de chapa. As negociações não prosperaram, e, para a surpresa de Lula, Campos lançou-se candidato a presidente.

Seu nome poderia ser uma rota de escape para setores do lulismo insatisfeitos com Dilma. Isso ficou mais claro em outubro de 2013, quando, após uma tentativa frustrada de legalizar seu próprio partido, Marina Silva se tornou sua companheira de chapa. A proposta de "integrar os legados" de FHC e de Lula parecia sedutora.[102] "Social-democracia brasileira, social-democracia petista, agora a gente completava o tripé com a sustentabilidade."[103]

No entanto, antes mesmo de qualquer estratégia eleitoral ser testada, veio a tragédia. Eduardo Campos morreu em um acidente aéreo em 13 de agosto de 2014. O Brasil perdia um líder promissor que tinha grandes chances de se tornar presidente um dia. A campanha eleitoral foi virada de cabeça para baixo: Marina assumiu seu lugar como candidata. Ela sempre foi mais popular do que Campos e agora contava com a onda de simpatia pública após o acidente. Em poucas semanas, ultrapassou o tucano Aécio Neves nas pesquisas. Em 29 de agosto, empatou com Dilma, com projeção de vitória no segundo turno.

A campanha de Dilma Rousseff resolveu atacar de forma pesada a desafiante: a ex-ministra do Meio Ambiente de Lula foi comparada a Fernando Collor, um aventureiro que concorrera por um pequeno partido. Um comercial de TV criticava a proposta de conceder autonomia ao Banco Central, que constava no programa de Campos/Marina: pratos de comida sumiam da mesa de uma família pobre após a política econômica ter passado para o controle dos banqueiros. Marina relata que houve correntes de internet (uma novidade de 2014) dizendo que ela ia acabar com o Bolsa Família e, por ser evangélica, com a festa do Círio de Nazaré, em Belém.[104]

A onda Marina foi freada, e a candidata começou a cair nas pesquisas. A fragilidade de sua campanha diante dos ataques mostrou a falta que lhe fazia um partido forte, que tivesse um eleitorado menos volátil. O PSB só era grande em alguns poucos estados do Nordeste. Parte dos ataques funcionava porque o programa da chapa Campos/Marina tinha pontos que desagradavam tanto a esquerda (autonomia do Banco Central) quanto a direita ("casamento gay"),[105] o que é o custo de "integrar legados". Nos últimos dias da campanha, Marina perdeu a vaga no segundo turno para o tucano Aécio Neves.

Contra os tucanos, o PT estava em território mais familiar: acusou-os de elevar demais os juros, de não se preocuparem com a pobreza, enfim, o velho repertório de campanha petista. Aécio Neves, por sua vez, disse em um debate que a principal tarefa para combater a corrupção era "tirar o PT do poder". Com base no que veio à luz nos anos seguintes, é difícil saber quem cometeu maior estelionato eleitoral, Dilma acusando o PSDB de planejar um ajuste ortodoxo ou Aécio Neves acusando alguém de corrupção.

A aposta petista em uma campanha de alta temperatura foi arriscadíssima. "Eleição é um jogo repetido. É lógico que você vai tentar ganhar. Mas tem que lembrar que depois vai ter outra eleição", lembra um ex-ministro de Dilma. Faltou ao PT essa noção: a estratégia eleitoral não pode ignorar completamente o efeito que a campanha terá sobre a vida política futura. Esse é um dos principais papéis de um partido político: adotar uma perspectiva de longo prazo, que pense além dos interesses da candidatura desse ano. Em 2014, o PT falhou.

Dilma Rousseff foi reeleita presidente do Brasil por uma margem de apenas 3,28% dos votos válidos. Como FHC em 1999, teria que lidar com sua própria herança maldita. Ao contrário do ex-presidente tucano, reelegeu-se em uma campanha muito acirrada, tinha uma base política incrivelmente menos sólida e teria diante de si uma oposição que, ao contrário do PT de 1998, estava em processo de radicalização.

15. O PT cai primeiro

Em uma conversa com Antonio Palocci em setembro de 2014, Dilma Rousseff disse que tinha um plano para superar a crise econômica no segundo mandato: os investimentos no pré-sal. Na ocasião, o ex-ministro da Fazenda disse à presidente algo que se revelaria profético: "Dilma, e se o preço do petróleo cair? Às vezes o mundo conspira contra a gente. Conspirou contra mim, conspirou contra o Dirceu, por que não vai conspirar contra você?".

O mundo conspirou contra Dilma Rousseff. Já no final de 2014 ficou claro que o preço do petróleo estava desabando. Se Dilma tinha esperanças de o cenário internacional adverso de seu primeiro mandato ser revertido, aconteceu o contrário: as commodities caíram de forma mais acentuada. O índice da United Nations Conference on Trade and Development (Unctad) subiu durante todo o governo Lula, caiu no primeiro governo Dilma, mas o petróleo ainda o segurou até 2014.

O efeito do cenário internacional sobre a crise econômica de 2015-6 ainda é objeto de debate. O *Economic Bulletin* do Banco Central Europeu, por exemplo, fez uma decomposição das causas da crise brasileira na qual fatores tanto domésticos quanto externos são importantes. A explicação apresentada tem três pontos: (a) a queda dos preços das commodities "revelou a fraqueza estrutural subjacente à economia brasileira"; (b) os desequilíbrios cresceram com as

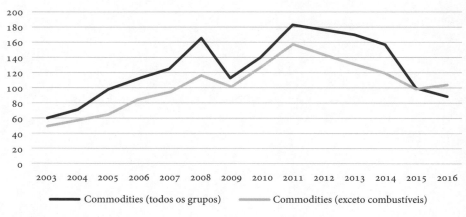

ÍNDICE UNCTAD COMMODITIES (2003-16)

FONTE: UNCTADstat.

políticas fiscais expansionistas e o forte influxo de capital (aqui entra Dilma); e (c) o fim da política de estímulos do Federal Reserve, o banco central americano, criou preocupações no mercado internacional sobre a viabilidade de países com déficits externos e fiscais (como era o nosso caso).[1] O economista Bráulio Borges estimou em 38% o peso dos fatores externos na crise de 2015--2016.[2] Não há um consenso sobre o número exato,[3] mas todos os economistas já reconhecem que a deterioração externa foi importante. Isto é, Dilma teria que lidar com a herança do fracasso da Nova Matriz Econômica em um cenário internacional ainda pior do que o do primeiro mandato.

Mas essa não foi a única má notícia que o final de 2014 reservava a Dilma Rousseff. Em 14 de novembro, foi deflagrada a Operação Juízo Final, que prendeu diretores da Petrobras e das principais empreiteiras do Brasil. A Operação Lava Jato, de que falaremos a seguir, havia chegado a eles graças à Lei das Delações Premiadas, que Dilma havia assinado após as manifestações de 2013. Todas as grandes campanhas eleitorais brasileiras haviam sido financiadas pelos presos nessa operação. O PT e o resto do sistema político sabiam que, se as investigações não parassem, pegariam todo mundo. Para piorar a situação, as denúncias paralisavam as empresas estatais investigadas, agravando ainda mais a situação da economia no curto prazo; eventuais ganhos com o combate à corrupção só seriam sentidos no longo prazo. As estimativas desse efeito variam, mas é certo que as investigações causaram a perda de alguns pontos percentuais de PIB em 2015-6.[4]

Finalmente, Dilma teria que sofrer as consequências de uma crise que, essa sim, não era de maneira nenhuma de sua responsabilidade. A derrota de Aécio Neves em 2014 iniciou uma guerra pela liderança dentro da direita brasileira. Todos sabiam que vencer Lula em 2002 e 2006 era difícil. Em 2010, a economia havia crescido 7,5%, o que sempre dificulta muito a vida da oposição. Mas 2014 era uma eleição que o PSDB poderia ter vencido. Naquele ano, o PIB praticamente não havia crescido, embora as desonerações tenham ajudado a manter o desemprego baixo até a eleição. Os tucanos não só perderam, como quase ficaram fora do segundo turno. Se o PSDB não era mais capaz de vencer eleições presidenciais, por que a direita brasileira continuaria tolerando aquele verniz de civilização "terceira via", os ecos de social-democracia e combate à ditadura que sobreviviam no PSDB?

Uma nova direita muito mais radical se organizava nas redes sociais desde o governo Lula.[5] Nela havia desde defensores de um golpe militar até entusiastas do Tea Party americano. Muitos de seus líderes eram jovens que haviam aderido à direita em um momento em que, com o PT no poder por mais de dez anos, ser de direita tinha certo charme de contracultura.[6] Já nos primeiros dias depois da eleição, a fração mais radical desses movimentos começou a defender a tese de que o pleito havia sido fraudado.[7]

O PSDB percebeu que estava perdendo sua base e tentou assumir a liderança desses militantes radicalizados. Em um dos momentos mais deprimentes de nossa história democrática, Aécio Neves entrou com um pedido na Justiça Eleitoral exigindo a cassação da chapa Dilma/Temer. Alguns dos argumentos eram absolutamente risíveis: Dilma teria, por exemplo, usado seu pronunciamento oficial do Dia Internacional da Mulher para fazer propaganda de realizações de seu governo. Outros eram verdade, como o recebimento de doações das empreiteiras citadas na Lava Jato. Mas a operação mal havia começado, ninguém tinha sido condenado e, se o critério fosse aplicado como regra geral, a chapa de Aécio Neves também deveria ser cassada.[8] Ninguém no PSDB achava que a ação prosperaria: o próprio Aécio admitiu, anos depois, que entrou com a ação só "para encher o saco"[9] e que não houve fraude em 2014.[10] Mas a afirmação da ilegitimidade do segundo governo Dilma estava feita e circularia em grupos de direita, que a levaram a sério.

Em pouco tempo, o PSDB perderia o controle dessa radicalização, que terminaria por engoli-lo.

Isto é, entre a eleição de 2014 e a posse, as commodities desabaram, a Lava Jato explodiu no colo do sistema político e a direita brasileira se radicalizou. Quando Dilma Rousseff assumiu a presidência no dia 1º de janeiro, a crise da democracia brasileira já estava montada: além de tirar o PT do poder, ela continuaria por muitos anos após o impeachment de 2016.[11]

Pouco depois de ser reeleita em uma campanha de alta polarização ideológica, em que acusou Marina e Aécio de planejarem um ajuste duro, Dilma Rousseff implementou um ajuste duro. Foi mais um caso de estelionato eleitoral nas eleições brasileiras, como os de 1986, 1989 e 1998. A virada foi oficializada com a indicação do novo ministro da Fazenda. Doutor em economia pela Universidade de Chicago, Joaquim Levy havia sido secretário do Tesouro na equipe de Antonio Palocci.

A notícia causou escândalo no Partido dos Trabalhadores. Na verdade, a militância de base petista também foi vítima do estelionato eleitoral: ela acreditou, de fato, que Dilma faria uma virada à esquerda no segundo mandato. Por que não acreditariam? "O Levy impactou muito forte nossa militância e nossa bancada. As pessoas ficaram recuadas na defesa do governo", lembra a ex-ministra Gleisi Hoffmann.[12]

Na verdade, o ajuste teria sido feito mesmo sem Levy. "Se eu continuasse, faria ajuste, como sempre fizemos. Eu deixei um documento sugerindo o que devia fazer", lembra Guido Mantega.[13] É verdade. Já em 2012, setores da equipe econômica vinham buscando maneiras de economizar dinheiro para compensar o rombo das desonerações. O secretário de Política Econômica, Márcio Holland, elaborou várias propostas nesse sentido para reformar as regras de acesso ao seguro-desemprego, ao abono salarial e ao seguro-defeso, que protege pescadores nos meses em que a pesca é proibida. Parecia mesmo haver algo errado com o seguro-desemprego brasileiro: os gastos subiam quando a economia crescia, ao contrário do que acontece na maioria dos países.[14] As propostas de Holland ficaram prontas em 2013 e, no ano seguinte, foram apresentadas a Dilma.

Mas o novo ministro foi além do que havia proposto a antiga equipe econômica. Pouco depois da sua nomeação, Levy anunciou que faria um ajuste fiscal duro, que transformaria o déficit de 0,6% do PIB em 2014 em um superávit de 1,2% em 2015.[15] Além disso, anunciou que cortaria 58 bilhões de reais do PAC, elevaria impostos sobre importações e combustíveis, reduziria as desonerações e reajustaria bruscamente os preços fixados pelo governo: Dilma havia mantido os preços da gasolina e da eletricidade baixos no ano eleitoral de maneira artificial, causando grandes prejuízos à Petrobras e às empresas do setor elétrico. Os aumentos na energia (51%) e na gasolina (20,1%) fizeram a inflação disparar, forçando o Banco Central a aumentar juros em um quadro já recessivo. Embora reconhecesse a necessidade do ajuste, Mantega não concordou com o tamanho dos cortes e, em especial, com a liberação rápida dos preços administrados: "Levy fez uma loucura", diz o ex-ministro da Fazenda.[16]

Todas as distorções que Levy tentou corrigir eram reais, graves e precisavam ser corrigidas. O que é discutível é se era possível fazer isso tudo de uma vez. De qualquer forma, o plano era claro: um ajuste severo *e rápido*. O governo esperava que o golpe no crescimento de 2015 fosse duro, mas que no segundo semestre as coisas começassem a melhorar.

Em 2013, Renan Santos trabalhava em Vinhedo, no interior de São Paulo, em uma empresa metalúrgica que seu pai tentava, com pouco sucesso, recuperar após uma fase de decadência.[17] Insatisfeito com o trabalho e desiludido com as perspectivas do país, Renan compareceu às manifestações de 2013.

A pauta aberta de junho o irritava profundamente: "Parem de falar em bilhete de ônibus, porra! E o projeto de poder do Lula, ninguém menciona?".[18] Sua opinião sobre o MPL e os militantes de esquerda que deram início aos atos era a pior possível: "Me irritava a falta de foco; não suportava aqueles riponga vazios com dreadlocks e fala mole! [...] Não tardaria, porém, para que algo realmente proveitoso brotasse. A classe média — aquela lá, que paga a conta e leva a fama — não só resolveu entrar na brincadeira como botou ordem na casa. [...] Foi graças a ela que o movimento ganhou corpo, peso e relevância".[19]

Os grupos de direita que se juntaram às manifestações de junho foram formados nas redes sociais. Nas eleições de 2014, seus membros fizeram campanha ativamente por Aécio Neves e mantiveram contato com sua equipe. A frustração com a derrota foi imensa: de imediato, convocaram um ato em São Paulo para protestar contra a presidente recém-eleita. Para reforçar sua identidade, procuraram alguém que já tivesse uma página de internet registrada e feita de modo profissional para divulgar seus atos. Conseguiram uma que havia sido idealizada para a atuação dos Estudantes pela Liberdade (EPL), organização que tinha ligações com a Atlas Network, rede que apoia e financia *think tanks* liberais ao redor do mundo, mas proíbe a participação política direta de suas entidades filiadas. Para driblar essa proibição, o EPL criou o Movimento Brasil Livre (MBL) já no final das manifestações de 2013.[20] No final do ano seguinte, Renan Santos e seus colaboradores assumiram o nome e a página. Naquele momento, uma outra liderança começava a se consolidar no MBL e logo se tornaria sua face pública: Kim Kataguiri, um jovem youtuber, filho de um ex-metalúrgico.

Essa "nova direita" poderia ter sido um fenômeno positivo. Por mais toscas que fossem suas formulações, era um embrião de uma direita política formada fora do Estado, o que era raro na história brasileira. Se a democracia do país continuasse se consolidando, esse radicalismo de direita poderia ter sido canalizado em um projeto político consistente, como havia ocorrido com o PT ao longo de décadas. Poderia ter nascido, assim, uma direita menos dependente de poder sobre o sistema — o controle sobre os militares, sobre a mídia, sobre as maiorias parlamentares herdadas da ditadura — e mais capaz de disputar a sociedade civil.

Mas a democracia brasileira estava prestes a entrar em uma grave crise. E o caminho da direita até o Estado era fácil demais para que ela fosse obrigada a passar pelo duro aprendizado que os petistas enfrentaram entre 1980 e 2002.

Eduardo Cunha já era um operador político de reputação obscura antes de se candidatar a qualquer cargo público.[21] Seu pai havia sido assessor do general Carlos Marciano de Medeiros, interventor da ditadura na prefeitura de Duque de Caxias, no estado do Rio de Janeiro. Por sediar uma das principais refinarias de petróleo do Brasil, a cidade era considerada "estratégica": seu prefeito era indicado pelo regime. Em Caxias, Cunha conheceu Hydekel de Freitas, ex-deputado, ex-interventor na cidade e, após a redemocratização, prefeito democraticamente eleito, que o introduziu na política e o levou para a campanha de Fernando Collor. Com a vitória do candidato direitista, Cunha ganhou a presidência da companhia telefônica estatal do Rio de Janeiro, a Telerj. Foi demitido já no governo Itamar Franco após denúncias de corrupção. Segundo Fernando Henrique Cardoso, o PP tentou convencê-lo a indicar Eduardo Cunha para uma diretoria da Petrobras, sem sucesso.[22] FHC também chegou a suspeitar, sem ter certeza, de que Cunha teria sido o responsável pelo vazamento dos grampos do BNDES em 1998,[23] o maior escândalo de seu governo. Nos anos 1990, Cunha se tornou evangélico e sócio da Rádio Melodia, voltada ao público evangélico. No governo Garotinho, foi indicado para chefe da companhia estadual de habitação e, em 2000, afastado após novas acusações de corrupção.

Elegeu-se deputado federal em 2002 e, no ano seguinte, filiou-se ao PMDB. Formou uma "bancada pessoal" de dezenas de deputados que lhe eram pessoalmente fiéis. Isso pode não ter sido obtido apenas com sua inegável habilidade política: durante as investigações da Lava Jato, o delator Lúcio Funaro declarou que Cunha pagava campanhas de aliados com dinheiro desviado.[24] Com essa influência, cresceu no partido e conseguiu indicar o presidente da companhia elétrica de Furnas no governo Lula.

No segundo turno de 2011, ganhou influência adicional por fazer campanha para Dilma Rousseff em templos evangélicos, reforçando o compromisso da candidata contra o aborto. Cunha esperava que a gratidão de Dilma se refletisse em dinheiro, mas isso não aconteceu. Já em fevereiro de 2011, nos primeiros movimentos da faxina, Dilma demitiu o aliado de Cunha em Furnas.

Em 1º de fevereiro de 2015, quando o segundo mandato de Dilma Rousseff tinha apenas um mês de duração, Eduardo Cunha se elegeu presidente da Câmara dos Deputados, derrotando o petista Arlindo Chinaglia já em primeiro turno. Não teria sido eleito dessa forma sem votos de parte expressiva da base parlamentar do governo.

Começava a revanche do PMDB contra Dilma Rousseff.

Em março de 2014, nasceu a Operação Lava Jato.[25] Com sede em Curitiba, foi batizada em homenagem a um posto de gasolina utilizado para lavar dinheiro em Brasília. Políticos com foro privilegiado eram investigados no Distrito Federal, sob a liderança do procurador-geral da República Rodrigo Janot. Alguns procuradores da força-tarefa ganharam notoriedade nos anos seguintes: foi o caso de Carlos Fernando dos Santos Lima e, sobretudo, Deltan Dallagnol. Mas a grande estrela da operação, que em breve se tornaria a figura pública mais popular do país,[26] era o juiz responsável por julgar os crimes desvendados pela Lava Jato em primeira instância, o paranaense Sergio Fernando Moro.

A Lava Jato contava com um instrumento de que as operações de combate à corrupção anteriores não dispunham: a Lei das Delações Premiadas, aprovada por Dilma Rousseff após as manifestações de 2013. A delação premiada do doleiro Alberto Youssef, preso por lavagem de dinheiro, levou à prisão de Paulo Roberto Costa, um diretor da Petrobras que utilizava seus serviços para desviar fundos para o PP. Costa fez sua própria delação premiada. O esquema na Petrobras levou as autoridades ao cartel das empreiteiras, que pagava todas as grandes campanhas brasileiras.

Segundo Fabiana Alves, entre 2014 e março de 2020, a Lava Jato de Curitiba já havia realizado 1343 mandados de busca e apreensão e realizado 293 prisões cautelares. Do total de quinhentas pessoas denunciadas, 165 já haviam sido condenadas em segunda instância.[27]

Ao longo de 2015 e 2016, as delações dos empreiteiros presos incriminaram quase todo o sistema político brasileiro. O PT foi duramente atingido, com acusações contra seus principais dirigentes, inclusive Lula. O mesmo ocorreu com seus aliados PMDB e PP. Mas logo ficou claro que as denúncias chegariam na oposição. A delação da empreiteira Odebrecht, homologada em janeiro de 2017, foi batizada de "delação do fim do mundo": a Odebrecht doava dinheiro para todas as grandes campanhas eleitorais.

As revelações da Lava Jato teriam causado uma grande crise política em qualquer país do mundo, em qualquer época. Mas, no Brasil de 2015, havia um componente adicional: o noticiário brasileiro da época era dividido em duas partes, uma que falava de uma das maiores crises econômicas de nossa história, e a outra, das denúncias da Lava Jato. Era difícil para o público não concluir que o dinheiro tinha acabado porque os políticos o haviam roubado. Em 2016, o autor deste livro testemunhou uma passeata de servidores públicos do Rio de Janeiro, que não recebiam salários havia vários meses, cantando: "Não é crise, é roubo". Não era verdade: os políticos haviam roubado, o dinheiro tinha acabado, mas não foi a roubalheira que causou a crise.

Em um clima como esse, a Lava Jato parecia ser a salvação do país. É difícil dar uma ideia de quanto poder tiveram os procuradores de Curitiba e o juiz Sergio Moro em 2015. A popularidade da operação era gigantesca, e nenhum tribunal superior tinha coragem — ou, em vários casos, vontade — de desafiar suas decisões. A Lava Jato foi capaz de realizar prisões preventivas de longa duração, que incentivavam os acusados a negociar delações. Manteve as investigações em Curitiba, embora a maioria dos crimes tivesse ocorrido em Brasília. Vazou depoimentos para a imprensa sem constrangimento, como parte de uma estratégia de mobilização popular a favor das investigações.[28] Cada uma dessas medidas era criticável, mas cada uma delas também podia ser defendida. Todas, entretanto, traziam riscos de abuso e manipulação política. Em 2015, o Brasil achou que valia a pena correr esse risco.

O PT logo se tornou fortemente crítico da Lava Jato, embora o tom da crítica — da denúncia de abusos a uma rejeição completa da operação — tenha variado ao longo do tempo. Os petistas culpados de corrupção tinham motivos óbvios para se opor à força-tarefa. Entretanto, com o tempo, mesmo petistas que não eram acusados de nada perceberam que a oposição conservadora havia conseguido usar as revelações da Lava Jato para alimentar uma grande onda de antipetismo, sem dúvida alimentada pelos fracassos da política econômica. Entre os entrevistados para este livro, vários relataram terem sofrido agressões em lugares públicos em 2015, e os agressores não parecem ter distinguido petistas acusados na Lava Jato dos que não o eram.

Dentro do PT, ganhou força a ideia de que a operação teria sido orquestrada pelos Estados Unidos como estratégia imperialista para derrubar governos progressistas. O argumento a favor dessa tese é que a Lava Jato tinha convênios com autoridades americanas, e alguns de seus membros haviam feito cursos nos Estados Unidos sobre combate à corrupção. Há, de fato, um componente geopolítico na decisão dos Estados Unidos de oferecer esses cursos: impedir que empresas de outros países vençam empresas americanas em concorrências internacionais pagando subornos. Vale a pena ser cético em relação à hipótese de as empresas americanas não pagarem propina. Mas o Brasil assina esses convênios porque considera que o dano causado pelas empresas corruptas brasileiras no país é significativo. Em outros termos, os Estados Unidos oferecem convênios de combate à corrupção porque querem enfraquecer empresas como a Odebrecht, não porque querem enfraquecer partidos como o PT.[29]

Não há, portanto, evidências de que a Lava Jato fosse, na origem, uma operação política. Entretanto, isso não quer dizer que ela não tenha tido efeitos políticos; nem que esses efeitos não tenham sido modulados pelo jogo de forças da política brasileira em 2015 e 2016; nem, muito menos, que alguns de seus membros mais notórios não tenham se tornado atores políticos e se aventurado em disputas de poder muito acima de suas habilidades.

Em março de 2015, o MBL percebeu uma movimentação na internet para realizar atos contra Dilma Rousseff. As mensagens circulavam sem assinatura, mas davam a impressão de que seus organizadores estavam à esquerda do PT: além da pauta da corrupção, também protestavam contra o aumento das passagens de ônibus e contra os governos Dilma e Alckmin. Os dirigentes do MBL deduziram que se tratava de uma iniciativa do PSOL, que estaria buscando se afirmar como uma alternativa à esquerda tradicional, do mesmo modo que o Podemos espanhol ou o Syriza grego.[30] Diante disso, Renan Santos enviou a Kim Kataguiri a seguinte mensagem: "KIIMMMM, a gente precisa URGENTE-MENTE estampar essa manifestação com a nossa cara. Não pode virar um outro 2013 esse troço! Temos que dizer que essa convocação é NOSSAAA".[31]

Para evitar que a onda de insatisfação fosse explorada pela esquerda, o MBL e seus aliados convocaram sua própria manifestação para o dia 15 de março. Com uma estratégia inteligente de organização on-line e, nos dias que precederam o ato, forte apoio da grande mídia, a passeata foi um sucesso absoluto: centenas de milhares de brasileiros foram às ruas protestar contra Dilma Rousseff.

Cada movimento tinha sua pauta: o MBL já defendia o impeachment. O Vem pra Rua, próximo ao PSDB, defendia uma agenda mais genérica de apoio à Lava Jato e de combate à corrupção: apostavam, como os tucanos, no desgaste do PT até a eleição de 2018. Os defensores do golpe militar participavam das manifestações com seu próprio carro de som. Em 2019, Kataguiri admitiu que não os levar a sério foi o "erro que viria a consumir a nova direita nos anos seguintes".[32]

Pouco depois das manifestações de março de 2015, o MBL organizou uma marcha até Brasília. O movimento teve pouca adesão, mas foi importante para realinhar as lealdades políticas do grupo. Quando a marcha se aproximava do fim, Aécio Neves se distanciou da proposta de impeachment: insistia na ideia de cassação da chapa Dilma/Temer, seguida por novas eleições, para as quais seria o favorito. Houve uma revolta generalizada entre os militantes da marcha, e a postura antitucana do MBL, que já era latente, tornou-se explícita. Renan Santos descobriu que "precisávamos derrotar a oposição antes de fazermos frente ao PT". Seu diagnóstico era que "o PSDB parasitara por décadas um eleitorado que nunca mereceu".[33]

Ao fim da marcha, em Brasília, o MBL não conseguiu fazer com que a entrega de seu pedido de impeachment aos deputados se tornasse um grande evento político. Mas encontrou um novo aliado: Eduardo Cunha recebeu os militantes, deixou-se fotografar com eles e sinalizou para Dilma que o impeachment, com direito a grandes manifestações de rua, fazia parte de seu arsenal de chantagem.

Michel Temer era um político com poucos votos e grande capacidade de articulação nos bastidores.[34] Foi secretário de Segurança em São Paulo no governo de Franco Montoro entre 1984 e 1986. Concorreu a deputado constituinte em 1986, perdeu, mas ganhou uma suplência. Já em março de 1987, tornou-se deputado no lugar de um constituinte que assumiu a Secretaria de Agricultura de São Paulo. Na eleição de 1990, não conseguiu se reeleger. Voltou a ser secretário de Segurança de São Paulo em 1992 e, em 1994, finalmente conseguiu uma vaga de deputado federal.

Daí em diante, sua ascensão foi rápida: foi relator da reforma da Previdência de FHC e presidente da Câmara dos Deputados entre 1997 e 2001, quando se tornou presidente do PMDB. Como vimos no capítulo 11, chegou a negociar o apoio ao governo Lula no final de 2002, mas o presidente recém-eleito barrou o acordo fechado com José Dirceu. Voltou a presidir a Câmara dos Deputados em 2009, já com o apoio de Lula. Petistas entrevistados para este livro admitiram que Temer foi um bom presidente da Câmara.

Quando o PMDB o indicou como candidato a vice na chapa de Dilma Rousseff, houve resistências no governo. Em 2009, o historiador Luiz Felipe de Alencastro escreveu uma coluna na *Folha de S.Paulo* que se tornou célebre.[35] Segundo Alencastro, a chapa de 2010 reunia uma presidente que nunca havia disputado uma eleição com um articulador político experiente que "maneja todas as alavancas do Congresso e da máquina partidária pemedebista". Havia risco de um impasse que poderia "transformar a ocupante do Alvorada em refém do morador do Palácio do Jaburu". Alencastro temia, sobretudo, que Temer se aproveitasse de uma crise para propor a adoção do parlamentarismo, lançando a si mesmo como candidato a primeiro-ministro.

Não era paranoia duvidar da lealdade de Temer. Durante a Operação Lava Jato, o delator Márcio Faria, ex-executivo da Odebrecht, afirmou que, em 2010, o próprio Michel Temer presidiu uma reunião em que o PMDB pediu 40 milhões de reais para aprovar um projeto da Petrobras. Faria perguntou a Temer se era difícil lidar com Dilma, que tinha fama de "complicada". Segundo o delator, o vice-presidente teria respondido: "Se acontecer alguma coisa, esses rapazes aqui [apontando para os deputados Henrique Alves e Eduardo Cunha, ambos do PMDB] sabem resolver, pode deixar que ela vem e fica aqui [sinalizando para o próprio colo]".[36] Não sabemos se o gesto machista, de fato, ocorreu. O que os eventos posteriores mostraram, entretanto, é que Michel Temer efetivamente contava com Eduardo Cunha para chantagear Dilma Rousseff.

Após as manifestações do MBL, Dilma tentou se recompor com o PMDB, entregando a Michel Temer a responsabilidade pela articulação política do governo. Era uma tentativa de conciliação com o partido, que poderia salvar Dilma do impeachment. De fato, ao que consta, Temer tentou reforçar a relação do PT com seus aliados de direita entregando-lhes novos cargos. Segundo os aliados do vice-presidente, o ministro Aloizio Mercadante dificultava essas nomeações.[37] Ainda que não tenha aderido ao impeachment de imediato, se Temer falhasse em sua missão de articulador, seria recompensado com a presidência da República. Não parecia ser uma boa estrutura de incentivos, em especial se o movimento pelo impeachment ganhasse força nos meses seguintes.

É difícil precisar quando Temer aderiu ao impeachment, até porque sua posição sobre isso pode ter variado. O que está claro é que no segundo semestre de 2015 já trabalhava pela derrubada de sua companheira de chapa. Isso é dito com todas as letras no livro de Eduardo Cunha sobre o impeachment.[38] Até porque, como notou o ex-presidente da Câmara, o impeachment não teria acontecido se Temer não tivesse montado seu governo por antecipação.

José Eduardo Cardozo já era filiado ao PT quando se tornou procurador do município de São Paulo, no início dos anos 1980. Durante a prefeitura do direitista Jânio Quadros (1986-8), foi convidado para ocupar um cargo na assessoria jurídica do prefeito. Erundina e José Dirceu o incentivaram a aceitar a proposta: "Amanhã ou depois o PT ganha uma prefeitura e é importante ter quadros treinados".[39]

Cardozo foi, com Pedro Dallari, um dos autores do projeto de Constituição do Partido dos Trabalhadores em 1988. No ano seguinte, com apenas 29 anos, tornou-se secretário de Governo de Luiza Erundina na prefeitura da capital paulista. Nos anos 1990, elegeu-se vereador e ganhou notoriedade por sua atuação na denúncia da máfia das propinas na prefeitura de São Paulo: "Eu dava autógrafo na rua, as pessoas acompanhavam o caso como uma novela".[40] Elegeu-se deputado federal e, após o Mensalão, foi candidato do PT na chapa Mensagem ao Partido.

Junto a Aloizio Mercadante, foi um dos poucos líderes petistas de São Paulo com quem Dilma tinha uma relação de proximidade pessoal. Tornou-se ministro da Justiça em 2011, ocupando o cargo durante o julgamento do Mensalão e a Lava Jato. Cardozo era um dos membros de tendências minoritárias do partido que haviam ganhado espaço com Dilma. No segundo mandato, a presidente o manteve no cargo, elevando para três o número de ministros ligados à tendência Mensagem ao Partido: além de Cardozo, Miguel Rossetto, da Secretaria-Geral da Presidência; e o gaúcho Pepe Vargas, da Secretaria de Relações Institucionais, que durou pouco no cargo.

Em 2015 e 2016, Cardozo foi sitiado por petistas e aliados que queriam o fim da Lava Jato. "Tinha a acusação de ser um banana, um mal-intencionado, agente da CIA, um bundão. Companheiros me acusavam de ser excessivamente republicano".[41] A classe política em peso pedia sua cabeça, a começar por Eduardo Cunha. Não se trata de dizer que Cardozo não fosse um político, ou que não participasse de negociações e disputas políticas; persiste, entretanto, o fato de que não tentou parar as investigações.

Por que Dilma Rousseff não demitia Cardozo? Por que não tentou parar a Lava Jato? A presidente tem a reputação entre aliados e adversários de ser honesta. Isso pode ter influenciado sua decisão de preservar a força-tarefa e, em repetidos pronunciamentos, defender que os culpados nas investigações da Petrobras fossem punidos. Mas essa constatação não encerra o assunto: nem todos os presidentes que toleraram a corrupção eram, pessoalmente, corruptos, mas nomeavam corruptos em troca de governabilidade.

No mundo político, suspeitava-se que Dilma preservava a Lava Jato por estratégia. Nunca achou que seria acusada de nada, mas Eduardo Cunha e seus adversários no PMDB — e, talvez, também os do PT — não teriam como sobreviver se a operação fosse até o final. Cunha e seus aliados tinham certeza de que esse era o plano, o que incentivou sua radicalização.

Não há evidências de que Dilma tenha apoiado a Lava Jato por cálculo político. Se foi isso, deu errado.

Em maio de 2015, a ofensiva da oposição contra Dilma Rousseff mudou de patamar. Foi aprovada uma emenda constitucional que elevava a idade de aposentadoria dos ministros da Suprema Corte, que ficou conhecida como PEC da Bengala. Eduardo Cunha a descreveu como "talvez a maior derrota que um presidente da República sofreu no Congresso Nacional, perdendo somente para as votações de processo de impeachment, ocorridas com Collor e Dilma".[42]

Ninguém disfarçou muito o motivo da decisão: impedir que Dilma Rousseff, caso terminasse seu mandato, nomeasse mais cinco ministros do STF. O ministro Gilmar Mendes,[43] entusiasta da medida, disse que era preciso evitar que a corte se tornasse "bolivariana". No momento em que Mendes deu esse depoimento, o governo "bolivariano" tinha como prioridade aplicar o ajuste fiscal de Joaquim Levy. Os ministros do STF indicados por Dilma Rousseff eram os que mais apoiavam a Lava Jato. Já o bolivariano Hugo Chávez tinha outros hábitos: por exemplo, mudar a lei para dificultar o acesso de seus opositores à Suprema Corte.

A PEC da Bengala, como ficou conhecida, não era ilegal. Mas era uma violação das normas de convivência entre governo e oposição: como notaram os cientistas políticos Steven Levitsky e Daniel Ziblatt em uma obra célebre, esse tipo de deterioração das normas não escritas da disputa política é um sintoma claro de que as coisas não vão bem com a democracia.[44]

O PT realizou seu 5º Congresso entre os dias 11 e 13 de junho de 2015, em Salvador.[45] O clima era uma mistura de radicalização e desânimo. A esquerda petista queria que o partido pedisse a demissão do ministro da Fazenda. Pouco antes do congresso, o ex-ministro Tarso Genro defendeu o rompimento da aliança com o PMDB.[46] A ala majoritária do partido, Construindo um Novo Brasil, entrou no evento na defensiva: dessa vez, grande parte de seus militantes e a totalidade dos sindicatos simpatizavam com o que dizia a ala esquerda do partido.

Na abertura, Dilma discursou[47] e pediu ao PT que compreendesse a necessidade do ajuste fiscal. Pediu que os militantes falassem da Petrobras, "reorganizada, capaz de punir aqueles que dela se beneficiaram ilicitamente", mas que também divulgassem os sucessos da empresa. Contou que desde a crise econômica de 2008 o governo adotara medidas contracíclicas para combater a crise, e que isso teve um alto custo fiscal, absorvido pelo orçamento da União. Agora era hora de ajustar as contas. Ressaltou que quanto mais rápido fosse o ajuste, mais rápida seria a retomada. Na parede do auditório, um grupo de militantes havia estendido uma faixa com os dizeres "Abaixo o Plano Levy".[48]

A tônica das discussões foi bem diferente do que Dilma defendia. Houve comparações entre a austeridade de Levy e a austeridade adotada na União Europeia, que causou resultados desastrosos. A comparação não cabia: na Europa, as autoridades reverteram as políticas de combate à crise cedo demais, causando uma recessão enquanto a economia ainda se recuperava. No Brasil, Dilma manteve as políticas de incentivo por tempo demais, com alto custo e efeitos cada vez menores sobre o crescimento.

Após uma negociação difícil, a direção conseguiu que as críticas à política econômica fossem formuladas em termos mais brandos e sem uma menção direta a Levy. A Carta de Salvador,[49] que reuniu as resoluções do partido, tampouco defendeu a ruptura de alianças. O documento reconhecia, entretanto, que a política de distribuição sem conflito do lulismo havia se esgotado após o fim do superciclo das commodities. Se o PT tivesse levado isso a sério em 2012, por exemplo, quando Dilma Rousseff tinha apoio de três entre quatro brasileiros, o partido poderia ter tentado fazer um ajuste fiscal socialmente justo, com mais impostos para os ricos. A Carta de Salvador defendia isso em um momento em que a popularidade do governo era de 10% e quando o partido estava sendo derrotado semanalmente no Congresso por Eduardo Cunha. A ideia de que o PT poderia tentar uma ofensiva na situação em que estava era constrangedora.

A reação do PT diante do Petrolão foi de paralisia, ao contrário do que aconteceu no Mensalão. Não houve nada comparável à renúncia de José Genoino da presidência do partido em 2005. Nas edições de *Teoria e Debate* de 2015-6, a corrupção foi tratada sobretudo em termos propositivos: falava-se da necessidade de reformar o sistema político, elogiavam-se medidas tomadas por governos petistas contra a corrupção — inclusive o pacote anticorrupção apresentado por Dilma Rousseff no começo de seu segundo mandato.[50] Não houve o debate franco de dez anos antes, quando a revista oficial do partido falou abertamente sobre caixa dois no PT.

Em 16 de julho de 2015, o delator Júlio Camargo deu um depoimento para a Lava Jato dizendo que Eduardo Cunha havia pedido 5 milhões de dólares em suborno para que um contrato de construção de navios-sonda na Petrobras não fosse investigado pela Comissão de Fiscalização e Controle da Câmara.

Cunha atribuiu a denúncia a uma conspiração de Dilma e rompeu publicamente com o governo. Mas sua posição ficou mais frágil. Dali em diante, ele jogaria um jogo dificílimo. Para não cair, precisava que a mídia e a direita no Congresso o poupassem. E para isso precisava derrubar Dilma Rousseff. Entretanto, no dia seguinte do impeachment, não teria mais cartas para jogar. "Se eu derrubo Dilma agora, no dia seguinte vocês me derrubam",[51] dizia para a oposição.

Estou entre os que acham que, em uma situação política normal, o ajuste de Levy poderia ter dado certo. Muitos economistas sérios discordam desse diagnóstico, e é possível que eles tenham razão.[52] O que, em retrospecto, fica claro é que nunca houve condições políticas para a aplicação do ajuste de Levy.

A aprovação das medidas do ajuste teve uma tramitação dificílima no Congresso. Parte dos parlamentares queria fazer o PT sangrar até a eleição de 2018. Quase todos queriam que Dilma parasse as investigações da Lava Jato. Em março de 2015, o presidente do Senado, Renan Calheiros (PMDB), devolveu ao governo a medida provisória que reduzia as desonerações sobre a folha de pagamento, não por alguma discordância com a MP, mas por suspeitar que o governo havia agido para incluir seu nome em uma lista de investigados.[53] Enquanto isso, na Câmara dos Deputados, Eduardo Cunha aprovava as "pautas-bomba", medidas que implicavam *ampliar* gastos. Dentre elas se destacavam aumentos generosos para os membros do Judiciário e o fim do fator previdenciário, que reduzia o valor de aposentadorias muito precoces. O fator previdenciário havia sido uma parte importante da reforma da Previdência realizada por Fernando Henrique Cardoso. Em 2015, o PSDB votou a favor da revogação do fator previdenciário, gerando mal-estar entre lideranças tucanas mais antigas. Nove deputados petistas votaram da mesma forma, atendendo suas bases sindicais em detrimento do governo.

O contraste com as condições em que Palocci fez seu ajuste era gritante. Quando Lula assumiu a presidência em 2003, ninguém pensava em derrubá-lo. Parte da oposição ajudou Palocci a aprovar suas reformas. O PT ainda não tinha sofrido com as crises dos anos seguintes e era capaz de recuar de forma disciplinada. O próprio Palocci era um dos principais quadros do partido. Sobretudo, o ajuste já havia começado no segundo mandato de FHC. O problema de Dilma e Levy era muito pior do que o que Lula e Palocci haviam enfrentado em 2003. Lula e Palocci eram muito mais fortes politicamente em 2003 do que Dilma e Levy eram em 2015.

No fim de outubro de 2015, o mesmo PMDB que havia sabotado o ajuste de Dilma lançou um manifesto defendendo reformas de tipo liberal: "Uma Ponte para o Futuro" universalmente visto como o programa de governo do impeachment. Foi a senha para que a elite econômica se empolgasse com as perspectivas de um governo Temer.

Em 18 de dezembro de 2015, Joaquim Levy pediu demissão do Ministério da Fazenda, sendo substituído por Nelson Barbosa. Levy não conseguiu fazer o ajuste rápido que queria, mas viu chegar uma recessão muito pior do que havia previsto: naquele ano, o PIB brasileiro caiu 3,5%. Isso não ocorreu apenas por conta do ajuste: para que isso fosse verdade, o "multiplicador fiscal" — a taxa pela qual o PIB cresce (ou cai) conforme os gastos sobem (ou caem) — teria que ter sido muito maior (5) do que o normalmente identificado pelos economistas (1,5).[54] Em outros termos, baseado no que sabemos sobre como cortes de gastos costumam afetar a economia, o corte de Levy não foi grande o suficiente para causar uma recessão tão profunda.

O desempenho da economia já era determinado pela crise política. Continuaria a ser por muito tempo.

"Dizem que sou o responsável pelo impeachment",[55] diz Rui Falcão. Em dezembro de 2015, Falcão era o presidente do Partido dos Trabalhadores. No dia 2, o Conselho de Ética da Câmara dos Deputados decidiria se iniciaria o processo de cassação de Eduardo Cunha.

Quem conta é a deputada petista Maria do Rosário: "Eduardo Cunha tentou negociar conosco. No Conselho de Ética ele disse textualmente: se vocês fizerem isso [votar a favor do início do processo de cassação], eu vou encaminhar o impeachment".[56] A bancada do PT, entretanto, resolveu negar apoio a Cunha. O custo de imagem para o partido seria altíssimo: "Nós perderíamos a sociedade", lembra Rosário.[57] Além disso, ninguém confiava que Cunha desistiria de modo permanente do impeachment.

Na véspera da votação, Rui Falcão estava almoçando quando viu uma entrevista com o deputado petista Zé Geraldo, do Pará, um dos membros do Conselho de Ética. A entrevista dava a entender que os membros do PT no órgão absolveriam Cunha. Falcão concluiu: "Não dá tempo para mais nada além de um tuíte",[58] e tuitou: "Confio que nossos deputados, no Conselho de Ética, votem pela admissibilidade". Foi uma iniciativa ousada. "Se eu tivesse consultado todo mundo não ia dar tempo, eu teria sido derrotado."[59] Um dos deputados petistas no Conselho de Ética ligou para Falcão e perguntou: "Presidente, que merda é essa?".[60]

A perplexidade sugere que havia um acordo do governo Dilma com Cunha, um assunto sobre o qual há várias versões. Em uma entrevista de 2018, Michel Temer também deu a entender que havia um acordo com Cunha: "O deputado Eduardo Cunha, estando comigo na ocasião, me disse: olhe, eu não vou colocar em votação a questão do impedimento e vou arquivar todos estes pedidos de impedimento da sra. presidente. [...] Muito bem, no dia seguinte, o que aconteceu foi que o PT agrediu muito o presidente da Câmara e, em face desta agressão, ele não teve outra alternativa".[61] Por outro lado, em seu livro sobre o impeachment de 2021, Cunha escreveu que o ministro da Casa Civil Jaques Wagner lhe propôs um acordo, que ele não teria aceitado: suspeitava que o governo estava apenas ganhando tempo até que Cunha caísse pelos efeitos da Lava Jato.[62]

Falcão instruiu os deputados petistas no Conselho a votar contra Cunha. Também achava que ceder à chantagem só adiaria o impeachment, mas sua primeira preocupação era com a sobrevivência do PT. Diante da notícia de que o partido votaria a favor de Cunha, petistas de todo o Brasil ligaram para Falcão e disseram que, se isso acontecesse, deixariam o PT. Havia pelo menos nove deputados que ameaçavam migrar para o PSOL. Havia boatos de que Tarso Genro e seu grupo político pensavam em deixar o partido. A Rede Sustentabilidade, de Marina Silva, já havia recrutado o deputado Alessandro Molon, do Rio de Janeiro.

No mesmo dia da votação no Conselho de Ética, Eduardo Cunha deu início ao processo de impeachment de Dilma Rousseff. Temer, que já conspirava havia algum tempo, mas mantinha certa discrição, entrou de vez na briga. "Chegou a nós a informação: quando amanheceu 2016, o Palácio do Jaburu já era o centro da conspiração", conta Gilberto Carvalho.[63]

Os petistas descontentes continuaram no partido e, no ano seguinte, cerraram fileiras contra o impeachment. Mas nem todos concordaram com a decisão de atacar Cunha. O ex-deputado José Mentor perguntou a Falcão: "Você não preferia mais seis meses de Eduardo Cunha em troca do mandato de Dilma?".[64]

Ao contrário do que se esperava, as manifestações a favor do impeachment logo após a decisão de Cunha foram muito fracas. Dilma Rousseff aproveitou para mostrar que ainda comandava um governo. Em sua mensagem de fim de ano ao Congresso, propôs uma reforma da Previdência. A ideia era boa: tomar medidas para controlar o aumento de gastos no médio prazo ao invés de acelerar o arrocho de curto prazo no meio da crise. No mesmo espírito, o ministro da Fazenda Nelson Barbosa defendia uma regra fiscal que controlasse o crescimento dos gastos do governo para os anos seguintes. Em fevereiro, Lula chegou a defender a mudança da idade mínima para a aposentadoria em uma conversa com blogueiros petistas.[65]

Mas havia resistência de parlamentares e de membros do partido que pretendiam se candidatar a prefeito no final do ano. Pediam a Barbosa que adiasse a reforma até depois da eleição. Um membro da equipe econômica respondia com sarcasmo: "Deu tão certo na última eleição, não foi?".

Em fevereiro de 2016, o STF tomou uma decisão importante: ao contrário do entendimento que era adotado até então, réus acusados em segunda instância poderiam ser presos de imediato. Sem a possibilidade de se livrar da prisão com recursos intermináveis, todos os empreiteiros que ainda não tinham delatado resolveram falar.

Pouco depois, Dilma não resistiu à pressão do PT e dos aliados e demitiu José Eduardo Cardozo do Ministério da Justiça. Ele mesmo já aconselhava a presidente a demiti-lo: "Presidenta, eu estou atrapalhando o governo", dizia.[66] Seu sucessor, Eugênio Aragão, assumiu dizendo que não toleraria mais vazamentos de investigações para a imprensa.[67] Não fazia mais diferença, o governo estava desabando.

O ponto de virada aconteceu em 4 de março de 2016. A Lava Jato decretou a condução coercitiva de Lula. O ex-presidente foi levado em um carro de polícia para depor, o que tinha alta carga simbólica. Não havia nenhuma justificativa legal para aquilo: a condução coercitiva só deveria ser utilizada quando o acusado se recusasse a depor, o que Lula não fez. A condução coercitiva não trouxe nenhum ganho para as investigações. O senador Romero Jucá, do PMDB, a interpretou como uma manobra: já se dizia que Lula seria nomeado ministro de Dilma para tentar recompor a base parlamentar do governo, provavelmente tomando medidas contra a Lava Jato. Com a condução coercitiva, criava-se a suspeita de que, caso a nomeação de Lula acontecesse, seria uma tentativa de fugir da prisão: "Os caras fizeram para poder inviabilizar ele de ir para um ministério. Agora vira obstrução da Justiça, não está deixando o cara, entendeu? Foi um ato violento".[68]

Não era mais possível dizer que a Lava Jato se mantinha longe do processo político. O motivo da intervenção de Moro é objeto de debate: ele agiu assim por ser de direita?[69] Porque o antipetismo era furioso nos meios sociais em que circulava um juiz em 2016? Porque tinha ambições políticas próprias, como seria confirmado no final de 2018? Porque acreditou na aura de messianismo que a opinião pública lhe havia conferido no ano anterior?[70] É difícil saber com base na documentação disponível, mas parece claro que uma convergência entre suas predisposições políticas e um clima ideológico receptivo ao messianismo levou o juiz de Curitiba a entrar no jogo.

A condução coercitiva teve efeito galvanizador para a oposição: era como se Lula tivesse sido preso. No dia 13 de março de 2016, enormes manifestações, na escala das de 2013, pediram o impeachment de Dilma. Os conspiradores de Brasília confirmaram que tinham o apoio das ruas.

No dia 16, como havia tempo se suspeitava que aconteceria, Dilma nomeou Lula ministro da Casa Civil. A atitude era reivindicada pelos petistas, em especial os ligados à tendência majoritária no partido, e também por aliados: o próprio Eduardo Cunha diz tê-la sugerido à presidente em 2015.[71] Como ministro, Lula teria foro privilegiado e só poderia ser processado no Supremo Tribunal Federal. Isso significava que Sergio Moro perderia para o STF o político brasileiro de maior peso que não tinha foro privilegiado. Mais uma vez, Moro atuou a favor do impeachment: vazou para a imprensa a gravação de uma conversa, obtida de maneira ilegal, entre Lula e Dilma, em que a presidente dizia que enviaria o termo de posse como ministro para ser usado "em caso de necessidade". Fortaleceu-se a suspeita de que a nomeação fora feita para dar foro privilegiado a Lula. Diante de grande indignação pública, o ministro Gilmar Mendes, do STF, impediu Lula de assumir o ministério.

A decisão serviu para alimentar no PT a mística de que Lula, se tivesse tomado posse, teria resolvido o problema, uma mentalidade que já existia durante o "Volta, Lula" de 2014. Nunca fez muito sentido. O que ele faria, aumentaria o preço das commodities no mercado mundial? Reverteria sozinho o colapso da economia? O ex-presidente era, sem dúvida, a pior pessoa possível para assumir a tarefa de encerrar a Lava Jato: isso energizaria ainda mais as manifestações pelo impeachment. E, o ponto mais importante: quando Dilma convidou Lula para o ministério, o impeachment já estava praticamente decidido. O que ele ofereceria ao PMDB que seria melhor do que a presidência?

Enquanto a opinião pública se entusiasmava com o que parecia uma grande ofensiva contra a corrupção, a negociação do impeachment no Congresso acontecia em segredo. Em 23 de maio, a *Folha de S.Paulo* divulgou a gravação de uma conversa entre Sérgio Machado, ex-diretor de uma subsidiária da Petrobras, e o senador Romero Jucá.[72] O diálogo havia ocorrido em março, em meio a conduções coercitivas, manifestações de rua e a indignação com a nomeação de Lula. Na época, Jucá, amplamente reconhecido como um dos políticos mais inteligentes de sua geração, era presidente do PMDB, escolhido por Michel Temer para conduzir as negociações do impeachment.

Na gravação, Machado apela a Jucá: com a aprovação da prisão em segunda instância, todo mundo ia delatar, e não ficaria pedra sobre pedra. Jucá concorda. Machado propõe: "A solução mais fácil era botar o Michel". Jucá assente e diz que só o senador Renan Calheiros, no PMDB, estava contra, porque achava que fortalecer Temer seria fortalecer Eduardo Cunha. Jucá esclarece: "O Eduardo Cunha está morto, porra". Machado sugere: "Botar o Michel, num grande acordo nacional". Jucá complementa com a frase que se tornou célebre: "Com o Supremo, com tudo. Delimitava [a Lava Jato] onde está, pronto [...], tem que mudar o governo para estancar essa sangria". Jucá também informa Machado que "caiu a ficha" do PSDB: isto é, sem impeachment, "[está] todo mundo na bandeja para ser comido". Ministros do STF lhe teriam dito que só haveria condições de parar a operação sem Dilma. "Enquanto ela estiver ali, a imprensa, os caras querem tirar ela, essa porra não vai parar nunca." E conclui: "Eu acho que tem que ter um pacto". Em princípio, isso poderia até beneficiar petistas: Sérgio Machado propôs que Lula também fosse protegido por Temer.

Cada participante do movimento para derrubar Dilma Rousseff tinha sua própria motivação. Muita gente nas manifestações queria o combate à corrupção. O empresariado desejava a implementação do programa "Uma Ponte para o Futuro". Os novos movimentos de direita, como o MBL ou o Vem pra Rua, almejavam se tornar atores políticos de primeira linha. Mas os deputados que votaram pelo impeachment de Dilma Rousseff derrubaram a presidente para matar a Lava Jato.

Entre as manobras contábeis que o governo Dilma perpetrou para esconder a situação das contas públicas, as mais infames foram as chamadas "pedaladas fiscais".[73] A prática consiste em adiar o repasse de verbas do governo aos bancos públicos (que, por exemplo, pagam as aposentadorias) para que, naquele mês, pareça que o governo gastou menos. Os bancos públicos são logo ressarcidos, mas novos atrasos são jogados para a frente, e assim por diante. Governos anteriores ao de Dilma Rousseff recorreram por vezes ao expediente. Mas ele nunca havia sido utilizado na mesma escala do período entre 2012 e 2015, em especial nos meses entre as manifestações de 2013 e as eleições de 2014.[74] Por discordar das pedaladas fiscais, Nelson Barbosa deixou o governo em 2013, pouco antes das manifestações.

O artifício era evidência de péssima gestão econômica. Mas era crime? Para sustentar esse argumento, é preciso considerar que, ao atrasar os pagamentos, o governo pegou um empréstimo junto aos bancos públicos, o que é proibido. Em 2015, o Tribunal de Contas da União (TCU) decidiu que era o caso: as pedaladas eram o governo se autofinanciando. No entanto, era duvidoso se esse entendimento valia de forma retrospectiva. O mesmo TCU reprovou as contas de Dilma de 2014. Para se ter uma ideia do quanto isso era levado a sério até então, para que Eduardo Cunha pudesse julgar essas contas, ele antes teve que aprovar, em 6 de agosto de 2015, as contas de Lula, FHC e Itamar, que ninguém até então tinha se preocupado em votar no Congresso.[75]

Mesmo assim, é bom que se note: as grandes pedaladas do primeiro mandato não foram o argumento para o impeachment de Dilma Rousseff. O impeachment só pode punir crimes ocorridos no mandato em curso.

No processo em que o PSDB pedia a cassação da chapa Dilma/Temer, o financiamento da campanha de 2014 com dinheiro desviado pelas empreiteiras foi utilizado como argumento. Afinal, os juízes do TSE não estavam implicados na Lava Jato. Eduardo Cunha não podia usar as delações no pedido de impeachment: ele mesmo era acusado pela operação, assim como um número enorme de parlamentares. Se o impedimento virasse uma votação sobre a validade das delações, o próprio Cunha votaria a favor de Dilma gritando: "Não! Vai! Ter golpe!".[76]

Por isso, a solução foi acusar a presidente de duas irregularidades menores: uma pedalada no Plano Safra de 2015 e a aprovação de créditos suplementares para o crédito rural sem aprovação prévia do Congresso. O pedido de impeachment foi elaborado por uma comissão que tentava parecer suprapartidária: Hélio Bicudo, fundador do PT já afastado do partido; Miguel Reale, jurista ligado ao PSDB; e Janaina Paschoal, professora de direito na Universidade de São Paulo. Nos anos seguintes, Paschoal teria grande destaque no movimento de extrema direita de Jair Bolsonaro, de quem quase foi vice-presidente. Com o apoio de Bolsonaro, ela se tornou em 2018 a deputada mais votada da história do país.[77]

A Câmara dos Deputados aprovou a abertura do processo de impeachment de Dilma em 17 de abril de 2016. O governo, em um surto de melancólico autoengano, acreditou que poderia vencer a votação: o número de deputados que juraram fidelidade à presidente, em geral em troca de cargos, parecia suficiente para salvar seu mandato. Quase todos a traíram: alguns chegaram a passar no Palácio da Alvorada na manhã da votação para garantir que seriam leais. A maioria dos petistas entrevistados para este livro admite que, nas últimas semanas, já sabia que o jogo estava perdido.

Durante a votação, o deputado de extrema direita Jair Bolsonaro dedicou seu voto à memória do torturador Carlos Brilhante Ustra, "o terror de Dilma Rousseff", relembrando que a presidente que estava sendo deposta havia sido torturada de forma bárbara durante a ditadura. Foi o momento mais sórdido da história do Parlamento brasileiro. Em um país moral e politicamente lúcido, Bolsonaro teria sido cassado por violação do decoro parlamentar.

No entanto, não foi. Em pouco tempo, ficaria claro que essa decisão teria consequências ainda piores para o Brasil do que o erro de derrubar Dilma Rousseff.

A partir do governo Dilma, os resultados econômicos do PT declinaram, mas o aperfeiçoamento institucional no combate à corrupção se acelerou ainda mais com as manifestações de 2013. Dilma Rousseff acelerou tanto a crise econômica quanto o combate à corrupção, por isso caiu. Os governos de direita seguintes tentariam governar recuperando a economia e desmontando o combate à corrupção.

Encerrava-se um ciclo de governos petistas com grandes realizações na área social, uma primeira tentativa do Brasil de se reposicionar no cenário global, retomada de investimentos públicos e grandes progressos nas lutas da sociedade civil, como a política de cotas nas universidades e o casamento LGBTQIA+. Gostem disso ou não petistas e "lavajatistas", um outro resultado do acúmulo de medidas dos governos petistas foi a Lava Jato, que seria desmontada pelo sistema político depois do impeachment.

Por outro lado, o PT aceitou as regras do jogo político brasileiro, em que campanhas eleitorais e aliados eram pagos com dinheiro desviado dos cofres públicos. Seu estatismo econômico pode ter tornado o problema de corrupção preexistente ainda mais grave: com a concentração dos investimentos na mão do Estado, houve mais recursos para os corruptos de sempre desviarem.

O melhor balanço da passagem do PT pelo governo é uma frase de Gilberto Carvalho, talvez o dirigente petista mais próximo de Lula. É uma variação do poema "Morte e vida severina", de João Cabral de Melo Neto. O verso que diz que um bebê recém-nascido é "belo porque com o novo/ todo o velho contagia/ — Belo porque corrompe/ com sangue novo a anemia",[78] na adaptação de Carvalho ficou: "A gente inoculou o novo no velho. Só que parece que essa agulha que a gente usou para inocular, ela sai contaminada".[79]

Era natural, portanto, que esse ciclo se encerrasse após o governo Dilma. O PT precisava perder uma eleição presidencial normal em 2018 para uma candidatura de direita democrática. Precisava fazer outra alternância de poder como a de 2003, reagrupar forças e renovar ideias e lideranças. Se Dilma Rousseff tivesse terminado seu mandato em 2018, essa teria sido a tarefa do PT como oposição. E, se os governos de direita que a houvessem sucedido tivessem sido bons, essa estadia teria sido longa.

Mas Dilma Rousseff não terminou seu mandato em 2018. O governo foi derrubado em meio a uma enorme crise de legitimidade do sistema político brasileiro, que não entregava mais crescimento e agora era exposto como corrupto. Nos anos seguintes, ficou claro que a crise não era só do Partido dos Trabalhadores: ele havia sido apenas o primeiro a cair, e sequer foi quem saiu mais ferido do processo.

16. Democracia em crise

O PT denunciou o impeachment como um golpe de Estado.[1] Os petistas têm seus argumentos. O impedimento paraguaio de 2012, em que o esquerdista Fernando Lugo foi julgado e condenado pelo Congresso em pouco mais de um dia, mostra que a fronteira entre o impeachment e o golpe pode ser fluida.

Nenhuma decisão tomada por nenhum agente ao longo de 2015-6 foi feita com base no argumento jurídico do impeachment. Durante as várias horas de votação do processo, os deputados justificaram seus votos das mais variadas formas, mas nunca com base em irregularidades contábeis. Ninguém foi às ruas para protestar contra a não observância de regras orçamentárias, e todas as lideranças pró-impeachment sabiam que a base jurídica era irrelevante, porque o que importava — as delações da Lava Jato — também implicaria os partidos que conduziram o processo e assumiram a presidência com Temer.

Além disso, há outro elemento que reforça a impressão de que algo irregular aconteceu no impeachment de Dilma Rousseff. Trata-se da principal diferença entre os impeachments de Dilma e de Collor.

Em 1992, as forças que venceram a eleição de 1989 não foram substituídas por quem havia perdido o pleito presidencial anterior. O governo Itamar era mais centrista do que o de Collor, mas o PT não participou do governo, o PCdoB não indicou o ministro da Fazenda. Em 2016, os perdedores da eleição de 2014 chegaram ao poder expulsando quem os havia vencido. Em termos de programa, o governo Temer se parecia mais com PSDB ou DEM do que com o velho PMDB, que nunca foi consistentemente liberal na economia. No governo Itamar, o principal partido que apoiava Collor, o PFL, indicou ministros (inclusive antecessores de FHC na Fazenda) e articulou a candidatura de Fernando Henrique Cardoso em 1994. Em 2016, o PT e seus aliados na esquerda perderam completamente o acesso ao poder. Dessa vez, quem perdeu a eleição venceu o impeachment, e vice-versa.

Entendo o raciocínio de quem usa "golpe" para descrever o impeachment de 2016, e ele certamente se encaixa em outra definição de "golpe": ele foi uma fraude, uma falcatrua, uma manobra espúria para dar poder a quem perdeu a eleição e ajudar a classe política a se defender da Lava Jato.

Mas isso, sozinho, não caracteriza uma quebra de constitucionalidade: a política às vezes é bem feia. Coisas ruins também acontecem em democracias. Além disso, acho importante preservar um termo para designar o tipo de coisa que Jair Bolsonaro vem tentando fazer no Brasil desde 2018: uma intervenção violenta, seja da parte do Exército, das polícias ou de milícias particulares, para estabelecer um governo inconstitucional. "Golpe" é o termo consagrado pelo uso para este caso.

Enfim, não é um debate que possa ser definitivamente encerrado, pois não há uma definição universalmente aceita de golpe de Estado, e há uma zona cinzenta entre golpe e impeachment. Mas não acho que o impeachment brasileiro de 2016 esteja tão próximo do lado mais sombrio do espectro quanto o impeachment paraguaio: ele não ocorreu em um dia, e Dilma teve chance de conseguir os votos para barrar o processo. Foi, entretanto, atropelada por um cenário de crise econômica e pela necessidade de a classe política se defender da Lava Jato.

Naturalmente, se as mesmas forças que apoiaram o impeachment de Dilma Rousseff apoiarem um golpe de Bolsonaro, os historiadores, com razão, considerarão a crise política de 2015-6 o início de um processo golpista. No momento em que este livro é publicado, esse veredito ainda não foi dado.

O que parece mais evidente é que a crise política que começa com os protestos de 2013, que continua até o momento da publicação deste livro e inclui o impeachment de Dilma Rousseff, é uma crise da democracia brasileira, semelhante a outras que ocorreram ao redor do mundo depois do crash de 2008.[2]

A crise econômica forçou escolhas difíceis, em que necessariamente haveria perdedores e ganhadores. A crise da globalização teve também um componente ideológico: no PT, como em boa parte da esquerda mundial, a adesão aos princípios de gestão macroeconômica herdados dos anos 1990 se enfraqueceu. Na direita radical, diminuíram a aderência à democracia e a preocupação com a opinião da "sociedade civil global". Iniciativas cosmopolitas como a União Europeia perderam força, enquanto os nacionalismos mais xenófobos cresceram. No centro do capitalismo mundial, o Partido Republicano americano passou por um processo de radicalização que vai na direção oposta à moderação da esquerda dos anos 1990. Regimes que já apresentavam tendências autoritárias, como Venezuela, Turquia e Nicarágua, se tornaram ditaduras abertas. Na nossa vizinhança, além do caso venezuelano, o Paraguai teve um golpe em 2012, a Bolívia teve outro em 2019, e o Peru vive um processo de intensa instabilidade política. Houve retrocessos democráticos importantes na Hungria e na Polônia, que serviram de inspiração para grupos autoritários no Brasil. A Primavera Árabe fracassou e deu origem a conflitos gravíssimos.

Normas de convivência política deixaram de valer. As regras do jogo passaram a ser distorcidas ou moduladas com mais frequência, a política brasileira se radicalizou, as redes sociais tornaram-se ambientes férteis para a polarização. A tendência ascendente da nossa democracia, que já durava mais de trinta anos, travou durante a crise de 2015 e entrou em reversão após a eleição de Jair Bolsonaro, em 2018.

O governo Temer conseguiu implementar apenas parte da agenda "Uma Ponte para o Futuro". Realizou uma reforma trabalhista em 2017, sob protestos dos sindicatos, e implementou um teto de gastos que, segundo seus defensores, deveria durar vinte anos e provocar uma discussão pública sobre prioridades. Nos anos seguintes, o debate público se tornou ideologicamente alucinado, nunca foi sobre racionalidade dos gastos e o teto foi sendo abandonado por uma série de manobras. Temer também introduziu mudanças importantes na gestão das empresas estatais e no BNDES, com o argumento de que era necessário corrigir os excessos dos governos petistas na utilização de ambos como instrumentos de desenvolvimento. Ainda é cedo para avaliar com cuidado as consequências dessas políticas, mas os resultados de curto prazo não foram impressionantes: após um declínio do PIB de 3,5% em 2015, a economia brasileira voltou a cair 3,3% em 2016, mas a queda já estava desacelerando ao longo do ano. Em 2017, o Brasil cresceu 1,3%.

Durante o governo Temer, o sistema político pareceu capaz de reagir ao choque da Lava Jato com alguma visão de longo prazo. Em 2017, o Congresso Nacional aprovou uma reforma política que trouxe duas grandes novidades. A primeira foi a proibição de coligações nas eleições para deputados: historicamente, pequenos partidos se aliavam aos grandes para eleger deputados. Sem esse recurso, o número de partidos no Brasil deve diminuir nos próximos anos, e, se isso acontecer, nosso sistema político pode se tornar mais funcional.

Mas a principal mudança foi a introdução do financiamento público de campanhas, que os governos petistas sempre tentaram aprovar, sem sucesso. Com o financiamento público, a corrupção não acabou, mas agora ela se tornou opcional para os políticos brasileiros. Já é possível se eleger sem dinheiro sujo. Como já mencionei, é possível ter um sistema em que políticos não querem roubar, mas não um sistema em que políticos não querem se eleger. A adoção do financiamento público foi, até agora, o melhor efeito do choque da Lava Jato.

A minirreforma política de 2017 foi um momento do processo de reacomodação do sistema político após o impeachment. Se tivesse dado certo, a crise da democracia brasileira talvez se encerrasse com a eleição de um novo presidente em 2018.

Não deu.

O ano do impeachment foi o pior da história do PT. Além da queda de Dilma Rousseff, o partido foi dizimado nas eleições para prefeito de 2016: teve 60% menos votos do que na eleição municipal anterior.[3] Ao que tudo indicava, os petistas enfrentariam um longo inverno na oposição. Não só ficariam longe do poder como teriam que disputar a liderança da esquerda com novos desafiantes, como o PSOL e a Rede Sustentabilidade, e velhos aliados, como Ciro Gomes.

O clima no partido logo depois do impeachment era de profunda descrença nas instituições brasileiras. Nesse ambiente, o PT aprovou documentos muito mais radicais do que qualquer coisa que já havia sido discutida, não só em seus governos, mas também nos anos 1990. Ficou famosa a resolução de conjuntura de maio de 2016,[4] aprovada logo depois do impeachment na Câmara dos Deputados. Nesse documento, o PT lamenta não ter impedido "a sabotagem conservadora nas estruturas de mando da Polícia Federal e do Ministério Público Federal", contrariando a política anterior de garantir autonomia a ambas as instituições. Também lamenta não ter "[redimensionado] sensivelmente a distribuição de verbas publicitárias para os monopólios de comunicação", isto é, não ter usado verbas publicitárias do governo como forma de pressionar a mídia. Esse recurso seria amplamente utilizado a partir de 2019 no governo de Jair Bolsonaro, e é claramente uma forma de intimidação da mídia pelo Estado.[5] O documento tinha bons pontos: reconhecia, por exemplo, que o financiamento das campanhas petistas abriu o flanco para o ataque da direita. Mas a tônica geral era de uma nostalgia pelo bolivarianismo nunca vivido. Como me disse certa vez o filósofo Ruy Fausto, era "a autocrítica errada".

Esses documentos expressavam a indignação dos militantes, mas não chegaram a pautar a atuação institucional do partido. Os governadores petistas continuaram se relacionando, ainda que com algum constrangimento, com o governo Temer. Nos anos seguintes, realizariam suas próprias reformas da previdência, apesar da oposição do PT à reforma em nível nacional. Em 2018, candidatos petistas em vários estados fizeram alianças com partidos que haviam apoiado o impeachment. Assim, enquanto os militantes tentavam lidar com o trauma da queda, o PT institucional tentava se manter no jogo.

A ofensiva contra a Lava Jato começou assim que Dilma caiu. Menos de um mês depois da confirmação do impeachment no Senado, a Câmara dos Deputados tentou anistiar o crime de caixa dois em uma sessão escondida do público. A iniciativa foi descoberta pela mídia e abortada.[6] Mas os vencedores do impeachment logo voltaram à carga: em fevereiro de 2017, Temer nomeou Moreira Franco, seu braço direito, para um ministério, com o objetivo de lhe garantir foro privilegiado. O STF, que tinha barrado a nomeação de Lula, autorizou a de Moreira.[7] Conduções coercitivas para interrogatório, como a de Lula em 2016, foram proibidas em 2018.[8] Em 2015, o Senado autorizou a prisão de um senador, o petista Delcídio do Amaral,[9] cuja delação foi vazada para a imprensa em março de 2016, o que ajudou a enfraquecer

Dilma. Depois do impeachment, o mesmo Senado derrubou decisão do STF que pedia o afastamento do senador Aécio Neves, candidato derrotado em 2014 e acusado de pedir suborno de 2 milhões de reais para um empresário corrupto.[10] O nome do próprio Temer foi implicado nas delações da Lava Jato.[11] Em maio de 2017, o presidente foi gravado em uma conversa suspeita com um empresário corrupto (o mesmo de Aécio) que pagava mesada para Eduardo Cunha na cadeia.[12] O mesmo Congresso que havia derrubado Dilma com um discurso sobre honestidade acabou absolvendo Michel Temer em duas ocasiões diferentes.[13]

Mas nada representa melhor a mudança de ambiente pós-impeachment quanto a absolvição da chapa Dilma/Temer, em 2017, no processo que havia sido iniciado por Aécio Neves "só para encher o saco" depois da eleição de 2014. O mesmo ministro Gilmar Mendes, que antes havia proposto a continuidade da ação em 2015, deu o voto que absolveu Temer.[14] Entre as duas decisões, não houve novas descobertas que justificassem a mudança de posição.

No dia seguinte ao julgamento da chapa Dilma/Temer, o procurador da Lava Jato Carlos Fernando dos Santos Lima protestou: "Cinismo é fingir que tudo está superado apenas porque o PT saiu do governo".[15] Mas membros da força-tarefa, como o juiz Sergio Moro, haviam ajudado a levar ao poder os políticos que lideraram a reação contra a Lava Jato. A condução coercitiva de Lula e o vazamento dos áudios de sua conversa com Dilma foram importantes para criar a onda de indignação pública a favor do impeachment.

O desmonte da Lava Jato se tornou um assunto incômodo para todos os lados da disputa política brasileira. Para o PT, que critica a operação em voz alta, é difícil admitir que foram os governos de Temer e Bolsonaro que enterraram a Lava Jato. Para a direita, que enterrou a Lava Jato, admiti-lo seria perder o argumento de que o PT é especialmente corrupto.

Da euforia lavajatista de 2015, passamos nos últimos anos a uma tentativa de substituir o PT pela Lava Jato como bode expiatório da crise brasileira. Nenhuma das duas versões faz sentido, ainda que tanto um quanto o outro tenham suas culpas. Também não se trata de ver o PMDB e seus aliados como os grandes vilões da história: eles fizeram o que os outros partidos teriam feito se tivessem poder para tanto.

Ao final da segunda votação que livrou Temer no Congresso, o deputado governista Carlos Marun se deixou filmar dançando no plenário enquanto cantava a música de Benito de Paula, "Tudo está em seu lugar".[16] A classe política parecia ter retomado o controle após o choque da Lava Jato.

Era um diagnóstico míope, pois a operação passou a sofrer derrotas, mas não parou: Eduardo Cunha foi preso pouco depois do impeachment; malas com 50 milhões de reais foram encontradas em um apartamento do líder pemedebista Geddel Vieira Lima; e Aécio Neves foi gravado pedindo dinheiro para o mesmo empresário corrupto que havia sido gravado com Temer. Os índices de aprovação de Temer foram os menores da história: em junho de 2018, chegaram a 3%, número estatisticamente indistinguível de zero.

E a onda de indignação antissistema, iniciada em 2013, radicalizada pelas revelações da Lava Jato, seguia subterrânea, esperando para se manifestar.

Até petistas experientes foram surpreendidos pela velocidade do fracasso do governo Temer. Em 2016, Fernando Haddad previu que, no futuro próximo, a polarização política brasileira se daria entre a direita e a extrema direita. Durante a pesquisa para este livro, perguntei a Gilberto Carvalho se ele achava que o governo Temer daria errado tão rápido quanto deu. "Não, de jeito nenhum", respondeu. "Achei que toda a inteligência do capital ia dotar o governo deles de capacidade."[17]

Embora o antipetismo ainda fosse fortíssimo em 2018, Lula voltou a liderar as pesquisas presidenciais, e a proporção de brasileiros que citavam o PT como seu partido preferido voltou a ser a mesma de 2014 (24%).[18] A derrocada de Temer foi rápida demais, inclusive para que alternativas de esquerda ao PT se organizassem. Com toda a centro-direita amarrada ao fracasso do governo, o PT passava a ter a perspectiva real de voltar ao poder muito antes do que esperava, enquanto ainda tentava juntar os cacos da crise anterior. Seria necessário abandonar o radicalismo de 2016-7 e voltar a pensar como partido de governo.

Aí prenderam Lula.

Lula foi condenado por Sergio Moro em 12 de julho de 2017, acusado de corrupção e lavagem de dinheiro. A acusação se referia a uma reforma feita por uma empreiteira em um apartamento tríplex no Guarujá, que, segundo a acusação, seria destinado a Lula. O ex-presidente e sua esposa de fato chegaram a visitar o imóvel, mas não fecharam o negócio.

Parece claro que a reforma foi feita para a empreiteira ganhar influência junto a Lula, que ainda era fortíssimo no PT e bem relacionado em outros governos ao redor do mundo. Mas é difícil sustentar que fosse a remuneração de Lula como "chefe do Petrolão" ou líder de uma quadrilha. Com a distribuição de cargos na Petrobras, Lula ganhou governabilidade e petistas arrecadaram dinheiro para suas campanhas (e foram processados por isso); mas o esquema era bem mais velho que os governos petistas, e nunca teve um chefe. Os políticos que faziam negócio com o cartel das empreiteiras, as empreiteiras que faziam parte do cartel em um dado momento, podiam mudar sem que o esquema fosse interrompido.

Como notou Fernando Limongi, procuradores como Deltan Dallagnol pareciam achar que "burocratas e construtoras foram apenas obrigados a entrar no jogo. No fim, os políticos é que eram os culpados".[19] Entretanto, a corrupção não era um esquema piramidal com os políticos no topo. Era uma rede mais complexa.

Em 2019, uma série de conversas entre membros da Lava Jato foi hackeada e divulgada pelo site The Intercept Brasil em parceria com outros veículos de imprensa. A série de reportagens ficou conhecida como "Vaza Jato"[20] e mostrou que o julgamento de Lula tinha sido irregular. Sergio Moro aconselhava a acusação, saindo de seu papel de juiz.[21] No entanto, isso só foi descoberto em 2019.

Em janeiro de 2018, em um julgamento bem mais rápido do que o de outros processos semelhantes,[22] Lula foi condenado em segunda instância. Nos termos da decisão do STF de dois anos antes, que tinha autorizado a prisão nesse caso, a Justiça já poderia prendê-lo.

Em 7 de abril de 2018, Lula foi preso. Sabendo do que aconteceria, Lula foi ao Sindicato dos Metalúrgicos de São Bernardo pelo simbolismo de ser preso lá.[23] Petistas cercaram o sindicato e chegaram a tentar impedir a rendição. Em um discurso de despedida, Lula disse: "Eu sei quem são meus amigos eternos e quem são os eventuais. Os de gravatinha, que iam atrás de mim, agora desapareceram".[24]

A prisão de Lula marca outra diferença importante entre esquerda e direita durante o choque da Lava Jato. Os dois lados foram atingidos pela operação, mas a direita se mostrou muito mais capaz de se defender. Nenhum direitista caiu quando isso teria acarretado uma transferência de poder para a esquerda. Cunha só caiu após o impeachment, Temer só foi atingido depois de sair da presidência e o mesmo deve acontecer com Jair Bolsonaro. Por contraste, o impeachment de Dilma deu a presidência a Temer, e a prisão de Lula deu a presidência a Bolsonaro.

"A maioria não acreditava que Bolsonaro se criaria como candidato à presidência da República. Eu me lembro de um cientista político, em uma reunião, dizendo: isso está completamente fora do sentido, essa é uma preocupação sua, diante de sua situação pessoal."[25]

O depoimento é da deputada petista Maria do Rosário. Sua "situação pessoal" era a seguinte: Rosário havia sido secretária de Direitos Humanos do governo Dilma Rousseff durante os trabalhos da Comissão Nacional da Verdade, que investigava os crimes da ditadura. "Se tu me perguntar o que eu gostaria de ter feito, era isto: um trabalho pedagógico mais amplo sobre o valor da democracia e sobre o que foi a ditadura militar. [...] Aprendi que quando for mexer com bicho peçonhento, esteja preparado para ir até o fim."[26]

Tornou-se, por isso, um dos maiores alvos do extremismo bolsonarista nas redes sociais. Os ataques da extrema direita a Rosário eram muito piores do que qualquer coisa que se via, por exemplo, nas disputas entre PT e PSDB. Ofensas pessoais e à sua família e fake news completamente alucinadas se tornaram parte do cotidiano da deputada gaúcha. Por isso mesmo, Rosário já sentia, antes dos outros petistas e dos cientistas políticos, que o extremismo de direita estava ganhando tração no Brasil.

Jair Bolsonaro representava "o porão", a facção das Forças Armadas ligada aos órgãos de repressão[27] que tentaram evitar a volta da democracia nos anos 1970: isto é, que gostariam de ter fuzilado todos os personagens do primeiro capítulo deste livro.[28] Jovem demais para ter participado da repressão — ao contrário do que ele mesmo dá a entender em entrevistas —, Bolsonaro ganhou notoriedade no final dos anos 1980 ao se tornar porta-voz de jovens oficiais que reivindicavam melhores salários e ser pego planejando colocar bombas em seu quartel, entre outros alvos, como forma de protesto. Condenado em primeira instância pela Justiça Militar, foi absolvido em segunda instância por uma manobra política. Deixou as Forças Armadas e se tornou vereador no Rio de Janeiro.

Brigando pelo salário dos militares e defendendo a ditadura — chegou a apoiar o fuzilamento de Fernando Henrique Cardoso no final dos anos 1990 —, Bolsonaro foi uma figura marginal da política nacional durante a maior parte de sua carreira, mais interessado em conseguir cargos para seus filhos e assegurar aumentos salariais para os militares do que em participar de qualquer discussão relevante. Durante os governos petistas, ganhou visibilidade ao participar de programas de TV de apelo popular, nos quais seus comentários chocantes pareciam ser apenas uma forma de entretenimento. Nas passeatas pelo impeachment, tinha seu próprio carro de som, que reunia os elementos mais extremistas das passeatas.

Jair Bolsonaro é, por larga margem, o mais extremista dos líderes populistas de direita surgidos no mundo nas últimas décadas. Embora tenha se aproximado dos governos autoritários da Hungria e da Polônia,[29] durante a campanha eleitoral de 2018 até mesmo Marine Le Pen, líder dos radicais de direita franceses, distanciou-se dele.[30] Em contrapartida, o chefe da organização racista americana Ku Klux Klan apoiou o extremista brasileiro, embora lamentasse que Bolsonaro fosse pró-Israel.[31]

O cientista político que desmereceu a opinião de Maria do Rosário foi arrogante, mas em 2018 a sua posição era a mais comum entre os analistas políticos brasileiros. Bolsonaro, que já tinha cerca de 20% das intenções de voto em maio, parecia ser um fenômeno passageiro. Sem Lula na disputa, o favorito seria o tucano Geraldo Alckmin, ex-governador de São Paulo, que comandava uma aliança imensa, dispunha de muito dinheiro e de tempo de sobra no horário gratuito de propaganda eleitoral. Quando a campanha começasse, se as mesmas coisas que haviam decidido as eleições anteriores decidissem aquela, Bolsonaro perderia fôlego e seria ultrapassado.

Quando sua conciliação pelo alto deu errado, Michel Temer tentou enfrentar a reação populista antissistema se aproximando dos militares. Foi uma manobra míope, típica de políticos que não entendem as grandes questões porque nunca fizeram nada além de acordos de bastidores. No fim de fevereiro de 2018, Temer nomeou o primeiro militar para o Ministério da Defesa desde a criação da pasta, no governo FHC. E foi além: em uma tentativa desesperada de obter popularidade e se tornar influente na eleição, decretou uma intervenção federal no Rio de Janeiro, que seria inteiramente conduzida pelos militares e teria como objetivo combater a violência urbana. O chefe da intervenção foi o general Braga Netto, que se tornou ministro em 2019 e hoje é candidato a vice--presidente de Jair Bolsonaro.

Assim, os quartéis voltavam a ser politicamente relevantes. Em 3 de abril de 2018, na véspera do julgamento de um recurso de Lula junto ao Supremo Tribunal Federal, o chefe do Exército, Eduardo Villas Bôas — aquele que havia falado de "revanchismo ao contrário" por conta da Comissão Nacional da Verdade —, postou um tuíte com o seguinte texto: "Asseguro à nação que o Exército brasileiro julga compartilhar o anseio de todos os cidadãos de bem de repúdio à impunidade e de respeito à Constituição, à paz social e à democracia, bem como se mantém atento às suas missões constitucionais".[32] No dia seguinte, o habeas corpus de Lula foi recusado. Não se sabe se a ameaça do general influiu na decisão. No entanto, é indiscutível que o tuíte, postado após discussão com o comando das Forças Armadas,[33] foi uma ameaça de golpe de Estado, a primeira de várias a que o Brasil assistiria nos anos seguintes.

Costumo dizer que, por pior que seja a crise política, nenhum país elege Jair Bolsonaro para a presidência sem azar.[34] No dia 6 de setembro de 2018, Bolsonaro foi esfaqueado por um indivíduo mentalmente perturbado em um comício de Juiz de Fora, bem na hora em que a campanha de Alckmin começava a atacá-lo. Após a facada, Bolsonaro teve horas e horas de cobertura de mídia razoavelmente simpática sobre sua recuperação no hospital, e os ataques contra ele tiveram que ser recalibrados. Com um álibi perfeito para não participar de debates — havia ido muito mal nos dois aos quais compareceu —, Bolsonaro se tornou uma tela em branco na qual muitos eleitores brasileiros projetaram suas aspirações.

Não foi, entretanto, o atentado que o elegeu. A facada só o ajudou porque o eleitorado já queria uma tela em branco. As pesquisas internas dos partidos já mostravam que o sentimento era favorável a um candidato que, de alguma forma, representasse uma renovação. Se o apresentador de TV Luciano Huck, apoiado por parte do PSDB, não tivesse desistido da candidatura, provavelmente teria sido eleito. O mesmo valia para o ex-ministro do STF Joaquim Barbosa, que quase concorreu pelo PSB.

Marina Silva, que representou a aspiração por renovação nas duas eleições anteriores, chegou a liderar as pesquisas pouco depois do impeachment, mas terminou a eleição com apenas 1% dos votos. Ela notou que o engajamento de pessoas comuns na disseminação de notícias falsas produzidas pela campanha de Bolsonaro parecia uma versão perversa do envolvimento individual autônomo, "autoral",[35] que Marina defendia: "Por incrível que pareça, o Bolsonaro, nos estertores da política estagnada, usou o ativismo autoral, o ativismo das pessoas".[36] O bolsonarismo acoplou essas novas formas de militância a sua base nas Forças Armadas, na Igreja e no empresariado. Em apenas cinco anos, conforme a democracia brasileira ia travando, o discurso antissistema, que começou na mão do Movimento Passe Livre, passou para o Movimento Brasil Livre e terminou com os defensores da ditadura militar.

O PT manteve a candidatura de Lula após a prisão, mas decidiu indicar um candidato a vice-presidente que pudesse assumir a cabeça de chapa caso Lula perdesse seus últimos recursos na Justiça. A posição foi oferecida a Ciro Gomes, que não a aceitou. O escolhido foi o ex-prefeito de São Paulo, Fernando Haddad, oficializado como candidato a presidente em 11 de setembro. Em duas semanas, assumiu a segunda posição, superando Ciro Gomes.

Diante do crescimento do PT, aliados de Geraldo Alckmin na classe política, no empresariado e na Igreja evangélica traíram o tucano e passaram a trabalhar por Bolsonaro ainda no primeiro turno. As forças que apoiaram o impeachment — que incluíam todos os melhores quadros da centro-direita — foram fragorosamente derrotadas em 2018. Alckmin terminou o primeiro turno com apenas 4,8% dos votos. A liderança da direita passou dos liberais do PSDB para os extremistas de Bolsonaro, após um rápido intervalo na mão da direita fisiológica do PMDB.

Bolsonaro cresceu rapidamente nas pesquisas, quase venceu em primeiro turno, e chegou no segundo turno com uma vantagem de vinte pontos percentuais na pesquisa. Nos últimos dias da campanha, conforme Haddad se tornava mais conhecido, a vantagem caiu para onze pontos. Mas nunca foi possível reverter o resultado. A queda na diferença no segundo turno deixou uma dúvida: se Haddad tivesse se apresentado ao eleitorado antes, a campanha de fake news de Bolsonaro teria tido o mesmo efeito? Talvez fosse mais difícil mentir sobre alguém que o público já conhecesse.

Não houve uma aliança de democratas contra Bolsonaro:[37] PSDB e DEM disputavam o segundo turno das eleições para governador em estados onde Bolsonaro teve alta votação (Rio Grande do Sul, Minas Gerais, Rio de Janeiro e São Paulo), e apoiar o PT significaria aceitar a derrota. O establishment brasileiro preferiu mentir, inclusive para si mesmo, que estava apoiando um candidato de direita normal. Todos fingiram não ver quem era Bolsonaro. Setores que, por anos, criticaram o PT por não ter apoiado Tancredo Neves no Colégio Eleitoral se recusaram a apoiar o candidato petista quando a democracia estava em jogo. O Partido dos Trabalhadores, é bom lembrar, se absteve no Colégio Eleitoral sabendo que Tancredo estava eleito.

Após a vitória, Bolsonaro nomeou Sergio Moro, o juiz que tinha tirado Lula da disputa, para o Ministério da Justiça, para horror de vários procuradores da Lava Jato: a operação estava definitivamente politizada.[38] Daí em diante, mesmo quem defende a operação tem que admitir que seus desdobramentos políticos foram um desastre.

Ninguém sóbrio tinha esperança de que a campanha eleitoral de 2018 — em que o primeiro colocado tinha sido preso, e o segundo, esfaqueado; militares haviam intervindo no processo eleitoral; o presidente em exercício sequer tinha tentado a reeleição; e o vencedor tinha como ídolo um torturador — fosse o fim do desmoronamento brasileiro. A crise da democracia brasileira mal começava.

É difícil contar a história do governo Bolsonaro sem antes alertar o leitor: há uma mudança de escala nos desastres do país desde que a extrema direita venceu em 2018. Apenas colocá-los lado a lado com os erros e crimes dos governos anteriores — inclusive os petistas — dá a impressão de que são de dimensões comparáveis. Não são. Entre 2018 e 2022, o Brasil piorou muito.

O desempenho de Bolsonaro durante a pandemia de covid-19 está entre os piores do mundo. O Brasil, com 2,7% da população mundial, teve mais de 12% das mortes globais. No primeiro semestre de 2021, quando já existiam vacinas, o país foi o epicentro da doença: em um dado momento, 30% das mortes aconteceram aqui. Influenciado por ideias da extrema direita americana e com medo de que a pandemia prejudicasse a economia — e, portanto, suas chances de reeleição —, Bolsonaro mandou os brasileiros para a morte. Recusou três grandes ofertas de vacina: da multinacional Pfizer; do Instituto Butantan, de São Paulo, que produzia vacinas em parceria com a China; e do consórcio internacional Covax Facility. A coisa seria ainda pior se o governador paulista João Doria, do PSDB, não tivesse estabelecido um convênio com a China para produzir vacina no Instituto Butantan. Só em maio de 2021 o imunizante paulista deixaria de ser o mais aplicado no Brasil. Como recompensa por seus esforços, Doria foi trucidado pela máquina de difamação bolsonarista e desistiu de concorrer nas eleições de 2022.

Uma estimativa feita com base no que teria acontecido se Bolsonaro tivesse aceitado duas das ofertas recusadas — a da Pfizer e a do Butantan — mostra que, entre janeiro e junho de 2021, teriam morrido 95 mil brasileiros a menos.[39] Outra estimativa mostrou que só a oferta paulista teria imunizado todos os idosos brasileiros até o meio de março de 2021.[40] Daquele período até o final de maio, quando o estudo foi publicado, morreram 85 mil idosos a mais do que teriam morrido, considerando as taxas de mortalidade do Chile, que aplicou a mesma vacina. É muito difícil que Bolsonaro não tenha matado pelo menos 100 mil brasileiros durante a pandemia. É o dobro do número de baixas do país ocorridas no maior conflito de nossa história, a Guerra do Paraguai. Essas contas foram feitas só com base em duas das ofertas rechaçadas por Bolsonaro[41] e considerando o período de janeiro a junho de 2021.

Bolsonaro se elegeu na "eleição da Lava Jato", quando o público queria mandar uma mensagem de repúdio à classe política. Logo em seguida, mantendo a tradição brasileira de estelionatos eleitorais, Bolsonaro terminou de matar a Lava Jato.[42]

Sergio Moro se demitiu do Ministério da Justiça em 24 de abril de 2020, após Bolsonaro dar início ao aparelhamento da Polícia Federal. Na entrevista em que anunciou seu desligamento, Moro elogiou os governos petistas por terem dado autonomia à PF.[43] A velocidade do desmonte da força-tarefa se acelerou: em 2021, o braço da operação em São Paulo, que investigava o PSDB e outros partidos da direita, pediu demissão de forma coletiva por falta de condições de trabalho. A Lava Jato foi oficialmente extinta em 2021.

Os governos do PT sempre indicaram o primeiro colocado da lista tríplice enviada pelo Ministério Público para o cargo de procurador-geral da República, a única autoridade com prerrogativa de processar o presidente. Bolsonaro escolheu um nome fora da lista, Augusto Aras, que evitou que o presidente fosse processado por seus crimes. No fundo, a chegada de Bolsonaro e de seus militares ao poder só transformou a corrupção brasileira de furto em assalto à mão armada.

Ao mesmo tempo, Bolsonaro abraçou de vez os mesmos partidos corruptos com quem o PT e todos os outros governos fizeram acordos. Em 2022, Bolsonaro concorre à reeleição pelo PL, cujo presidente, Valdemar Costa Neto, pediu 10 milhões de reais para apoiar o PT em 2002 e foi indiciado no Mensalão. Roberto Jefferson, o protagonista do caso Mensalão, foi preso por postar vídeos portando armas e se declarando pronto para apoiar o golpe de Estado bolsonarista. Quando o PT cooptou essa gente, foi acusado de aparelhar as instituições para implementar seu projeto bolivariano. Quando Bolsonaro o fez, os conservadores na mídia viram isso como um sinal de moderação, prova de que o presidente havia aceitado as regras do jogo e desistido do golpismo.

Em 2021, uma reportagem do jornal *O Estado de S. Paulo* mostrou que os aliados de Bolsonaro no Congresso haviam criado um "orçamento secreto" que, em 2021, foi de 16 bilhões de reais.[44] Esse dinheiro é liberado através de emendas apresentadas pelo relator do orçamento, sem, entretanto, identificar quais parlamentares são beneficiados. As investigações sobre o orçamento secreto mal começaram, mas é difícil acreditar que a falta de transparência não tenha sido planejada para esconder desvios.

Finalmente, Bolsonaro passou seu mandato tentando organizar um levante pró-governo que convencesse os militares a acompanhá-lo em um golpe de Estado. Pela primeira vez na história brasileira, os chefes das três Forças Armadas renunciaram coletivamente, segundo consta porque Bolsonaro queria utilizá-las para ameaçar o STF.[45] Como já registramos, as verbas publicitárias oficiais foram redirecionadas para veículos de mídia inteiramente dedicados à propaganda governamental.[46] A guerra do presidente contra o Supremo Tribunal Federal é constante, como em outros casos de retrocesso democrático ocorridos na Venezuela, na Hungria e na Polônia.

Com apenas um ano de governo, Bolsonaro passou a convocar manifestações contra instituições democráticas. Não eram exemplos da sociedade civil se impondo ao Estado: era o próprio Poder Executivo instrumentalizando militantes para tentar quebrar o Legislativo e, sobretudo, o Judiciário. As manifestações foram interrompidas pela pandemia, mas voltaram antes mesmo de ela acabar.

Em 7 de setembro de 2021, Bolsonaro realizou duas grandes manifestações, em Brasília e em São Paulo, acompanhadas de uma greve de caminhoneiros de direita, para dar um golpe de Estado. Em São Paulo, declarou que não obedeceria às decisões de Alexandre de Moraes, ministro do STF que vinha condenando extremistas bolsonaristas. Diante dessa declaração de golpe, as movimentações pelo impeachment começaram de imediato, mas foram abortadas dois dias depois por ninguém menos que Michel Temer. O ex-presidente convenceu Bolsonaro a escrever uma carta pedindo desculpas ao ministro Moraes. Os congressistas que ganhavam dinheiro com o orçamento secreto, como o resto do establishment brasileiro, ficaram felizes em fingir que o 7 de setembro de 2021 não tinha acontecido.

No momento em que termino este livro, Bolsonaro planeja, em plena luz do dia, sem que mais ninguém duvide de seus propósitos, um golpe caso seja derrotado na eleição de 2022. Seus militantes organizam uma campanha de mentiras sobre a segurança das urnas eletrônicas — as mesmas urnas com as quais Bolsonaro foi eleito diversas vezes, como deputado e, no último pleito, como presidente. Já sabemos que há militares golpistas, que, inclusive, ajudam Bolsonaro a disseminar mentiras sobre o sistema eleitoral. A inspiração vem dos Estados Unidos, com a invasão do Capitólio ocorrida em 6 de janeiro de 2022 por seguidores de Donald Trump. Mas um 6 de janeiro no Brasil tem potencial de ser muito pior do que o americano: no caso americano, em nenhum momento foi possível que militares ou policiais armados aderissem ao golpe de Trump. O esforço de Bolsonaro é tentar garantir que aqui será diferente.[47]

Parte do desespero de Bolsonaro tem explicação: enquanto escrevo as últimas páginas deste livro, Lula lidera as pesquisas presidenciais com grandes chances de vencer no primeiro turno.

Lula deixou a prisão em novembro de 2019 após nova mudança de entendimento do STF sobre a prisão em segunda instância. Nos meses seguintes, obteve vitórias jurídicas (em geral, anulações) em todos os processos contra si, em especial utilizando os diálogos da Vaza Jato para provar que Sergio Moro não era um juiz isento. Essa tese, naturalmente, ganhou plausibilidade com a ida do ex-juiz para o Ministério da Justiça. Lula não foi solto apenas por isso: quando saiu da prisão, a Lava Jato já havia sofrido inúmeras derrotas nas mãos de Temer e de Bolsonaro. No fundo, a prisão de Lula é que foi extemporânea: ocorreu quando a operação já declinava. Desde então, o candidato petista lidera as pesquisas para a eleição presidencial de 2022.

Não sei se Lula ganhará a presidência pela terceira vez: a expectativa é que Bolsonaro ainda jogue muito sujo na campanha e tente um golpe caso perca. Se o atual presidente vencer, a crise democrática deve se aprofundar ainda mais, com resultados imprevisíveis. Se perder e conseguir dar um golpe, o ciclo democrático descrito neste livro terá terminado em definitivo.

No entanto, em caso de vitória petista, estaremos diante de certa ironia histórica: para ser bem-sucedido, Lula e o PT terão que realizar tarefas semelhantes às feitas por Ulysses Guimarães e o velho PMDB nos anos 1980. Na época, o PT passou dez anos se recusando a participar dessa grande aliança pelo alto. Agora, se vencer, esse é exatamente o tipo de acordo que Lula terá que conduzir. Quando o PT era radical e "basista", entre ele e a direita autoritária havia a coalizão do PMDB, que garantia a democratização. Hoje não há ninguém entre o Partido dos Trabalhadores e a direita radical. Quem tem que conquistar o apoio do empresariado à democracia é o PT, quem terá que fazer alianças com o equivalente do velho PFL é o PT, quem vai ser vidraça para os movimentos sociais é o PT. Também caberá a ele reorganizar o "centro".

Entendo perfeitamente que, após o impeachment, muitos militantes petistas tenham aproveitado as vantagens de voltar para a oposição: não precisar mais defender aliados corruptos, voltar para os movimentos sociais e retomar as discussões sobre o socialismo nas universidades. Mas o colapso da direita moderada tirou do PT esse direito: ele é o último grande partido da Nova República ainda de pé, porque passou décadas na oposição se organizando nacionalmente antes de chegar ao poder.

Neste livro, falamos várias vezes da falta de poder institucional do Partido dos Trabalhadores: o PT não tem mídia ou influência no Exército, sempre foi minoritário no Congresso e nos tribunais. Isso fez dele o primeiro dos grandes partidos a cair durante a crise política. Mas é exatamente porque nunca teve poder institucional que o PT precisou se organizar como um partido muito mais bem estruturado do que seus concorrentes. Por isso, sobreviveu melhor do que seus concorrentes à crise política.

Já na eleição de 2018, quando o antipetismo ainda era fortíssimo e a Lava Jato mantinha seu prestígio, o PT se saiu melhor do que os partidos que haviam articulado o impeachment: sua bancada caiu de 69 para 56 deputados (cerca de 10% das cadeiras), tornando-se, naquele quadro de devastação do sistema partidário, a maior de todas, junto com a do PSL de Bolsonaro. O MDB (ex-PMDB) foi reduzido pela metade, passando de 66 para 34 deputados. O PSDB passou de 54 para 29 deputados.

Nos anos seguintes, Bolsonaro cooptaria remanescentes do PSDB e de seus rivais pela liderança da direita, combatendo duramente potenciais rivais, como o governador de São Paulo João Doria e seu ex-ministro Sergio Moro. O PT não sofreu com esse processo, porque Bolsonaro nunca quis cooptar ninguém da esquerda. Seu plano para a esquerda, como foi esclarecido durante a campanha de 2018, é "cadeia ou exílio".[48]

Por ser o único dos grandes partidos da Nova República ainda de pé, o PT precisa assumir a reconstrução pós-Bolsonaro, e isso quer dizer construir uma coalizão de governo com forte presença do centro. Um passo decisivo nesse sentido foi dado com a indicação de Geraldo Alckmin, figura histórica do PSDB e rival de Lula na eleição presidencial de 2006, como seu candidato a vice em 2022.

É provável que os anos seguintes causem grandes transformações no Partido dos Trabalhadores. Será que ele se dissolverá de vez na velha política, como aconteceu com o velho PMDB de Ulysses Guimarães? Desistirá da moderação e se tornará mais um sintoma da crise da democracia brasileira? Como os intelectuais petistas pensarão essas transformações? Com que forças da esquerda internacional o PT vai encontrar mais possibilidades de diálogo? Que novas políticas públicas serão criadas para conciliar os interesses dos pobres, dos operários industriais e da classe média? Em 2021, o PT e o PCdoB formaram uma federação partidária, que talvez incorpore o PSB no futuro, para disputar a eleição seguinte: essa estratégia se tornou comum a partir do colapso dos partidos pós-Lava Jato. Essa federação será o início de uma aliança permanente? Mais partidos de esquerda se juntarão a ela? Novos partidos surgirão?

O que parece provável, ao menos quando este livro termina de ser escrito, é que a tarefa de reorganizar a democracia brasileira ficará para o PT e seus aliados. Isto é, ficará com o partido que não participou da "democratização pelo alto" dos anos 1980. Se isso se confirmar, é preciso desejar boa sorte aos petistas em sua nova tarefa.

Em 23 de março de 1979, ainda durante as jornadas grevistas do ABC, um grupo de operários organizou um protesto no Paço Municipal de São Bernardo. Sentaram-se no chão de modo que, vistos de cima, a posição de seus corpos formasse a palavra "Democracia". Antes que acabassem de se posicionar, a polícia apareceu e os expulsou de forma violenta. Há uma foto de Juca Martins em que é possível ler "Democr" e o começo de um "a".[49] O simbolismo é claro: os operários tentavam reconstruir a democracia brasileira, mas a repressão fez com que a tarefa permanecesse incompleta.

Nos últimos anos, as forças do obscurantismo tentaram mais uma vez apagar a democracia escrita nas ruas. É hora de os metalúrgicos e sua turma voltarem a reescrevê-la. Talvez, se chamarem mais gente, seja possível concluir o texto.

Agradecimentos

Ricardo Teperman me sugeriu escrever *PT, uma história* em fevereiro de 2019, durante um café no centro do Rio, e se mostrou um editor fenomenal. Agradeço também a Luiz Schwarcz, Otávio Marques da Costa, Adriane Piscitelli, Érico Melo, Julia Passos, Natália Mori e Clara Diament pelos comentários e revisões cuidadosas que fizeram este livro ser muito melhor.

Maurício Santoro, Bruno Borges e Gabriel Trigueiro foram as primeiras pessoas a lerem trechos e me encorajaram a continuar na linha que pensei. Marcelo Medeiros, Pedro H. G. Ferreira de Souza, Marcos Lisboa, Samuel Pessôa, Márcio Holland e Fernando Limongi fizeram comentários valiosíssimos sobre capítulos específicos, que espero ter sabido aproveitar.

Muna Zeyn merece um agradecimento especial pelo comentário "só tem homem nessa história?", feito em 2019, que me fez reescrever vários trechos do livro.

Agradeço sobretudo aos entrevistados pelo tempo e paciência que me dispensaram. Foram 65 entrevistas longas e algumas dezenas de conversas curtas entre setembro de 2019 e abril de 2022. Elas não só forneceram material de pesquisa como também, em vários casos, mudaram substantivamente minha visão sobre o que o livro seria.

Muita gente me ajudou a conseguir contatos de potenciais entrevistados, acesso a textos obscuros, documentos difíceis de encontrar sem o acesso a arquivos durante a pandemia e/ou a afiar os argumentos deste livro em nossas conversas. Consciente de estar cometendo omissões imperdoáveis, agradeço Leda Rejane Amaral Queiroz, Bernardo Mello Franco, Fabio Zanini, Paulo Werneck, Laura Carvalho, Sergio Leo, Juliana Bublitz, Marcelo Ramos, Alon Feuerwerker, Renato Rovai, Tais Carrança, Jânio de Freitas, Arminio Fraga, Patricia Campos Mello, Sergio Fausto, Ruy Fausto (in memoriam), Carlos Machado, Petra Costa, Renan Quinalha, Thiago Amparo, Cynara Menezes, Miguel do Rosário, Thiago Krause, Sonia Magalhães, Juliana Bublitz, Igor Taam, Edson Cruz, José Guilherme Brandt, James Green, Patrick Iber, Francisco Panizza, Conrado Hübner Mendes, Ana Cláudia Chaves Teixeira, Cláudio Gonçalves Couto, Leandro Demori, João Villaverde e Felipe Recondo.

Meu pai, Celso, e minha mãe, Vanda, me ensinaram a discutir política. Bruno Murtinho, Luis Felipe Bastos e Fábio Góes me ajudaram a navegar as confusões do movimento estudantil. Entre as pessoas que conheci quando fui militante do PT destaco o professor Manoel, que organizava o núcleo do partido em Copacabana, e Alex Dantas Trindade, que se tornou um grande amigo. Em nossas conversas, Marcos Bernardi defendeu a social-democracia com argumentos que eu só entendi quando deixei de ser burro, um evento relativamente recente. Josué Pereira da Silva foi o melhor professor que já tive, e me apresentou várias discussões teóricas que informam este livro (levei mais de vinte anos para chegar a alguma conclusão sobre elas). Igor Rennó e Henrique Amorim me ensinam a escrever e revisar livro desde 2012, com enorme paciência. Meus colegas e amigos do Banco Central do Brasil me ensinaram mais coisas do que jamais saberão. Desde 2015, a *Folha de S.Paulo* me oferece espaço para publicar minhas colunas semanais com ampla liberdade, além da chance de conhecer pessoas incríveis. Agradeço a Otávio Frias Filho (in memoriam) e a Sérgio D'Ávila pela oportunidade.

Fernando Barros e Silva me convidou para escrever para a revista *piauí*, Renata Lo Prete me convidou para discussões no programa *GloboNews Painel*, Fernando Dantas me chamou para discussões no Ibre da FGV-Rio, Marcos Nobre me convidou debates no Cebrap, Marcos Augusto Gonçalves me convidou para escrever para a Ilustríssima, e todos eles me convidaram quando ainda não era certo que eu fosse capaz de fazer qualquer uma dessas coisas. Apoios desse tipo contam mais.

Todos os citados têm objeções a alguns dos argumentos deste livro, vários discordam de tudo, e é por isso que nossas conversas são tão boas.

Finalmente, agradeço aos membros do Partido dos Trabalhadores, no qual fui militante por dez anos desde o final da década 1980. Espero que o livro os ajude em suas reflexões de alguma forma; não tenho qualquer expectativa de que minha análise se torne a visão "oficial" do partido sobre si mesmo. Se eu achasse que intelectual chegando com ideias prontas tem alguma chance de prosperar no Partido dos Trabalhadores, não teria entendido nada sobre o assunto do meu livro.

Notas

1. O LENTO TRICÔ [pp. 9-33]

1. O livro *Paulo Freire and the Cold War Politics of Literacy*, de Andrew J. Kirkendall (Chapel Hill: The University of North Carolina Press, 2010), oferece uma ótima visão panorâmica dos desdobramentos políticos do pensamento do pedagogo em vários países. Sobre como a alfabetização mudava a composição social do eleitorado brasileiro, ver o discurso de Jango (p. 46), em que ele estima que 5 milhões de novos eleitores seriam gerados da alfabetização e demonstra sua esperança de que, alfabetizados, deixassem de trocar seus votos por "pares de sapatos".

2. Entrevista com Rosalina Santa Cruz.

3. Ibid.

4. Para a história dos padres operários, ver Guillaume Cuchet, "Nouvelles Perspectives historiographiques sur les prêtres-ouvriers (1943-1954)". Em *Vingtième Siécle, Revue d'Historie*, Paris, n. 87, pp. 177-87, jul.-set. 2005.

5. Ibid.

6. Para uma análise clássica do catolicismo progressista, ver Scott Mainwaring, *Igreja católica e política no Brasil (1916-1985)*. São Paulo: Brasiliense, 2004.

7. Sobre o tema, ver Gary Dorrien, *Social Democracy in the Making: Political and Religious Roots of European Socialism*. New Haven: Yale University Press, 2019. Também vale a pena ler o simpósio sobre o livro, disponível em: <https://syndicate.network/symposia/theology/social-democracy-in-the-making/>. Acesso em: 20 mar. 2022.

8. Para uma discussão das ideias do PT a partir da teologia de Paul Tillich e Karl Barth, ver Jorge Pinheiro dos Santos, *O espectro do vermelho: Uma leitura teológica do socialismo no Partido dos Trabalhadores a partir de Paul Tillich e de Enrique Dussel*, São Bernardo do Campo, Universidade Metodista de São Paulo, 2006, dissertação de mestrado. O autor da tese foi um dos fun-

dadores da organização marxista Convergência Socialista, de que falaremos mais adiante, e posteriormente se tornou pastor protestante.

9. Entrevista com Frei Betto.

10. Entrevista com Patrus Ananias.

11. Entrevista com Marina Silva.

12. Entrevista com Chico Alencar.

13. Entrevista com Olívio Dutra.

14. Entrevista com Benedita da Silva.

15. José de Souza Martins, em conversa com o autor.

16. A exceção foi o movimento estudantil, que ressurgiu na segunda metade dos anos 1970 sob forte influência das organizações de esquerda.

17. Como os religiosos argentinos ligados ao Movimento dos Sacerdotes do Terceiro Mundo, ou os chilenos do Cristãos pelo Socialismo (Scott Mainwaring, op. cit., p. 190).

18. No fim da década de 1950 e no começo da de 1960, as relações diplomáticas e ideológicas entre os regimes comunistas da União das Repúblicas Socialistas Soviéticas (URSS) e da República Popular da China foram rompidas. Diversos aspectos explicam isso, desde a tentativa de convivência pacífica entre a URSS e os países capitalistas até a discussão sobre como lidar com o legado político de Stálin. Isso levou a um reforço de tendências dentro do maoismo que já se distanciavam da ortodoxia soviética, como uma maior ênfase no papel dos camponeses (e não do operariado industrial) na condução da revolução socialista. A divisão entre o PCB e o PCdoB não foi causada diretamente pela cisão sino-soviética, mas foi pautada por temas semelhantes e terminou com este último declarando seu apoio à linha chinesa.

19. É possível especular que o povo talvez preferisse que o revolucionário não andasse em seu meio armado e/ou com poder de censura, como na China maoista.

20. Ver Haroldo Lima e Aldo Arantes, *História da Ação Popular: da JUC ao PCdoB*. São Paulo: Alfaomega, 1984, pp. 114-5. Os autores, que foram eles mesmos integrados na produção, usam em seu livro uma amostra de 120 "integrados". É possível que a divergência se deva à definição de "integrado na produção". Muitos desistiam da experiência — que, em especial no meio rural, podia ser muito difícil — em muito pouco tempo. A eficácia dos "proletarizados" era, a propósito, questionável. Em entrevista para este livro, o líder metalúrgico e fundador do PT Djalma Bom contou, rindo, a história de um estudante que trabalhava como metalúrgico e acabou despertando nos operários a suspeita de que fosse um policial infiltrado.

21. Entrevista com Irma Passoni.

22. Doc. S./n. Pedido de busca número 215-80-E2.3, de 12 ago. 1980. Documento do Deops--SP citado em Thiago Nunes Monteiro, *Como pode um povo vivo viver nesta carestia: O Movimento do Custo de Vida em São Paulo (1973-1982)*. São Paulo: Humanitas, 2017, p. 254.

23. Entrevista com Irma Passoni.

24. Em *Pedagogia do oprimido*, Freire diz: "Não podemos aceitar, também, que a ação libertadora se sirva das mesmas armas da dominação, isto é, da propaganda, dos slogans, dos 'depósitos'" (p. 93). A referência a "depósitos" deriva da metáfora que Freire usa para descrever a educação tradicional: uma "educação bancária", que apenas "deposita" informação nos estudantes. Depois acrescenta: "Daí que não sejam possíveis a manipulação, a sloganização, o 'depósito', a condução, a prescrição, como constituintes da práxis revolucionária. Precisamente porque o são da dominadora" (p. 169). Paulo Freire, *Pedagogia do oprimido*. São Paulo: Paz e Terra, 2020.

25. É bom deixar claro que essa colaboração com um regime leninista não implica, a princípio, aceitação dos princípios gerais do leninismo. No caso do regime da Guiné-Bissau, ou de outros países do Terceiro Mundo, é possível apoiá-los por anti-imperialismo, solidariedade com uma nação mais pobre etc. Se o autor deste livro, um social-democrata, fosse chamado a ajudar na reconstrução da Guiné-Bissau nos anos 1970, provavelmente aceitaria por esses motivos. O programa do país, entretanto, fracassou. Freire teve mais sucesso em sua colaboração com o governo revolucionário de São Tomé e Príncipe. Para uma comparação entre as duas experiências, ver Andrew Kirkendall, op.cit.

26. *Cartas à Guiné-Bissau: Registros de uma experiência em processo*. São Paulo: Paz e Terra, 2019. Embora ainda haja algo de *Pedagogia do oprimido* nas cartas à Guiné-Bissau, a ênfase é claramente diferente. Há bem menos referência à necessidade de se enfatizar a autonomia dos jovens guineenses e mais foco em temas mais claramente marxistas, como a separação, no processo educacional, da divisão entre trabalho intelectual e braçal. É possível defender essas ideias, mas elas não são uma defesa da autonomia. O fato de as cartas serem dirigidas ao comissário da educação do governo revolucionário certamente explicam parte de seu tom, e a colaboração, em si, não implica apologia ao autoritarismo: é possível se entusiasmar com a descolonização africana por vários motivos. Mesmo com todas essas ressalvas, é difícil, para quem gostou da ênfase libertária de *Pedagogia do oprimido*, gostar de *Cartas à Guiné-Bissau*, ao menos pelos mesmos motivos.

27. Ver, sobre isso, *Paraíso perdido: Viagens ao mundo socialista*. Rio de Janeiro: Rocco, 2015.

28. Os debates sobre como os cristãos deveriam se organizar dentro dos partidos políticos após a redemocratização foram muito ricos. Para um balanço do debate, ver Boff, Clodovis et al., *Cristãos: Como fazer política*. Petrópolis: Vozes, 1987.

29. O relato que se segue é baseado no ótimo trabalho de Thiago Nunes Monteiro, *Como pode um povo vivo viver nesta carestia*, op. cit.

30. Entre os economistas estavam ganhadores do prêmio Nobel como James Tobin, John Kenneth Galbraith e Paul Samuelson. Para a história do namoro de Nixon com a renda mínima, ver Rutger Bregman, "Nixon's Basic Income Plan". *Jacobin*, 5 maio 2016.

31. Monteiro acrescenta que foi difícil para os agentes manter a discrição inerente às suas funções, pois, "em consequência do reduzido número de participantes e sendo os mesmos conhecidos entre si, nossa presença estava em evidência, sendo motivo de comentários entre os mesmos". Relatório do Deops-SP, citado em Thiago Nunes Monteiro, op. cit.

32. O acervo dos dois jornais está disponível digitalmente no site do Centro Sérgio Buarque de Holanda de Documentação e História Política da Fundação Perseu Abramo (ligada ao Partido dos Trabalhadores), em: <https://acervo.fpabramo.org.br/index.php/jornal-brasil-mulher-7>. Acesso em: 20 mar. 2022.

33. Além da entrevista com Rosalina Santa Cruz, a análise que se segue é baseada no livro que ela ajudou a organizar: Amelinha Teles e Rosalina Santa Cruz Leite, *Da guerrilha à imprensa feminista: A construção do feminismo pós-luta armada no Brasil (1975-1980)*. São Paulo: Intermeios, 2013.

34. Ibid.

35. Ibid., p. 227.

36. Note-se, entretanto, que a outra organização política maoista brasileira, a Ação Popular, parece ter sido bem mais receptiva à pauta. Em seu depoimento a Teles e Santa Cruz (op. cit., p. 158),

Vera Teles fala do papel que teve Jair Ferreira de Sá, líder da AP, nessa discussão. Talvez seja possível ver aí uma diferença importante entre as duas organizações maoistas. Embora ambas enfatizassem o trabalho de base, o PCdoB (representante "oficial" de Beijing no Brasil) parecia dar mais valor à visão maoista sobre o papel do campesinato na revolução. A AP, de origem cristã, parece ter sido mais atraída por uma noção profundamente idealizada do que foi a Revolução Cultural Chinesa nos anos 1970. Isso foi comum na esquerda ocidental daquela década, porque parecia estar sintonizada com as lutas que começavam a aparecer na reforma dos costumes. A Revolução Cultural Chinesa como fato histórico concreto, na verdade, foi um processo muito violento, repressivo e caótico.

37. Amelinha Teles e Rosalina Santa Cruz Leite, op. cit., p. 143.

38. Sobre o Somos, ver James N. Green, "The Emergence of the Brazilian Gay Liberation Movement, 1977-1981". *Latin American Perspectives*, Oakland, v. 21, n. 1, pp. 38-55, inverno 1994. A visão de Trevisan sobre o mesmo processo está na parte VI, "A manipulação da homossexualidade liberada", de João Silvério Trevisan, *Devassos no Paraíso: A homossexualidade no Brasil, da colônia à atualidade*. Rio de Janeiro: Objetiva, 2018.

39. Trevisan conta que conheceu o Somos argentino através do escritor Néstor Perlongher.

40. Posição do grupo comunista Movimento Revolucionário 8 de Outubro (MR-8), citada em James N. Green, op. cit.

41. João Silvério Trevisan, "Somos o quê, mesmo?". Em *Devassos no Paraíso*, op. cit.

42. Entrevista com James N. Green.

43. Ver David Treece, "Candeia, o projeto Quilombo e a militância antirracista nos anos 1970". *Revista do Instituto de Estudos Brasileiros*, São Paulo, n. 70, pp. 166-88, ago. 2018.

44. Entrevista com Milton Barbosa.

45. Entrevista com Flavio Carrança.

46. A Liberdade e Luta (Libelu), que editava o jornal *O Trabalho*. A Libelu, de que falaremos mais adiante no livro, também teve, como a Convergência, uma atuação importante no movimento estudantil, o que em parte é explicado por sua abertura a temas comportamentais da esquerda pós-1968. Para a história da Libelu, ver o documentário *Libelu — Abaixo a ditadura*, de 2020, dirigido por Diógenes Muniz; Mirza Maria Baffi Pellicciotta, *Liberdade... e Luta: Considerações sobre uma trajetória política (anos 1970)*. Campinas, IFCH-Unicamp, 2012, tese de doutorado. Disponível em: <http://repositorio.unicamp.br/Busca/Download?codigoArquivo=496472>. Acesso em: 20 mar. 2022.

47. Entrevista com Flavio Carrança.

48. Entrevista com Milton Barbosa.

49. Para uma análise do abolicionismo como movimento social, ver Angela Alonso, *Flores, votos e balas: O movimento abolicionista brasileiro (1868-88)*. São Paulo: Companhia das Letras, 2015.

50. Flavia Mateus Rios, *Elite política negra no Brasil: Relação entre movimento social, partidos políticos e Estado*. São Paulo, USP, 2014, tese de doutorado, p. 13.

51. Ibid. Flavia Rios cita um estudo de Amauri de Souza, de 1971, no qual afirma que, "ao estudar as eleições do Rio de Janeiro em 1960, [ele] percebe que brancos e negros possuem preferências políticas distintas, sendo estes mais sensíveis à plataforma trabalhista (PTB)".

52. Ibid., p. 37.

53. Ver a esse respeito o capítulo 3, "Política no Brasil: Participação em grupos de esquerda", de Verena Alberti e Amilcar Araujo Pereira (Org.), *Histórias do movimento negro no Brasil: Depoimentos ao CPDoc*. Rio de Janeiro: Pallas; CPDOC-FGV, 2007.

54. As colunas da Afro-Latino América da *Versus* foram reunidas no livro *Afro-Latino América: Publicação fac-símile das 20 edições originais da seção Afro-Latino-América do jornal Versus, durante o período de 1977 a 1979*. São Paulo: Fundação Perseu Abramo; Soweto, 2015. Disponível em: <https://fpabramo.org.br/publicacoes/wp-content/uploads/sites/5/2017/05/versus_afro_latino_america_2015.pdf>. Acesso em: 20 mar. 2022.

55. Na verdade, entram na Liga Operária, embrião da Convergência. Falaremos dela no capítulo 3.

56. Flavia Mateus Rios, op. cit.

57. Ibid., p. 102.

58. Citada em James N. Green, "The Emergence of the Brazilian Gay Liberation Movement, 1977-1981". *Latin American Perspectives*, Oakland, v. 21, n. 1, p. 43, 1994.

59. A informação está em Paulo Markun, *O sapo e o príncipe*. Rio de Janeiro: Objetiva, 2004. É um ótimo livro, que conta as histórias paralelas de Lula e Fernando Henrique Cardoso desde os anos 1960 até a vitória de Lula em 2002.

60. O *Versus* teve um papel muito importante na discussão de esquerda do final dos anos 1970. Destacou-se, em sua fase inicial, pela abertura de discussões sobre a cultura negra e latino-americana e se tornou um órgão ligado ao grupo trotskista Convergência Socialista. Os jornalistas do *Versus* também davam assessoria a outros periódicos alternativos em questões técnicas de produção. Graças à iniciativa do filho de seu editor, o acervo está disponível em: <http://www.marcosfaerman.jor.br/versus.html>. Acesso em: 22 mar. 2022. Para uma apresentação do *Versus*, ver: Laura Capelhuchnik, "A importância do jornal *Versus*, publicado durante o regime militar". Nexo, 3 maio 2018. Disponível em: <https://www.nexojornal.com.br/expresso/2018/05/03/A-import%C3%A2ncia-do-jornal-Versus-publicado-durante-o-regime-militar>. Acesso em: 22 mar. 2022.

2. A REPÚBLICA DE SÃO BERNARDO [pp. 34-54]

1. As estimativas sobre o número de operários presentes variam. Para a *Folha de S.Paulo* de 13 de maio de 1978 seriam 1600 operários, para o *Estado de S. Paulo*, 2 mil operários.

2. Ver Pedro César Batista, *Gilson Menezes, o operário prefeito: Experiências e desafios*. Brasília: Brasilgrafia, 2004.

3. "Operários em São Bernardo param e reclamam aumento", *Folha de S.Paulo*, 13 maio 1978.

4. Citado em Luiz Inácio da Silva, *Lula sem censura: … "e aí a peãozada partiu pro pau"*. Petrópolis: Vozes, 1981, p. 40.

5. A estratégia foi admitida em 2008 por Djalma Bom em uma entrevista: "O sindicato, no primeiro momento, não assumiu que foi ele que promoveu a greve, por causa da repressão. Mas, dentro da Scania, tinha o Gilson [Luís Correia de Menezes], tinha o Severino [Alves da Silva], que eram dois diretores do sindicato, companheiros porretas. E tinha outros ativistas sindicais, que eram a fina flor da combatividade. Quer dizer, publicamente, a gente não quis assumir, mas a

greve, logicamente, tinha acontecido a partir de todo um trabalho, e o próprio discurso do Lula na posse, praticamente, fez a decretação das greves". Em Marieta de Moraes Ferreira e Alexandre Fortes, *Muitos caminhos, uma estrela: Memórias de militantes do PT*. São Paulo: Fundação Perseu Abramo, 2008, p. 89.

6. Ibid., p. 88. A lembrança do discurso é de Djalma Bom, o segundo em comando do sindicato dos metalúrgicos de São Bernardo e Diadema durante a era Lula.

7. Entrevista para *O Pasquim* reproduzida em Luiz Inácio da Silva, *Lula: Entrevistas e discursos*. São Bernardo do Campo: ABCD Sociedade Cultural, 1980, p. 23.

8. Sobre José Ibrahim, ver Mazé Torquato Chotil, *José Ibrahim: O líder da primeira grande greve que afrontou a ditadura*. São Paulo: Alameda Editorial, 2018.

9. Cid Benjamin, "1968 no Brasil: Um ano que abalou a ditadura". Em Cid Benjamin e Felipe Demier (Orgs.), *Meio século de 1968: Barricadas, história, e política*. Rio de Janeiro: Mauad X, 2018.

10. Matéria publicada pela revista *Exame* sobre a atuação da Fiat no Brasil mostrou, a partir de arquivos da empresa na Itália, que havia no organograma um ex-coronel do Exército identificado como J. M. Klein, que seria responsável por "Seguranças e Informações". Uma ordem da matriz italiana solicitou à filial brasileira que identificasse quem, no organograma, era representante dos órgãos de repressão. A reportagem lembra que, "durante a ditadura, não era incomum um militar assumir um cargo em grandes empresas". Ver "Fiat aproveitou a ditadura militar para se firmar no Brasil". *Exame*, 16 nov. 2017. Disponível em: <https://exame.com/negocios/fiat--aproveitou-a-ditadura-militar-para-se-firmar-no-brasil/>. Acesso em: 22 mar. 2022. O caso das relações da Fiat com a repressão foi detalhado em matéria do site The Intercept Brasil, publicada em 25 de fevereiro de 2019 (Janaina Cesar, Pedro Grossi, Alessia Cerantola e Leandro Demori, "145 espiões: O aparelho clandestino de espionagem que enriqueceu a Fiat no Brasil") e disponível em: <https://theintercept.com/2019/02/25/espionagem-enriqueceu-fiat-brasil/>. Acesso em: 22 mar. 2022. A Fiat, note-se, não era excepcional em sua relação com os militares. A Volkswagen, por exemplo, reconheceu recentemente sua colaboração com os órgãos de repressão. Sobre isso, ver "Volkswagen vai indenizar vítimas da ditadura no Brasil". *Deutsche Welle*, 23 set. 2020. Disponível em: <https://www.dw.com/pt-br/volkswagen-vai-indenizar-v%C3%ADtimas--da-ditadura-no-brasil/a-55034209>. Acesso em: 22 mar. 2022.

11. Sobre isso, Gilson Menezes declarou: "Tanto que lá na frente, em 1978, eu já estava na Scania, eu vou chegar lá, o testa de ferro da Scania, o nome dele era João Batista Leopoldo Figueiredo, primo-irmão do futuro presidente da República João Batista Figueiredo". Moura disponibilizou as entrevistas que realizou para sua tese de doutorado no site Memórias Operárias. Disponível em: http://memoriasoperarias.blogspot.com/2015/12/entrevista-gilson-menezes--parte-i.html>. Acesso em: 22 mar. 2022.

12. Note-se, entretanto, que ao contrário de outros militares que trabalharam em empresas durante a ditadura, Leopoldo Figueiredo já tinha uma carreira empresarial desde antes do golpe de 1964.

13. Sobre essa história, ver o ótimo livro de Paulo Markun, *O sapo e o príncipe*, op. cit., pp. 128-9.

14. "Expansão do movimento sindical preocupa o governo Figueiredo". *O Estado de S. Paulo*, 12 maio 1978.

15. No dia 13 de maio de 1978, segundo a *Folha de S.Paulo*, Ferraz Torres esperava que os operários da Scania comparecessem "amanhã à empresa, para que o movimento não venha a se caracterizar como greve, proibida por lei".

16. Maria Hermínia Tavares de Almeida, "O sindicalismo brasileiro entre a conservação e a mudança". Em Maria Hermínia Tavares de Almeida e Bernardo Sorj (Org.), *Sociedade e política no Brasil pós-64*. Rio de Janeiro: Centro Edelstein de Pesquisas Sociais, 2008. Disponível em: <https://books.scielo.org/id/b4km4/pdf/sorj-9788599662632.pdf>. Acesso em: 22 mar. 2022.

17. Ibid.

18. Entrevista com Olívio Dutra.

19. Renato Perim Colistete. "Salários, produtividade e lucros na indústria brasileira". *Revista de Economia Política*, São Paulo, v. 29, n. 4 (116), pp. 386-405, out.-dez. 2009.

20. Leôncio Martins Rodrigues, *Trabalhadores, sindicatos e industrialização*. Rio de Janeiro: Centro Edelstein de Pesquisas Sociais, 2009. Disponível em: <https://static.scielo.org/scielo-books/5y76v/pdf/rodrigues-9788599662991.pdf>. Acesso em: 25 mar. 2022.

21. Maria Hermínia Tavares de Almeida, "Sindicato e desenvolvimento (fim)". *Opinião*, ed. 214, 10 dez. 1976. A primeira parte do texto foi publicada na edição anterior.

22. Amnéris Maroni, *A estratégia da recusa: Análise das greves de maio/78*. São Paulo: Brasiliense, 1982.

23. John Humphrey, *Controle capitalista e luta operária na indústria automobilística brasileira*. Petrópolis: Vozes; São Paulo: Cebrap, 1982.

24. José Álvaro Moisés, *Lições de liberdade e de opressão: O novo sindicalismo e a política*. Rio de Janeiro: Paz e Terra, 1982.

25. James C. Davies, "Toward a Theory of Revolution", *American Sociological Review*, v. 27, n. 1, pp. 5-19, 1962. A ideia de que revoluções acontecem após períodos de prosperidade foi proposta originalmente por Alexis de Tocqueville na obra clássica *O Antigo Regime e a Revolução* (São Paulo: Editora WMF Martins Fontes, 2016).

26. Renato Perim Colistete, op. cit.

27. "Expansão do movimento sindical preocupa o governo Figueiredo", op. cit.

28. Ricardo Antunes, *O novo sindicalismo no Brasil*. São Paulo: Brasil Urgente, 1991, p. 12.

29. Luiz Inácio da Silva, *Lula sem censura*, op. cit., p. 44.

30. Id., *Lula: Entrevistas e discursos*, op. cit., p. 34.

31. Ibid., p. 48.

32. Ibid., p. 37.

33. Ibid., p. 35.

34. Ibid., pp. 110-1.

35. "Foi ilegal, mas legítima". Entrevista para a *Folha de S.Paulo*, 8 jun. 1978.

36. Lula disse, em entrevista: "Havia aceitação por parte de um setor da burguesia, que não estava contente com os militares e tirava proveito da nossa luta. A imprensa falava bem do nosso movimento naquela época. Ela me projetou muito em nível nacional". Em Marta Harnecker, *O sonho era possível: A história do Partido dos Trabalhadores narrada por seus protagonistas*. São Paulo: Casa América Livre, 1994, p. 44. Segundo o historiador e futuro assessor internacional da presidência Marco Aurélio Garcia, entrevistado para a mesma obra, "tratavam muito de comparar o Lula ao sindicalismo norte-americano e se dizia 'quem sabe não é uma base social para a formação de uma social-democracia etc.'" (p. 46).

37. Luiz Inácio da Silva, *Lula: Entrevistas e discursos*, op. cit., p. 36.

38. Nas palavras de Valério Arcary, militante da organização Convergência Socialista: "Parte também da sabedoria inicial do processo aí que os sindicalistas, ao se consolidarem como árbitros — é um pouco Lula, com a figura do Bonaparte, que está por cima de todas as tendências, de todos os agrupamentos, também pela autoridade que lhe é dada por sua base social —, permitem chegar a um acordo que é a constituição de um partido classista, de um partido apoiado na ideia da independência de classe, apoiado na ideia anticapitalista, que aponta para uma perspectiva socialista, mas não tem uma definição ainda acabada. Permite no interior uma ala que é coerentemente social-democrata". Em Marta Harnecker, op. cit., p. 97.

39. Após a proibição do Partido Comunista do Brasil em 1947 (durante o período democrático, portanto), candidatos comunistas foram capazes, por algum tempo, de concorrer por outras legendas. O apoio dos comunistas, afinal, valia muito, pois sua influência nas áreas operárias era grande. Mazzo se elegeu pelo inexpressivo Partido Social Trabalhista, que, aliás, apoiava o governo anticomunista. Ele e sua chapa de vereadores concorreram se anunciando como "os candidatos de Prestes". Foram impedidos de tomar posse na última hora por uma manobra jurídica que os considerou comunistas disfarçados (o que, de fato, eram).

40. Entrevista com Djalma Bom.

41. A história é contada pelo próprio Lula em Marta Harnecker, op. cit., p. 36.

42. Entrevista com Djalma Bom.

43. Informação contida em Paulo Markun, op. cit., p. 86. O representante do PCB era Emílio Bonfante Demaria, ex-comandante da Marinha Mercante. O encontro se deu em um banco de praça em São Bernardo e depois, segundo Markun, Lula teria dito ao irmão comunista, que organizara o encontro: "Eu não tenho a minha mãe na zona, porra! Nem meu pai é corno! Eu vou ficar fazendo reunião assim? Não tem essa não […], de agora em diante, quem quiser fazer reunião comigo, é pública e não tem segredo". De fato, é difícil imaginar Lula como um líder clandestino.

44. Entrevista com Benedito Marcílio.

45. Entrevista com Fernando Henrique Cardoso.

46. Entrevista com Benedito Marcílio.

47. Entrevista de Djalma Bom em Marta Harnecker, op. cit., p. 45.

48. Entrevista com Djalma Bom.

49. Entrevista com Fernando Henrique Cardoso.

50. Sobre a prisão de Lula, ver Cláudio Goldberg Rabin, "'Paz e amor' ou 'Boca suja'?: Quem era o Lula preso em 1980". The Intercept Brasil, 19 jan. 2018. Disponível em: <https://theintercept.com/2018/01/19/quem-era-o-lula-preso-em-1980/>. Acesso em: 25 mar. 2022.

51. O autor deste livro ouviu do professor Leôncio Martins Rodrigues, especialista em sindicalismo brasileiro, a seguinte história, durante uma aula: em uma assembleia de metalúrgicos no ABC, em um dado momento um grupo começou a gritar "Estudante! Estudante!" e trouxe o "suspeito" até a frente do palco de maneira um pouco ríspida. O estudante gritava o tempo todo "Lula pelego! Lula pelego!". Leôncio teria dito "pode deixar que é meu aluno".

52. O grupo incluía, além de Betto, Lula, Olívio Dutra (líder bancário e futuro governador do Rio Grande do Sul), Djalma Bom (metalúrgico e futuro deputado federal), Jacó Bittar (petroleiro e futuro prefeito de Campinas), outros sindicalistas "autênticos" para discutir política bebendo, na maioria das vezes, cachaça ("mé").

53. Cláudio Goldberg Rabin, op. cit.

54. Entrevista de Lula em Marta Harnecker, op. cit., p. 57.

55. Entrevista com Djalma Bom.

56. Ibid.

57. Entrevista com Torsten Wetterblad.

58. Fernando Morais, *Lula: Biografia — volume 1*. São Paulo: Companhia das Letras, 2021, p. 471.

59. Ibid., pp. 219-20.

60. Ibid., p. 219.

61. Ibid., p. 249.

62. Entrevista com José Álvaro Moisés.

63. Entrevista a *Em Tempo*, n. 124, ano IV, p. 11, 12-25 mar. 1981.

64. Entrevista com José Dirceu.

65. Entrevista com Tarso Genro.

66. Entrevista com José Álvaro Moisés.

67. Entrevista com Pedro Dallari.

68. Entrevista com Francisco Weffort.

69. Entrevista com Fernando Gabeira.

70. Entrevista com Fernando Henrique Cardoso.

71. Perry Anderson, *Brazil Apart (1964-1969)*. Londres: Verso, 2019, pp. 46-7.

72. Eric Hobsbawm, *Viva la revolución: A era das utopias na América Latina*. São Paulo: Companhia das Letras, 2017, pp. 394-5.

3. OS PTS POSSÍVEIS [pp. 55-70]

1. Entrevista com Djalma Bom.

2. Verena Alberti, Ignez Cordeiro de Farias e Dora Rocha (Org.), *Paulo Egydio conta: Depoimento ao CPDoc-FGV*. São Paulo: Imprensa Oficial do Estado de São Paulo, 2007, pp. 482-3. Lula, de fato, havia derrotado a chapa apoiada pelo PCB.

3. Uma reunião em que os sindicalistas se encontraram com o governador paulista para falar da sucessão estadual foi registrada em matéria da *Folha de S.Paulo*, de 18 de janeiro de 1978. Na matéria, Maluly negou "versões de que estaria preparando, a partir daquele documento, o lançamento ou o estabelecimento de princípios que viessem a nortear um futuro Partido Trabalhista [...]. Esta hipótese, contudo, foi admitida por Argeu Egídio dos Santos [presidente da Federação dos Metalúrgicos de São Paulo], para quem o movimento [...] 'possivelmente seja uma semente de um partido trabalhista'".

4. A história é contada em Luiz Inácio da Silva, *Lula: Entrevistas e discursos*, op. cit., p. 33. Além da questão da autonomia da classe operária, a ideia de que Maluly pudesse mesmo conter o aparato repressivo da ditadura era ridícula.

5. Entrevista com Fernando Henrique Cardoso.

6. Peter Camejo foi um militante estudantil contra a Guerra do Vietnã que chegou a se candidatar à presidência dos Estados Unidos em 1976, pelo SWP. Ele deixou o partido em 1980

e se aproximou do Partido Verde, pelo qual disputou algumas vezes o governo da Califórnia. Em 2004, foi candidato a vice-presidente dos Estados Unidos na chapa do militante pelos direitos dos consumidores Ralph Nader.

7. Elio Gaspari, *A ditadura encurralada*. Rio de Janeiro: Intrínseca, 2014, p. 403.

8. Jospin negou ter participado do trotskismo até 2001, quando uma reportagem do jornal *Le Monde* demonstrou sua ligação. Ver "Premiê francês admite ter sido trotskista". *Folha de S.Paulo*, 6 jun. 2001. Vários petistas mais moderados, como Antonio Palocci, foram trotskistas até os anos 1980.

9. Entrevista com José Maria de Almeida.

10. Ibid.

11. Note-se, entretanto, que o grupo trotskista original resolveu adotar o nome Convergência Socialista, que seria do partido mais amplo. Foi com essa denominação que este se tornou uma importante tendência do PT na década de 1980. Alguns militantes petistas que não conheciam a história (eu, por exemplo) sempre acharam estranho que uma tendência tão refratária a alianças se chamasse "convergência".

12. Almino Afonso, "Um debate necessário". Em *Espaço entre farpas*. S.l.: Coo-Editora, 1980, p. 35. O livro reúne uma seleção dos artigos de Almino na *Folha de S.Paulo* nessa fase e é um extraordinário documento histórico, que merece ser reeditado.

13. Entrevista com Almino Afonso.

14. Ibid.

15. Entrevista com Fernando Henrique Cardoso.

16. Entrevista com Almino Afonso.

17. Entrevista com Benedito Marcílio.

18. Entrevista com José Maria de Almeida.

19. Entrevista com Benedito Marcílio.

20. Entrevista com José Maria de Almeida.

21. Entrevistas com Almino Afonso e Fernando Henrique Cardoso.

22. Entrevista com José Maria de Almeida.

23. Almino Afonso, "Terra à vista?". Em *Espaço entre farpas*, op. cit., pp. 187-8.

24. Entrevista com Djalma Bom.

25. Entrevista com Airton Soares.

26. Entrevista com Francisco Weffort.

27. Entrevista com Luiz Dulci.

28. Entrevista com Fernando Henrique Cardoso.

29. Ibid.

30. Vera Rosa, "Há 5 anos, Lula dizia que só queria criar um partido". *O Estado de S. Paulo*, 10 fev. 2005.

31. Entrevista com Fernando Henrique Cardoso.

32. O líder petista que melhor compreendeu o papel desses "socialistas independentes" como uma influência na formação do PT foi Luiz Dulci. Ver Luiz Dulci, "Os intelectuais e a criação do PT". Centro Sérgio Buarque de Holanda, Fundação Perseu Abramo. Disponível em: <https://fpabramo.org.br/csbh/os-intelectuais-e-a-criacao-do-pt-2/>. Acesso em: 30 mar. 2022. Publicado originalmente em um livro-homenagem a Antonio Candido.

33. Na biografia que escreveu sobre Lula, Fernando Morais conta que, de fato, houve um encontro, quando Lula estava preso, entre este e um emissário que pode ter sido enviado por Golbery, que o interrogou a respeito de suas posições políticas. Entretanto, naquele momento o PT já havia sido fundado. Ver Fernando Morais, op. cit., p. 466.

34. Entrevista com Francisco Weffort.

35. Para a relação por vezes difícil entre o movimento negro e o PT (de que falaremos adiante), ver Claudete Gomes Soares, *Raça, classe e cidadania: A trajetória do debate racial no Partido dos Trabalhadores*. Curitiba: CRV, 2015.

36. A Ação Popular elegeu todos os últimos presidentes da UNE antes de a ditadura impossibilitar completamente seu funcionamento.

37. Para o saldo dessa experiência, ver Ivair Augusto Alves dos Santos, *O movimento negro e o Estado (1983-1987): O caso do Conselho de Participação e Desenvolvimento da Comunidade Negra no governo de São Paulo*. São Paulo: Cone, 2007.

4. AS DUAS DEMOCRATIZAÇÕES [pp. 71-92]

1. A outra prefeitura foi Santa Quitéria, no Maranhão, localizada a 365 quilômetros da capital São Luís. Segundo Lincoln Secco, em *História do PT, 1978-2010* (Cotia: Ateliê Editorial, 2011): "A vitória foi totalmente circunstancial e se deveu particularmente ao apoio do pároco local. Além disso, o partido surgiu de cima para baixo, apoiado pelo médico e pelo padre, por professores, pequenos e médios proprietários de terra e comerciantes. O eleito, Manoel da Silva Costa (Manuca), só ingressou no partido porque não tinha espaço na direita (representada pelo PDS, sucessor da Arena). Desligou-se do partido no ano seguinte, já que entre optar por lutar isoladamente contra a política clientelista do governador ou tornar-se cliente e, assim, obter algum apoio financeiro para o município, ele optou pelo clientelismo" (pp. 54-5).

2. Marco Aurélio Garcia, "A crise e os caminhos da transição". *Desvios*, n. 2, ago. 1983. Republ. em Bruno Gaspar e Rose Spina (Org.), *Construir o amanhã: Reflexões sobre a esquerda (1983-2017) — Textos selecionados de Marco Aurélio Garcia*. São Paulo: Fundação Perseu Abramo, 2019, p. 25.

3. Entrevista com Luiz Dulci.

4. Ibid.

5. Entrevista com Airton Soares.

6. Entrevista com Djalma Bom.

7. Entrevista com Airton Soares.

8. Entrevista em off.

9. Paulo Markun, op. cit., p. 196.

10. A ideia central deste capítulo, de que a democratização teve uma dimensão "pelo alto", na qual o PT teve muitos problemas, e uma "por baixo", na qual o partido teve destaque, é um desenvolvimento da ideia com que Margaret E. Keck encerra seu estudo pioneiro sobre o PT, *A lógica da diferença: O Partido dos Trabalhadores na construção da democracia brasileira* (São Paulo: Ática, 1991): "A consolidação da democracia brasileira depende de se quebrarem as barreiras que ainda existem entre o conceito de 'mudança vinda de cima' e 'mudança vinda de baixo'" (p. 286).

11. Entrevista com Djalma Bom.

12. A crise econômica dos últimos anos (2015-7) e a atual (iniciada com a pandemia de 2020) abriram um debate sobre qual foi a pior crise da história brasileira. Quem se interessar pode acompanhar o debate no excelente blog do Instituto Brasileiro de Economia (Ibre) e da Fundação Getulio Vargas (FGV-RJ), começando com o post do economista Bráulio Borges (disponível em: https://blogdoibre.fgv.br/posts/chegou-ao-fim-quarta-pior-recessao-brasileira-dos-ultimos-150-anos>) e seguir para a réplica de Samuel Pessôa (disponível em: <https://blogdoibre.fgv.br/posts/replica-braulio-borges-essa-recessao-foi-pior-ou-segunda-pior-em-120-anos>).

13. O projeto Madison reúne estatísticas do crescimento econômico de diversos países, por muitos séculos. Disponível em: <https://www.rug.nl/ggdc/historicaldevelopment/maddison/releases/maddison-project-database-2020>. Acesso em: 30 mar. 2022.

14. Ver Eduardo G. Noronha, "Ciclo de greves, transição política e estabilização: Brasil, 1978-2007". *Lua Nova*, São Paulo, n. 76, 2009, pp. 119-68.

15. Leôncio Martins Rodrigues, *CUT: Os militantes e a ideologia*. São Paulo: Paz e Terra, 1990, p. 6.

16. Ver a entrevista de Jair Meneghelli, primeiro presidente da CUT, em *Teoria e Debate*, n. 5, ano 2, jan.-mar. 1989. Disponível em: <https://teoriaedebate.org.br/1989/02/05/jair-meneguelli/>. Acesso em: 30 mar. 2022.

17. Sobre a CUT, ver Iram Jácome Rodrigues, *Sindicalismo e política: A trajetória da CUT (1983 a 1993)*. São Paulo: Scritta, 1997; Leôncio Martins Rodrigues, *CUT: Os militantes e a ideologia*, op. cit.; Ricardo Antunes, *O novo sindicalismo no Brasil*. Campinas: Pontes, 1995.

18. Entrevista a *Teoria e Debate*, n. 5, fev. 1989. Disponível em: <https://teoriaedebate.org.br/1989/02/05/jair-meneguelli>. Acesso em: 30 mar. 2022.

19. Ricardo Antunes, op. cit, p. 33.

20. Leôncio Martins Rodrigues, *CUT: Os militantes e a ideologia*, op. cit., p. 10.

21. Margaret E. Keck, op. cit., p. 228.

22. Valeska Peres Pinto, "Os desafios do PT em Diadema". *Desvios*, n. 4, jul. 1985. A autora do artigo foi assessora da diretoria de planejamento da prefeitura de Diadema.

23. Para um ótimo balanço sobre esses debates e sobre sua importância nas prévias que escolheram a candidata do PT à prefeitura de São Paulo em 1988, ver Cláudio Gonçalves Couto, *O desafio de ser governo: O PT na prefeitura de São Paulo (1989-1992)* (São Paulo: Paz e Terra, 1985); Secco, op. cit., p. 89.

24. Valeska Peres Pinto, op. cit.

25. Ver Margaret E. Keck, op. cit, p. 231. A relação entre uma tradição local preexistente de organização da sociedade civil e o sucesso de programas de orçamento participativo nas prefeituras petistas foi lembrada por mais de um entrevistado para este livro.

26. Segundo Valeska Peres Pinto, um terço da população de Diadema era favelada, e outro terço vivia em condições muito próximas das dos favelados (op. cit.).

27. Ver "Prefeito do PT apanha de invasores de terra". *Folha de S.Paulo*, 10 ago. 1989, Caderno Cidades, p. 1. A invasão aconteceu depois que a prefeitura tentou despejar uma ocupação que havia sido liderada pelo vice-prefeito em um terreno onde a gestão planejava construir um conjunto habitacional (o Buraco do Cazuza). No dia 12 de setembro, a prefeitura publicou nos jornais de São Paulo uma nota assinada por diversos movimentos por moradia, a maioria núcleos municipais do Movimento Sem Terra (MST), apoiando a construção do conjunto habita-

cional e se opondo à "ocupação desorganizada promovida pela Convergência Socialista, Causa Operária e vice-prefeito". O vice-prefeito e os vereadores que participaram da agressão foram expulsos do PT. Em 2000, Tonhão foi acusado de agredir o governador de São Paulo, Mário Covas, durante uma manifestação de professores.

28. Ver Rafael Rocha, "PT de Diadema teme ter vice crítico". *Diário do Grande ABC*, 20 maio 2012. Disponível em: <https://www.dgabc.com.br/Noticia/36503/pt-de-diadema-teme-ter-vice-critico>. Acesso em: 30 mar. 2022.

29. Margaret E. Keck, op. cit., p. 232.

30. Margaret E. Keck, op. cit., p. 244.

31. Valeska Peres Pinto, op. cit.: "Porém, como estimular a implantação de novas indústrias, se o partido não possuía nenhuma política para este setor, senão apontar um futuro em que os trabalhadores iriam eles mesmos gerir as fábricas e oficinas? Como fazer a transição que implicava, naquele momento, admitir um papel social para os empresários?".

32. Cláudio Gonçalves Couto, op. cit., p. 88.

33. Secco, op. cit., p. 113.

34. Ata da reunião da Comissão de Negros do PT, 1º fev. 1984, mimeografado.

35. Paulo Markun, op. cit., p. 205.

36. Entrevista em off.

37. Entrevista em off.

38. Entrevista em off.

39. Maria Helena Malta, "Colégio Eleitoral, principal tema do 36º Congresso da UNE". *Folha de S.Paulo*, 28 out. 1984.

40. Entrevista com Airton Soares.

41. Entrevista em off.

42. Entrevista com Marina Silva.

43. Ibid.

44. Ibid.

45. Ibid.

46. Ibid.

47. Entrevista com Francisco Weffort.

48. Entrevista com Benedita da Silva.

49. Ibid.: "Me convidaram para ir a uma reunião em São Paulo com o Lula e eu fui com o meu segundo marido. Ele Partido Comunista, sabe como é, vai dividir a esquerda, não pode. Eu comecei a fazer [uma] discussão com um cara que tinha muito mais estrada do que eu na política partidária. E eu, só porque ele é pobre, é metalúrgico, que bom que ele tem coragem de ser candidato, porque eu jamais seria candidata. [...] Aí ele viu que eu estava disposta e foi também [para o PT]".

50. Bola acabou se filiando ao Partido dos Trabalhadores e concorreu a vice-governador do Rio de Janeiro na chapa de Fernando Gabeira, em 1986.

51. Entrevista com Paulo Paim.

52. Ibid.

53. Entrevista com Vicente Paulo da Silva.

54. *Resolução política da primeira reunião ampliada da Comissão de Negros do Partido dos Trabalhadores*, mimeografado.

55. Entrevista com Milton Barbosa.

56. Entrevista com Regina Lúcia dos Santos.

57. Daniela Mercier, "Lélia Gonzalez, onipresente". *El País*, 25 out. 2020. Disponível em: <https://brasil.elpais.com/cultura/2020-10-25/lelia-gonzalez-onipresente.html>. Acesso em: 31 mar. 2022.

58. Daniela Mercier, op. cit.

59. Entrevista com Milton Barbosa.

60. "Ninguém pode negar que ela acabou com o empreguismo e fez um governo honesto", declarou o governador pemedebista Tasso Jereissati, com quem Fontenele teve uma relação extremamente conflituosa. Em Mara Bergamaschi, "Guerra de facções determina fracasso do PT em Fortaleza". *Folha de S.Paulo*, 27 nov. 1988, p. A11.

61. Ibid.

5. QUANTAS CAMISAS? QUAL CAMISA? [pp. 93-118]

1. Entrevista em off. Note-se que, apesar disso, o sindicalista em questão era simpático a outros aspectos do regime cubano. As pessoas são complexas. Vale relembrar a posição de Jair Meneguelli, descrita no capítulo anterior, sobre sua disposição de continuar fazendo greves mesmo se um regime socialista fosse implementado. Nunca vi alguém ter coragem de discordar dessa posição dos sindicalistas em uma reunião do PT.

2. Em Frei Betto, *Paraíso perdido*. Rio de Janeiro: Rocco Digital, 2015, posição 4563. A resposta de Fidel foi: "Direi com toda franqueza, [...] se lá tivéssemos pessoas como vocês, elas já estariam em nosso Partido". A resposta é ruim, pois supõe que os cristãos só teriam liberdade de credo se concordassem com o governo cubano. É bom lembrar que o direito de entrar no partido comunista, em um regime leninista, é condição de acesso para inúmeras oportunidades importantes na vida. Vale observar também que a autora da pergunta era simpatizante do regime cubano: havia trabalhado com Betto na periferia de Vitória e no ABC e, através das conexões do dominicano, realizado uma cirurgia em Cuba.

3. Entrevista em off.

4. Citado em Marco Aurélio Garcia, "Mário Pedrosa, pensador socialista". Em José Castilho Marques Neto (Org.). *Mário Pedrosa e o Brasil*. São Paulo: Fundação Perseu Abramo, 2001, p. 155.

5. Entre as organizações de esquerda que entraram no PT em seus primeiros anos estavam a parte da Ação Popular que não havia se fundido ao PCdoB nos anos 1970, o Partido Comunista Brasileiro Revolucionário, o Partido Revolucionário Comunista, o Movimento pela Emancipação do Proletariado, O Trabalho, a Democracia Socialista, a Convergência Socialista e a Causa Operária. Se você combinar aleatoriamente as iniciais de "partido", "socialista", "comunista", "proletário", "operário" e "democracia" é praticamente impossível que não ache o nome de uma tendência petista que tenha existido em algum momento.

6. Citado em Paulo Markun, op. cit., pp. 188-9.

7. Em um artigo publicado no jornal *Em Tempo*, José Genoino, líder do PRC, escreveu: "A classe operária tem seus interesses próprios, tanto políticos quanto sociais. A construção de seu partido de vanguarda é a fusão superior do socialismo científico com o movimento operário

espontâneo. E a solução dessa questão fundamental exige definições teóricas, políticas e orgânicas que o PT não tem condições de incorporar, seja devido ao seu caráter ou à sua composição. O combate ao dogmatismo e a análise das experiências do movimento operário no Brasil e no mundo não devem levar-nos ao outro lado da mesma moeda: o culto ao espontaneísmo e a negação do marxismo-leninismo como ciência da revolução". Em "Um partido político frentista". *Em Tempo*, n. 124, 12-15 mar. 1981.

8. "O meu primeiro mandato foi muito dentro da lógica do PRC, mais do que na lógica do PT. A gente tinha a orientação geral, passava pelo PT, mas tinha uma direção do próprio PRC que era clandestina. Alguns discursos a gente fazia dentro da lógica da orientação do PRC." José Genoino em Denise Paraná, *Entre o sonho e a utopia: A trajetória da esquerda brasileira através das memórias de José Genoino*. São Paulo: Geração Editorial, 2006, p. 111.

9. Entrevista com José Dirceu. Para uma exposição dos argumentos a favor de o PT não ter programa, ver o artigo já citado sobre as organizações de esquerda e o PT na edição 108 de *Em Tempo*, "O que a esquerda pensa do PT": "Afirmativamente, o PCBR luta para que o PT se transforme num instrumento de derrubada da ditadura militar através de um 'programa de mobilização, e não um programa de governo [...]. O fundamental na visão da AP é que o PT venha a ser um canal de expressão do movimento popular no plano institucional. Assim, seu eixo de luta deve se dar em torno, exclusivamente, do combate à ditadura militar. E uma vez que o PT não deve ter veleidades revolucionárias e, portanto, não deve aspirar tomar o poder, seu programa deve ser mais uma plataforma de lutas do que um programa de governo".

10. Entrevista com José Genoino em "O socialismo nas resoluções de encontros e congressos do Partido dos Trabalhadores". *Cadernos Perseu*, São Paulo, n. 3, set. 2018, p. 38.

11. É sempre bom lembrar que a Revolução Cubana se encaixava muito mal no esquema teórico leninista: ela não foi feita pelo Partido Comunista de Cuba (o PSP), que só aderiu ao processo relativamente tarde; o partido leninista trabalha por uma revolução e, portanto, pode ter um braço armado; mas não é, de jeito nenhum, um movimento eminentemente militar, como foi a guerrilha de Fidel Castro e Che Guevara. No momento da revolução, Fidel se encaixava muito mal no ideal leninista do militante fortemente ideologizado.

12. Ver, por exemplo, Caio Prado Jr., *Evolução política do Brasil e outros ensaios*. São Paulo: Brasiliense, 1963; Id., *A revolução brasileira*. São Paulo: Brasiliense, 1966. Prado Jr. chegou a ser preso pela ditadura por um breve período.

13. Para uma boa apresentação do debate sobre o feudalismo no Brasil, ver Airton Souza de Lima, "Caio Prado Jr. e a polêmica 'feudalismo-capitalismo': Pela desconstrução dos consensos". *Aurora*, Marília, ano II, n. 3, pp. 70-9, dez. 2008. Disponível em: <https://doi.org/10.36311/1982-8004.2008.v2n1.1195>. Acesso em: 31 mar. 2022. Para a crítica à tese de Moscou sobre o "feudalismo" em outros países da América Latina, ver Lucas Andrade Sá Corrêa, *Um nome e um programa: Érico Sachs e a política operária*. Rio de Janeiro, CPDOC-FGV, 2014, dissertação de mestrado, pp. 57-9.

14. Autores inspirados pelo sociólogo alemão Max Weber, um dos fundadores da sociologia e um dos grandes pensadores do século XX. Nos debates sociológicos, o weberianismo é um rival do marxismo, embora diversos hibridismos tenham surgido ao longo da história. Entre os grandes autores weberianos brasileiros estão Sérgio Buarque de Holanda, Raymundo Faoro e Simon Schwartzman.

15. Ver cap. 7.

16. Entrevista com José Genoino.

17. José Genoino disse: "Uma vez eu tive uma conversa de um dia com ele [João Amazonas] sobre o PCdoB, sobre o Araguaia. Terminou o dia, eu saí de lá e disse para ele: 'Olha, estou saindo daqui tão moído como se eu tivesse saído da Oban [Operação Bandeirantes, um centro de tortura em São Paulo]. Moído! Porque eu tinha uma carga de culpa enorme por ter sobrevivido. Sentia uma carga muito pesada pelo fato de a guerrilha ter sido derrotada. E tinha uma dúvida muito grande sobre o futuro'". Em Denise Paraná, op. cit., p. 40.

18. Para a história do PRC, ver Eurelino Coelho, *Uma esquerda para o capital: Crise do marxismo e mudanças nos projetos políticos dos grupos dirigentes do PT (1979-1998)*, Niterói, UFF, tese de doutorado, 2005; Pedro Luiz da Silveira Osório, *Partido Revolucionário Comunista (PRC), trajetórias e contribuições para o PT*. Porto Alegre, UFRGS, tese de doutorado, 2012. Disponível em: < https://www.lume.ufrgs.br/bitstream/handle/10183/132387/000983659.pdf?sequence=1>. Acesso em: 31 mar. 2022.

19. Pedro Luiz da Silva Osório, op. cit, p. 69.

20. Ainda em 1986, Genoino não admitia em público pertencer ao PRC. Ver "Ex-guerrilheiro quer competência para 'enfrentar quadros modernos da burguesia'". *Folha de S.Paulo*, 26 jan. 1986.

21. Ver, por exemplo, Alexandre Polesi, "Extrema esquerda fica no PT e no PMDB e não quer legalização". *Folha de S.Paulo*, 25 ago. 1985.

22. "Pedida liberação da maconha, lançado novo partido comunista". *Folha de S.Paulo*, 22 mar. 1984.

23. Ver Eurelino Coelho, op. cit., pp. 134-5.

24. Por exemplo, não é todo dia que se vê uma organização de esquerda que proclama, entre seus objetivos, lutar contra "(a) as concepções burguesas de socialismo, como a social-democracia, o revisionismo contemporâneo, o socialismo cristão e o autonomismo; (b) a doutrina positivista, em todos os seus matizes, como base filosófica fundamental da ideologia burguesa na etapa imperialista; (c) o materialismo naturalista e economicista, de fundo positivista, e o idealismo bernsteiniano, que se alternam como base filosófica das diversas correntes do socialismo burguês contemporâneo; (d) todas as expressões do idealismo filosófico e da teologia; (e) os produtos teóricos da economia política e da sociologia burguesas". Em Pedro Luiz da Silva Osório, op. cit., p. 66.

25. Depoimento de José Genoino para Denise Paraná, op. cit., p. 113.

26. Para a história da burocratização dos sovietes, ver Marc Ferro, *Des Soviets au communisme bureaucratique: Les mécanismes d'une subversion*. Paris: Gallimard, 1980.

27. Pedro Luiz da Silva Osório, op. cit., p. 65.

28. Ver, por exemplo, o trabalho do pensador francês André Gorz, um dos intelectuais mais criativos da esquerda do final do século XX. Para uma apresentação da evolução de seu pensamento, ver Josué Pereira da Silva, *André Gorz: Trabalho e política*. São Paulo: Annablume, 2002.

29. Vale refletir se o mesmo não aconteceu com os adeptos da Teologia da Libertação que, após se aproximar do cristianismo por seus elementos de defesa dos pobres e de solidariedade, acabaram por abandonar a Igreja e se concentrar nesses pontos. Nos dois casos, a propósito, é possível encontrar quem defenda de maneira plausível que algo foi perdido no processo.

30. Tarso Genro, um dos grandes quadros do PRC e do PT, fez, em 1991, dois anos após o fim do PRC, a seguinte avaliação da contribuição de Lukács: "Lukács tentou opor-se 'por dentro' ao marxismo oficial, sem romper com o circuito institucionalizado pelo partido, e o resultado — ainda que generoso e constituinte de um legado importante — foi uma obra cujas limitações vão desde a incompreensão do contraditório período do romantismo alemão até as brilhantes elaborações do seu diálogo com Abendroth e Leo Kobler. *História e consciência de classe* [a obra mais conhecida de Lukács] foi o início promissor castrado pelas concessões ao stalinismo, que aparecem como prejuízo evidente no *Assalto à razão* [uma obra tardia do autor]". Tarso Genro, "O PT e o marxismo". Em *O PT e o marxismo*. São Paulo: Cadernos Teoria e Debate, 1991.

31. Entrevista com Raul Pont. Pont é até hoje uma das principais lideranças da Democracia Socialista. Foi militante estudantil em 1968, juntou-se, como Marco Aurélio Garcia e diversos socialistas gaúchos, ao trotskista Partido Operário Comunista (POC), e depois ajudou a organizar a tendência socialista do MDB.

32. O editorial do n. 2 de *Desvios* começa assim: "Persistindo em nossa vocação para a heterodoxia, rompemos com mais uma tradição da esquerda de não ir além do número 1 de suas publicações". Infelizmente, nesse caso, como em outros, os autonomistas não conseguiram levar a crítica da esquerda tradicional até o fim: a revista só teve cinco números.

33. Emir Sader se tornou um intelectual importante dentro do PT, combinando posições pragmáticas com outras mais próximas das do marxismo, em especial no que se refere a Cuba. Em uma entrevista de 1998, o tom diante do autonomismo é de crítica: "A única corrente teórica consistente que surgiu no PT foi a autonomista, no momento que se tinha grande confiança em que a retração do movimento sindical iria coincidir com o surgimento de novos movimentos sociais que ocupariam seu lugar. No entanto, essa corrente se centrava no conceito de autonomia, formulado por Claude Lefort e Cornelius Castoriadis, quando a realidade pedia a gritos a radicação no país do conceito gramsciano de hegemonia. Ainda assim, não houve continuidade naquela elaboração para dar conta da crise dos novos movimentos sociais, desde então e, mais recentemente, do surgimento do MST". O título da entrevista deixava claro o tom da crítica de Sader: "O PT não incorporou o marxismo como teoria e isso bloqueou o processo de criação teórica". Em *Teoria e Debate*, n. 38, 1º jul. 1998. Disponível em: <https://teoriaedebate.org.br/1998/07/01/emir-sader/>. Acesso em: 31 mar. 2022.

34. No editorial do n. 2 de *Desvios*, a distinção com os anarquistas é dada da seguinte forma: "A anarquia difere da autonomia, porque a anarquia é a ausência de normas e a autonomia é dar-se as normas". O editorial conclui: "Falou". A distinção é boa, mas quando se começa a pensar sobre quem é o "se" de "dar-se" — os indivíduos, os movimentos, a nação —, o problema de relacionar autonomia e poder retorna, como sempre.

35. Vale observar que a linguagem das onze teses é diferente do que se vê, por exemplo, no texto "Autonomia em questão", publicado no n. 1 de *Desvios*. No primeiro, a linguagem ainda parecia mais próxima do marxismo. O fato de as teses não terem sido publicadas no n. 1 da revista mostra que os autores as consideraram insuficientes.

36. Herbert Daniel, "Receita de tática". *Desvios*, n. 2, ago. 1983.

37. Na oportunidade, Olívio Dutra disse aos presentes: "Esse careca aqui veio da França para conhecer a experiência do nosso orçamento participativo". Entrevista com Olívio Dutra.

38. Entrevista com Marina Silva.

39. Entrevista com Marcos Nobre.

40. Marco Aurélio Garcia, "São Bernardo: A (auto)construção de um movimento operário — Notas para discussão". *Desvios*, ano 1, n. 1, nov. 1982.

41. José Dirceu, *Memórias: Volume 1*. São Paulo: Geração Editorial, 2018, pp. 102-3.

42. Sobre Piñeiro, ver Jorge Castañeda, *Utopia desarmada: Intrigas, dilemas e promessas da esquerda latino-americana*. São Paulo: Companhia das Letras, 1994, em especial o capítulo "O crisol cubano". Para a amizade com Dirceu, ver José Dirceu, op. cit., pp. 104-5.

43. Em suas memórias, Dirceu se refere à "lenda de que eu era agente da G-2, o serviço secreto cubano". José Dirceu, op. cit., p. 115.

44. A fundação que promove estudos e debates dentro do PT se chama Fundação Perseu Abramo.

45. José Dirceu, op. cit., p. 64.

46. Eis como Dirceu descreve a família: "Os Abramos com quem convivi — Cláudio, Lélia, Perseu, Lívio e Radha — eram daqueles descendentes de italiano que o Brasil teve o privilégio de receber. De uma cultura universal, heterodoxa, abertos, criativos e intelectuais orgânicos, militantes da causa da libertação do homem, agnósticos e austeros, corajosos e cada um em sua profissão: Cláudio e Perseu no jornalismo, Lélia no teatro, Lívio na pintura e nas artes plásticas, Radha nas artes plásticas". Dirceu descreve Cláudio Abramo como um "neotrotskista" ou um "socialista de tradição anarquista". Ao mesmo tempo, afirma que foi com Cláudio Abramo que conheceu Antonio Gramsci e os eurocomunistas. As lições de Abramo para Dirceu parecem uma descrição exata do que era o ambiente intelectual na origem do PT. Em José Dirceu, op. cit., p. 64.

47. Entrevista com José Dirceu.

48. Entrevista com Gilberto Carvalho.

49. O debate ainda era mais difícil porque não podia ser público. Os partidos comunistas só foram legalizados no governo Sarney. Discutir publicamente o PCBR ou o PRC era dedurá-los para a polícia.

50. Carlos Cavalcante, "O PT está em discussão. Em todo o Brasil fala-se de sua crise". *Desvios*, n. 2, ago. 1983.

51. O historiador Valter Pomar, líder da tendência Articulação de Esquerda, disse em sua entrevista para este livro que os 113, na verdade, eram 112; alguém teria assinado duas vezes. Não consegui confirmar essa informação, mas a verdade é que no evento da assinatura havia bem mais do que 113 pessoas.

52. "Manifesto dos 113", reproduzido em Gilney Amorim Viana, *A revolta dos bagrinhos*. Belo Horizonte: Segrac, 1991, p. 121.

53. Entrevista com José Dirceu.

54. "Uma articulação excludente e centrista". *Em Tempo*, ano VI, n. 173, 23 jun.-6 jul. 1983.

55. A crítica da Democracia Socialista ao Manifesto dos 113 define o documento como obra de três grupos: "os sindicalistas, a Igreja e os autonomistas".

56. O principal intelectual autonomista do PT, Eder Sader, era hemofílico e morreu de forma trágica durante a epidemia de HIV/aids. Ele inspirava um respeito enorme entre os petistas. "O futuro sem este homem", obituário escrito por Marco Aurélio Garcia e publicado em *Teoria e Debate* (n. 4, set. 1988), é um belo texto.

57. Para as oscilações da articulação entre "ortodoxia" e "heterodoxia" marxista, ver Antonio Ozaí da Silva, "Trabalho e política: Ruptura e tradição na organização política dos trabalhadores (Uma análise das origens e evolução da Tendência Articulação — PT)", *Revista Espaço Acadêmico*, Maringá, ano II, n. 22, março de 2003.

58. Entrevista com José Dirceu.

59. Para a relação do PT com os sandinistas nos anos 1980, ver Marco Antonio Piva, *A Revolução Sandinista e a política internacionalista do Partido dos Trabalhadores para a América Latina na década de 1980*. São Paulo, Prolam-USP, 2016, dissertação de mestrado. Piva morou na Nicarágua e foi representante político do PT junto à Frente Sandinista de Libertação Nacional. Entre outros episódios, seu trabalho conta a história do envio de médicos petistas a Manágua.

60. Entrevista com Gilberto Carvalho.

61. No caso, o futuro primeiro-ministro sueco e social-democrata Stefan Löfven, que, como Lula, foi uma liderança metalúrgica, participou de atividades de solidariedade com metalúrgicos brasileiros e nicaraguenses. Ver Lisa Pelling, "Stefan Löfven — Welding Progressives Together and Keeping the Far Right at Bay". *Social Europe*, 1º set. 2021. Disponível em: <https://socialeurope.eu/stefan-lofven-welding-progressives-together-and-keeping-the-far-right-at-bay>. Acesso em: 31 mar. 2022.

62. Jorge Castañeda cita depoimentos de lideranças sandinistas que mostram que, na verdade, a vitória da guerrilha foi mais consequência da mobilização dos movimentos sociais do que o contrário. Castañeda também chama atenção para o fato de que o processo nicaraguense, como todos os grandes eventos históricos, foi marcado pelo acaso tanto quanto pela estratégia. Grande parte da perda de popularidade da ditadura de direita se deu após um desvio maciço de recursos originários da ajuda internacional às vítimas do terremoto nicaraguense de 1972. Se tem algo que escapa da estratégia política é a ocorrência de um terremoto.

63. Ver Luiz Pinguelli Rosa, "A primavera da Nicarágua". *Teoria e Debate*, 8 jun. 1988. Disponível em: <https://teoriaedebate.org.br/1988/06/08/a-primavera-da-nicaragua/>. Acesso em: 31 mar. 2022. Diz Pinguelli: "A economia mista é considerada por alguns teóricos do processo nicaraguense como um objetivo estratégico, necessário para o desenvolvimento econômico e para evitar a concentração autoritária do poder estatal. Isto não é consensual entre os teóricos do sandinismo. A questão é como garantir o caráter socialista da revolução com democracia participativa no lugar do centralismo democrático. É o mesmo desafio da proposta teórica do PT no Brasil, e não é por acaso o prestígio de Lula na Nicarágua".

64. Katherine Hoyt, *The Many Faces of Sandinista Democracy*. Athens: Ohio University Press, 1997.

65. Segundo Jorge Castañeda: "As eleições de 1984 não foram uma perfeição de limpeza, mas, para os padrões latino-americanos, e certamente pelos nicaraguenses, foi exemplarmente brilhante", op. cit., p. 557.

66. Em suas memórias, Sergio Ramírez, grande liderança sandinista e ex-vice-presidente da Nicarágua, admite que as agressões "não aconteceram sem o conhecimento da FSLN [Frente Sandinista de Libertação Nacional]". Sergio Ramírez, *Adiós, muchachos: A história da Revolução Sandinista e de seus protagonistas*. Rio de Janeiro: Record, 2011, p. 102.

67. Ibid., p. 101.

68. Entrevista com Francisco Weffort.

69. Em sua entrevista para este livro, FHC não soube precisar se a conversa tinha acontecido em Copacabana ou no Arpoador.

70. Entrevista com Fernando Henrique Cardoso.

71. Importante salientar que a apresentação das ideias de Gramsci que farei a seguir enfatiza alguns aspectos dos *Cadernos do cárcere* em detrimento de outros. É, inclusive, influenciada pelos autores petistas que estou discutindo aqui e, obviamente, pela crise do socialismo soviético. Proponentes de outras interpretações têm todo o direito de contrapô-las à minha.

72. Não por acaso, a corrente do PCB que passou a defender "a democracia como valor universal", com nomes como Carlos Nelson Coutinho e Leandro Konder, era conhecida como "os italianos". Se o Partido Verde foi o gêmeo carioca dos autonomistas, os italianos do PCB foram o gêmeo carioca dos petistas Weffort e Moisés. Em sua entrevista para este livro, José Álvaro Moisés deixou claro a proximidade de seu trabalho com o grupo de Coutinho. Em *Por que democracia?* (São Paulo: Brasiliense, 1985), Weffort descreve o trabalho de Coutinho como "brilhante" (p. 34). Os "italianos" Coutinho e Konder, a propósito, acabariam entrando no PT e, depois, no PSOL.

73. Ibid., pp. 125-8. É possível considerar que Gramsci já era um democrata antes do filtro de Rosa, e eu concordo com isso, mas é preciso admitir que essa não é a única interpretação possível dos *Cadernos do cárcere*.

74. Nas palavras de Weffort: "O sentido da luta dos revolucionários, no Brasil, está em contribuir para a criação da democracia. Vou mais longe: o sentido da revolução no Brasil é o de criar a democracia. Esta democracia será socialista? É o que eu espero. E me alinho entre os que lutam para que venha a ser assim", op. cit., p. 118.

75. Ibid., p. 120.

76. Ibid., p. 119.

77. Álvaro Bianchi, por exemplo, argumenta que, "Na análise histórica dos processos de transição e conformação dos modernos Estados nacionais europeus, Gramsci evidenciava que aquela revolução que preenchia os critérios do classicismo — a Revolução Francesa — não foi a mais universal. Os processos que vieram a se universalizar e condicionaram as formas de modernização social e política no continente europeu foram aqueles nos quais ocorreu a estatização da transição", em *O laboratório de Gramsci: Filosofia, história e política* (Porto Alegre: Zouk, 2018), p. 240.

78. Isso se reflete, por exemplo, na leitura que Weffort faz da ditadura militar: "Como considerar aqueles indivíduos que, no Estado brasileiro, exercem a violência de modo ilegítimo? Seriam ainda o Estado? [...] Quem diz terror de Estado diz crise de Estado: um Estado que pratica o terror tende a anular-se a si próprio. [...] O que chamávamos, naqueles anos, de governo, tinha muito de parecido com um bando de gangsters. Chamávamos aquilo de governo pela mesma razão que estamos dispostos a chamar de lei a antilei da Segurança Nacional" (op. cit., p. 66).

79. Favre se tornou um quadro importante do setor de relações internacionais do PT, em especial durante a aproximação com os socialistas franceses nos anos 1990.

80. Entrevista com Glauco Arbix.

81. Entrevista em off.

82. Entrevista com Glauco Arbix.

83. Tarso de Castro, "A falsa crise do PT". *Folha de S.Paulo*, 18 maio 1983.

6. O CARAMUJO [pp. 119-38]

1. Entrevista com José Genoino.
2. *Anais da Constituinte de 1946*, v. 1, p. 31.
3. Ibid., p. 35. Para a participação de Marighella na Constituinte de 1946, ver Mário Magalhães, *Marighella: O guerrilheiro que incendiou o mundo*. São Paulo: Companhia das Letras, 2012, cap. 12.
4. Entrevista com José Genoino.
5. Para um relato do caso, ver Cynara Menezes, "O último assalto a banco da luta armada". *Socialista Morena*, 23 ago. 2018. Disponível em: <https://www.socialistamorena.com.br/o-ultimo-assalto-a-banco-da-luta-armada>. Acesso em: 2 abr. 2022. Para uma história mais detalhada do episódio, ver Lucas Porto Marchesini Torres, *Estratégias de uma esquerda armada: Militância, assaltos e finanças do PCBR na década de 1980*. Salvador: Edufba, 2017.
6. Para um relato do ocorrido, ver Comissão da Verdade, *Relatório de atividades do grupo de trabalho sobre a repressão no campo no estado de São Paulo. 1946-1988*, pp. 18-20. Disponível em: <http://comissaodaverdade.al.sp.gov.br/relatorio/tomo-iv/downloads/IV_Tomo_Relatorio-de-atividades-do-grupo-de-trabalho-sobre-a-repressao-no-campo.pdf >. Acesso em: 2 abr. 2022.
7. "Juiz condena governo pelas mortes em Leme", *Folha de S.Paulo*, 16 fev. 1990.
8. O vídeo da reportagem do *Jornal Nacional*, da Rede Globo, está disponível em: <https://www.youtube.com/watch?v=EmFyyXX7jdQ>. Acesso em: 2 abr. 2022.
9. Ver entrevista de José Sarney em Luiz Maklouf Carvalho, *1988: Segredos da Constituinte*. Rio de Janeiro: Record, 2017, p. 59.
10. Ver Persio Arida, "Rakudianai: A política, a prisão, o encontro com o crocodilo, o julgamento e meu pai: lembranças de quarenta anos atrás". *piauí*, n. 55, abr. 2011.
11. Sobre o medo da mexicanização, ver o depoimento do então governador de Santa Catarina, o conservador Esperidião Amin, em "Pedro Ivo começa na frente, Amin já reconhece a derrota". *Folha de S.Paulo*, 16 nov. 1986; ou o depoimento do empresário Antônio Ermírio de Moraes, Rita Tavares, "Ermírio prevê 'mexicanização' e diz que sairá de férias". *Folha de S.Paulo*, 18 nov. 1986. Para uma discussão da tese, ver Maria Tereza Sadek, "Eleições 1988: Retórica ou rumo pluripartidário". *Lua Nova*, São Paulo, n. 17, pp. 11-32, jun. 1989.
12. Entrevista à revista *Playboy* em outubro de 1984. Reproduzido em Fernando Henrique Cardoso, *Relembrando o que escrevi: Da reconquista da democracia aos desafios globais*. Rio de Janeiro: Civilização Brasileira, 2010, pp. 68-9.
13. "Versão inexata". *O Estado de S. Paulo*, 23 nov. 1986.
14. O projeto foi publicado como livro. Ver Fábio Konder Comparato, *Muda Brasil: Uma Constituição para o desenvolvimento democrático*. São Paulo: Brasiliense, 1986.
15. Entrevista com Fábio Konder Comparato.
16. Entrevista com Pedro Dallari.
17. *Projeto de Constituição*, mimeografado.
18. Entrevista com Fábio Konder Comparato.
19. Entrevista com José Dirceu.
20. Entrevista com José Genoino.
21. Natália Neris, *A voz e a palavra do movimento negro na Constituinte de 1988*. Belo Horizonte: Letramento; Casa do Direito, 2018, p. 48.

22. Entrevista com Irma Passoni.

23. Sobre a ameaça de golpe militar, ver a entrevista de José Sarney em Luiz Maklouf Carvalho, op. cit., pp. 50-1. De fato, em sua entrevista para a mesma obra, o então ministro do Exército, Leônidas Pires Gonçalves, disse que a proposta de retirar das Forças Armadas o papel de intervir na ordem interna não tinha chance de ser aprovada porque "eu não deixaria passar" (p. 65). O deputado conservador José Lourenço, em entrevista para o mesmo livro, afirmou que havia proprietários de terra se preparando para resistir pela força das armas caso a definição de propriedade privada adotada pela Constituinte facilitasse demais a reforma agrária (pp. 181-2).

24. Natalia Neris, op. cit.

25. Todas essas intervenções estão em *Anais da Assembleia Constituinte de 1988*, atas das comissões, p. 65.

26. Ibid., p. 67.

27. Entrevista com Benedita da Silva.

28. *Anais da Assembleia Constituinte de 1988*, atas das comissões, p. 68.

29. Ibid., pp. 76-7.

30. "Quero que alguém me prove se nos navios negreiros, nos quilombos, nas senzalas existia a prática do homossexualismo, que desconheço no meio da nossa raça." Ibid., p. 75.

31. Natália Neris, op. cit., p. 133.

32. *Anais da Assembleia Constituinte de 1988*, atas das comissões, p. 58.

33. Segundo Luiz Maklouf Carvalho, "dois levantamentos dão ideia aproximada do perfil ideológico do Congresso Constituinte. No da *Folha de S.Paulo*, 32% eram de centro; 24%, centro-direita; 23%, centro-esquerda; 12%, direita; e 9%, esquerda. No da assessoria Semprel: 35% eram do campo liberal-conservador; 25%, direita; 21%, liberal-reformista; e 12%, esquerda. Contando-se apenas PT, PSB, PCB e PCdoB, a esquerda somava 32 constituintes" (op. cit., p. 19).

34. Eleutério Rodriguez Neto, *Saúde: Promessas e limites da Constituição*. Rio de Janeiro: Fiocruz, 2013.

35. *Anais da Oitava Conferência Nacional de Saúde*, p. 31.

36. O nome da tendência era para ter sido Vereda Socialista, em homenagem ao clássico da literatura brasileira *Grande sertão: Veredas*, mas os membros tiveram medo de ficar conhecidos como "Vereda Tropical", uma novela da Globo (entrevista com Eduardo Jorge).

37. Luiz Maklouf Carvalho, op. cit., p. 354.

38. *Anais da Oitava Conferência Nacional de Saúde*, p. 5.

39. Ibid., p. 62.

40. Ibid., pp. 148-9.

41. Ibid., p. 100.

42. O nome da subcomissão já indicava a intenção de dar autonomia ao Ministério Público em relação aos outros poderes.

43. Segundo Eduardo Jorge, "o Plínio Sampaio era o nosso democrata cristão. Foi fundamental no processo. Mas, na bancada, era considerado da ultradireita". Entrevista a Luiz Maklouf Carvalho, op. cit., p. 355. Curiosamente, nos anos 2000, já no início do governo Lula, Plínio de Arruda Sampaio deixaria o PT assumindo posturas bastante à esquerda das da direção do partido.

44. Entrevista com Rui Falcão.

45. Discurso de Plínio de Arruda Sampaio, em *Anais da Assembleia Constituinte de 1988*, subcomissão do Poder Judiciário e do Ministério Público, p. 239.

46. Fábio Kerche, "O Ministério Público e a Constituinte de 1987/88". Em Maria Tereza Sadek (Org.), *O sistema de justiça*. Rio de Janeiro: Centro Edelstein de Pesquisas Sociais, 2010, pp. 106-37. Disponível em: < https://books.scielo.org/id/59fv5>. Acesso em: 4 abr. 2022.

47. Ver o discurso do deputado Del Bosco Amaral (PMDB-SP): "Está saindo o centro do Centrão ou os moderados do Centrão". Em Júlio Aurélio Vianna Lopes, *A Carta da Democracia, 25 anos: Como foi feita a Constituição de 1988*. São Paulo: Editora da Cultura, 2013, p. 103.

48. "Por que só o PT disse não à Constituição". *Boletim Nacional*, out. 1988. Incluído na exposição on-line da Fundação Perseu Abramo sobre a participação do partido na Constituinte. Disponível em: <https://fpabramo.org.br/csbh/wp-content/uploads/sites/3/2018/12/IMA-GEM_33_BN_J_0039A_0004_0005-2-e1544206422381.jpg>. Acesso em: 5 abr. 2022.

49. Entrevista com José Dirceu.

50. Sobre como a super-representação dos estados menores no Congresso brasileiro beneficiou historicamente a direita, ver Timothy Power, *The Political Right in Postauthoritarian Brazil: Elites, Institutions, and Democratization*. Filadélfia: Pennsylvania University Press, 2000, p. 82.

51. Em 5 de junho de 2020, o presidente de extrema direita Jair Bolsonaro anunciou que seriam extintos os impostos sobre a importação de armas, dizendo: "É uma boa medida que vai ajudar todo o pessoal dos artigos 142 e 144 da nossa Constituição". Os bolsonaristas interpretam o artigo 142 como os petistas temiam que ele fosse interpretado: como uma autorização para o golpe militar. Na mesma linha, o jurista de extrema direita Ives Gandra Martins interpreta esse artigo como algo que transforma as Forças Armadas em "poder moderador". Juridicamente, a tese é ridícula, mas pode ser o suficiente para aqueles quinze minutos entre o começo e o fim do golpe em que ainda se finge que a legalidade está sendo respeitada.

7. 1989 [pp. 139-61]

1. Marcos Nobre, *Imobilismo em movimento: Da abertura democrática ao governo Dilma*. São Paulo: Companhia das Letras, 2013.

2. David Stark, "Recombinant Property in Eastern European Capitalism". *American Journal of Sociology*, Washington, v. 101, n. 4, jan. 1996, pp. 993-1027.

3. Ambas as declarações estão em Clóvis Rossi, "PT acha que vitória foi maior do que o partido". *Folha de S.Paulo*, 16 nov. 1988.

4. De acordo com o jornalista Clóvis Rossi: "A estrepitosa derrota do PMDB nas eleições municipais provocou uma polarização esquerda-direita para a sucessão presidencial, simboliza-da nas candidaturas de Luiz Inácio Lula da Silva (PT) e Leonel Brizola (PDT), de um lado, e Jânio Quadros (hoje sem partido), do outro". Em "Esquerda e direita polarizam sucessão; Quércia pede reavaliação de Ulysses". *Folha de S.Paulo*, 17 nov. 1988.

5. Um dos entrevistados para este livro, próximo da Secretaria de Relações Internacionais do PT no final dos anos 1980, declarou (em off) que os petistas na Alemanha Oriental se desiludiram com o regime quase que imediatamente após sua chegada.

6. Entrevista em off.

7. "Não ao massacre do povo chinês!". *Em Tempo*, jul. 1989.

8. A mesma referência foi feita na reportagem "Maio vermelho em Pequim", do jornal *Em Tempo*, da tendência trotskista Democracia Socialista: "A praça da Paz Celestial lutou e luta ao som da Internacional" (*Em Tempo*, jun. 1989). O jornal tinha uma visão francamente positiva dos protestos chineses: "País em desenvolvimento, a China revolucionária está vivendo uma original experiência histórica que materializa uma contribuição inédita à revolução política nos Estados operários pós-capitalistas. As mais gigantescas massas já reunidas em todos os tempos estão forçando as passagens de acesso de um grande povo à democracia socialista".

9. Hung-En fez uma análise estatística da relação entre progresso da democratização e declínio da corrupção, concluindo: "A democracia, de modo geral e em algum momento, diminui a corrupção [...]. Mas deve ser reconhecido que surtos temporários de corrupção governamental devem ser esperados nos estágios iniciais dos processos de liberalização política [...]. Ainda mais importante, são as condições iniciais e os resultados obtidos por cada sociedade, mais do que a democratização em si, que determina a forma e a magnitude do impacto das reformas democráticas nas instituições políticas" ("Democracy and Political Corruption: A Cross-National Comparison". *Crime, Law and Social Change*, Dordrecht, v. 41, n. 2, 2004, p. 187, tradução nossa). Da mesma forma, Sandholtz e Koetzle testaram o efeito de diferentes variáveis no índice de corrupção de uma amostra de países e encontraram uma forte relação entre quedas de corrupção e número de anos de democracia desfrutados por cada país. Embora o tema seja muito complexo, a maioria dos estudos sugere que (a) a democracia reduz a corrupção, mas (b) é preciso que a democratização não se limite à realização de eleições, mas também envolva o fortalecimento do Judiciário e a constituição de uma imprensa livre (Wayne Sandholtz e William Koetzle, "Accounting for Corruption: Economic Structure, Democratic Norms, and Trade". UC Irvine, CSD Working Papers, 15 maio 1998).

10. O trabalho clássico sobre esse período é o de Fernando Luiz Abrucio, *Os barões da federação* (São Paulo: Hucitec, 1998).

11. "Brasil Urgente". Programa econômico do PT para a eleição de 1989, pp. 25-6. Disponível em: <https://fpabramo.org.br/csbh/wp-content/uploads/sites/3/2017/04/02-economia.pdf>. Acesso em: 5 abr. 2022.

12. Juarez Guimarães, "Collor, Lula e a Comuna de Paris". *Em Tempo*, ago. 1989.

13. Ibid.

14. Sobre isso, ver Wladimir Pomar, *Quase lá: Lula, o susto das elites*. São Paulo: Brasil Urgente, 1990, p. 13. Pomar foi o coordenador da campanha de Lula. A maioria dos entrevistados para este livro confirmou que só começou a acreditar nas chances de vitória no segundo semestre de 1989.

15. Uma reportagem do *Em Tempo* de 1989 ("O impacto das alianças") cita um documento do diretório nacional do PT que diz o seguinte: "Do ponto de vista político, o PT procura atrair, já para o primeiro turno, todas as forças que se colocam à esquerda, como o PV, o PSB e os PC's. Como a eleição se dará em dois turnos, o PT desenvolve sua campanha visando manter essas alianças e aplicar uma tática que possibilite contar com o apoio do PSDB e do PDT no 2º turno".

16. Para uma história do PCdoB, ver Jean Rodrigues Sales, *Entre a revolução e a institucionalização: Uma história do Partido Comunista do Brasil (PCdoB)*. São Paulo: Edusp, 2020.

17. Sobre o PSB, ver Mauricio Miléo Câmara de Oliveira, *Influências do socialismo democrático europeu e do Estado de bem-estar social na militância do Partido Socialista Brasileiro, 1945-1950*. São Paulo, USP, 2016, dissertação de mestrado.

18. Um breve resumo da relação entre PT e PV nos anos 1980 e de como a aliança dos dois na campanha municipal de 1985 ajudou a "acordar" o PT para a questão ambiental está em Moacir Gadotti e Otaviano Pereira, *Pra que PT: Origem, projeto e consolidação do Partido dos Trabalhadores*. São Paulo: Cortez, 1989.

19. Uma reportagem da *Folha de S.Paulo* conta que "o sonho de ter o jurista Raymundo Faoro como segundo de Lula está praticamente descartado. Faoro não demonstrou interesse em integrar a chapa, e os petistas agora tentam, pelo menos, fazer com que ele dê seu apoio ao candidato". Em Carlos Eduardo Alves, "PT pensa em compor". *Folha de S.Paulo*, 22 jan. 1989. Em 6 de março, Lula ainda sonhava com Faoro (Caio Túlio Costa, "Lula afirma em Paris que é mais fácil vencer Ulysses do que Quércia", *Folha de S.Paulo*).

20. Entrevista com Fernando Gabeira.

21. Muito embora a defesa de incentivo estatal ao florescimento de pequenas empresas estivesse também presente no programa de 1989: "A experiência italiana mostra que é possível aumentar a produtividade das pequenas e médias empresas, principalmente nos segmentos tradicionais da indústria, evitando-se, até certo ponto, que o processo de modernização produza uma concentração ainda maior do capital." ("Brasil Urgente: Economia", pp. 22-3). A experiência italiana havia se tornado célebre no meio intelectual a partir do estudo de Michael Piore e Charles Sabel, *The Second Industrial Divide* (Nova York: Basic Books, 1984).

22. João Batista Natali, "PV apoia PT em relação às paralisações". *Folha de S.Paulo*, 12 maio 1989.

23. Por isso, Olívio Dutra se opôs ao nome de Gabeira para vice: "Apesar do respeito que tenho pela figura do Gabeira, acho que devemos compor não só com nomes, mas com partidos políticos estruturados, e não se pode dizer que o PV esteja hoje estruturado". Em "Olívio é contra escolha de Gabeira para vice". *Folha de S.Paulo*, 16 jan. 1989.

24. Sobre o risco de dissolução, ver Luiz Antônio Novaes, "Frente Brasil negociará vice de Lula com Arraes". *Folha de S.Paulo*, 21 jun. 1989.

25. Olavo Henrique Pudenci Furtado, *Trajetos e perspectivas social-democratas: Do modelo europeu para o PSDB e o PT no Brasil*. Campinas, IFCH-Unicamp, 1996, dissertação de mestrado, p. 97.

26. O coordenador da campanha de Lula, Wladimir Pomar, cita objeções similares feitas pelo PCdoB. Como veremos, elas também ocorreram no PT.

27. Entre outras coisas, Weffort afirma que *O que é isso, companheiro?*, livro de Gabeira sobre sua experiência na guerrilha, seria usado pelos conservadores como prova de seu radicalismo, e não como a autocrítica que era. Isso provavelmente era verdade.

28. "Quem tem medo de Lula e Gabeira?". *Folha de S.Paulo*, 22 jun. 1989.

29. "De volta à cúpula", *Folha de S.Paulo*, 23 jun. 1989.

30. Em seu artigo, Dirceu também revelou bastidores da escolha do vice: segundo o dirigente petista, o nome de Jamil Haddad havia sido indicado pelo PSB, sem apoio do PCdoB, que preferiu Houaiss; e o nome de Cristovam Buarque havia sido vetado pelo PSB, que marcou sua convenção para depois do prazo em que Buarque poderia ter se filiado à legenda.

31. "Democracia e preconceito". *Folha de S.Paulo*, 27 jun. 1989.

32. "O PT entre o arcaico e o moderno". *Folha de S.Paulo*, 4 jul. 1989.

33. Em várias entrevistas, Genoino contou como sua posição sobre direitos LGBTQIA+ evoluiu desde a prisão, quando notou que companheiros de armas que se assumiam como homossexuais eram discriminados.

34. "PV rompe com Frente mas mantém apoio a Lula". *Folha de S.Paulo*, 10 jul. 1989.

35. Entrevista com Fernando Gabeira.

36. No texto "Prefeitura de São Paulo: Conflitos entre o administrativo e o político", de José Corrêa, publicado no *Em Tempo*, em setembro de 1991, lemos: "O ponto crítico que a administração de São Paulo (e de uma maneira geral o conjunto das administrações petistas) enfrenta, e que se não for superado pode inviabilizá-la, é justamente conseguir articular a ação administrativa a iniciativas políticas de caráter mobilizador e de grande incidência sobre as disputas políticas em curso, tanto na cidade como no país".

37. Entrevista com Rosalina Santa Cruz.

38. Ibid.

39. Ibid.

40. A citação está na excelente tese de Izabel Cristina Gomes da Costa, *Em busca do paradigma perdido: As esquerdas brasileiras e a crise do socialismo real*. Niterói, UFF, 2009, tese de doutorado, p. 289.

41. Entrevista com Vivaldo Barbosa. Ele lembra que o PDT também teve problemas para escolher seu vice. O escolhido foi Fernando Lira, de Pernambuco, que não foi capaz de atrair o peso pesado Miguel Arraes para a candidatura de Brizola e não garantiu ao trabalhista uma boa votação em seu estado.

42. A análise é da cientista política Lucília de Almeida Neves, citada em Conrado Ferreira Arcoleze, *Fios da história: Campanha presidencial de Leonel Brizola e o seu entrelaçar com o passado político do candidato pela imprensa*. Assis, Unesp, 2020, dissertação de mestrado, p. 139.

43. Ver, além de Conrado Ferreira Arcoleze (op. cit.), os depoimentos citados em Maria Victoria Benevides, "O velho PTB paulista (partido, sindicato, e governo em São Paulo — 1945--1964)". *Lua Nova*, São Paulo, n. 17, pp. 133-61, jun. 1989. Disponível em: <https://www.scielo.br/j/ln/a/DZMYTY3HnfxMV5bh7pt3ygt/?lang=pt>. Acesso em: 5 abr. 2022.

44. Após ajudar a fundar o PT, Ibrahim se envolveu em disputas sérias com o grupo de Lula, com quem tentou rivalizar. Era, em parte, um conflito entre os sindicalistas de São Bernardo e os das oposições sindicais, que eram mais radicais. Mas também era um choque entre a geração de combatentes da ditadura que ficaram no Brasil, como Lula, e os que foram exilados, como Ibrahim e, aliás, Brizola. Eventualmente, Ibrahim moderaria suas posições e se tornaria um dos fundadores da Força Sindical, sucessora da CGT como rival da CUT.

45. Conrado Ferreira Arcoleze, op. cit., p. 106.

46. Ibid., pp. 106-7.

47. Sobre o funcionamento do sistema soviético, ver János Kornai, *The Socialist System: The Political Economy of Communism*. New Haven: Princeton University Press, 1992; Patrick Flaherty, "Cycles and Crisis in Statist Economies". *Review of Radical Political Economics*, Nova York, v. 24, n. 3-4, pp. 111-35, 1992.

48. Sobre isso, ver Steven L. Solnick, *Stealing the State: Control and Collapse in Soviet Institutions*. Cambridge, MA: Harvard University Press, 1998.

49. A citação completa é: "Faltou um Golbery! Faltou um Golbery! Eles não tiveram a visão de que teve o capitalismo aqui no Brasil. Tinha que ter tido um Golbery para ter uma transição lenta, segura e gradual para democratizar aquilo sem abandonar o socialismo". Citado em Izabel Cristina Gomes da Costa, op. cit., pp. 293-4.

50. Wladimir Pomar, op. cit.

51. Programa de governo de Lula em 1989: "Brasil, Urgente: Economia", p. 20.

52. Entrevista com João Pedro Stédile.

53. Entrevista com José Maria de Almeida.

54. Richard Freeman, "China, India and the Doubling of the Global Labor Force: Who Pays the Price of Globalization?", *The Asia-Pacific Journal*, v. 3, n. 8, ago. 2005.

8. O CENTRO SEM ESTADO [pp. 162-84]

1. Para uma análise da política econômica de Collor, ver Lavínia Barros Castro, "Privatização, abertura e desindexação: A primeira metade dos anos 90 (1990-4)". Em Fabio Giambiagi, André Villela, Jennifer Hermann e Lavínia Barros de Castro (Org.). *Economia brasileira contemporânea*. Rio de Janeiro: Elsevier, 2016, pp. 141-65.

2. O termo "Consenso de Washington" foi criado pelo economista britânico John Williamson para descrever o conjunto de medidas (ajuste fiscal, abertura comercial, privatizações etc.) prescritas por instituições internacionais como o Fundo Monetário Internacional e o Banco Mundial para os países emergentes no final da década de 1980 e começo da década de 1990.

3. Sobre a política externa do governo Collor, ver Guilherme Stolle Paixão e Casarões. *"O tempo é o senhor da razão?" A política externa do governo Collor, vinte anos depois*. São Paulo, USP, 2014, tese de doutorado.

4. Entrevista com Vicente Paulo da Silva.

5. Para uma análise das câmaras setoriais, ver Glauco Arbix, *Uma aposta no futuro*. São Paulo: Scritta, 1996; Eli Diniz, "Reformas econômicas e democracia no Brasil dos anos 90: As Câmaras Setoriais como fórum de negociação". *Dados*, Rio de Janeiro, v. 37, n. 2, pp. 277-315, 1994; Scott Martin, "As câmaras setoriais e o meso-corporativismo". *Lua Nova*, São Paulo, n. 37, 1996, pp.139-70; Patrícia Anderson, "Câmaras setoriais: Histórico e acordos firmados — 1991/1995". *Texto para Discussão*, Brasília, Ipea, n. 667, set. 1999.

6. Ver, por exemplo, na p. 171: "A experiência das câmaras setoriais demonstrou ser um espaço democrático e transparente, em que os trabalhadores constituem força ativa na estratégia de desenvolvimento do país". *Bases do plano de governo: Lula presidente, uma revolução democrática no Brasil*, 1994. Disponível em: <https://fpabramo.org.br/csbh/wp-content/uploads/sites/3/2017/04/02-basesdoprogramadegov.pdf>. Acesso em: 20 mar. 2022.

7. Vicente Paulo da Silva, "Um acordo histórico". *Folha de S.Paulo*, 19 fev. 1993.

8. Ver, por exemplo, Marcos Roberto de Faria Bernardi, *Sindicalismo e desemprego na década de oitenta: Uma análise do caso sueco*. Campinas, Unicamp, 1999, dissertação de mestrado.

9. Para uma descrição do sistema, ver "Collective Bargaining". Disponível em: <https://www.worker-participation.eu/National-Industrial-Relations/Countries/Norway/Collective-Bargaining>. Acesso em: 20 mar. 2022.

10. Em um artigo de 1993, o economista Gustavo Franco, que se tornaria presidente do Banco Central poucos anos depois, chamou o acordo de "lavagem de subsídio". Franco argumentava que a manutenção da isenção fiscal por um ano custaria cerca de 1,4 bilhão de dólares, e concluía: "Será que o governo se deu conta de que este US$ 1,4 bilhão seria muito melhor aplicado, digamos, no programa de combate à fome do sociólogo Betinho?" ("A lavagem de um subsídio". *Folha de S.Paulo*, 22 abr. 1993). Por outro lado, o estudo de Patrícia Anderson mostrou crescimento na arrecadação de impostos do setor automobilístico após os acordos (op. cit., seção 5.4).

11. Dani Rodrik, "Premature Deindustrialization". *NBER Working Paper*, n. 20935, fev. 2015, p. 15.

12. O próprio Rodrik notou essa possibilidade: "As consequências políticas da desindustrialização prematura são mais sutis, mas podem ser ainda mais significativas. Historicamente, a industrialização desempenhou um papel fundacional na criação de Estados modernos e da política democrática na Europa Ocidental e na América do Norte. O movimento sindical, produto da industrialização, liderou a luta pela expansão do direito ao voto e, por fim, pela criação do Estado de bem-estar social. Foi a barganha do sindicalismo com as elites que possibilitou o desenvolvimento da democracia (Acemoglu e Robinson, 2009). A fraqueza do sindicalismo nas sociedades em desenvolvimento atuais pode criar trajetórias diferentes de desenvolvimento político, não necessariamente amigáveis à democracia liberal". Ver Dani Rodrik, op. cit., p. 24, tradução nossa.

13. O leitor deve lembrar de Arbix como uma liderança do grupo de trotskistas que, no capítulo 5, dissolveu-se dentro da Articulação. Sua participação na discussão sobre as câmaras setoriais — a cujo estudo dedicou sua tese de doutorado — mostra como, no começo dos anos 1990, já havia se tornado um interlocutor do sindicalismo petista, que antes desconfiava dos trotskistas. Foi, inclusive, dirigente da Articulação.

14. Texto publicado por Gustavo Franco em seu site. Disponível em: <http://www.gustavo-franco.com.br/debates/post-debates/430/Aloisio%20Mercadante,%20Guido%20Mantega,%20 Francisco%20de%20Oliveira%20e%20outros%20sobre%20as%20c%C3%A2maras%20setoriais%20como%20in...>. Acesso em: 20 mar. 2022.

15. Ver André Singer, "Raízes sociais e ideológicas do lulismo". *Novos Estudos Cebrap*, São Paulo, n. 85, 2009, p. 85. Disponível em: <https://doi.org/10.1590/S0101-33002009000300004>. Acesso em: 18 out. 2021.

16. Ibid., p. 87.

17. "Brizola diz que Igreja virou partido político e apoiou Lula". *Jornal do Brasil*, 18 nov. 1989.

18. Nessa mesma entrevista, Brizola reclama que a única cidade do Rio Grande do Sul onde havia perdido, Aratiba, era controlada por padres. Segundo Matias Martinho Lenz, o PT liderava um movimento de moradores na parte do município que seria inundada por uma barragem ("'Frei Lula': A perplexidade do eleitorado gaúcho". *Comunicações do ISER*, Rio de Janeiro, ano 9, n. 38, pp. 8-10, 1990).

19. Citado em Scott Mainwaring, op. cit., p. 268. Note que a crise entre o Vaticano e o governo da Nicarágua, que tinha padres como ministros contra a orientação do primeiro, sem dúvida dificultou a vida dos católicos progressistas no continente. Para os conflitos do Vaticano com o governo sandinista, ver Sergio Ramírez, op. cit.

20. Para a história da Igreja Universal do Reino de Deus, ver Gilberto Nascimento, *O reino: A história de Edir Macedo e uma radiografia da Igreja Universal*. (São Paulo: Companhia das Letras, 2019).

21. André Singer, *Os sentidos do lulismo: Reforma gradual e pacto conservador*. São Paulo: Companhia das Letras, 2012.

22. Entrevista com Francisco Weffort.

23. É importante notar que o Benefício de Prestação Continuada (BPC), que garante um salário mínimo aos idosos brasileiros mesmo que não tenham contribuído para a previdência, só foi regulamentado em 1993, tendo um impacto importante na redução da pobreza dos idosos brasileiros.

24. José Márcio Camargo, "Pobreza e garantia de renda mínima". *Folha de S.Paulo*, 26 dez. 1991.

25. José Márcio Camargo, "Distribuir para crescer". Em César Benjamin, Luiz Pinguelli Rosa, Emir Sader et al. *1994: Ideias para uma alternativa de esquerda à crise brasileira*. Rio de Janeiro: Relume Dumará, 1993, pp. 115-6.

26. Inicialmente, o "E" era de "European" [europeu]. Com a crescente adesão de outras partes do mundo, a letra passou a significar "Earth" [Terra].

27. Durante meu doutorado, conheci o representante americano na BIEN. Ele me disse que gostaria de ser brasileiro só para poder votar no senador Suplicy.

28. Daniel Aarão Reis, "Um mundo de ponta-cabeça". *Teoria e Debate*, n. 8, pp. 4-8, 14 nov. 1989.

29. Jacob Gorender, "Crise mortal ou reconstrução?". *Teoria e Debate*, n. 8, pp. 9-12, 14 nov. 1989.

30. Glauco Arbix, "O crepúsculo das burocracias". *Teoria e Debate*, n. 8, pp. 13-17, 14 nov. 1989.

31. "O pluralismo inevitável — Entrevista com José Dirceu". *Teoria e Debate*, n. 9, pp. 42-6, 20 mar. 1990.

32. Emir Sader, "Solidariedade e crítica". *Teoria e Debate*, n. 18, 6 jul. 1990.

33. Republicado em *O socialismo nas resoluções de encontros e congressos do Partido dos Trabalhadores*. São Paulo: Fundação Perseu Abramo, 2018, pp. 99-107.

34. Grupo revolucionário chileno, mais radical que o Partido Socialista. Teve uma relação difícil com o governo de Salvador Allende.

35. Marco Aurélio Garcia, "A social-democracia e o PT", *Teoria e Debate*, n. 12, pp. 47-56, out.-dez. 1990.

36. Entrevista em off de um militante do PT que, na época, era muito próximo de Marco Aurélio Garcia.

37. Para a autodissolução do PRC, ver Eurelino Coelho, *Uma esquerda para o capital: Crise do marxismo e mudança nos projetos políticos dos grupos dirigentes do PT (1979-1998)*. Niterói, UFF, 2005, tese de doutorado.

38. Ibid., p. 273.

39. Hannah Arendt, *Origens do totalitarismo*. São Paulo: Companhia das Letras, 2012, p. 382.

40. A edição de mar.-abr. de 1990 do jornal *Em Tempo* traz uma entrevista com o vereador petista de Belo Horizonte Rogério Correia, do Movimento por uma Tendência Marxista. Correia afirma que, embora a Nova Esquerda tenha partido de uma boa ideia — a crítica do stalinismo —, não foi possível para o MTM acompanhá-la no que considerava um abandono do marxismo. Ver "Por um marxismo antidogmático e revolucionário". *Em Tempo*, n. 244, mar.-abr. 1990. Na mesma edição, Juarez Guimarães, em "À procura de novos rumos", alerta para os riscos de a autocrítica da Nova Esquerda ir longe demais e nota como os debates dos ex-PRC refletem questões que diziam respeito a todo o PT: "Em geral, todas essas correntes que percorreram esse

caminho crítico ao marxismo acabaram, de uma forma ou de outra, se incapacitando de formular uma crítica radical do capitalismo e [de] ganhar um viés social-democratizante (mesmo que de esquerda). É por esta via que as tensões no seio da 'Nova Esquerda' se cruzam com as tensões no seio do PT, em uma dialética na qual apenas o debate construtivo e fraterno poderá determinar a solução".

41. A obra seminal da Escola de Budapeste, de Ágnes Heller, Ferenc Fehér e György Márkus, é *Dictatorship over Needs: An Analysis of Soviet Societies* (Nova York: St. Martin's Press, 1983). Para uma boa apresentação de seu programa político, ver Douglas Brown, *Towards a Radical Democracy: The Political Economy of the Budapest School*. Londres: Unwin Hyman, 1988.

42. Entrevista com José Dirceu.

43. Ver "1º Congresso do PT". Disponível em: <https://www.youtube.com/watch?v=iU4XS-vcMvyI&t=1s>. Acesso em: 22 mar. 2021. O trecho está logo depois dos catorze minutos do vídeo.

44. Ibid. O trecho está logo depois dos sete minutos de vídeo.

45. A direção incorporaria membros das diversas chapas em disputa e preencheria os cargos na proporção dos votos que obtiveram no Congresso.

46. "1º Congresso Nacional do PT — 1991". Em *O socialismo nas resoluções de encontros e congressos do Partido dos Trabalhadores*, op. cit., p. 139.

47. Entrevista com José Dirceu.

48. "1º Congresso Nacional do PT — 1991", op. cit., pp. 123-4.

49. Ibid., p. 127.

50. Entrevistas com Eduardo Jorge e Augusto de Franco.

51. José Arbex, "PT confirma tendência social-democrata". *Folha de S.Paulo*, 2 dez. 1991.

52. "Congresso leva PT a nova fase: Legenda rejeita defesa da ditadura do proletariado e aposta na democracia". *O Estado de S. Paulo*, 3 dez. 1991.

53. Ver "PT prepara fim da corrente Articulação". *O Estado de S. Paulo*, 27 ago. 1991. A matéria cita Lula: "Muitos companheiros, entre eles eu, defendem o fim da Articulação".

54. Citado em Eurelino Coelho, op. cit., p. 299.

55. Todos os valores aplicados nas cadernetas de poupança acima de 50 mil cruzados novos (cerca de 1200 dólares) ficaram indisponíveis para retirada, com a previsão de que começariam a ser liberados, em doze parcelas, a partir do segundo semestre de 1990. Houve uma onda de falências de pequenos negociantes e diversos episódios de suicídio.

56. Para a história dessas várias tentativas de acomodação e dos desequilíbrios que causaram, a melhor fonte ainda é Brasilio Sallum Jr., *O impeachment de Fernando Collor: Sociologia de uma crise*. São Paulo: Ed. 34, 2015. Ver também Rafael Mafei, *Como remover um presidente: Teoria, história e prática do impeachment no Brasil*. Rio de Janeiro: Zahar, 2021.

57. Danilo Enrico Martuscelli, "O PT e o impeachment de Collor". *Opinião Pública*, Campinas, v. 16, n. 2, pp. 542-68, nov. 2010. Disponível em: <https://www.scielo.br/j/op/a/RNbZz-B5LswTgk8NJrfFsm7s/ p. 554>. Acesso em 5 maio 2022.

58. José Dirceu, op. cit., p. 250.

59. Ibid.

60. Entrevista com Vivaldo Barbosa.

61. Em sua entrevista para este livro, Barbosa conta que, em determinado ato público, Brizola subiu no carro de som protestando contra militantes do PDT que pediam que ele se pronun-

396

ciasse a favor do impeachment. "Não vou falar de impeachment", teria dito, irritado. Entretanto, ao chegar no alto do carro de som, ouvir os gritos do público e "ler a assembleia", discursou a favor do impeachment.

62. Entrevista com Vivaldo Barbosa.

63. Também fora expulsa, em 1990, a Causa Operária, uma tendência trotskista muito menor, que nos anos eguintes fundaria o minúsculo Partido da Causa Operária (PCO).

64. Em 1994, a Convergência Socialista fundou, com outros grupos menores, o Partido Socialista dos Trabalhadores Unificado (PSTU). Zé Maria foi o candidato a presidente do partido em 1998, 2002, 2010 e 2014. Para o processo de expulsão da Convergência e a formação do PSTU, ver Antônio Ozaí da Silva, "As origens e ideologia do Partido Socialista dos Trabalhadores Unificado". *Revista Espaço Acadêmico*, Maringá, ano 1, n. 3, ago. 2001.

65. Entrevista com José Maria de Almeida.

66. Ibid.

67. Em 1994, a Convergência Socialista fundou, com outros grupos menores, o Partido Socialista dos Trabalhadores Unificado (PSTU). Zé Maria foi o candidato a presidente do partido em 1998, 2002, 2010 e 2014.

68. Ibid.

69. Referindo-se ao período, José Dirceu lembra: "Não prometi nada a Itamar. Conhecendo o PT e *sabendo do momento de crise de direção e de rumos que já vivia*, assegurei apenas que o partido aceitaria cumprir a Constituição e sua posse como ela manda". Em José Dirceu, op. cit., p. 252, grifo nosso.

70. Entrevista com Eduardo Jorge. Não consegui confirmar a informação sobre a bancada do PT estar dividida meio a meio, mas claramente havia um número razoável de dirigentes que defendia a participação. Em um texto comemorativo dos 25 anos do partido, Marco Aurélio Garcia escreveu: "O interregno do governo Itamar, que o PT equivocadamente decidiu não integrar [...]". Ver "25 anos depois, o PT revisitado". *Teoria e Debate*, n. 61, pp. 44-9, fev.-mar. 2005.

71. Entrevista com Rui Falcão.

72. Ibid.

73. "Manifesto aos petistas". Em Valter Pomar (Org.), *A hora da verdade e outros escritos: Coletânea de textos da Articulação de Esquerda*. São Paulo: Partido dos Trabalhadores, 1993, pp. 8-9.

74. Diz o manifesto: "O PT só pode enfrentar a agenda política de curto prazo, que se desdobra no plebiscito sobre forma de Estado e sistema de governo, na revisão constitucional e na oposição ao governo Itamar, caso recupere sua tradição radical, popular, democrática, socialista. É inaceitável que, em nome de malfeitos cálculos eleitorais, nosso partido deixe de apresentar uma alternativa global para a crise brasileira; é inaceitável que em nome de inexistentes 'responsabilidades', nosso partido não faça oposição firme contra um governo que, não obstante suas diferenças com Collor, é nitidamente conservador; é inaceitável que nosso partido, em nome da urgência de reformas políticas, aceite ficar sob a hegemonia conservadora na discussão sobre sistema de governo. O partido que nós queremos não pode ser aquele que cogita apoiar governos que o PFL também apoia".

75. Rui Falcão deixou a tendência pouco tempo depois. Valter Pomar ainda é um de seus principais dirigentes.

76. Entrevista com Rui Falcão.

77. Ibid.

78. Lincoln Secco, op. cit., p. 22.

79. Para Secco, o apelo de classe do PT, "dirigido ao proletariado industrial, foi ampliado para 'o povo', como na Europa. Mas o 'nosso povo' incluía mais os setores excluídos da economia formal do que as classes médias", op. cit., p. 257.

9. PT VERSUS PSDB [pp. 185-208]

1. Ver Soraia Marcelino Vieira, *O Partido da Social Democracia Brasileira: Trajetória e ideologia (1987-2010)*. Curitiba: CRV, 2016, p. 77.

2. Depoimento dado no lançamento do primeiro volume dos *Diários da presidência*, de Fernando Henrique Cardoso, em 26 de novembro de 2015. Disponível em: <https://youtu.be/FX7XvO3LITw>. Acesso em: 20 mar. 2022.

3. O relato é do ex-ministro da Fazenda e fundador do PSDB Luiz Carlos Bresser-Pereira: "Ele [Montoro] dizia: 'Muito bem, mas e se esse bendito PT, que se diz revolucionário, que tem propostas para a economia brasileira completamente irresponsáveis, chega no poder ou perto do poder e se domestica, e se torna social-democrata, como aconteceu na Europa? Eles têm toda uma integração com os trabalhadores sindicalizados, que nós não temos, então nós vamos ser empurrados para a direita'". Ver "Por uma ideia de nação: Entrevista a Maria Inês Nassif". *Valor Econômico*, 8 abr. 2011.

4. Clóvis Rossi, "Líder do PSDB propõe bloco anti-Collor". *Folha de S.Paulo*, 5 out. 1990.

5. Desde o final da campanha eleitoral de 1989, o PDT articulava a formação de um novo partido com as alas da esquerda do PMDB e PSDB ("Parlamentares discutem fusão do PSDB com PDT". *O Estado de S. Paulo*, 14 dez. 1989; "PDT debate novo partido com ala esquerda do PSDB". *Folha de S.Paulo*, 25 jan. 1990). No final do ano, Brizola admitia a possibilidade de fusão ("Brizola afirma que PDT poderá se unir ao PSDB". *Jornal do Brasil*, 14 out. 1990), e os dois partidos discutiam a formação de um bloco parlamentar único social-democrata, entre outros motivos, por sugestão de líderes da Internacional Socialista, que não entendia o motivo da divisão entre os partidos (Clóvis Rossi, "PSDB discute com Brizola bloco parlamentar". *Folha de S.Paulo*, 27 dez. 1990). Em janeiro de 1991, o então brizolista Cesar Maia dizia que a única chance de fusão era se Fernando Henrique Cardoso convencesse Brizola a abandonar o nacionalismo e o estatismo econômico, como defendido em uma reunião recente da Internacional Socialista ("Painel", *Folha de S.Paulo*, 2 jan. 1991). Fernando Henrique negava a possibilidade de fusão ("Amigos, amigos". *Folha de S.Paulo*, 7 jan. 1991) e Covas fazia o mesmo (Clóvis Rossi, "PSDB se reúne hoje em Brasília para tentar 'cicatrizar feridas'". *Folha de S.Paulo*, 9 jan. 1991).

6. Entrevista com José Dirceu.

7. Para os debates que levaram à transformação do PCB em PPS, ver Izabel Cristina Gomes da Costa, op. cit., cap. 3. Observe que, na época, houve quem propusesse a dissolução do partido dentro do PT (p. 174).

8. Tales Faria, "Freire articulou nomeação de FHC". *Folha de S.Paulo*, 21 maio 1993.

9. Depoimentos de duas pessoas que assistiram ao debate.

10. Entrevista com Guido Mantega.

11. Entrevista com José Carlos Miranda. Miranda foi o autor do texto-base para a elaboração do programa de Lula em 1994 e fez parte da equipe econômica do primeiro governo do petista.

12. Note, a propósito, que Collor também fez algo dessa natureza quando extinguiu as operações de overnight, aplicações de curtíssimo prazo e altamente especulativas.

13. Entrevista com José Carlos Miranda.

14. Adhemar S. Mineiro, Eduardo Callado, Nelson Lecocq e Paulo Passarinho, "Podem ficar algumas lições?". *Teoria e Debate*, n. 28, 20 abr. 1994.

15. Ibid. Note-se, por exemplo, a proposta do economista Paulo Nogueira Batista Jr. de constituir um banco privado, garantido por ativos privados, que assumisse, por alguns anos, a função de emissor de moeda. Embora a proposta fosse bastante heterodoxa, tem um ponto em comum com a âncora cambial adotada no Plano Real: a ideia de que o combate à inflação dependia, em alguma medida, de tornar a estabilidade da moeda independente dos mecanismos normais de funcionamento do Estado brasileiro.

16. A ciranda financeira se referia à especulação com títulos públicos de prazo baixíssimo e alto rendimento, que floresceu com a hiperinflação dos anos 1980. Era claramente um processo de acumulação de riqueza e geração de desigualdade, como bem notou a esquerda, mas era mais sintoma do que causa da inflação. Quando o Plano Real controlou a hiperinflação, diversos bancos que viviam desse tipo de especulação faliram.

17. *Bases do plano de governo: Lula presidente, uma revolução democrática no Brasil*, op. cit., p. 222.

18. Entrevista com Rui Falcão.

19. Entrevista com Aloizio Mercadante.

20. Entrevista com Gilberto Carvalho.

21. João Machado, "Debate econômico na campanha de Lula". *Teoria e Debate*, n. 27, 1º dez. 1994.

22. Entrevista com José Márcio Camargo.

23. Sonia Rocha, "Pobreza e desigualdade no Brasil: O esgotamento dos efeitos distributivos do Plano Real". *Texto para Discussão*, Brasília, Ipea, n. 721, abr. 2000, p. 7.

24. Perry Anderson, op. cit., p. 28.

25. Entrevista com Francisco Weffort.

26. Ibid.

27. Ibid.

28. *Folha de S.Paulo*, 4 out. 1994.

29. Marcelo Coelho, "Weffort sempre foi um 'tucano' no PT". *Folha de S.Paulo*, 28 dez. 1994.

30. A *Esquerda 21* só lançou dois números, sendo o primeiro uma reunião um pouco confusa de depoimentos. Publicaram, sobretudo, parlamentares, em geral moderados do PT ou progressistas do PSDB, mas também o verde Fernando Gabeira e quadros do antigo PCB (na época, PPS). No segundo número, a revista também incluiu artigos mais estruturados, nem todos escritos pelos parlamentares do Conselho Editorial: entre os articulistas não parlamentares estavam o almirante Mário César Flores, o militante negro e diretor do Grupo Cultural Olodum João Jorge e o economista José Márcio Camargo, autor da proposta original do Bolsa Escola.

31. Entrevista com Domingos Leonelli. A primeira metade da década de 1990 foi cheia de tentativas de fusão de partidos de esquerda que não se concretizaram: além da já mencionada fusão de PDT e PSDB, houve quem propusesse a fusão de PCB e PSB. Havia, também, no PT, quem sonhasse que pelo menos alguns grupos desses partidos em reorganização entrassem para o partido.

32. Entrevista com José Dirceu.

33. Ibid.

34. Plínio de Arruda Sampaio e Roberto Freire, "Pela união das esquerdas na eleição de 1994". *Folha de S.Paulo*, 25 fev. 1994. Para os autores, "os palanques estaduais não podem se constituir [em] obstáculo à unidade em torno de um palanque nacional de corte nitidamente democrático e progressista. Se conseguirmos, por exemplo, viabilizar a unidade em torno da candidatura de Mário Covas em São Paulo desde o primeiro turno, estaremos criando uma tensão em todos os partidos deste campo para que em outros estados e nacionalmente esta mesma conformação possa se reproduzir".

35. Carlos Eduardo Alves, "Cresce a pressão contra candidatura Dirceu". *Folha de S.Paulo*, 26 fev. 1994.

36. Ibid.

37. José Dirceu, op. cit., posição 4880. Segundo Dirceu, o fato de que o dinheiro era destinado à campanha nacional era de conhecimento dos dirigentes, o que fez com que vários deles considerassem desleal a acusação da esquerda, afastando alguns da Articulação de Esquerda.

38. Uma análise feita pelo pesquisador Adriano Belisário a partir de dados coletados pelo cientista político americano David Samuels mostra que, em 1994, 66% foram destinados a partidos de direita tradicionais (22% para o PP, 21% para o PMDB, 13% para o PTB e 10% para o PFL), 14% para o PSDB e apenas 8% para o PT. Disponível em: <https://public.tableau.com/app/profile/adriano3244/viz/TreemapBR/TREEMAPBR>. Acesso em: 20 mar. 2022.

39. Proposta de emenda constitucional n. 172, de 1993: "Institui regime básico unificado de previdência social e dispõe sobre regime complementar, dando nova redação aos artigos 7, 39, 61, 73, 129, 194, 195, 201 e 202 da Constituição Federal, aos artigos 58 e 59 das Disposições Constitucionais Transitórias e revogando o artigo 40, o § 10 do artigo 42, o inciso VI do artigo 93, o parágrafo único do artigo 149 e o § 8 do artigo 195".

40. Ernesto Gradell, do PSTU de São Paulo.

41. Na verdade, seria dez vezes o valor do piso de benefícios da Previdência Social. Na época, assim como hoje, esse valor é o do salário mínimo.

42. Cálculo feito com o valor do salário mínimo de agosto de 1993, quando a emenda foi apresentada (5534 cruzeiros reais) para valores de janeiro de 2022 pelo índice IIPCA do IBGE (e a Calculadora do Cidadão, disponível no site do Banco Central).

43. Entrevista com Eduardo Jorge.

44. Fernando Rodrigues, "Deputado conta que votou pela reeleição por R$ 200 mil". *Folha de S.Paulo*, 13 maio 1997. O jornal obteve gravações do deputado Ronivon Santiago, do PFL do Acre, contando a um amigo que foi subornado para votar a favor da reeleição junto com outros quatro deputados. O pagamento teria sido negociado com os governadores do Amazonas e do Acre, aliados do governo FHC.

45. A tese do "domínio do fato", criada pelo jurista alemão Claus Roxin, estabelece a culpa dos chefes de organizações criminosas nos crimes cometidos pelos membros. No julgamento

do Mensalão, escândalo de compra de votos ocorrido durante o governo Lula, a tese foi utilizada para condenar José Dirceu, chefe da Casa Civil, cuja culpabilidade foi deduzida de sua função de articular as votações das propostas do governo no Congresso. Há controvérsia entre os juristas sobre a aplicabilidade em casos em que não há prova de que o acusado de fato ofereceu suborno.

46. Nos encontros do PT, cada tendência ou grupo interno apresenta uma "tese" com propostas sobre os diferentes temas a serem tratados. A tese que conseguir mais votos é a "tese-guia", na qual os defensores das derrotadas tentam incluir alterações.

47. César Benjamin, "Por que deixo o PT". *Folha de S.Paulo*, 23 ago. 1995.

48. Entrevista com Léo Lince, sociólogo membro do grupo renovador Eurocomunista, do PCB, e que, depois de tentar reorganizar o PSB nos anos 1980, acabou entrando no PT. Tornou-se uma figura importante da esquerda petista, principalmente no Rio de Janeiro, e, nos anos 2000, aderiu ao PSOL.

49. Para a trajetória de Edson Cardoso, uma figura muito importante na história do movimento negro brasileiro, ver *Memória de Movimento Negro: Um testemunho sobre a formação do homem e do ativista contra o racismo*, São Paulo, USP, 2014, tese de doutorado. Disponível em: <https://www.teses.usp.br/teses/disponiveis/48/48134/tde-16032015-151945/publico/EDSON_LOPES_CARDOSO_rev.pdf>. Acesso em: 6 maio 2022.

50. "PT em movimento", texto apresentado ao 1º Congresso do PT.

51. O texto da emenda foi publicado na *Revista de História*, São Paulo, n. 129-131, pp. 237-42, ago.-dez. 1993 a ago.-dez. 1994. Disponível em: <http://www.etnolinguistica.org/biblio:fernandes-1993-projeto>. Acesso em: 6 maio 2022. A emenda obriga o Estado brasileiro a se empenhar na superação da desigualdade racial a partir de uma série de medidas, da criminalização do racismo à concessão em massa de bolsas de estudos para jovens negros, passando pela regularização fundiária da propriedade dos negros brasileiros.

52. Flavia Mateus Rios, op. cit., p. 64.

53. Flavia Rios, "O protesto negro no Brasil contemporâneo (1978-2010)". *Lua Nova*, São Paulo, n. 85, 2012, pp. 41-79.

54. Entrevista com Vicente Paulo da Silva. Em uma entrevista ao jornal *Em Tempo* (n. 277-8, nov.-dez. 1994), Vicentinho já ressaltava a importância da luta por igualdade racial e de sua articulação com a causa sindical.

55. Flavia Mateus Rios, op. cit., p. 58.

56. PL 1239, 21 nov. 1995. O projeto, como se pode imaginar, não foi aprovado.

57. Militantes mais radicais acreditavam (de forma correta, a propósito) que as cotas eram uma política de tipo reformista, não revolucionária. Ver sobre isso e sobre todos os outros temas discutidos nesse item, Claudete Gomes de Soares, op. cit.

58. De acordo com Trevisan, "nas grandes cidades do país, militantes misturaram-se a agentes de saúde e foram atuar diretamente nas ruas ou locais frequentados por homossexuais, lançando campanhas, promovendo debates, panfletando e distribuindo camisinhas" (João Silvério Trevisan, *Devassos no Paraíso*. Rio de Janeiro: Objetiva, 2018, p. 349). Para o autor, essas parcerias com o setor público mudaram o perfil dos grupos de defesa dos direitos LGBTQIA+: "Surgiram militantes homossexuais de perfil mais profissionalizado e mais visível na mídia, ao estilo porta-voz, atuando diretamente nas cúpulas do poder, com base em lobbies e trabalhando dentro das políticas governamentais, sobretudo na área de saúde" (p. 350).

59. Genoino conta que o tema conquistou sua atenção após se deparar com o caso de um guerrilheiro que, na cadeia, assumiu um relacionamento homossexual com outro preso e passou a ser discriminado pelos militantes.

60. Entrevista com Marta Suplicy.

61. Ibid.

62. Por exemplo, a exigência de que os partidos lançassem um determinado número de mulheres levou à inscrição de inúmeras candidatas que nunca fizeram campanha nem receberam um centavo do partido para isso, e, em alguns casos, sequer votaram em si mesmas.

63. Após deixar o PT, Marta se filiou ao PMDB. Em sua entrevista para este livro, contou que, durante um debate sobre como garantir que uma parte maior do financiamento de campanha fosse dirigida às candidatas mulheres, propôs que o dinheiro fosse entregue à Secretaria das Mulheres. Constrangidos, os pemedebistas tiveram que admitir que nunca tinham tido uma.

64. Jean Wyllys e Adriana Abujamra, *O que será: A história de um defensor dos direitos humanos no Brasil*. Rio de Janeiro: Objetiva, 2019, p. 68. Jean Wyllys foi o primeiro deputado federal abertamente gay e comprometido com a defesa dos direitos LGBTQIA+. Elegeu-se em 2010, dezesseis anos depois de Marta Suplicy. Aqui talvez caiba usar a expressão americana: Marta andou para que Jean pudesse correr.

65. Projeto de lei n. 1151, de 1995. Em seu artigo primeiro, o projeto diz: "É assegurado a duas pessoas do mesmo sexo o reconhecimento de sua união civil, visando a proteção dos direitos à propriedade, à sucessão e dos demais regulados nesta lei". Observe-se, entretanto, que o projeto tinha elementos que o diferenciavam de "só um contrato entre quaisquer dois indivíduos": por exemplo, o parágrafo segundo do artigo segundo estabelecia que, na vigência do contrato, os contratantes não poderiam mudar de estado civil. Isso só fazia sentido porque era claro que o tipo específico de contrato de que se falava era da mesma natureza de um casamento.

66. Ver, sobre isso, Luiz Mello de Almeida Neto, "Outras famílias: A construção social da conjugalidade homossexual no Brasil". *Cadernos Pagu*, Campinas, n. 24, pp. 197-225, jan.-jun. 2005.

67. Entrevista com Marta Suplicy.

68. Ibid.

69. Josias de Souza, "A bancada do preconceito". *Folha de S.Paulo*, 19 ago. 1996.

70. "Let Them Wed". *The Economist*, 6 jan. 1996.

71. Andrew Sullivan, "Here Comes the Groom: A (Conservative) Case for Gay Marriage". *The New Republic*, 28 ago. 1989.

72. Para uma história da formação do MST, ver Bernardo Mançano Fernandes, *A formação do MST no Brasil*. Petrópolis: Vozes, 2000. Ver também a entrevista de João Pedro Stédile, "O Movimento Sem-Terra". *Teoria e Debate*, n. 9, jan. 1990.

73. Segundo Mançano Fernandes, a troca de comando da polícia levou a um êxodo de pistoleiros de aluguel da Bahia (op. cit., p. 99).

74. João Pedro Stédile, op. cit.

75. Bernardo Mançano Fernandes, op. cit., p. 147.

76. Entrevista com João Pedro Stédile.

77. Bernardo Mançano Fernandes, op. cit., p. 211.

78. Ibid., p. 193.

79. Entrevista com João Pedro Stédile.

80. Citado em Bernardo Mançano Fernandes, op. cit., p. 297.

81. Gráfico retirado de Renata Cattelan, Marcelo Lopes de Moraes e Roger Alexandre Rossoni, "A reforma agrária nos ciclos políticos do Brasil (1995-2019)". *Revista NERA*, Presidente Prudente, v. 23, n. 55, set.-dez. 2020, pp. 138-64.

82. Fernando Henrique Cardoso, entrevista a Roberto Freire, Domingos Leonelli e José Genoino. *Esquerda 21*, n. 2, jan. 1996, p. 39.

83. Emanuel Neri e Luis Henrique Amaral, "PT 'corre atrás' da visibilidade do MST". *Folha de S.Paulo*, 17 mar. 1997. A matéria trata do esforço de lideranças petistas para participar dos atos do movimento, que vinham se tornando mais populares.

84. Entrevista em off.

85. Clodomir Morais foi uma importante liderança das Ligas Camponesas, movimento social de trabalhadores rurais que teve papel importante nos dez anos que antecederam o golpe de 1964.

86. Entrevista com João Pedro Stédile.

87. FHC foi um dos participantes da Conferência pela Governança Progressista no Século XXI, realizada em Florença em novembro de 1999, junto com Tony Blair, Bill Clinton, Massimo D'Alema, Gerard Schröder, Lionel Jospin e António Guterres, líder socialista português que, no momento em que este livro é escrito, ocupa o cargo de secretário-geral da ONU.

88. Para uma análise desse processo, ver Fernando Luiz Abrucio, "A coordenação federativa no Brasil: A experiência do período FHC e os desafios do governo Lula". *Revista de Sociologia e Política*, Curitiba, n. 24, 2005, pp. 41-67. Disponível em: <https://doi.org/10.1590/S0104-44782005000100005>. Acesso em: 30 nov. 2021.

89. Para alguns trabalhos nessa linha, vale conferir os clássicos *Executivo e Legislativo na nova ordem constitucional*, de Argelina Cheibub Figueiredo e Fernando Limongi (Rio de Janeiro: Editora FGV, 1999), e *Making Brazil Work: Checking the President in a Multiparty System*, de Marcus André de Melo e Carlos Pereira (Londres: Palgrave MacMillan, 2013).

90. "Gauche brahmane contre droite marchande: Hausse des inégalités et transformation des clivages politiques en France", aux États-Unis et au Royaume-Uni, 1948-2020. Em Amory Gethin, Clara Martínez-Toledano e Thomas Piketty. *Clivages politiques et inégalités sociales: Un étude de 50 démocraties (1948-2020)*. Paris: Seuil, 2021, pp. 90-136.

91. Amory Gethin e Marc Morgan, "Démocratie et politisation des inégalités au Brésil, 1989-2018". Em Amory Gethin, Clara Martínez-Toledano e Thomas Piketty, op. cit., cap. 14, em especial p. 436.

92. Para uma análise que relaciona a crise da democracia contemporânea à dos partidos trabalhistas, ver Adam Przeworski, *Crises da democracia*. São Paulo: Zahar, 2020.

10. A PROFISSIONALIZAÇÃO [pp. 209-29]

1. Fernando Henrique Cardoso, "Discurso de despedida do Senado Federal: Filosofia e diretrizes de governo". Brasília, Presidência da República, Secretaria de Comunicação Social, 1995, p. 10.

2. Em uma viagem à Malásia, no começo de seu governo, FHC anotou em seu diário: "A Malásia deu um salto que nós não demos". Em *Diários da presidência*. v. 1. São Paulo: Companhia das Letras, 2015, p. 373.

3. Como notou o prêmio Nobel de economia Joseph Stiglitz, o governo podia medir o sucesso de suas políticas de incentivo pelo desempenho das empresas no mercado mundial. O mercado interno não oferece o mesmo tipo de informação porque altos lucros podem refletir apenas poder de monopólio. Em "Some Lessons from the East Asian Miracle". *The World Bank Research Observer*, Oxford, v. 11, n. 2, p. 169, ago. 1996.

4. Como notou o economista Dani Rodrik, os tigres asiáticos são uma espécie de teste de Rorschach para economistas: cada um vê ali o que quer. Países como a Coreia tiveram política industrial, alto desenvolvimento público em educação e câmbio desvalorizado, coisas de que a esquerda gosta. Mas também se integraram fortemente na economia mundial, investiram pouco em Estado de bem-estar social (previdência, por exemplo) e mantiveram as contas públicas sob controle. É difícil saber se foram os elementos "ortodoxos" ou os "heterodoxos" que causaram o sucesso coreano. Em "East Asian Mysteries: Past and Present". *NBER Reporter*, Cambridge, MA, n. 2, pp. 7-11, jun. 1999.

5. Embora o governo FHC tenha se notabilizado por uma política econômica liberal, o PSDB sempre teve uma ala "desenvolvimentista" (que não era, necessariamente, de esquerda). Durante todo o primeiro mandato tucano, as disputas entre a equipe econômica e os desenvolvimentistas, como José Serra e Luiz Carlos Mendonça de Barros, foram muito intensas e terminaram com a vitória dos liberais.

6. Aloizio Mercadante, "O real e a Belíndia". *Folha de S.Paulo*, 17 jul. 1994.

7. Economistas do PT tinham clareza sobre o risco de a desvalorização cambial causar queda do salário real. Ver, por exemplo, Pedro Paulo Zahluth Bastos. "A economia política do novo desenvolvimentismo e do social desenvolvimentismo". *Economia e Sociedade*, Campinas, v. 21, número especial, dez. 2012, p. 793: "É bastante provável que a recessão e desvalorização cambial provoquem uma redução significativa do salário real".

8. Pedro Soares, "País privatizou 165 empresas entre 1991 e 2002". *Folha de S.Paulo*, 21 dez. 2004. Disponível em: <https://www1.folha.uol.com.br/fsp/dinheiro/fi2112200423.htm>. Acesso em: 20 mar. 2022.

9. Em *Capitalismo de laços: Os donos do Brasil e suas conexões*. Rio de Janeiro: Elsevier, 2011.

10. Fenômeno análogo ocorreu após as privatizações na República Tcheca. Ver, a esse respeito, Pavel Mertlik, "Privatização tcheca: De propriedade pública a propriedade pública em cinco anos?". *Estudos Avançados*, São Paulo, Instituto de Estudos Avançados da USP, v. 10, n. 28, set.-dez. 1996, pp. 103-22.

11. Fernando Rodrigues e Elvira Lobato, "Diretor do Banco do Brasil tenta adiar prazo de entrega de cartas de fiança para viabilizar negócios". *Folha de S.Paulo*, 25 maio 1999.

12. As suspeitas de irregularidade não acabaram depois da venda das empresas. Em um conflito célebre, o banqueiro Daniel Dantas, que comprou a empresa de telefonia objeto dos "grampos do BNDES", conseguiu convencer a Previ, o fundo de pensão dos funcionários do Banco do Brasil, a se aliar a ele contra seus sócios canadenses, que acabaram se retirando da sociedade. Os canadenses foram pegos de surpresa porque não havia motivo econômico razoável para que a Previ se aliasse a Dantas — que logo assumiu o controle da empresa e deixou a Previ de lado, comprando uma briga feia com dirigentes petistas próximos do sindicato dos funcionários do Banco do Brasil. Em seu relato sobre o caso, Lazzarini conta que "até hoje não se consegue explicar" o apoio da Previ a Dantas, e os diretores envolvidos foram afastados do fundo.

13. A ideia foi proposta pelo sociólogo Francisco de Oliveira, um dos grandes intelectuais do PT nas décadas de 1980 e 1990, que rompeu com o partido durante o governo Lula. Segundo Oliveira, "é isso que explica recentes convergências pragmáticas entre o PT e o PSDB, o aparente paradoxo de que o governo de Lula realiza o programa de FHC, radicalizando-o: não se trata de equívoco, nem de tomada de empréstimo de programa, mas de uma verdadeira nova classe social, que se estrutura sobre, de um lado, técnicos e economistas *doublés* de banqueiros, núcleo duro do PSDB, e trabalhadores transformados em operadores de fundos de previdência, núcleo duro do PT". Em *Crítica à razão dualista/ O ornitorrinco*. São Paulo: Boitempo, 2003, p. 147.

14. Álvaro Bianchi e Ruy Braga, "Brazil: The Lula Government and Financial Globalization". *Social Forces*, Oxford, v. 83, n. 4, pp. 1745-62, jun. 2005.

15. Entrevista com Milton Temer.

16. Temer já era próximo do PCB por relações familiares: seu pai era comunista.

17. *Encontros com a Civilização Brasileira*, Rio de Janeiro, n. 9, pp. 33-47, 1979.

18. Entrevista com Milton Temer.

19. Ibid.

20. Ibid.

21. Camila Moraes, "Quando o PT estava do outro lado: Sigla lidera pedidos de impeachment". *El País Brasil*, 18 abr. 2016. Disponível em: <https://brasil.elpais.com/brasil/2016/04/18/politica/1460937256_657828.html>. Acesso em: 20 mar. 2022.

22. Ver Sérgio Praça, "Corrupção e reforma institucional no Brasil, 1988-2008". *Opinião Pública*, Campinas, n. 17, 2011, pp. 137-62. Analisando a delação de Cláudio Melo Filho, um ex-funcionário da empreiteira Odebrecht, oferecida no âmbito da Operação Lava Jato, o cientista político Fernando Limongi notou que a reação institucional contra o escândalo dos anões levou a uma mudança nas estratégias do cartel das empreiteiras. Ver Fernando Limongi. "From Birth to Agony: The Political Life of Operation Car Wash (Operação Lava Jato)". *University of Toronto Law Journal*, Toronto, n. 71, suplemento 1, pp. 151-73, 2021.

23. Entrevista com José Genoino. As Adins são ações diretas de inconstitucionalidade, impetradas junto ao Supremo Tribunal Federal. Para o seu uso como manifestação da "judicialização da política", ver Luiz Werneck Viana, Marcelo Baumann Burgos e Paula Martins Salles, "Dezessete anos de judicialização da política". *Tempo Social*, São Paulo, v. 19, n. 2, pp. 39-85, 2007.

24. Fernando Henrique Cardoso, *Diários da presidência*. v. 4. São Paulo: Companhia das Letras, 2019, p. 167.

25. Ibid., p. 284.

26. Informação passada ao autor, em off, por um procurador da Lava Jato.

27. Luiz Maklouf Carvalho, "Petista revela esquema de corrupção do partido". *Jornal da Tarde*, 26 maio 1997.

28. Esse tipo de contratação é permitido quando o serviço é altamente especializado e, portanto, não seria possível encontrar várias empresas concorrentes para disputar a licitação.

29. Um dos autores do projeto de Constituição do PT, Cardozo se destacou como político pelo combate à corrupção. Como vereador, denunciou a "Máfia das Propinas" na prefeitura de São Paulo. Foi ministro da Justiça de Dilma Rousseff durante a Operação Lava Jato e é reconhecido — ou, conforme o caso, denunciado — por ter deixado a operação correr sem interferência.

30. Membro do Ministério Público, Bicudo também teve atuação destacada no combate à corrupção. Foi vice-prefeito de Marta Suplicy entre 2001 e 2004, apesar de, como católico, opor-se

à proposta de igualdade matrimonial da prefeita. Em 2016, foi um dos autores do pedido de impeachment de Dilma Rousseff.

31. Sobre o trabalho da Comissão de Ética e suas conclusões, ver José Eduardo Cardozo, "O caso CPEM". *Teoria e Debate*, 1º jul. 1997.

32. A *Folha de S.Paulo* apurou que, em seu depoimento, Venceslau "não sustentou suas acusações de 'conivência' contra o líder petista". Em Patricia Zorzan, "Relatório inocenta Lula e PT no caso CPEM". *Folha de S.Paulo*, 22 jul. 1997.

33. No documentário *O caso Celso Daniel* (Globoplay, 2022), Gilberto Carvalho admite que havia corrupção na prefeitura de Santo André. Já no documentário *Libelu — Abaixo a ditadura*, Antonio Palocci, ex-prefeito de Ribeirão Preto, declara que "eu fiz seis campanhas e ganhei as seis. Pode ser que se não fizesse caixa 2, eu não tivesse ganhado nenhuma. Mas talvez eu tivesse sido uma pessoa melhor".

34. Segundo Daniel Zovatto, entre 1980 e 2014, só houve dois casos em que o presidente foi candidato à reeleição e perdeu (Nicarágua em 1990 e República Dominicana em 2004). In "Reelection, Continuity and Hyper-Presidentialism in Latin America". Brookings Institution, 12 fev. 2014. Disponível em: <https://www.brookings.edu/opinions/reelection-continuity-and-hyper-presidentialism-in-latin-america/>. Acesso em 9 maio 2022.

35. Entrevista a Eliane Cantanhêde e Raymundo Costa, "Lula admite aliança com Antônio Ermírio". *Folha de S. Paulo*, 29 set. 1997.

36. Entrevista com Gilberto Carvalho.

37. Entrevista a Eliane Cantanhêde e Raymundo Costa, "Lula admite aliança com Antônio Ermírio". *Folha de S.Paulo*, 29 set. 1997.

38. "Em outubro de 1997, o deputado carioca Milton Temer fez uma denúncia: os moderados do PT, em uma reunião em agosto, teriam aconselhado Lula a não concorrer em 1998. Em face do que ocorreu nos meses seguintes, é bom lembrar que, na mesma matéria, Temer também 'denunciou' os moderados fluminenses do partido por sugerirem que Ciro Gomes, e não Brizola, fosse o vice de Lula." Em Murilo Fiuza de Melo, "Temer denuncia ação anti-Lula". *Jornal do Brasil*, 31 out. 1997.

39. O autor deste livro morou no Rio de Janeiro durante o primeiro e parte do segundo mandatos de Brizola. No segundo, fui assaltado três vezes na rua, uma delas pela polícia (ou por criminosos disfarçados de policiais). Pode-se discutir se o aumento da criminalidade foi causado pelas políticas brizolistas ou pela crise econômica, mas o efeito sobre sua popularidade foi enorme.

40. No Rio Grande do Sul, onde o brizolismo também era forte, a convivência entre PT e PDT também foi difícil por muitos anos. A aliança do Rio de Janeiro talvez parecesse mais fácil aos olhos dos dirigentes paulistas, que nunca haviam disputado nada com o brizolismo. Note-se, entretanto, que, embora Brizola tivesse suas falhas, o PT também lhe fazia oposição mais dura do que seria razoável.

41. Dora Kramer, "Garotinho pensa alto". *Jornal do Brasil*, 19 maio 1998. No momento em que este livro é escrito, Wladimir Garotinho é o prefeito de Campos dos Goytacazes.

42. Os pré-candidatos eram duas importantes lideranças negras: Jurema Batista, líder dos moradores do Morro do Andaraí, e Edson Santos, ex-líder estudantil oriundo do PCdoB. A direção havia fechado acordo com Batista, que garantiria os votos necessários para vencer Vladimir, mas também era próxima de Santos. O grupo de Santos se aliou a Vladimir para aprovar

que o voto na convenção seria secreto. O grupo de Batista viu nisso sinais de que seria traído pelo Campo Majoritário e votou em Vladimir.

43. Em depoimento à jornalista Dora Kramer, do *Jornal do Brasil*, Brizola disse que o acordo com o PT já deveria ter acontecido em 1996, mas "o Alencarzinho" (Chico Alencar) teria descumprido o prometido. ("Brizola adverte PT". *Jornal do Brasil*, 19 mar. 1998). Alencar, que achou o apelido engraçado, tinha sua própria história com o brizolismo. Às vésperas da eleição de 1996, em que por pouco Alencar não foi para o segundo turno, uma pesquisa foi publicada indicando uma grande recuperação do candidato brizolista, Miro Teixeira. Alencar sempre suspeitou que isso fez com que alguns eleitores optassem pelo voto útil em Miro, considerado um candidato mais competitivo no segundo turno. Quando as urnas foram abertas, nada do que a pesquisa disse se confirmou. Até hoje, muita gente no PT do Rio de Janeiro acha que a pesquisa era falsa.

44. "PT terá candidato próprio no Rio". *Jornal do Brasil*, 27 abr. 1998.

45. José Mitchell, "Lula exige que Rio reveja posição". *Jornal do Brasil*, 1º maio 1998.

46. Murilo Fiuza de Melo, "Tucanos comemoram". *Jornal do Brasil*, 27 abr. 1998.

47. Em 1986, quando os petistas da Bahia queriam apoiar Valdir Pires, do PMDB progressista, e em 1994, quando o PT cearense queria apoiar o tucano Tasso Jereissati. Note que, nos dois casos, a esquerda petista apoiou a intervenção contra a ampliação das alianças.

48. Murilo Fiuza de Melo, "PT revoga a candidatura de Vladimir". *Jornal do Brasil*, 10 maio 1998.

49. Declaração ouvida pelo líder brizolista Vivaldo Barbosa, contada em entrevista para este livro. O baixo potencial de Brizola para atrair os votos que o PT não tinha ficou claro durante a campanha de 1998, quando, segundo o historiador Lincoln Secco, Lula e José Dirceu tiveram que pedir que Brizola baixasse o tom das críticas ao governo (op. cit., p. 190, nota 76).

50. Fernando Henrique Cardoso, *Diários da presidência*. v. 2. São Paulo: Companhia das Letras, 2016, p. 16.

51. Fernando Henrique Cardoso, *Diários da presidência*. v. 3. São Paulo: Companhia das Letras, 2017, p. 47.

52. Não chegava a ser ultrassecreto: uma resolução política adotada no Encontro Nacional do PT de 1997, realizada no Hotel Glória, no Rio de Janeiro, dizia: "Poderemos ter, inclusive, uma grave crise cambial, antes ou, mais provável, depois das eleições de 1998, a exemplo do México". Em "Resoluções políticas", 1997, p. 6. Disponível em: <https://fpabramo.org.br/csbh/wp-content/uploads/sites/3/2017/04/03-resolucoespoliticas.pdf>. Acesso em: 20 mar. 2022.

53. Em seus diários, FHC termina as anotações do dia em que a desvalorização gradual foi anunciada com a frase *"les jeux sont faits"*, o jogo foi feito. Diante da reação muito ruim do mercado, anotou, no dia seguinte: "Os jogos aconteceram e nós perdemos a primeira rodada". Em Fernando Henrique Cardoso, *Diários da presidência*. v. 3, op. cit., p. 49.

54. Sobre isso, ver Cláudio G. Couto e Fernando Abrucio, "O segundo governo FHC: Coalizões, agendas e instituições". *Tempo Social*, São Paulo, n. 15, v. 2, pp. 269-301, nov. 2003.

55. Tarso Genro, "Por novas eleições presidenciais". *Folha de S.Paulo*, 25 jan. 1999.

56. Em 26 de agosto de 1999, houve uma grande marcha em Brasília que ficou conhecida como "Marcha dos 100 mil". Os manifestantes protestavam contra as denúncias de corrupção na privatização das empresas de telecomunicação e pediam uma CPI para investigar a participação de FHC no episódio. Bandeiras e cânticos com "Fora, FHC" tiveram mesmo ampla circulação,

mas, ao contrário da impressão que se tinha a partir dos discursos da esquerda petista, não havia consenso sobre a conveniência de afastar o presidente. Segundo a *Folha de S.Paulo*, "os organizadores não conseguiram unificar as reivindicações. Manifesto escrito na véspera por CUT, MST e UNE pede o impeachment de FHC, mas não foi assinado por PT, PSB, PDT, PCB e PCdoB. Uma nota da CNBB não fala em afastamento". Em "75 mil protestam contra FHC". *Folha de S.Paulo*, 27 ago. 1999.

57. *Em Tempo*, nov.-dez. 1999.

58. Talvez alguns membros da esquerda do partido achassem que a crise da desvalorização cambial de 1999 criaria as condições para algo como o *"¡que se vayan todos!"*, onda de protestos que aconteceu na Argentina após a desvalorização de 2001. No entanto, em novembro de 1999 já estava claro que os piores cenários econômicos projetados não se confirmariam, e uma tímida recuperação começava.

59. Entrevista com José Dirceu.

60. De acordo com Lincoln Secco: "De toda maneira, se alguém foi o maior responsável por obrigar o PT a fazer o seu *aggiornamento*, foi ele" (op. cit., p. 200).

61. Entrevista com Fernando Henrique Cardoso.

62. Luís Henrique da Silveira, ex-governador de Santa Catarina e senador.

63. Roberto Requião, ex-governador do Paraná e senador.

64. Jader Barbalho, ex-governador do Pará e senador.

65. Orestes Quércia, ex-governador de São Paulo.

66. Ex-governador da Paraíba e senador.

67. Em 2001, o PFL propôs uma candidata própria à presidência, Roseana Sarney, governadora do Maranhão e filha do ex-presidente José Sarney (que era do PMDB). Roseana cresceu muito nas pesquisas e parecia que se tornaria a "anti-Lula" de 2002. Entretanto, uma operação da Polícia Federal encontrou dinheiro de origem inexplicável em uma empresa de seu marido, e as fotos tiveram grande impacto sobre a opinião pública. O PFL sempre atribuiu a operação aos aliados de José Serra, candidato tucano em 2002, o que os levou a, na prática, liberar seus quadros para apoiarem quem quisessem.

68. Se a negociação com o PL de Alencar tivesse fracassado, o vice de Lula em 2002 teria sido o ex-prefeito de Belo Horizonte Patrus Ananias.

69. Entrevista com José Maria de Almeida.

70. Ao saber da aliança, Fernando Henrique Cardoso anotou em seu diário: "O Lula conseguiu fazer aliança com o Partido Liberal, é o cúmulo. Partido Liberal, *Liberal*, com esse nome, fora o bando de corruptos que há lá, e os pastores que lá estão, que também não são de brincadeira" (*Diários da presidência*. v. 4, op. cit.). O Partido Liberal fazia parte da base de apoio ao governo FHC.

71. Lula venceu com 86% dos votos, sem ter que fazer qualquer campanha. Suplicy tinha todo o direito de concorrer em prévias, mas é difícil entender o que o levou a fazê-lo. A esquerda petista, que teria mais motivos para disputar com Lula, chegou a cogitar lançar o prefeito de Belém, Edmilson Rodrigues, mas desistiu.

72. Em um discurso proferido na Câmara dos Deputados pedindo que o PT de Alagoas não fosse obrigado a acompanhar a aliança nacional, Heloísa Helena deixou clara a sua posição: "O problema é de limite. Não temos nenhuma condição de fazer aliança em Alagoas com alguns tipinhos desqualificados, moleques de usineiros, pessoas capazes de agredir a mim e a meus

companheiros do PT da forma mais vil, covarde, preconceituosa. Não temos condição de fazer aliança com indiciados na CPI do Narcotráfico" (*Em Tempo*, jul.-ago. 2002). O PL de Alagoas, realmente, não era fácil.

73. Entrevista com José Dirceu.

74. Paulo Celso Ferreira, "Roberto Jefferson diz que mensalão começou na Alerj". *Jornal do Brasil*, 21 jun. 2005.

75. Uma reportagem do *Estadão* mostrou que as diversas iniciativas de microcrédito nas prefeituras petistas tinham um índice de inadimplência de apenas 3% a 4%. Ver "Microcrédito ofertado pelo PT tem inadimplência entre 3% e 4%". *O Estado de S. Paulo*, 2 jul. 2003.

76. Criado pela prefeita de São Paulo Marta Suplicy em 2004, a partir de uma proposta que o PT apresentava em todas as eleições paulistas desde 1992, o Bilhete Único é um sistema de passagem eletrônica em que o usuário paga apenas uma vez por todos os meios de transporte público utilizados durante certo período. Foi uma forma de resolver o problema dos trabalhadores pobres que precisavam pegar dois ou três ônibus diferentes para chegar ao trabalho.

77. O aprendizado nos governos estaduais foi muito mais difícil. Em 1994, o PT elegeu dois governadores, Cristovam Buarque, no Distrito Federal, e Vitor Buaiz, no Espírito Santo. As duas gestões foram marcadas por tensões com o partido: "Naquela época, eu não fazia nada a não ser viajar de Vitória para Brasília, de Brasília para Vitória, só resolvendo problema", conta Dirceu. Buaiz sofreu com desequilíbrios fiscais severos, em parte causados pela decisão de dar um aumento muito grande para todo o funcionalismo logo no começo do mandato. Foi duramente criticado pela esquerda petista e acabou deixando o partido antes do fim do mandato, quando abandonou a política.

78. Resoluções do 12º Encontro Nacional do PT, disponível em: <https://fpabramo.org.br/csbh/wp-content/uploads/sites/3/2017/04/02-resolucoes-xii-encontro.pdf>. Acesso em: 20 mar. 2022.

79. Mais especificamente, o Grupo de Atuação Especial de Repressão ao Crime Organizado (Gaeco), de Santo André, em especial os procuradores José Reinaldo Guimarães Carneiro e Roberto Wider Filho.

80. Silvio Navarro, *Celso Daniel: Política, corrupção e morte no coração do PT*. Rio de Janeiro: Record, 2016, p. 18.

81. *O caso Celso Daniel*. Globoplay, 2022. O depoimento começa no minuto 49 do oitavo episódio.

82. "O arranjo tinha o objetivo de alçar o vereador Raulino Lima, ex-metalúrgico, a uma cadeira de deputado federal, derrotando internamente os apoiadores de Professor Luizinho, nome que ganhava força na cidade, respaldado por José Dirceu. Na prática, a ascensão de Luizinho era um problema para o triunvirato Klinger-Sombra-Ronan" (Silvio Navarro, op. cit., p. 170). Klinger Oliveira Souza é ex-secretário da prefeitura e foi preso por corrupção em 2018. O empresário Ronan Maria Pinto foi preso por corrupção em 2017.

83. O próprio Sombra, assim como outros integrantes do partido, foi condenado por corrupção em 2015.

84. Pedro Araujo, "Na data da morte de Marielle, perfis bolsonaristas usam as redes para relembrar o caso Celso Daniel". Sonar, *O Globo*, 14 mar. 2022.

85. Fernando Henrique Cardoso não achava que o problema era só Lula. Além da especulação, considerava também que o governo havia cometido "manejos precipitados de política monetária". Em *Diários da presidência*. v. 4, op. cit., p. 1288.

86. Para a tentativa de aproximação do PT com o governo americano em 2002, ver Matias Spektor, *18 dias: Quando Lula e FHC se uniram para conquistar o apoio de Bush*. Rio de Janeiro: Objetiva, 2014; Otávio Cabral, *Dirceu: A biografia. Do movimento estudantil a Cuba, da guerrilha à clandestinidade, do PT ao poder, do palácio ao mensalão*. Rio de Janeiro: Record, 2013, cap. 13; José Dirceu, op. cit., cap. 25.

87. Entrevista com Fernando Henrique Cardoso.

88. "Carta ao povo brasileiro", 22 jun. 2002. Disponível em: <https://fpabramo.org.br/wp-content/uploads/2010/02/cartaaopovobrasileiro.pdf>. Acesso em: 20 mar. 2022.

89. "Ninguém precisa me ensinar a importância do controle da inflação. Iniciei minha vida sindical indignado com o processo de corrosão do poder de compra dos salários dos trabalhadores."

90. "Vamos preservar o superávit primário o quanto for necessário para impedir que a dívida interna aumente e destrua a confiança na capacidade do governo de honrar os seus compromissos."

91. Veja, por exemplo, este trecho das resoluções do encontro do Hotel Glória, de 1997: "A vitória dos Trabalhistas no Reino Unido, independente da discussão sobre o tipo de programa aplicado, tem um significado simbólico forte e positivo para os setores populares. Mais importante foi a vitória dos socialistas franceses, em aliança com os verdes, os comunistas e personalidades independentes. Foi a mais dura derrota da direita conservadora neoliberal" (item 70).

92. Entrevista em off.

11. A SOCIAL-DEMOCRACIA PETISTA [pp. 230-52]

1. Os últimos dias da campanha de 2002 foram retratados no excelente documentário *Entreatos*, de João Moreira Salles.

2. A regra da alternância, proposta por Przeworski, Cheibub e Alvarez para identificar democracias, tem o seguinte pressuposto: existem sistemas democráticos em que o mesmo partido vence eleições limpas muitas vezes seguidas. Mas até que ele perca, não sabemos se o sistema, de fato, garante a alternância no poder. Não são raros os casos em que um partido respeita a democracia até o dia em que perde a primeira eleição. Ver Adam Przeworski, José Antonio Cheibub e Michael E. Alvarez, *Democracy and Development: Political Institutions and Well-Being in the World, 1950-1990* (Cambridge: Cambridge University Press, 2000).

3. Itamar Franco havia sido reeleito senador em 1982. Em 1986, Collor se elegeu governador de Alagoas e Fernando Henrique Cardoso se elegeu senador, todos pelo PMDB.

4. Entrevista em off.

5. Após a eleição de 2002, o PT passou a ter noventa deputados, o que, somado aos dos aliados de esquerda (doze do PCDOB, 23 do PSB, quinze do PPS, 21 do PDT, cinco do PV), chegava a 166 deputados. PSDB e PFL elegeram, respectivamente, 71 e 84 deputados. Esses são resultados de logo depois da eleição: parlamentares mudaram de legenda pouco tempo depois.

6. Nas palavras de um membro do governo que apoiava a aproximação, "Nós tínhamos boas conversas com alguns grandes nomes do PSDB, mas não com o partido, como instituição". Entrevista em off.

7. Entrevista com Gilberto Carvalho. Cabe uma observação: em 2022, Lula concorre à eleição presidencial com uma proposta centrista e um ex-tucano de peso, Geraldo Alckmin, como candidato a vice-presidente. O depoimento de Carvalho não é uma racionalização desse processo: foi dado em março de 2020, quando o PT ainda não tinha realizado essa virada para o centro.

8. Um ex-ministro com pouca simpatia por Dirceu confirmou, em off, que Lula de fato havia autorizado a aliança.

9. Entrevista com José Dirceu.

10. A história seguinte me foi contada por um ministro próximo de Lula. Ela também chegou aos ouvidos de Fernando Henrique Cardoso, que, em um dos últimos registros de seus *Diários da presidência*, escreveu: "Agora já está revelado com clareza o que está por trás da manobra. O PT espera que um novo grupo ganhe dentro do PMDB para, lá para o fim do ano, fazer um acordo, é o que dizem". *Diários da presidência*, v. 4, op. cit., p. 1037.

11. "A Agenda Perdida: Diagnósticos e propostas para a retomada do crescimento com maior justiça social". Disponível em: <www.columbia.edu/~js3317/JASfiles/AgendaPerdida. pdf>. Acesso em: 22 jun. 2022. Inicialmente, o documento havia sido encomendado pelo senador Tasso Jereissati para a campanha presidencial de Ciro Gomes, de quem Jereissati era muito próximo. Roberto Mangabeira Unger, coordenador do programa de governo de Ciro, vetou a utilização do documento pela campanha. Antes do contato de Scheinkman, Lisboa havia participado de discussões sobre o programa de Serra com economistas ligados ao PMDB, mas considerou a experiência frustrante.

12. Entrevista com Marcos Lisboa.

13. Ibid.

14. Entrevista em off com um membro da equipe econômica.

15. Entrevista em off com um segundo membro da equipe econômica.

16. Segundo o futuro ministro da Fazenda petista Nelson Barbosa,

> Em termos retrospectivos, o grande aumento de endividamento público sob FH foi o preço da estabilização. Era preciso uma âncora cambial para a reforma monetária do Real e isso requereu elevadas taxas de juro real durante o governo tucano. Talvez o aumento da dívida não precisasse ser tão alto, se o governo não tivesse praticado o 'estelionato cambial' de 1998, mas, como não existe história contrafactual, nunca saberemos a alternativa. Sabemos apenas o custo fiscal de defender a âncora cambial entre o final de 1997 e início de 1999.

"Relembrando a evolução recente da dívida líquida". Blog do Ibre, 23 out. 2020. Disponível em: <https://blogdoibre.fgv.br/posts/relembrando-EVOLUCAO-recente-da-divida-liquida>. Acesso em: 22 jun. 2022.

17. Entrevista com Guido Mantega.

18. Ibid. Segundo Mantega, ser ministro do Planejamento no começo do governo Lula era muito difícil. Uma de suas funções era discutir os aumentos do funcionalismo. Não havia como dar aumentos, mas, em um governo do PT, era necessário receber todos os sindicatos e ouvir todas as suas reclamações.

19. Como me disse, em off, um participante do debate, "Pô, olha só o que já estava sendo classificado como heterodoxo".

20. Uma parte do crescimento desse número no final do governo FHC pode ser atribuída à subida do dólar em função do medo da eleição de Lula. Mas é pouca coisa: a trajetória foi ascendente em todo o mandato FHC, teve uma breve queda em 1999, e já vinha subindo desde 2000.

21. Antonio Palocci, *Sobre formigas e cigarras*. Rio de Janeiro: Objetiva, 2007, p. 103.

22. No ano seguinte, a revisão periódica do IBGE, que acontece todo ano, indicou que o Brasil havia crescido 0,5% em 2003. Uma mudança posterior de metodologia no cálculo do PIB elevou esse valor para 1,1%.

23. Gabriela Athias, "Economista do PT faz críticas à política social de Palocci". *Folha de S.Paulo*, 21 abr. 2003.

24. "Crítica de petistas é infantil, diz Palocci". *Folha de S.Paulo*, 9 abr. 2004.

25. "Confused: A Mind-Boggling Campaign", *The Economist*, 21 ago. 2004. No original:

> Roberto Freire of the Popular Socialist Party, another refractory Lula ally, endorsed Mrs. Suplicy's [Marta Suplicy, candidata do PT à reeleição como prefeita de São Paulo] leading rival, José Serra. Mr. Freire complains that Lula is slavishly following the policies of his predecessor, Fernando Henrique Cardoso. Confusingly, Mr. Serra ran for president in 2002 as Mr. Cardoso's heir.

26. Entrevista com José Carlos Miranda. Sobre a Argentina de Kirchner, vale registrar a opinião do economista de Harvard Dani Rodrik, que foi simpático às políticas econômicas de Kirchner que levaram ao câmbio desvalorizado. Escrevendo em 2008, Rodrik lamentava que os ganhos obtidos por essa política estavam sendo desperdiçados por desequilíbrio fiscal e uma aceleração da inflação. Disponível em: <https://rodrik.typepad.com/dani_rodriks_weblog/2008/04/will-argentina.html>. Acesso em: 22 jun. 2022. O argumento de Rodrik ilustra como a afinidade entre desenvolvimentismo e gasto público alto é menor do que se pensa, ao contrário do que parece achar boa parte da esquerda brasileira.

27. "Especial FSM — 2005: O ano em que Chávez foi ovacionado". Disponível em: <http://forumsocialportoalegre.org.br/2015/11/30/especial-fsm-2005-o-ano-em-que-chavez-foi-ovacionado>. Acesso em: 22 jun. 2022. O Fórum Social Mundial foi uma resposta dos movimentos "alterglobalistas", críticos da globalização neoliberal ao Fórum Econômico Mundial de Davos, que reunia a elite financeira e política do mundo para discutir problemas globais na Suíça. O FSM foi realizado em Porto Alegre por muitos anos, confirmando o status que a cidade teve na esquerda mundial depois do sucesso de seguidas administrações petistas. Lula era o único estadista que frequentava regularmente os dois fóruns.

28. Ver Carolina Botelho Marinho da Cunha Hecksher, *Como viabilizar reformas politicamente improváveis? Mudanças da previdência nos governos FHC e Lula*. Rio de Janeiro: Universidade do Estado do Rio de Janeiro, 2015. Tese (Doutorado).

29. André Portela Souza, Hélio Zylberstajn, Luís Eduardo Afonso, Priscilla Matias Flori, "Resultados fiscais da reforma de 2003 no sistema de previdência social brasileiro". *Pesquisa e Planejamento Econômico*, Brasília, v. 36, n. 1, abr. 2006. Disponível em: <http://repositorio.ipea.gov.br/handle/11058/3370>. Acesso em: 22 jun. 2022. "Lula's Great Pension Battle", *The Economist*, 3 abr. 2003.

30. "Lula ameaça rebeldes e diz que PT esquece 'peãozada'", *Folha de S.Paulo*, 30 abr. 2003.

31. Note-se, entretanto, que o valor correspondia a dez salários mínimos, mas não foi formalmente vinculado ao valor do salário mínimo. Se isso tivesse sido feito, teria sido virtualmente impossível aumentar o salário mínimo dali em diante sem quebrar as contas da Previdência.

32. Sobre isso, ver Carlos Ranulfo Melo; Fátima Anastasia, "A reforma da previdência em dois tempos", *Dados — Revista de Ciências Sociais*, Rio de Janeiro, v. 48, n. 2, pp. 301-32, 2005.

33. Hecksher, op. cit., pp. 90-1.

34. Daniel Bensaïd, *An Impatient Life: A Memoir*. Londres: Verso, 2015, p. 637.

35. Sobre isso, ver Flávio Sposto Pompêo, "As origens do PSOL", *Revista Urutágua*, Maringá, n. 12, abr.-maio-jun.-jul. 2007.

36. Larry Rohter, "Brazilian Leader's Tippling Becomes National Concern", *New York Times*, 9 maio 2004.

37. Diogo Mainardi, *Lula é minha anta*. Rio de Janeiro: Record, 2007.

38. Para um trabalho que discute os efeitos das condições externas sobre os governos petistas (em especial sobre o governo Dilma), ver Tony Volpon, *Pragmatismo sob coerção: Petismo e economia em um mundo de crises*. Rio de Janeiro: Alta Books, 2019. Volpon foi crítico do primeiro governo Dilma e diretor de Assuntos Internacionais do Banco Central no segundo.

39. Outros índices que medem as condições externas da economia mostram resultado semelhante. O índice GET, criado pelos cientistas políticos Daniela Campello e Cesar Zucco, apresentou grande elevação na Era Lula. O índice combina o índice da UNCTAD (quanto maior, melhor para o Brasil) com a taxa de juros americana (quanto menor, melhor para o Brasil). Sobre isso, ver *The Volatility Curse: Exogenous Shocks and Representation in Resource-Rich Democracies* (Cambridge: Cambridge University Press, 2021).

40. Sobre isso, ver Luiz Carlos Bresser-Pereira. "Taxa de câmbio, doença holandesa e industrialização", *Cadernos FGV Projetos*, Rio de Janeiro, v. 5, n. 14, pp. 68-73, 2010.

41. Entrevista com Nelson Barbosa. A piada é com o conceito de "austeridade expansionista", que circulou nos anos após a grande crise financeira de 2008: a ideia era de que uma contração fiscal melhoraria as condições da economia no futuro, os agentes econômicos perceberiam que isso aconteceria, e começariam a investir logo agora. Na verdade, políticas de austeridade foram implementadas na Europa cedo demais depois da crise, agravando muito a instabilidade.

42. Entrevista com José Genoino.

43. Ibid.

44. Entrevista em off.

45. Marcelo Neri, *Desigualdade de renda na década*. Rio de Janeiro: FGV; CPS, 2011, p. 16.

46. Marcelo Neri, op. cit.

47. Os dados sobre o Bolsa Família neste capítulo são retirados de Pedro H. G. Ferreira de Souza, Rafael Guerreiro Osorio, Luis Henrique Paiva e Sergei Soares, "Os efeitos do programa Bolsa Família sobre a pobreza e a desigualdade: Um balanço dos primeiros quinze anos". *Texto para Discussão*, Brasília, Ipea, n. 2499, ago. 2019. Para uma história dos debates no governo Lula que levaram à adoção do Bolsa Família, ver Iraneth Rodrigues Monteiro, *Integração de políticas sociais: Um estudo de caso sobre o Bolsa Família*, Fundação Getulio Vargas, Centro de Pesquisa e Documentação de História Contemporânea do Brasil — CPDOC

48. , mar. 2011. Dissertação (Mestrado).

49. Souza et. al., op. cit., p. 11.

50. Entrevista com Patrus Ananias.

51. Souza et. al., op. cit., p. 19.

52. Nesse e no gráfico seguinte há uma quebra no ano de 2016 devido a mudanças metodológicas que tornam os dados incomparáveis, ver Souza et. al., op. cit., p. 19, nota nº 7.

53. Lei nº 11178, de 20 de setembro de 2005, artigo 58.

54. Cálculo feito a partir do IPCA, considerando o valor do salário mínimo na posse de Lula.

55. Entrevista em off com membro do governo Lula presente na ocasião.

56. Ibid.

57. Antonio Palocci, op. cit., p. 68.

58. Ver Christiano A. Coelho; Bruno Funchal; João M. P. de Mello, "The Brazilian Payroll Lending Experiment. Review of Economics and Statistics", *The Review of Economics and Statistics*, Cambridge, v. 94, n. 4, pp. 925-34, nov. 2012.

59. Vilma Aguiar, "Um balanço das políticas do governo Lula para a educação superior: Continuidade e ruptura", *Revista de Sociologia e Política*, Curitiba, v. 24, n. 57, pp. 113-26, mar. 2016.

60. José-Marcelo Traina-Chacon; Adolfo-Ignacio Calderón, "A expansão da educação superior privada no Brasil: Do governo de FHC ao governo de Lula", *Revista Iberoamericana de Educación Superior* (RIES), México, Unam-IISUE; Universia, v. VI, n. 17, pp. 78-100, 2015.

61. Ver Flavio Carvalhaes; Marcelo Medeiros; Clarissa Tagliari, "Expansão e diversificação do ensino superior: Privatização, educação a distância e concentração de mercado no Brasil, 2002-2016", SSRN, 6 out. 2021. Disponível em: <https://papers.ssrn.com/sol3/papers.cfm?abstract_id=3892300>. Acesso em: 1º jul. 2022.

62. Ver Róber Iturriet Avila, "O Brasil gasta muito mais no ensino básico do que no superior", *Brasil Debate*, 28 ago. 2018. Disponível em: <https://brasildebate.com.br/o-brasil-gasta-mais-no-ensino-basico-do-que-no-superior/>. Acesso em: 22 jun. 2022.

63. Sobre isso, ver Pedro H. G. Ferreira de Souza, *Uma história da desigualdade: A concentração de renda entre os ricos no Brasil (1926-2013)* (São Paulo: Hucitec, 2018).

64. Brasil, *Fome Zero, uma história brasileira.* v. I. Brasília: Ministério do Desenvolvimento Social e do Combate à Fome, 2011, p. 137.

65. Entrevista com Frei Betto.

66. Para essas discussões, ver Américo Freire; Evanize Martins Sydow, *Frei Betto: Biografia* (Rio de Janeiro: Civilização Brasileira, 2017).

67. Entrevista com Patrus Ananias.

68. Frei Betto, *Calendário do poder*. Rio de Janeiro: Rocco Digital, 2007, localização 7738.

69. Entrevista com Gilberto Carvalho.

70. Rosana Pinheiro-Machado; Lucia Mury Scalco, "The Right to Shine: Poverty, Consumption, and (de)Politicization in Neoliberal Brazil", *Journal of Consumer Culture,* Londres, 22 abr. 2022.

71. Marcelo Neri, *A nova classe média: O lado brilhante da base da pirâmide*. São Paulo: Saraiva, 2011.

72. Ibid., p. 84.

73. Marcio Pochmann, *Nova classe média? O trabalho na base da pirâmide social brasileira.* São Paulo: Boitempo, 2012; *O mito da grande classe média: Capitalismo e estrutura social*. São Paulo: Boitempo, 2014.

74. Ver Jessé Souza, *Os batalhadores brasileiros: Nova classe média ou nova classe trabalhadora?*. Belo Horizonte: Editora UFMG, 2012.

75. Nesse ponto, as propostas de Souza parecem convergir com a ideia de Roberto Mangabeira Unger, autor do prefácio de seu livro. Unger acredita que é possível criar uma economia capitalista moderna com base em empresas pequenas e médias, muito flexíveis, que, entretanto, incorporariam alta tecnologia; essas empresas seriam apoiadas por fundos públicos (incluídos aí os fundos de pensão) que lhes ofereceriam crédito subsidiado. A gestão dos fundos públicos, das empresas e do próprio Estado seria altamente democrática. Unger nunca explicitou que mecanismos institucionais garantiriam o funcionamento desse sistema, mas, mesmo se sua proposta for utópica, é uma utopia que claramente ressoa algumas ambições da classe trabalhadora pós-fordista, como o socialismo do século XIX ressoava as da classe operária industrial. Mesmo se a visão da Unger for irrealizável, é possível que no futuro inspire boas soluções pragmáticas, como o socialismo do século XIX influenciou a social-democracia do século XX.

76. "Precisa fundir a ideia sindical com a ideia de cooperativa e tirar uma coisa nova daí". Entrevista com Paulo Galo. *Revista Quatro Cinco Um*, n. 54, fev. 2022.

77. Jorge Lanzaro (Org.), *Socialdemocracias "Tardías": Europa Meridional y América Latina*. Madri: Centro de Estudos Políticos y Constitucionales, 2014. Ver também de Jorge Lanzaro, "La socialdemocracia criolla", *Nueva Sociedad*, Buenos Aires, n. 217, set.-out. 2008.

78. Pedro Floriano Ribeiro, *Dos sindicatos ao governo: A organização nacional do PT de 1980 a 2005*. São Carlos: Edufscar, 2010, p. 290.

79. Jorge Lanzaro, "La socialdemocracia criolla", op. cit.

12. COMANDANDO O ATRASO [pp. 253-69]

1. Vera Magalhães, "Só luta pelo poder separa PT e PSDB, diz FHC", *Folha de S.Paulo*, 11 abr. 2005.

2. Como relator, Jefferson mudou o nome da proposta, de "união civil" para "parceria civil", procurando amenizar o caráter de "casamento" que gerava fúria dos conservadores. "Estou tirando o véu e a grinalda do projeto", disse, em 1999. Denise Madueño, "Deputado propõe ampliar união civil", *Folha de S.Paulo*, 20 fev. 1999.

3. Roberto Jefferson (em depoimento a Luciano Trigo), *Nervos de aço: Um retrato da política e dos políticos no Brasil*. Rio de Janeiro: Topbooks, 2006, p. 123.

4. Entrevista em off.

5. "Em todos os níveis, os cargos nas estatais são disputados a foice, porque representam uma ferramenta para os partidos fazerem caixa. Foi assim com o Itamar Franco, com o José Sarney, com o Fernando Collor, com o Fernando Henrique Cardoso [...]. Os postos mais desejados pelos partidos são aqueles que dão prestígio político e dispõem dos maiores orçamentos. Daí a luta para nomear o diretor da Petrobras, ou o superintendente da Receita Federal. Isso sempre se converte no final em financiamento de grupos ou de partidos, através de doações" (Roberto Jefferson, op. cit., p. 201-2).

6. "É preciso que uma coisa fique bem clara: no Brasil, as nomeações políticas para diretorias de estatais sempre tiveram o objetivo fazer caixa para o partido. Por isso, os políticos dispu-

tam com unhas e dentes a ocupação de cargos em todos os níveis de governo. É a partir dessas nomeações que se fazem negócios, lícitos e ilícitos [...]. Todos os partidos políticos disputam cargos para estabelecer relações com as empresas que trabalham para as estatais e conseguir doações" (Ibid., p. 201).

7. "Se o Brasil me perguntar: o modelo está certo? Não está. Precisamos mudar isso. Mas, atualmente, é assim que funciona essa partilha de cargos. Desde que ingressei na política é assim, em todos os partidos" (Ibid.).

8. "É óbvio que empresas privadas não fazem contribuições a partidos políticos por bene-merência. [...] É boa vontade contra boa vontade. Numa boa relação com uma empresa forne-cedora, o diretor de uma estatal se empenha para pagar no prazo as faturas, evitar atrasos nos contratos, eliminar embaraços" (Ibid., p. 208).

9. "Nesse ponto, eu até defendo o PT: se a Novadata realiza todos os serviços satisfatoria-mente, se não prejudica o interesse público, é natural que ela esteja ali, e não uma empresa afina-da ideologicamente com a oposição. Desde que não haja superfaturamento, não vejo problema algum nisso. Porque, da mesma forma, na época do governo do PSDB quem prestava esse serviço era uma empresa identificada com os tucanos" (Ibid., p. 206).

10. "É preciso acabar com a hipocrisia e abrir um debate às claras. No governo tucano, as empresas ideologicamente afinadas com o PSDB ganharam a maioria dos contratos públicos. E é natural que, no governo do PT, outras empresas fossem beneficiadas. Isso faz parte da demo-cracia: a alternância de grupos no poder" (Ibid., p. 195).

11. Ibid., p. 72.

12. Ibid., p. 74.

13. "Com o caixa único, o PT arrecadava e ficava repassando regularmente recursos para os partidos através do Delúbio Soares e do Marcos Valério, em troca de apoio nas votações im-portantes. O PT achou que era mais barato pagar o exército mercenário do que dividir o poder" (Ibid., p. 215).

14. Ibid., p. 188.

15. Para um debate sobre isso, ver Carlos Pereira e Samuel Pessôa, "PSDB e PT discordam mais sobre alianças do que sobre inclusão", *Folha de S.Paulo*, 11 out. 2015. Respondi a Carlos e Samuel em "Atalhos e pedágios", *Folha de S.Paulo*, 26 out. 2015.

16. Jefferson reconhece essa diferença: "com ou sem caixa dois, havia na campanha de 1994 uma proximidade, no plano das ideias, entre o PSDB e o PTB, que favorecia uma aliança entre os partidos", Roberto Jefferson, op. cit., p. 142.

17. Ibid., p. 244.

18. Ibid., p. 172.

19. No dia da vitória de Severino, outro deputado do Centrão, Jair Bolsonaro (PFL-RJ), discursou contra Greenhalgh, "acusando-o" de ter sido advogado de presos políticos durante a ditadura. No sábado seguinte à vitória de Severino, o articulista Olavo de Carvalho escreveu que Bolsonaro havia sido "o autor maior da façanha" da eleição de Severino ("Por fora de tudo", *O Globo*, 19 fev. 2005). Não era verdade. O Brasil ainda era decente o suficiente para não levar nem Bolsonaro nem Carvalho a sério. Permanece, entretanto, o fato de que Jair Bolsonaro apoiou a reação dos deputados que pararam de receber Mensalão. Já que estava no embalo, defendeu os torturadores do regime militar.

20. Na página 208 de *Nervos de aço*, Jefferson admite que "as nomeações feitas pelo PTB se prendiam, sim, a uma estratégia de captação de recursos eleitorais".

21. Em um livro em geral simpático aos petistas acusados, o jornalista Paulo Moreira Leite discorda que tenha sido armação de Dirceu, mas concorda que foi armação: os empresários filmados seriam "cidadãos que ganham a vida fazendo pequenos serviços de espionagem industrial em Brasília. O vídeo é um teatro conhecido como 'flagrante forjado' que iria servir, mais tarde, como denúncia e como chantagem. Roberto Jefferson tinha razão em denunciar o vídeo como armação". (Paulo Moreira Leite, *A outra história do Mensalão: As contradições de um julgamento político*. São Paulo: Geração Editorial, 2013, localização 320 no e-book.)

22. "Contei a Lula sobre o 'Mensalão' diz deputado". Entrevista publicada na *Folha de S. Paulo*, 6 jun. 2005.

23. Entrevista com Chico Alencar.

24. Essa posição é comum entre os petistas entrevistados para este livro. Marco Aurélio Garcia também expressou o mesmo em depoimento à revista *piauí* (Consuelo Dieguez, "O formulador emotivo", *piauí*, n. 30, mar. 2009).

25. Entrevista em off.

26. Entrevista em off.

27. Para mais detalhes, ver Roberta Paduan, *Petrobras: Uma história de orgulho e vergonha*. Rio de Janeiro: Objetiva, 2016.

28. "Petrobras registra prejuízo de 6 bi. Corrupção tira R$ 6 bi", *Folha de S.Paulo*, 23 abr. 2015.

29. "Prejuízo com corrupção na Petrobras pode chegar aos 20 bilhões", *Jornal da Globo*, G1, 10 out. 2015. Disponível em: <https://g1.globo.com/jornal-da-globo/noticia/2015/10/prejuizo-com-corrupcao-na-petrobras-pode-chegar-aos-r-20-bilhoes.html>. Acesso em: 22 jun. 2022. A dúvida sobre o valor exato dos desvios se deve a algo que nem sempre fica claro no noticiário: ninguém entrou em um cofre da Petrobras e tirou dinheiro de lá. Se fosse isso, seria questão de ir contar o dinheiro e descobrir quanto falta. Na verdade, os desvios eram feitos pelas empreiteiras, superfaturando as obras. Por isso, a estimativa do valor dos desvios é sempre um cálculo aproximado: não sabemos se a porcentagem de superfaturamento cobrado foi sempre a mesma, por exemplo. E para calcular isso com precisão precisaríamos saber por quanto teria sido possível fazer as obras sem superfaturá-las, o que nem sempre é fácil.

30. Valdo Cruz e Marina Dias, "PT reproduziu metodologias antigas e se lambuzou, diz Jaques Wagner", *Folha de S.Paulo*, 3 jan. 2016.

31. Chico Santos, "Pressionado, Joel Rennó deixa a Petrobras", *Folha de S.Paulo*, 6 mar. 1999.

32. Patricia Faerman, "Em 1999, *Veja* publicava contratos irregulares da Petrobras com Efromovich". Jornal GGN, 19 nov. 2014. Disponível em: <https://jornalggn.com.br/midia/em-1999-veja-publicava-contratos-irregulares-da-petrobras-com-efromovich/>. Acesso em: 22 jun. 2022.

33. "Irmãos Efromovich têm longa história de problemas nos setores aéreos, marítimo e de energia", *Valor Econômico*, 19 ago. 2020.

34. Malu Gaspar, *A organização: A Odebrecht e o esquema de corrupção que chocou o mundo*. São Paulo: Companhia das Letras, 2020.

35. Ibid., p. 165.

36. Ibid., p. 166.

37. Ibid., p. 65.

38. Ibid., p. 135.

39. Ibid. Segundo Gaspar, Bisol interpretou erroneamente duas siglas na documentação que obteve: "Num trecho específico, dizia que um dos papéis encontrados, um documento interno com o organograma da empreiteira e a descrição do sistema de remuneração variável, era o 'mapa da sociedade criminosa'. No texto, o senador deduziu que a sigla DDPA, que no odebrechês significava 'Dirigentes de Países', significava 'Dirigentes Políticos de Áreas'. E traduziu 'Responsáveis por Área de Investimento' por 'Representantes de Autarquias e Instituições'. Assim, o diagrama de distribuição de bônus aos executivos parecia um esquema de pagamento de propinas. Era um erro banal num relatório caudaloso, cheio de outras evidências de que a Odebrecht trocava doações de campanha por favores no Congresso, pagava propinas e traficava influência em bancos públicos e ministérios" (pp. 135-6).

40. Nos itens seguintes, Moro lista governos que também foram surpreendidos por reformas anticorrupção que eles mesmos promoveram em Hong Kong, na Croácia e nos Estados Unidos. O procurador Carlos Fernando dos Santos Lima, figura-chave da Operação Lava Jato, também reconheceu que os governos do PT conferiam autonomia às instituições de controle:

> Um ponto positivo que os governos que estão sendo investigados, os governos do PT, têm a seu favor é que boa parte da independência atual do Ministério Público, da capacidade administrativa, técnica e operacional da Polícia Federal, decorre de uma não intervenção do poder político. Isso é importante, é um fato que tem que ser reconhecido, porque os governos anteriores realmente mantinham controle das instituições.

Paula Reverbel, "Governos anteriores ao PT limitavam investigações, diz procurador da Lava Jato", *Folha de S.Paulo*, 30 mar. 2016. O próprio Moro voltou ao assunto no dia de sua demissão do cargo de ministro da Justiça de Jair Bolsonaro, causada, justamente, pela interferência do presidente da República em um escândalo de corrupção envolvendo seu filho, o senador Flávio Bolsonaro. "Em discurso, Moro destaca autonomia da Polícia Federal na gestão do PT: 'Fundamental'", "Leia a íntegra do discurso de despedida de Moro e entenda ponto a ponto", *Folha de S.Paulo*, 24 abr. 2020. Disponível em: <https://www1.folha.uol.com.br/poder/2020/04/leia-a-integra-do-discurso-de-despedida-de-moro-e-entenda-ponto-a-ponto.shtml>. Acesso em: 2 jul. 2022.

41. Entrevista com Fábio Konder Comparato.

42. "Para o caso latino-americano, há uma literatura crescente que explora o efeito da competição entre elites e a fragmentação de poder na emergência de instituições autônomas". Ver Marcus Melo e Carlos Pereira, *Making Brazil Work*. Nova York: Palgrave MacMilllan, 2013, posição 1165. Para o caso da Argentina, ver Rebecca Bill Chávez, *The Rule of Law in Nascent Democracies: Judicial Politics in Argentina*. Redwood City: Stanford University Press, 2004.

43. Hamilton Pereira e Juarez Guimarães, "A crise republicana da democracia brasileira". *Teoria e Debate*, n. 63, ago. 2005.

44. Frei Betto, "O partido partido". *Teoria e Debate*, n. 63, ago. 2005.

45. Entrevista com Tarso Genro, "O PT tem que ser refundado". *Teoria e Debate*, n. 63, ago. 2005.

46. Daniel Bensaïd, o dirigente da organização trotskista a que a DS pertenceu pela maior parte de sua história, escreveu sobre Pont em suas memórias: segundo Bensaïd, no final dos

anos 1970, Pont era "o jovem veterano, *paterfamilia* inquestionável" da DS. Já rompido com o PT, Bensaïd escreve que "Lula, que, em caso de discordâncias, tinha uma inclinação para a demagogia operaísta, frequentemente o atacava nas primeiras reuniões do PT — o trabalhador contra o intelectual. Mas sem sucesso". Bensaïd, op. cit., posição 4943.

47. "Então, como éramos mais uma corrente de pensamento e ação política, não nos considerávamos 'O' partido, defendíamos a construção do PT como partido, e não frente, estratégico anticapitalista, mas deveria ser profundamente democrático." Entrevista com Raul Pont.

48. Raul Pont, *Da crítica ao populismo à construção do* PT. Porto Alegre: Seriema, 1985.

49. Entrevista com Raul Pont.

50. Ibid.

51. Para todo esse processo, ver Pedro Floriano Ribeiro, *Dos sindicatos ao governo: A organização nacional do PT de 1980 a 2005.* São Carlos: Edufscar, 2010.

52. Ibid.

53. Entrevista com Raul Pont. Segundo ele, "O PED sem debate presencial prévio, sem um conhecimento mais claro e presencial das divergências e das candidaturas de várias chapas, transformou-se numa disputa desqualificada de busca de filiações sem critérios e o carregamento de eleitores de forma clientelista e semelhante ao 'voto de cabresto' na política brasileira. Diminuíram os prazos de filiação e o comprometimento com a sustentação partidária. Apareceram inúmeros casos de pagamento por terceiros e até a isenção da contribuição partidária para o filiado sem mandato, sem cargo de confiança e não membros de espaços de direção. Na minha opinião foi um dos processos de maior atraso e prejuízo para a organização partidária e está crescentemente sendo questionado. Com as suspeitas e acusações de fraudes, nesse processo, o debate está reaberto. Nossa corrente é contrária a esse método e luta para voltarmos ao debate presencial prévio ao voto e a contribuição financeira de todos".

54. "Para 65% dos petistas, há corrupção no governo Lula". *Folha de S.Paulo*, 19 jun. 2005.

55. Nos dez anos anteriores, Plínio deixou de ser o petista mais moderado para se tornar líder da ala à esquerda do partido. O processo começou já em 1995, quando as tendências mais à esquerda cogitaram lançar seu nome para a presidência do PT contra José Dirceu. Embora Plínio fosse um moderado, havia defendido o apoio da candidatura de Mário Covas em 1994 contra Dirceu.

56. Não era claro, naquele momento, se os dissidentes continuariam no PSOL. Em seu texto de despedida do PT, Plínio escreveu que era lamentável que os socialistas brasileiros não estivessem no mesmo partido, mas acreditava que a unidade aconteceria logo, a partir de discussões em andamento. Não fica claro no texto, entretanto, se a unidade se daria no PSOL ou se o "generoso oferecimento de filiação" serviria apenas para concorrer à eleição de 2006.

57. Entrevista com Chico Alencar.

58. Ibid.

59. Ribeiro, op. cit., p. 303.

60. Ver George Avelino, Ciro Biderman e Arthur Fisch, "A corrida armamentista nas eleições brasileiras". Cepesp/FGV, 13 jun. 2017. Disponível em: <https://cepesp.wordpress.com/2017/06/13/a-corrida-armamentista-nas-eleicoes-brasileiras/>. Acesso em: 15 jul. 2022. Ver também David Samuels. "Does Money Matter? Credible Commitments and Campaign Finance in New Democracies: Theory and Evidence from Brazil". *Comparative Politics*, Nova York, v. 34, n. 1, 2001, pp. 23-42. Disponível em: <https://doi.org/10.2307/422413>. Acesso em: 15 jul. 2022.

61. Para uma discussão, ver Bruno Wanderley Reis, "Sistema eleitoral e financiamento de campanha: Desventuras do Poder Legislativo sob um hiperpresidencialismo consociativo". *Insight Inteligência*, Rio de Janeiro, n. 72, pp. 42-65, jan.-mar. 2016.

62. Projeto de lei nº 1210/2007.

63. "Reforma política: Lista fechada perde força". *Veja*, 21 maio 2009.

64. Consuelo Dieguez, "O formulador emotivo". *piauí*, n. 30, mar. 2009.

65. Ibid.

66. "Serra passa Lula no primeiro turno: Alckmin alcança petista no segundo". *Folha de S.Paulo*, 15 dez. 2005.

67. Entrevista com Gilberto Carvalho.

13. A VOLTA DO ESTADO [pp. 270-91]

1. Wendy Hunter and Timothy J. Power, "Rewarding Lula: Executive Power, Social Policy, and the Brazilian Elections of 2006". *Latin American Politics and Society*, Cambridge, v. 49, n. 1, pp. 1-30, primavera 2007.

2. André Singer, "Raízes sociais e ideológicas do lulismo". *Novos Estudos Cebrap*, São Paulo, n. 85, pp. 83-102, nov. 2009.

3. Para uma discussão dessa tese, ver Marcus André Melo, "Lulismo ou 'qualunquismo'?". *Valor Econômico*, 15 jan. 2014.

4. André Singer, *Os sentidos do lulismo: Reforma gradual e pacto conservador*. São Paulo: Companhia das Letras, 2012.

5. Ibid., p. 17.

6. Entrevista em off.

7. Para a estabilidade da parcela da renda apropriada pelo 1% mais rico do Brasil, ver Pedro H. G. Ferreira de Souza, *Uma história da desigualdade: A concentração de renda entre os ricos no Brasil (1926-2013)*. São Paulo: Hucitec, 2018.

8. Entrevista com Celso Amorim.

9. Ibid. Garcia era o único petista com quem Amorim tinha algum tipo de proximidade. Em 1994, quando Amorim era chanceler, ele se preocupava com declarações de sindicalistas que viam no Mercosul uma ameaça "neoliberal". Na época em que Lula parecia favorito para vencer as eleições, convidou Garcia para uma conversa, expressou sua apreensão e foi tranquilizado pelo petista: Lula defendia o Mercosul. Em outra oportunidade, ajudou Marina Silva a resolver uma questão relativa a direitos indígenas na ONU e ouviu da então senadora que, se o PT chegasse ao poder, ele seria uma boa escolha para chanceler.

10. Ver Nicholas Stern, Amar Bhattacharya, Joseph Stiglitz e Matia Romani, "A New World's New Development Bank". *Project Syndicate*, 1º maio 2013. Disponível em: <https://www.project-syndicate.org/commentary/the-benefits-of-the-brics-development-bank>. Acesso em: 2 jul. 2022.

11. Para as relações com a China, ver Maurício Santoro, *Brazil-China Relations in the 21st Century: The Making of a Strategic Partnership*. Londres: Palgrave Macmillan, 2022.

12. É interessante contrastar a posição do Brasil e do Mercosul com a de Chávez, que não aceitava a Alca de jeito nenhum. Sobre isso, ver Teodoro Petkoff, *El chavismo como problema*. Caracas: Libros Marcados, 2010, p. 206.

13. No referendo, os venezuelanos votaram pela continuidade do governo de Chávez.

14. Entrevista com Celso Amorim. Segundo ele, a situação venezuelana era tão crítica que o chanceler do país lhe confessou que estava morando em um quartel a maior parte do tempo, por medo de atentado.

15. "Capriles quer seguir modelo econômico de Lula". *O Globo*, 13 fev. 2012.

16. Oliver Stuenkel, *Pos-Western World: How Emerging Powers Are Remaking Global Order*. Malden: Polity Press, 2016, p. 16.

17. Rubens Barbosa, "Balanço da política externa dos governos petistas". *Interesse Nacional*, São Paulo, ano 10, n. 40, pp. 52-61, 9 fev. 2018.

18. Em 22 de junho de 2012, o presidente do Paraguai, o esquerdista Fernando Lugo, foi destituído após um processo de impeachment farsesco que durou apenas 24 horas. Nesse caso, o impedimento foi claramente um golpe de Estado.

19. Celso Amorim, *Breves narrativas diplomáticas*. São Paulo: Benvirá, 2017, cap. 4.

20. Não confundir com o outro G-20, grupo que envolve as dezenove maiores economias do mundo e a União Europeia, um fórum internacional de discussão da economia global que se reúne desde 1999, mas que foi reformulado e ganhou um peso muito maior após a crise de 2008.

21. Sobre a Minustah, ver Celso Castro e Adriana Marques (Orgs.), *Missão Haiti: A visão dos Force Commanders*. Rio de Janeiro: FGV Editora, 2019.

22. Ver Ginger Thompson, "Tension Increases in Haiti as Front-Runner's Lead Drops". *New York Times*, 13 fev. 2006.

23. Celso Castro e Adriana Marques, op. cit., p. 58.

24. Garcia participou do episódio porque o segundo colocado nas eleições, Leslie Manigat, era um democrata cristão. Cogitou-se pedir aos democratas cristãos chilenos, entre os quais Garcia tinha contatos, que convencessem Manigat a desistir.

25. Ver Ginger Thompson, "A Deal is Reached to Name a Victor in Haiti's Election". *New York Times*, 16 fev. 2006.

26. Celso Castro e Adriana Marques, op. cit., p. 57.

27. Sobre a formação política de Dilma Rousseff, ver "As armas e os varões", reportagem de Luiz Maklouf Carvalho publicada na revista *piauí*, n. 31, abr. 2009.

28. Ibid.

29. Julia Duailibi e Eduardo Scolese, "Ao sair, Dirceu saúda 'camarada de armas'". *Folha de S.Paulo*, 22 jun. 2005.

30. Entrevista em off.

31. Segundo as memórias de Palocci, além dele, de Bernardo, de Delfim e do senador tucano Tasso Jereissati, o projeto também contava com o apoio de Aloizio Mercadante e Guido Mantega. Antonio Palocci, op. cit., p. 150.

32. "A qualidade da política fiscal de longo prazo". Comemoração de aniversário de um ano da revista *Desafios do Desenvolvimento*, Ministério do Planejamento, Orçamento e Gestão, Brasília, 11 ago. 2005.

33. Entrevista com Paulo Bernardo.

34. Há uma descrição da reunião em Claudia Safatle, João Borges e Ribamar Oliveira, *Anatomia de um desastre: Os bastidores da crise econômica que mergulhou o país na pior recessão da história*. São Paulo: Portfolio-Penguin, 2016, pp. 18-20.

35. Suely Caldas, Patrícia Campos Mello e Renée Pereira, "Plano de ajuste de longo prazo é rudimentar". *O Estado de S. Paulo*, 9 nov. 2005.

36. Por exemplo, o livro de Safatle, Borges e Oliveira, op. cit., que é ótimo, começa com o relato dessa reunião e depois conta a história do fracasso das políticas do governo Dilma. Ver também Leonardo Palhuca, "E se tivéssemos ouvido o Palocci?". *Terraço Econômico*, 9 jun. 2016. Disponível em: <https://terracoeconomico.com.br/e-se-tivessemos-ouvido-o-palocci/>. Acesso em: 2 jul. 2022.

37. Entrevista com Paulo Bernardo.

38. Claudia Safatle, João Borges e Ribamar de Oliveira, op. cit., p. 18.

39. Antonio Palocci, op. cit., p. 152.

40. Entrevista em off.

41. Antonio Palocci, op. cit., pp. 150-1.

42. Miriam Belchior, que sucederia Bernardo no Ministério do Planejamento no governo Dilma, escreveu que, entre as reformas administrativas levadas a cabo por governos estaduais petistas, a do Mato Grosso do Sul foi a que desenvolveu "uma concepção mais abrangente [de] ataque ao problema". Jorge Bittar (Org.), *Governos estaduais: Desafios e avanços — Reflexões e relatos de experiências petistas*. São Paulo: Fundação Perseu Abramo, 2003, p. 95.

43. Entrevista com Paulo Bernardo. Ver também "Gleisi carrega fama de 'trator' desde MS". *Folha de S.Paulo*, 12 jun. 2021.

44. Fernando Henrique Cardoso, *Diários da presidência*, v. 4, op. cit., p. 1636. FHC ficou surpreso com a nomeação de Mantega para o Planejamento em 2003 e especulou que Palocci poderia tê-lo preferido porque Bernardo seria um ministro mais forte. Em outra conversa, Lula teria dito que pensava em Bernardo para a presidência do Banco do Brasil.

45. Entrevista com Paulo Bernardo.

46. Ibid.

47. Problemas como esse não são raros quando se tenta elevar bruscamente o nível do investimento público. Quando o presidente americano Barack Obama lançou seu programa de investimentos em infraestrutura após a crise de 2008, contava que havia já um grande número de projetos em situação *shovel-ready*, isto é, em que o planejamento de engenharia já estava pronto o suficiente para que começasse (as pás — *shovels* — já estavam prontas para entrar na terra) assim que o financiamento para a obra fosse liberado. Essa expectativa foi, em grande parte, frustrada.

48. Sobre o PAC, ver Maria Chaves Jardim e Márcio Rogério Silva, *Programa de Aceleração do Crescimento (PAC): Neodesenvolvimentismo?* [on-line]. São Paulo: Editora Unesp; Cultura Acadêmica, 2015.

49. Ibid., pp. 44-5

50. 11º Balanço completo do PAC: 4 anos — 2007 a 2010.

51. Ibid., p. 36.

52. Ver Laura Carvalho, *Valsa brasileira: Do boom ao caos econômico*. São Paulo: Todavia, 2018, pp. 27-8.

53. Entrevista com Guido Mantega.

54. Ver M. C. Jardim e M. R. Silva, op. cit., cap. 4. Para uma visão mais à esquerda, ver Diego Cruz, "Trabalhadores do PAC enfrentam governo Dilma e construtoras". PSTU, 3 abr. 2012. Disponível em: <https://www.pstu.org.br/trabalhadores-do-pac-enfrentam-governo-dilma-e-construtoras/>. Acesso em: 15 jul. 2022.

55. Entrevista em off.

56. Entrevista com Paulo Bernardo.

57. Ver Carolina Tavares Resende e Manoel Pires, "O impulso de multiplicador fiscal: Implementação e evidência para o Brasil". *Estudos Econômicos*, São Paulo, v. 51, n. 2, abr.-jun. 2021, pp. 213-43.

58. O único governo da Nova República com média maior foi o de Itamar Franco (5,4%), de apenas dois anos; o primeiro foi de recuperação da recessão dos anos Collor e o segundo, o da implementação do Plano Real.

59. Laura Carvalho, op. cit., p. 19. A autora toma a expressão "milagrinho" emprestada do economista Edmar Bacha (p. 13).

60. Raphael Gomide, Sergio Torres e Italo Nogueira, "Em favela do Rio, Lula diz que Dilma é a 'mãe do PAC'". *Folha de S.Paulo*, 8 mar. 2008.

61. Entrevista com Marina Silva.

62. Ibid.

63. Ibid.

64. Disponível em: <http://terrabrasilis.dpi.inpe.br/app/dashboard/deforestation/biomes/legal_amazon/rates>. Acesso em: 15 mar. 2022.

65. Na eleição de 2014, o coordenador do programa ambiental do candidato Aécio Neves, Fabio Feldmann, criticou a decisão de fazer as usinas a fio d'água: "É bom que se diga que essas usinas a fio d'água, como Belo Monte, foram uma decisão da então ministra Marina Silva. Essa decisão compromete o interesse de gerações futuras de brasileiros, na medida em que abrimos mão de uma energia limpa e barata como é a energia das hidrelétricas". Ver "Marina comprometeu gerações ao decidir sobre hidrelétricas, diz assessor de Aécio". *Reuters*, 29 set. 2014.

66. Um resumo dos argumentos contrários à construção de Belo Monte pode ser encontrado em Idelber Avelar, "50 leituras sobre o ecocídio de Belo Monte", 24 nov. 2011. Disponível em: <https://idelberavelar.medium.com/50-leituras-sobre-o-ecoc%C3%ADdio-de-belo-monte-181fc7bd151e>. Acesso em: 15 set. 2022.

67. Belo Monte só entrou em plena operação em 2019, o que dificulta medir se as previsões de seus defensores ou detratores se confirmarão. Mas um estudo da ONG Instituto Socioambiental, de 2018, identificou riscos para a pesca da região. Ver "Xingu, o rio que pulsa em nós: Monitoramento independente para registro de impactos da UHE de Belo Monte no território e no modo de vida do povo Juruna (Yudjá) da Volta Grande do Xingu". Instituto Socioambiental, 2018.

68. Brizolista histórico, principal formulador das campanhas de Ciro Gomes, Unger rompeu com Lula durante o primeiro mandato e chegou a dizer que se tratava do governo mais corrupto da história brasileira. Pouco depois, aliou-se ao vice-presidente José Alencar, aparentemente esperando que ele rompesse com Lula, o que, baseado na evidência disponível, jamais teve a menor chance de acontecer. Convencido por Alencar, aderiu ao governo Lula. Sobre isso, ver Merval Pereira, "Sotaques diferentes". *O Globo*, 1º out. 2005.

69. Entrevista com Marina Silva.

70. Celso Amorim, *Teerã, Ramalá e Doha*: *Memórias da política externa ativa e altiva*. São Paulo: Benvirá, 2018, p. 442. A versão contada por Amorim foi confirmada pelo negociador britânico Peter Mandelson, que em suas memórias escreveu: "O presidente Lula, como tantos outros, fez tudo que pôde para que as negociações comerciais resultassem em um acordo. Mas

isso não foi possível, a despeito de nossos esforços. O colapso final veio quando os ministros da Índia e dos Estados Unidos se recusaram a fazer concessões adicionais com relação à agricultura. [...] Celso Amorim e eu, com o apoio de Pascal Lamy, tentamos de todas as formas superar o impasse, mas os dois lados não estavam mais dispostos a fazer compromissos adicionais". Peter Mandelson, *The Third Man: Life at the Heart of New Labour*. Londres: Harper Press, 2010, p. 437.

71. Na época, Celso Amorim fez as seguintes anotações: "Será possível impedir que as atenções se desviem para acordos bilaterais ou regionais? Tudo isso será muito negativo para nós e [...] para o sistema multilateral de comércio. Sempre poderei denunciar a 'inflexibilidade dos ricos' na reunião do TNC [programada para a tarde daquele dia]. Mas com que propósito?". (Ibid., p. 376).

72. Segundo Amorim, ao longo da conversa, Obama teria dito a Lula: "Precisamos de amigos que possam conversar com países que se recusam a falar conosco". Ibid., p. 24.

73. É a interpretação tanto de Amorim quanto de Luiz Felipe Lampreia, chanceler brasileiro durante o governo FHC. Ver Luiz Felipe Lampreia, *Aposta em Teerã: O acordo nuclear entre Brasil, Turquia e Irã*. Rio de Janeiro: Objetiva, 2014. O professor de relações internacionais Matias Spektor vai na mesma linha: "Estados Unidos e Europa puxaram mesmo o tapete de Brasil e Turquia. Só que não o fizeram por ciúme, arrogância ou medo, mas devido à política interna norte-americana e à dinâmica da negociação entre os membros permanentes do Conselho de Segurança da ONU". "Com satisfação". *Folha de S.Paulo*, 27 nov. 2013.

74. Luiz Felipe Lampreia, op. cit., p. 76.

75. Lampreia considera que a carta do presidente norte-americano era "claramente um incentivo, mas certamente não um mandato de Obama" (p. 65), e ele tinha obtido informações de que a ambiguidade da carta se devia a ela ter sido escrita por "muitas mãos". Segundo Lampreia, Gary Samore, assessor especial de Obama que teria sido um dos autores do documento, disse que "a iniciativa do Brasil e da Turquia fora bastante bem recebida", mas não era um mandato. Vale ter cuidado com a afirmação de Samore, feita após a tomada de posição americana sobre a Declaração de Teerã.

76. Fabio Murakawa, "Apesar do discurso, Evo segue política econômica ortodoxa". *Valor Econômico*, 29 jan. 2013.

77. Em 2016, Morales convocou um plebiscito para decidir se teria direito a concorrer pela quarta vez a presidente. Foi derrotado. Em uma manobra bizarra, conseguiu que o Tribunal Constitucional autorizasse sua candidatura, por considerar que a proibição atingia seus direitos humanos. Nesse clima de crise de legitimidade, a Organização dos Estados Americanos, de maneira inacreditável, sugeriu que havia irregularidades na apuração da eleição de 2019, o que não era verdade. Depois, a direita boliviana deu um golpe de Estado, o governo golpista foi derrubado e um novo presidente do MAS, Luis Arce, foi eleito em 2020.

78. Segundo Petkoff, o boicote eleitoral de 2005 deu a Chávez não só o controle total do Parlamento como também poder ilimitado para indicar os ocupantes de diversos órgãos que poderiam colocar limites a seu governo. Teodoro Petkoff, op. cit., p. 44.

79. Steven Levitsky e Lucan A. Way, *Competitive Authoritarianism: Hybrid Regimes After the Cold War*. Cambridge: Cambridge University Press, 2010.

80. Em pleno 2020, o partido ainda caracterizava as eleições na Venezuela como democráticas. "PT: Sobre as eleições legislativas da Venezuela". PT, 7 dez. 2020. Disponível em: <https://pt.org.br/pt-sobre-as-eleicoes-legislativas-da-venezuela>. Acesso em: 15 jul. 2022.

81. Teodoro Petkoff, op. cit.

82. Barry Eichengreen e Kevin O'Rourke, "A Tale of Two Depressions". *VoxEU*, 21 abr. 2009. Disponivel em: <https://voxeu.org/article/tale-two-depressions-what-do-new-data-tell-us-february-2010-update>. Acesso em: 15 jul. 2022.

83. Entrevista com Guido Mantega.

84. Mark Blyth, *Austeridade: A história de uma ideia perigosa*. São Paulo: Autonomia Literária, 2019.

85. Giancarlo Lepiani, "Petista apronta PEC do terceiro mandato. Lula diz 'Chega'". *Veja*, 3 abr. 2008.

86. Ver Malu Delgado, "Pesquisa mostra que PT não superou crise". *Folha de S.Paulo*, 29 nov. 2007. A matéria de Malu Delgado informa que "O PT sabe, também, que seu principal desafio será convencer o próprio Lula a se engajar numa candidatura petista, já que o presidente tem defendido abertamente a escolha de um nome negociado na base [de apoio do governo, que incluía outros partidos]". A matéria também informa que, em 2007, Lula quis indicar Marco Aurélio Garcia para presidente do PT, mas que "havia um temor de excessivo rigor ético de Marco Aurélio em relação aos petistas que, por exemplo, se envolveram no Mensalão".

87. Ver Diego Salmen, "Na TV, Serra ataca 'armação' de dossiê e se coloca como candidato da 'continuidade'". UOL, 26 ago. 2010.

88. Vale registrar que Marina não ficou contra o aborto após se tornar evangélica: boa parte dos católicos da Igreja progressista também era conservadora em pautas morais, ainda que abraçasse outras bastante radicais, como a reforma agrária.

89. Ver "Comando de Campanha entende que polêmica sobre aborto impediu vitória". *O Estado de S. Paulo*, 4 out. 2010.

90. Eduardo Tavares, "Na TV, Serra fala de aborto e inexperiência de Dilma". *Exame*, 10 out. 2010.

14. DILMA TENTA O SALTO [pp. 292-318]

1. André Singer, *O lulismo em crise: Um quebra-cabeça do período Dilma (2011-2016)*. São Paulo: Companhia das Letras, 2018, pp. 26-7.

2. Ibid.

3. Laura Carvalho, op. cit., p. 87. Ver também Sérgio Wulff Gobetti e Rodrigo Octávio Orair, "Política fiscal em perspectiva: O ciclo de 16 anos (1999-2014)". *Revista de Economia Contemporânea*, Rio de Janeiro, v. 19, n. 3, 2015, pp. 417-47; e id., "Resultado primário e contabilidade criativa: Reconstruindo as estatísticas fiscais 'acima da linha' do governo geral". *Texto para Discussão*, Brasília, Ipea, n. 2288, 2017.

4. Entrevista com Guido Mantega. O diagnóstico de que era necessário fazer um ajuste em 2011 é compartilhado por todos os membros da equipe econômica entrevistados para este livro.

5. Entrevista com Guido Mantega.

6. "Currency "War" Warning from Brazil's Finance Minister". BBC News, 28 set. 2010. Disponível em: <https://www.bbc.com/news/business-11424864>. Acesso em: 15 jul. 2022.

7. Entrevista com Guido Mantega.

8. Laura Carvalho, op. cit., p. 60.

9. "Nas reuniões no FMI eu conversei muito com o Olivier Blanchard, o próprio David Lipton, eles todos diziam: é um absurdo vocês deixarem o câmbio apreciar". Entrevista com Márcio Holland.

10. Laura Carvalho, op. cit., pp. 60-1.

11. Entrevista em off.

12. Entrevista com Guido Mantega.

13. Fabiana Futema, "Lula e Ciro defendem cotas para negros; Garotinho ataca FHC". *Folha de S.Paulo*, 3 out. 2002.

14. "Lula defende a união civil entre casais homossexuais". *Folha de S.Paulo*, 18 set. 2018.

15. Em 2007, o PFL, partido de direita formado por dissidentes do regime militar que foi importantíssimo na transição democrática e na sustentação do governo FHC, mudou de nome para "Democratas", passando a ser conhecido pelas três primeiras letras de seu nome.

16. No comercial, um locutor perguntava: "Você sabe mesmo quem é o Kassab? Sabe de onde ele veio? Qual a história do seu partido? Sabe se ele é casado? Tem filhos?". Parecia uma insinuação de que Kassab seria homossexual.

17. Ver "Conheça o 'kit gay', vetado pelo governo federal em 2011". *Nova Escola*, 1º fev. 2015.

18. "'Não aceito propaganda de opções sexuais', afirma Dilma sobre kit anti-homofobia". UOL, 26 maio 2011. Para a versão do então ministro da Educação Fernando Haddad, ver "Vivi na pele o que aprendi nos livros". *piauí*, n. 129, jun. 2017.

19. Citado em Ana Flor, "Kit escolar é 'propaganda de opção sexual', diz Dilma". *Folha de S.Paulo*, 27 maio 2011.

20. Naiara Leão, "Militantes gays criticam política do governo em conferência LGBT". G1, 15 dez. 2011. Disponível em: <https://g1.globo.com/politica/noticia/2011/12/militantes-gays-vaiam-dilma-em-abertura-de-conferencia-lgbt.html>. Acesso em: 3 jul. 2022.

21. Para um histórico das decisões que levaram à aprovação do casamento homoafetivo, ver Angelo Brandelli Costa e Henrique Caetano Nardi, "O 'casamento homoafetivo' e a política da sexualidade: Implicações do afeto como justificativa das uniões de pessoas do mesmo sexo". *Revista de Estudos Feministas*, Florianópolis, v. 23, n. 1, pp. 137-50, jan.-abr. 2015.

22. A proposta da procuradora era baseada em um documento de 2006, apresentado pelo Grupo de Trabalho de Direitos Sexuais e Reprodutivos da Procuradoria Federal dos Direitos do Cidadão do Ministério Público. Sobre a trajetória que levou à decisão de 2011, ver Ivanilda Figueiredo, "A conquista do direito ao casamento LGBTI+: Da Assembleia Constituinte à resolução do CNJ". *Revista Direito e Práxis*, Rio de Janeiro, v. 12, n. 4, pp. 2490-2517, out.-dez. de 2021.

23. Julianna Granjeia, "Lula telefona para parabenizar casal gay pela união estável". *Folha de S.Paulo*, 9 maio 2011.

24. Entrevista em off.

25. O PMDB apresentou emenda ao Código Florestal que possibilitava anistia para produtores que haviam desmatado áreas de preservação. Dilma se opôs à emenda, mas foi derrotada na Câmara dos Deputados. Todo o PT votou contra, enquanto todo o PMDB votou a favor.

26. Entrevista em off.

27. Um dos achados interessantes da excelente pesquisa de Michelle Peria é que assessores de Carlos Minc e de Abdias do Nascimento, no segundo governo Brizola, mantinham uma relação próxima (p. 45). Ver Michelle Peria, *Ação afirmativa: um estudo sobre a reserva*

de vagas para negros nas universidades públicas brasileiras. O caso do Estado do Rio de Janeiro. Dissertação (Mestrado em Antropologia Social), Universidade Federal do Rio de Janeiro. Rio de Janeiro, 2004, p. 45. Disponível em: <https://files.ufgd.edu.br/arquivos/arquivos/78/NEAB/ PERIA-%20Michelle.%20Acao%20afirmativa%20um%20estudo%20sobre%20a%20reserva%20 de%20vagas%20para%20negros%20nas%20uiversidades%20publicas%20brasileiras%20-%20 caso%20RJ%20..pdf>. Acesso em: 8 ago. 2022.

28. Ver Claudete Gomes Soares, "Raça, classe e ação afirmativa na trajetória política de militantes negros de esquerda". *Política e Sociedade*, Florianópolis, v. 11, n. 22, pp. 41-74, nov. 2012.

29. Entrevista com Paulo Paim.

30. Claudete Gomes Soares, "Raça, classe e ação afirmativa na trajetória política de militantes negros de esquerda", op. cit., p. 63.

31. Ver o depoimento de Jurema Batista, vereadora do PT do Rio de Janeiro que foi a Durban: "Outra surpresa boa foi que na época [da Conferência], o governo brasileiro comprou a ideia. Tanto que o Fernando Henrique mandou ministros, um monte de gente: parte dessa grande delegação teve inclusive verba federal". Ver Claudete Gomes Soares, *Raça, classe e cidadania: A trajetória do debate racial no Partido dos Trabalhadores (1980-2003)*. Curitiba: CRV, 2020, p. 142.

32. Michelle Peria, op. cit., p. 60.

33. Ibid., pp. 69-71.

34. Depoimento registrado em 16min40 do vídeo *Conferência Internacional de Durban 2001: Documentário*. Disponível em: <https://www.youtube.com/watch?v=G0bzC-Uvv9k>. Acesso em: 15 jul. 2022.

35. Nos valores de maio de 2022, cerca de 400 mil reais.

36. Para a tramitação do projeto, ver Tatiana Dias Silva, "O Estatuto da Igualdade Racial". *Texto para Discussão*, Brasília, Ipea, n. 1712, fev. 2012. Há um quadro resumindo as mudanças na página 18.

37. Ver Natasha Pitts, "Movimentos negros solicitam que Lula vete o Estatuto da Igualdade Racial". Geledés, 16 jul. 2020. Disponível em: <https://www.geledes.org.br/movimentos-negros-solicitam-que-lula-vete-o-estatuto-da-igualdade-racial/>. Acesso em: 15 jul. 2022. A sugestão dos movimentos era começar de novo o processo em outra legislatura.

38. Ver, entre outros estudos, R. R. Valente; B. J. L. Berry, "Performance of Students Admitted through Affirmative Action in Brazil", *Latin American Research Review*, Cambridge, n. 52, v. 1, pp. 18-34, 2017; e R. S. Vieira; M. Arends-Kuenning, "Affirmative Action in Brazilian Universities: Effects on the Enrollment of Targeted Groups", *Economics of Education Review*, Amsterdam, n. 73, 2019.

39. Entrevista com Gleisi Hoffmann.

40. Elena Landau, "Saindo do armário". *O Globo*, 22 jul. 2012.

41. Allan de Abreu, "Pelo porto de Santos, duas décadas de propina". *piauí*, 19 out. 2018.

42. Pedro Floriano Ribeiro, op. cit., identificou uma tendência do PT de recrutar mais lideranças associadas a instâncias estatais, como os mandatos parlamentares ou os cargos de confiança (p.147). Note-se, entretanto, que o trabalho de Oswaldo Amaral mostrou que o PT ainda mantém uma interação importante com movimentos da sociedade civil. Amaral, Oswaldo E., *As Transformações internas do Partido dos Trabalhadores entre 1995 e 2009*. São Paulo: Alameda, 2013, p. 111.

43. Antes de Barbosa, o STF havia tido dois ministros negros: entre 1907 e 1921, Pedro Lessa, que foi acusado pelo presidente da República Epitácio Pessoa de "falar grosso para disfarçar a ignorância com o mesmo desastrado ardil com que raspa a cabeça para dissimular a carapinha"

(ver Leandro Colon, "Primeiro negro no STF, Pedro Lessa sofria ataques de Epitácio Pessoa". *Folha de S.Paulo*, 1º jun. 2014; e, entre 1917 e 1931, Hermenegildo de Barros. A historiadora Lêda Boechat Rodrigues, especialista na história do STF, afirmou em 2003 que "Pedro Lessa era mulato claro, e o Hermenegildo, mulato escuro" ("STF já teve dois mulatos, diz historiadora", *Folha de S.Paulo*, 8 maio 2003). Aqui há todo um debate possível sobre "colorismo", que excede tanto o espaço deste livro quanto minha competência.

44. Blogs próximos do PT chegaram a chamá-lo de "capitão do mato" ("Joaquim Barbosa, o capitão do mato", Jornal GGN, 21 nov. 2012), denominação dada a negros livres e pobres que, durante a escravidão, caçavam escravos fugitivos. Não foram todos os blogueiros petistas que embarcaram nessa virada doentia: a jornalista Cynara Menezes, de conhecidas posições de esquerda, celebrou a posse de Barbosa como presidente do STF já depois do julgamento do Mensalão, com um belo texto ("Salve Joaquim, axé Barbosa", *Socialista Morena*, 20 nov. 2012).

45. Marcus André Melo e Carlos Pereira, op. cit., p. 14.

46. Fernando Haddad, *O sistema soviético: Relato de uma polêmica*. São Paulo: Scritta, 1992.

47. Id., *De Marx a Habermas: O materialismo histórico e seu paradigma adequado*. São Paulo, USP, 1996. Tese (Doutorado).

48. Fernando Haddad, "Vivi na pele o que aprendi nos livros", op. cit.

49. Cristiano Romero, "Transição para nova política econômica afetou PIB, diz Holland". *Valor Econômico*, 17 dez. 2012.

50. Entrevista com Márcio Holland.

51. Ibid.

52. Entrevista com Nelson Barbosa.

53. Ibid.

54. Claudia Safatle, João Borges e Ribamar de Oliveira, op. cit., p. 183.

55. Ibid., pp. 188-9.

56. Entrevista com Márcio Holland.

57. Laura Carvalho, op cit., p. 58.

58. Carlos A. Rocca e Lauro Modesto Santos Jr., "Redução da taxa de poupança e o financiamento dos investimentos no Brasil, 2010-2013". *Estudo Especial do Centro de Estudos do Ibmec*, São Paulo, nov. 2014.

59. Ibid. "Uma hipótese corrente para explicar parte das dificuldades enfrentadas pela indústria de transformação nos últimos anos é a de que os salários reais têm crescido mais que a produtividade, elevando assim o custo unitário do trabalho. Uma das razões da redução da margem de lucro bruto seria a dificuldade de a indústria repassar esse aumento de custos para os preços de venda, face à competição [dos] produtos importados" (pp. 42-3).

60. Monica de Bolle, *Como matar a borboleta-azul: Uma crônica da Era Dilma*. São Paulo: Intrínseca, 2016, p. 118.

61. Ver Ruy Braga, "Terra em transe: O fim do lulismo e o retorno da luta de classes". Em André Singer e Isabel Loureiro (Orgs.), *As contradições do lulismo: A que ponto chegamos?*. São Paulo, Boitempo, 2018, pp. 55-92.

62. Guilherme Klein Martins e Fernando Rugitsky, "The Commodities Boom and the Profit Squeeze: Output and Profit Cycles in Brazil (1996-2016)". Departamento de Economia, FEA-USP, working paper n. 2018-09, pp. 20-1.

63. Tony Volpon, *Pragmatismo sob coação: Petismo e economia em um mundo de crises*. Rio de Janeiro: Alta Books, 2019, p. 152.

64. Entrevista com Márcio Holland.

65. Ver Daniela Pinheiro, "A afilhada rebelde". *piauí*, n. 97, out. 2014.

66. Ibid.

67. Entrevista com Maria do Rosário.

68. Raphael Neves, "Enfim, a verdade?". *O Estado de S. Paulo*, 10 dez. 2014.

69. "Quatro anos depois, Brasil ignora maioria das recomendações da Comissão da Verdade". Aos Fatos, 29 mar. 2019. Disponível em: <https://www.aosfatos.org/noticias/quatro-anos-depois-brasil-ignora-maioria-das-recomendacoes-da-comissao-da-verdade/>. Acesso em: 15 jul. 2022.

70. Entrevista com José Genoino.

71. Celso Castro (Org.), General Villas Bôas: *Conversa com o comandante*. Rio de Janeiro: FGV Editora, 2021, p. 154.

72. Claudia Safatle, João Borges e Ribamar de Oliveira, op. cit, cap. 8.

73. Entrevista com Nelson Barbosa.

74. O documentário *A Revolta do Buzu*, do cineasta Carlos Pronzato (disponível no YouTube), mostra depoimentos dos participantes e a cena da Assembleia rachando. O documentário é politicamente relevante: ele foi projetado em eventos estudantis nos anos seguintes, ajudando a divulgar as ideias dos revoltosos.

75. Fiore Trise Júnior, uma das lideranças que emergiram durante o movimento de Salvador, filiou-se ao PSTU durante a revolta. Ver Diego Cruz, "Entrevista com Fiore Trise Júnior, dirigente da Revolta do Buzu". PSTU, 9 nov. 2003 (disponível em: <https://www.pstu.org.br/entrevista-com-fiore-trise-junior-dirigente-da-revolta-do-buzu/>. Acesso em: 15 jul. 2022). É provável que boa parte dos manifestantes não gostasse da designação "dirigente".

76. Segundo o militante "Manolo", que participou ativamente da Revolta do Buzu, "A *política nacional* também teve grande influência no ânimo popular: era a época da *reforma da Previdência*, que aumentou a desconfiança popular nos partidos de esquerda, especialmente nos partidos da base de apoio do governo federal (PT, PCdoB etc.)". Ver Manolo, "Teses sobre a Revolta do Buzu — 1ª Parte". Passa Palavra, 25 set. 2011. Disponível em: <https://passapalavra.info/2011/09/46384>. Acesso em: 15 jul. 2022.

77. O Trabalho é a parte da antiga Libelu que não aceitou a moderação de Palocci e Gushiken nos anos 1980 nem a aproximação com o grupo de Lula. Suas principais lideranças são Markus Sokol e Miza Boito.

78. Entrevista com Lucas Oliveira. Ver também Elena Judensnaider, Luciana Lima, Marcelo Pomar e Pablo Ortellado, *Vinte centavos: A luta contra o aumento*. São Paulo: Veneta, 2013, p. 12.

79. Para uma discussão sobre o autonomismo, ver Linda Martín Alcoff e José Alcoff, "Autonomism in Theory and Practice". *Science & Society*, Nova York, v. 79, n. 2, pp. 221-42, 2015. Disponível em: <http://www.jstor.org/stable/24583894>. Acesso em: 17 jul. 2022.

80. Entrevista com Lucas Oliveira.

81. Ver Maria Caramez Carlotto, "Entrevista com o Movimento Passe Livre: Lucas Oliveira". *Fevereiro*, n. 6, pp. 128-47, set. 2013.

82. Entrevista com Lucas Oliveira.

83. Sobre os *black blocs*, ver David Van Deusen, Xavier Massot, Green Mountain Anarchist Collective (Org.), *The Black Bloc Papers*. Breaking Glass Press, 2010, cap. 1.

84. Para a história dos protestos ver Elena Judensnaider, Luciana Lima, Marcelo Pomar e Pablo Ortellado, op. cit., p. 12.

85. Entrevista com Lucas Oliveira.

86. Entrevista com Gilberto Carvalho.

87. Paolo Gerbaudo, *The Mask and the Flag: Populism, Citizenship, and Global Protest*. Oxford: Oxford University Press, 2017, p. 71.

88. Entrevista com Lucas Oliveira.

89. Marcos Nobre, *Choque de democracia: Razões da revolta*. São Paulo: Breve Companhia, 2013.

90. Ver o texto "O Movimento Passe Livre acabou?", de Legume Lucas. Passa Palavra, 4 ago. 2015. Acesso em: <https://passapalavra.info/2015/08/105592>. Acesso em: 15 jul. 2022.

91. Entrevista em off.

92. Entrevista com Marta Suplicy.

93. Ibid.

94. Ibid.

95. André Singer, *O lulismo em crise*, op. cit., p. 31.

96. Entrevista com Rui Falcão.

97. Ibid.

98. Entrevista com Marta Suplicy.

99. Ibid.

100. Ibid.

101. Ibid. Observe-se que, quase dois anos após conceder a entrevista para este livro, Suplicy e Lula voltaram a se falar. A ex-prefeita foi convidada para o casamento de Lula em 18 de maio de 2022.

102. Entrevista com Marina Silva.

103. Ibid.

104. Ibid.

105. Quando Marina Silva divulgou seu plano de governo, o pastor conservador Silas Malafaia foi ao Twitter protestar contra a inclusão da defesa do "casamento gay", isto é, da aprovação de uma lei para consolidar os efeitos da decisão de 2011 do STF. A campanha de Marina retirou o trecho do programa nos dias seguintes.

15. O PT CAI PRIMEIRO [pp. 319-43]

1. *Economic Bulletin*, Frankfurt, n. 1, pp. 16-8, 2016.

2. Bráulio Borges, "Impacto dos erros (reais) da Nova Matriz Econômica tem sido muito exagerado". Blog do Ibre, 8 set. 2017. Disponível em: <https://blogdoibre.fgv.br/posts/impacto-dos-erros-reais-da-nova-matriz-tem-sido-muito-exagerado>. Acesso em: 18 jul. 2022.

3. Samuel Pessôa, "O impacto da Nova Matriz Econômica: Resposta a Bráulio Borges". Blog do Ibre, 28 set. 2017. Disponível em: <https://blogdoibre.fgv.br/posts/o-impacto-da-nova-matriz-economica-resposta-braulio-borges>. Acesso em: 18 jul. 2022.

4. Em uma matéria do jornal *Valor Econômico* de 4 de março de 2016 (Flavia Lima, "Lava Jato tirou dois pontos da atividade e deve levar mais um este ano, dizem analistas"), o economista Bráulio Borges, da consultoria econômica LCA, estimava em 2% a queda do PIB de 2015 em função da paralisia dos investimentos e projetava uma queda adicional de 1%. Na mesma matéria, a economista Alessandra Ribeiro, da Tendências Consultoria, também estimou em 2% negativos o efeito em 2015 e projetou 1,2% negativos para 2016. Estudo do Dieese publicado em 2021 estimou o efeito em 3,6% negativos em quatro anos (2014-7) ("Implicações econômicas intersetoriais da Operação Lava Jato". Dieese, 16 mar. 2021. Disponível em: <https://www.dieese.org.br/outraspublicacoes/2021/impactosLavaJatoEconomia.html>. Acesso em: 15 jul. 2022). Ver, também, Bráulio Borges, "Como a Lava Jato afetou o PIB?: Novas evidências para o debate". Blog do Ibre, 14 set. 2018. Disponível em: <https://blogdoibre.fgv.br/posts/como-lava-jato-afetou-o-pib-novas-evidencias-para-o-debate>. Acesso em: 15 jul. 2022.

5. Camila Rocha. *Menos Marx, mais Mises: O liberalismo e a nova direita no Brasil*. São Paulo: Todavia, 2021, p. 117.

6. Além do trabalho de Camila Rocha (op. cit.), ver Consuelo Dieguez, "Juventude bolsonarista: A extrema direita sai do armário no Brasil". *piauí*, n. 148, jan. 2019; Gabriel Trigueiro, "Jean-Luc Godard e Steve Bannon: Eternidade e revolução". *Época*, 13 jun. 2020.

7. Olavo de Carvalho, "Sucessão de fraudes". *Diário do Comércio*, 28 out. 2014.

8. As informações sobre o processo podem ser encontradas no site do Tribunal Superior Eleitoral. Disponível em: https://www.tse.jus.br/imprensa/noticias-tse/2017/Marco/informacoes-gerais-sobre-a-acao-de-investigacao-judicial-eleitoral-no-1943-58. Acesso em: 12 ago. 2022.

9. Luiza Pollo, "Ação no TSE era para 'encher o saco' do PT, disse Aécio a Joesley". *O Estado de S. Paulo*, 20 maio 2017.

10. Bruno Boghossian, "Aécio rejeita suspeita sem provas de Bolsonaro e diz não acreditar em fraude nas urnas em 2014". *Folha de S.Paulo*, 8 jul. 2021.

11. Escrevi sobre a crise da democracia brasileira em "O Brasil e a recessão democrática" (*piauí*, n. 139, abr. 2018). O artigo suscitou um debate com Marcos Lisboa, Samuel Pessôa e Helio Gurovitz no blog do Ibre, que foi republicado no livro *O valor das ideias*, de Marcos Lisboa e Samuel Pessôa (São Paulo: Companhia das Letras, 2019). Naturalmente, a crise se aprofundou enormemente no governo Bolsonaro.

12. Entrevista com Gleisi Hoffmann. Entretanto, vale registrar a posição do ex-senador Saturnino Braga, que, em um artigo de abril de 2015, defendeu "apoiar a política de reajuste fiscal, ajudar o ministro Joaquim Levy em sua execução, podendo evidentemente ponderar discretos ajustes com o fito de viabilizar politicamente sua implementação, nunca com o objetivo de mudar suas diretrizes para alavancar um desenvolvimentismo que demanda um tempo de espera. No momento, na gravidade da crise política que o governo enfrenta, qualquer enfraquecimento de suas diretrizes causado por divergências internas significaria um comportamento suicida". Em "O partido precisa de mudanças profundas". *Teoria e Debate*, n. 135, abr. 2015.

13. Entrevista com Guido Mantega.

14. Ver Manoel Carlos de Castro Pires e Arnaldo Barbosa Lima Jr., "Análise econômica do programa seguro-desemprego: Uma reflexão sobre o espaço disponível para ajuste das despesas do FAT". *Mercado de Trabalho: Conjuntura e Análise*, Ipea, Brasília, n. 56, pp. 51-66, fev. 2014. Segundo o estudo, só nos anos de 2008 a 2010, correspondentes à Grande Crise de 2008, o

seguro-desemprego teve comportamento anticíclico, isto é, teve mais beneficiários quando a economia piorou.

15. Laura Carvalho, op. cit., p. 97.

16. Entrevista com Guido Mantega.

17. Ver Kim Kataguiri e Renan Santos, *Como um grupo de desajustados derrubou a presidente: MBL: A origem*. Rio de Janeiro: Record, 2019, p. 27.

18. Ibid., p. 27.

19. Ibid., pp. 27-8.

20. Ver Marina Amaral, "A nova roupa da direita". Agência Pública, 23 jun. 2015.

21. As informações biográficas de Eduardo Cunha foram retiradas de Aloy Jupiara e Chico Otavio, *Deus tenha misericórdia dessa nação: A biografia não autorizada de Eduardo Cunha*. Rio de Janeiro: Record, 2019.

22. Fernando Henrique Cardoso, *Diários da presidência*, v. 1, op. cit, p. 507.

23. Fernando Henrique Cardoso, *Diários da presidência*, v. 3, p. 190.

24. Robson Bonin, "Delação de Funaro: 'Bancada do Cunha' era comprada com propina". *Veja*, 7 set. 2017.

25. Sobre a Lava Jato, ver Fabiana Alves Rodrigues, *Lava Jato: Aprendizado institucional e ação estratégica na Justiça*. São Paulo: WMF Martins Fontes, 2020; Fernando Limongi, "From Birth to Agony: The Political Life of Operation Car Wash (Operação Lava Jato)". *University of Toronto Law Journal*, Toronto, v. 71, suplemento 1, pp. 151-73, 2021.

26. Mariana Schreiber, "Desde impeachment, popularidade de Moro dispara e rejeição a políticos sobe, diz pesquisa". BBC News Brasil, 24 fev. 2017.

27. Fabiana Alves Rodrigues, op. cit., p. 25.

28. A estratégia de vazamentos era inspirada na Operação Mãos Limpas, da Itália. Ver Sergio Fernando Moro, "Considerações sobre a Operação Mani Pulite". *Revista do CEJ*, Brasília, n. 26, pp. 56-62, jul.-set. 2004.

29. Para as conexões internacionais da Lava Jato, ver Gaspard Estrada, "Le Naufrage de L'opération anticorruption 'Lava Jato' au Brésil". *Le Monde*, 9 abr. 2021.

30. Kim Kataguiri e Renan Santos, op. cit., p. 125. O Syriza era o partido da esquerda radical grega, que chegou ao poder em 2015. O Podemos é um partido espanhol à esquerda do Partido Socialista.

31. Ibid., p. 126.

32. Ibid., p. 236.

33. Ibid., p. 172.

34. Para um ótimo perfil de Michel Temer, ver Consuelo Dieguez, "A cara do PMDB". *piauí*, n. 45, jun. 2010.

35. Luiz Felipe de Alencastro, "Os riscos do vice-presidencialismo". *Folha de S.Paulo*, 25 out. 2009.

36. "Temer foi a reunião em que se cobrou propina de 40 milhões, diz delator". *Folha de S.Paulo*, 12 abr. 2017. A matéria traz um vídeo com o trecho da delação. Disponível em: <https://www1.folha.uol.com.br/poder/2017/04/1875185-temer-foi-a-reuniao-em-que-se-cobrou-propina-de-us-40-mi-diz-delator.shtml>. Acesso em: 18 jul. 2022.

37. Eduardo Cunha, *Tchau, querida!: O diário do impeachment*. São Paulo: Matrix, 2021, p. 382.

38. Ibid., p. 626.

39. Entrevista com José Eduardo Cardozo.

40. Ibid.

41. Ibid.

42. Eduardo Cunha, op. cit., p. 375.

43. Valdo Cruz e Severino Mota, "STF não pode se converter em uma 'corte bolivariana', defende Gilmar". *Folha de S.Paulo*, 3 nov. 2014.

44. O caso, aliás, era muito parecido com outro, analisado por Levitsky e Ziblatt nos Estados Unidos: a decisão do Partido Republicano de não aprovar uma indicação de Barack Obama à Suprema Corte até que o republicano Donald Trump se tornasse presidente e indicasse um juiz conservador. Ninguém viu naquilo um sinal de que a democracia americana ia bem (ibid., p. 164).

45. Na época, escrevi um artigo sobre o Congresso: "Um adeus ao lulismo" (*Folha de S.Paulo*, 21 jun. 2015).

46. Bernardo Mello Franco, "A mensagem de Tarso". *Folha de S.Paulo*, 9 jun. 2015.

47. Discurso disponível em: <https://www.youtube.com/watch?v=nzHFdapeKMI>. Acesso em: 15 jul. 2022.

48. Marina Dias, Cátia Seabra e João Pedro Pitombo, "A petistas, Dilma defende ajuste fiscal e pede apoio". *Folha de S.Paulo*, 12 jun. 2015.

49. "PT 35 anos: Estes filhos teus não fogem à luta". Carta de Salvador e resoluções do 5º Congresso.

50. Ver Carlos Zarattini, "Um novo padrão ético nas relações entre o público e o privado". *Teoria e Debate*, n. 134, mar. 2015; e Antônio Augusto de Queiroz, "Sobre a crise ético-moral". *Teoria e Debate*, n. 142, nov. 2015.

51. Daniel Carvalho, "'Se eu derrubo Dilma agora, no dia seguinte vocês me derrubam', diz Cunha à oposição". *O Estado de S. Paulo*, 14 out. 2015.

52. Ver, além de Laura Carvalho (op. cit.), Pedro Paulo Zahluth Bastos e Luiz Gonzaga Belluzzo (Org.), *Austeridade para quem?: Balanço e perspectivas do governo Dilma Rousseff*. São Paulo: Carta Maior, 2015.

53. "Alvo da Lava Jato, Renan retalia e derrota governo no ajuste fiscal". *Folha de S.Paulo*, 4 mar. 2015.

54. Ver Marcos Lisboa e Samuel Pessôa, "O funcionamento da economia segundo a direita e a esquerda". Em *O valor das ideias: Debate em tempos turbulentos*. São Paulo: Companhia das Letras, 2019, p. 453. Em outro capítulo da mesma obra ("Texto rebate crítica aos economistas heterodoxos de Lisboa e Pessôa"), Luiz Fernando de Paula e Elias Jabbour argumentam que o multiplicador fiscal é maior na desaceleração econômica, sem, entretanto, apresentar sua própria estimativa. Mas mesmo Paula e Jabbour aceitam que o ajuste não foi o único responsável pela crise. Listam, entre suas outras causas, "o relevante desinvestimento da Petrobras, o choque de preços de energia elétrica e a deterioração das expectativas empresariais frente à crise política" (p. 467).

55. Entrevista com Rui Falcão.

56. Entrevista com Maria do Rosário.

57. Ibid.

58. Entrevista com Rui Falcão.

59. Ibid.

60. Ibid.

61. Em Michel Temer, *A escolha: Como um presidente conseguiu superar grave crise e apresentar uma agenda para o Brasil*. São Paulo: Noeses, 2020, p. 4.

62. Eduardo Cunha, op. cit., p. 703.

63. Entrevista com Gilberto Carvalho.

64. Entrevista com Rui Falcão. Observe que, em suas memórias, Cunha afirma que Mentor era o petista com quem mantinha melhores relações. Em Eduardo Cunha, op. cit., p. 582.

65. "Lula concede entrevista coletiva a blogueiros progressistas". YouTube, 21 jan. 2016. Defesa da reforma a partir dos 34 minutos. Disponível em: <https://www.youtube.com/watch?v=08SuqNtbl6w. Acesso em: 12 ago. 2022.

66. Entrevista com José Eduardo Cardozo.

67. Leandro Colon, "Ministro da Justiça diz que trocará equipe da PF em caso de vazamento". *Folha de S.Paulo*, 19 mar. 2016.

68. O trecho está nas conversas com Sérgio Machado, de que falaremos a seguir. Ver Rubens Valente, "Em diálogos gravados, Jucá fala em pacto para deter avanço da Lava Jato". *Folha de S.Paulo*, 23 maio 2016.

69. Em 2019, uma série de conversas hackeadas de membros da Lava Jato passou a ser publicada pelo site de notícias The Intercept Brasil, no que ficou conhecido como "Vaza Jato". Em uma das gravações, Moro reclamou que uma investigação contra FHC poderia "melindrar alguém cujo apoio é importante". Moro, entretanto, nunca foi juiz de um processo envolvendo o tucano. Em Rafael Moro Martins et al., "Tem alguma coisa mesmo séria do FHC?". The Intercept Brasil, 18 jun. 2019.

70. Isso claramente ocorreu entre membros da Lava Jato. O procurador Deltan Dallagnol chegou a cogitar construir um monumento à operação: um pilar de pé, simbolizando a Justiça, sustentaria um país cambaleante. No chão, como se tivesse desabado, um pilar representando o sistema político. Moro advertiu-o de que a coisa poderia soar como "soberba".

71. "Destaquei a Lula que, na minha visão, só havia uma solução para mudar a situação política do governo: ele assumir a Casa Civil e se tornar o presidente de fato, deixando Dilma tocar a administração com os seus detalhes que nada interessavam à política". Em Eduardo Cunha, op. cit., p. 577.

72. Rubens Valente, "Em diálogos gravados, Jucá fala em pacto para deter avanço da Lava Jato". *Folha de S.Paulo*, 23 maio 2016.

73. Para a história das pedaladas fiscais, o trabalho de referência é João Villaverde, *Perigosas pedaladas: Os bastidores da crise que abalou o Brasil e levou ao fim o governo Dilma Rousseff*. São Paulo: Geração Editorial, 2016.

74. Quando o governo pedala o pagamento do seguro-desemprego, a conta "seguro-desemprego" na Caixa Econômica Federal fica com saldo negativo. Segundo Villaverde, "durante os oito anos de mandato de FHC, a conta da Caixa terminou no vermelho em seis meses e nunca de forma continuada, ou seja, dois meses consecutivos de saldo negativo. O desempenho fora quase o mesmo durante seu sucessor: nos oito anos de Lula, o saldo negativo na conta da Caixa para o seguro-desemprego fora verificado em sete meses. Com Dilma, a situação era diferente. Mesmo com menos tempo de mandato (52 meses, entre janeiro de 2011 e abril de 2015, ante os 96 que ambos Lula e FHC governaram), Dilma tinha, sob sua gestão, um quadro muito mais negativo do que os demais: por 21 meses a Caixa teve a conta de seguro-desemprego fechando no vermelho.

Havia também um grande período em que isso ocorreu de forma consecutiva: entre os meses de agosto de 2013 e setembro de 2014" (op. cit., p. 166).

75. Aguirre Talento, "Contra Dilma, Câmara aprova urgência para votar contas de ex--presidentes". *Folha de S.Paulo*, 4 ago. 2015.

76. Grito de guerra comum nas manifestações a favor de Dilma.

77. Paschoal foi eleita deputada estadual em São Paulo. No entanto, nenhum candidato a deputado federal teve mais votos do que a militante bolsonarista.

78. João Cabral de Melo Neto, *Morte e vida severina e outros poemas*. Rio de Janeiro: Alfaguara, 2016.

79. Entrevista com Gilberto Carvalho.

16. DEMOCRACIA EM CRISE [pp. 344-62]

1. Ver, entre outros: Kim Doria e Murilo Cleto. *Por que gritamos golpe? Para entender o impeachment e a crise política no Brasil*. São Paulo: Boitempo, 2016; Jessé Souza, *Radiografia do golpe: Entenda como e por que você foi enganado*. São Paulo: Leya, 2016; Luis Felipe Miguel, *O colapso da democracia no Brasil: Da Constituição ao golpe de 2016*. São Paulo: Expressão Popular, Fundação Rosa Luxemburgo, 2019.

2. A literatura sobre retrocessos democráticos já é bastante extensa. Ver, entre outros, Larry Diamond, "Facing Up to the Democratic Recession". *Journal of Democracy*, Baltimore, v. 26, n. 1, pp. 141-55, jan. 2015; Steven Levitsky e Daniel Ziblatt, op. cit.; David Runciman, *Como a democracia chega ao fim*. São Paulo: Todavia, 2018; Jason Stanley, *Como funciona o fascismo: A política do "nós" e "eles"*. Porto Alegre: L&PM, 2018.

3. André Monteiro, "PT tem a maior perda de votos, receita e influência; tucanos e 'nanicos' crescem". *Folha de S.Paulo*, 3 out. 2016.

4. "Resolução sobre conjuntura". Diretório Nacional do PT, 17 maio 2016. Disponível em: <https://pt.org.br/wp-content/uploads/2016/05/Resolu----es-sobre-conjuntura-Maio-2016.pdf>. Acesso em: 15 jul. 2022.

5. Patrícia Campos Mello, *A máquina do ódio: Notas de uma repórter sobre fake news e violência digital*. São Paulo: Companhia das Letras, 2020.

6. Ver Bernardo Mello Franco, "Golpe da madrugada". *Folha de S.Paulo*, 21 set. 2016; Glenn Greenwald e Erick Dau, "Tentativa de anistia para políticos flagrados com caixa dois expõe níveis de corrupção dos líderes do Congresso". The Intercept Brasil, 20 set. 2016.

7. Afonso Benites, "Citado na Lava Jato, Moreira Franco é ratificado pelo STF como ministro de Temer". *El País Brasil*, 14 fev. 2017.

8. Rodolfo Borges, "STF contraria Lava Jato e proíbe condução coercitiva para interrogatório". *El País Brasil*, 14 jun. 2018.

9. Mariana Haubert, Ranier Bragon e Valdo Cruz, "Por ampla maioria, Senado mantém Delcídio do Amaral preso". *Folha de S.Paulo*, 25 nov. 2015.

10. Talita Fernandes e Angela Boldrini, "Senado derruba medidas cautelares contra Aécio Neves". *Folha de S.Paulo*, 17 out. 2017.

11. "Leia os inquéritos da Lava Jato envolvendo Michel Temer e Aécio Neves". *Consultor Jurídico*, 19 maio 2017.

12. "Temer é gravado por dono da JBS em conversa sobre Cunha". *Folha de S.Paulo*, 17 maio 2017.

13. Para a votação de 2 de agosto de 2017, ver "Temer usa máquina, demonstra força e barra denúncia na Câmara". *Folha de S.Paulo*, 3 ago. 2017. Para a votação de 26 de outubro de 2017, ver "Temer escapa, mas perde apoio". *Folha de S.Paulo*, 26 out. 2017.

14. "Gilmar desempata e TSE absolve Michel Temer por quatro a três". *Folha de S.Paulo*, 10 jun. 2017.

15. Flávio Ferreira, "Procuradores da Lava Jato criticam ministros do TSE". *Folha de S.Paulo*, 10 jun. 2017.

16. Indignado, Benito de Paula retrucou que "Tudo está no seu lugar o caralho", Joelmir Tavares, "'Desrespeito', protesta Benito de Paula após deputado parodiar música sua". *Folha de S.Paulo*, 27 out. 2017.

17. Entrevista com Gilberto Carvalho.

18. Marco Rodrigo Almeida, "Preferência pelo PT chega a 24%, índice mais alto desde 2014, diz Datafolha". *Folha de S.Paulo*, 23 ago. 2018.

19. "A corrupção, como Dellagnol nos levaria a concluir, é uma iniciativa sistêmica e coletiva, mas os políticos são responsáveis por mantê-la. Burocratas e construtoras foram apenas obrigados a entrar no jogo. No fim, os políticos é que eram os culpados. Nessa perspectiva, para atacar de verdade as causas estruturais da corrupção é necessário travar uma guerra contra a classe política." Em Fernando Limongi, "From Birth to Agony: The Political Life of Operation Car Wash (Operação Lava Jato)". *University of Toronto Law Journal*, Toronto, n. 71, suplemento 1, pp. 151-73, 2021.

20. A matéria original é "As mensagens secretas da Lava Jato". The Intercept Brasil, 9 jun. 2019. Sobre a Vaza Jato, ver Letícia Duarte, *Vaza Jato: Os bastidores das reportagens que sacudiram o Brasil*. Rio de Janeiro: Mórula, 2020; Glenn Greenwald, *Em defesa da democracia: Minha batalha por justiça e liberdade de expressão no país da Lava Jato*. São Paulo: Autonomia Literária, 2022.

21. Ver Rafael Moro Martins, Alexandre de Santi e Glenn Greenwald, "Não é muito tempo sem operação?". The Intercept Brasil, 9 jun. 2019.

22. José Marques, Renan Marra e Ana Luiza Albuquerque, "Tribunal julga caso de Lula com a rapidez de ações mais simples". *Folha de S.Paulo*, 31 dez. 2017.

23. Para detalhes do dia da prisão de Lula, ver Fernando Morais, *Lula: Biografia*. v. 1, São Paulo: Companhia das Letras, 2021.

24. "Leia a íntegra do discurso histórico de Lula em São Bernardo". *Brasil de Fato*, 7 abr. 2018.

25. Entrevista com Maria do Rosário.

26. Ibid.

27. Ver Elio Gaspari, *A ditadura escancarada*. Rio de Janeiro: Intrínseca, 2014.

28. Para a biografia de Jair Bolsonaro, ver Luiz Maklouf Carvalho, *O cadete e o capitão: A vida de Jair Bolsonaro no quartel*. São Paulo: Todavia, 2019; e o podcast *Retrato Narrado*, produzido pela Rádio Novelo em 2020.

29. Para a relação de Bolsonaro com Orbán — um dos poucos chefes de Estado estrangeiros que compareceram à sua posse —, ver Celso Rocha de Barros, "Bolsonaro, o STF e a Hungria". *Folha de S.Paulo*, 22 abr. 2019; id., "Bolsonaro pede bênção a Papai Orbán". *Folha de S.Paulo*, 20 fev. 2022, Clóvis Gruner, "Pequenos irmãos, Bolsonaro e Orbán são os arquitetos da destruição".

Jornal Plural, 23 fev. 2022; Thiago Amparo, "O sexo de Orbán e Bolsonaro". *Folha de S.Paulo*, 16 jun. 2021. Sobre como os ataques de Bolsonaro à mídia são inspirados no exemplo húngaro, ver Patrícia Campos Mello, op. cit., cap. 4.

30. "Marine Le Pen rejeita comparações com Bolsonaro: 'Diz coisas desagradáveis'". Poder 360, 11 out. 2018.

31. "Ex-líder da Ku Klux Klan declara simpatia por Bolsonaro: 'Ele soa como nós'". *Congresso em Foco*, 16 out. 2018.

32. O general diz que foi motivado por uma preocupação que, no público em geral, ou dentro das Forças Armadas, crescessem os apelos pela intervenção militar: "Duas motivações nos moveram. Externamente, nos preocupavam as consequências do extravasamento da indignação que tomava conta da população. Tínhamos aferição decorrente do aumento das demandas por uma intervenção militar. Era muito mais prudente preveni-la do que, depois, sermos empregados para contê-la. Internamente, agimos em razão da porosidade do nosso público interno, todo ele imerso na sociedade. Portanto, compartilhavam de ansiedade semelhante. Nenhum receio de perda de coesão ou de ameaça à disciplina, mas era conveniente tranquilizá-lo". Em Celso Castro, op. cit., p. 184.

33. "O texto teve um 'rascunho' elaborado pelo meu staff e pelos integrantes do Alto-Comando residentes em Brasília. No dia seguinte — dia da expedição —, remetemos para os comandantes militares de área. Recebidas as sugestões, elaboramos o texto final, o que nos tomou todo o expediente, até por volta das vinte horas, momento em que liberei o CCOMSEX para a expedição." Em ibid., p. 187.

34. Celso Rocha de Barros, "Uma história de dois azares e um impeachment". Em vários autores, *Democracia em risco? 22 ensaios sobre o Brasil de hoje*. São Paulo: Companhia das Letras, 2019, pp. 71-82.

35. Ver a entrevista de Marina Silva ao jornal *Valor Econômico* em 11 de janeiro de 2013, "Marina defende o 'ativismo autoral'". Em um trecho, a ex-ministra explica o conceito: "Hoje não é mais aquele ativismo dirigido pelos partidos, pelos sindicatos, pelas organizações clássicas que tínhamos. É um ativismo diferente, que chamo de ativismo autoral. Boa parte das pessoas que integram as causas do século XXI fazem isso porque estão alinhadas com os mesmos princípios mas também pelo prazer de experimentar uma ação política produtiva, criativa e livre".

36. Entrevista com Marina Silva.

37. Em setembro, Steven Levitsky, um dos autores de *Como as democracias morrem*, chegou a publicar um artigo na *Folha de S.Paulo* pedindo que o PSDB, caso não fosse ao segundo turno, apoiasse o candidato do PT. Ver "Como a democracia pode se proteger contra candidatos autoritários". *Folha de S.Paulo*, 13 set. 2018. Lembro-me claramente de brasileiros de direita de altíssimo nível intelectual que riram do texto, dizendo que Levitsky não entendia nada de política brasileira.

38. Segundo os diálogos da Vaza Jato, quando ficou claro que Moro seria ministro, a reação dos procuradores foi muito ruim. A procuradora Jerusa Viecili escreveu a seus colegas dizendo: "Acho péssimo. Só dá ênfase às alegações de parcialidade e partidarismo". A procuradora Laura Tessler concordou: "Péssimo. E Bozo [Bolsonaro] é muito mal visto… se juntar a ele vai queimar o Moro". Ao que Viecili respondeu: "E queimando o Moro, queima a Lava Jato". Para essas e mais outras mensagens, ver Glenn Greenwald et al., "Moro viola sempre o sistema acusatório". The Intercept Brasil, 29 jun. 2019.

39. Ver Julia Chaib, "Brasil teria evitado pelo menos 5000 mortes com oferta inicial da Pfizer, diz pesquisador". *Folha de S.Paulo*, 13 maio 2021; "CoronaVac desprezada por Bolsonaro evitaria pelo menos 80 mil mortes, diz pesquisador". *Folha de S.Paulo*, 27 maio 2021.

40. Fabiana Cambricoli, "Até 89 mil idosos poderiam ter sido salvos se primeira proposta do Butantan tivesse sido aceita". *O Estado de S. Paulo*, 27 maio 2021.

41. Houve uma terceira: Bolsonaro só aceitou comprar metade das doses reservadas para o Brasil pelo consórcio internacional Covax Facility. Além disso, sabotou sistematicamente as medidas de isolamento social, apostando na tese de que o contágio facilitaria a aquisição de "imunidade de rebanho". Ver Deisy Ventura, Fernando Aith e Rossana Reis (Org.), "Brazil: The Timeline of the Federal Government's Strategy to Spread Covid-19". Disponível em: <https://ce-pedisa.org.br/wp-content/uploads/2021/08/LexAtlas-C19-Brazil-The-Timeline-of-the-Federal-Governments-Strategy-to-spread-Covid-19.pdf>. Acesso em: 15 jul. 2022.

42. Ver Guilherme Venaglia, "10 movimentos que mostram que a Lava Jato morreu em 2020". CNN Brasil, 9 dez. 2020.

43. "Em discurso, Moro destaca autonomia da PF na gestão do PT: 'Fundamental'". UOL, 24 abr. 2020.

44. O orçamento secreto foi descoberto através de uma série de reportagens de Breno Pires. Ver "Orçamento secreto bilionário de Bolsonaro banca trator superfaturado em troca de apoio no Congresso". *O Estado de S. Paulo*, 8 maio 2021. Para uma análise detalhada, ver Breno Pires, "Segredos do orçamento". *piauí*, 6 jun. 2022.

45. Victor Irajá, "Raul Jungmann: 'Não vai ter golpe'". *Veja*, 19 ago. 2021.

46. Patrícia Campos Mello, op. cit., cap. 4.

47. Vejam, por exemplo, o que o deputado extremista Eduardo Bolsonaro, filho do presidente, declarou sobre o 6 de janeiro americano: "Foi um movimento desorganizado. Foi lamentável. [...] Se fosse organizada, teriam tomado o Capitólio e feito reivindicações que já estariam previamente estabelecidas pelo grupo invasor. Eles teriam um poder bélico mínimo para não morrer ninguém, matar todos os policiais lá dentro ou os congressistas que eles tanto odeiam. No dia em que a direita for 10% da esquerda, a gente vai ter guerra civil em todos os países do Ocidente". Em Raquel Scapa, "Eduardo Bolsonaro nega atuação em ataque ao Congresso dos EUA". *O Estado de S. Paulo*, 8 mar. 2021.

48. "'Esses marginais vermelhos serão banidos de nossa pátria', diz Bolsonaro". *Veja*, 21 out. 2018.

49. A foto está incluída em *Imagens da luta 1905-1985*. Sindicato dos Trabalhadores nas Indústrias Metalúrgicas, Mecânicas e de Material Elétrico de São Bernardo do Campo e Diadema, 1997, p. 171. A obra foi um projeto coordenado pelo então jovem economista Aloizio Mercadante e por Luis Flávio Rainho. A informação sobre a data do ato foi extraída de Luiz Antonio Zerbinato, *Braços cruzados, máquinas fotográficas: As greves dos metalúrgicos do ABC paulista pela fotografia (1978-1980)*, São Paulo, PUC, 2016, dissertação de mestrado.

Referências bibliográficas

LIVROS, ARTIGOS E ENSAIOS

"AUTONOMIA em questão". *Desvios*, n. 1, nov. 1982.

"EDITORIAL". *Desvios*, n. 2, ago. 1983.

"ENTREVISTA: Vicentinho". *Em Tempo*, São Paulo, n.. 277-8, nov./dez. 1994.

"FERNANDO Henrique Cardoso: Entrevista a Roberto Freire, Domingos Leonelli e José Genoino". *Esquerda 21*, n. 2, jan. 1996.

"MAIO vermelho em Pequim". *Em Tempo*, São Paulo, jun. 1989.

"MANIFESTO aos petistas". In: POMAR, Valter (Org.). *A hora da verdade e outros escritos: Coletânea de textos da Articulação de Esquerda*. São Paulo: Partido dos Trabalhadores, 1993. pp. 8-9.

"MANIFESTO dos 113". In: VIANA, Gilney Amorim. *A revolta dos bagrinhos*. Belo Horizonte: Segrac, 1991.

"NÃO AO massacre do povo chinês!". *Em Tempo*, São Paulo, jul. 1989.

"O IMPACTO das alianças". *Em Tempo*, São Paulo, 1989.

"POR QUE só o PT disse não à Constituição". *Boletim Nacional*, São Paulo, out. 1988.

"POR UM marxismo antidogmático e revolucionário". *Em Tempo*, São Paulo, n. 244, mar./abr. 1990.

"PT 35 anos: Estes filhos teus não fogem à luta". Carta de Salvador e resoluções do 5º Congresso. São Paulo: Partido dos Trabalhadores, 30 jun. 2015.

"RELATÓRIO de atividades do grupo de trabalho sobre a repressão no campo no estado de São Paulo: 1946-1988". São Paulo: Comissão da Verdade do Estado de São Paulo, 2014.

"RESOLUÇÕES do 12.º Encontro Nacional do PT". Olinda: Partido dos Trabalhadores, 2001.

"UMA ARTICULAÇÃO excludente e centrista". *Em Tempo*, São Paulo, ano VI, n. 173, 23 jun./6 jul. 1983.

ALCOFF, Linda Martín; ALCOFF, José. "Autonomism in Theory and Practice". *Science & Society*, Nova York, v. 79, n. 2, pp. 221-42, 2015.

ABRUCIO, Fernando Luiz. *Os barões da federação: Os governadores e a redemocratização brasileira*. São Paulo: Hucitec, 1998.

_____. "A coordenação federativa no Brasil: A experiência do período FHC e os desafios do governo Lula". *Revista de Sociologia e Política*, Curitiba, n. 24, pp. 41-67, 2005.

AFONSO, Almino. *Espaço entre farpas*. [S.l.]: Coo-Editora, 1980.

AFRO-LATINO *América: Publicação fac-símile das 20 edições originais da seção Afro-Latino--América do jornal* Versus, *durante o período de 1977 a 1979*. São Paulo: Fundação Perseu Abramo; Soweto, 2015.

AGUIAR, Vilma. "Um balanço das políticas do governo Lula para a educação superior: Continuidade e ruptura". *Revista de Sociologia e Política*, Curitiba, v. 24, n. 57, pp. 113-26, mar. 2016.

ALBERTI, Verena; FARIAS, Ignez Cordeiro de; ROCHA, Dora (Orgs.). *Paulo Egydio conta: Depoimento ao CPDoc-FGV* São Paulo: Imprensa Oficial do Estado de São Paulo, 2007.

ALBERTI, Verena; PEREIRA, Amilcar Araujo (Orgs.). *Histórias do movimento negro no Brasil: Depoimentos ao CPDoc*. Rio de Janeiro: Pallas; CPDOC-FGV, 2007.

ALMEIDA NETO, Luiz Mello de. "Outras famílias: A construção social da conjugalidade homossexual no Brasil". *Cadernos Pagu*, Campinas, n. 24, pp. 197-225, jan./jun. 2005.

ALMEIDA, Maria Hermínia Tavares de. "O sindicalismo brasileiro entre a conservação e a mudança". In: ALMEIDA, Maria Hermínia Tavares de; SORJ, Bernardo (Orgs.). *Sociedade e política no Brasil pós-64*. Rio de Janeiro: Centro Edelstein de Pesquisas Sociais, 2008.

_____. "Sindicato e desenvolvimento (fim)". *Opinião*, ed. 214, 10 dez. 1976.

ALONSO, Angela. *Flores, votos e balas: O movimento abolicionista brasileiro (1868-88)*. São Paulo: Companhia das Letras, 2015.

AMARAL, Oswaldo E. *As transformações internas do Partido dos Trabalhadores entre 1995 e 2009*. São Paulo: Alameda, 2013.

AMORIM, Celso. *Breves narrativas diplomáticas*. São Paulo: Benvirá, 2017.

_____. *Teerã, Ramalá e Doha: Memórias da política externa ativa e altiva*. São Paulo: Benvirá, 2018.

ANDERSON, Patrícia. "Câmaras setoriais: Histórico e acordos firmados — 1991/1995". *Texto para Discussão*, Brasília, Ipea, n. 667, set. 1999.

ANDERSON, Perry. *Brazil Apart (1964-1969)*. Londres: Verso, 2019.

ANTUNES, Ricardo. *O novo sindicalismo no Brasil*. São Paulo: Brasil Urgente, 1991.

_____. *O novo sindicalismo no Brasil*. Campinas: Pontes, 1995.

ARBIX, Glauco. "O crepúsculo das burocracias". *Teoria e Debate*, São Paulo, n. 8, pp. 13-17, 14 nov. 1989.

_____. *Uma aposta no futuro*. São Paulo: Scritta, 1996.

ARCOLEZE, Conrado Ferreira. *Fios da história: Campanha presidencial de Leonel Brizola e o seu entrelaçar com o passado político do candidato pela imprensa*. Assis: FCLAS-Unesp, 2020. 240 p. Dissertação (Mestrado em História).

ARENDT, Hannah. *Origens do totalitarismo*. São Paulo: Companhia das Letras, 2012.

BARBOSA, Rubens. "Balanço da política externa dos governos petistas". *Interesse Nacional*, São Paulo, ano 10, n. 40, pp. 52-61, 9 fev. 2018.

BARROS, Celso Rocha de. "Uma história de dois azares e um impeachment". In: ABRANCHES, Sérgio et al. *Democracia em risco? 22 ensaios sobre o Brasil de hoje*. São Paulo: Companhia das Letras, 2019. pp. 71-82.

BASES *do plano de governo: Lula presidente, uma revolução democrática no Brasil*. São Paulo: Partido dos Trabalhadores, 1994.

BASTOS, Pedro Paulo Zahluth. "A economia política do novo-desenvolvimentismo e do social desenvolvimentismo". *Economia e Sociedade*, Campinas, v. 21, número especial, pp. 779-819, dez. 2012.

BASTOS, Pedro Paulo Zahluth; BELLUZZO, Luiz Gonzaga (Orgs.). *Austeridade para quem?: Balanço e perspectivas do governo Dilma Rousseff*. São Paulo: Carta Maior, 2015.

BATISTA, Pedro César. *Gilson Menezes, o operário prefeito: Experiências e desafios*. Brasília: Brasilgrafia, 2004.

BENEVIDES, Maria Victoria. "O velho PTB paulista (partido, sindicato, e governo em São Paulo — 1945-1964)". *Lua Nova*, São Paulo, n. 17, pp. 133-61, jun. 1989.

BENJAMIN, Cid. "1968 no Brasil: Um ano que abalou a ditadura". In: BENJAMIN, Cid; DEMIER, Felipe (Orgs.). *Meio século de 1968: Barricadas, história, e política*. Rio de Janeiro: Mauad X, 2018.

BENSAÏD, Daniel. *An Impatient Life: A Memoir*. Londres: Verso, 2015.

BERNARDI, Marcos Roberto de Faria. *Sindicalismo e desemprego na década de oitenta: Uma análise do caso sueco*. Campinas: IFCH-Unicamp, 1999. 170 p. Dissertação (Mestrado em Sociologia).

BETTO, Frei. "O partido partido". *Teoria e Debate*, São Paulo, n. 63, 25 ago. 2005.

_____. *Calendário do poder*. Rio de Janeiro: Rocco, 2007.

_____. *Paraíso perdido: Viagens ao mundo socialista*. Rio de Janeiro: Rocco, 2015.

BIANCHI, Álvaro. *O laboratório de Gramsci: Filosofia, história e política*. Porto Alegre: Zouk, 2018.

BIANCHI, Álvaro; BRAGA, Ruy. "Brazil: The Lula Government and Financial Globalization". *Social Forces*, Oxford, v. 83, n. 4, pp. 1745-62, jun. 2005.

BITTAR, Jorge (Org.). *Governos estaduais: Desafios e avanços — Reflexões e relatos de experiências petistas*. São Paulo: Fundação Perseu Abramo, 2003.

BLYTH, Mark. *Austeridade: A história de uma ideia perigosa*. São Paulo: Autonomia Literária, 2019.

BOFF, Clodovis et al. *Cristãos: Como fazer política*. Petrópolis: Vozes, 1987.

BOLLE, Monica de. *Como matar a borboleta-azul: Uma crônica da Era Dilma*. São Paulo: Intrínseca, 2016.

BRAGA, Ruy. "Terra em transe: O fim do lulismo e o retorno da luta de classes". In: SINGER, André; LOUREIRO, Isabel (Orgs.). *As contradições do lulismo: A que ponto chegamos?*. São Paulo: Boitempo, 2018. pp. 55-92.

BRAGA, Saturnino. "O partido precisa de mudanças profundas". *Teoria e Debate*, São Paulo, n. 135, abr. 2015.

BRASIL. *11º Balanço completo do PAC: 4 anos — 2007 a 2010*. Brasília: Ministério do Planejamento, 2010.

BRASIL "A qualidade da política fiscal de longo prazo". *Desafios do Desenvolvimento*. Brasília: Ministério do Planejamento, Orçamento e Gestão, 11 ago. 2005.

BRASIL. *Anais da Assembleia Nacional Constituinte*. Brasília: Senado Federal, 1988.

BRASIL. *Anais da Assembleia Constituinte*. Rio de Janeiro: Imprensa Nacional, 1946. v. 1.

BRASIL. *Anais da 8ª Conferência Nacional de Saúde*. Brasília: Ministério da Saúde, 1986.

BRASIL. *Fome Zero: uma história brasileira*. Brasília: Ministério do Desenvolvimento Social e do Combate à Fome, 2011. V I.

BRESSER-PEREIRA, Luiz Carlos. "Taxa de câmbio, doença holandesa e industrialização". *Cadernos FGV Projetos*, Rio de Janeiro, v. 5, n. 14, pp. 68-73, 2010.

BUCCI, Eugênio; AZEVEDO, Ricardo de."O pluralismo inevitável: Entrevista com José Dirceu". *Teoria e Debate*, São Paulo, n. 9, pp. 42-6, 20 mar. 1990.

BROWN, Douglas. *Towards a Radical Democracy: The Political Economy of the Budapest School.* Londres: Unwin Hyman, 1988.

CABRAL, Otávio. *Dirceu: A biografia. Do movimento estudantil a Cuba, da guerrilha à clandestinidade, do PT ao poder, do palácio ao mensalão.* Rio de Janeiro: Record, 2013.

CAMARGO, José Márcio. "Distribuir para crescer". In: BENJAMIN, César et al. *1994: Ideias para uma alternativa de esquerda à crise brasileira.* Rio de Janeiro: Relume Dumará, 1993. pp. 103-21.

CAMPELLO, Daniela; ZUCCO, Cesar. *The Volatility Curse: Exogenous Shocks and Representation in Resource-Rich Democracies.* Cambridge: Cambridge University, 2021.

CARDOSO, Edson. *Memória de Movimento Negro: Um testemunho sobre a formação do homem e do ativista contra o racismo.* São Paulo: FE-USP, 2014. 304 p. Tese (Doutorado em Educação).

CARDOSO, Fernando Henrique. *Discurso de despedida do Senado Federal: Filosofia e diretrizes de governo.* Brasília: Presidência da República; Secretaria de Comunicação Social, 1995.

_____. *Relembrando o que escrevi: Da reconquista da democracia aos desafios globais.* Rio de Janeiro: Civilização Brasileira, 2010.

_____. *Diários da Presidência (1995-1996).* São Paulo: Companhia das Letras, 2015.

_____. *Diários da Presidência (1997-1998).* São Paulo: Companhia das Letras, 2016.

_____. *Diários da Presidência (1999-2000).* São Paulo: Companhia das Letras, 2016.

_____. *Diários da Presidência (2001-2002).* São Paulo: Companhia das Letras, 2019.

CARDOZO, José Eduardo. "O caso CPEM". *Teoria e Debate*, São Paulo, n. 35, 1º jul. 1997.

CARVALHAES, Flavio; MEDEIROS, Marcelo; TAGLIARI, Clarissa. "Expansão e diversificação do ensino superior: Privatização, educação a distância e concentração de mercado no Brasil, 2002-2016". *SSRN*, 6 out. 2021. Disponível em: <https://papers.ssrn.com/sol3/papers.cfm?abstract_id=3892300>. Acesso em: 31 ago. 2022.

CARVALHO, Laura. *Valsa brasileira: Do boom ao caos econômico.* São Paulo: Todavia, 2018.

CARVALHO, Luiz Maklouf. *1988: Segredos da Constituinte.* Rio de Janeiro: Record, 2017.

_____. *O cadete e o capitão: A vida de Jair Bolsonaro no quartel.* São Paulo: Todavia, 2019.

CASARÕES, Guilherme Stolle Paixão e. *"O tempo é o senhor da razão?" A política externa do governo Collor, vinte anos depois.* São Paulo: FFLCH-USP, 2014. Tese (Doutorado em Ciência Política).

CASTAÑEDA, Jorge. *Utopia desarmada: Intrigas, dilemas e promessas da esquerda latino-americana.* São Paulo: Companhia das Letras, 1994.

CASTRO, Celso (Org.). *General Villas Bôas: Conversa com o comandante.* Rio de Janeiro: Editora FGV, 2021.

CASTRO, Celso; MARQUES, Adriana (Orgs.). *Missão Haiti: A visão dos force commanders.* Rio de Janeiro: Editora FGV, 2019.

CASTRO, Lavínia Barros. "Privatização, abertura e desindexação: A primeira metade dos anos 90 (1990-4)". In: GIAMBIAGI, Fabio; VILLELA, André; HERMANN, Jennifer; CASTRO, Lavínia Barros de (Orgs.). *Economia brasileira contemporânea.* Rio de Janeiro: Elsevier, 2016. pp. 141-65.

CATTELAN, Renata; MORAES, Marcelo Lopes de; ROSSONI, Roger Alexandre. "A reforma agrária nos ciclos políticos do Brasil (1995-2019)". *Revista NERA*, Presidente Prudente, v. 23, n. 55, pp. 138-64, set./dez. 2020.

CAVALCANTE, Carlos. "O PT está em discussão. Em todo o Brasil fala-se de sua crise". *Desvios*, n. 2, ago. 1983.

CENTRO SÉRGIO BUARQUE DE HOLANDA. *O socialismo nas resoluções de encontros e congressos do Partido dos Trabalhadores*. São Paulo: Fundação Perseu Abramo, 2018. (Cadernos Perseu: Memória & História).

CHÁVEZ, Rebecca Bill. *The Rule of Law in Nascent Democracies: Judicial Politics in Argentina*. Redwood City: Stanford University Press, 2004.

CHOTIL, Mazé Torquato. *José Ibrahim: O líder da primeira grande greve que afrontou a ditadura*. São Paulo: Alameda Editorial, 2018.

COELHO, Christiano A.; FUNCHAL, Bruno; MELLO, João M. P. de. "The Brazilian Payroll Lending Experiment. Review of Economics and Statistics". *The Review of Economics and Statistics*, Cambridge, v. 94, n. 4, pp. 925-34, nov. 2012.

COELHO, Eurelino. *Uma esquerda para o capital: Crise do marxismo e mudanças nos projetos políticos dos grupos dirigentes do PT (1979-1998)*. Niterói: UFF, 2005. Tese (Doutorado em História).

COLISTETE, Renato Perim. "Salários, produtividade e lucros na indústria brasileira". *Revista de Economia Política*, São Paulo, v. 29, n. 4 (116), pp. 386-405, out./dez. 2009.

COMPARATO, Fábio Konder. *Muda Brasil: Uma Constituição para o desenvolvimento democrático*. São Paulo: Brasiliense, 1986.

CORRÊA, José. "Prefeitura de São Paulo: Conflitos entre o administrativo e o político". *Em Tempo*, São Paulo, set. 1991.

CORRÊA, Lucas Andrade Sá. *Um nome e um programa: Érico Sachs e a política operária*. Rio de Janeiro: CPDOC-FGV, 2014. Dissertação (Mestrado em História).

COSTA, Angelo Brandelli; NARDI, Henrique Caetano. "O 'casamento homoafetivo' e a política da sexualidade: Implicações do afeto como justificativa das uniões de pessoas do mesmo sexo". *Revista de Estudos Feministas*, Florianópolis, v. 23, n. 1, pp. 137-50, jan./abr. 2015.

COSTA, Izabel Cristina Gomes da. *Em busca do paradigma perdido: As esquerdas brasileiras e a crise do socialismo real*. Niterói: UFF, 2009. Tese (Doutorado em História Política).

COUTO, Cláudio Gonçalves. *O desafio de ser governo: O PT na prefeitura de São Paulo (1989--1992)*. São Paulo: Paz e Terra, 1985.

COUTO, Cláudio G.; ABRUCIO, Fernando. "O segundo governo FHC: Coalizões, agendas e instituições". *Tempo Social*, São Paulo, n. 15, v. 2, pp. 269-301, nov. 2003.

CUCHET, Guillaume. "Nouvelles Perspectives historiographiques sur les prêtres-ouvriers (1943--1954)". *Vingtième Siécle: Revue d'Historie*, Paris, n. 87, pp. 177-87, jul./set. 2005.

CUNHA, Eduardo. *Tchau, querida: O diário do impeachment*. São Paulo: Matrix, 2021.

DANIEL, Herbert. "Receita de tática". *Desvios*, n. 2, ago. 1983.

DAVIES, James C. "Toward a Theory of Revolution". *American Sociological Review*, v. 27, n. 1, pp. 5-19, 1962.

DIAMOND, Larry. "Facing Up to the Democratic Recession". *Journal of Democracy*, Baltimore, v. 26, n. 1, pp. 141-55, jan. 2015.

DINIZ, Eli. "Reformas econômicas e democracia no Brasil dos anos 90: As Câmaras Setoriais como fórum de negociação". *Dados*: Revista de Ciências Sociais, Rio de Janeiro, v. 37, n. 2, pp. 277-315, 1994.

DIRCEU, José. *Memórias: Volume 1*. São Paulo: Geração Editorial, 2018.

DORIA, Kim; CLETO, Murilo. *Por que gritamos golpe? Para entender o impeachment e a crise política no Brasil*. São Paulo: Boitempo, 2016.

DORRIEN, Gary. *Social Democracy in the Making: Political and Religious Roots of European Socialism*. New Haven: Yale University Press, 2019.

DUARTE, Letícia. *Vaza Jato: Os bastidores das reportagens que sacudiram o Brasil*. Rio de Janeiro: Mórula, 2020.

ECONOMIC Bulletin, Frankfurt, n. 1, pp. 16-8, 2016.

EM TEMPO, São Paulo, jul./ago. 2002.

EM TEMPO, São Paulo, nov./dez. 1999.

FERNANDES, Bernardo Mançano. *A formação do MST no Brasil*. Petrópolis: Vozes, 2000.

FERNANDES, Florestan. "Projeto de lei: Título VIII: Da Ordem Social: Dos Negros". *Revista de História*, São Paulo, n. 129-31, pp. 237-42, ago./dez. 1993 a ago./dez. 1994.

FERREIRA, Marieta de Moraes; FORTES, Alexandre. *Muitos caminhos, uma estrela: Memórias de militantes do PT*. São Paulo: Fundação Perseu Abramo, 2008.

FERRO, Marc. *Des Soviets au communisme bureaucratique: Les mécanismes d'une subversion*. Paris: Gallimard, 1980.

FIGUEIREDO, Argelina Cheibub; LIMONGI, Fernando. *Executivo e Legislativo na nova ordem constitucional*. Rio de Janeiro: Editora FGV, 1999.

FIGUEIREDO, Ivanilda. "A conquista do direito ao casamento LGBTI+: Da Assembleia Constituinte à resolução do CNJ". *Revista Direito e Práxis*, v. 12, n. 4, pp. 2490-2517, out./dez. 2021.

FLAHERTY, Patrick. "Cycles and Crisis in Statist Economies". *Review of Radical Political Economics*, Nova York, v. 24, n. 3-4, pp. 111-35, 1992.

FREEMAN, Richard. "China, India and the Doubling of the Global Labor Force: Who Pays the Price of Globalization?". *The Asia-Pacific Journal*, v. 3, n. 8, ago. 2005.

FREIRE, Américo; SYDOW, Evanize Martins. *Frei Betto: Biografia*. Rio de Janeiro: Civilização Brasileira, 2017.

FREIRE, Paulo. *Cartas à Guiné-Bissau: Registros de uma experiência em processo*. São Paulo: Paz e Terra, 2019.

_____. *Pedagogia do oprimido*. São Paulo: Paz e Terra, 2020.

FURTADO, Olavo Henrique Pudenci. *Trajetos e perspectivas social-democratas: Do modelo europeu para o PSDB e o PT no Brasil*. Campinas: IFCH-Unicamp, 1996. Dissertação (Mestrado em Ciência Política).

GADOTTI, Moacir; PEREIRA, Otaviano. *Pra que PT: Origem, projeto e consolidação do Partido dos Trabalhadores*. São Paulo: Cortez, 1989.

GARCIA, Marco Aurélio. "São Bernardo: A (auto) construção de um movimento operário — Notas para discussão". *Desvios*, n. 1, nov. 1982.

_____. "A crise e os caminhos da transição". *Desvios*, n. 2, ago. 1983.

_____. "O futuro sem este homem". *Teoria e Debate*, São Paulo, n. 4, set. 1988.

_____. "A social-democracia e o PT", *Teoria e Debate*, São Paulo, n. 12, pp. 47-56, out./dez. 1990.

_____. "Mário Pedrosa, pensador socialista". In: MARQUES NETO, José Castilho (Org.). *Mário Pedrosa e o Brasil*. São Paulo: Fundação Perseu Abramo, 2001. pp. 151-60.

_____. "25 anos depois, o PT revisitado". *Teoria e Debate*, São Paulo, n. 61, pp. 44-9, fev./mar. 2005.

GASPAR, Bruno; SPINA, Rose (Orgs.). *Construir o amanhã: Reflexões sobre a esquerda (1983-2017) — Textos selecionados de Marco Aurélio Garcia*. São Paulo: Fundação Perseu Abramo, 2019.

GASPAR, Malu. *A organização: A Odebrecht e o esquema de corrupção que chocou o mundo*. São Paulo: Companhia das Letras, 2020.

GASPARI, Elio. *A ditadura encurralada*. Rio de Janeiro: Intrínseca, 2014.

_____. *A ditadura escancarada*. Rio de Janeiro: Intrínseca, 2014.

GENOINO, José. "O que a esquerda pensa do PT". *Em Tempo*, São Paulo, n. 108, 19 jun./2 jul. 1980.

_____. "Um partido político frentista". *Em Tempo*, São Paulo, n. 124, 12-15 mar. 1981.

GENRO, Tarso. "O PT e o marxismo". In: FRANCO, Augusto de et al. *O PT e o marxismo*. São Paulo: Teoria e Debate, 1991 (Cadernos de Teoria e Debate).

GERBAUDO, Paolo. *The Mask and the Flag: Populism, Citizenism and Global Protest*. Oxford: Oxford University, 2017.

GETHIN, Amory; MORGAN, Marc. "Démocratie et politisation des inégalités au Brésil, 1989-2018". In: GETHIN, Amory; MARTÍNEZ-TOLEDANO, Clara; PIKETTY, Thomas. *Clivages politiques et inégalités sociales: Un étude de 50 démocraties (1948-2020)*. Paris: Seuil, 2021. pp. 137-50.

GOBETTI, Sérgio Wulff; ORAIR, Rodrigo Octávio. "Política fiscal em perspectiva: O ciclo de 16 anos (1999-2014)". *Revista de Economia Contemporânea*, Rio de Janeiro, v. 19, n. 3, pp. 417-4, 2015.

_____. "Resultado primário e contabilidade criativa: Reconstruindo as estatísticas fiscais 'acima da linha' do governo geral". *Texto para Discussão*, Brasília, Ipea, n. 2288, 2017.

GORENDER, Jacob. "Crise mortal ou reconstrução?". *Teoria e Debate*, São Paulo, n. 8, pp. 9-12, 14 nov. 1989.

GREEN, James N. "The Emergence of the Brazilian Gay Liberation Movement, 1977-1981". *Latin American Perspectives*, Oakland, v. 21, n. 1, pp. 38-55, 1994.

GREENWALD, Glenn. *Em defesa da democracia: Minha batalha por justiça e liberdade de expressão no país da Lava Jato*. São Paulo: Autonomia Literária, 2022.

GUIMARÃES, Juarez. "Collor, Lula e a Comuna de Paris". *Em Tempo*, São Paulo, ago. 1989.

_____. "A procura de novos rumos". *Em Tempo*, São Paulo, n. 244, mar./abr. 1990.

HADDAD, Fernando. "Emir Sader: O PT não incorporou o marxismo como teoria e isso bloqueou o processo de criação teórica". *Teoria e Debate*, n. 38, 1º jul. 1998.

_____. *O sistema soviético: Relato de uma polêmica*. São Paulo: Scritta, 1992.

HARNECKER, Marta. *O sonho era possível: A história do Partido dos Trabalhadores narrada por seus protagonistas*. São Paulo: Casa América Livre, 1994.

HECKSHER, Carolina Botelho Marinho da Cunha. *Como viabilizar reformas politicamente improváveis? Mudanças da previdência nos governos FHC e Lula*. Rio de Janeiro: Uerj, 2015. Tese (Doutorado em Ciência Política).

HELLER, Ágnes; FEHÉR, Ferenc; MÁRKUS, György. *Dictatorship over Needs: An Analysis of Soviet Societies*. Nova York: St. Martin's Press, 1983.

HOBSBAWM, Eric. *Viva la revolución: A era das utopias na América Latina*. São Paulo: Companhia das Letras, 2017.

HOYT, Katherine. *The Many Faces of Sandinista Democracy*. Athens: Ohio University, 1997.

HUMPHREY, John. *Controle capitalista e luta operária na indústria automobilística brasileira*. Petrópolis: Vozes; São Paulo: Cebrap, 1982.

HUNTER, Wendy; POWER, Timothy J. "Rewarding Lula: Executive Power, Social Policy, and the Brazilian Elections of 2006". *Latin American Politics and Society*, Cambridge, v. 49, n. 1, pp. 1-30, primavera 2007.

JARDIM, Maria Chaves; SILVA, Márcio Rogério. *Programa de Aceleração do Crescimento (PAC): Neodesenvolvimentismo?* [on-line]. São Paulo: Editora Unesp; Cultura Acadêmica, 2015.

JEFFERSON, Roberto. *Nervos de aço: Um retrato da política e dos políticos no Brasil.* Rio de Janeiro: Topbooks, 2006.

JUDENSNAIDER, Elena; LIMA, Luciana; ORTELLADO, Pablo; POMAR, Marcelo. *Vinte centavos: A luta contra o aumento.* São Paulo: Veneta, 2013.

JUPIARA, Aloy; OTAVIO, Chico. *Deus tenha misericórdia dessa nação: A biografia não autorizada de Eduardo Cunha.* Rio de Janeiro: Record, 2019.

KATAGUIRI, Kim; SANTOS, Renan. *Como um grupo de desajustados derrubou a presidente: MBL — A origem.* Rio de Janeiro: Record, 2019.

KECK, Margaret E. *A lógica da diferença: O Partido dos Trabalhadores na construção da democracia brasileira.* São Paulo: Ática, 1991.

KERCHE, Fábio. "O Ministério Público e a Constituinte de 1987/88". In: SADEK, Maria Tereza (Org.). *O sistema de justiça.* Rio de Janeiro: Centro Edelstein de Pesquisas Sociais, 2010. pp. 106-37.

KIRKENDALL, Andrew J. *Paulo Freire and the Cold War Politics of Literacy.* Chapel Hill: University of North Carolina, 2010.

KORNAI, János. *The Socialist System: The Political Economy of Communism.* New Haven: Princeton University, 1992.

LAMPREIA, Luiz Felipe. *Aposta em Teerã: O acordo nuclear entre Brasil, Turquia e Irã.* Rio de Janeiro: Objetiva, 2014.

LANZARO, Jorge. "La socialdemocracia criolla". *Nueva Sociedad*, Buenos Aires, n. 217, set./out. 2008.

_____. (Org.). *Socialdemocracias "tardías": Europa Meridional y América Latina.* Madri: Centro de Estudios Políticos y Constitucionales, 2014.

LAZZARINI, Sérgio G. *Capitalismo de laços: Os donos do Brasil e suas conexões.* Rio de Janeiro: Elsevier, 2011.

LEITE, Paulo Moreira. *A outra história do Mensalão: As contradições de um julgamento político.* São Paulo: Geração Editorial, 2013.

LENZ, Matias Martinho. "'Frei Lula': A perplexidade do eleitorado gaúcho". *Comunicações do ISER*, Rio de Janeiro, ano 9, n. 38, pp. 8-10, 1990.

LEVITSKY, Steven; WAY, Lucan A. *Competitive Authoritarianism: Hybrid Regimes After the Cold War.* Cambridge: Cambridge University, 2012.

LEVITSKY, Steven; ZIBLATT, Daniel. *Como as democracias morrem.* Rio de Janeiro: Zahar, 2018.

LIMA, Airton Souza de. "Caio Prado Jr. e a polêmica 'feudalismo-capitalismo': Pela desconstrução dos consensos". *Aurora*, Marília, ano II, n. 3, pp. 70-9, dez. 2008.

LIMA, Haroldo; ARANTES, Aldo. *História da Ação Popular: da JUC ao PCdoB.* São Paulo: Alfaomega, 1984.

LIMONGI, Fernando. "From Birth to Agony: The Political Life of Operation Car Wash (Operação Lava Jato)". *University of Toronto Law Journal*, Toronto, n. 71, sup. 1, pp. 151-73, 2021.

LISBOA, Marcos; PESSÔA, Samuel. *O valor das ideias.* São Paulo: Companhia das Letras, 2019.

LOPES, Júlio Aurélio Vianna. *A Carta da Democracia, 25 anos: Como foi feita a Constituição de 1988.* São Paulo: Editora da Cultura, 2013.

LULA DA SILVA, Luiz Inácio. *Lula: Entrevistas e discursos.* São Bernardo do Campo: ABCD Sociedade Cultural, 1980.

LULA DA SILVA, Luiz Inácio. *Lula sem censura: "... e aí a peãozada partiu pro pau"*. Petrópolis: Vozes, 1981.

_____. "Carta ao povo brasileiro". São Paulo, 22 jun. 2002.

MAFEI, Rafael. *Como remover um presidente: Teoria, história e prática do impeachment no Brasil*. Rio de Janeiro: Zahar, 2021.

MAGALHÃES, Mário. *Marighella: O guerrilheiro que incendiou o mundo*. São Paulo: Companhia das Letras, 2012.

MAINARDI, Diogo. *Lula é minha anta*. Rio de Janeiro: Record, 2007.

MAINWARING, Scott. *Igreja católica e política no Brasil (1916-1985)*. São Paulo: Brasiliense, 2004.

MANDELSON, Peter. *The Third Man: Life at the Heart of New Labour*. Londres: HarperPress, 2010.

MARKUN, Paulo. *O sapo e o príncipe*. Rio de Janeiro: Objetiva, 2004.

MARONI, Amnéris. *A estratégia da recusa: Análise das greves de maio/78*. São Paulo: Brasiliense, 1982.

MARTIN, Scott. "As câmaras setoriais e o meso-corporativismo". *Lua Nova*, São Paulo, n. 37, pp.139-70, 1996.

MARTINS, Guilherme Klein; RUGITSKY, Fernando. "The Commodities Boom and the Profit Squeeze: Output and Profit Cycles in Brazil (1996-2016)". *Working Papers*, São Paulo, Departamento de Economia, FEA-USP, n. 2018-09, 2018.

MARTUSCELLI, Danilo Enrico. "O PT e o impeachment de Collor". *Opinião Pública*, Campinas, v. 16, n. 2, pp. 542-68, nov. 2010.

MELLO, Patrícia Campos. *A máquina do ódio: Notas de uma repórter sobre fake news e violência digital*. São Paulo: Companhia das Letras, 2020.

MELO, Carlos Ranulfo; ANASTASIA, Fátima. "A reforma da previdência em dois tempos", *Dados: Revista de Ciências Sociais*, Rio de Janeiro, v. 48, n. 2, pp. 301-32, 2005.

MELO, Marcus André de; PEREIRA, Carlos. *Making Brazil Work: Checking the President in a Multiparty System*. Londres: Palgrave MacMillan, 2013.

MELO NETO, João Cabral de. *Morte e vida severina e outros poemas*. Rio de Janeiro: Alfaguara, 2016.

MERCADANTE, Aloizio; RAINHO, Luis Flávio (Coords.). *Imagens da luta: 1905-1985*. São Bernardo do Campo: Sindicato dos Trabalhadores nas Indústrias Metalúrgicas, Mecânicas e de Material Elétrico de São Bernardo do Campo e Diadema, 1997.

MERTLIK, Pavel. "Privatização tcheca: De propriedade pública a propriedade pública em cinco anos?". *Estudos Avançados*, São Paulo, v. 10, n. 28, pp. 103-22, set./dez. 1996.

MIGUEL, Luis Felipe. *O colapso da democracia no Brasil: Da Constituição ao golpe de 2016*. São Paulo: Expressão Popular; Fundação Rosa Luxemburgo, 2019.

MINEIRO, Adhemar S. et al. "Podem ficar algumas lições?". *Teoria e Debate*, São Paulo, n. 28, 20 abr. 1994.

MOISÉS, José Álvaro. *Lições de liberdade e de opressão: O novo sindicalismo e a política*. Rio de Janeiro: Paz e Terra, 1982.

MONTEIRO, Iraneth Rodrigues. *Integração de políticas sociais: Um estudo de caso sobre o Bolsa Família*. Rio de Janeiro: FGV-CPDOC, 2011. Dissertação (Mestrado em Bens Culturais e Projetos Sociais).

MONTEIRO, Thiago Nunes. *Como pode um povo vivo viver nesta carestia: O Movimento do Custo de Vida em São Paulo (1973-1982)*. São Paulo: Humanitas, 2017.

MORAIS, Fernando. *Lula, volume 1: Biografia*. São Paulo: Companhia das Letras, 2021.

MORO, Sergio Fernando. "Considerações sobre a Operação Mani Pulite". *Revista do CEJ*, Brasília, n. 26, pp. 56-62, jul./set. 2004.

NASCIMENTO, Gilberto. *O reino: A história de Edir Macedo e uma radiografia da Igreja Universal*. São Paulo: Companhia das Letras, 2019.

NAVARRO, Silvio. *Celso Daniel: Política, corrupção e morte no coração do PT*. Rio de Janeiro: Record, 2016.

NERI, Marcelo. *A nova classe média: O lado brilhante da base da pirâmide*. São Paulo: Saraiva, 2011.

_____. *Desigualdade de renda na década*. Rio de Janeiro: FGV; CPS, 2011.

NERIS, Natália. *A voz e a palavra do movimento negro na Constituinte de 1988*. Belo Horizonte: Letramento; Casa do Direito, 2018.

NOBRE, Marcos. *Choque de democracia: Razões da revolta*. São Paulo: Breve Companhia, 2013.

_____. *Imobilismo em movimento: Da abertura democrática ao governo Dilma*. São Paulo: Companhia das Letras, 2013.

NORONHA, Eduardo G. "Ciclo de greves, transição política e estabilização: Brasil, 1978-2007". *Lua Nova*, São Paulo, n. 76, pp. 119-68, 2009.

OLIVEIRA, Francisco de. *Crítica à razão dualista/O ornitorrinco*. São Paulo: Boitempo, 2003.

OLIVEIRA, Mauricio Miléo Câmara de. *Influências do socialismo democrático europeu e do Estado de bem-estar social na militância do Partido Socialista Brasileiro, 1945-1950*. São Paulo: FFLCH-USP, 2016. Dissertação (Mestrado em História Econômica).

OSÓRIO, Pedro Luiz da Silveira. *Partido Revolucionário Comunista (PRC): Trajetórias e contribuições para o PT*. Porto Alegre: UFRGS, 2012. Tese (Doutorado em Ciência Política).

PADUAN, Roberta. *Petrobras: Uma história de orgulho e vergonha*. Rio de Janeiro: Objetiva, 2016.

PALOCCI, Antonio. *Sobre formigas e cigarras*. Rio de Janeiro: Objetiva, 2007.

PARANÁ, Denise. *Entre o sonho e a utopia: A trajetória da esquerda brasileira através das memórias de José Genoino*. São Paulo: Geração Editorial, 2006.

PARTIDO DOS TRABALHADORES. "Economia". *Programa de governo de 1989*. São Paulo, 1989.

PARTIDO DOS TRABALHADORES. "Resoluções políticas. In: XXI Encontro Nacional do Partido dos Trabalhadores, Rio de Janeiro, 1997.

PELLICCIOTTA, Mirza Maria Baffi. *Liberdade... e Luta: Considerações sobre uma trajetória política (anos 1970)*. Campinas: IFCH-Unicamp, 2012. Tese (Doutorado em História).

PELLING, Lisa. "Stefan Löfven: Welding Progressives Together and Keeping the Far Right at Bay". *Social Europe*, [S.l.], 1º set. 2021.

PEREIRA, Hamilton. "O PT tem que ser refundado". Entrevista com Tarso Genro. *Teoria e Debate*, São Paulo, n. 63, 1º jun. 2005.

PEREIRA, Hamilton; GUIMARÃES, Juarez. "A crise republicana da democracia brasileira". *Teoria e Debate*, São Paulo, n. 63, ago. 2005.

PERIA, Michelle. *Ação afirmativa: Um estudo sobre a reserva de vagas para negros nas universidades públicas brasileiras. O caso do Estado do Rio de Janeiro*. Rio de Janeiro: UFRJ, 2004. Dissertação (Mestrado em Antropologia Social).

PETKOFF, Teodoro. *El chavismo como problema*. Caracas: Libros Marcados, 2010.

PIKETTY, Thomas. "Gauche brahmane contre droite marchande: Hausse des inégalités et transformation des clivages politiques en France". In: GETHIN, Amory; MARTÍNEZ-TOLEDANO, Clara; PIKETTY, Thomas. *Clivages politiques et inégalités sociales: Un étude de 50 démocraties (1948-2020)*. Paris: Seuil, 2021. pp. 90-136.

PINHEIRO-MACHADO, Rosana; SCALCO, Lucia Mury. "The Right to Shine: Poverty, Consumption, and (de) Politicization in Neoliberal Brazil", *Journal of Consumer Culture*, Londres, 22 abr. 2022.

PINTO, Valeska Peres. "Os desafios do PT em Diadema". *Desvios*, n. 4, jul. 1985.

PIORE, Michael; SABEL, Charles. *The Second Industrial Divide: possibilities for prosperity*. Nova York: Basic Books, 1984.

PIRES, Manoel Carlos de Castro; LIMA JR., Arnaldo Barbosa. "Análise econômica do programa seguro-desemprego: Uma reflexão sobre o espaço disponível para ajuste das despesas do FAT". *Mercado de Trabalho: Conjuntura e Análise*, Brasília, Ipea, n. 56, pp. 51-66, fev. 2014.

PIVA, Marco Antonio. *A Revolução Sandinista e a política internacionalista do Partido dos Trabalhadores para a América Latina na década de 1980*. São Paulo: Prolam-USP, 2016. Dissertação (Mestrado em Ciências).

POCHMANN, Marcio. *Nova classe média? O trabalho na base da pirâmide social brasileira*. São Paulo: Boitempo, 2012.

_____. *O mito da grande classe média: Capitalismo e estrutura social*. São Paulo: Boitempo, 2014.

POMAR, Wladimir. *Quase lá: Lula, o susto das elites*. São Paulo: Brasil Urgente, 1990.

POMPÊO, Flávio Sposto. "As origens do PSOL", *Revista Urutágua*, Maringá, n. 12, abr./maio/jun./jul. 2007.

PONT, Raul. *Da crítica ao populismo à construção do PT*. Porto Alegre: Seriema, 1985.

POWER, Timothy J. *The Political Right in Postauthoritarian Brazil: Elites, Institutions, and Democratization*. Filadélfia: Pennsylvania University, 2000.

PRAÇA, Sérgio. "Corrupção e reforma institucional no Brasil, 1988-2008". *Opinião Pública*, Campinas, n. 17, pp. 137-62, 2011.

PRADO JR., Caio. *Evolução política do Brasil e outros ensaios*. São Paulo: Brasiliense, 1963.

_____. *A revolução brasileira*. São Paulo: Brasiliense, 1966.

PRZEWORSKI, Adam. *Crises da democracia*. São Paulo: Zahar, 2020.

PRZEWORSKI, Adam; CHEIBUB, José Antonio; ALVAREZ, Michael E.; LIMONGI, Fernando. *Democracy and Development: Political Institutions and Well-Being in the World, 1950-1990*. Nova York: Cambridge University, 2000.

QUEIROZ, Antônio Augusto de. "Sobre a crise ético-moral". *Teoria e Debate*, São Paulo, n. 142, nov. 2015.

RAMÍREZ, Sergio. *Adiós, muchachos: A história da Revolução Sandinista e de seus protagonistas*. Rio de Janeiro: Record, 2011.

REIS, Daniel Aarão. "Um mundo de ponta cabeça". *Teoria e Debate*, São Paulo, n. 8, pp. 4-8, 14 nov. 1989.

RESENDE, Carolina Tavares; PIRES, Manoel. "O impulso de multiplicador fiscal: Implementação e evidência para o Brasil". *Estudos Econômicos*, São Paulo, v. 51, n. 2, pp. 213-43, abr.-jun. 2021.

RESOLUÇÃO POLÍTICA da primeira reunião ampliada da Comissão de Negros do Partido dos Trabalhadores. Mimeografado.

RIBEIRO, Pedro Floriano. *Dos sindicatos ao governo: A organização nacional do PT de 1980 a 2005*. São Carlos: Edufscar, 2010.

RIOS, Flavia. "O protesto negro no Brasil contemporâneo (1978-2010)". *Lua Nova*, São Paulo, n. 85, 2012, pp. 41-79.

RIOS, Flavia. *Elite política negra no Brasil: Relação entre movimento social, partidos políticos e Estado*. São Paulo: FFLCH-USP, 2014. Tese (Doutorado em Sociologia).

ROCCA, Carlos A.; SANTOS JR., e Lauro Modesto. "Redução da taxa de poupança e o financiamento dos investimentos no Brasil, 2010-2013". *Estudo Especial do Centro de Estudos do Ibmec*, São Paulo, nov. 2014.

ROCHA, Camila. *Menos Marx, mais Mises: O liberalismo e a nova direita no Brasil*. São Paulo: Todavia, 2021.

ROCHA, Sonia. "Pobreza e desigualdade no Brasil: O esgotamento dos efeitos distributivos do Plano Real". *Texto para Discussão*, Brasília, Ipea, n. 721, abr. 2000.

RODRIGUES, Fabiana Alves. *Lava Jato: Aprendizado institucional e ação estratégica na Justiça*. São Paulo: WMF Martins Fontes, 2020.

RODRIGUES, Iram Jácome. *Sindicalismo e política: A trajetória da CUT (1983 a 1993)*. São Paulo: Scritta, 1997.

RODRIGUES, Leôncio Martins. *CUT: Os militantes e a ideologia*. São Paulo: Paz e Terra, 1990.

RODRIGUES, Leôncio Martins. *Trabalhadores, sindicatos e industrialização*. Rio de Janeiro: Centro Edelstein de Pesquisas Sociais, 2009.

RODRIGUEZ NETO, Eleutério. *Saúde: Promessas e limites da Constituição*. Rio de Janeiro: Fiocruz, 2013.

RODRIK, Dani. "East Asian Mysteries: Past and Present". *NBER Reporter*, Cambridge, MA, n. 2, pp. 7-11, jun. 1999.

_____. "Premature Deindustrialization". *NBER Working Paper*, Cambridge, MA, n. 20935, fev. 2015.

ROSA, Luiz Pinguelli. "A primavera da Nicarágua". *Teoria e Debate*, São Paulo, 8 jun. 1988.

RUNCIMAN, David. *Como a democracia chega ao fim*. São Paulo: Todavia, 2018.

SADEK, Maria Tereza. "Eleições 1988: Retórica ou rumo pluripartidário". *Lua Nova*, São Paulo, n. 17, pp. 11-32, jun. 1989.

SADER, Emir. "Solidariedade e crítica". *Teoria e Debate*, São Paulo, n. 18, 6 jul. 1990.

SAFATLE, Claudia; BORGES, João; OLIVEIRA, Ribamar. *Anatomia de um desastre: Os bastidores da crise econômica que mergulhou o país na pior recessão da história*. São Paulo: Portfolio--Penguin, 2016.

SALES, Jean Rodrigues. *Entre a revolução e a institucionalização: Uma história do Partido Comunista do Brasil (PCdoB)*. São Paulo: Edusp, 2020.

SALLUM JR., Brasilio. *O impeachment de Fernando Collor: Sociologia de uma crise*. São Paulo: Ed. 34, 2015.

SAMUELS, David. "Does Money Matter? Credible Commitments and Campaign Finance in New Democracies: Theory and Evidence from Brazil". *Comparative Politics*, Nova York, v. 34, n. 1, pp. 23-42, 2001.

SANDHOLTZ, Wayne; KOETZLE, William. "Accounting for Corruption: Economic Structure, Democratic Norms, and Trade", *CSD Working Papers*, Irvine, University of California, 15 maio 1998.

SANTORO, Maurício. *Brazil-China Relations in the 21st Century: The Making of a Strategic Partnership*. Londres: Palgrave Macmillan, 2022.

SANTOS, Augusto Alves dos. *O movimento negro e o Estado (1983-1987): O caso do Conselho de Participação e Desenvolvimento da Comunidade Negra no governo de São Paulo*. São Paulo: Cone, 2007.

SANTOS, Jorge Pinheiro dos. *O espectro do vermelho: Uma leitura teológica do socialismo no Partido dos Trabalhadores a partir de Paul Tillich e de Enrique Dussel*. São Bernardo do Campo: Universidade Metodista de São Paulo, 2006. Dissertação (Mestrado em Ciências da Religião).

SECCO, Lincoln. *História do PT: 1978-2010*. Cotia: Ateliê Editorial, 2011.

SILVA, Antônio Ozaí da. "As origens e ideologia do Partido Socialista dos Trabalhadores Unificado". *Revista Espaço Acadêmico*, Maringá, ano 1, n. 3, ago. 2001.

_____. "Trabalho e política: Ruptura e tradição na organização política dos trabalhadores (Uma análise das origens e evolução da Tendência Articulação — PT)". *Revista Espaço Acadêmico*, Maringá, ano II, n. 22, mar. 2003.

SILVA, Josué Pereira da. *André Gorz: Trabalho e política*. São Paulo: Annablume, 2002.

SILVA, Tatiana Dias. "O Estatuto da Igualdade Racial". *Texto para Discussão*, Brasília, Ipea, n. 1712, fev. 2012.

SINGER, André. "Raízes sociais e ideológicas do lulismo". *Novos Estudos Cebrap*, São Paulo, n. 85, pp. 83-102, nov. 2009.

_____. *Os sentidos do lulismo: Reforma gradual e pacto conservador*. São Paulo: Companhia das Letras, 2012.

_____. *O lulismo em crise: Um quebra-cabeça do período Dilma (2011-2016)*. São Paulo: Companhia das Letras, 2018.

SOARES, Claudete Gomes. "Raça, classe e ação afirmativa na trajetória política de militantes negros de esquerda". *Política e Sociedade*, Florianópolis, v. 11, n. 22, pp. 41-74, nov. 2012.

_____. *Raça, classe e cidadania: A trajetória do debate racial no Partido dos Trabalhadores*. Curitiba: CRV, 2015.

SOLNICK, Steven L. *Stealing the State: Control and Collapse in Soviet Institutions*. Cambridge, MA: Harvard University, 1998.

SOUZA, André Portela; ZYLBERSTAJN, Hélio; AFONSO, Luís Eduardo; FLORI, Priscilla Matias. "Resultados fiscais da reforma de 2003 no sistema de previdência social brasileiro". *Pesquisa e Planejamento Econômico*, Brasília, v. 36, n. 1, abr. 2006.

SOUZA, Jessé. *Os batalhadores brasileiros: Nova classe média ou nova classe trabalhadora?*. Belo Horizonte: Editora UFMG, 2012.

_____. *Radiografia do golpe: Entenda como e por que você foi enganado*. São Paulo: Leya, 2016.

SOUZA, Pedro H. G. Ferreira de. *Uma história da desigualdade: A concentração de renda entre os ricos no Brasil (1926-2013)*. São Paulo: Hucitec, 2018.

SOUZA, Pedro H. G. Ferreira de; OSORIO, Rafael Guerreiro; PAIVA, Luis Henrique; SOARES, Sergei. "Os efeitos do programa Bolsa Família sobre a pobreza e a desigualdade: Um balanço dos primeiros quinze anos". *Texto para Discussão*, Brasília, Ipea, n. 2499, ago. 2019.

SPEKTOR, Matias. *18 dias: Quando Lula e FHC se uniram para conquistar o apoio de Bush*. Rio de Janeiro: Objetiva, 2014.

STANLEY, Jason. *Como funciona o fascismo: A política do "nós" e "eles"*. Porto Alegre: L&PM, 2018.

STARK, David. "Recombinant Property in East European Capitalism". *American Journal of Sociology*, Washington, v. 101, n. 4, pp. 993-1027, jan. 1996.

STAUFFER, Aaron. "Social Democracy in the Making by Gary Dorrien". Syndicate, 16 ago. 2019. Disponível em: <https://syndicate.network/symposia/theology/social-democracy-in-the-making/>. Acesso em: 31 ago. 2022.

STIGLITZ, Joseph. "Some Lessons from the East Asian Miracle". *The World Bank Research Observer*, Oxford, v. 11, n. 2, p. 151-77, ago. 1996.

STUENKEL, Oliver. *Pos-Western World: How Emerging Powers Are Remaking Global Order*. Malden: Polity, 2016.

SUNG, Hung-En. "Democracy and Political Corruption: A Cross-National Comparison". *Crime, Law and Social Change*, Dordrecht, v. 41, n. 2, pp. 179-93, 2004.

TELES, Amelinha; LEITE, Rosalina Santa Cruz. *Da guerrilha à imprensa feminista: A construção do feminismo pós-luta armada no Brasil (1975-1980)*. São Paulo: Intermeios.

TEMER, Michel. *A escolha: Como um presidente conseguiu superar grave crise e apresentar uma agenda para o Brasil*. São Paulo: Noeses, 2020.

TEORIA e Debate, São Paulo, n. 63, ago. 2005.

TOCQUEVILLE, Alexis de. *O Antigo Regime e a Revolução*. São Paulo: WMF Martins Fontes, 2016.

TORRES, Lucas Porto Marchesini. *Estratégias de uma esquerda armada: Militância, assaltos e finanças do PCBR na década de 1980*. Salvador: Edufba, 2017.

TRAINA-CHACON, José-Marcelo; CALDERÓN, Adolfo-Ignacio. "A expansão da educação superior privada no Brasil: Do governo de FHC ao governo de Lula". *Revista Iberoamericana de Educación Superior (RIES)*, México, Unam-IISUE, Universia, v. VI, n. 17, pp. 78-100, 2015.

TREECE, David. "Candeia, o projeto Quilombo e a militância antirracista nos anos 1970". *Revista do Instituto de Estudos Brasileiros*, São Paulo, n. 70, pp. 166-88, ago. 2018.

TREVISAN, João Silvério. *Devassos no Paraíso: A homossexualidade no Brasil, da colônia à atualidade*. Rio de Janeiro: Objetiva, 2018.

UNGER, Roberto Mangabeira. "A Agenda Perdida: diagnósticos e propostas para a retomada do crescimento com maior justiça social". Rio de Janeiro, 2002.

VALENTE, Rubia R.; BERRY, Brian J. L. "Performance of Students Admitted through Affirmative Action in Brazil". *Latin American Research Review*, Cambridge, n. 52, v. 1, pp. 18-34, 2017.

VAN DEUSEN, David; MASSOT, Xavier; GREEN MOUNTAIN, Anarchist Collective (Orgs.). *The Black Bloc Papers*. Breaking Glass, 2010.

VENCESLAU, Paulo de Tarso. "Entrevista: Jair Meneguelli". *Teoria e Debate*, São Paulo, ano 2, n. 5, jan./mar. 1989.

_____. "João Pedro Stédile: O Movimento Sem-Terra". *Teoria e Debate*, São Paulo, n. 9, 6 jan. 1990.

VENTURA, Deisy; AITH, Fernando; REIS, Rossana (Orgs.). "Brazil: The Timeline of the Federal Government's Strategy to Spread Covid-19". São Paulo, maio 2021. Disponível em: <https://cepedis.org.br/wp-content/uploads/2021/08/LexAtlas-C19-Brazil-The-Timeline-of-the-Federal-Governments-Strategy-to-spread-Covid-19.pdf>. Acesso em: 31 ago. 2022.

VIANA, Diego. "O bagulho é arriscado". Entrevista com Paulo Galo. *Quatro Cinco Um*, São Paulo, n. 54, fev. 2022.

VIANA, Luiz Werneck; BURGOS, Marcelo Baumann; SALLES, Paula Martins. "Dezessete anos de judicialização da política". *Tempo Social*, São Paulo, v. 19, n. 2, pp. 39-85, 2007.

VIEIRA, Renato Schwambach; ARENDS-KUENNING, Mary. "Affirmative Action in Brazilian Universities: Effects on the Enrollment of Targeted Groups". *Economics of Education Review*, Amsterdam, n. 73, dez. 2019.

VIEIRA, Soraia Marcelino. *O Partido da Social Democracia Brasileira: Trajetória e ideologia (1987-2010)*. Curitiba: CRV, 2016.

VILLAVERDE, João. *Perigosas pedaladas: Os bastidores da crise que abalou o Brasil e levou ao fim o governo Dilma Rousseff*. São Paulo: Geração Editorial, 2016.

VOLPON, Tony. *Pragmatismo sob coerção: Petismo e economia em um mundo de crises*. Rio de Janeiro: Alta Books, 2019.

WEFFORT, Francisco. *Por que democracia?*. São Paulo: Brasiliense, 1985.

WYLLYS, Jean; ABUJAMRA, Adriana. *O que será: A história de um defensor dos direitos humanos no Brasil*. Rio de Janeiro: Objetiva, 2019.

ZARATTINI, Carlos. "Um novo padrão ético nas relações entre o público e o privado". *Teoria e Debate*, São Paulo, n. 134, mar. 2015.

ZERBINATO, Luiz Antonio. *Braços cruzados, máquinas fotográficas: As greves dos metalúrgicos do ABC paulista pela fotografia (1978-1980)*. São Paulo: PUC, 2016. Dissertação (Mestrado em História Social).

NOTÍCIAS E ARTIGOS EM REVISTAS E JORNAIS

"75 MIL protestam contra FHC". *Folha de S.Paulo*, São Paulo, 27 ago. 1999.

"ALVO da Lava Jato, Renan retalia e derrota governo no ajuste fiscal". *Folha de S.Paulo*, São Paulo, 4 mar. 2015.

"BRIZOLA afirma que PDT poderá se unir ao PSDB". *Jornal do Brasil*, Rio de Janeiro, 14 out. 1990.

"CAPRILES quer seguir modelo econômico de Lula". *O Globo*, Rio de Janeiro, 13 fev. 2012.

"COMANDO de Campanha entende que polêmica sobre aborto impediu vitória". *O Estado de S. Paulo*, São Paulo, 4 out. 2010.

"CONFUSED: A Mind-Boggling Campaign". *The Economist*, Londres, 21 ago. 2004.

"CONGRESSO leva PT a nova fase: Legenda rejeita defesa da ditadura do proletariado e aposta na democracia". *O Estado de S. Paulo*, São Paulo, 3 dez. 1991.

"CONHEÇA o 'kit gay', vetado pelo governo federal em 2011". *Nova Escola*, São Paulo, 1º fev. 2015.

"CORONAVAC desprezada por Bolsonaro evitaria pelo menos 80 mil mortes, diz pesquisador". *Folha de S.Paulo*, São Paulo, 27 mai. 2021.

"CRÍTICA de petistas é 'infantil', diz Palocci". *Folha de S.Paulo*, 9 abr. 2004.

"DE VOLTA à cúpula". *Folha de S.Paulo*, São Paulo, 23 jun. 1989.

"DEMOCRACIA e preconceito". *Folha de S.Paulo*, São Paulo, 27 jun. 1989.

"EM DISCURSO, Moro destaca autonomia da Polícia Federal na gestão do PT: 'Fundamental'". *Folha de S.Paulo*, São Paulo, 24 abr. 2020.

"'ESSES MARGINAIS vermelhos serão banidos de nossa pátria', diz Bolsonaro". *Veja*, São Paulo, 21 out. 2018.

"EX-GUERRILHEIRO quer competência para 'enfrentar quadros modernos da burguesia'". *Folha de S.Paulo*, São Paulo, 26 jan. 1986.

"EXPANSÃO do movimento sindical preocupa o governo Figueiredo". *O Estado de S. Paulo*, São Paulo, 12 maio 1978.

"FIAT aproveitou a ditadura militar para se firmar no Brasil". *Exame*, São Paulo, 16 nov. 2017.

"FOI ILEGAL, mas legítima". *Folha de S.Paulo*, São Paulo, 8 jun. 1978.

"GILMAR desempata e TSE absolve Michel Temer por quatro a três". *Folha de S.Paulo*, São Paulo, 10 jun. 2017.

"GLEISI carrega fama de 'trator' desde MS". *Folha de S.Paulo*, São Paulo, 12 jun. 2021.

"IRMÃOS Efromovich têm longa história de problemas nos setores aéreos, marítimo e de energia". *Valor Econômico*, São Paulo, 19 ago. 2020.

"JUIZ condena governo pelas mortes em Leme". *Folha de S.Paulo*, São Paulo, 16 fev. 1990.

"LEIA a íntegra do discurso de despedida de Moro e entenda ponto a ponto". *Folha de S.Paulo*, São Paulo, 24 abr. 2020.

"LET Them Wed". *The Economist*, Londres, 6 jan. 1996.

"LULA ameaça rebeldes e diz que PT esquece 'peãozada'", *Folha de S.Paulo*, São Paulo, 30 abr. 2003.

"LULA defende a união civil entre casais homossexuais". *Folha de S.Paulo*, São Paulo, 18 set. 2008.

"LULA'S Great Pension Battle". *The Economist*, Londres, 3 abr. 2003.

"MARINA comprometeu gerações ao decidir sobre hidrelétricas, diz assessor de Aécio". *Reuters*, 29 set. 2014.

"MARINA defende o 'ativismo autoral'". *Valor Econômico*, São Paulo, 11 jan. 2013.

"MICROCRÉDITO ofertado pelo PT tem inadimplência entre 3% e 4%". *O Estado de S. Paulo*, São Paulo, 2 jul. 2003.

"O PT ENTRE o arcaico e o moderno". *Folha de S.Paulo*, São Paulo, 4 jul. 1989.

"OLÍVIO é contra escolha de Gabeira para vice". *Folha de S.Paulo*, São Paulo, 16 jan. 1989.

"OPERÁRIOS em São Bernardo param e reclamam aumento", *Folha de S.Paulo*, São Paulo, 13 maio 1978.

"ORÇAMENTO secreto bilionário de Bolsonaro banca trator superfaturado em troca de apoio no Congresso". *O Estado de S. Paulo*, São Paulo, 8 maio 2021.

"PAINEL". *Folha de S.Paulo*, São Paulo, 2 jan. 1991.

"PARA 65% dos petistas, há corrupção no governo Lula". *Folha de S.Paulo*, São Paulo, 19 jun. 2005.

"PARLAMENTARES discutem fusão do PSDB com PDT". *O Estado de S. Paulo*, São Paulo, 14 dez. 1989.

"PDT DEBATE novo partido com ala esquerda do PSDB". *Folha de S.Paulo*, São Paulo, 25 jan. 1990.

"PEDIDA liberação da maconha, lançado novo partido comunista". *Folha de S.Paulo*, São Paulo, 22 mar. 1984.

"PEDRO Ivo começa na frente, Amin já reconhece a derrota". *Folha de S.Paulo*, São Paulo, 16 nov. 1986.

"PETROBRAS registra prejuízo de 6 bi. Corrupção tira R$ 6 bi". *Folha de S.Paulo*, São Paulo, 23 abr. 2015.

"PREFEITO do PT apanha de invasores de terra". *Folha de S.Paulo*, São Paulo, 10 ago. 1989.

"PREJUÍZO com corrupção na Petrobras pode chegar aos 20 bilhões", *Jornal da Globo*, G1, 10 out. 2015. Disponível em: <https://g1.globo.com/jornal-da-globo/noticia/2015/10/prejuizo-com-corrupcao-na-petrobras-pode-chegar-aos-r-20-bilhoes.html>. Acesso em: 31 ago. 2022.

"PREMIÊ francês admite ter sido trotskista". *Folha de S.Paulo*, São Paulo, 6 jun. 2001.

"PT PREPARA fim da corrente Articulação". *O Estado de S. Paulo*, São Paulo, 27 ago. 1991.

"PT TERÁ candidato próprio no Rio". *Jornal do Brasil*, Rio de Janeiro, 27 abr. 1998.

"PV ROMPE com Frente mas mantém apoio a Lula". *Folha de S.Paulo*, São Paulo, 10 jul. 1989.

"QUEM tem medo de Lula e Gabeira?". *Folha de S.Paulo*, São Paulo, 22 jun. 1989.

"REFORMA política: Lista fechada perde força". *Veja*, São Paulo, 21 maio 2009.

"SERRA passa Lula no primeiro turno: Alckmin alcança petista no segundo". *Folha de S.Paulo*, São Paulo, 15 dez. 2005.

"STF JÁ teve dois mulatos, diz historiadora". *Folha de S.Paulo*, São Paulo, 8 maio 2003.

"TEMER é gravado por dono da JBS em conversa sobre Cunha". *Folha de S.Paulo*, São Paulo, 17 maio 2017.

"TEMER escapa, mas perde apoio". *Folha de S.Paulo*, São Paulo, 26 out. 2017.

"TEMER foi a reunião em que se cobrou propina de 40 milhões, diz delator". *Folha de S.Paulo*, São Paulo, 12 abr. 2017.

"TEMER usa máquina, demonstra força e barra denúncia na Câmara". *Folha de S.Paulo*, São Paulo, 3 ago. 2017.

"VERSÃO inexata". *O Estado de S. Paulo*, São Paulo, 23 nov. 1986.

"VOLKSWAGEN vai indenizar vítimas da ditadura no Brasil". *Deutsche Welle*, 23 set. 2020. Disponível em: <https://www.dw.com/pt-br/volkswagen-vai-indenizar-v%C3%ADtimas-da-ditadura-no-brasil/a-55034209>. Acesso em: 31 ago. 2022.

ABREU, Allan de. "Pelo porto de Santos, duas décadas de propinas". *piauí*, São Paulo, 19 out. 2018.

ALENCASTRO, Luiz Felipe de. "Os riscos do vice-presidencialismo". *Folha de S.Paulo*, São Paulo, 25 out. 2009.

ALMEIDA, Marco Rodrigo. "Preferência pelo PT chega a 24%, índice mais alto desde 2014, diz Datafolha". *Folha de S.Paulo*, São Paulo, 23 ago. 2018.

ALVES, Carlos Eduardo. "Cresce a pressão contra candidatura Dirceu". *Folha de S.Paulo*, São Paulo, 26 fev. 1994.

ALVES, Carlos Eduardo. "PT pensa em compor". *Folha de S.Paulo*, São Paulo, 22 jan. 1989.

AMPARO, Thiago. "O sexo de Orbán e Bolsonaro". *Folha de S.Paulo*, São Paulo, 16 jun. 2021.

ARAUJO, Pedro. "Na data da morte de Marielle, perfis bolsonaristas usam as redes para relembrar o caso Celso Daniel". Sonar, *O Globo*, Rio de Janeiro, 14 mar. 2022.

ARBEX, José. "PT confirma tendência social-democrata". *Folha de S.Paulo*, São Paulo, 2 dez. 1991.

ARIDA, Persio. "Rakudianai: A política, a prisão, o encontro com o crocodilo, o julgamento e meu pai: lembranças de quarenta anos atrás". *piauí*, São Paulo, n. 55, abr. 2011.

ATHIAS, Gabriela. "Economista do PT faz críticas à política social de Palocci". *Folha de S.Paulo*, São Paulo, 21 abr. 2003.

BARROS, Celso Rocha de. "Um adeus ao lulismo". *Folha de S.Paulo*, São Paulo, 21 jun. 2015.

_____. "Atalhos e pedágios". *Folha de S.Paulo*, São Paulo, 26 out. 2015.

_____. "O Brasil e a recessão democrática". *piauí*, São Paulo, n. 139, abr. 2018.

_____. "Bolsonaro, o STF e a Hungria". *Folha de S.Paulo*, São Paulo, 22 abr. 2019.

_____. "Bolsonaro pede bênção a Papai Orbán". *Folha de S.Paulo*, São Paulo, 20 fev. 2022.

BENITES, Afonso. "Citado na Lava Jato, Moreira Franco é ratificado pelo STF como ministro de Temer". *El País Brasil*, São Paulo, 14 fev. 2017.

BENJAMIN, César. "Por que deixo o PT". *Folha de S.Paulo*, São Paulo, 23 ago. 1995.

BERGAMASCHI, Mara. "Guerra de facções determina fracasso do PT em Fortaleza". *Folha de S.Paulo*, São Paulo, 27 nov. 1988.

BOGHOSSIAN, Bruno. "Aécio rejeita suspeita sem provas de Bolsonaro e diz não acreditar em fraude nas urnas em 2014". *Folha de S.Paulo*, São Paulo, 8 jul. 2021.

BONIN, Robson. "Delação de Funaro: 'Bancada do Cunha' era comprada com propina". *Veja*, São Paulo, 7 set. 2017.

BORGES, Rodolfo. "STF contraria Lava Jato e proíbe condução coercitiva para interrogatório". *El País Brasil*, São Paulo, 14 jun. 2018.

BREGMAN, Rutger. "Nixon's Basic Income Plan". *Jacobin*, Brooklyn, 5 maio 2016.

BRESSER-PEREIRA, Luiz Carlos. "Por uma ideia de nação: Entrevista a Maria Inês Nassif". *Valor Econômico*, São Paulo, 8 abr. 2011.

CALDAS, Suely; MELLO, Patrícia Campos; PEREIRA, Renée. "Plano de ajuste de longo prazo é rudimentar". *O Estado de S. Paulo*, São Paulo, 9 nov. 2005.

CAMARGO, José Márcio. "Pobreza e garantia de renda mínima". *Folha de S.Paulo*, São Paulo, 26 dez. 1991.

CAMBRICOLI, Fabiana. "Até 89 mil idosos poderiam ter sido salvos se primeira proposta do Butantan tivesse sido aceita". *O Estado de S. Paulo*, São Paulo, 27 maio 2021.

CANTANHÊDE, Eliane; COSTA, Raymundo. "Lula admite aliança com Antônio Ermírio". *Folha de S.Paulo*, São Paulo, 29 set. 1997.

CARDOSO, Fernando Henrique. "Amigos, amigos". *Folha de S.Paulo*, São Paulo, 7 jan. 1991.

CARLOTTO, Maria Caramez. "Entrevista com o Movimento Passe Livre: Lucas Oliveira". *Fevereiro*, n. 6, pp. 128-47, set. 2013.

CARVALHO, Luiz Maklouf. "Petista revela esquema de corrupção do partido". *Jornal da Tarde*, 26 maio 1997.

_____. "As armas e os varões". *piauí*, São Paulo, n. 31, abr. 2009.

CARVALHO, Olavo de. "Por fora de tudo". *O Globo*, Rio de Janeiro, 19 fev. 2005.

_____. "Sucessão de fraudes". *Diário do Comércio*, 28 out. 2014.

CASTRO, Tarso de. "A falsa crise do PT". *Folha de S.Paulo*, São Paulo, 18 maio 1983.

CHAIB, Julia. "Brasil teria evitado pelo menos 5000 mortes com oferta inicial da Pfizer, diz pesquisador". *Folha de S.Paulo*, São Paulo,13 maio 2021.

COELHO, Marcelo. "Weffort sempre foi um 'tucano' no PT". *Folha de S.Paulo*, São Paulo, 28 dez. 1994.

COLON, Leandro. "Ministro da Justiça diz que trocará equipe da PF em caso de vazamento". *Folha de S.Paulo*, São Paulo, 19 mar. 2016.

COLON, Leandro. "Primeiro negro no STF, Pedro Lessa sofria ataques de Epitácio Pessoa". *Folha de S.Paulo*, São Paulo, 1º jun. 2014.

COSTA, Caio Túlio. "Lula afirma em Paris que é mais fácil vencer Ulysses do que Quércia", *Folha de S.Paulo*, São Paulo, 6 mar. 1989.

CRUZ, Valdo; DIAS, Marina. "PT reproduziu metodologias antigas e se lambuzou, diz Jaques Wagner". *Folha de S.Paulo*, São Paulo, 3 jan. 2016.

CRUZ, Valdo; MOTA, Severino. "STF não pode se converter em uma 'corte bolivariana', defende Gilmar". *Folha de S.Paulo*, São Paulo, 3 nov. 2014.

DELGADO, Malu. "Pesquisa mostra que PT não superou crise". *Folha de S.Paulo*, São Paulo, 29 nov. 2007.

DIAS, Marina; SEABRA, Cátia; PITOMBO, João Pedro. "A petistas, Dilma defende ajuste fiscal e pede apoio". *Folha de S.Paulo*, São Paulo, 12 jun. 2015.

DIEGUEZ, Consuelo. "O formulador emotivo". *piauí*, São Paulo, n. 30, mar. 2009.

_____. "A cara do PMDB". *piauí*, São Paulo, n. 45, jun. 2010.

_____. "Juventude bolsonarista: A extrema direita sai do armário no Brasil". *piauí*, São Paulo, n. 148, jan. 2019.

DUAILIBI, Julia; SCOLESE, Eduardo. "Ao sair, Dirceu saúda 'camarada de armas'". *Folha de S.Paulo*, São Paulo, 22 jun. 2005.

ESTRADA, Gaspard. "Le naufrage de l'opération anticorruption 'Lava Jato' au Brésil". *Le Monde*, Paris, 9 abr. 2021.

FARIA, Tales. "Freire articulou nomeação de FHC". *Folha de S.Paulo*, São Paulo, 21 maio 1993.

FERNANDES, Talita; BOLDRINI, Angela. "Senado derruba medidas cautelares contra Aécio Neves". *Folha de S.Paulo*, São Paulo, 17 out. 2017.

FERREIRA, Flávio. "Procuradores da Lava Jato criticam ministros do TSE". *Folha de S.Paulo*, São Paulo, 10 jun. 2017.

FERREIRA, Paulo Celso. "Roberto Jefferson diz que mensalão começou na Alerj". *Jornal do Brasil*, São Paulo, 21 jun. 2005.

FLOR, Ana. "Kit escolar é 'propaganda de opção sexual', diz Dilma". *Folha de S.Paulo*, São Paulo, 27 maio 2011.

FRANCO, Bernardo Mello. "A mensagem de Tarso". *Folha de S.Paulo*, São Paulo, 9 jun. 2015.

_____. "Golpe da madrugada". *Folha de S.Paulo*, São Paulo, 21 set. 2016.

FRANCO, Gustavo. "A lavagem de um subsídio". *Folha de S.Paulo*, São Paulo, 22 abr. 1993.

FUTEMA, Fabiana. "Lula e Ciro defendem cotas para negros; Garotinho ataca FHC". *Folha de S.Paulo*, São Paulo, 3 out. 2002.

GENRO, Tarso. "Por novas eleições presidenciais". *Folha de S.Paulo*, São Paulo, 25 jan. 1999.

GOMIDE, Raphael; TORRES, Sergio; NOGUEIRA, Italo. "Em favela do Rio, Lula diz que Dilma é a 'mãe do PAC'". *Folha de S.Paulo*, São Paulo, 8 mar. 2008.

GRANJEIA, Julianna. "Lula telefona para parabenizar casal gay pela união estável". *Folha de S.Paulo*, São Paulo, 9 maio 2011.

GRUNER, Clóvis. "Pequenos irmãos, Bolsonaro e Orbán são os arquitetos da destruição". *Jornal Plural*, Curitiba, 23 fev. 2022.

HADDAD, Fernando. "Vivi na pele o que aprendi nos livros". *piauí*, São Paulo, n. 129, jun. 2017.

HAUBERT, Mariana; BRAGON, Ranier; CRUZ, Valdo. "Por ampla maioria, Senado mantém Delcídio do Amaral preso". *Folha de S.Paulo*, São Paulo, 25 nov. 2015.

IRAJÁ, Victor. "Raul Jungmann: 'Não vai ter golpe'". *Veja*, São Paulo, 19 ago. 2021

KRAMER, Dora. "Brizola adverte PT". *Jornal do Brasil*, Rio de Janeiro, 19 mar. 1998.

_____. "Garotinho pensa alto". *Jornal do Brasil*, Rio de Janeiro, 19 maio 1998.

LANDAU, Elena. "Saindo do armário". *O Globo*, Rio de Janeiro, 22 jul. 2012.

LEPIANI, Giancarlo. "Petista apronta PEC do terceiro mandato. Lula diz 'Chega'". *Veja*, São Paulo, 3 abr. 2008.

LEVITSKY, Steven. "Como a democracia pode se proteger contra candidatos autoritários". *Folha de S.Paulo*, São Paulo, 13 set. 2018.

LIMA, Flavia. "Lava Jato tirou dois pontos da atividade e deve levar mais um este ano, dizem analistas". *Valor Econômico*, São Paulo, 4 mar. 2016.

LO PRETE, Renata. "Contei a Lula sobre o 'Mensalão'", diz deputado". *Folha de S.Paulo*, São Paulo, 6 jun. 2005.

MADUEÑO, Denise. "Deputado propõe ampliar união civil". *Folha de S.Paulo*, São Paulo, 20 fev. 1999.

MAGALHÃES, Vera. "Só luta pelo poder separa PT e PSDB, diz FHC". *Folha de S.Paulo*, São Paulo, 11 abr. 2005.

MALTA, Maria Helena. "Colégio Eleitoral, principal tema do 36º Congresso da UNE". *Folha de S.Paulo*, São Paulo, 28 out. 1984.

MARQUES, José; MARRA, Renan; ALBUQUERQUE, Ana Luiza. "Tribunal julga caso de Lula com a rapidez de ações mais simples". *Folha de S.Paulo*, São Paulo, 31 dez. 2017.

MELO, Marcus André. "Lulismo ou 'qualunquismo'?". *Valor Econômico*, São Paulo, 15 jan. 2014.

MELO, Murilo Fiuza de. "Temer denuncia ação anti-Lula". *Jornal do Brasil*, Rio de Janeiro, 31 out. 1997.

_____. "Tucanos comemoram". *Jornal do Brasil*, Rio de Janeiro, 27 abr. 1998.

_____. "PT revoga a candidatura de Vladimir". *Jornal do Brasil*, Rio de Janeiro, 10 maio 1998.

MERCADANTE, Aloizio. "O real e a Belíndia". *Folha de S.Paulo*, São Paulo, 17 jul. 1994.

MERCIER, Daniela. "Lélia Gonzalez, onipresente". *El País Brasil*, São Paulo, 25 out. 2020.

MITCHELL, José. "Lula exige que Rio reveja posição". *Jornal do Brasil*, Rio de Janeiro, 1º maio 1998.

MONTEIRO, André. "PT tem a maior perda de votos, receita e influência; tucanos e 'nanicos' crescem". *Folha de S.Paulo*, São Paulo, 3 out. 2016.

MORAES, Camila. "Quando o PT estava do outro lado: Sigla lidera pedidos de impeachment". *El País Brasil*, São Paulo, 18 abr. 2016.

MURAKAWA, Fabio. "Apesar do discurso, Evo segue política econômica ortodoxa". *Valor Econômico*, São Paulo, 29 jan. 2013.

NATALI, João Batista. "PV apoia PT em relação às paralisações". *Folha de S.Paulo*, São Paulo, 12 maio 1989.

NERI, Emanuel; AMARAL, Luis Henrique. "PT 'corre atrás' da visibilidade do MST". *Folha de S.Paulo*, São Paulo, 17 mar. 1997.

NEVES, Raphael. "Enfim, a verdade?". *O Estado de S. Paulo*, São Paulo, 10 dez. 2014.

NOVAES, Luiz Antônio. "Frente Brasil negociará vice de Lula com Arraes". *Folha de S.Paulo*, São Paulo, 21 jun. 1989.

PEREIRA, Carlos; PESSÔA, Samuel. "PSDB e PT discordam mais sobre alianças do que sobre inclusão". *Folha de S.Paulo*, São Paulo, 11 out. 2015.

PEREIRA, Merval. "Sotaques diferentes". *O Globo*, Rio de Janeiro, 1º out. 2005.

PINHEIRO, Daniela. "A afilhada rebelde". *piauí*, São Paulo, n. 97, out. 2014.

PIRES, Breno. "Segredos do orçamento". *piauí*, São Paulo, 6 jun. 2022.

POLESI, Alexandre. "Extrema-esquerda fica no PT e no PMDB e não quer legalização". *Folha de S.Paulo*, São Paulo, 25 ago. 1985.

POLLO, Luiza. "Ação no TSE era para 'encher o saco' do PT, disse Aécio a Joesley". *O Estado de S. Paulo*, São Paulo, 20 maio 2017.

REVERBEL, Paula. "Governos anteriores ao PT limitavam investigações, diz procurador da Lava Jato". *Folha de S.Paulo*, São Paulo, 30 mar. 2016

ROCHA, Rafael. "PT de Diadema teme ter vice crítico". *Diário do Grande ABC*, Santo André, 20 maio 2012.

RODRIGUES, Fernando. "Deputado conta que votou pela reeleição por R$ 200 mil". *Folha de S.Paulo*, São Paulo, 13 maio 1997.

RODRIGUES, Fernando; LOBATO, Elvira. "Diretor do Banco do Brasil tenta adiar prazo de entrega de cartas de fiança para viabilizar negócios". *Folha de S.Paulo*, São Paulo, 25 maio 1999.

ROHTER, Larry. "Brazilian Leader's Tippling Becomes National Concern". *New York Times*, Nova York, 9 maio 2004.

ROMERO, Cristiano. "Transição para nova política econômica afetou PIB, diz Holland". *Valor Econômico*, São Paulo, 17 dez. 2012.

ROSA, Vera. "Há 5 anos, Lula dizia que só queria criar um partido". *O Estado de S. Paulo*, São Paulo, 10 fev. 2005.

ROSSI, Clóvis. "PT acha que vitória foi maior do que o partido". *Folha de S.Paulo*, São Paulo, 16 nov. 1988.

_____. "Esquerda e direita polarizam sucessão; Quércia pede reavaliação de Ulysses". *Folha de S.Paulo*, São Paulo, 17 nov. 1988.

_____. "Líder do PSDB propõe bloco anti-Collor". *Folha de S.Paulo*, São Paulo, 5 out. 1990.

_____. "PSDB discute com Brizola bloco parlamentar". *Folha de S.Paulo*, São Paulo, 27 dez. 1990.

_____. "PSDB se reúne hoje em Brasília para tentar 'cicatrizar feridas'". *Folha de S.Paulo*, São Paulo, 9 jan. 1991.

SAMPAIO, Plínio de Arruda; FREIRE, Roberto. "Pela união das esquerdas na eleição de 1994". *Folha de S.Paulo*, São Paulo, 25 fev. 1994.

SANTOS, Chico. "Pressionado, Joel Rennó deixa a Petrobras". *Folha de S.Paulo*, São Paulo, 6 mar. 1999.

SCAPA, Raquel. "Eduardo Bolsonaro nega atuação em ataque ao Congresso dos EUA". *O Estado de S. Paulo*, São Paulo, 8 mar. 2021.

SILVA, Vicente Paulo da. "Um acordo histórico". *Folha de S.Paulo*, São Paulo, 19 fev. 1993.

SOARES, Pedro. "País privatizou 165 empresas entre 1991 e 2002". *Folha de S.Paulo*, São Paulo, 21 dez. 2004.

SOUZA, Josias de. "A bancada do preconceito". *Folha de S.Paulo*, São Paulo, 19 ago. 1996.

SPEKTOR, Matias. "Com satisfação". *Folha de S.Paulo*, São Paulo, 27 nov. 2013.

SULLIVAN, Andrew. "Here Comes the Groom: A (Conservative) Case for Gay Marriage". *The New Republic*, Nova York, 28 ago. 1989.

TALENTO, Aguirre. "Contra Dilma, Câmara aprova urgência para votar contas de ex-presidentes". *Folha de S.Paulo*, São Paulo, 4 ago. 2015.

TAVARES, Eduardo. "Na TV, Serra fala de aborto e inexperiência de Dilma". *Exame*, São Paulo, 10 out. 2010.

TAVARES, Joelmir. "'Desrespeito', protesta Benito de Paula após deputado parodiar música sua". *Folha de S.Paulo*, São Paulo, 27 out. 2017.

TAVARES, Rita. "Ermírio prevê 'mexicanização' e diz que sairá de férias". *Folha de S.Paulo*, São Paulo, 18 nov. 1986.

THOMPSON, Ginger. "Tension Increases in Haiti as Front-Runner's Lead Drops". *New York Times*, Nova York, 13 fev. 2006.

THOMPSON, Ginger. "A Deal is Reached to Name a Victor in Haiti's Election". *New York Times*, Nova York, 16 fev. 2006.

TRIGUEIRO, Gabriel. "Jean-Luc Godard e Steve Bannon: Eternidade e revolução". *Época*, Rio de Janeiro, 13 jun. 2020.

VALENTE, Rubens. "Em diálogos gravados, Jucá fala em pacto para deter avanço da Lava Jato". *Folha de S.Paulo*, 23 maio 2016.

ZORZAN, Patricia. "Relatório inocenta Lula e PT no caso CPEM". *Folha de S.Paulo*, São Paulo, 22 jul. 1997.

ARQUIVO

Centro Sérgio Buarque de Holanda de Documentação e História Política da Fundação Perseu Abramo.

SITES

"AS MENSAGENS secretas da Lava Jato". The Intercept Brasil, 9 jun. 2019. Disponível em: <https://theintercept.com/series/mensagens-lava-jato/>. Acesso em: 31 ago. 2022.

"COLLECTIVE Bargaining". worker-participation.eu, 2016. Disponível em: <https://www.worker-participation.eu/National-Industrial-Relations/Countries/Norway/Collective-Bargaining>. Acesso em: 31 ago. 2022.

"CURRENCY 'War' Warning from Brazil's Finance Minister". BBC News, 28 set. 2010. Disponível em: <https://www.bbc.com/news/business-11424864>. Acesso em: 31 ago. 2022.

"ENTREVISTA Gilson Menezes: Parte I". Memórias Operárias, fev. 2015. Disponível em: <http://memoriasoperarias.blogspot.com>. Acesso em: 31 ago. 2022.

"ESPECIAL FSM — 2005: O ano em que Chávez foi ovacionado". Fórum Social de Porto Alegre, 30 nov. 2015. Disponível em: <http://forumsocialportoalegre.org.br/2015/11/30/especial-fsm-2005-o-ano-em-que-chavez-foi-ovacionado>. Acesso em: 31 ago. 2022.

"EX-LÍDER da Ku Klux Klan declara simpatia por Bolsonaro: 'Ele soa como nós'". Congresso em Foco, 16 out. 2018. Disponível em: <https://congressoemfoco.uol.com.br/area/pais/ex-lider-da-ku-klux-klan-declara-simpatia-por-bolsonaro-ele-soa-como-nos/>. Acesso em: 31 ago. 2022.

"IMPLICAÇÕES econômicas intersetoriais da Operação Lava Jato". Dieese, 16 mar. 2021. Disponível em: <https://www.dieese. org.br/outraspublicacoes/2021/impactosLavaJatoEconomia.html>. Acesso em: 31 ago. 2022.

"INFORMAÇÕES gerais sobre a Ação de Investigação Judicial Eleitoral nº 19 4358". Tribunal Superior Eleitoral, 31 mar. 2017. Disponível em: <https://www.tse.jus.br/comunicacao/noticias/2017/Marco/informacoes-gerais-sobre-a-acao-de-investigacao-judicial-eleitoral-no-1943-58>. Acesso em: 31 ago. 2022.

"JOAQUIM Barbosa, o capitão do mato". Jornal GGN, 21 nov. 2012. Disponível em: <https://www.rug.nl/ggdc/historicaldevelopment/maddison/releases/maddison-project-database-2020>. Acesso em: 31 ago. 2022.

"Jornal *Versus*: Um olhar sobre a América Latina". Marcos Faerman, [s.d.]. Disponível em: <http://www.marcosfaerman.jor.br/versus.html>. Acesso em: 31 ago. 2022.

"LEIA a íntegra do discurso histórico de Lula em São Bernardo". Brasil de Fato, 7 abr. 2018. Disponível em: <https://www.brasildefato.com.br/2018/04/07/leia-a-integra-do-discurso-historico-de-lula-em-sao-bernardo/>. Acesso em: 31 ago. 2022.

"LEIA os inquéritos da Lava Jato envolvendo Michel Temer e Aécio Neves". Consultor Jurídico, 19 maio 2017. Disponível em: <https://www.conjur.com.br/2017-mai-19/leia-inqueritos-lava-jato-envolvendo-temer-aecio-neves>. Acesso em: 31 ago. 2022.

"MARINE Le Pen rejeita comparações com Bolsonaro: 'Diz coisas desagradáveis'". Poder360, 11 out. 2018. Disponível em: <https://www.poder360.com.br/eleicoes/marine-le-pen-rejeita-comparacao-com-bolsonaro-diz-coisas-desagradaveis/>. Acesso em: 31 ago. 2022.

"'NÃO ACEITO propaganda de opções sexuais', afirma Dilma sobre kit anti-homofobia". UOL, 26 maio 2011. Disponível em: <https://educacao.uol.com.br/noticias/2011/05/26/nao-aceito-propaganda-de-opcoes-sexuais-afirma-dilma-sobre-kit-anti-homofobia.htm>. Acesso em: 31 ago. 2022.

"PT: Sobre as eleições legislativas da Venezuela". PT, 6 dez. 2020. Disponível em: <https://pt.org.br/pt-sobre-as-eleicoes-legislativas-da-venezuela>. Acesso em: 31 ago. 2022.

"QUATRO anos depois, Brasil ignora maioria das recomendações da Comissão da Verdade". Aos Fatos, 29 mar. 2019. Disponível em: <https://www.aosfatos.org/noticias/quatro-anosdepois-brasil-ignora-maioria-das-recomendacoes-da-comissao-da-verdade/>. Acesso em: 31 ago. 2022.

"RESOLUÇÃO sobre conjuntura". Diretório Nacional do PT, 17 maio 2016. Disponível em: <https://pt.org.br/wp-content/uploads/2016/05/Resolu----es-sobre-conjuntura-Maio-2016.pdf>. Acesso em: 31 ago. 2022.

"XINGU, o rio que pulsa em nós: Monitoramento independente para registro de impactos da uhe de Belo Monte no território e no modo de vida do povo Juruna (Yudjá) da Volta Grande do Xingu". Instituto Socioambiental, 2018. Disponível em: <https://acervo.socioambiental.org/acervo/publicacoes-isa/xingu-o-rio-que-pulsa-em-nos-monitoramento-independente-para-registro-de>. Acesso em: 31 ago. 2022.

AMARAL, Marina. "A nova roupa da direita". Agência Pública, São Paulo, 23 jun. 2015. Disponível em: <https://apublica.org/2015/06/a-nova-roupa-da-direita/>. Acesso em: 7 set. 2022.

AVELAR, Idelber. "50 leituras sobre o ecocídio de Belo Monte" Idelber Avelar, 24 nov. 2011. Disponível em: <https://idelberavelar.medium.com/50-leituras-sobre-o-ecoc%C3%ADdio-de-belo-monte-181fc7bd151e>. Acesso em: 31 ago. 2022.

AVELINO, George; BIDERMAN, Ciro; FISCH, Arthur. "A corrida armamentista nas eleições brasileiras". Cepesp/FGV, 13 jun. 2017. Disponível em: <https://cepesp.wordpress.com/2017/06/13/a-corrida-armamentista-nas-eleicoes-brasileiras/>. Acesso em: 31 ago. 2022.

AVILA, Róber Iturriet. "O Brasil gasta muito mais no ensino básico do que no superior". Brasil Debate, 28 ago. 2018. Disponível em: <https://brasildebate.com.br/o-brasil-gastamais-no-ensino-basico-do-que-no-superior/>. Acesso em: 31 ago. 2022.

BARBOSA, Nelson. "Relembrando a evolução recente da dívida líquida". Blog do Ibre, 23 out. 2020. Disponível em: <https://blogdoibre.fgv.br/posts/relembrando-evolucao-recente-da-divida-liquida>. Acesso em: 31 ago. 2022.

BELISÁRIO, Adriano. "Evolução do 'caixa 1' da Odebrecht por partido". TreemapBR, 4 set. 2017. Disponível em: <https://public.tableau.com/app/profile/adriano3244/viz/TreemapBR/TREEMAPBR>. Acesso em: 31 ago. 2022.

BORGES, Bráulio. "Impacto dos erros (reais) da Nova Matriz Econômica tem sido muito exagerado". Blog do Ibre, 8 set. 2017. Disponível em: <https://blogdoibre.fgv.br/posts/impactodos-erros-reais-da-nova-matriz-tem-sido-muito-exagerado>. Acesso em: 31 ago. 2022.

BORGES, Bráulio. "Chegou ao fim a quarta pior recessão brasileira dos últimos 150 anos". Blog do Ibre, 31 out. 2017. Disponível em: <https://blogdoibre.fgv.br/posts/chegou-ao-fim-quarta-pior-recessao-brasileira-dos-ultimos-150-anos>. Acesso em: 31 ago. 2022.

_____. "Como a Lava Jato afetou o PIB?: Novas evidências para o debate". Blog do Ibre, 14 set. 2018. Disponível em: <https://blogdoibre.fgv.br/posts/como-lava-jato-afetou-o-pib-novas-evidencias-para-o-debate>. Acesso em: 31 ago. 2022.

CAPELHUCHNIK, Laura. "A importância do jornal *Versus*, publicado durante o regime militar". Nexo, 3 maio 2018. Disponível em: <https://www.nexojornal.com.br/expresso/2018/05/03/A-import%C3%A2ncia-do-jornal-Versus-publicado-durante-o-regime-militar>. Acesso em: 22 mar. 2022.

CESAR, Janaina; GROSSI, Pedro; CERANTOLA, Alessia; DEMORI, Leandro, "145 espiões: O aparelho clandestino de espionagem que enriqueceu a Fiat no Brasil". The Intercept Brasil, 25 fev. 2019. Disponível em: <https://theintercept.com/2019/02/25/espionagem-enriqueceu-fiat-brasil/>. Acesso em: 31 ago. 2022.

CRUZ, Diego. "Entrevista com Fiore Trise Júnior, dirigente da Revolta do Buzu". PSTU, 9 nov. 2003. Disponível em: <https://www.pstu.org.br/entrevista-com-fiore-trise-junior-dirigente-da-revolta-do-buzu/>. Acesso em: 31 ago. 2022.

_____. "Trabalhadores do PAC enfrentam governo Dilma e construtoras". PSTU, 3 abr. 2012. Disponível em: <https://www.pstu.org.br/trabalhadores-do-pac-enfrentam-governo-dilma-e-construtoras/>. Acesso em: 31 ago. 2022.

DULCI, Luiz. "Os intelectuais e a criação do PT". Centro Sérgio Buarque de Holanda, Fundação Perseu Abramo, 23 jul. 2008. Disponível em: <https://fpabramo.org.br/csbh/os-intelectuais-e-a-criacao-do-pt-2/>. Acesso em: 31 ago. 2022.

EICHENGREEN, Barry; O'ROURKE, Kevin. "A Tale of Two Depressions". VoxEU, 21 abr. 2009. Disponível em: <https://voxeu.org/article/tale-two-depressions-what-do-new-data-tell-us-february-2010-update>. Acesso em: 31 ago. 2022.

FAERMAN, Patricia. "Em 1999, *Veja* publicava contratos irregulares da Petrobras com Efromovich". Jornal GGN, 19 nov. 2014. Disponível em: <https://jornalggn.com.br/midia/em-1999-veja-publicava-contratos-irregulares-da-petrobras-com-efromovich/>. Acesso em: 31 ago. 2022.

FRANCO, Gustavo. "Debates". Gustavo Franco. Disponível em: <http://www.gustavofranco.com.br/debates/post-debates/430/Aloisio%20Mercadante,%20Guido%20Mantega,%20Francisco%20de%20Oliveira%20e%20outros%20sobre%20as%20c%C3%A2maras%20setoriais%20como%20in>. Acesso em: 31 ago. 2022.

FUNDAÇÃO Perseu Abramo. Disponível em: <https://fpabramo.org.br/>. Acesso em: 30 ago. 2022.

GREENWALD, Glenn; DAU, Erick. "Tentativa de anistia para políticos flagrados com caixa dois expõe níveis de corrupção dos líderes do Congresso". The Intercept Brasil, 20 set. 2016. Disponível em: <https://theintercept.com/2016/09/20/tentativa-de-anistia-para-politicos-flagrados-com-caixa-dois-expoe-niveis-de-corrupcao-dos-lideres-do-congresso/>. Acesso em: 31 ago. 2022.

GREENWALD, Glenn et al. "Moro viola sempre o sistema acusatório". The Intercept Brasil, 29 jun. 2019. Disponível em: <https://theintercept.com/2019/06/29/chats-violacoes-moro-credibilidade-bolsonaro/>. Acesso em: 31 ago. 2022.

LEÃO, Naiara. "Militantes gays criticam política do governo em conferência LGBT". G1, 15 dez. 2011. Disponível em: <https://g1.globo.com/politica/noticia/2011/12/militantes-gaysvaiam-dilma-em-abertura-de-conferencia-lgbt.html>. Acesso em: 31 ago. 2022.

LUCAS, Legume. "O Movimento Passe Livre acabou?". Passa Palavra, 4 ago. 2015. Disponível em: <https://passapalavra.info/2015/08/105592/>. Acesso em: 31 ago. 2022.

MADDISON Project Database 2020. Disponível em: <https://www.rug.nl/ggdc/historicaldevelopment/maddison/releases/maddison-project-database-2020>. Acesso em: 31 ago. 2022.

MANOLO. "Teses sobre a Revolta do Buzu: 1ª Parte". Passa Palavra, 25 set. 2011. Disponível em: <https://passapalavra. info/2011/09/46384>. Acesso em: 31 ago. 2022.

MARTINS, Rafael Moro; SANTI, Alexandre de; GREENWALD, Glenn. "Não é muito tempo sem operação?". The Intercept Brasil, 9 jun. 2019. Disponível em: <https://theintercept.com/2019/06/09/chat-moro-deltan-telegram-lava-jato/>. Acesso em: 31 ago. 2022.

MARTINS, Rafael Moro et al. "Tem alguma coisa mesmo séria do FHC?". The Intercept Brasil, 18 jun. 2019. Disponível em: <https://theintercept.com/2019/06/18/lava-jato-fingiu-investigar-fhc-apenas-para-criar-percepcao-publica-de-imparcialidade-mas-moro-repreendeu-melindra-alguem-cujo-apoio-e-importante/>. Acesso em: 31 ago. 2022.

MENEZES, Cynara. "Salve Joaquim, axé Barbosa". Socialista Morena, 20 nov. 2012. Disponível em: <https://www.socialistamorena.com.br/salve-joaquim-axe-barbosa/>. Acesso em: 31 ago. 2022.

_____. "O último assalto a banco da luta armada". Socialista Morena, 23 ago. 2018. Disponível em: <https://www.socialistamorena.com.br/o-ultimo-assalto-a-banco-da-luta-armada>. Acesso em: 31 ago. 2022.

PALHUCA, Leonardo. "E se tivéssemos ouvido o Palocci?". Terraço Econômico, 9 jun. 2016. Disponível em: <https://terracoeconomico.com.br/e-se-tivessemos-ouvido-o-palocci/>. Acesso em: 31 ago. 2022.

PESSOA, Samuel. "Réplica a Bráulio Borges: Essa recessão foi a pior ou segunda pior em 120 anos". Blog do Ibre, 8 nov. 2017. Disponível em: <https://blogdoibre.fgv.br/posts/replica-braulio-borges-essa-recessao-foi-pior-ou-segunda-pior-em-120-anos>. Acesso em: 31 ago. 2022.

_____. "O impacto da nova matriz econômica: Resposta a Bráulio Borges". Blog do Ibre, 28 set. 2017. Disponível em: <https://blogdoibre.fgv.br/posts/o-impacto-da-nova-matriz-economica-resposta-braulio-borges>. Acesso em: 31 ago. 2022.

PITTS, Natasha. "Movimentos negros solicitam que Lula vete o Estatuto da Igualdade Racial". Portal Geledés, 16 jul. 2020. Disponível em: <https://www.geledes.org.br/movimentos-negros-solicitam-que-lula-vete-o-estatuto-da-igualdade-racial>. Acesso em: 31 ago. 2022.

RABIN, Cláudio Goldberg. "'Paz e amor' ou 'Boca suja'?: Quem era o Lula preso em 1980". The Intercept Brasil, 19 jan. 2018. Disponível em: <https://theintercept.com/2018/01/19/quem-era-o-lula-preso-em-1980/>. Acesso em: 31 ago. 2022.

RODRIK, Dani. "Will Argentina waste a historic opportunity?". Dani Rodrik's Weblog, 17 abr. 2008. Disponível em: <https://rodrik.typepad.com/dani_rodriks_weblog/2008/04/will-argentina.html>. Acesso em: 31 ago. 2022.

SALMEN, Diego. "Na TV, Serra ataca 'armação' de dossiê e se coloca como candidato da 'continuidade'". UOL, 26 ago. 2010. Disponível em: <https://www.uol.com.br/eleicoes/2010/ultimas-noticias/2010/08/26/na-tv-serra-se-coloca-como-candidato-da-continuidade-e-diz-nao-ter-criado-genericos.jhtm>. Acesso em: 31 ago. 2022.

SCHREIBER, Mariana. "Desde impeachment, popularidade de Moro dispara e rejeição a políticos sobe, diz pesquisa". BBC News Brasil, 24 fev. 2017. Disponível em: <https://www.bbc.com/portuguese/brasil-39075521>. Acesso em: 31 ago. 2022.

STERN, Nicholas; BHATTACHARYA, Amar; STIGLITZ, Joseph; ROMANI, Matia. "A New World's New Development Bank". Project Syndicate, 1º maio 2013. Disponível em: <https://www.project-syndicate.org/commentary/the-benefits-of-the-brics-development-bank>. Acesso em: 31 ago. 2022.

TERRABRASILIS/Prodes. Disponível em: <http://terrabrasilis.dpi.inpe.br/app/dashboard/deforestation/biomes/legal_amazon/rates. Acesso em: 31 ago. 2022.

VENAGLIA, Guilherme. "10 movimentos que mostram que a Lava Jato morreu em 2020". CNN Brasil, 9 dez. 2020. Disponível em: <https://www.cnnbrasil.com.br/politica/10-movimentos-que-mostram-que-a-lava-jato-morreu-em-2020/>. Acesso em: 31 ago. 2022.

ZOVATTO, Daniel. "Reelection, Continuity and Hyper-Presidentialism in Latin America". Brookings Institution, 12 fev. 2014. Disponível em: <https://www.brookings.edu/opinions/reelection-continuity-and-hyperpresidentialism-in-latin-america/>. Acesso em: 31 ago. 2022.

AUDIOVISUAL

"1º CONGRESSO do PT". ArtVideo Paraíba, YouTube, 13 ago. 2012. Disponível em: <https://www.youtube.com/watch?v=iU4XSvcMvyI&t=1s>. Acesso em: 31 ago. 2022.

"5º CONGRESSO do PT: Discurso Dilma Rousseff". Partido dos Trabalhadores, YouTube, 12 jun. 2015. Disponível em: <https://www.youtube.com/watch?v=nzHFdapeKMI>. Acesso em: 31 ago. 2022.

"CONFRONTO em Leme termina com morte de boia-fria". Museu do Trabalhador do Campo, YouTube, 19 jul. 2014. Disponível em: <https://www.youtube.com/watch?v=EmFyyXX7jdQ>. Acesso em: 31 ago. 2022.

"LANÇAMENTO do livro *Diários da Presidência (1995 e 1996)*". Companhia das Letras, YouTube, 15 jan. 2016. Disponível em: <https://www.youtube.com/watch?v=FX7XvO3LITw>. Acesso em: 31 ago. 2022.

"LULA concede entrevista coletiva a blogueiros progressistas". Partido dos Trabalhadores, YouTube, 21 jan. 2016. Disponível em: <https://www.youtube.com/watch?v=08SuqNtbl6w>. Acesso em: 31 ago. 2022.

A REVOLTA do Buzu. Direção, roteiro e produção: Carlos Pronzato. Salvador: Lamestiza Produções, 2003 (70 min).

CONFERÊNCIA Internacional de Durban 2001: Documentário. Direção: Filó Filho. Roteiro: Carlos Alberto Medeiros e Filó Filho. Assessoria de produção: Mombaça e Adriana Baptista. Rio de Janeiro: Instituto Cultne; Governo do Estado do Rio de Janeiro; Brazilian Roots, 2001 (21 min). Disponível em: <https://www.youtube.com/watch?v=G0bzC-Uvv9k>. Acesso em: 31 ago. 2022.

LIBELU: Abaixo a ditadura. Direção e roteiro: Diógenes Muniz. Produção executiva: Letícia Friedich. São Paulo: Boulevard Filmes; Globo Filmes; GloboNews, 2021 (89 min).

O CASO Celso Daniel (série). Direção: Marcos Jorge. Roteiro: Marcos Jorge e Bernardo Rennó. Produção: Joanna Henning. Globoplay, 2022.

RETRATO narrado (podcast). Apresentação, reportagem e roteiro: Carol Pires. Direção: Paula Scarpin e Flora Thomson-DeVeaux. Produção: Aline Scudeller e Claudia Nogarotto. Rádio Novelo, 2020.

PESSOAS ENTREVISTADAS

Almino Afonso
Airton Soares
Aloizio Mercadante
Augusto de Franco
Benedita da Silva
Benedito Marcílio
Celso Amorim
Chico Alencar
Djalma Bom
Domingos Leonelli
Eduardo Jorge
Fábio Konder Comparato
Fernando Gabeira
Fernando Henrique Cardoso
Flavio Carrança
Francisco Weffort
Frei Betto
Gilberto Carvalho
Glauco Arbix
Gleisi Hoffmann
Guido Mantega
Irma Passoni
James N. Green
João Pedro Stédile
José Álvaro Moisés
José Carlos Miranda
José Dirceu
José de Souza Martins

José Eduardo Cardozo
José Márcio Camargo
José Maria de Almeida
Léo Lince
Lucas de Oliveira
Luiz Dulci
Márcio Holland
Marcos Lisboa
Marcos Nobre
Maria do Rosário
Marina Silva
Marta Suplicy
Milton Barbosa
Milton Temer
Nelson Barbosa
Olívio Dutra
Patrus Ananias
Paulo Bernardo
Paulo Paim
Pedro Dallari
Raul Pont
Regina Lúcia dos Santos
Rosalina Santa Cruz
Rui Falcão
Tarso Genro
Torsten Wetterblad
Vicente Paulo da Silva
Vivaldo Barbosa

Índice remissivo

1º Congresso do PT (1991), 175-7
2º Congresso do PT (1999), 221
III Congresso da CUT (1988), 85
3º Congresso do PRC, 174
5º Congresso do PT (2015), 332-3
7º Encontro Nacional do PT (1990), 171
8ª Conferência Nacional de Saúde (1986), 132-3
8º Encontro Nacional do PT (1993), 182
10º Encontro Nacional do PT (1995), 196

Aarão Reis, Daniel, 170
aborto, como tema na eleição presidencial (2010), 291
Abramo, Lélia, 67
Ação Libertadora Nacional (ALN), 12, 14, 104-5, 215
Ação Popular (AP), 15, 22, 26, 29
Ação Popular Socialista (grupo interno ao PT), 264
Afif Domingos, Guilherme, 145
Afonso Arinos ver Melo Franco, Afonso Arinos de
Afonso, Almino, 59, 63, 131, 134; conversa com Lula sobre a criação do partido, 60; projeto de Partido Popular, 60, 63, 65

Agência Internacional de Energia Atômica (AIEA), 285
"Agenda perdida", 233, 241
AI-5 (Ato Institucional nº 5, 1968), 37
AIG, 287
Albânia, 68, 94
Alca (Área de Livre-Comércio das Américas), 272-3
Alckmin, Geraldo, 134, 225, 270, 328; campanha eleitoral (2018), 354-5; como candidato a vice de Lula (2022), 361; favorito no início da campanha (2018), 355
Alemanha, 51
Alemanha Oriental, 109; curso para petistas na, 143
Alencar, Chico, 12, 257, 264
Alencar, José, como candidato a vice de Lula, 223-4
Alencastro, Luiz Felipe de, 329
Almeida, José Maria de, 57, 59, 62-3, 161, 179-80, 223
Alvarez, Sonia, 30
Alves, Fabiana, 326
Alves, Henrique, 330
Amadeo, Edward, 191

Amaral, Delcídio do, 348
Amazonas, João, 82, 99, 149
Amazônia, desmatamento na, 283
ambientalismo, usinas hidrelétricas na Amazônia e, 283
Amorim, Celso, 272-3, 275-6, 285
Amorim, José, 299
Ananias, Patrus, 12, 242, 247, 282
Anderson, Perry, 54, 190
Andrade, Joaquim dos Santos, 56, 62
Angra dos Reis, usinas nucleares em, 259
Ant, Clara, 116-7
antipetismo, 327, 350
Antunes, Ricardo, 76
Appy, Bernardo, 288
Aragão, Eugênio, 338
Araguaia, guerrilha rural no, 14, 99, 120
Aras, Augusto, 357
Arbix, Glauco, 116-7, 165, 170, 228
Arena (partido político), 45
Arendt, Hannah, 103, 174
Arida, Persio, 122, 187-8
Arns, dom Paulo Evaristo, 14, 32
Arouca, Sérgio, 132-3
Arraes, Miguel, 9, 60, 64, 67, 74, 220, 235, 317
Arruda Sampaio, Plínio de, 237, 264
Arruda, Lúcia, 89
Articulação (grupo interno ao PT), 106-10, 116-8, 176-7, 182, 194, 216-7, 221
Articulação — Unidade na Luta (grupo interno ao PT), 196-7
Articulação de Esquerda (grupo interno ao PT), 109, 182
Assembleia Nacional Constituinte (1987-88), 119-38; e o fortalecimento do Ministério Público, 134-5; MDB na, 68; movimento negro na, 129-30; questão LGBT e a, 131; SUS na, 132-4
Associação Brasileira de Imprensa (ABI), 31
Associação Brasileira de Lésbicas, Gays, Bissexuais, Travestis e Transexuais, 296
Atlas Network, 324
Augustin, Arno, 310
autonomismo, 102-3

Babá (deputado petista), 237-8
Bacha, Edmar, 122
Banco Central, 288
Banco Central Europeu, 319
Banco do Povo, programa de microcrédito, 224
Banco dos Brics, 272
Banco Econômico, escândalo do, 214
Banco Mundial, 20
Banco Nacional de Desenvolvimento Econômico e Social (BNDES), 211, 279
Barbalho, Jader, 223
Barbosa, Joaquim, 303, 354
Barbosa, Milton, 27-30, 90
Barbosa, Nelson, 234, 240, 305-6, 310; como ministro da Fazenda de Dilma, 335, 337; e as pedaladas fiscais, 340
Barbosa, Vivaldo, 155, 179
Bargieri, Beatriz do Valle, 23
Barreto, Zequinha, 37
Barros, Ademar de, 156
Barth, Karl, 12
Basic Income Earth Network (BIEN), 170
Belluzzo, Luiz Gonzaga, 122
Belo Monte, usina hidrelétrica de, 283-4
Benevides, Maria Victoria, 102
Benjamin, César, 196
Benjamin, Cid, 37
Bensaïd, Daniel, 238
Berzoini, Ricardo, 264-5
Bianchi, Álvaro, 211
Bicudo, Hélio, 217, 341
Bilhete Único, 224
Bisol, José Paulo, 149, 151-2, 159, 259
Bispo Rodrigues, 224, 257, 303
Bittar, Jacó, 59, 116, 216
Black Blocs, 312
Blair, Tony, 207
BNDES (Banco Nacional de Desenvolvimento Econômico e Social), 211, 279
Bobbio, Norberto, 174
Boff, Clodovis, 12, 83, 281
Boff, Leonardo, 12, 83, 167, 281
Bolívia, 286; golpe na (2019), 346
Bolsa Escola, 224

Bolsa Família, 241, 247, 249; combate às fraudes no, 242; papel na redução da pobreza, 242

Bolsonaro, Jair, 190, 226, 341; ameaça de golpe de estado, 345; aparelhamento da Polícia Federal, 357; apoiado pela Ku Klux Klan, 353; campanha contra as urnas eletrônicas, 359; na campanha presidencial de 2018, 355; candidato à reeleição (2022), 358; comportamento durante a pandemia, 357; desempenho como presidente, 356; desmonte da Lava Jato, 349; eleito presidente (2018), 354, 356; e o fim da Lava Jato, 359-60; em guerra constante contra o STF, 358; escândalo do "orçamento secreto", 358; incentiva manifestações contra o Judiciário e o Legislativo, 358; como o mais extremista dos líderes surgidos nas últimas décadas, 353; nas manifestações de 7 de setembro de 2021, 359; como presidente, 345; prisão de Lula como causa da eleição de, 352; retrocesso democrático e, 346; tentativa de convencer militares a participar de um golpe de estado, 359; trajetória política de, 352; uso de verbas publicitárias para pressionar a mídia, 348; voto pelo impeachment dedicado a torturador, 342

Bom, Djalma, 36-7, 47-8, 50-1, 55, 64, 72-3, 121

Bonelli, Regis, 42

Borges, Bráulio, 320

Braga Netto, Walter, 354

Braga, Ruy, 211

Brambilla, Celso, 57

Brasil Mulher (jornal), 22-3

"Brasil sem Homofobia", programa do governo Lula, 296

Brejnev, Leonid, 41

Brilhante Ustra, Carlos, 342

Brizola, Leonel, 41, 52, 56, 60, 64, 70, 74, 81-2, 86, 106-7, 142, 149, 156, 158, 161, 166, 179, 191, 212-3, 215, 218-21, 238, 277; na eleição presidencial (1989), 154-5, 157; eleito governador do Rio de Janeiro, 68, 72; inspiração para o populismo de Lula, 167; negociações com Lula no segundo turno (1989), 159; oposição ao governo Lula, 235

Brossard, Paulo, 121-2

Buaiz, Vitor, 142

Buarque de Holanda, Sérgio, 66, 98

Buarque, Chico, 51

Buarque, Cristovam, 149, 169, 218

Bueno Vidigal Filho, Luís Eulálio de, 46

Bush, George W., 273

Cabral, Sérgio, 297

Cadernos do cárcere (Gramsci), 113

caixa dois, 254-5; como procedimento generalizado na política brasileira, 268

Caixa Econômica Federal, 268

Calendário do poder (Betto), 248

Calheiros, Renan, 334, 339

Callado, Eduardo, 188

câmaras setoriais (CS), 164

Camargo, José Márcio, 168, 190, 233, 241

Camargo, Júlio, 334

Camejo, Peter, 57

Campinas, SP, 169

Campo Majoritário (grupo interno ao PT), 221, 264, 268

Campos, Eduardo, 317-8

Candeia, 27, 29, 86

Candido, Antonio, 66-7, 101, 147

capital, O (Marx), 112

Capriles, Henrique, 273

Cardoso, Edson, 198-9

Cardoso, Fernando Henrique, 32, 48-9, 53, 56, 59-66, 73, 81-2, 109, 112, 124, 134, 138, 169, 177, 186-7, 191-2, 196, 204, 206-7, 213-5, 220, 222-3, 225, 227, 232, 234, 236, 241, 253-4, 259, 269, 279, 297, 300, 308, 317, 325, 341, 345; apoio à Conferência da ONU contra o Racismo (2001), 299; como ministro da Fazenda de Itamar Franco, 187; compra de votos para a emenda da reeleição, 196; crescimento do PIB no governo de, 281; crise econômica no início do segundo mandato, 221; eleito presidente (1994), 189-90, 195; e a emenda da reeleição, 196, 214; estelionato eleitoral na reeleição, 221; sobre as greves de 1978, 45; "herança maldita" de, 234; Jair Bolsonaro sobre, 353; e o MST, 204-5; período no governo, 207; e o Plano Real, 187, 189; políticas de valorização da população negra, 198; privatizações, 210-1; problemas no final do primeiro mandato, 217; proposta de partido de esquerda de (1977), 32-3; questões econômicas, primeiro mandato, 209; racionamento de energia (2001), 211, 221; reforma agrária e, 205; reforma da Previdência (1993), 195, 335

Cardoso, Leônidas, 59

Cardoso, Ruth, 191

Cardozo, José Eduardo, 216-7; demitido do ministério da Justiça de Dilma, 338; pressionado para conter a Lava Jato, 331; projeto de Constituição do PT, 124, 126-7; trajetória política, 330

Carrança, Flavio, 27, 115

Carta ao povo brasileiro (2002), 117, 227, 233

"Carta de Olinda", 225

Caruso, Paulo, 121

Carvalho, Gilberto, 12, 51, 106, 110, 189, 218, 232, 248, 269, 313, 337, 350; balanço do PT no poder por, 342

Carvalho, Laura, 281, 306, 308

Carvalho, Mário, 188

Castelo Branco, Humberto de Alencar, 41

Castoriadis, Cornelius, 103, 158

Castro, Fidel, 94

Castro, Tarso de, 117-8

catolicismo de esquerda, desenvolvimento na América Latina, 11

católicos progressistas, 19; versus organizações marxistas, 21

Cavalcante, Carlos, 106

Cavalcanti, Severino, 201, 256, 296

Central Geral dos Trabalhadores (CGT), 75, 140, 156

Central Única dos Trabalhadores (CUT), 87, 122, 140, 163, 193, 244; com Chico Mendes no Acre, 84; criação da, 74-5

"Centrão", 253; nascimento durante a Constituinte (1987-8), 136

Centro Brasileiro de Análise e Planejamento (Cebrap), 32

Centro de Informações da Marinha (Cenimar), 52

Centro de Mídia Independente (CMI), 311

Cerqueira, Marcelo, 212

CGT ver Central Geral dos Trabalhadores

CGU ver Controladoria Geral da União

Chauí, Marilena, 102-3, 174

Chávez, Hugo, 235, 248, 271, 273, 276, 286, 332

Chile, 250-1; golpe militar no (1973), 57

China, 15, 68, 93, 238, 295; protesto de estudantes na praça da Paz Celestial, 143

Chinaglia, Arlindo, 325

Chomsky, Noam, 237

classe média, definições de, 249

Cláudio Humberto, 238

Clinton, Bill, 207

Clubes de Mães, 19, 31

Código Florestal, 297

Coelho, Marcelo, 192

Collor de Mello, Fernando, 145-6, 156, 159-61, 166, 178-80, 182, 184, 190, 204, 213, 224, 238, 253, 317, 324, 332; acusações de corrupção contra, 178; CPI contra, 179; estelionato eleitoral de, 178; governo de, 162-86; impeachment de, 178-80, 186, 344

Collor, Pedro, 178-9

Comissão Nacional da Verdade (CNV), 309-10, 352, 354

Como as democracias morrem (Levitsky e Ziblatt), 332

Companhia Siderúrgica Nacional (CSN), greve em 1988, 141

Comparato, Fábio Konder, 260; projeto de Constituição (1978), 124-7

Comunidade Solidária, 191

Comunidades Eclesiais de Base (CEBs), 17-9, 31, 83, 103, 159, 166-7, 281; formação do PT e, 19

Concílio Vaticano II, 10

Conferência de Durban sobre igualdade racial (2001), 199

Conferência Mundial das Nações Unidas contra o Racismo (2001), 299

Conferência Nacional da Classe Trabalhadora (Conclat), 74

Conferência Nacional dos Bispos do Brasil (CNBB), 12

Congresso de Lins (1979), 62-3

Conselho Nacional de Justiça, 297

"Consenso de Washington", 162

Constituição do Brasil (1988), 66; difuldades para a reforma agrária, 138; e as Forças Armadas, 138; indicação do PGR na, 260; reformas da, 137; e a representativiade dos Estados no Congresso, 138; revisão da (1993), 198; Construindo um Novo Brasil (grupo interno ao PT), 107, 264, 332

Consultoria para Empresas e Municípios (CPEM), 216-7

Contagem (MG), greve de metalúrgicos (1968), 36

Contribuição de Intervenção no Domínio Econômico (Cide), 304

Controladoria-Geral da União (CGU), 260; fortalecimento durante os governos do PT, 262

Convergência Socialista (grupo interno ao PT), 26, 29-30, 48, 57-9, 61, 67, 96-7, 115, 117, 161, 179-80, 195; expulsão do PT (1992), 57; grupo gay da, 25-6

Correa, Paulo Guilherme, 188

Correios, escândalo nos (2005), 256

corrupção, campanhas eleitorais e, 265-6; crescimento após o regime militar, 144-5; no final do regime militar, 252

Costa Neto, Valdemar da, 224, 303, 358

Costa, Francenildo, 268

Costa, Hélio, 130

Costa, Paulo Roberto, 258, 298, 326

cotas para candidatas mulheres, 200

cotas raciais nas universidades, 199; projeto aprovado no Rio de Janeiro, 299; *ver também* Lei de Cotas (2012)

Coutinho, Carlos Nelson, 212, 238

Couto e Silva, Golbery do, 67, 156, 158

Couto, Cláudio Gonçalves, 79

Covas, Mário, 64, 81-2, 131, 145; candidato ao governo de São Paulo (1994), 194; candidato a presidente (1989), 185; covid-19, pandemia de, 356

CPIs (Comissões Parlamentares de Inquérito),

do governo Collor, 179; do Mensalão, 257; do Orçamento (1993), 259

crepúsculo do macho, O (Gabeira), 148

crises econômicas, do final dos anos 1970, 39; de 2015-16, 319

crise financeira mundial (2008), 287-8

Cuba, 18, 97, 104, 171

Cunha, Eduardo, 330-1, 341; aprovação de pautas-bomba na Câmara (governo Dilma), 333-4; início do processo de impeachment de Dilma, 337; e o MBL, 329; prisão de, 349-50, 352; processo de cassação de, 336; proposta de acordo de Jacques Wagner para evitar o impeachment de Dilma, 336; sugestão de indicação de Lula para ministro de Dilma, 339; suposto acordo com Dilma para evitar o impeachment, 336; trajetória política, 324

CUT *ver* Central Única dos Trabalhadores

Dallagnol, Deltan, 258, 325, 351

Dallari, Pedro, 53, 124, 126-7, 149-51, 331

Daniel, Celso, 225-6; assassinato de, 226; assassinato usado por bolsonaristas, 226

Daniel, Herbert, 103

Dantas, Daniel, 214

Datena, José Luiz, 312

Davies, James C., 44

de Bolle, Monica, 307

"De volta ao gueto?" (Weffort), 150

Declaração de Teerã (2010), 285

Democracia Radical (grupo interno ao PT), 177, 194, 221

Democracia Socialista (grupo interno ao PT), 101, 108, 222, 224, 238, 263

Deng Xiaoping, 21

Departamento Estadual de Ordem Política e Social (Deops), 35, 37

Der Spiegel, 259

desigualdade no século XXI, pesquisa da Fundação Getulio Vargas sobre, 241

Desvios (revista), 102-3

Diadema, SP, 71

Diários da Presidência (Cardoso), 214-5, 220

Dias, Erasmo, 32

Dieese, 45

Dilma/Temer, chapa presidencial (2014); absolvição da, 349; cassação pedida por Aécio Neves, 321

Diretas Já, movimento, 79-80

ditadura militar *ver* regime militar (1964-85)

DOI-Codi, 50

donos do poder, Os (Faoro), 147

Doria, João, 357, 361

Duarte Garcia, Mário Sérgio, 80-1

Duarte, Ozéas, 174

Dulci, Luiz, 64, 72, 171, 228

Duprat, Deborah, 297

Duque, Renato, 258-9, 298

Dutra, Olívio, 13, 41, 60, 64, 142, 277

Eco-92 (conferência da ONU), 162

Economic Bulletin, 319

Economist, The, 235

Efromovich, Germán, 259

Eichengreen, Barry, 287

Elbrick, Charles, 37, 104, 215

Eletrobrás, 259

Em Tempo (jornal), 52, 102, 146, 222, 263

emenda da reeleição de FHC, escândalo da, 214

Enem, 304

Engels, Friedrich, 53

Era Vargas, 209-10

Ermírio de Moraes, Antônio, 218

Erundina, Luiza, 142, 148, 151, 330; como ministra de Itamar, 181; como prefeita de São Paulo, 153, 331; demitida por Itamar, 185

Escola de Budapeste, 174

Espanha, sistema eleitoral na, 265

Esquerda 21 (revista), 192-3, 205-6

esquerda católica, importância na história do PT, 12

Estado de S. Paulo, O, 39, 45, 177, 222, 278, 358

Estado e a revolução, O (Lênin), 100

Estado-nação, crise do (1990), 162

Estados Unidos, 295, 305, 327, 359; e a crise financeira mundial (2008), 287

Estatuto da Igualdade Racial, 87, 300

estelionato eleitoral, 178, 221

Estudantes pela Liberdade (EPL), 324

Eudes, José, 82

eurocomunismo, Gramsci e, 114

Faerman, Marcos, 29

Falcão, Rui, 134, 181-2, 189, 196, 316, 335-7

Falcão, Valdemar, 120

Faoro, Raymundo, 99, 147

Faria, Márcio, 330

Farias, Paulo César (PC), 178-9

Fassino, Piero, 175

Fausto, Ruy, 348

Favre, Luis, 115-6, 143, 229

Federal Reserve (FED), 306

Feghali, Jandira, 23

Fehér, Ferenc, 174

Fernandes, Florestan, 128, 198

Ferraz Torres, Vicente, 35-7, 40

Ferreira de Sá, Jair, 15

feudalismo, resquícios no Brasil, 98

Fiel Filho, Manoel, 37

Fiesp, 41

Figueiredo, João Batista, 39

Figueiredo, João Batista Leopoldo, 37

Florêncio, Antônio, 188

FMI *ver* Fundo Monetário Internacional

Folha de S.Paulo, 19, 35, 45-6, 59, 63, 88, 91, 117, 121, 148, 150, 168, 177, 191, 194, 197, 235, 256, 298, 329, 339

Fontenele, Maria Luiza, 90-1, 145, 186

Fontes, João, 236-7

Força Sindical, 193-224

Forças Armadas, chefes renunciam em conjunto em boicote a Bolsonaro, 358

Forças Armadas Revolucionárias da Colômbia (Farcs), 275-6

Fornazieri, Aldo, 174

Fortaleza, CE, prefeitura petista, 90-1

Fórum Social Mundial (Porto Alegre, 2005), 235, 311

Foster, Maria das Graças, 298

Fraga, Arminio, 221, 233

França, 10; socialismo na, 58

Francis, Paulo, 20

Francisco, papa (Jorge Mario Bergoglio), 14

Franco Montoro, André, 81, 186, 329

Franco, Augusto de, 175, 191, 193
Franco, Gustavo, 165
Franco, Itamar, 179-80, 185, 187, 191, 213, 222, 259, 325, 341, 344
Franco, Marielle, 226
Frei Betto, 12, 18, 49, 64, 105, 246-8, 263, 270, 286
Frei Chico, 47
Freire, Paulo, 9, 18, 149, 151; método de alfabetização de, 17
Freire, Roberto, 147, 159, 187, 192, 194
Freitas Nobre, José, 73, 82
Freitas, Hydekel de, 324
Freixo, Marcelo, 264
Frente Amplio (Uruguai), 250-1
Frente Brasil Popular (1989), 147, 149-50; PV se retira da, 152
Frente Negra Brasileira, 28
Frigini, Ronaldo, 121
Fromm, Erich, 281
Frota, Sílvio, 38
Funaro, Lúcio, 325
Fundação Getulio Vargas, pesquisa sobre a desigualdade no século XXI, 241
Fundação Oswaldo Cruz (Fiocruz), 132
Fundeb, 304
Fundo Monetário Internacional (FMI), 75-6, 294
Furnas, 325
Furtado, Celso, 126

Gabeira, Fernando, 53, 69, 84, 143, 147-52, 159, 200-1; candidato a presiente (1989), 152; candidato a vice de Lula (1989), 148-51; trajetória política de, 147
Galo, Paulo, 250
Ganzer, Avelino, 85
Garanhuns, PE, 167
García Márquez, Gabriel, 58
Garcia, Marco Aurélio, 71, 102-3, 124, 126, 172, 187, 235, 263, 267-8, 272-3, 275-6
Garotinho, Anthony, 219-20, 224, 235, 325
Gaspar, Malu, 259
Gaspari, Elio, 31, 38, 57
Gatto, Marcelo, 47

Gazeta Mercantil, 52
Geisel, Ernesto, 38-9, 41, 50, 55, 57, 67; abertura no regime militar, 38
Genoino, José, 84, 90, 96, 100-1, 110, 119, 121, 142, 151, 173-5, 177, 181, 187, 192-3, 200-1, 206, 212, 214-5, 221, 223, 240, 256, 263, 265, 281, 290, 310, 333; condenado pelo STF, 302; como deputado constituinte, 120; renúncia à presidência do PT após o Mensalão, 257; trajetória política de, 99
Genro, Luciana, 237-8
Genro, Tarso, 52, 84, 90, 101-2, 174, 194, 218, 221, 240, 263, 281-2, 304, 332, 337; como ministro da Educação de Lula, 244; como ministro da Justiça de Lula, 266
Gerbaudo, Paolo, 313
Germano, Reginaldo, 300
Germinal (Zola), 51
geves, histórico no Brasil, 141, 163
Giannotti, José Arthur, 112
Gini, Coeficiente de, 243, 246
globalização, crise no final da década de 2000, 286
Globo, TV, 130, 238
golpe militar (1964), 9
Gomes da Silva, Sérgio (Sombra), 226
Gomes, Ciro, 186, 290, 317, 347, 355
Gonçalves, Arnaldo, 75
Gonzalez, Lélia, 27, 30, 69, 86, 88-9, 106, 130-1, 175
Gorbatchóv, Mikhail, 143, 158
Gorender, Jacob, 170
Goulart, João, 55, 97
Grabois, Maurício, 119-20
Grajew, Oded, 247
Gramsci, Antonio, 113-4, 128, 212
Graziano, José, 246
Grechi, dom Moacir, 83
Green, James, 25
Greenhalgh, Luiz Eduardo, 154, 256
Gregório Bezerra, coletivo, 69
greves de metalúrgicos, em 1968, 36; em 1978, 34, 45
Grupo Abolição, 30
"Grupo de Países Amigos da Venezuela", 273

Guadagnin, Angela, 216
Guerra Fria, 11
Guerra, Alceni, 130
guerrilhas marxistas brasileiras, fracasso das, 14
Guimarães Carneiro, José Reinaldo, 226
Guimarães, Juarez, 146, 262
Guimarães, Ulysses, 38, 81, 85, 119-20, 124, 130-1, 161, 230, 360-1; oferece apoio a Lula no segundo turno (1989), 159
Guiné-Bissau, 18
Gushiken, Luiz, 58, 117, 227, 232, 257

Habermas, Jürgen, 174, 304
Haddad, Fernando, 296, 304, 350; candidato a presidente (2018), 355; criação do ProUni (2004), 304; eleito prefeito de São Paulo, 304; como ministro da Educação de Lula e Dilma, 304; como prefeito de São Paulo, 311
Haddad, Jamil, 149
Harrad, David, 297
Heller, Ágnes, 174
Heloísa Helena, 224, 236, 238
Herzog, Vladimir, 38
hiperinflação, 139
História do PT (Secco), 183
Hobsbawm, Eric, 54
Hoffmann, Gleisi, 278-9, 301, 304, 308; como ministra da Casa Civil de Dilma, 301-2; sobre o segundo mandato de Dilma, 322
Holland, Márcio, 294, 305-6, 308, 310, 322
"Hora da Verdade, A" (manifesto de Rui Falcão), 182
Hora da Verdade (grupo interno ao PT), 196
Horta, Guaracy, 34
Houaiss, Antônio, 149
Hoyt, Katherine, 111
Huck, Luciano, 354
Hummes, dom Cláudio, 48-9
Humphrey, John, 44
Hungria, 158, 358; retrocesso democrático na, 346
Hunter, Wendy, 270

Ibrahim, José, 37, 156
ICMS (Imposto sobre Circulação de Mercadorias e Prestação de Serviços), 216
IG Metall, 52
Igreja católica, 10; apoio inicial ao golpe de 1964, 13; despolitização nos anos 1980, 166; encíclica *Gaudium et spes*, 16; progressista no Brasil, 13; rusgas com os comunistas, 11; *ver também* catolicismo de esquerda; católicos progressistas
Igreja Universal do Reino de Deus, 167, 224
igrejas protestantes neopentecostais, 167
Ilê Aiyê, 29
Índia, 238
Indignados (Espanha), 313
industrialização do Brasil (1940-70), 42-3
Indymedia, 311
inflação, 73; galopante nos anos 1980, 122-3; mascarada pelo governo militar (1973), 20
INPE, 284
Instituto Chico Mendes (ICMBio), 282
Instituto Lula (ONG), 316
Intercept Brasil, The, vazamento de conversas da Lava Jato, 351
Internacional Socialista, 96, 186, 229
Ipea, 228
Irã, 285
Iugoslávia, 158

Janene, José, 257
Janot, Rodrigo, 325
Jardim Ângela, SP, 16
Jatene, Adib, 16
Jefferson, Roberto, 201, 224, 253-6, 258, 265, 358; condenado pelo STF, 303; denuncia o Mensalão à imprensa, 256
Jereissati, Tasso, 186, 232
João Paulo II, papa, 69
Jobim, Nelson, 185
Jorge, Eduardo, 132-3, 175, 181, 193, 195, 236
Jornal da Tarde, 216
Jornal do Brasil, 219
José Dirceu, 52, 96, 108, 110, 128, 138, 148, 151, 175-81, 196, 213, 215, 219, 221, 224, 227-8, 232, 255-6, 265, 267, 269, 271, 276-7,

290, 294, 330; candidato ao governo de São Paulo, 194-5; condenado pelo STF, 302; sobre Cuba, 170; deixa a Casa Civil após escândalo do Mensalão, 257; eleito presidente do PT, 197, 212; exílio em Cuba, 104; isolamento dentro do PT (1993-94), 194; como ministro da Casa Civil de Lula, 231; reeleito presidente do PT, 223; trajetória política de, 104-5
Jospin, Lionel, 58, 207, 229
Jucá, Romero, 338; sobre a necessidade de frear a Lava Jato, 339-40
Juízo Final, operação policial, 320
Julião, Francisco, 9
Justino, Antônio Geraldo, 78
Juventude Universitária Católica (JUC), 9, 15

Kamel, Ali, 238
Kassab, Gilberto, 296
Kataguiri, Kim, 324, 328
Kennedy, John F., 41
Kerche, Fábio, 135
Khair, Amir, 79
Kirchner, Nestor, 235
Konder, Leandro, 212
Ku Klux Klan, 353
Kubitschek, Juscelino, corrupção no governo de, 254
Kuroń, Jacek, 170

Lamarca, Carlos, 9, 37, 276
Lampião da Esquina (jornal), 24
Lampreia, Luiz Felipe, 285
Landau, Elena, 302
Lanzaro, Jorge, 250-1
Lara Resende, André, 122, 187-8
Lava Jato (operação policial), 255, 258, 267, 320, 322, 326-7; como causa do impeachment de Dilma, 340, 342, 344-5; condução coercitiva de Lula, 338; conversas entre procuradores e juiz reveladas pela imprensa, 351; desmontada pelos políticos, 348-9; extinção da (2021), 357; influência norte-americana na, 327; início da, 325; superpoderes da, 327

Lazzarini, Sérgio, 211
Le Pen, Marine, 353
Lecocq, Nelson, 188
Lefort, Claude, 103
Lehman Brothers, 287
Lei das Delações Premiadas, 326
Lei de Cotas (2012), sucesso da, 245, 301
Lei de Segurança Nacional (LSN), 84
Lei dos Portos (2013), 302
leninismo, libertário, 100
Leonelli, Domingos, 192
Levitsky, Steven, 332
Levy, Herbert, 52
Levy, Joaquim, 322, 332-4; ajustes no início do segundo mandato de Dilma, 322; deixa o ministério de Dilma, 335
LGBTQIA+, movimento, 200, 296
Liberdade e Luta (Libelu), 29, 58, 115
Liga Operária, 57
Ligas Camponesas, 9
Limongi, Fernando, 351
Lince, Léo, 212, 238
Lins, Luizianne, 91
Lins, SP, 62-3
Lisboa, Marcos, 233, 235, 269, 288
Lo Prete, Renata, 256
Loach, Ken, 237
Lopes, Joana, 23
Lubeca, 154
Lugo, Fernando, 344
Luiz Alberto, deputado, 299
Luiz Gê, 62
Lukács, György, 101, 174
Lula da Silva, Luiz Inácio, 38, 41, 64-5, 196, 216, 221, 317, 341; acusado de alcoólatra no New York Times, 238; acusado de conivência com a corrupção em prefeituras petistas, 217; acusado pela Lava Jato, 326; anulação dos processos contra, 359; apoio à proposta de partido de Benedito Marcílio, 63; apoio às cotas e à união homoafetiva, 296; aprovação do Estatuto da Igualdade Racial, 300; ascensão das classes D e E durante os governos de, 249; assassinato de Celso Daniel e, 226; assume a presidência

do PT, 183; candidato a presidente (1989), 142; candidato a presidente (1994), 186; candidato ao governo de São Paulo (1982), 71; Caravanas da Cidadania (1993), 167; *Carta ao povo brasileiro* (2002), 58, 117; condenação em segunda instância de, 351; condenado no caso do tríplex no Guarujá, 350; condução coercitiva de (na Lava Jato), 338; no congresso de petroleiros na Bahia, 59; conversa com Almino Afonso sobre a criação do partido, 60; sobre a criação do PT, 95; criação de regra para reajuste do salário mínimo (2005), 242; e a crise financeira mundial (2008), 287-8; crise entre Dilma e o PMDB e, 297; deixa a prisão (2019), 359; derrota no segundo turno (1989), 160; descoberta do Pré-sal no segundo mandato de, 280; desvios na Petrobras durante os governos de, 258; dificuldade com as questões ambientais, 84; e as Diretas Já, 81; durante a campanha presidencial (1998), 218; eleição presidencial (1989), 146-56; eleito presidente (2002), 230, 239; encontro com Lech Walesa, 52, 94; entrevista à Senhor Vogue, 46; escolhe Celso Daniel para fazer o programa de governo, 225; escolhe Dilma para sucedê-lo, 290; euforia de investimentos no segundo mandato, 280; fortalecimento dos mecanismos de controle nos governos de, 260; fundação da Doze de Maio, 51; greve de metalúrgicos (1978), 34-6, 46-7; e a Guerra do Iraque, 273; e a "herança maldita" de FHC, 234; hipótese de concorrer à presidência em 2014, 309, 316; indicação do procurador-geral da República escolhido pelo MP, 260; indiciado pela LSN, 84; influência moderadora sobre o PT, 110; José Dirceu e, 105; Jospin como referência para, 58; como líder sindical, 20; lidera pesquisa para presidência (2018), 350; lidera pesquisa para presidência (2022), 359; melhorias na educação durante os governos de, 244-6; e o Mensalão, 224, 267; missão democrática em caso de vitória em 2022, 360; Nicarágua e Suécia como exemplos para, 110-1;

nomeação de ministros do STF por, 261; nomeação de Dilma para a Casa Civil, 277; nomeação de Marina Silva para o Meio Ambiente, 282; nomeação de Paulo Bernardo para o Planejamento, 279; nomeado ministro da Casa Civil de Dilma, 338; parceria com a União Europeia (2007), 272; e as pautas LGBTQIA+, 200; política externa nos governos de, 271-5, 285; populismo inspirado por Brizola, 167; posse no sindicato de São Bernardo e Diadema, 55; primeira viagem internacional (1981), 52; prisão de (1980), 49; prisão de (2018), 350-1; problemas no relacionamento com Dilma, 308, 316; programa "Brasil sem Homofobia", 296; programa de crédito consignado, 244; Programa Fome Zero, 246; proposta de reforma previdenciária do setor público (2003), 236; proximidade com Luiz Gushiken, 117; prudência nas greves de 1978, 45; questões econômicas no primeiro mandato, 234-5; redução da pobreza durante os governos de, 241; reeleito presidente (2006), 270; relação dívida/PIB durante os governos de, 234; reuniões com intelectuais antes da fundação do PT, 60; Roberto Jefferson denuncia o Mensalão e, 256; segundo mandato de, 281; no segundo turno (1989), 156-7, 159; "superciclo das *commodities*" (2003-10), 239; trecho da sentença de prisão de (2018), 260; visita a Tancredo, 85

Lula é minha anta (Mainardi), 238
lulismo, 271
Luxemburgo, Rosa, 102, 114
Luz, Robson Silveira da, 27

Macedo, Edir, 167
Machado, João, 189
Machado, Sérgio, 339-40
Maciel, Lysâneas, 107
Maciel, Marco, 222
Magalhães Teixeira, Roberto, 169
Magalhães, Antônio Carlos, 192, 259
Magalhães, Juracy, 79
Maggi, Blairo, 284

Mainardi, Diogo, 238
Mainwaring, Scott, 13
Malan, Pedro, 269
Maluf, Paulo, 82, 140, 254
Maluly Neto, Jorge, 55-6, 62, 156
Mandel, Ernest, 101-2
Mangabeira Unger, Roberto, 250, 284
Manifesto comunista, 57
Mantega, Guido, 187-8, 279, 288, 293-5, 304-5, 310; sobre os ajustes no segundo mandato de Dilma, 322-3; e a guerra cambial (2010), 294; como ministro da Fazenda de Lula, 269; como ministro do Planejamento de Lula, 234
Mao Tsé-tung, 15
maoísmo, 21
Maranhão, José, 223
Marcha Nacional por Emprego, Reforma Agrária e Justiça (1997), 205
Marcha Zumbi dos Palmares, 299
Marcílio, Benedito, 48, 59, 62; lançamento da proposta de criação do PT, 62
Marcos Valério (Fernandes de Souza), 255, 257
Maria do Rosário (Nunes), 309, 336, 352-3
Maria Elvira (Salles Pereira), 201
Marighella, Carlos, 12, 104, 120, 215
Maritain, Jacques, 12
Marítima, construtora, 259
Márkus, György, 174
Maroni, Amnéris, 44
Marques Moreira, Marcílio, 164
Martins, Guilherme, 307
Martins, José de Souza, 13, 203
Martins, Juca, 362
Martins, Paulo Egydio, 55
Marun, Carlos, 349
Marx, Karl, 9, 12-3, 17-8, 21, 53, 57, 101, 112, 174
marxismo, 22, 30, 94; ortodoxo, 173; e o PT, 53; reformulação proposta por Gramsci, 113
Mattoso, Jorge, 268
Mazzo, Armando, 47, 225
MBL (Movimento Brasil Livre), 324, 355; assume os protestos contra Dilma em 2015, 328; Eduardo Cunha e, 329; marcha a Brasília, 328-9

MDB (Movimento Democrático Brasileiro), 20, 38, 45, 47; como condutor da transição democrática, 68; *ver também* PMDB
Medeiros, Carlos Marciano de, 324
Medeiros, Luiz Antonio de, 156
Meirelles, Henrique, 235, 269, 288, 294
Mello, Ednardo D'Ávila, 38
Mello, João Manuel de, 122
Mello, Marcus, 303
Melo, Josimar, 116
Melo, Marcus, 261
Melo Franco, Afonso Arinos de, 126, 128
Melo Neto, João Cabral de, 342
Mendes, Bete, 82
Mendes, Chico, 83-5, 147, 203, 281-2
Mendes, Gilmar, 332, 339, 349
Mendonça de Barros, José Roberto, 211
Mendonça, Duda, 257
Meneghelli, Jair, 76, 152
Menezes, Gilson (Gilsinho), 34-7, 71-2, 77, 79, 90-1
Mensagem ao Partido (grupo interno ao PT), 331
Mensalão (2005), 224, 255-8; CPI do, 257; debate na revista *Teoria e Debate* sobre, 262; envolvidos apoiam Bolsonaro em 2022, 358
Mentor, José, 337
Mercadante, Aloizio, 164, 189, 227, 234, 330-1; crítica ao Plano Real, 210
Mesquita, Ruy, sobre Lula em 1978, 46
Michnik, Adam, 170
militantes feministas *versus* movimento das donas de casa, 23
Minc, Carlos, 69, 84, 149, 284, 298-9
Mineiro, Adhemar S., 188
Ministério Público Federal, 260; Constituinte define escolha do PGR, 136; fortalecimento na Constituição de 1988, 134-5
Miranda, José Carlos, 187, 235
Moisés, José Álvaro, 20, 44, 52-3, 64, 66, 102, 108, 113, 174
Molon, Alessandro, 337
Monteiro, Dilermando Gomes, 38
Monteiro, Euler Bentes, 57
Moraes, Alexandre de, 359

Moraes, Maria, 23
Morales, Evo, 276, 286
Moreira Alves, Carlos, 119
Moreira Franco, Wellington, 348
Moreira Leite, Paulo, 179
Moreno, Nahuel, 58, 62
Morin, Edgar, 103, 281
Moro, Sergio, 260, 326, 361; condenação de Lula (2017), 350; condução coercitiva de Lula e, 338; divulgação de gravação ilegal de conversa entre Lula e Dilma, 339; deixa o ministério de Bolsonaro, 357; eficiência como juiz comprometida pela Vaza Jato, 351; favorecimento aos políticos antipetistas, 349; como ministro da Justiça de Bolsonaro, 356; parcialidade comprovada no julgamento de Lula, 359
Morro da Cruz, RS, 248
"Morte e vida severina" (Melo Neto), 342
Motta, Sérgio, 196
Moura, Alessandro de, 37
Movimento 19 de Abril (M-19, Colômbia), 175, 276
Movimento Brasil Livre ver MBL
Movimento do Custo de Vida (MCV), 19-21, 23, 31
Movimento pela Emancipação do Proletariado (MEP), 225
movimento estudantil, 31
Movimento Feminino pela Anistia, 22
Movimento de Libertação Popular (Molipo), 105
movimento negro, 27-8, 80; dificuldades eleitorais, 90
Movimento Negro Unificado (MNU), 28-31, 57, 86, 88, 90, 115, 198
Movimento Passe Livre (MPL), 311, 313-5, 232, 355
movimento sindical, Primeiro de Maio de 1980, 26
Movimento ao Socialismo (MAS, Bolívia), 251, 276, 286
Movimento por uma Tendência Marxista (MTM), 174
Movimento dos Trabalhadores Rurais Sem Terra ver MST

Movimento Unificado contra a Discriminação Racial (MUCDR), 30
movimentos por direitos civis (EUA), 29
movimentos de periferia, questões femininas e, 21
Movimiento de Izquierda Revolucionaria do Chile (MIR), 172
MR-8, 104
MST (Movimento dos Trabalhadores Rurais Sem Terra), 202-4; apoio do PT ao, 206; durante os anos Collor, 204; durante os anos FHC, 204-5
Muro de Berlim, queda do, 157

Nascimento, Abdias, 28, 30, 69, 89
Navarro, Silvio, 226
neoliberalismo, 162
Neri, Marcelo, 241, 249-50, 270
Neris, Natália, 129
Neves, Aécio, 317-8, 321-3, 328, 349; afastamento pedido pelo STF por corrupção, 349; corrupção de, 350; pede a cassação da chapa Dilma/Temer (2014), 321
Neves, Raphael, 309
Neves, Tancredo, 72, 81-3, 85, 122, 140, 144, 154-5, 202, 356
New York Times, 238
Nicarágua, 110, 276; ditadura na, 346
Nobre, Marcos, 103, 140, 314
Noruega, 164
Nós, Mulheres (jornal), 22-3
nova direita, criação do MBL (2014), 324
Nova Esquerda (grupo interno ao PT), 151, 174-5, 177
Nova Matriz Econômica (NME), 308, 310, 320
Núcleo Negro Socialista, 30

O que é isso, companheiro? (Gabeira), 148
O que fazer? (Lênin), 100, 170
O'Rourke, Kevin, 287
OAB ver Ordem dos Advogados do Brasil
Obama, Barack, 285, 295
Occupy Wall Street, 313
Odebrecht, empreiteira, 185, 194, 197, 259-60, 326

Oliveira, Carlos Alberto de (Caó), 69, 89, 129

Oliveira, Dante de, 80

Oliveira, Edmundo, 117, 228

Oliveira, Francisco de, 61, 102, 237

Oliveira, Lucas, 312-4

ONU, 285

Orçamento Participativo, 174, 224

Ordem dos Advogados do Brasil (OAB), 31, 80

Organização Mundial do Comércio (OMC), 311

Organização Revolucionária Marxista — Política Operária (Polop), 172, 276

Organização Socialista Internacionalista (OSI), 115-6

organizações marxistas *versus* católicos progressistas, 21

Ortega, Daniel, 175

Osasco (SP), greve de metalúrgicos (1968), 36

padres operários, 11, 15

Paes, Márcia Bassetto, 57

Paim, Paulo, 87, 199, 299-300

Palmeira, Vladimir, 104, 181, 219-20

Palocci, Antonio, 115, 223, 233, 267, 269, 271, 277-9, 288, 290, 292, 309, 319, 335; acusado de corrupção, 268; e a Carta ao povo brasileiro, 58, 117, 228; como chefe da Casa Civil de Dilma, 294; como coordenador do programa de governo de Lula, 227; deixa o governo Lula, 269; demitido por Dilma por suspeita de corrupção, 298; como ministro da Fazenda de Lula, 188, 231, 234-5, 240, 244; como prefeito de Ribeirão Preto, 231; realizações enquanto ministro de Lula, 269

Panteras Negras, 29

Paraguai, golpe militar no (2012), 346

Parijs, Philippe van, 170

Partido Comunista do Brasil (PCdoB), 14, 20, 22, 24, 31, 68, 80; e a guerrilha do Araguaia, 99

Partido Comunista Brasileiro (PCB), 14, 31, 38, 41, 68-9, 97-8, 132

Partido Comunista Brasileiro Revolucionário (PCBR), 121

Partido Comunista da China, 21

Partido Comunista Francês (PCF), 11

Partido Comunista Italiano (PCI), 113

Partido Democrata Cristão (PDC), 13

Partido Democrático Trabalhista (PDT), 56, 60, 68, 106

Partido da Frente Liberal (PFL), 81

Partido Liberal (PL), 224

Partido do Movimento Democrático Brasileiro ver PMDB

Partido Operário Comunista (POC), 263

Partido Popular Socialista (PPS), 187

Partido Popular (projeto de Almino Afonso), 63-5

Partido Progressista (PP), desvios na Petrobras para o, 258

Partido Republicano (EUA), 346

Partido Revolucionário Comunista (PRC), 69, 83, 90, 96, 100-1, 110, 151, 173, 281; dissolução do (1989), 174

Partido Revolucionário Operário (PRO), 90

Partido Revolucionário Operário Trotskista (PROT), 49

Partido da Social Democracia Brasileira (PSDB) *ver* PSDB

Partido Social-Democrata alemão, 52

Partido Socialismo e Liberdade (PSOL) *ver* PSOL

Partido Socialista (Chile), 60, 250-1

Partido Socialista (França), 58

Partido Socialista Brasileiro (anos 1950), 67

Partido Socialista Brasileiro (PSB), 79, 317

Partido dos Trabalhadores (PT) *ver* PT

Partido Trabalhista (Inglaterra), 58

Partido Trabalhista Brasileiro (PTB, histórico), 56

Partido Trabalhista Brasileiro (PTB), 80

Partido Verde (PV), 53, 69, 84, 103, 106, 143, 148, 284, 290

Paschoal, Janaina, 341

Pasquim, O, 36, 46

Passarinho, Jarbas, 36, 186

Passarinho, Paulo, 188

Passoni, Irma, 16, 20-1, 51, 106, 128

Pastoral da Terra, 202

Pastoral Operária, 48, 51

Paula, Benito de, 350

PC do B *ver* Partido Comunista do Brasil

PCB *ver* Partido Comunista Brasileiro
PDT ver Partido Democrático Trabalhista
PEC da Bengala (aposentadoria dos ministros do STF, 2015), 332
Pedagogia do oprimido (Freire), 18
Pedrosa, Mário, 57, 66, 95
Pereira, Carlos, 261, 303
Pereira, Hamilton, 262
Pereira, Silvio, 255-6; expulso do PT após o Mensalão, 257
Peres Pinto, Valeska, 79
Peres, Aurélio, 20
Perestroika, fracasso da, 158
Peru, instabilidade política, 346
Pessôa, Samuel, 42, 269
Petkoff, Teodoro, 286
Petrobras, 258, 280, 298, 320, 326; afundamento de plataforma (2001), 259; crescimento da corrupção na, 281
Petrolão, 258-64; reação do PT ao, 333; PIB, 44; crescimento reduzido após queda de Dilma, 347
Piketty, Thomas, 208
Piñeiro, Manuel, 104
Pinheiro, Ibsen, 134
Pinheiro, Wilson, 84
Pinheiro-Machado, Rosana, 248
Pinto, Chico, 82
Pires, Waldir, 202
Plano Amazônia Sustentável (PAS, 2008), 284
Plano de Ação para a Prevenção e Controle do Desmatamento na Amazônia Legal (PPCDAm), 282
Plano Collor, 178
Plano Cruzado, 123; como estelionato eleitoral, 178
Plano Real (1994), 187-8, 210, 217, 220, 246
plebiscito sobre forma e sistema de governo (1993), 181
PMDB (Partido do Movimento Democrático Brasileiro), 60, 81, 123, 129, 179, 231; decadência ideológica após a Constituinte, 185; desempenho nas eleições de 1982, 72; desvios na Petrobras para o, 258; *ver também* MDB

Pochmann, Marcio, 249
Podemos, partido espanhol, 313
Polícia Federal, 260; aparelhamento por Bolsonaro, 357; fortalecimento durante os governos do PT, 262
Polônia, 52, 358; retrocesso democrático na, 346
Polop *ver* Organização Revolucionária Marxista — Política Operária
Pont, Raul, 263-4
"Ponte para o Futuro, Uma" (manifesto do PMDB, 2015), 335, 346
Pontifícia Universidade Católica do Rio de Janeiro (PUC-RJ), 122
Portugal, sistema eleitoral em, 265
Power, Timothy, 270
"Pra não dizer que não falei de flores" (canção), 121
Prado Jr., Caio, 98
PRC *ver* Partido Revolucionário Comunista
Prestes, Luiz Carlos, 41, 212
Primavera Árabe, 313, 346
Primavera de Praga, 105
Procurador-geral da República (PGR), processo de escolha do, 357
produto interno bruto ver PIB
Programa de Aceleração do Crescimento (PAC, 2007), 273, 279-80
Programa de Apoio a Planos de Reestruturação e Expansão das Universidades Federais (Reuni), 245
programa "Brasil sem Homofobia", 296
Programa Fome Zero, 246
"Projeto para o Brasil" tese petista (1991), 175
protestos contra aumento nas passagens de ônibus (2013), 312-5
ProUni (Programa Universidade para Todos), 244-5, 304
PSDB (Partido da Social Democracia Brasileira), 64, 179; em crise após a derrota de Aécio, 321; fundação do, 185; pedido de cassação da chapa Dilma/Temer (2014), 341
PSOL (Partido Socialismo e Liberdade), 220, 238, 240, 347
PT (Partido dos Trabalhadores), acusado de corrupção em prefeituras, 217; adesão

ao jogo político da Nova República, 252; alianças na campanha presidencial (1989), 146-7; ambientalismo e, 88; apoio ao MST, 206; apoio às cotas e à união homoafetiva, 296; na Assembleia Nacional Constituinte (1987-88), 119-24; balanço dos governos Lula e Dilma, 342; Bolsa Escola, 169; com Chico Mendes no Acre, 84; Comissão de Negros, 88; conflito entre grevistas e polícia em Leme, SP (1986), 121; e a corrupção como o principal problema do país em 1989, 146; e as cotas raciais, 298; crença na Venezuela como democracia, 286; crescimento acelerado no final da década de 1980, 140; crise de direção (1990), 183; críticas ao massacre da praça da Paz Celestial (China), 143; debate sobre Cuba, 171; decisão sobre o nome, 62; denúncias de corrupção no governo FHC, 214; derrota no segundo turno (1989), 160; divisões internas, 79; desvios na Petrobras para o, 258; e os direitos LGBTQIA+, 97; e a ditadura do proletariado, 176-7; elege a prefeita de Fortaleza, 90; na eleição de 1985, 90; encontro de políticos, sindicalistas e intelectuais em São Bernardo (1979), 64; como encontro de todas as vertentes do socialismo, 96; esquema de corrupção no, 257; evolução para a social-democracia, 110; experiência na administração de Diadema, 77-9; expulsão da Convergência Socialista (1992), 57; falha em melhorar os serviços públicos, 314; federação com o PCdoB (2021), 361; e o "Fora, FHC" (1999), 221-2; fracasso nas eleições de 1982, 71; fracasso nas eleições para prefeito (2016), 347; fundação do, 66, 55-70; gênese do, 32; gestão de Erundina em São Paulo como vitrine, 153; impeachment de Dilma como golpe, 344; insatisfação com Dilma no final do primeiro mandato, 316; isolamento de José Dirceu (1993-94), 194; lançamento da proposta por Benedito Marcílio, 62; Lula presidente do, 183; Marina Silva adere ao, 281; e o marxismo, 94; missão democrática em caso de vitória em 2022, 360; mudanças

no partido após o impeachment de Dilma, 347-8; Nicarágua e Suécia como exemplos para, 110-1; operação de recuperação da imagem após escândalos, 263; organizações marxistas no, 96-7; sobre a participação no governo Itamar Franco, 181-2; participação nas passeatas contra Collor, 179; como partido aceitável para a ditadura, 67; como partido "fraco" ao chegar ao poder, 262; como partido fraco em sua origem, 68; como partido dos sindicatos, 76; e a pauta ambiental, 85; perda da imagem de partido anticorrupção, 258; perspectiva para os próximos anos, 361; primeira denúncia de corrupção, 153-4; primeira eleição (1982), 71; primeiros governos estaduais (1994), 169; programa econômico de governo (1989), 145; projeto de Constituição (1987), 124-6; projeto de reforma da previdência social (1993), 195; "Projeto para o Brasil" (tese do partido), 175, 177; e os protestos contra aumento nas passagens de ônibus (2013), 313; proximidade com a social-democracia, 52-4; e a questão racial, 88-90; reação ao Petrolão, 333; reeleições sucessivas em Diadema, 79; relação com o Ministério Público, 136; respeito à lista dos procuradores na escolha do PGR, 357; resultado da união da esquerda católica com grupos de esquerda e sindicalistas, 69; secretaria de igualdade racial, 89; simpatia por Cuba, 97; surgimento clássico e tardio do, 54; tamanho da bancada na Câmara após a eleição de 2018, 361; tentativas de reforma política enquanto governo, 266; terceiro-mundismo no, 173; *versus* PSDB, 208; visto como aventura pelos políticos do MDB, 65; vitorioso nas eleições de 1988, 142; volta ao passado após o impeachment de Dilma, 360; voto contra e assinatura da Constituição (1988), 137-8

PT (Partido dos Trabalhadores), grupos internos ao partido: Ação Popular Socialista, 264; Articulação, 106-10, 116-8, 176-7, 182, 194, 216-7, 221; Articulação — Unidade na Luta, 196-7; Articulação de Esquerda, 109, 182; Campo Majoritário, 221, 264, 268; Construindo um Novo Brasil, 107, 264, 332; Convergência Socialista, 25-6, 29-30, 48, 57-9, 61, 67, 96-7, 115, 117, 161, 179-80, 195; Democracia Radical, 177, 194, 221; Democracia Socialista, 101, 108, 222, 224, 238, 263; Hora da Verdade, 196; Mensagem ao Partido, 331; Nova Esquerda, 151, 174-5, 177; O Trabalho, 115-6, 311; Vertente Socialista, 132, 175

Quadros, Jânio, 142, 156, 330
Quando novos personagens entraram em cena (Sader), 102
Quércia, Orestes, 214, 223
Quilombo, escola de samba, 27

racismo, luta contra o, 28-30
Ramírez, Sergio, 112
Reale, Miguel, 341
Record, TV, 167
Rede Sustentabilidade, 337, 347
redemocratização, como bandeira principal da esquerda durante a ditadura, 24
reforma agrária (1995-2018), 13, 205
regime militar, corrupção durante o, 254; crise econômica ao final do, 73-4; início da abertura, 38; política para a Amazônia, 83; suspeitas de corrupção no, 144; tortura no, 10
regimes autoritários, ascensão no século XXI, 346
Reis, Toni, 201, 296-7
renda mínima, programa de, 19
Rennó, Joel, 259
Requião, Roberto, 223
Resende, Eliseu, 185, 187
Revolução Cultural Chinesa, 15
Revolução Francesa (1789), 115
Revolução Inglesa (1688), 115
Ribeiro, Devanir, 36, 289
Ribeiro, Pedro Floriano, 251, 265
Rios, Flavia, 30, 199
Rocca, Carlos, 306-7
Rodrigues, Leôncio Martins, 42-3, 76, 187
Rodrik, Dani, 165

Rohter, Larry, 238
Rolim, Marcos, 174
Rosa, Luiz Pinguelli, 111, 277
Rossetto, Miguel, 51, 331
Rousseff, Dilma: Agenda Fiesp, 306; ajustes econômicos ao assumir o segundo mandato, 322-3; alvo de protestos (2015), 328; assume a Casa Civil em lugar de José Dirceu, 257; como candidata à presidência, 290; contas de 2014 reprovadas pelo TCU, 340-1; criação da Comissão Nacional da Verdade, CNV (2011), 309; demissão de diretores da Petrobras suspeitos de corrupção, 298; demissão de ministros suspeitos de corrupção, 297; desmatamento no governo de, 283; desonerações fiscais, 305; discurso no 5º Congresso do PT, 333; Eduardo Cunha e, 329; eleita presidente em 2010, 291; estelionato eleitoral no segundo mandato, 322; falhas na condução da política econômica no segundo mandato, 320; impeachment de, 336-44; impeachment como golpe, 344-5; improvisações na economia no primeiro mandato, 308; insatisfação do PT com (2013), 316; legislação contra a corrupção, 315; manifestações pedem impeachment de (março 2016), 338; Minha Casa Minha Vida, 308; como militante da VAR-Palmares, 276; como ministra da Casa Civil de Lula, 276-8, 281; como ministra de Minas e Energia de Lula, 277; motivações para o impeachment de, 340; nomeação de Gleisi Hoffmann para a Casa Civil, 301; nomeação de Lula para a Casa Civil, 338; Nova Matriz Econômica (NME), 305; pacote anticorrupção (2015), 334; pedaladas fiscais no governo de, 340; pedido de impeachment aprovado na Câmara, 341; popularidade em alta no primeiro mandato, 308; postura a favor da Lava Jato, 331; primeiro mandato, 292-318; problemas no relacionamento com Lula, 308, 316; processo de impeachment iniciado por Eduardo Cunha, 337; Programa de Aceleração do Crescimento (PAC), 308; queda de popularidade (2013), 314; questões econômicas no primeiro man-

dato, 293-5, 305-8; radicalização da direita logo após a posse no segundo mandato, 322; reeleita (2014), 318; relação com Temer, 330; sanciona lei das cotas raciais em concursos públicos federais (2014), 301; sanciona lei das cotas raciais nas universidades federais (2012), 301; segundo mandato, 319-43; sob pressão demite José Eduardo Cardozo, 338; suposto acordo com Cunha para evitar o impeachment, 336; supostos crimes usados como base para pedido de impeachment, 341; tensão com ambientalistas por conta de Belo Monte, 284; trajetória política de, 276; tramitação das medidas econômicas do segundo mandato no Congresso, 334

Rufino, Paulo, 204

Rugitsky, Fernando, 307

Saab-Scania, 34-5

Sader, Eder, 102

Sader, Emir, 102, 171, 237

salário mínimo, criação de regra para reajuste do (2005), 242

Sales, dom Eugênio, 166

Samek, Jorge, 301

Sampaio, Plínio de Arruda, 13, 128, 134, 142, 194

Sandinista, revolução (1979), 110-1, 171, 276

Santa Cruz, Fernando, 10, 15

Santa Cruz, Rosalina, 9-10, 15, 22-4, 153

Santo André, sp, 47, 62, 225

Santos Jr., Lauro, 306-7

Santos Lima, Carlos Fernando dos, 325, 349

Santos, Aguinaldo Bezerra dos (Bola), 86

Santos, Antônio da Costa, 225

Santos, Regina Lúcia dos, 88

Santos, Renan, 323-4, 329

Santos, sp, 28

São Bernardo do Campo, sp, 62, 64; manifestação de Primeiro de Maio de 1980, 26

São José dos Campos, sp, 216

São Paulo 1975: Crescimento e pobreza (Cebrap), 32

Sarney, José, 85-6, 122-3, 126, 128-9, 131-2, 139-40, 142, 144, 154, 202, 232, 300; repressão militar à greve na csn (1988), 141

Sayad, João, 304

Scalco, Lucia, 248

Scheinkman, José Alexandre, 233

Schmidt, Helmut, 52

Secco, Lincoln, 183, 251

Secretaria de Relações Institucionais (responsável pela articulação política de Dilma), 302

Senhor Vogue, 46

Serra, José, 64, 267-8, 290; como ministro da Saúde de fhc, 218, 272

Silva Ramos, José Augusto da, 78

Silva Telles, Vera da, 102

Silva, Benedita da, 13, 86, 88-90, 130-1, 149, 175, 199, 219, 299

Silva, Davina Valentim da, 94

Silva, Marina, 5, 12, 83-8, 101, 103, 281, 290, 317-8, 322, 355; candidata a presidente (2014), 317; como candidata à presidência pelo pv (2010), 290; como ministra do Meio Ambiente de Lula, 282; eleita senadora (1994), 282; pede demissão do governo Lula, 284; plano para redução do desmatamento da Amazônia, 282; trajetória política de, 281; e as usinas hidrelétricas na Amazônia, 283

Silva, Paulo Bernardo, 278, 280, 301

Silva, Vicente Paulo da (Vicentinho), 87, 163-4, 199

Silveira, Luís Henrique da, 223

Simon, Pedro, 185

Simonsen, Roberto, 41

sindicalismo, 68; Bloco Combativo, 75; e os partidos de esquerda no mundo, 51; Unidade Sindical, 75

Sindicato dos Metalúrgicos de Santo André, 62

Sindicato dos Metalúrgicos de São Bernardo e Diadema, 20, 34, 55

Sindicato dos Metalúrgicos de São Paulo, 156

sindicatos, 20; importância para o pt, 53

Singer, André, 167, 228, 270, 293, 316; sobre o lulismo, 271

Singer, Paul, 67, 147, 217

Sirkis, Alfredo, 69, 84, 147

sistema político brasileiro, crise de legitimidade após o impeachment de Dilma, 343

Sistema Único de Saúde (SUS), 132-4

Soares, Airton, 20, 50, 64, 66, 68, 72, 82

Soares, Delúbio, 224, 255-6, 262; expulso do PT após o Mensalão, 257

"social-democracia e o PT, A" (Garcia), 172

socialismo, como bandeira da CUT, 75; democrático, 101, 174; experiência da Nicarágua, 111

Socialismo ou Barbárie (grupo de pensadores franceses), 103

"socialismo petista, O" (Dulci), 171

"Socialismo real: O que desfazer?", 170

Socialist Review, 237

Socialist Workers Party (SWP-EUA) [Partido Socialista Trabalhista], 57

Solidariedade, partido político polonês, 94, 142, 157

Somos (movimento de defesa dos direitos dos homossexuais), 24-6, 29-31, 57, 97

SOS Racisme (movimento francês), 172

Souza, Herbert de, 87

Souza, Jessé, 250

Stálin, Ióssif, 18

Stark, David, 140

Stédile, João Pedro, 161, 203, 206

Stuenkel, Oliver, 273

Suécia, 51, 110

Sullivan, Andrew, 202

"superciclo das *commodities*" (2003-10), 239, 251, 282

Suplicy, Eduardo, 19-20, 51, 66, 89, 169, 179, 200, 213, 224, 237; defesa da renda mínima, 168

Suplicy, Marta, 154, 200, 253, 296, 316; cota para candidatas mulheres, 200; como prefeita de São Paulo, 304; projeto de união civil de homossexuais, 201

Supremo Tribunal Federal (STF), 119, 196, 296; aprovação da prisão após condenação em segunda instância (2016), 337; aprovação de união homoafetiva no, 201, 297; sob ataque constante de Bolsonaro, 358

Syriza, partido grego, 313

Tarquínio, Esmeraldo, 28

Tavares de Almeida, Maria Hermínia, 40, 43

Tavares, Maria da Conceição, 122, 189, 235

Tchecoslováquia, 105, 158

Teatro Experimental do Negro (TEN), 28

Teixeira, Roberto, 216-7

Telerj, 324

Teles, Amelinha, 23

Temer, Michel, sobre o acordo entre Cunha e o PT para evitar o impeachment de Dilma, 336; aprovação do financiamento público de campanhas políticas, 347; conspiração pelo impeachment de Dilma, 330, 337; desmonte da Lava Jato, 349; e o fim da Lava Jato, 359-60; implicado na Lava Jato, 349; impopularidade recorde, 350; intermedia pedido de desculpas de Bolsonaro a Alexandre de Moraes, 359; intervenção federal no Rio de Janeiro, 353-4; lealdade sob suspeita, 330; nomeia militar para ministro da Defesa, 353; como presidente, 344, 346-7; prisão de, 352; relação com Dilma, 330; suspeito de corrupção no porto de Santos, 302; trajetória política, 329; como vice de Dilma, 329-30

Temer, Milton, 212, 238

Tendência Socialista (MDB), 263

Teologia da Libertação, 13, 83

Teoria da Libertação, 12

Teoria e Debate (revista), 111, 170, 188-9, 216, 262, 333

Teoria e Política (revista), 100

Thatcher, Margaret, 137

Theodoro, Helena, 130

Tillich, Paul, 12

Togliatti, Palmiro, 113

Tombini, Alexandre, 294

Torres, Demóstenes, 300

Trabalho, O (grupo interno ao PT), 115-6, 311

Trabalho, O (jornal), 115

Transamazônica, rodovia, 83

Trevisan, João Silvério, 24-6, 200

Tribunal de Contas da União (TCU), reprova as contas de Dilma em 2014, 340-1

Tribunal Regional do Trabalho (TRT), 40

Tribunal Superior Eleitoral (TSE), 120

Tristão de Athayde (Alceu Amoroso Lima), 12

Trótski, Leon, 25, 56-7, 95

trotskismo, 57, 68, 95, 116

Trump, Donald, 359

"Tudo está em seu lugar" (canção), 350

Tuma, Romeu, 50

Turquia, 285; ditadura na, 346

TV Mulher (programa de TV), 200

união civil de homossexuais, 201

União Democrática Nacional (UDN), 41, 213

União Europeia, enfraquecimento da, 346

União Nacional dos Estudantes (UNE), 104, 179; Congresso da (1984), 82

União Soviética, 18, 68, 93, 101, 113; decadência econômica (1989), 158

United Nations Conference on Trade and Development (Unctad), 319

Universidade de São Paulo (USP), 25

Universidade Estadual de Campinas (Unicamp), 122

Urani, André, 188

Uribe, Álvaro, 273

Uruguai, 250-1

Vaccarezza, Cândido, 267

Vale do Rio Doce, 210

Valor Econômico, 305

Vandré, Geraldo, 121

Vanguarda Armada Revolucionária Palmares (VAR-Palmares), Dilma na, 276

Vanguarda Popular Revolucionária (VPR), 9, 276

Vargas, Getúlio, 28, 155-7, 179; e a criação dos sindicatos, 40-1; Era Vargas, 209-10

Vargas, Ivete, 156

Vargas, Pepe, 331

Veja, 121, 178-9

Vem pra Rua, movimento, 328

Venceslau, Paulo de Tarso, 215-7; expulso do PT, 217

Venezuela, 116, 276, 286, 358; ditadura na, 346

Versus (jornal), 29, 32, 57

Vertente Socialista (grupo interno ao PT), 132, 175

Viana, Jorge, 85

Vicentinho *ver* Silva, Vicente Paulo da

Vieira Lima, Geddel, 350

Vieira, Liszt, 69, 84, 89, 147

Vilela, Teotônio, 51, 61

Villas Bôas, Eduardo, 310; influência no julgamento de Lula, 354

Virgílio, Arthur, 219

Volpon, Tony, 307

Volta Redonda (RJ), 141

voto distrital, 265

Voz Operária, 212

Wagner, Jacques, 258; proposta de acordo com Cunha para evitar o impeachment de Dilma, 336

Walesa, Lech, 52, 94, 142

Weber, Max, 98

Weffort, Francisco, 53, 64, 66, 68, 82, 85, 102, 108, 112, 114, 150-2, 174, 191; como ministro da Cultura de FHC, 192; como secretário geral do PT, 112; sobre o populismo de Lula, 167

Wetterblad, Torsten, 51

Wolf, Navarro, 175

Youssef, Alberto, 326

Zé Geraldo (deputado petista), 336

Zelada, Jorge, 258, 298

Zerbini, Therezinha, 22

Ziblatt, Daniel, 332

Zola, Émile, 51

Zumbi dos Palmares, 198

ESTA OBRA FOI COMPOSTA POR OSMANE GARCIA FILHO EM MINION
E IMPRESSA PELA IPSIS GRÁFICA EM OFSETE SOBRE PAPEL PÓLEN SOFT
DA SUZANO S.A. PARA A EDITORA SCHWARCZ EM SETEMBRO DE 2022

A marca FSC® é a garantia de que a madeira utilizada na fabricação do papel deste livro provém de florestas que foram gerenciadas de maneira ambientalmente correta, socialmente justa e economicamente viável, além de outras fontes de origem controlada.